The Origin of the Chinese Family, Private Property,
Civilization, State and Urbanisation

中国的家庭、私有制、文明、国家和城市起源

裴安平 著

上海古籍出版社

裴安平，1953年10月4日生于湖南安仁县，祖籍山西平遥。北京大学77级考古专业本科生，81级硕士研究生，师从苏秉琦、俞伟超先生。1985—2002年，在湖南省文物考古研究所工作，历任研究员、副所长、湖南省考古学会秘书长、湘鄂豫皖四省楚文化研究会副秘书长。曾先后主持澧县彭头山、澧县八十垱、安乡汤家岗等遗址发掘；在国内外学术刊物上发表论文数十篇。对中国新石器早中期文化、稻作农业、文明起源、长江中游史前文化序列的研究成果突出。1994年八十垱遗址发掘获国家文物局田野考古发掘三等奖，2000年被国家文化部评为优秀专家，获湖南省文化系统一等奖。2002年至今，在南京师范大学文博系工作，任教授、博导、考古学一级博士点带头人、中国社会科学院古代文明研究中心专家委员。1990、2001、2010年先后主持国家社科基金重点项目一项、普通项目二项。主要代表作有《长江流域的稻作文化》（第一作者，湖北教育出版社，2004年）、《农业·文化·社会》（科学出版社，2006年）、《史前稻作研究文集》（第一作者，科学出版社，2009年）、《中国史前聚落群聚形态研究》（入选2013年国家哲学社会科学成果文库，中华书局，2014年）。

目　　录

前言 …………………………………………………………………… 1

家 庭 起 源

第一章　以血缘组织为基础的"族外婚" …………………………… 13
　第一节　中国旧石器时代的遗址群聚现象 ……………………… 13
　　一、各地旧石器遗址的群聚现象 ………………………………… 13
　　二、旧石器时代遗址群聚形态的基本属性 ……………………… 25
　第二节　以遗址群聚现象为基础的婚姻形态 …………………… 34
　　一、旧石器时代并不存在独立生存的"原始群" ………………… 34
　　二、氏族社会的形成与婚姻、家庭形态的变化无关 …………… 36
　　三、人类的婚姻与生俱来就具有"族外婚"的特点 …………… 39
　本章小结 …………………………………………………………… 42

第二章　以自然性爱为基础的一夫一妻制婚姻和家庭 …………… 45
　第一节　历史背景 ………………………………………………… 45
　　一、广谱经济 ……………………………………………………… 45
　　二、财富私有制已经起源 ………………………………………… 48
　　三、流行对偶婚 …………………………………………………… 49
　第二节　有关一夫一妻制婚姻和家庭的考古发现与意义 ……… 50
　　一、兴隆洼文化的发现与意义 …………………………………… 50
　　二、裴李岗文化的发现与意义 …………………………………… 56
　第三节　有关问题讨论 …………………………………………… 66
　　一、不应该将"对偶婚"与"对偶家庭"的形态绝对化 ………… 67
　　二、不应该将部落内部的人都视为"外人" …………………… 70
　　三、不应该将私有制与婚姻、家庭的起源都捆绑在一起 ……… 74
　本章小结 …………………………………………………………… 76

第三章　以早期个体劳动个体经济为基础的一夫一妻制婚姻和家庭 …… 78

第一节　历史背景 …… 78
一、人类的生存压力急剧扩大 …… 78
二、生产方式变革 …… 82
三、社会组织不断大型化整体化一体化 …… 86

第二节　过渡阶段的发现与特点 …… 87
一、仰韶文化早期的有关发现 …… 87
二、仰韶文化早期婚姻与家庭形态的意义 …… 99

第三节　一夫一妻制婚姻与家庭的普及和特点 …… 104
一、一夫一妻制婚姻与家庭普及的考古发现 …… 104
二、以早期个体劳动个体经济为基础的一夫一妻制家庭的主要特点 …… 115
三、有关问题讨论 …… 124

第四节　西周"礼制婚姻"的制度与意义 …… 149
一、西周"礼制婚姻"制度简介 …… 149
二、西周礼制婚姻的特点与意义 …… 151

本章小结 …… 154

第四章　以晚期个体劳动个体经济为基础的一夫一妻制婚姻和家庭 …… 158

第一节　历史背景 …… 158
一、诸侯并起 …… 158
二、政体由血缘走向地缘 …… 159
三、土地使用权完全私有 …… 159
四、商品经济出现高潮 …… 161

第二节　有关婚姻家庭形态的变化与意义 …… 162
一、个体家庭成为了地缘社会独立的组织与经济单位 …… 162
二、男耕女织成为了农业社会经典的家庭生产生活模式 …… 164
三、女性地位继续下降 …… 165

本章小结 …… 168

家庭起源·结语 …… 170

私 有 制 起 源

第一章　以集体劳动集体消费为基础的财富私有制 …………………… 179
第一节　历史背景 ………………………………………………… 179
第二节　财富私有制起源第一阶段的考古发现 ………………… 180
一、兴隆洼文化的发现 …………………………………………… 180
二、裴李岗文化的发现 …………………………………………… 188
第三节　财富私有制起源第一阶段的基本特点 ………………… 192
一、等级与贫富分化同时出现 …………………………………… 193
二、奢侈品就是第一阶段财富的主要标志物 …………………… 194
三、出现了"特殊手工业" ………………………………………… 195
四、没有出现"贵族" ……………………………………………… 196
五、财富私有制是聚落组织内部的管理与分配制度 …………… 200
本章小结 ……………………………………………………………… 202

第二章　以早期个体劳动个体经济为基础的财富私有制 …………… 205
第一节　历史背景 ………………………………………………… 205
第二节　财富私有制起源第二阶段的考古发现 ………………… 205
一、第一段：距今 7 000—6 000 年 ……………………………… 206
二、第二段：距今 6 000—5 000 年 ……………………………… 209
三、第三段：距今 5 000—4 000 年 ……………………………… 210
四、第四段：夏商周 ……………………………………………… 213
第三节　财富私有制起源第二阶段的新特点 …………………… 216
一、农业已成为财富私有制发展的经济基础 …………………… 216
二、早期个体劳动已成劳动者早期个体经济的主要来源 ……… 217
三、个体家庭已成聚落社会有一定独立性的最小组织与经济
　　单位 …………………………………………………………… 218
四、土地史前集体所有，夏商国家集体二级所有，西周国有 …… 219
五、贫富分化日趋扩大 …………………………………………… 220
六、礼器已成财富新的标志物 …………………………………… 234
七、血缘社会内部没有剥削与压迫 ……………………………… 236
八、社会成员只有有限的经济独立性 …………………………… 237
九、财富私有制变成了血缘社会的政治制度 …………………… 237

  第四节 史前晚期夏商周时期财富私有制与生产力发展的关系 …… 238
  第五节 史前晚期夏商周时期财富私有制与手工业的关系………… 240
   一、史前晚期特殊手工业的基本功能与特点………………………… 240
   二、史前晚期普通手工业的基本功能与特点………………………… 246
   三、史前晚期夏商周时期手工业"三化"的基本原因与特点……… 250
   四、长江峡江地区大溪文化时期的石器制作属性…………………… 262
   五、商周时期盐业的基本属性………………………………………… 275
   六、商代海贝的基本属性……………………………………………… 289
  第六节 史前晚期夏商周时期财富私有制与"剩余劳动"的关系…… 298
   一、仅靠农业生产不出"剩余劳动"和"剩余产品"……………… 299
   二、"剩余劳动"不会导致农业与手工业跨血缘、跨地缘的社会
     分工 …………………………………………………………………… 301
   三、"剩余劳动"与私有制、阶级、奴隶的出现没有直接关系……… 301
   四、"剩余劳动"主要用于血缘组织内部的需求……………………… 303
  第七节 财富私有制起源第二阶段的意义…………………………… 306
   一、助推了一夫一妻制婚姻、家庭的普及与"父系社会"的出现…… 306
   二、助推了脑力劳动、体力劳动以及早期"城乡"的社会分工…… 307
   三、助推了人自身的独立与解放……………………………………… 307
   四、为人类社会组织增添了利益的纽带……………………………… 308
   五、为社会的文明化夯实了物质基础………………………………… 309
   六、初步铸就了中国财富私有制的基本特点………………………… 311
  本章小结……………………………………………………………………… 311

第三章 以晚期个体劳动、个体经济为基础的财富私有制 ………… 317
  第一节 财富私有制起源第三阶段的新特点………………………… 317
   一、晚期个体劳动、个体经济初上历史舞台………………………… 318
   二、出现了个体地主…………………………………………………… 322
   三、出现了经济破产的个体奴隶……………………………………… 323
   四、俸禄成为了统治阶级和官员新式的财富来源…………………… 324
   五、商品经济出现了高潮……………………………………………… 325
   六、官营手工业兴起…………………………………………………… 325
  第二节 财富私有制起源第三阶段的主要意义……………………… 327
   一、财富私有制起源又上新台阶……………………………………… 327

二、晚期个体经济与小农经济开始成为整个社会的主要经济
　　　　基础 …………………………………………………………… 328
　　三、统治阶级开始成为攫取财富的新型主体 …………………… 329
　　四、货币、贵金属、土地成为了第三阶段财富的主要标志物 …… 330
　　五、官营手工业开始成为统治阶级聚敛财富的新途径 ………… 331
　本章小结 ……………………………………………………………… 332

私有制起源·结语 ………………………………………………………… 335

文　明　起　源

第一章　以血缘社会为基础的早期文明起源 ………………………… 345
　第一节　中国文明起源的时间与标志 ………………………………… 345
　第二节　早期文明起源给社会带来的变化 …………………………… 346
　　一、自然的广谱经济转变为人为生产性的农业经济 …………… 347
　　二、集体劳动转变为早期个体劳动 ……………………………… 348
　　三、一夫一妻制婚姻与家庭开始普及 …………………………… 348
　　四、个体家庭成为了血缘社会独立的最小组织与经济单位 …… 349
　　五、财富私有制进入了新的历史转折时期 ……………………… 349
　　六、母系社会转变为父系社会 …………………………………… 350
　　七、人开始成为集体中的独立个人 ……………………………… 351
　　八、社会由分散开始走向整合与统一 …………………………… 351
　第三节　早期文明起源的特点与意义 ………………………………… 353
　　一、早期文明起源的特点 ………………………………………… 353
　　二、早期文明起源的意义 ………………………………………… 354
　本章小结 ……………………………………………………………… 358

第二章　以血缘社会为基础的中期文明起源 ………………………… 361
　第一节　一体化聚落群团崛起的背景、实例与意义 ………………… 361
　　一、一体化聚落群团崛起的背景 ………………………………… 361
　　二、一体化聚落群团崛起的实例 ………………………………… 365
　　三、一体化聚落群团崛起的意义 ………………………………… 370
　第二节　一体化聚落集团、早期国家、古国崛起的背景、实例与
　　　　　意义 …………………………………………………………… 378

  一、一体化聚落集团、早期国家、古国崛起的背景 …………… 378
  二、一体化聚落集团、早期国家、古国崛起的实例 …………… 381
  三、一体化聚落集团、早期国家、古国崛起的意义 …………… 388
 本章小结 ……………………………………………………………… 395

第三章 以血缘社会为基础的晚期文明起源 ………………………… 399
 第一节 早期方国的特点 …………………………………………… 399
  一、出现了单一民族国家 ……………………………………… 399
  二、国家的地域范围越来越大 ………………………………… 400
  三、"封建亲戚,以蕃屏周" …………………………………… 401
  四、"启以夏政,疆以戎索" …………………………………… 401
  五、"乡里"制与"井田"制并举 ……………………………… 404
  六、贵族与贵族政治流光溢彩 ………………………………… 405
 第二节 早期方国出现的意义 ……………………………………… 408
  一、标志血缘社会到地缘社会已进入最后的过渡阶段 ……… 408
  二、给了血缘社会的存在最后一击 …………………………… 410
  三、劳动者的独立性与自由度出现了转折性的变化 ………… 411
  四、夏商周社会发展的局限性突出 …………………………… 411
 本章小结 ……………………………………………………………… 412

第四章 以地缘社会为基础的文明起源 ……………………………… 415
 第一节 新式文明出现的背景 ……………………………………… 415
 第二节 新式文明给社会带来的变化 ……………………………… 416
  一、出现了多民族的阶级国家 ………………………………… 416
  二、出现了国体政体都地缘化的国家 ………………………… 416
  三、变"分封制"为"郡县制" ……………………………… 417
  四、变贵族"世袭制"为官僚"任命制" …………………… 418
  五、土地使用权开始完全私有 ………………………………… 418
  六、商品经济出现了高潮 ……………………………………… 419
  七、出现了城市 ………………………………………………… 420
  八、出现了晚期小农经济 ……………………………………… 421
  九、法制初上历史舞台 ………………………………………… 421
  十、出现了"富国强兵"的思想 ……………………………… 422

十一、出现了私学 …………………………………………………… 422
　第三节　新式文明出现的意义 …………………………………………… 423
　　一、社会一体化进入了新的境界 …………………………………… 423
　　二、改变了以往的生产方式 ………………………………………… 424
　　三、改变了以往的生活方式 ………………………………………… 424
　　四、改变了以往社会的组织方式 …………………………………… 425
　　五、人的解放又上新台阶 …………………………………………… 427
　第四节　新式文明与国家的关系 ………………………………………… 428
　　一、新时代国家与文明的新关系 …………………………………… 428
　　二、文明与国家的独立性依旧存在 ………………………………… 430
　本章小结 …………………………………………………………………… 431

文明起源·结语 …………………………………………………………………… 435

国 家 起 源

第一章　古城的崛起 ……………………………………………………………… 447
　第一节　古城崛起的背景 ………………………………………………… 448
　第二节　早期古城崛起的实例与意义 …………………………………… 448
　　一、早期古城崛起的实例 …………………………………………… 448
　　二、早期古城崛起的意义 …………………………………………… 450
　第三节　中期古城崛起的实例与意义 …………………………………… 452
　　一、中期古城崛起的实例 …………………………………………… 453
　　二、中期古城崛起的意义 …………………………………………… 462
　第四节　早中期古城相继崛起的历史意义 ……………………………… 465
　　一、标志传统血缘社会的一体化已基本完成 ……………………… 465
　　二、标志集中统一已成为聚落社会的新型管理模式 ……………… 466
　　三、长江中游是中国国家起源古城阶段的领跑者 ………………… 467
　本章小结 …………………………………………………………………… 468

第二章　古国的崛起 ……………………………………………………………… 471
　第一节　聚落集团、早期国家、古国同时崛起的实例 ………………… 471
　　一、聚落集团 ………………………………………………………… 471
　　二、早期国家 ………………………………………………………… 476

三、古国 ··· 482
　第二节　古国崛起的主要特点与意义 ·· 495
　　　一、古国就是一种聚落组织、一种"血缘国家" ······················· 495
　　　二、古国崛起的主要目的就是为了生存 ································ 496
　　　三、古国的崛起就是血缘社会文明化、一体化的结果 ··············· 498
　　　四、各地都有自己独特的国家起源之路 ································ 499
　　　五、长江中下游是国家起源古国阶段的领跑者 ······················· 501
　　　六、古国的崛起与私有制、财富和阶级无关 ·························· 502
　第三节　有关问题讨论 ··· 506
　　　一、古国崛起与"酋邦"无关 ··· 506
　　　二、"四级聚落等级国家论"的主要问题 ······························ 520
　本章小结 ··· 524

第三章　方国与帝国的崛起 ·· 527
　第一节　早期方国的崛起、特点与意义 ······································ 527
　　　一、早期方国的崛起 ··· 527
　　　二、早期方国的主要特点 ··· 533
　　　三、早期方国崛起的意义 ··· 541
　第二节　晚期方国的崛起、特点与意义 ······································ 544
　　　一、晚期方国的主要特点 ··· 544
　　　二、晚期方国崛起的意义 ··· 548
　第三节　帝国的崛起、特点与意义 ·· 551
　本章小结 ··· 552

国家起源・结语 ·· 557

城市起源

第一章　血缘社会军事中心的崛起 ··· 567
　第一节　围沟流行的阶段 ·· 568
　　　一、各地围沟的发现与特点 ·· 568
　　　二、各地围沟发现的意义 ··· 577
　第二节　壕(濠)沟流行的阶段 ··· 579
　　　一、各地壕(濠)沟的发现与特点 ·· 580

二、各地壕(濠)沟发现的意义 ……………………………… 591
　第三节　早期古城流行的阶段 …………………………………… 592
　　一、各地早期古城的发现与特点 …………………………… 592
　　二、各地早期古城发现的意义 ……………………………… 598
　本章小结 …………………………………………………………… 604

第二章　血缘社会政治与军事中心的崛起 …………………………… 609
　第一节　聚落群团级政治与军事中心的崛起 …………………… 610
　　一、各地城址和中期古城的发现与特点 …………………… 610
　　二、各地城址与中期古城发现的意义 ……………………… 624
　第二节　聚落集团、早期国家、古国级政治与军事中心的崛起 … 629
　　一、各地城址和晚期古城、早期都城的发现与特点 ……… 630
　　二、各地城址和晚期古城、早期都城发现的意义 ………… 645
　第三节　早期方国级政治与军事中心的崛起 …………………… 663
　　一、早期方国城址和中期都城的发现与特点 ……………… 663
　　二、早期方国城址和中期都城发现的意义 ………………… 667
　本章小结 …………………………………………………………… 667

第三章　地缘社会政治、军事与经济中心的崛起 …………………… 673
　第一节　各地晚期方国城址的变化与特点 ……………………… 673
　　一、功能、营建模式的变化与特点 ………………………… 673
　　二、城内居民组织和生活方式的变化与特点 ……………… 684
　第二节　城市出现的意义 ………………………………………… 688
　　一、最早的"市"都出现在"都城"里 ……………………… 689
　　二、城市以官营经济为主 …………………………………… 693
　　三、城市的出现是城乡分离和农业与手工业地缘化社会分工的
　　　　真正标志 ……………………………………………… 694
　　四、城市改变了人类社会的组织方式,为人类社会的发展提供了
　　　　一个全新的平台 ………………………………………… 696
　　五、城市是文明与国家起源连续作用的结果 ……………… 697
　本章小结 …………………………………………………………… 698

城市起源·结语 …………………………………………………………… 702

全书结语 ·· 711
  一、家庭的起源 ······································· 711
  二、私有制的起源 ····································· 712
  三、文明的起源 ······································· 713
  四、国家的起源 ······································· 714
  五、城市的起源 ······································· 715

插 图 目 录

图 1-1-1　广西百色盆地右江两岸旧石器时代早期遗址分布图……… 14
图 1-1-2　湖南澧阳平原及周边旧石器时代遗址分布图……………… 17
图 1-1-3　安徽水阳江流域旧石器时代早期遗址分布图……………… 19
图 1-1-4　安徽宁国毛竹山遗址遗迹平面图…………………………… 21
图 1-1-5　陕西洛南盆地旧石器时代早期与中晚期遗址分布图……… 22
图 1-1-6　山西襄汾旧石器时代早中期遗址分布图…………………… 24
图 1-1-7　河北阳原泥河湾旧石器早期主要遗址分布图……………… 26
图 1-1-8　泥河湾西水地村周围部分细石器遗址分布示意图………… 27
图 1-1-9　东谷坨、飞梁遗址地层剖面比较图与飞梁遗址探方 T0K
　　　　　东壁地层剖面图………………………………………………… 30
图 1-1-10　泥河湾八十亩地遗址遗迹与出土物平面位置分布图……… 33
图 1-2-1　八十垱遗址出土的菱角……………………………………… 46
图 1-2-2　兴隆洼文化出土玉器………………………………………… 49
图 1-2-3　兴隆沟 F22、M23 发掘现场照片 ……………………………… 51
图 1-2-4　白音长汗遗址 M2 平剖面与部分随葬器物图 ……………… 53
图 1-2-5　白音长汗遗址 Ⅱ 墓区墓葬分布图与 M13 墓顶石照片 …… 54
图 1-2-6　舞阳贾湖 M353、M106 发掘现场照片 ……………………… 61
图 1-2-7　永宁纳西族村落与"通婚集团"分布示意图………………… 71
图 1-3-1　湘西北澧阳平原彭头山文化与大溪文化聚落遗址
　　　　　分布图…………………………………………………………… 80
图 1-3-2　内蒙赤峰地区有关文化聚落遗址分布图…………………… 81
图 1-3-3　澧县城头山汤家岗文化水稻田……………………………… 84
图 1-3-4　华阴横阵、华县元君庙、临潼姜寨无区别合葬墓平面图 … 98
图 1-3-5　临潼姜寨遗址仰韶文化第一期聚落北片墓地平面图 …… 100
图 1-3-6　各地距今 6 000—4 500 年期间发现的"排房"与"套房"
　　　　　平面图………………………………………………………… 105

图1-3-7　陕西临潼姜寨与安徽蒙城尉迟寺聚落平面图……………………108
图1-3-8　湖南澧县孙家岗遗址墓葬位置分布图……………………………109
图1-3-9　三门峡虢国墓地八十年代发掘墓葬位置平面图…………………111
图1-3-10　郑州大河村第Ⅰ发掘区仰韶文化第四期有关遗存
　　　　　平面图……………………………………………………………112
图1-3-11　辽宁凌源田家沟遗址男女异穴合葬墓…………………………113
图1-3-12　山西曲沃天马—曲村遗址晋侯墓地墓葬分布图………………114
图1-3-13　山东邹县野店大汶口文化遗址成年男女合葬墓
　　　　　平面图……………………………………………………………141
图1-3-14　山东邹县野店M22与临朐西朱封M1平面图……………………143
图2-1-1　兴隆洼遗址M118发掘照及随葬品器物图…………………………181
图2-1-2　兴隆沟遗址出土玉器与F5猪头兽头聚集图………………………183
图2-1-3　白音长汗M5位置与墓葬平剖面图…………………………………184
图2-1-4　白音长汗M7随葬器物图……………………………………………186
图2-1-5　唐户、白音长汗、兴隆沟遗址平面图……………………………191
图2-1-6　查海F46平剖面与出土器物图………………………………………197
图2-1-7　兴隆洼遗址F180平面及出土器物图………………………………199
图2-2-1　湖南安乡汤家岗遗址出土白衣红陶盘与白陶盘…………………206
图2-2-2　凌家滩87M4、87M15平面图及部分随葬器物图…………………211
图2-2-3　反山玉琮（M12∶98）及器表纹饰…………………………………212
图2-2-4　陶寺彩绘蟠龙纹陶盘………………………………………………213
图2-2-5　盘龙城商代城址平面示意图………………………………………215
图2-2-6　牛河梁第Ⅱ地点一号冢平面图、M21平剖面图和随葬
　　　　　玉器………………………………………………………………221
图2-2-7　莫角山Ⅳ1区沟埂遗存平面图………………………………………224
图2-2-8　殷墟甲组基址20世纪30年代发掘与1987年发掘、2004
　　　　　年钻探结果平面图………………………………………………227
图2-2-9　殷墟后冈墓地墓葬分布示意图……………………………………228
图2-2-10　史前晚期中国东部地区出土与采集类似良渚文化玉琮
　　　　　石琮………………………………………………………………242
图2-2-11　田螺山与河姆渡遗址出土器物比较图……………………………246
图2-2-12　乐都柳湾M564平面图及其陶器烧制工作量推测
　　　　　示意图……………………………………………………………249

图 2-2-13	重庆巫山大溪与安徽含山凌家滩墓葬随葬玉器形态比较图	262
图 2-2-14	三峡有关大溪文化遗址现代枯水位与古代遗址考古发掘探方位置示意图	267
图 2-2-15	三峡宽谷位置与大溪文化遗址分布位置示意图	268
图 2-2-16	荆州鸡公山旧石器晚期下文化层生活面	271
图 2-2-17	三峡与城头山、关庙山遗址大溪文化时期石斧、石锄、石锛器物比较图	274
图 2-2-18	渤海南岸及内陆腹地殷墟时期聚落遗址分布示意图	276
图 2-2-19	山东寿光双王城水库附近商周时期制盐遗址分布图	278
图 2-2-20	寿光青州商代盐工居住与内陆聚落遗址分布示意图	280
图 2-2-21	山东青州苏埠屯商代墓葬分布图	283
图 2-2-22	江西瑞昌铜岭商代铜矿遗址发掘现场与出土器物	284
图 2-2-23	寿光双王城 014 遗址调查、发掘及制盐单元位置与 014 遗址制盐单元 1 内主要遗迹分布示意图	287
图 2-2-24	中原与东南沿海出土夏商牙璋器物图	290
图 2-2-25	湖南商文化青铜器分布示意图	291
图 2-2-26	广西武鸣出土商代青铜提梁卣	292
图 2-2-27	戍嗣子鼎、子黄尊器物图	297
图 2-2-28	殷墟孝民屯发掘成果平面图与 A 区半地穴式房址分布平面照片	305
图 3-2-1	近一万年气候变化曲线图	362
图 3-2-2	内蒙古岱海地区仰韶文化聚落遗址分布图	363
图 3-2-3	河南境内屈家岭与大汶口文化遗址分布图	364
图 3-2-4	湖北天门石家河地区谭家岭古城地形图	366
图 3-2-5	湖北京山屈家岭、天门石家河及安徽蒙城尉迟寺距今 5 000—4 500 年期间聚落群团遗址分布图	367
图 3-2-6	山东滕州西康留大汶口文化城址及同时期聚落遗址分布图	369
图 3-2-7	河南洛阳盆地浏涧河马涧河交汇处仰韶文化聚落遗址分布图	370
图 3-2-8	湖南澧阳平原屈家岭文化时期聚落遗址分布示意图	372
图 3-2-9	湖北天门邓家湾、印信台遗址屈家岭与石家河文化时期	

	祭祀遗迹与陶筒形器 ……………………………………	377
图3-2-10	湖南澧阳平原石家河文化聚落遗址分布图 ……………	380
图3-2-11	澧阳平原史前各时期聚落数量与平均面积、生存空间统计示意图 ………………………………………………	381
图3-2-12	山东日照大汶口文化晚期与龙山文化早期遗址分布图 ………………………………………………………	382
图3-2-13	湖北天门石家河地区屈家岭与石家河文化时期聚落遗址分布图 ……………………………………………	386
图3-3-1	二里头文化与早商、晚商文化时期主要遗址分布图 ……	403
图3-3-2	河南三门峡虢国墓地M2001平面图 …………………	407
图3-3-3	中国血缘社会转变为地缘社会各阶段特点示意图 ……	409
图4-1-1	城头山、西山、龙嘴、走马岭—屯子山四城址平面图 …	449
图4-1-2	长江中游史前城址分布图 ………………………………	454
图4-1-3	湖北荆门城河、应城门板湾、孝感叶家庙城址及周围聚落遗址分布图 …………………………………………	457
图4-1-4	山东五莲丹土、章丘焦家、滕州西康留及安徽固镇垓下城址平面图 ……………………………………………	460
图4-1-5	山东日照尧王城遗址聚落等级分类示意图 ……………	465
图4-2-1	澧阳平原东部石家河文化聚落遗址分布图 ……………	472
图4-2-2	洛阳盆地浏涧河、沙沟流域仰韶文化聚落遗址分布图 …	473
图4-2-3	鲁西北龙山文化聚落遗址分布图 ………………………	475
图4-2-4	浙江余杭三镇良渚文化居住类遗址分布图 ……………	477
图4-2-5	青州寿光之间龙山文化聚落遗址分布图 ………………	481
图4-2-6	湖南澧县澧阳平原东部鸡叫城城址平面图 ……………	484
图4-2-7	山西临汾盆地西王村三期与龙山文化中晚期聚落遗址分布图 ………………………………………………………	488
图4-2-8	洛阳盆地仰韶与龙山文化时期聚落遗址分布图 ………	492
图4-2-9	内蒙古包头大青山与凉城岱海地区石城分布图 ………	500
图4-2-10	湖北天门谭家岭2015年发掘瓮棺葬墓出土玉器 ……	503
图4-2-11	罗家柏岭、肖家屋脊、谭家岭出土石家河文化玉器比较图 ………………………………………………………	505
图4-2-12	尼日利亚北部蒂夫人(Tiv)世系与领土关系示意图 …	508
图4-2-13	史前聚落组织内部组织结构与层级示意图 ……………	509

图4-3-1	河南、山西龙山时期与二里头时期有关文化类型主要器物图与二里头文化向晋南扩张路线图	530
图4-3-2	河南史前城址分布图	532
图4-3-3	殷墟的聚落遗址分布位置与政治组织结构示意图	535
图4-3-4	安阳殷墟西区墓葬分布图	537
图4-3-5	山东曲阜鲁国故城遗址平面图	545
图5-1-1	中国城市起源路线示意图	568
图5-1-2	兴隆洼、北城子遗址位置与查海、兴隆洼遗址聚落围沟平剖面图	570
图5-1-3	山东小荆山、江苏顺山集遗址聚落围沟平剖面图	571
图5-1-4	湖南澧县八十垱与临澧胡家屋场遗址围沟平剖面图	575
图5-1-5	河南新郑唐户、郑州大河村、灵宝西坡聚落壕沟平剖面图	581
图5-1-6	河南陕县青龙涧两岸仰韶文化遗址分布图	583
图5-1-7	环嵩山地区裴李岗文化聚落遗址分布图	584
图5-1-8	湖南安乡汤家岗、河南淅川沟湾、安徽蒙城尉迟寺遗址濠沟平剖面图	587
图5-1-9	湖南澧县八十垱遗址发掘西区T41西壁地层堆积剖面图	590
图5-1-10	河南郑州西山古城发掘剖面图	593
图5-1-11	城头山濠沟深度与岗地、平原面关系示意图	599
图5-2-1	长江中游屈家岭文化时期城址平面图	612
图5-2-2	城头山发掘八区T1628—T1620第Ⅰ、Ⅱ期城墙城濠、第Ⅲ期城墙剖面图	613
图5-2-3	山东日照尧王城城址北墙解剖探沟	619
图5-2-4	内蒙岱海史前遗址分布高程与老虎山、威俊石城平面图	621
图5-2-5	河南新密古城寨、新砦城址位置与剖面图	631
图5-2-6	浙江余杭瓶窑古城及附近良渚文化遗址分布示意图	636
图5-2-7	陕西神木石峁古城聚落、墓葬与部分地段采集陶片及周边遗址分布图	640
图5-2-8	临沂三区龙山文化聚落遗址分布图	644
图5-2-9	湖南澧阳平原史前石家河文化与商周时期遗址数量和分布	

	位置比较图 …………………………………………	650
图 5-2-10	浙江余杭良渚三镇与临平镇良渚文化聚落遗址分布示意图 ……………………………………………………	658
图 5-2-11	殷墟小屯聚落分布示意图…………………………………	660
图 5-3-1	张家口地区战国时期古城址分布图 ……………………	675
图 5-3-2	湖北荆州楚郢都纪南城北垣西边城门钻探平剖面示意图 ……………………………………………………	677
图 5-3-3	春秋战国时期有关诸侯国都城平面图 …………………	681
图 5-3-4	山东临淄齐故城手工作坊位置示意图 …………………	692

表 目 录

表1-2-1	舞阳贾湖遗址异性合葬墓与成人带孩子合葬墓登记表	57
表1-3-1	澧阳平原史前各时期聚落遗址统计表	79
表1-3-2	姜寨遗址二期合葬墓登记表	87
表1-3-3	贾湖与姜寨2—6人合葬墓有关组合类型比较表	93
表1-3-4	姜寨二期各类合葬墓人员辈分组合统计表	96
表1-3-5	舞阳贾湖裴李岗文化墓葬随葬骨针、纺轮统计表	116
表1-3-6	史前晚期部分遗址成年男女2人同穴合葬墓登记表	128
表1-3-7	邹县野店大汶口遗址成年男女同穴合葬墓登记表	138
表2-1-1	查海遗址房址内出土玉器统计表	187
表2-1-2	白音长汗遗址北围沟聚落二期大中型房址出土器物登记表	200
表2-2-1	湖南澧县城头山遗址大溪文化土坑墓随葬器物件数统计表	230
表2-2-2	三峡地区大溪文化遗址位置与保存现状信息登记表	265
表2-3-1	中国财富私有制起源历史进程简表	317
表3-2-1	临汾盆地聚落遗址时代、数量、规模比较表	383
表4-2-1	洛阳盆地仰韶与龙山时期各聚落群团发展状况比较表	493
表5-2-1	先秦时期核心古城与都城分期分类表	609
表5-2-2	河南龙山文化部分城址年代关系记录表	634
表5-2-3	河南史前城址面积一览表	634
表5-2-4	各地史前城址规模比较表	647

前　　言

19世纪70年代末期,当法国有人以"马克思主义者"自居,将唯物史观绝对化、公式化、简单化、标签化,"把它当作不研究历史的借口"时,马克思为了与他们划清界线,曾经讲过一句很沉痛的话:"我只知道我自己不是马克思主义者。"①

为此,童恩正先生曾在《文化人类学》一书中写道:"愿这位先哲的科学精神能激励我们在原始社会史的理论探索中作出一个无愧于真正的马克思主义者的创造。"②

20世纪50年代后期,当时北京大学考古的学子们就曾诘问过考古中广泛存在的"见物不见人"现象。为此,引起了苏秉琦先生关于如何利用考古资料研究历史的思考。伴随着苏先生的思考,伴随着中国考古学文化区系类型与文明起源课题的提出和研究高潮的出现,中国考古学关于中国历史,特别是史前史的研究取得了一系列重大进步,中国考古学也逐渐在世界学术舞台上显示了"中国学派"的独特风彩③。

"1991年8月下旬,在一些青年学者的热烈倡议下,由国家文物局文物处出面组织,在山东省兖州唐庄召开了一次有二十几个人参加的'考古学理论研讨会',会议为期一周,与会者除了三位年长的前辈专家之外,余者皆为来自北京和各地的中青年学者。会上就中国考古学的历史、现状与发展趋向等问题,不同观点之间从理论上展开了激烈的交锋和辩论,气氛很是紧张","现在回顾起来这段历史,当时的一些场面仍然历历在目,不由生出许多感慨。一个学科的发展,需要不断地注入新的思想和活力,不断地充实和完善自己的理论和方法。青年学者的锐气和对事业的执着,使他们满腔热情,慷慨激昂,对中国考古学的前途产生一种迫切的危机感。虽然这股风潮

---

① 恩格斯:《恩格斯致康·施密特》,《马克思恩格斯选集》第四卷,人民出版社,1972年,第474页。
② 童恩正:《文化人类学》,上海人民出版社,1989年,第354页。
③ 赵宾福:《苏秉琦与中国考古学派》,《中国历史文物》2010年第1期。

并没有像美国新考古学那样明显地改变考古学的方向,却也使中国考古学发生了和正在发生着许多变化"①。

然而,20世纪90年代中期以后,在一系列考古新发现的掩盖下,学术研究的泡沫化愈演愈烈,尤其是"夏商周断代工程"与"文明探源工程"的实施,以及大量引进国外"时髦"的理论与方法,都成了学术"现代化"的名片。其中,完全架空了史前社会原始面貌的"区域聚落形态"居然还成了中国文明和国家探源的思想武器与方法②。

为此,如何祛除浮躁,杜绝"假大空"的学术泡沫,并脚踏实地利用中国的考古资料如实地复原中国的历史,已经成为了当代学科发展与研究迫在眉睫的首要问题。

一、当代外国流行的不一定都是先进的

为什么20世纪上半叶,以戈登·柴尔德为代表,马克思主义对西方考古学影响越来越大③,而二次世界大战以后,就再也没有出现过类似现象,因为,当时有一大批信奉马克思主义的社会主义国家崛起了。为了划清与马克思主义的界限,尤其是为了划清与马克思主义关于社会发展和国家起源理论的界限,西方学术界自觉不自觉地走上了一条架空或另筑史前社会形态之路。于是,忌讳史前有血缘组织,忌讳从事史前血缘组织的研究,已成现代西方人类学、考古学一个非常显著的时代特点。受这一变化影响最大的就是路易斯·亨利·摩尔根(Lewis Henry Morgan)。由于他的《古代社会》受到了马克思、恩格斯的重视,并成为了马克思主义社会发展与国家起源理论的重要基础;虽然他并不认识也没有受马克思、恩格斯的影响,但其书中关于人类早期社会形态与组织、组织形态的研究成果,受到了普遍的质疑,而且被束之高阁。为什么同为美国人的考古学家戈登·威利(Gordon Willey)20世纪50年代初关于秘鲁维鲁河谷聚落形态的研究④,以及此后兴起并流行于西方的"区域聚落形态"理论都竭力回避氏族、部落等人类早期组织的名称与概念,甚至不惜用现代地缘社会学的一些概念与名称来研究史前社会,将古人从来没有见过的组织与组织形态都套在古人头上,还用以描述历史。就其主观的原因,或者是潜意识的原因,实际就是试图回避与马

---

① 栾丰实等:《考古学的理论·方法·技术》,文物出版社,2002年,第320页。
② 王巍、赵辉:《中华文明探源工程的主要收获》,《光明日报》2010年2月23日,第12版。
③ 杨建华:《外国考古学史》,吉林大学出版社,1999年,第82—85页。
④ [美]戈登·威利著,谢银铃等译,陈淳审校:《聚落与历史重建——秘鲁维鲁河谷的史前聚落形态》,上海古籍出版社,2018年。

克思主义的联系,回避与摩尔根的联系。然而,这样做的结果却完全是以假乱真。马克思主义与摩尔根的有关理论确实有它的相对性与局限性,因而需要不断地创新和发展;但不能以此为由就偷梁换柱,甚至原始社会广泛存在的氏族、部落都不认了,都视而不见了。这样的研究结果不仅仅全盘否定了马克思主义与摩尔根研究的合理性,而且研究出来的历史也完全是假的虚拟的,既不科学也与历史原貌历史事实不符。

因此,当代国外流行的理论与方法不一定都是先进的。

二、继承和发展马克思主义不能把它当作教条

长期以来,学术界就存在将马克思主义教条化的倾向与潮流。每当遇到问题就简单地抄袭,或将马克思主义的一些论述"对号入座"。有的时候,马克思主义甚至成了不作为不思进取的护身符和藏身洞。

关于中国私有制起源原因的探讨就是这方面的典型,大家都照搬马克思主义的观点,都以为是手工业与农业分工的结果,都以为手工业的规模化、分工化、专业化就是私有制、商品经济的证据;长江三峡里的大溪文化居民就因为在河边遗弃了大量石器残品,而被认为是走在了时代的最前列,并以制作石器为生[①]。至于中国史前手工业有什么特点,手工业与农业是如何分工的,居然至今无人问津。

更有意思的是,在关于仰韶文化早期及裴李岗文化是否已出现了父系社会的争论中,所有研究者都以随葬器物的多寡为根据,有的认为已经出现了贫富差异,有的认为即使有差异也不明显。总之,控辩的双方都在使用同一件"批判的武器",都在用其之矛攻其之盾,都完全忘却了"武器的批判"。

对此,我们不能把责任都推给马克思主义。马克思主义,特别是恩格斯《家庭、私有制和国家的起源》的写作与出版,不仅年代早(1884年,也就是135年以前),而且当时无论历史资料还是民族学的资料都很少,尤其是关于中国的考古资料就完全等于零,因而对有关问题的研究也就不免具有地域性阶段性的局限。

自20世纪50年代以来,中国的考古事业得到了极大的发展,大量的史前和古代遗址被发掘出来,并为人们解放思想、深入研究奠定了坚实的基础。

因此,不能再把马克思主义当作教条,当作藏身洞和护身符了,而应该自觉地将还原历史、研究历史、发展马克思主义当作中国考古人义不容辞的

[①] 袁行霈、严文明主编:《中华文明史》,北京大学出版社,2006年,第19页。

责任和义务。

三、要坚持真的历史唯物主义

事实表明,历史唯物主义有真有假,而真的历史唯物主义的精髓与要害就是实事求是,就是努力还原历史的真相。

然而,长期以来,由于人们常把马克思主义当教条,因而就出现了大量关于历史的真假莫辨、似是而非的描叙和成果,甚至对一系列重要考古发现的意义也拒不承认。例如,面对兴隆洼文化的成年异性男女带孩子的居室葬,以及高等级墓葬与房址中发现的玉器,人们一方面不承认他们是一夫一妻,不承认他们是一家人,也不承认那些玉器就意味着财富私有制已经来临;另一方面,有人却想方设法论证并把它们都转嫁给某种无法得到印证的神秘的宗教和仪式。之所以如此,背后一个重要的难言之隐就是因为他们把马克思主义都当作了教条,把私有制、农业与手工业的分工、一夫一妻制个体家庭、父系社会、阶级、剥削与压迫,全都自觉不自觉地捆绑在一起了。有了农业与手工业的分工才有私有制,有了私有制才有财富,有了财富才能产生正统血缘的一夫一妻制,有了一夫一妻制才有父系社会,有了父系社会才有阶级有压迫有剥削。如果承认了其中一项,就等于承认了全部。为了避免陷入困境,于是,就一个都不能承认。

显然,这种思维逻辑与研究模式有违真的历史唯物主义。同时也表明,就考古与历史学科而言,要继承和发展马克思主义,关键不是要坚持马克思主义的教条,而是要实事求是,尊重历史,还原历史。

已有的史前考古表明,中国实际只有财富的私有制,从来就没有生产资料的私有制,也没有超出血缘组织的农业与手工业社会分工;而且在生产资料聚落集体所有制的前提下,中国财富私有制、一夫一妻制婚姻和家庭、父系社会的出现与发展皆与农业和手工业的全社会分工毫无关系。

这就是大量考古资料显示的历史事实。虽然与人们原有的认识完全不同,但真的历史就是如此。

中国考古的规模在世界上超过了任何一个地区和国家,中国考古的发现已经毫无保留地展示了中国历史的自身特点。对此,既不能熟视无睹,也不能一味地徘徊在过去理论与认识的范畴内。

四、要坚持以人为本

为了突出学科的独立性,考古学一直就存在过分强调物质遗存表面特征意义的倾向,"见物不见人",从而忽视了物质遗存背后人类的活动、特点及其意义的研究。"让材料牵着鼻子走"①就是这方面的代表性观点。表面上看,它是对的,是历史唯物主义;但实际上它却是假的历史唯物主义,是思想僵化不深究材料原本历史意义的托词,并为"见物不见人"在寻找借口。

类似的现象在中国当代聚落考古与国家起源的研究中还有许多,主要表现在以下四个方面。

第一,以聚落遗址个体为主,城址与大型聚落遗址的研究一枝独秀。

截至目前,中国史前聚落考古与文明起源研究的主要对象就是聚落遗址个体,研究的内容也多限于聚落遗址的个体规模与内涵差异的比较。其中,城址与大型聚落遗址由于信息量较大,还双双被学界公认是史前晚期社会等级化、复杂化的显著标志。然而,任何城址与大型聚落都是一定聚落组织的个体成员,它们的社会属性也只有通过组织才能予以确认。因此,不应该用个体的研究架空并替代更重要的关于相关组织的研究。

第二,流行指标因素简单比较的认知模式。

根据聚落遗址面积、城墙、城内夯土台基、墓葬、随葬品等物质的指标因素,简单对比,进而判别聚落遗址地位高低的认知模式,目前已成为国内聚落形态研究的流行模式。尽管这种模式的使用也具有一定程度的合理性,但它只关注聚落遗址个体形态与内涵的差异,并将这种差异直接作为聚落遗址等级划分与属性判定的证据则是不对的。因为,这样做的结果不仅没有搞清楚可以在一起划分地位高低的聚落的分布范围究竟有多大,也没有搞清楚邻近地区聚落等级的意义是否具有可比性;而且还模糊了聚落社会属性与等级关系的复杂性多样性,模糊了等级、规模、实力三者关系的不平衡性。

第三,聚落群聚形态的研究无人问津。

由于当代中国考古学的最大问题依然是"见物不见人"的问题,所以人们对国家起源研究的重点也依然是各地聚落遗址和城址的大中小分类与区别;还由于欧美的"区域聚落形态"又为论证这些分类与区别的意义提供了理论基础。于是,城的规模和内涵都成了国家起源的主要标志。国家是否起源就看有没有大城,哪个大哪个就是王,小的都是大的"卫星城"。这就是当代考古学最大的泡沫,研究只需要发现不需要思想就大功告成了。

假如说一个个聚落就是一个个史前社会的细胞,那数量众多的细胞就会构成一种活生生的生命体,而这种生命体就应该是社会的组织。诚如历史研究以国家为对象一样,史前社会与文明起源、国家起源的研究也应该以

---

① 张忠培:《关于中国文明起源与形成研究的几个问题——在〈中原文物〉百期纪念暨中原文明学术研讨会上的讲话》,《中原文物》2002 年第 5 期。

聚落的社会组织为基本研究对象。但是,一方面由于缺少内在进取的动力,一方面又由于欧美研究理论与方法的影响,所以人们根本就不关心史前原有的社会组织与组织形态的研究,而是将一个史前根本没有的"区域聚落形态"从国外引进来直接套在中国的古人头上,并强迫他们去从事文明与国家起源。

事实上,史前聚落的分布之所以貌似杂乱无章,就因为人们还不认识它。它之所以在各个地区各个不同时代都成群成团地近距离相聚,实际就是史前人类有序的社会组织与组织形态的物化反映。从数百万年以前的旧石器时代早期到夏商周时期,这种基于血缘纽带的聚落群聚形态就一直是人类社会的基本组织与组织形态。在此期间,人类社会的一切,文化、经济、家庭、私有制、文明、国家,都是在这个平台上发生、发展和演变的。要以人为本地复原历史、研究历史,就必须直面这个聚落的群聚形态,就必须以史前人类的组织与组织形态为问题考察的出发点和基点。否则,一切都是泛泛而谈,既不知道城与城里人的关系,也不明白城与城外人之间的关系。尽管有的考古,尤其是那些中国的和自诩为"世界"级的考古新发现[1]确实五彩缤纷,但也在田野发现的光环下同步掩盖了研究的空虚与假象。

这种现象终究是不可持续的,人们应该在聚落群聚与组织形态的基础上复原历史、研究历史。

第四,文明探源只探国家起源的时间。

恩格斯曾说过,文明"是一种社会品质","国家是文明社会的概括"(《马克思恩格斯全集》第1卷)。这表明,文明与国家不仅有区别,而且文明还早于国家,因而后期的国家才能"概括"先期的文明。但是,中国的考古学不仅没有区别文明与国家的起源,反而还混为一谈,并把文明探源当作国家探源;至于国家出现的标准,早期国家有什么特点,与晚期国家有什么不同,一概不闻不问,就只直奔国家最早出现的时间而去。

值得深思的是,135年以前恩格斯的名作《家庭、私有制和国家的起源》就给予了家庭、私有制的起源以特殊的地位和重要性。然而,我们今天的文明探源不仅不区分文明与国家的起源,而且对家庭与私有制的起源,除了全盘照抄马克思主义的论述以外,就是若即若离。

显然,要据实复原历史、研究历史就必须以人为本综合研究,就不能为了某种目的只顾其一不顾其他。

---

[1] 李韵:《良渚古城、石峁入选世界重大田野考古发现》,《光明日报》2013年8月24日,第4版。

五、不能以考古学文化作为史前史研究的历史平台

长期以来中国考古学就将考古学文化作为史前史研究的历史平台,以致人们认为:中华文明的形成是在一个相当辽阔的空间范围内由若干考古学文化共同演进的结果,各文化的区域特色还暗示了在走向文明的进程中各自的方式、机制、动因等也可能不尽相同①。

在这里,考古学文化不仅是人类社会发展的平台,而且还是一种人类的共同体与组织,它们的存在与特点还能够成为文明的推手,因而要研究中国的文明起源首先就要研究中国的考古学文化。

考古学文化之所以在中国对文明探源如此重要有两个基本的原因。

第一,自20世纪初田野考古学传入以来,中国考古工作最重要也最让人激动不已的成果,就是在不同的地区不同的时段里发现了大量灿烂辉煌的史前考古学文化。这些文化不仅充分证明了中国人祖先伟大的创造精神,还使人误以为对考古学文化的研究就是对历史的研究。

第二,考古学文化的区系类型与先秦历史民族文化区域基本吻合。

由于自然地理与环境的作用,中国史前的考古学文化完全可以根据各地不同的特点划分出不同的区系,而且这些区系还明显与先秦时期各地发达的历史民族分布区域基本吻合。其中,夏商周对应的就是陕豫晋冀邻近地区,东夷与齐鲁对应的就是山东及邻省一部分地区,楚对应的就是湖北和邻近地区,吴越对应的就是长江下游地区,百越对应的就是包括鄱阳湖在内的南方地区,燕赵对应的就是以长城地带为重心的北方地区。正是这些对应关系,更促使考古工作者坚信研究考古学文化就是研究历史。

然而,随着学科的发展,将考古学文化当作历史研究的单位和平台的局限性与问题也逐渐显露出来。

第一,考古学文化的本质是物质的,是在一定的时间与空间范围内由一群有特色的遗迹遗物构成的共同体。虽然这种物质的共同体也连带反映了某些人类的精神世界和宗教信仰,但这并改变不了它的物质本性。

第二,历史的创造者和主体是人,是人与人联合构成的各种社会组织。虽然史前的人和组织都隐藏在了考古学文化的背后,但考古学并没有就由此获得了不研究人与组织的理由。考古学文化本身并不会创造历史。研究历史还必须"由物及人",以人为本,以人和人的社会组织为基本研究对象。对物态的考古学文化的研究不能取代对人类社会组织的研究。

---

① 王巍、赵辉:《中华文明探源工程的主要收获》,《光明日报》2010年2月23日,第12版。

第三，在史前人类的视野中，实际并没有"考古学文化"这个概念，也从来没有在"考古学文化"的旗帜下一起从事过农业、手工业，一起从事过文明和国家起源。考古学文化对古人来说完全是陌生的身外之物。人们相互之间除了血缘与婚姻关系以外，谁都不会因为使用了相似的陶器和石器而成为"亲戚"或朋友。虽然它也是当时的一种客观存在，但只是一种物质文化的相似性，一种区域性的文化共性，而不是真正的社会组织，或组织纽带与人类生产生活的实体。事实上，考古学文化对当时人们的实际生活并不存在任何影响，考古学文化纯粹只是今天考古学对一定时空范围内有一定共性的物质遗存的主观认识，一种宏观的逻辑概括。因此，不能把考古学文化当作一种历史的具体人群的社会组织与实体，更不能将其当作一种历史研究的平台。

第四，虽然史前晚期考古学文化的分布区域会与历史时期某些民族和国家发达以后的所在地域基本吻合，但这只说明这个国家的兴起与这个文化的分布区域有重合之处，并不证明这个文化直接就是这个民族与国家的前身。事实上，中国的考古早已证明早期古国的规模与地域范围都远远小于当地的文化，而且一个文化分布区域内可能也不止一个古国。如早期楚人的活动地域就很小，就只是"辟在荆山"。

第五，试图通过考古学文化研究历史的模式已被证明是一种阶段性的理论成果。

中国考古学的发展历程表明，由于资料的特殊性与发现的局限性，以考古学文化为基础研究历史完全是学科早期发展的认识与必经阶段，也曾对中国考古学20世纪后期学科目标的整体转移，文明探源工作的展开都起到了极大的推动作用。但是，谁都不可能超越时代的局限；尤其是随着聚落考古的发展和区域性聚落调查资料的不断积累，明显反映当时社会组织、组织形态及其变化的聚落群聚形态不断展现，也同步显示了以考古学文化作为历史研究单位和平台的明显局限性；因为考古学文化只是一种物质文化的共同体，而不是人类的社会组织。这是历史的进步，也是学术的进步。因此，对老一代考古学家最好的纪念与告慰就是推动学科与研究不断地创新，不断地向前发展。

六、考古与学术研究要有境界

这是车广锦先生很早就针对考古学界存在的诟病提出来的期望。1994年在《考古学境界论》一文中，他就深刻地指出"学者最重要的素质，是深邃的思想、崇高的境界、纯洁的灵魂、坚定的信念、洋溢的热情。具有这样的素质，自然会勤奋刻苦，顽强拼搏，开拓禁区，有所发现，有所创新，就能够对学科作出较大的贡献。这样的学者越多,考古学的境界便越高";"科学研究的过程,是净化心灵的过程。学术成果的价值如何,取决于研究者心灵净化的程度,而不在于暂时有多少人接受。如果心灵得到高度的净化,当会身心淡泊,品格圣洁,情志高远,灵魂超脱"[1]。

的确,今天的学术在虚华的外表下之所以每况愈下,一方面与体制有关,一方面也与先生们学者们心灵境界的蜕化关系明显。要重振学术,必先净化人的心灵。

2016年8月,作者应邀出席了陕西神木石峁"早期石城和文明化进程"的国际学术研讨会。但是,由于提交的论文《文明探源,源在何方》与会议组织者的观点和想法不合,所以会议期间被历史性地第一次(即从业40年以来)在考古会上被同行发配到会议科技组去发言。为此,作者也曾向会议组织者提出过希望到考古组发言的请求,但没有遂愿。会议最后的总结大会上,各组都有负责人介绍了各位专家学者的观点,唯独作者与同组的沈长云先生无人提及。

显然,这是一种非常可怕的现象,也说明一些学者越来越像政客了,甚至不惜利用掌握的权力压制和排斥不同意见与观点;由此也说明现在多么需要净化学术氛围和空气,净化人的心灵!

……

本书以考古发现为线索,以史前聚落群聚形态和组织形态为平台,并秉持"以人为本",先复原历史再研究历史的理念,对中国的家庭、私有制、文明、国家、城市起源的问题进行了梳理与探讨。不过,有关的研究与想法肯定不可能完美,对许多有关问题的认识和理解也不免浮浅,简单,甚至错误。但是,本人还是希望借此为客观科学地还原历史、研究历史先走一步,并给今后有关的探索传递一种新的理念与视角。

---

[1] 车广锦:《考古学境界论》,《东南文化》1994年第3期。

家 庭 起 源

自有人类以来就有婚姻,婚姻就是成年男女相结合的方式;而家庭则是成年男女因婚姻而结合在一起的生活与社会单位,是一定历史阶段的产物,是社会形态与婚姻形态演变的结果。

由于历史背景不同,各时期婚姻与家庭的特点也不尽相同。

旧石器时代,基于自然的血缘氏族社会的历史背景,中国实际就根本不存在独立生存的孤独的"原始群"和"游团",也不存在以此为基础的"杂婚"与"血缘婚",而是存在普遍的"族外婚"。

新石器时代中期,在流行对偶婚的基础上,人类社会还出现了最早以自然性爱为基础的一夫一妻制婚姻与家庭。这种家庭虽然当时还不是一种社会最小的生产单位、经济单位与组织单位,但它却是一种成年男女自愿长期在一起的生活单位。

新石器时代晚期到夏商周时期,在人类生产方式变革,耕作权私有,并出现了早期个体劳动与早期个体经济的基础上,一夫一妻制婚姻与家庭开始广泛普及,并成为了血缘社会有一定独立性的最小的生产、经济与组织单位。

春秋战国时期,在生产资料土地使用权完全私有的基础上,一夫一妻制家庭不仅成为了地缘社会独立的最小的生产、经济与组织单位,还为以后中国一夫一妻制家庭的成形稳定发展奠定了基础。

第一章 以血缘组织为基础的"族外婚"

中国的旧石器时代考古证明,在稳定的气候与自然食物的支持下,自有人类以来就存在长期居住的定居遗址与定居传统。与此同时,人类社会还存在由同时期的定居类遗址相互近距离相聚而形成的遗址群聚形态。这种形态实际就是物化的社会组织与组织形态[①];而在这种组织与组织形态中,就存在人类与生俱来的以血缘为基础的氏族社会和"族外婚"。

第一节 中国旧石器时代的遗址群聚现象

20世纪80年代以后,随着各地旧石器时代定居类露天遗址的大量发现,遗址与遗址之间的群聚现象也大量显现,比比皆是。其中,既有因各种优越自然条件促成的群聚现象——自然群落,也有因各种血缘与社会关系促成的组织与组织形态——遗址群、遗址群团。

一、各地旧石器遗址的群聚现象

下面将分别简介源自广西、湖南、安徽、陕西、河北等不同省区,旧石器时代定居类遗址共时性关系良好的群聚现象。

(一)广西百色盆地

截至2004年底,广西百色盆地在宽约7—14公里、长约109公里的右江两岸高阶地上,前后发现了45处文化面貌相似的旧石器时代早期遗址[②]。

根据各自的具体位置,这些遗址不仅共同构成了一个大型的自然群落(图1-1-1),而且在这个群落之中还可明显见到自然的血缘社会组织。

---

① 裴安平:《中国史前聚落群聚形态研究》,中华书局,2014年。
② 王幼平:《中国远古人类文化的源流》,科学出版社,2005年,第122页。

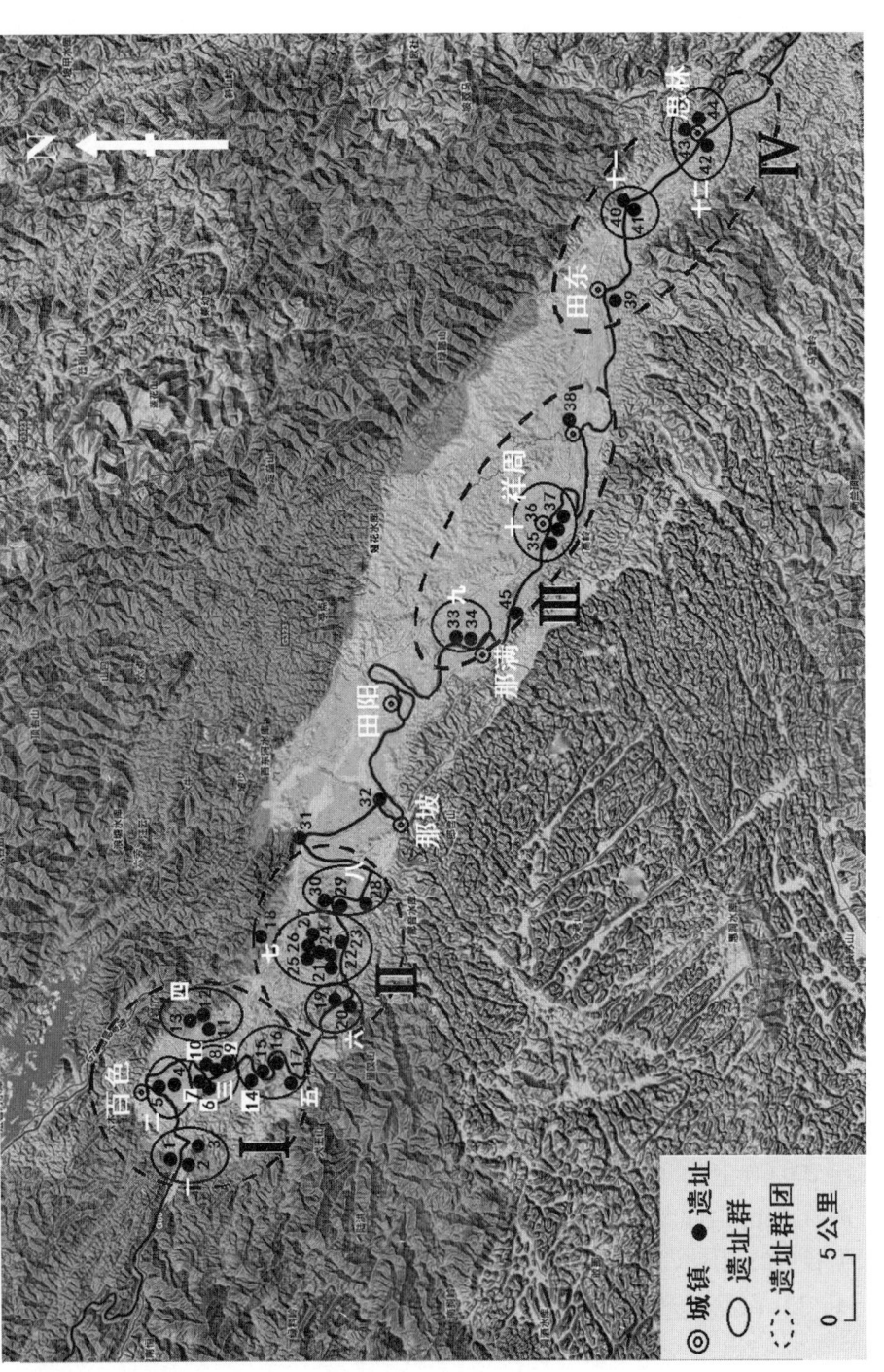

图 1-1-1 广西百色盆地右江两岸旧石器时代早期遗址分布图

1. 横浪 2. 上宋 3. 那达 4. 六怀山 5. 东增 6. 沙州 7. 丘屋 8. 杨屋 9. 平迈 10. 大湾 11. 社幕 13. 百谷 14. 江风 15. 百谷 16. 大同 17. 平铺
18. 六匿 19. 高山林 20. 公婆 21. 那塘 22. 小梅 23. 大梅 24. 那练 25. 六级 26. 下国 27. 那力 28. 那音 29. 灞奎 30. 那照 31. 那更 32. 襄黎
33. 那生 34. 长蛇岭 35. 祥群 36. 六林岭 37. 把达 38. 马安山 39. 懂河 40. 下铺 41. 世怀 42. 懂乐 43. 坡西岭 44. 坡那立 45. 冶溏

（遗址点、名称皆引自黄慰平《中国远古人类文化的源流》；图中遗址编号、实线与虚线圈均为本书作者所加）

其中,以遗址为组织单位相互近距离相聚而构成的组织就是遗址群,而以遗址群为组织单位相互近距离相聚而构成的组织就是遗址群团。调查发现,在右江两岸的阶地上至少有12个遗址群分别构成的四个遗址群团,并位于盆地上、中、下游的不同地段。

1. Ⅰ号遗址群团

位于盆地西北上游,离百色最近,是一个由五个遗址群共17个遗址近距离相聚而形成的遗址群团。

一号遗址群:三个遗址,相互距离1公里左右(图1-1-1,一,1—3)。

二号遗址群:二个遗址,位于右江右岸,相互距离约1公里(图1-1-1,二,4、5)。

三号遗址群:五个遗址,相互距离1公里左右(图1-1-1,三,6—10)。

四号遗址群:三个遗址,全部位于右江左岸,相互距离2公里以内(图1-1-1,四,11—13)。

五号遗址群:四个遗址,沿河而居,3个位于右岸,1个在左岸,相互距离1.5—2.5公里(图1-1-1,五,14—17)。

以上五个遗址群相互之间的最大间距在一、二号之间,约3公里,其他的都只有2公里左右。

2. Ⅱ号遗址群团

位于Ⅰ号群团下游约8公里,由3个遗址群共13个遗址构成。

六号遗址群:二个遗址,距离不超过2公里(图1-1-1,六,19、20)。

七号遗址群:七个遗址,全部位于右江左岸,相互距离多在1公里以内(图1-1-1,七,21—27)。

八号遗址群:三个遗址。其中,29、30号二者距离较近,约1.5公里;惟28号距离较远,约3公里(图1-1-1,八,28—30)。

3. Ⅲ号遗址群团

位于盆地中下游,由于阶地面狭窄,所以该群团不再像Ⅰ、Ⅱ群团呈片状分布,而是所有的遗址都位于江边,呈串珠形分布。

九号遗址群:二个遗址,位于右江左岸,相距约1公里(图1-1-1,九,33、34)。

十号遗址群:三个遗址,全部位于右江右岸,相距1公里以内(图1-1-1,十,35—37)。

另外,38、45号遗址,由于距离九号、十号遗址群较近,约4—6公里,并明显小于该群团与上下游二个群团之间约10—13公里的距离,所以它们也应该属于同一个遗址群团。

4. Ⅳ号遗址群团

该群团位于盆地东南末端,右江下游,由二个遗址群六个遗址构成,西北距第Ⅲ遗址群团约10公里。由于两岸地势狭窄,该群团遗址群之间的距离是整个盆地内最大的,约6公里。但遗址群内遗址之间的距离还比较小。

十一号遗址群:二个遗址,相距约1.5公里(图1-1-1,十一,40、41)。

十二号遗址群:三个遗址,相距也是1.5公里(图1-1-1,十二,42—44)。

(二)湘西北澧阳平原

截至2000年,湖南在湘西北澧水流域澧阳平原及周边的低山丘陵区一共发现了旧石器时代遗址38处[①]。

由于澧阳平原及周边低山丘陵区属武陵山余脉的山前地带,气候温暖湿润,物产丰富,汇集了山区、平原与水网地区的各种资源优势;还由于这里地势开阔低平,有利于人们互相往来,所以这里遗址的自然群落从旧石器时代早期一直延续到旧石器时代末期,生生不息。其中,无论时代早晚,各时期近总数70%的个体都显示了相聚为群的组织方式。

1. 旧石器早期

发现遗址4处,皆位于澧水以南道河下游冲积平原边缘与丘陵间的过渡地带。其中,第一遗址群,1—3号,即澧西乡钵鱼山、龙山,澧南乡乔家河3个遗址紧密相聚在一起[②],相互距离仅约1—2公里(图1-1-2,一,1—3)。

2. 旧石器中期

发现遗址14处,分布较广。其中,有5处相聚为二遗址群,分别是第二、三遗址群。

第二遗址群:2个遗址,澧东乡十里岗和澧阳乡皇山(图1-1-2,二,4、5),相距约1.5公里。

第三遗址群:3个遗址,界岭乡顺桥、金鸡岭、万红岭(图1-1-2,三,6—8)。其中,前二者间距约二公里,惟第8号万红岭距它们较远,约6公里。考虑到它们三者共处同一地理单元小盆地这一背景,估计应是同一个遗址群。

3. 旧石器晚期

发现遗址6处,有3处明显聚为一群,即第四遗址群,它们是道河乡乌鸦山、虎山、金鸭,相互距离1—2公里(图1-1-2,四,9—11)。

[①] 国家文物局主编:《中国文物地图集·湖南分册》,湖南地图出版社,1997年。

[②] 湖南省澧县文物管理所:《湖南澧县彭山东麓旧石器地点调查报告》,《江汉考古》1992年第1期。

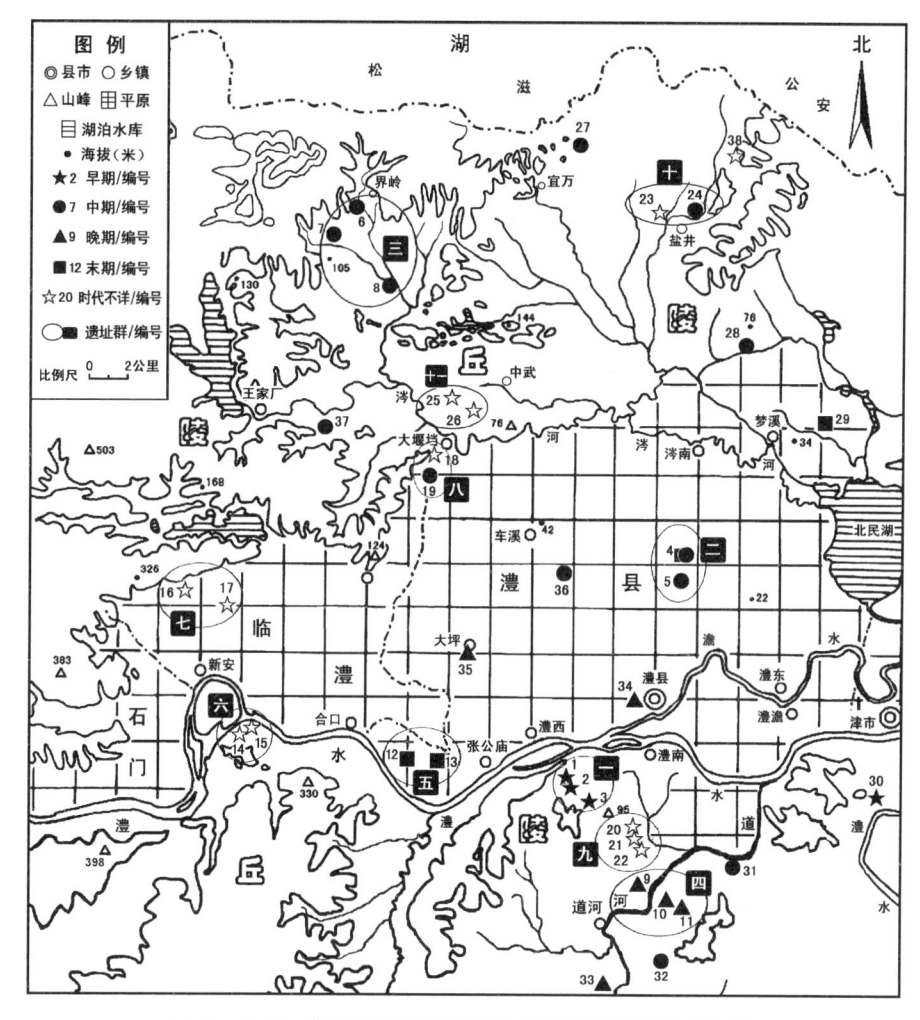

图 1-1-2　湖南澧阳平原及周边旧石器时代遗址分布图

1. 钵鱼山　2. 龙山　3. 乔家河　4. 十里岗　5. 皇山　6. 顺桥　7. 金鸡岭　8. 万红岭　9. 乌鸦山　10. 虎山　11. 金鸭　12. 黄家岗　13. 宋家溪　14. 蓑衣湾　15. 朱家堡　16. 化垱　17. 潘台　18. 大山洼　19. 多宝寺　20. 双荷　21. 鸡公垱　22. 云盘　23. 炮台山　24. 土里山　25. 玉甫　26. 楠竹　27. 白莲山　28. 樊家铺　29. 八十垱　30. 虎爪山　31. 张家滩　32. 仙公　33. 朱家山　34. 护城　35. 周家坡　36. 余牯岭　37. 猴儿坡

（引自裴安平《中国史前聚落群聚形态研究》）

4. 旧石器末期

这是一种距今约 2 万年,并以大量使用黑色细小燧石器和白色细小石英石器为特点。一共发现 4 个地点,其中张公庙乡的黄家岗、宋家溪二者聚为一群,即第五遗址群,相互间距约 1.5 公里(图 1-1-2,五,12、13)。

5. 其他遗址

除了上述时代关系明确的遗址群以外,当地还有一些时代暂时并不明确的遗址。它们有的相聚为群，有的与时代明确的遗址相聚为群，共 5 群 11 个遗址，分别是第六至十一遗址群。

第六遗址群：二个遗址，即临澧杉板乡蓑衣湾、朱家堡，均时代不明，相距约 1 公里（图 1-1-2，六，14、15）。

第七遗址群：二个遗址，即临澧县新安乡化垱、潘台，均时代不明，相距约 3 公里（图 1-1-2，七，16、17）。

第八遗址群：二个遗址，即澧县大堰垱乡大山洼、多宝寺，相距约 1.5 公里。其中，多宝寺属旧石器中期，而大山洼时代不明（图 1-1-2，八，18、19）。

第九遗址群：三个遗址，即澧县道河乡双荷、鸡公垱、云盘，均时代不明，相互距离约 1 公里（图 1-1-2，九，20—22）。

第十遗址群：二个遗址，即澧县盐井乡炮台山、土里山。其中，土里山遗址时代属旧石器中期，而炮台山时代不明，二者相距约 2 公里（图 1-1-2，十，23、24）。

第十一群：二个遗址，即澧县中武乡玉甫、楠竹，相距约 1.5 公里，均时代不明（图 1-1-2，十一，26、26）。

（三）皖东南水阳江流域

水阳江是长江南岸的一条支流，位于苏皖浙三省交界处。20 世纪 80 年代以后，在皖东南宁国至宣州长约 70 公里、最宽约 20 公里的江段两岸，发现了一个旧石器时代的自然群落，由 19 处旧石器早期遗址、2 个遗址群团共同构成①。

1. Ⅰ号宁国遗址群团

位于宁国县城周围，一共 8 个遗址，分属 2 个遗址群。

第一遗址群：5 个遗址。其中，1 号距 2 号仅 500 米，其他的相距约 1—1.5 公里（图 1-1-3，一，1—5）。

第二遗址群：3 个遗址。其中，6 号官山距 7 号毛竹山仅约 500 米（图 1-1-3，二，6—8）。

2. Ⅱ号宣城遗址群团

南距Ⅰ号群团最近约 22 公里，从宣城往下，沿水阳江两岸一共有 10 个遗址，分属 4 个遗址群。

第三遗址群：3 个遗址。其中，11 号陈山遗址距 10 号黄土坡约 1 公里，距 9 号黄渡砖瓦厂约 4 公里（图 1-1-3，三，9—11）。

---

① 房迎三：《水阳江旧石器地点群埋藏学的初步研究》，《人类学学报》1992 年第 2 期；《皖南水阳江旧石器地点群调查简报》，《文物研究》第三期，黄山书社，1988 年。

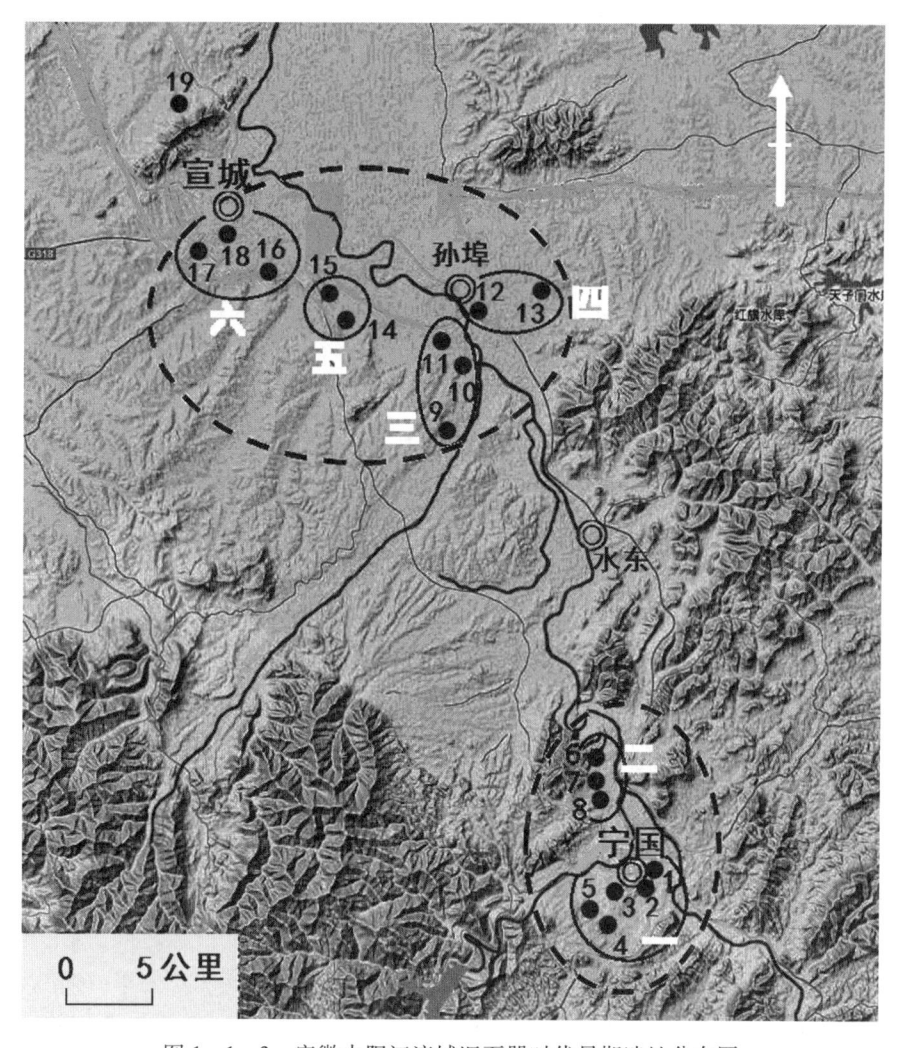

图 1-1-3　安徽水阳江流域旧石器时代早期遗址分布图

1. 英雄岭　2. 县百货公司仓库　3. 县砖瓦厂　4. 竹峰安冲　5. 河沥溪镇砖瓦厂　6. 官山　7. 毛竹山　8. 罗溪砖瓦厂　9. 黄渡砖瓦厂　10. 鲁溪黄土坡　11. 陈山（向阳）　12. 洋山　13. 邱林砖瓦厂　14. 双河第一砖瓦厂　15. 夏渡第二砖瓦厂　16. 夏渡砖瓦厂　17. 原市司法局砖瓦厂　18. 敬亭砖瓦厂　19. 团山乡第二砖瓦厂

（遗址点、名称引自房迎三《皖南水阳江旧石器地点群调查简报》；图中遗址编号、实线圈、虚线圈均为本书作者所加）

第四遗址群：2个遗址，相距约3公里（图1-1-3，四，12、13）。

第五遗址群：2个遗址，相互距约1公里（图1-1-3，五，14、15）。

第六遗址群：3个遗址，相互距离1.5—3公里（图1-1-3，六，16—18）。

除了各自近距离相聚为群以外，有些遗址在出土石器数量与特点方面也存在明显不同。

正是根据各地不同的发现，宣城陈山砖瓦厂、宁国罗溪村毛竹山、宁国罗溪村官山等三地点均被专家誉为水阳江流域旧石器时代人类居住与活动的三大"营地"①。

1988年,宣州陈山(向阳)遗址发掘,面积100平方米,获得各种石制品79件。该遗址面积巨大,虽历年制砖取土已达数万平方米,但现残存的面积仍然还有数十万平方米。调查时,该地点还发现各类石制品千余件。为此,房迎三先生在《中国的旧石器地点群》中认为:"根据石器地点和文化遗物的分布情况、埋藏情况、各石器地点的面积和文化层的厚度分析,水阳江旧石器地点群可能是一个以向阳地点为中心,半径约30公里的古人类生活圈(Living district)。"

1993年,宁国官山遗址东区发掘,面积200平方米②,在清理遗址上文化层时,曾在25平方米范围内发现一处石制品数量稀少的古人类生活面③。

1997年,北距官山仅500米的宁国毛竹山发掘。由于窑场取土破坏等原因,遗址现存面积仅3 000平方米,但当年的发掘却发现了一处人类旧石器早期的生活遗迹(图1-1-4)。该遗迹长轴约10米,短轴约6米,整体由1 167件砾石与石制品组成的环带构成,轮廓略呈长圆形;中间现存的是空白区,面积4.7×4平方米。值得注意的是,在宽约2米的环带内,还发现了20个由砾石与石制品构成的小圈,直径20—40厘米。根据遗迹环带内砾石与石制品的埋藏学和类型学研究,并综合考虑到遗迹的形态特征,发掘者最后推测它更可能是一种人类的生活遗迹。

(四) 陕西洛南盆地

洛南盆地位于秦岭东部主脊太华(华山)山脉与蟒岭山脉之间,西北距西安市约150公里,盆地东西长约70公里,南北宽约20—30公里,南洛河横贯其间,并汇集了众多发源于南北两侧山地的大小支流,在盆地内形成了一个以南洛河为主干的树枝状河流水系。

1995年至2004年,南洛河及其支流两侧阶地共发现旧石器时代露天遗址268处,其中旧石器早期露天遗址50处,洞穴遗址1处(图1-1-5,1)④。

如此众多的遗址云集于此,为人类早期居住与组织模式的研究提供了不可多得的实例。

---

① 房迎三:《中国的旧石器地点群》,《华夏考古》1993年第3期。
② 房迎三:《水阳江旧石器地点群的发掘与研究》,《文物研究》第十一辑,黄山书社,1998年,第3页。
③ 房迎三等:《安徽宁国毛竹山发现的旧石器早期遗存》,《人类学学报》2001年第2期,第123页。
④ 王社江等:《洛南盆地1995—1999年野外地点发现的石制品》,《人类学学报》2005年第2期。

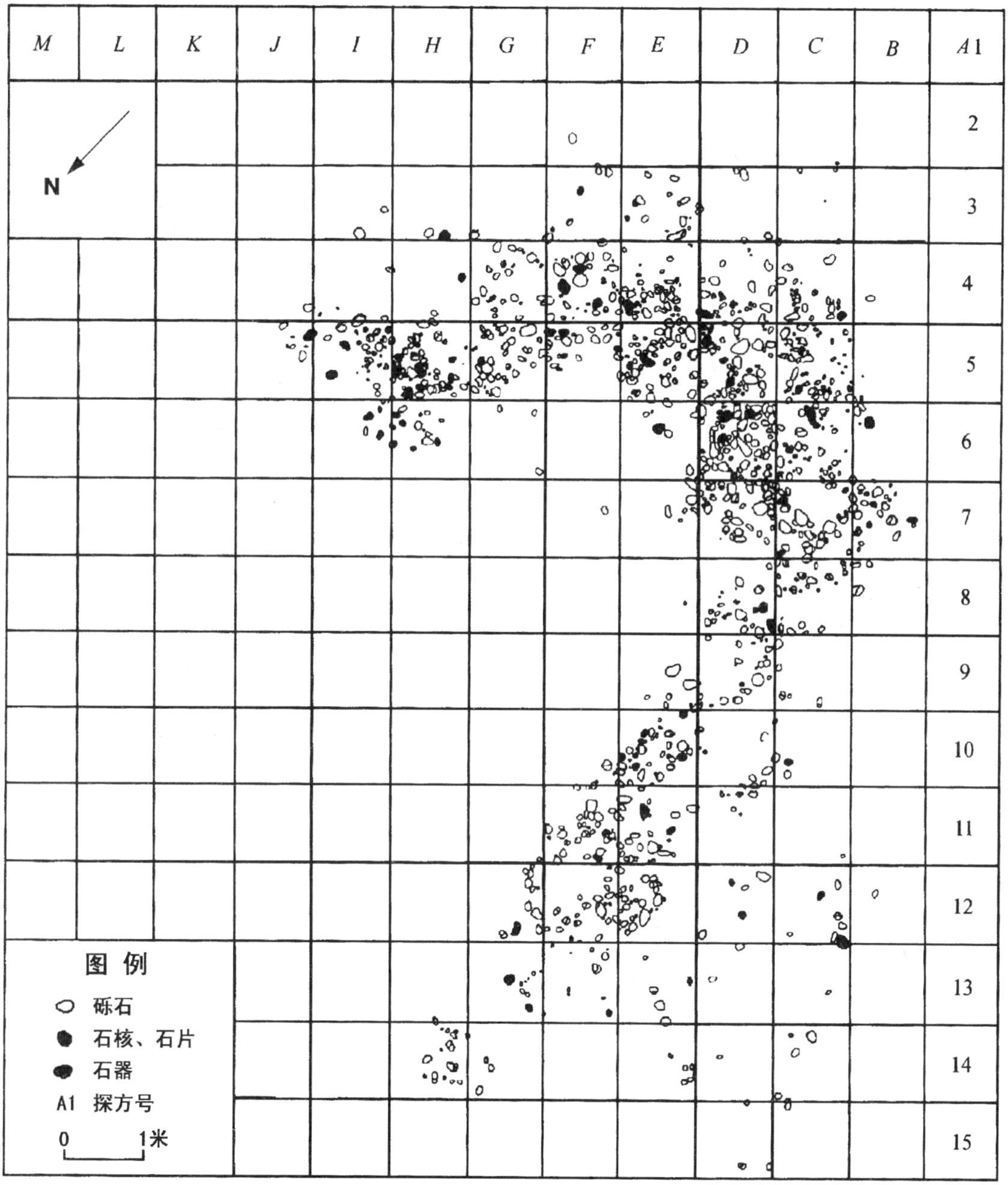

图 1-1-4 安徽宁国毛竹山遗址遗迹平面图
（引自房迎三等《安徽宁国毛竹山发现的旧石器早期遗存》）

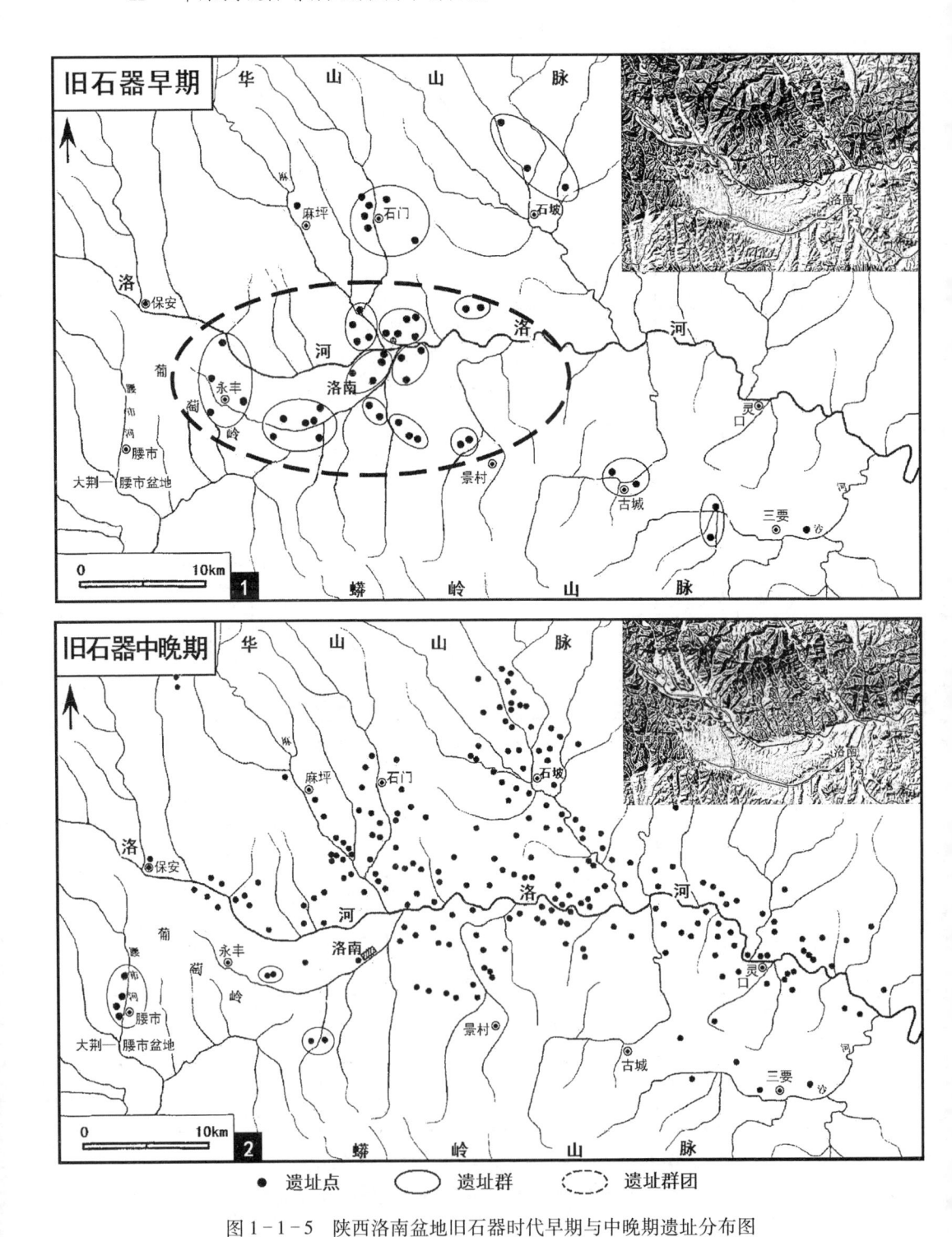

图 1-1-5　陕西洛南盆地旧石器时代早期与中晚期遗址分布图

（引自王社江等《洛南盆地 1995—1999 野外地点发现的石制品》；图中卫星图、实线与虚线圈均为本书作者所加）

由于洛南盆地背靠大山,资源丰富,地域宽广,水系发达,便于交流,故从旧石器早期开始就吸引了大量的人类组织群体在此生息繁衍。首先是在盆地最开阔的洛南上下游地段形成了早期的自然群落中心,当时72.5%的遗址都集中在此(图1-1-5,1)。随后,旧石器时代中晚期,217处遗址沿着树枝状的水系布满了整个盆地,其遗址数量之多,分布之密,乃全国旧石器时代罕见(图1-1-5,2)。

特别值得注意的是,从旧石器时代早期开始,那里的遗址群与群团的组织结构就清晰可辨。首先,在盆地最开阔的洛南上下游地段就形成了约10个遗址群构成的遗址群团,其中每个遗址群中遗址的相互距离大多数都不超过2公里,而群与群之间则相对较大(图1-1-5,1)。其次,在群团外围还零星分布有4个遗址群。

旧石器中晚期的遗址虽然大多数因为具体时代很难区分而模糊了组织形态的界限,但在整个群落的边远地区,遗址之间近距离相距为群的现象还是比较清楚,如腰市盆地即如此(图1-1-5,2)。

(五)山西襄汾丁村

襄汾县丁村附近的汾河两岸,自1953年发现旧石器时代遗址以后,截至90年代初,一共发现22处,而且早、中期的遗址还都存在明显的群聚现象(图1-1-6)[①]。

1. 旧石器早期

一共六个遗址,多数位于汾河东岸解村附近,并相聚为二个遗址群一个遗址群团。

一号遗址群,二个遗址,编号7902、7903,相距约500米(图1-1-6,1,一)。

二号遗址群,三个遗址,编号7702、7703、7904,相互最大间距约700米(图1-1-6,1,二)。

由于上述二个遗址群距离很近,仅约1公里,故理应属于同一群团。

2. 旧石器中期

与早期相比,这一时期不仅遗址的数量增加了,而且所有的遗址还沿河分布,相聚成群成团(图1-1-6,2)。

三号遗址群,二个遗址,位于毛村附近,编号5494、5496,相距不足1公里(图1-1-6,2,三)。

四号遗址群,二个遗址,位于3号遗址群对岸,编号76006、76007,相距约700米(图1-1-6,2,四)。

---

① 山西省考古研究所编:《山西考古四十年》,山西人民出版社,1994年,第14页。

图 1-1-6　山西襄汾旧石器时代早中期遗址分布图
1. 旧石器早期遗址分布图　2. 旧石器中期遗址分布图
（引自山西省考古研究所《山西考古四十年》；图中实线圈、虚线圈及编号均为本书作者所加）

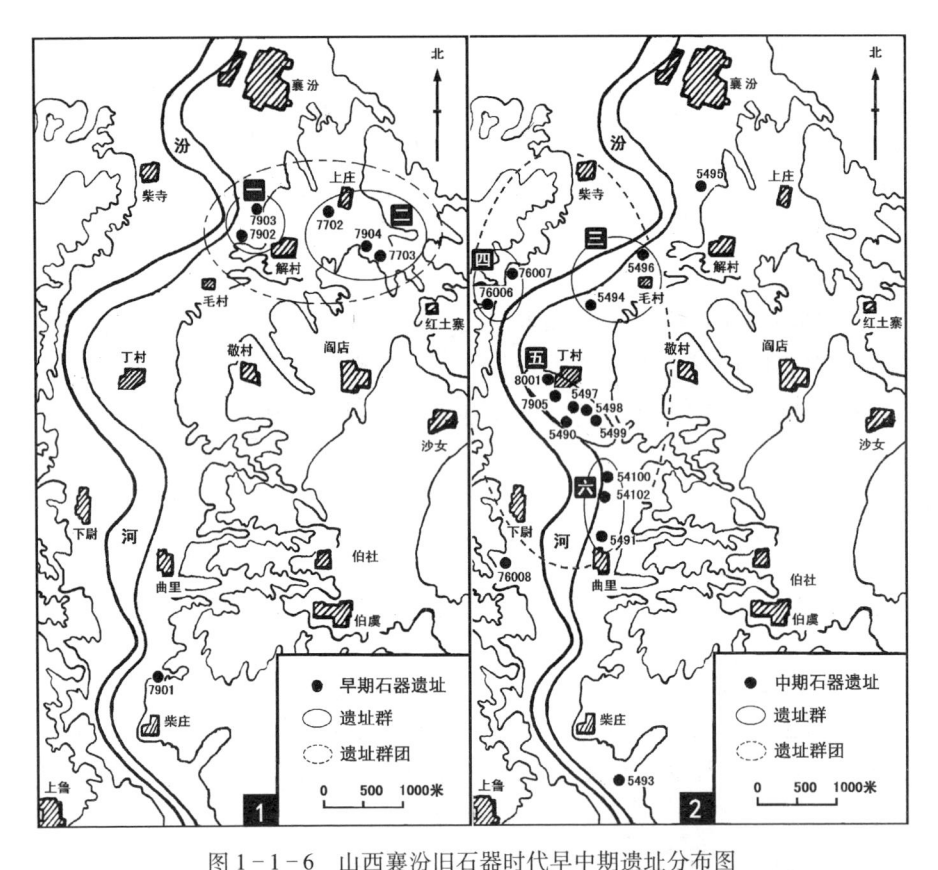

五号遗址群，六个遗址，位于丁村及以南，编号 5490、5497、5498、5499、7905、8001，相互距离最多不过 300 米（图 1-1-6,2,五）。

六号遗址群，三个遗址，位于曲里的北部，编号 5491、54100、54102。其中，后二者相距约 300 米，惟 5491 距 54102 较远，约 600 米（图 1-1-6,2,六）。

由于上述 4 个遗址群相互距离都很近，不超过 1.5 公里，而且中间又无任何自然障碍，所以它们之间的关系应属于同一个遗址群团。

（六）河北泥河湾盆地

河北阳原泥河湾盆地的旧石器考古，自 20 世纪 20 年代开始，持续不断，硕果累累，被学术界誉为"中国乃至世界相关科学研究的经典地区"[1]。

2006 年，谢飞、李珺、刘连强三位先生合著的《泥河湾旧石器文化》出版了，这是泥河湾考古第一部资料最丰富、最权威的综合性研究专著。

---

[1]　刘东生：《泥河湾旧石器文化·序言》，花山文艺出版社，2006 年，第 1 页。

根据书中提供的资料,那里的旧石器时代遗址也存在明显的群聚现象。

1. 旧石器时代早期

泥河湾旧石器时代早期有 12 个遗址,全部密集地聚集在一个东西长不足 4 公里,南北宽不足 1.2 公里的长条形地带内,明显属于同一个遗址群团,以致谢飞等先生也认为"旧石器时代早期遗址均集中分布于此,构成了一个较为庞大的遗址群"(图 1-1-7)。

在这个群团中还有 4 组遗址个体之间的空间距离很近,分别是 1、2 号马圈沟与半山,3、4 号小长梁与大长梁,5、6、7 号飞梁、东谷坨与霍家地,10、11 号油房与西沟,相互之间仅约数百米,应该分别是 4 个不同的遗址群。

2. 旧石器时代晚期

经过多年调查,泥河湾盆地桑干河北岸的西水地村附近发现了许多旧石器晚期的细石器遗址,尽管部分遗址点的发掘成果尚未公布,但已有的资料还是显示,那些遗址皆明显聚为二个遗址群团(图 1-1-8)。其中,西水村东部的群团至少由 3 个遗址群构成,西部的群团也显示不止一个遗址群。

二、旧石器时代遗址群聚形态的基本属性

基于已有的发现,旧石器时代定居类遗址的群聚现象已是不争的事实。然而,对于考古来说,发现了这种事实仅只是获得了一种可供研究的对象与资料,人们还需要去揭示它的历史内涵及其演变规律。否则,这些资料就只是人类物质文化史研究的元素与内容,而不是复原历史、研究历史的考古资料与内容。

(一)以往研究的简要回顾

1923 年,法国古生物学家德日进(P. Teilhard de Chardin)与桑志华(E. Licent)在宁夏水洞沟附近约 1 平方公里的范围内就一连发现了 4 个旧石器遗址,并以此标志中国第一个旧石器时代遗址群浮出了历史浑浊的水面。

1971 年,英国著名的古人类学家玛丽·利基(Mary Leakey)根据东非奥杜威峡谷的发现,开始对那里早期人类的遗址群体进行功能分类,营地、屠宰地、垃圾堆、石器加工场各有归属[1]。

70 年代末至 80 年代初,美国哈佛大学的格林·艾萨克(G. Isaac)也提出了用"中心营地"学说来解释早期人类居住行为的理论模式,并认为东非奥杜威等早期人类的遗址群体均可用这种"中心营地"模式来解释。按照这

---

[1] 王幼平:《中国远古人类文化的源流》,科学出版社,2005 年,第 43 页。

图1-1-7 河北阳原泥河湾旧石器早期主要遗址分布图

1. 马圈沟 2. 半山 3. 小长梁 4. 大长梁 5. 飞梁 6. 东谷坨 7. 霍家湾 8. 岑家湾 9. 马梁 10. 油房 11. 西沟 12. 二道梁 13. 黑土坡 14. 上沙嘴 15. 板井子

(引自谢飞等《泥河湾旧石器文化》)

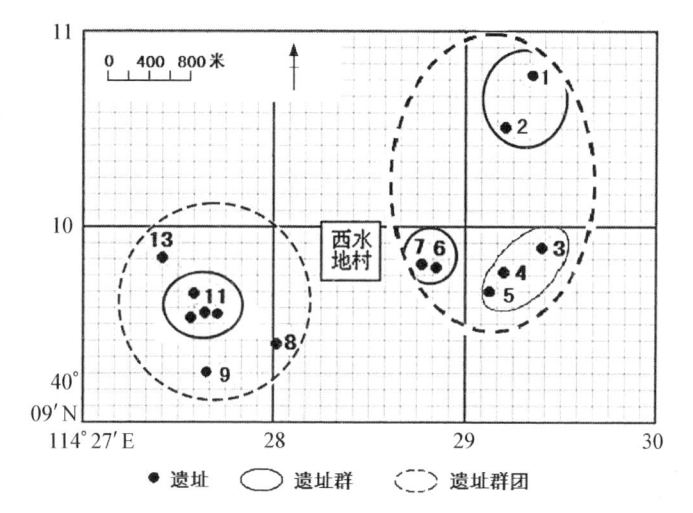

图 1-1-8　泥河湾西水地村周围部分细石器遗址分布示意图

1. 八十亩地（73101）　2. 大底园　3. 72117　4. 王密沟（65040）
5. 苇地坡　6. 瓜地梁　7. 于家沟（65039）　8. 大西湾（73102）　9. 梅沟
10. 祁家湾　11. 马鞍山　12. 马蜂窝（73105）　13. 鬼门关（73103）
14. 果树地（73104）

（引自谢飞等《泥河湾旧石器文化》，图中遗址编号为本书作者所加）

种模式，早期人类全部都是孤独的群体，只会在一个"中心营地"里居住生活，而在营地的周围从事其他各种非居住性活动①。

受国外理论与思想方法的影响，20世纪80年代中后期，中国考古学家也开始意识到了这种遗址群与"中心营地"的存在，于是"地点群"、"遗址群"、"中心遗址"等称谓也不断见诸有关的调查与发掘报告。

20世纪90年代初期，有关"地点群"、"遗址群"性质的讨论就开始出现在国内学者的论著之中。其中，房迎三先生的论文《水阳江旧石器地点群埋藏学的初步研究》（1992年）和《中国的旧石器地点群》（1993年）、王幼平先生的专著《更新世环境与中国南方旧石器文化发展》（1997年）和《中国远古人类文化的源流》（2005年）等，就都是这方面的代表作，并说明目前国内学术界的主流与国外完全一样，多认为遗址群是一种不同功能遗址的栖居系统。不过，也有少数学者，如杜水生先生就在《泥河湾盆地旧石器时代晚期社会组织结构分析》（2007年）一文中认为遗址群是一种"族群"②。

（二）有关发现的启示

已有的资料表明，将旧石器时代人类的生存模式都认为是各自毫无联

---

① 王幼平：《中国远古人类文化的源流》，科学出版社，2005年，第138页。
② 杜水生：《泥河湾盆地旧石器时代晚期社会组织结构分析》，《山西大学学报（哲学社会科学版）》2007年第5期。

系地孤独生存,并将定居类遗址的群聚现象都视为一种单纯功能性的生活系统,的确过于简单。一方面,这些理论并没有很好地解释众多遗址成群成团集中相聚的原因;另一方面,这些理论实际也从根本上否认了人类社会与生俱来就拥有的组织与组织形态。

1. 安徽水阳江流域旧石器早期遗址的启示

关于旧石器时代定居类遗址群聚的属性问题,安徽水阳江流域的旧石器早期遗址就提供了极具普遍意义的重要启示。

第一,水阳江流域的旧石器早期定居类遗址显示了很高的组织化程度。

由图1-1-3可知,所有的遗址不仅近距离相聚为群,而且还以群为单位近距离相聚为团;在相互近距离相聚的同时,又明显通过空间距离的远近显示了各自之间的亲疏关系。虽然在二个群团之间22公里的隔离区中,也有许多地段适合人类居住,如宁国水东镇附近地段。但是,却一个遗址也未发现。这是一种偶然吗?是一种巧合吗?是那里缺乏石器制作的原料、没有野兽出没、没有水源、没有适合栖居的场所吗?不是,而应该是当时人类组织群体与群体之间定居的共存原则使然,是二个独立组织之间的空白中立隔离带。

第二,人们不可能每天都在周围不同功能遗址之间来回奔波。

假如水阳江流域所有的遗址群团,如同专家所言,都是人类生产生活不同功能遗址的组合体,那宣城群团东西最少15公里、半径7.5公里的空间跨度,往返一次至少耗时2—3个小时,这对当时的人类生活有意义吗?难道屠宰地、垃圾堆、石器制作场的设置都要如此远离住地吗?假如每一个遗址群都是季节性居住及其他不同功能遗址的组合体,那在自然环境完全相同的条件下,人们有必要整天都在这些遗址点之间来回奔波吗?

第三,即使每一个遗址群都是不同功能遗址的组合体,那遗址群团也应该是人类自身的组织体。

假如水阳江流域所有的遗址群,如同专家所言,都是人类生产生活不同功能遗址的组合体,那Ⅰ号宁国遗址群团就会因为有2个类似的遗址群,而表明它的内部至少有2个人类居住的"营地";Ⅱ号宣城遗址群团则会因为有4个遗址群,而表明它的内部至少拥有4个人类居住的"营地"。尽管每个营地的规模有大有小,但它们的意义却都是一样的,却都是人类的定居地;并由此共同表明,从旧石器早期开始,即使每一个小型的遗址群都是不同功能遗址的组合体,那也不排除大型遗址群团是一种纯粹的人类组织与物化的组织形态的可能。

第四,多功能的大型"中心营地"为何还要与其他遗址近距离相聚呢?

宣城群团第三遗址群的 11 号陈山遗址,面积巨大,虽遭现代砖瓦厂严重破坏,仍幸存数十万平方米,比大多数新石器时代遗址的面积还大,而且出土石制品数量多,种类齐全,其属性不仅被房迎三先生誉为水阳江旧石器遗址群的三大"营地"之一,而且还誉为是整个水阳江流域的"中心"①。对此,王幼平先生也认为:它"反映人类在此活动复杂,时间长"②。如果此说不误,那就说明它是一种与其他功能遗址结为一体的可就地进行许多"复杂"活动的定居遗址,是不再需要附加其他独立的石器制作场与野兽屠宰场的定居遗址。

因此,这样的遗址与其他近距离相聚的遗址之间就明显不是功能分区,而是组织关系了。

第五,为什么同样的"中心营地"要近距离相聚并结伴而立?

属于宁国遗址群团二号遗址群的 7 号毛竹山遗址,曾因发现人类定居的生活遗迹(图 1-1-4)而被誉为水阳江流域旧石器遗址群的三大营地之一。然而,近在咫尺的 6 号官山遗址也曾因为出土石制品数量较多,显示了某种人类生活遗迹的存在,同样也被誉为是水阳江流域旧石器遗址群的三大营地之一③。可是,这二个"中心营地"之间的相互距离却只有区区 500 余米,从而说明它们之间完全没有功能不同的区别,也实实在在属于同一个人类社会组织——遗址群。

显然,安徽水阳江流域的定居类遗址及其群聚形态带给人们最大的启示就是证明了人与组织关系是与生俱来的。早在旧石器时代早期,人类社会就已经是一种以定居的"栖息地"或"营地"为单位的有组织社会。对早期遗址相互关系的认识绝不能仅局限于单纯生产生活功能的区分,还应该更多地同步考虑人与人及社会组织的问题。

2. 河北泥河湾盆地旧石器早期遗址的启示

在泥河湾,多数旧石器时代早期的定居遗址都经过了试掘与正式发掘,并为遗址及其群聚形态的属性研究提供了重要的资料和佐证。

东谷坨遗址(图 1-1-7,6),1981 年发现并随即进行了试掘,截至 2001 年,遗址总发掘面积达 120 平方米。据谢飞等先生介绍④,遗址面积较大,文化层最厚达 3 米多,遗物也很丰富。虽然"在东谷坨遗址中没有发现明显的遗迹现象,但是大量碎屑和碎骨片的存在,说明在这里曾经有过打片活动和

---

① 房迎三:《中国的旧石器地点群》,《华夏考古》1993 年第 3 期。
② 王幼平:《中国远古人类文化的源流》,科学出版社,2005 年,第 120 页。
③ 房迎三:《中国的旧石器地点群》,《华夏考古》1993 年第 3 期。
④ 谢飞等:《泥河湾旧石器文化》,花山文艺出版社,2006 年,第 58—66 页。

餐食活动,并且,由于作用于遗址的水动力比较平缓,没有对遗址造成大的扰动"。遗址石器的制作水平也名列泥河湾旧石器早期遗址之冠,"除技术改进外,应与遗址性质及所占用的时间有密切关系。据分析,遗址处在当时泥河湾湖滨的河流入口处的河漫滩环境下,这里往往是人类或其他动物活动的最频繁地段,巨厚的文化层显示,人类在这里持续的时间长,众多的石制品证实,这里绝不是人类短暂的活动留下的遗物,而是长时期的占据或多年反复光顾的结果"。

飞梁遗址(图1-1-7,5),位于东谷坨西北,相距仅200米,1990、1996年先后二次发掘,总发掘面积近100平方米。其中,1990年的发掘,美国著名的旧石器考古学家加州大学伯克利分校柯德曼教授、印第安纳大学屠尼克和凯西·石克教授、犹他大学著名地质学家布郎教授都在现场指导发掘。1996年,遗址的发掘则完全是由河北省文物研究所与美国印第安纳大学组成的考古队联合进行的①。

发掘的主要收获有三点。

第一,发现遗址A、B文化层的年代与东谷坨遗址文化层A、B相当(图1-1-9,1),说明二者年代相同。

第二,发现遗址有厚达2米以上的文化堆积层,说明他们在一起定居的时间还特别长(图1-1-9,2,第9—11层)。

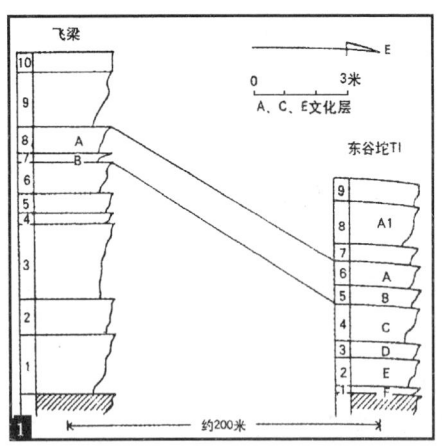

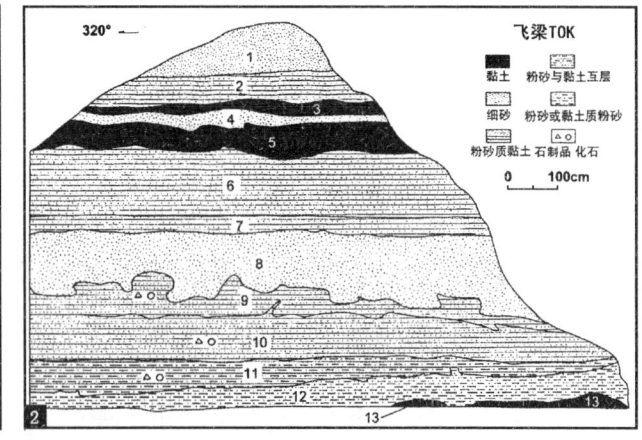

图1-1-9 东谷坨、飞梁遗址地层剖面比较图与飞梁遗址探方TOK东壁地层剖面图
(引自谢飞等《泥河湾旧石器文化》)

---

① 谢飞等:《泥河湾旧石器文化》,花山文艺出版社,2006年,第67页。

第三,发现了"文化遗物分布上存在 4 个相对集中区域……造成这种现象往往是人为的,与当时占有者生产、生活行为息息相关"①。

由于以上二个遗址不仅时代接近,距离接近,文化层堆积接近且较厚,而且还有人类的生产生活遗迹存在;因此,它们之间就应该不是一种因追逐食物而偶然相聚在一起的孤独的"原始群"或"游团",而是互有组织关系的长期定居的人群。

3. 河北泥河湾盆地旧石器晚期细石器遗址的启示

目前,在泥河湾旧石器晚期细石器遗址中经过发掘又特别值得关注的遗址有大底园、苇地坡、梅沟、于家沟、马鞍山、八十亩地 6 个地点。

(1)大底园遗址

遗址位于阳原县西水地村东北约 2 200 米处(图 1-1-8,2),1999 年发掘,面积 30 平方米。由于流水的作用,发掘区的堆积均非原始堆积,而属次生堆积。但是,这里出土的文化遗物却种类与品质俱佳。石器的原料主要是燧石。石核类型仍以楔形石核占主导地位,并显示出成熟的剥片技术。石器数量虽然不多,却有刮削器、凹缺刮器、石矛头等,从而显示出多样的石器组合类型。石器的加工也非常精细,修理疤控制准确,大小一致,既有单层修理疤,又有多层重叠修理疤;刃缘或直或凸,完全可以随制作意图而控制。第四纪的动物遗骨也发现 101 件,除了哺乳动物、鸟类以外,还有鱼类。此外,遗址还发现 1 件人头盖骨化石残片,属于晚期智人。

由于遗址不仅出土了种类齐全的精美石器,以及捕食过的各种动物,甚至水生动物鱼类,而且还有人头骨化石。因此,所有的出土物就表明它们原先共存的遗址实际就属于一个人类的居住遗址。

(2)梅沟与苇地坡遗址

梅沟位于西水地村西南(图 1-1-8,9),苇地坡位于东南(图 1-1-8,5),二者相距约 2 200 米,1998、1999 年,二地先后小面积发掘②。

根据发掘报告,二地除主要出土了石器以外,还发现了灰烬、红烧土、炭屑。

梅沟第 8 层,厚 15 厘米,富含石制品,并发现灰烬与红烧土;第 10 层,厚 40—50 厘米,除石制品与动物化石外,也发现了灰烬层与红烧土。

苇地坡,发掘面积仅 6 平方米,并于厚 30 厘米的第 4 层也发现了炭屑。

虽然二地的发掘面积小,可那些灰烬、红烧土、炭屑却表明当地是有人

---

① 谢飞等:《泥河湾旧石器文化》,花山文艺出版社,2006 年,第 67—80 页。
② 梅惠杰:《泥河湾盆地梅沟和苇地坡旧石器时代晚期地点》,《人类学学报》2006 年第 4 期。

居住的,有的居住时间还较长。

(3) 于家沟遗址

遗址位于西水地村正东(图1-1-8,7),相距约530米,1965—1998年多次发掘。在厚65厘米的旧石器晚期的第4层中,发现了一处石制品密集分布的区域。对此,有专家称"若从文化遗物出土状况分析,当存在人类的生活活动面"①,即居住面。

(4) 马鞍山遗址

位于西水地村西南约750米(图1-1-8,11),南距梅沟遗址约500米。1997、1998年二次发掘,总面积约50平方米,发现了大量与人类居住有关的遗存,被誉为"是虎头梁遗址群中最重要的遗址之一"②。

遗址揭露了多层人类活动面,还发现了用火遗迹,如火塘、火堆、灶等,多达30余处。火塘用大的砾石或石块围摆成圆形或近圆形,底面烧结较硬。火堆多不规则,长、宽多在20—70厘米之间,内部可见烧过的残骨和灰烬。灶只发现一座,保存较好,为原地挖成,平面近椭圆形,圜底,南北长84厘米、东西67厘米,深15—18厘米,壁及底部较硬,上部堆积为炭屑,下部为灰烬。另外,用火遗迹的周围还散布有较多与人类餐食活动有关的被砸、砍、刮、烧过的残骨③。

这些用火遗迹的发现表明,这里曾是一处人类长时间居住与生活的遗址。

(5) 八十亩地遗址

八十亩地(图1-1-8,1),1973年发现并发掘。一共发现3个"炉灶坑",并呈"品"字形分布(图1-1-10)。

II_{5-6}炉灶坑,长椭圆形,长1.70米,宽80厘米,厚5—16厘米,其中含大量木炭粒、烧骨和烧过的鸵鸟蛋皮以及少量的石器,土质呈黄褐色至黄黑色,与周围的砂质黄土界限分明。在这个炉灶坑的边缘还发现四块较大的砾石,砾石周围有很多破碎的动物肢骨、下颌骨和少量石器(图1-1-10,1)。

II_{7-8}炉灶坑,与II_{5-6}相连,连接处很窄(图1-1-10,2)。

VI_{7-8}炉灶坑,坑内也发现了木炭粒、烧骨和烧过的鸵鸟蛋皮,在炉灶坑的边缘上还发现有穿孔贝壳和赤铁矿(图1-1-10,3)。

---

① 谢飞等:《泥河湾旧石器文化》,花山文艺出版社,2006年,第165页。
② 谢飞等:《泥河湾旧石器文化》,花山文艺出版社,2006年,第170页。
③ 谢飞等:《泥河湾旧石器文化》,花山文艺出版社,2006年,第170页。

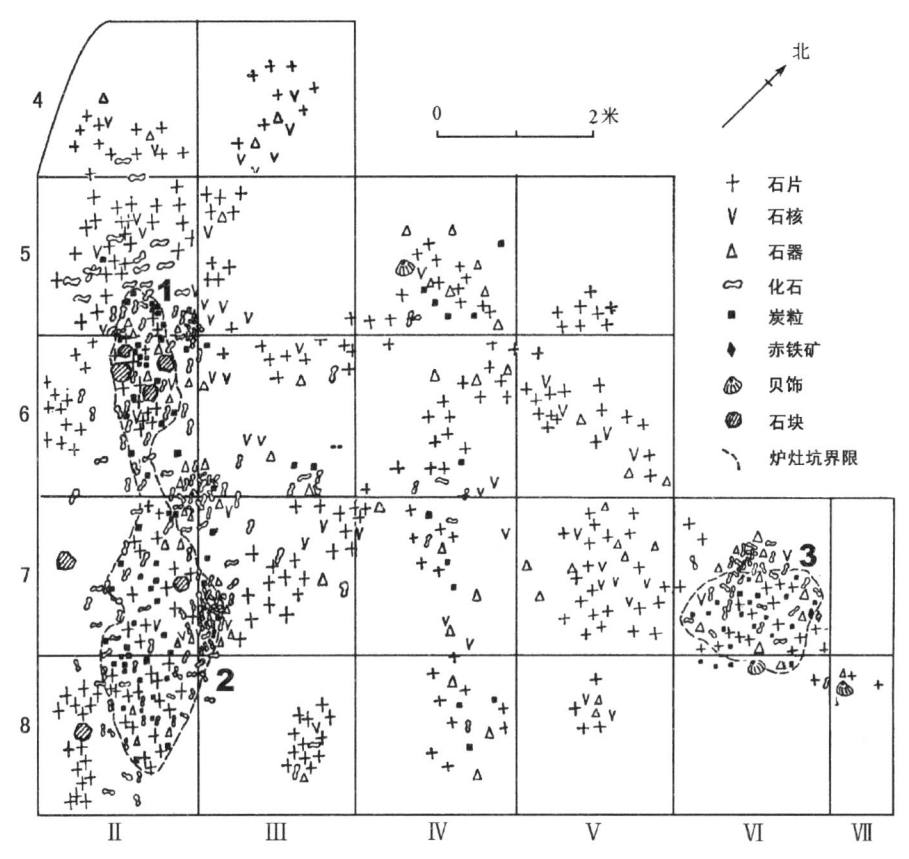

图 1-1-10　泥河湾八十亩地遗址遗迹与出土物平面位置分布图

(引自盖培等《虎头梁旧石器时代晚期遗址的发现》)

此外,在三个炉灶坑之间还散布着大量的石片和石屑,时而密集,时而稀疏,其中也发现有处于不同剥片阶段的石核和加工细致的石器。

对此,调查与发掘者都认为,遗址的这种平面布局可以说明这里曾是居址兼石器加工场所,并在某种程度上反映了遗址主人的生活情景[1]。

值得注意的是,以上 6 个同时代的含有人类居住遗迹与信息的地点不仅分属于二个遗址群团,其中大底园、苇地坡、于家沟、八十亩地属于东部遗址群团,马鞍山、梅沟属于西部遗址群团。而且在各自群团内的相互距离也比较近,如八十亩地与大底园之间仅约 600 米,同属一个遗址群;苇地坡与于家沟之间不足 800 米,马鞍山与梅沟之间也不足 800 米。因此,这些遗址的发现与发掘就给人们提供了三个方面的重要启示。

第一,随着历史的晚近与发展,人类长期在同一地点居住的定居状态日

---

[1]　盖培等:《虎头梁旧石器时代晚期遗址的发现》,《古脊椎动物与古人类》1977 年第 4 期。

趋改善,各遗址中明显拥有生活遗迹、火塘、灶坑的数量日益增多。

第二,明显拥有生活遗迹、火塘、灶坑的定居遗址数量的增多,实际也表明愈来愈多的遗址是属于定居类遗址,近距离相聚的遗址间的关系更应该是不同人群之间的组织关系。

第三,将所有旧石器时代的遗址群都认为是不同功能遗址的组合明显有问题,至少旧石器晚期就有更多的遗址与人类的居址和社会组织有联系。

显然,旧石器时代定居类遗址的空间分布与群聚形态属性绝不仅限于各自功能的不同,而是更应该与人类的居住方式,与人类自身的组织方式有关,探讨人类早期社会的组织与组织形态应该成为旧石器时代考古最主要的课题和任务。尽管有难度,但千万不能简单地将所有的群聚现象都归之为功能不同。功能的区分,有,但不是全部。

第二节 以遗址群聚现象为基础的婚姻形态

旧石器时代定居遗址群聚形态的形成说明,遗址的近距离相聚,不只是一种相互功能的不同,也不只是一种"生活圈"①;而是人类血缘社会初期的居住方式与组织方式。因此,在遗址群聚形态的层面上来讨论当时的婚姻与家庭问题,不仅是一种新的理念、新的视角,更重要的是使这类问题的讨论拥有了更科学客观的基础和平台。

一、旧石器时代并不存在独立生存的"原始群"

按照摩尔根等人的进化理论,从人类社会的早期,蒙昧时代的"低级阶段",也就是"人类的童年","人还住在自己最初居住的地方,即住在热带的或亚热带的森林中"②(恩格斯《家庭、私有制和国家起源》第17页,简称《起源》P17)的阶段开始,一直到蒙昧时代的晚期,人类的社会组织就只有一种完全独立的相互没有任何关系的"原始群"。大约到了"普那路亚家庭"出现的时期,人类社会才出现有组织关系的群体,才有了氏族以及由氏族构成的部落。

---

① 房迎三:《水阳江旧石器地点群埋藏学的初步研究》,《人类学学报》1992年第2期;《皖南水阳江旧石器地点群调查简报》,《文物研究》第三期,黄山书社,1988年。
② 恩格斯:《家庭、私有制和国家的起源》,《马克思恩格斯选集》第四卷,人民出版社,1974年,第17页。

然而,中国旧石器时代的考古发现却非常直白地告诉人们,从旧石器时代早期,以距今约200万年以前的河北泥河湾马圈沟遗址①开始,那种完全与世隔绝的终身孤独的"原始群"就根本不存在,整个中国也找不到任何孤立存在的旧石器时代遗址。

无论在任何地方,只要见到一个定居遗址,只要没有被破坏,就一定会在其周边近距离地见到其他同时代的遗址。这些遗址,不仅仅只是功能不同,也明显包含了不同的人类居住与组织单位。

除了群聚现象的普遍性以外,这些相聚在一起的遗址还同时存在三个不同的组织层级。

以安徽水阳江流域为例。

第一级,就是每一个独立的遗址,它们很可能就是当时人类居住与生活的基本组织单位。

第二级,就是以独立的遗址为单位,相互近距离相聚而组成的遗址群;如官山和毛竹山就共存在同一个遗址群中,相距约500米(图1-1-3,二,6、7)。

第三级,就是以独立的遗址群为组织单位,相互近距离相聚而组成的遗址群团;如宁国群团就由二个遗址群构成(图1-1-3,一、二),宣城群团就由4个遗址群构成(图1-1-3,三—六)。

显然,旧石器时代早期遗址这种普遍的井然有序的群聚形态,以及层级分明的空间关系和组织关系,绝不是偶然现象,它直白地说明自有人以来就有组织,根本不存在独往独来独立生存的"原始群"。

值得注意的是,在"普那路亚家庭"出现原因的论述中,恩格斯有一段话颇为值得注意。他说"每个原始家庭,至迟经过几代以后是一定要分裂的。原始共产制的共同的家庭经济(它毫无例外地一直盛行到野蛮时代中级阶段的后期),决定着家庭公社的最大限度的规模,这种规模虽然依条件而变化,但是在每个地方都是相当确定的"(《起源》P34)。

这段话最重要的意义就在于它说明了"原始家庭"的分裂是必然的,并有二个主要原因。其一,自然原因,即家庭人口的自然增殖,人口多了,"经过几代以后是一定要分裂的";其二,社会经济原因,因为"原始共产制的共同的家庭经济","决定着家庭公社的最大限度的规模"。

然而,令人大惑不解的是,那些自以为是在坚持马克思主义的人却并没有利用这段论述即原始家庭分裂的二个基本原因去理解和认识更早期的

---

① 谢飞等:《泥河湾旧石器文化》,花山文艺出版社,2006年,第43页。

"原始群",似乎"原始群"就不存在人口的自然增殖与经济规模局限的问题。

显然,这是一个前后逻辑不一致的问题。因为人口的自然增殖与经济规模的局限不仅对后期的社会形态有影响,同样也会影响早期的社会形态。

事实上,"普那路亚家庭"产生的原因同样也适用于更早期的"原始群"及其婚姻形态。由于自然的原因,任何"原始群"都会因为群体人口的增殖而分裂;又由于社会经济的原因,任何"原始群"都不可能无限制的扩大。因此,早在"普那路亚家庭"产生之前,人类社会实际就已经出现了类似氏族和部落一样的组织,只不过那时候的群体规模可能较小而已。

那种将人类社会早期描绘成只有孤独的群体而没有社会组织的理论完全需要重新修正。

二、氏族社会的形成与婚姻、家庭形态的变化无关

长期以来,人们一直认为史前社会可以分为二大阶段:前段,只有一种社会组织,即独立存在独立生存的孤独的"原始群"或"游团";后段,变成了氏族社会,有了组织,有了氏族与部落。至于前后段的转变,则因为"普那路亚家庭"的出现与发生。

"普那路亚家庭"又称"伙婚家庭",群婚制的高级阶段。有二个突出特点。

第一,先"排除同胞的(即母方的)兄弟和姊妹之间的性交关系","最后甚至禁止旁系兄弟和姊妹之间的结婚,用现代的称谓来说,就是禁止同胞兄弟姊妹的子女、孙子女以及曾孙子女之间结婚"(《起源》P33)。

第二,由于群体内的各级别之间都禁止通婚了,所以族外婚开始流行。值得注意的是,族与族之间的婚姻仍然还是一种级别群婚,即一个氏族同一级的一群男子与另一氏族同一级的一群女子集体通婚;其中,同一级的每一个男子都是同一级的每一个女子的丈夫,每一个女子也都是同一级的每一个男子的妻子。

"普那路亚"系夏威夷语 punalua 的音译,意即"亲密的朋友"或"亲密的伙伴"。"普那路亚家庭"由摩尔根命名,并把它作为人类历史上第一个族外群婚家庭的典型。

关于"普那路亚家庭"产生的意义,恩格斯说"如果说家庭组织上的第一个进步在于排除了父母和子女之间相互的性交关系,那么,第二个进步就在于对于姊妹和兄弟也排除了这种关系。这一进步,由于当事者的年龄比较接近,所以比第一个进步重要得多……用现代的称谓来说,就是禁止同胞

兄弟姊妹的子女、孙子女以及曾孙子女之间结婚……"(《起源》P33)。"不容置疑,凡血亲婚配因这一进步而受到限制的部落,其发展一定要比那些依然把兄弟姐妹之间的结婚当作惯例和义务的部落更加迅速,更加完全。这一进步的影响有多么强大,可以由氏族的建立来作证明;氏族就是由这一进步直接引起的,而且远远超出了最初的目的,它构成地球上即使不是所有的也是多数的野蛮民族的社会制度的基础……"(《起源》P33)。

目前,对于摩尔根"普那路亚家庭"的质疑几近为国内外民族学、人类学的主流。

据厦门大学的徐国栋先生介绍"摩尔根根据美国公理教会传教士海兰·宾汉(1789—1869年)于1847年出版的《夏威夷群岛上的21年》一书中对夏威夷人的多偶制的批评,形成了关于对偶婚之前的家庭形式的概念——普那路亚家庭,他把它当作群婚与对偶婚之间的过渡。恩格斯完全接受了摩尔根的分析。但经现代学者的研究,证明海兰·宾汉的报道纯系杜撰,在当时的夏威夷,占统治地位的是对偶婚,并且正在向一夫一妻制转变。伙婚制只少量地存在于贵族群体中。简单地说,摩尔根在这个问题上受了传教士的误导,恩格斯又受了摩尔根的误导。尤其重要的是,摩尔根—恩格斯对夏威夷的社会发展程度估价过低,他们认为这个地方当时'尚未达到氏族组织的阶段',而事实上,那时(1820年)的夏威夷已处于国家阶段","对普那路亚家庭的真实性的否定意义重大,因为恩格斯认为,'氏族制度,在绝大多数情况下,都是从普那路亚家庭中直接发生的'。普那路亚婚姻是氏族的基石,如果这种婚姻不存在,则是否存在氏族制度,就值得怀疑了"[1]。

不过,就在质疑"普那路亚家庭"的同时,国内外学术界也没有一种理论说清楚了人类是如何从"原始群"走到"氏族社会"的。即使是20世纪后期兴起的"酋邦理论",一方面认为史前存在"游团"与"部落"二个发展阶段[2],另一方面相对"原始群"的概念又更强调"游"的特征。然而,令人遗憾的是究竟是如何"游"成"部落"的也没有说清楚。

中国的旧石器时代考古虽然不可能直接介入有无"普那路亚家庭"的争讼,但已有的遗址群聚与组织形态的发现却非常明确地告诉人们,自有人类以来就有类似氏族社会一样的社会组织。血缘社会与氏族社会是同一个事

---

[1] 徐国栋:《家庭、国家和方法论:现代学者对摩尔根、恩格斯——对〈古代社会〉、〈家庭、私有制和国家的起源〉之批评百年综述》,《法律文化研究》(第二辑),中国人民大学出版社,2006年。

[2] 童恩正:《文化人类学》,上海人民出版社,1989年,第216—227页。

物的二个方面。血缘社会指的是社会的性质,指的是社会组织纽带的属性;而氏族社会指的则是血缘社会具体的组织形态。血缘与氏族社会的出现完全是一种自然现象,只要有人,只要这里的人群会基于人口增长与经济的局限而发生自然增殖与分裂现象,那么就一定会有氏族社会,就一定会有氏族与部落一样的组织。它们不是前后不同的发展阶段,而是同时出现的。

旧石器时代的早、中、晚期,遗址的群聚与组织形态及其特点之所以都完全一样,就证明在旧石器时代无论早、中、晚期都是血缘氏族社会。

湖南西北的澧阳平原,截至 2000 年,周边一共发现旧石器时代遗址点 38 处[1](图 1-1-2)。早的,可以津市虎爪山(图 1-1-2,30)为代表,距今约 50 万年[2];晚的,可以澧县十里岗(图 1-1-2,二,4)为代表,距今约 2 万年[3]。然而,时代无论早晚,各时期近总数 70% 的遗址始终遵循近距离相距为群的基本原则。

假如整个旧石器时代经历了原始群与氏族社会二大发展阶段。那毫无疑问,旧石器时代的遗址群聚形态也应该分为二大阶段。第一段就是只有一个个独立的仅供"原始群"和"游团"居住的遗址,第二段才有遗址与遗址近距离相聚的遗址群等组织。然而,整个中国的旧石器时代就没有见到一个孤独的"原始群"与"游团"的身影。

实际上,遗址的组织与群聚形态就是基于遗址之间最基本的血缘关系构成的一种社会形态,它的存在与特点并不受遗址内部,或遗址与遗址之间婚姻与家庭形态的影响。旧石器早期,就在人们以为当时只有原始群内的杂婚的时候,考古却发现了与氏族、部落一样的遗址群聚与组织形态。旧石器中期,就在人们以为是人类的婚姻形态变革催生了族外婚,催生了氏族与部落的时候,其遗址的群聚与组织形态却没有任何变化,并表现出了与旧石器早期完全一样的特点。

显然,血缘、氏族与婚姻关系各自的作用范围与特点是完全不同的。

血缘、氏族涉及的是人与人、人类群体与群体之间,源于自然的最根本的关系,以及建立这种关系的社会组织纽带与方式。

一般而言,在国家等地缘化的社会组织出现之前,没有任何社会原因会使血缘、氏族发生根本的变化。

与血缘、氏族关系完全不同,婚姻与家庭却都是以血缘与氏族关系为基

---

[1] 国家文物局主编:《中国文物地图集·湖南分册》,湖南地图出版社,1997 年。
[2] 李琳:《津市虎爪山旧石器时代早期旷野遗址入选全国重点文物保护单位》,《常德日报》2013 年 5 月 10 日。
[3] 裴安平等:《长江流域的稻作文化》,湖北教育出版社,2004 年,第 51 页。

础为平台而发生的成年男女结合在一起的生活单位与生活方式。史前任何时期,任何形式的婚姻与家庭形态都改变不了当时血缘与氏族社会的基本性质。即使父系社会时期,社会组织的基本原则并没有改变,既没有改变血缘是社会组织基本纽带的现实,也没有改变社会仍然是氏族社会的现实。尽管当时的社会由于婚姻与家庭形态的变化由母系变成了父系,但改变的仅仅只是氏族社会的具体组织方式,以及男女之间的关系,男女之间的地位,而血缘与氏族社会的本质并没有任何变化。

由于"在1847年,社会的史前史、成文史以前的社会组织,几乎还没有人知道"①,所以1867年,马克思在《资本论》第1卷第1版中就有"在家庭内部,随后在氏族内部"这样的提法。但是,马克思逝世以后,在1883年《资本论》的第3版中,恩格斯就根据马克思《路易斯·亨·摩尔根〈古代社会〉一书摘要》(下文简称《摘要》)在这里加了一个注:"后来对人类原始状况的透彻的研究,使作者得出结论:最初不是家庭发展为氏族,相反地,氏族是以血缘为基础的人类社会的自然形成的原始形式。由于氏族纽带的开始解体,各种各样家庭形式后来才发展起来。"②

坦率地说,恩格斯的这段话充分地体现了马克思主义不固执己见并始终不懈地追求真理的崇高品质。然而,令人不解的是,就在马克思、恩格斯都意识到以前的认识有"问题",我国学术界也有人早就注意到了马克思、恩格斯对"问题"的认识有变化③的前提下,学界的主流却执拗地坚持着有关的"问题"。

事实表明,关于氏族社会出现的时间早晚对于婚姻形态的研究具有十分重要的意义,是人类与生俱来"族外婚"的基础与根本。因此,以为是家庭与婚姻关系的变化导致了氏族社会出现的看法也需要重新修正。

三、人类的婚姻与生俱来就具有"族外婚"的特点

所谓"杂婚",按照摩尔根、恩格斯的意思就是在"原始群"的范围内,男女之间没有任何禁忌的相互婚姻。

所谓"血缘婚",就是在"原始群"的范围内,男女之间的婚姻关系首次

---

① 马克思、恩格斯:《共产党宣言》,《马克思恩格斯文集》第2卷,人民出版社,2009年,第31页。
② 恩格斯:援引马克思《路易斯·亨·摩尔根〈古代社会〉一书摘要》为马克思《资本论》作注,见《马克思恩格斯文集》第5卷"资本论·注50a",人民出版社,2009年,第407页。
③ 田心铭:《从〈家庭、私有制和国家的起源〉看马克思恩格斯文明思想》,《马克思主义研究》2013年第7期。

出现了辈分禁忌,不同辈的男女不能通婚。与此同时,由于"血缘婚"的出现,还给人类社会带来了第一种家庭形态"血缘家庭"。

然而,根据中国旧石器时代的考古发现,以独立存在独立生存的孤独的"原始群"为基础为单位的"杂婚"与"血缘婚"是根本不存在的。因为,旧石器时代遗址的群聚形态明确显示,人类一直就是有组织的社会,人在组织中就一直是人类与生俱来的一种生存与生活方式。所以,"皮之不存,毛将焉附",以"原始群"为依托为存在条件的"杂婚"与"血缘婚"也就难以成立。

不过,不存在以"原始群"或氏族为单位的"杂婚"与"血缘婚",不等于不存在以部落为单位的"杂婚"与"血缘婚"。

然而,人类历史上是否真的存在过"杂婚"与"血缘婚",目前还证据不足。

1983年,当时中国历史博物馆的宋兆麟、黎家芳、杜耀西三人合著的《中国原始社会史》(以下简称:《原始社会》)出版了。在这本书中,作者一方面列举了云南怒族、高山族、纳西族,黔东南苗族、哈尼族、壮族、布依族等民族兄妹通婚的传说;另一方面,又引用了云南永宁纳西族,黑龙江、内蒙鄂温克人,西藏僜人等社会中还残存的一些实例,不仅证明了"血缘婚"的存在,还证明了"血缘婚是从杂婚向氏族外婚制过渡的中间环节"(《原始社会》P67)。

1963年、1965年、1976年,詹承绪等先生也曾到云南永宁纳西族进行过民族调查,也发现了类似的现象。在《永宁纳西族的阿注婚姻和母系家庭》一书第三章第二节"结交阿注的范围和限制"中,他们也曾提道:"在永宁纳西族的阿注关系中,还存在个别人既不遵从母系禁婚原则,也不遵从父系禁婚原则的事例。"[①]这说明在纳西族的阿注婚姻中,确实存在同村同寨兄妹相互通婚的现象。

然而,詹承绪等先生们却没有把这种现象与"血缘婚"直接联系起来,而视为"对偶婚"、"阿注婚"的组成部分,属于"结交阿注的范围"。"对偶婚"的总体特点虽然是族外婚,但它并不是绝对的。实际上,纳西族之所以存在兄妹通婚,这本身就说明他们的这种行为也得到了同村同寨人的容忍。就像现代社会一样,世界各地虽然也都以一夫一妻为主流,但各地也有数量不等的一夫多妻、一妻多夫、一夫无妻、一妻无夫以及兄妹婚、近亲婚、同性恋等。

正因此,兄妹婚是否就是古老的"血缘婚"的遗留,还不能最后确认,还

[①] 詹承绪等:《永宁纳西族的阿注婚姻和母系家庭》,上海人民出版社,1980年,第65页。

需要做更多的工作,需要更多更深入的研究。

不过,就遗址的群聚形态而言,无论是否存在过"杂婚"和"血缘婚",当时的婚姻更可能都是在遗址群即部落范围内的"族外婚"。

有四个方面的理由。

第一,定居的遗址群不仅是旧石器时代最重要的人类组织群体,也是人类婚姻的范围所在。

事实上,遗址的群聚形态早就明确地显示,人类社会一直就是有组织的社会;而且人类的婚姻范围也一直受制于人类社会的组织形态。因此,在有组织的前提下,当时人类的婚姻就完全可能是在组织范围内的"族外婚"。

恩格斯在《家庭、私有制和国家的起源》中论述"杂婚"的特点时就曾说过"那时候部落内部盛行毫无限制的性交关系"(《起源》P26)。

这句话的意思实际包括二个方面的含义。

其一,在"毫无限制的性交关系"的历史时期已经出现了部落;

其二,"毫无限制的性交关系"就发生在部落内部,就发生在组成部落的各"氏族"之间。"杂婚"既可能只局限于"原始群"内,也可能是群与群之间的族外杂婚。

第二,氏族社会早于"普那路亚"。

按照以往的认识和理解,氏族社会是因为不仅排除了"原始群"内父母和子女之间相互的性交关系,还因为排除了姊妹和兄弟之间的性交关系,并因此影响到旧家庭公社的分裂和新家庭公社的建立。一列或者数列姊妹成为一个公社的核心,而她们的同胞兄弟则成为另一个公社的核心。

然而,值得人们深思的是,如果当时的地球上都只有相互毫无关系的原始群,那从原始群中分裂出来的人群又去找谁通婚呢?普那路亚式的族外婚的对象难道都是毫无血缘关系的原始群之间的婚姻? 果如此,那岂不是地缘化的婚姻吗?

显然,即使用以往人们的认识逻辑来进行推导,要使族外婚成为可能,就必须先有同血缘的氏族与部落。如果没有,那族外婚就只能是地缘婚,而地缘婚又怎么可能催生出相互都有血缘关系的氏族与部落呢?

实际上,没有氏族社会就没有族外婚,互有血缘关系的氏族与部落的存在才是族外婚的基础与平台。换言之,与生俱来的氏族社会早就为同血缘的人们之间的"族外婚"准备了基础和条件。

第三,已知人类史前的婚姻范围就一直存在于血缘组织的范围之内。

民族学与考古学的发现同时证明,在地缘社会出现以前,人类的婚姻关系就一直受到血缘关系的制约,所有男女之间的婚姻关系就都只发生在有血缘关系的组织内部，即使是一夫一妻制也是如此。只有社会地缘化以后，人类婚姻的社会与空间范围才突破了血缘的局限，并随着社会地缘范围的扩大而扩大。

因此，在人类社会早期的组织条件下，部落或遗址群就完全是当时婚姻的大致范围。或者说，在相同的血缘组织与遗址群的范围内，"族外婚"既是自然的又是合理的。

1963年、1965年、1976年，詹承绪等先生在云南永宁纳西族就发现了类似的"通婚集团"，而且这种通婚集团还与他们原有的血缘组织基本重合（图1-2-7）①。

第四，血缘社会各组织成员原本都是亲戚。

血缘社会的最大特点就是各部落成员原本都是亲戚。虽然"每个原始家庭，至迟经过几代以后是一定要分裂的"（《起源》P34）。但是，亲戚之间的关系不可能一刀两断，即使是分裂为二个遗址，他们之前的婚姻关系依然可以正常保留。也许大多数人都在自己所在组织单位内婚姻，但也不能排除有一部分人会跨单位的"族外婚"。就像新石器时代中期的对偶婚一样，总有一些人是跨聚落跨氏族的"从妇居"或"从夫居"，并同样会得到他人的理解与宽容。

为什么，从旧石器时代开始，同一部落同一遗址群的人类居住遗址会相互近距离相聚？究其原因，除了方便相互交往相互救援以外，方便"族外婚"肯定也是一个重要原因。

血缘组织内部各成员之间的"族外婚"，并不仅仅只是男女之间的关系，更重要的是还有助于组织内部相互之间的感情与团结。

本 章 小 结

本章在定居类遗址与遗址近距离相聚形成的社会组织与组织形态的基础上，重点讨论了人类历史上最早的以血缘为基础的"族外婚"问题。

一、中国旧石器时代的遗址群聚现象

根据广西百色盆地、皖东南水阳江流域、湘西北澧阳平原、陕西洛南盆

---

① 詹承绪等：《永宁纳西族的阿注婚姻和母系家庭》，上海人民出版社，1980年，第6、26—28页。

地、山西襄汾丁村、河北泥河湾盆地的发现,从旧石器时代早期开始,各地区的旧石器时代定居遗址就存在明显的群聚现象。其中,由单个遗址近距离相聚而组成的就是遗址群,由遗址群近距离相聚而组成的就是遗址群团。

根据遗址中的文化堆积和生产生活遗迹,旧石器时代遗址群聚形态的基本属性并不完全都是生产生活功能的分区,而更应该还包含了当时的社会组织与组织形态。

二、以遗址群聚现象为基础的婚姻形态

主要研讨了三个问题。

(一)旧石器时代并不存在独立生存的"原始群"

旧石器时代各地组织关系良好的定居遗址群聚形态表明,由于人口的自然增殖与经济规模局限的双重作用,原本的人类群体"经过几代以后是一定要分裂的";同时还说明当时就根本不存在所谓独立的"原始群",同时也说明当时就根本不存在以独立的"原始群"为单位的"杂婚"和"血缘婚"。

(二)氏族社会的形成与婚姻、家庭形态的变化无关

关于氏族社会出现的时间早晚对于婚姻形态的研究具有十分重要的意义,因为它是人类与生俱来"族外婚"的基础与根本。

旧石器时代遗址的群聚与组织形态表明,自有人类以来就是血缘氏族社会。其中,血缘社会指的是社会的性质,指的是社会组织纽带的属性,而氏族社会指的则是血缘社会具体的组织形式。血缘与氏族社会的出现完全是一种自然现象,只要有人,就一定会有氏族社会,就一定会有氏族与部落一样的组织。

与血缘、氏族完全不同,婚姻与家庭都是以血缘组织为基础为平台而发生的成年男女结合在一起的生活单位与生活方式。史前任何时期,任何形式的婚姻与家庭形态都改变不了当时血缘与氏族社会的基本性质。

(三)人类的婚姻与生俱来就具有"族外婚"的特点

有四个方面的理由。

第一,定居的遗址群不仅是旧石器时代最重要的人类组织群体,也是人类婚姻的范围所在。

第二,氏族社会早于"普那路亚"。

没有氏族社会就没有族外婚,互有血缘关系的氏族与部落的存在才是族外婚的基础与平台。与生俱来的氏族社会早就为同血缘的人们之间的"族外婚"准备了基础和条件。

第三,已知人类史前的婚姻范围就一直存在于血缘组织的范围之内。

民族学与考古学的发现都证明,在地缘社会出现以前,人类的婚姻关系就一直受到血缘关系的制约,所有男女之间的婚姻关系都只发生在有血缘关系的组织内部,即使是一夫一妻制也是如此。

第四,血缘社会各组织成员原本都是亲戚。

血缘社会的最大特点就是各组织成员原本都是亲戚。虽然每个原始组织至迟经过几代以后是一定要分裂的,但各个组织成员之间的关系却不可能一刀两断。也许大多数人都在自己所在组织单位内婚姻,但应该也有一部分人会跨单位的族外婚。

正因此,人类的婚姻完全可能一开始就具有"族外婚"的特点。

第二章 以自然性爱为基础的一夫一妻制婚姻和家庭

距今10 000—7 000年的新石器时代中期,就是中国一夫一妻制婚姻和家庭起源的第一阶段,也是中国在母系社会晚期对偶婚占主导地位的时代出现了以自然性爱为基础的一夫一妻制婚姻与家庭的阶段。

所谓"对偶婚"就是同部落不同氏族的成年男女,在或长或短的时间内以女子为中心组成配偶关系的不稳定的一种婚姻制度。一夫一妻制婚姻,国内外学术界又有"单偶婚"、"个体婚"、"专偶制"等称呼,但所指大同小异,皆为成年一男一女结为夫妻的形式与制度。至于一夫一妻制家庭,则是成年男女因婚姻而结合在一起的生活单位与生活方式。

由于母系氏族社会晚期流行对偶婚已成国内外学术界的主流认识,因此这里将集中讨论有关一夫一妻制婚姻与家庭的起源问题。

第一节 历 史 背 景

就时代最早的一夫一妻制婚姻与家庭的出现而言,其历史背景主要涉及广谱经济、早期财富私有制、对偶婚三个方面。

一、广谱经济

根据已有的发现,新石器时代中期,农业虽然已经比较发达,但人类食物的主要来源还是广谱经济。所谓"广谱经济",就是旧石器晚期到新石器时代中期人类食物来源与构成多样化的经济,尤其是水生动植物与小粒型食物已开始广泛食用[①]。

湖南澧县八十垱遗址,距今约8 000年。1995年遗址第三、第四次发

[①] 裴安平:《史前江南广谱经济与稻作农业》,《中国农史》2008年第2期。

掘,在遗址西部边缘古河道旁约 30 平方米的面积内,从黑色淤土中清理出数以万计的未曾食用过的稻谷稻米①。如此巨大的数量与密度在中国新石器时代的考古中实属罕见,它所显示的毫无疑问是一种水稻的规模种植,大批量的收获,以及水稻在人类食物构成中的重要地位。

不过,就在八十垱发现史前稻谷稻米最多的地方,同时也发现了大量被食用过的菱角,以及莲子和芡实。这种现象使人很容易在对比后又联想到,稻作在原始农业中的比重是有限的,而那些水生植物却完全可能是当地人类食物的主要来源。

菱角,一年生,八十垱遗址发现数量最多的植物果实,大部为空壳,表明被食用过(图1-2-1)。如将其折合成食物量,远远超过同时发现的稻谷和稻米。当地现在还有野菱角生长,阴历7月,约阳历8月中旬成熟,如不及时采摘,很快就会自动脱落。采摘后的果实除能直接生食新鲜的外,亦可熟食,还可将多余的晒干储藏,供干吃或炒吃,储藏期一般都可达一年以上。除果实能食用外,果实成熟以前的嫩叶亦可食用,当地村民至今还如此,并利用叶、茎、果等喂猪。

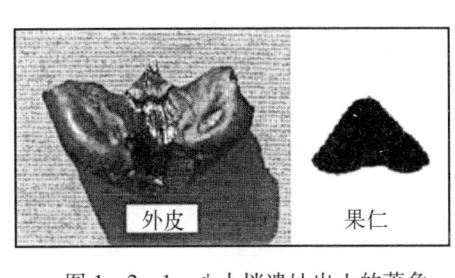

图1-2-1 八十垱遗址出土的菱角
(引自湖南省文物考古研究所资料)

莲藕,多年生。在八十垱,除发现彭头山文化时期的莲子外,还有一些模仿荷叶制成的大陶盘,显示出它所受重视的程度。当地至今还有野藕生长,除5月端午节后约一个月因生新牙外,一年中的11个月,月月都可采食。藕,不仅具有可食用期长,而且还具有随食随采、产量大等诸多优点。因此,它与菱角、稻谷一样同时都是当时人类的重要食物。

澧阳平原自古气候温暖湿润、河网密布、湖泊星罗,土壤松软肥沃,不仅适宜水稻、菱角、莲藕,以及芡实等淀粉类作物种植生长,而且还由于当时地广人稀,在近600平方公里的平原范围内仅有12个彭头山文化时期的聚落遗址,平均每个遗址享有50平方公里的自然食物采集面积。

正因此,相对以水稻种植为代表的农业而言,以自然、可大量获取、长期食用的菱角、莲藕采集为代表的广谱经济就明显更适合当时当地人们的生存需要。

距今约7 000年的浙江余姚河姆渡也是这个阶段的突出代表。

----

① 裴安平等:《长江流域的稻作文化》,湖北教育出版社,2004年,第106—108页。

由于时间晚近,与八十垱比较,它的稻作更呈现出明显的进步状态。

河姆渡发现的水稻遗存数量巨大。在第一次发掘的第四层共400平方米的面积内,普遍存在含有稻谷、稻壳、稻秆和稻叶等物的堆积,一般厚20—50厘米[1]。

但除了水稻以外,河姆渡还发现了成堆的橡子、菱角、酸枣以及桃子、菌类、藻类、葫芦、薏仁米与豆科植物[2]。

此外,遗址中的动物遗骸也遍布各个探方,经初步鉴定有几十个种属,其中不乏大型的森林动物,如象、犀牛等,而淡水鱼类和贝类的遗骸更是几十公斤到几百公斤成堆分布于遗址各处[3]。用于狩猎的骨镞亦发现奇多,竟达1千多件,创下了中国考古学单个遗址发现骨镞数量之最。被猎杀的动物最多的是鹿科,仅鹿角就有1 400多件[4],折算成肉食,数以万斤。

显然,以上的发现表明,河姆渡遗址虽然稻作农业的总体水平和规模都超过了八十垱遗址,但它们的整体面貌与基本特征还是相似和类同的,这就是在人类的食物中主要部分仍然是自然资源。

除了长江流域以外,黄河流域、北方地区新石器时代中期的经济形态也同样以广谱经济为主。

2002—2003年,内蒙赤峰敖汉旗兴隆洼文化兴隆沟遗址第一地点发掘,从发掘土样的浮选结果看,F31堆积层和居住面上发现数量较多的炭化粟,从而说明兴隆洼文化已经出现了原始农业。但是,大量同时期动物骨骼和植物遗骸的发现又证实,狩猎采集经济在当时人们的经济生活中仍然占有主导地位[5]。

2008年,山东后李文化时代最早的济南张马屯遗址发掘。经文化层土壤浮选和专门的研究[6],发现了当地最早的驯化和栽培作物粟、黍等,并说明当时已经有了一定规模的农业。与此同时,浮选结果又表明,在张马屯的植物种类中果实类和其他可食用的茎叶野生植物占据了相当大的比重。其中,葡萄属就是最突出的一类,其出土概率和数量百分比都远远超过了其他种类。此外,酸浆属、桑属、李属、芡实等果实也都是先民较容易获取的野生植物

---

[1] 浙江省文物考古研究所:《河姆渡——新石器时代遗址考古发掘报告》,文物出版社,2003年,第9页。
[2] 牟永抗:《试论河姆渡文化》,《中国考古学会第一次年会论文集》,文物出版社,1980年。
[3] 黄渭金:《河姆渡文化"骨耜"新探》,《文物》1996年第1期。
[4] 浙江省文物考古研究所:《河姆渡——新石器时代遗址考古发掘报告》,文物出版社,2003年,第156页。
[5] 中国社会科学院考古研究所内蒙古第一工作队:《内蒙古赤峰市兴隆沟聚落遗址2002—2003年的发掘》,《考古》2004年第7期。
[6] 吴文婉等:《海岱地区后李文化的植物利用和栽培:来自济南张马屯遗址的证据》,《中国农史》2015年第2期。

资源。遗址还出土了大量的动物遗存,包括斑鹿、狗、狗獾、龟、貉、狐、麋鹿、鸟、牛、小鹿、猪、鱼、剑状矛蚌、丽蚌、圆顶珠蚌、矛蚌、小型犬科等。从数量上看,野生哺乳动物、软体动物、鸟、鱼和爬行动物占了 95%;从哺乳动物最小个体数分布来看,可能为人工饲养的家猪仅占 18%,野生种属占了 82%;从哺乳动物的肉食量分析,也是以野生动物为主,为先民消费肉食量的 67%。显然,张马屯的先民不仅植物食物,也包括肉食的来源都具有广谱的特点。

二、财富私有制已经起源

考古证明,以奢侈品为标志的最早的财富私有制在中国新石器时代中期已经起源。

有三个方面的证据。

第一,墓葬随葬品已出现等级与贫富分化。

裴李岗文化的河南贾湖遗址即如此。那里的墓葬不仅随葬器物有明显的多寡不同[1],而且还有极少数人用精美的绿松石串和象牙雕板随葬[2]。内蒙东南辽宁西部兴隆洼文化的等级与贫富分化也非常明显,其中也只有很少的人墓中有玉器随葬(图 1-2-2)[3]。

第二,特殊手工业已经出现。

兴隆洼文化的玉器和裴李岗文化的绿松石饰件之所以只出现在少数人的墓里,并明确成为了一种象征权力与地位的特殊制品,就说明当时存在一种支持这一社会现象的制度,还说明在这种制度中专门为少数人生产特殊手工业制品的特殊手工业已经出现和存在。

第三,新石器中晚期之交出现了中国最早具有防御功能的聚落围沟与壕沟。

浙江嵊州小黄山遗址,距今约 7 500 年,发现了史前最早具有防御功能的聚落围沟,宽约 10 米,深约 2.25 米[4]。河南新郑唐户裴李岗文化遗址,也发现了大体同时的史前最早具有防御功能的壕沟,宽 10—20 米,深 2—4 米[5]。

对此,人们不禁要问,为什么要挖这么宽,这么深的围沟与壕沟?

---

[1] 李友谋:《裴李岗文化》,文物出版社,2003 年,第 151—152 页。
[2] 蓝万里等:《河南舞阳贾湖遗址第八次发掘取得重要成果》,《中国文物报》2014 年 1 月 17 日,第 8 版。
[3] 薛志强:《论兴隆洼文化在中国文明起源中的地位与作用》,《大连大学学报》2008 年第 5 期。
[4] 王海明:《专家论证嵊州小黄山遗址》,《中国文物报》2006 年 1 月 11 日;张恒等:《"小黄山"万年古文明的见证》,嵊州新闻网 2011 年 4 月 25 日。
[5] 河南省文物管理局南水北调文物保护办公室等:《河南新郑市唐户遗址裴李岗文化遗存发掘简报》,《考古》2008 年第 5 期。

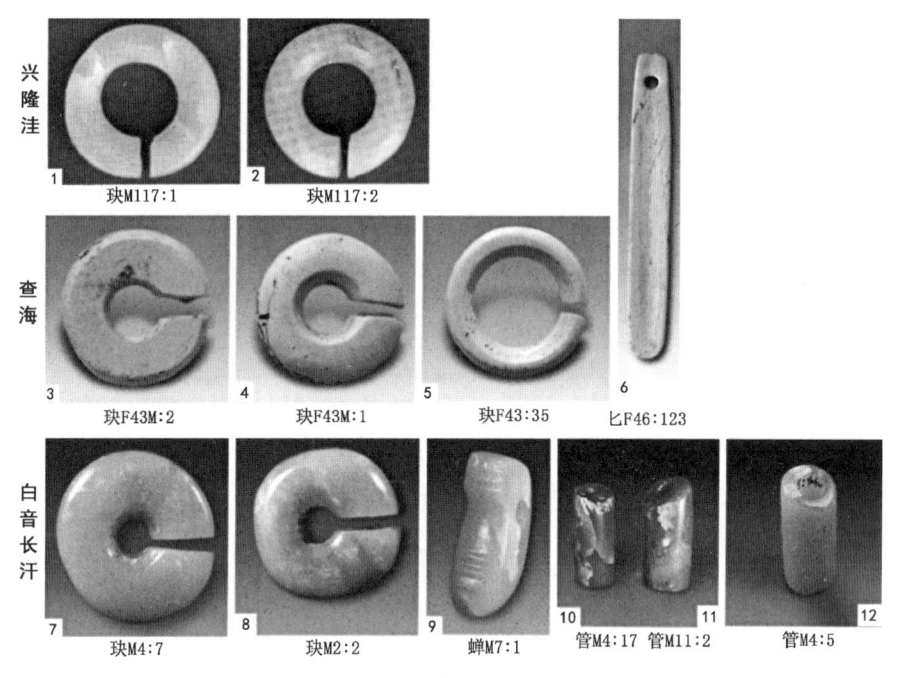

图 1-2-2　兴隆洼文化出土玉器

（1、2 引自中国社科院考古所内蒙古工作队《内蒙古敖汉旗兴隆洼聚落遗址 1992 年发掘简报》；3—6 引自辽宁省文物考古研究所《查海：新石器时代聚落遗址发掘报告》；7—12 引自内蒙古文物考古研究所《白音长汗：新石器时代遗址发掘报告》）

这说明当时除了人与人之间已经出现等级与贫富差异以外，聚落与聚落之间，聚落组织与组织之间，实际也同样出现了等级与贫富差异。

三、流行对偶婚

大约在 19 世纪中后期，史前曾流行过对偶婚就已经成为了学术界的共识，并由此标志着人类的婚姻曾由无限制无级别的"群婚"变为了有限制有级别的"群婚"，美国人类学家摩尔根（Lewis Henry Morgan）1877 年出版的《Ancient Society》（《古代社会》）就是这方面的代表作。

1881—1882 年，马克思对摩尔根的《古代社会》一书做了详细的摘要。马克思去世以后，恩格斯在整理他的手稿时，发现了他做的摘要和批语。在此基础上，1884 年恩格斯出版了《家庭、私有制和国家的起源》，并基本接受了摩尔根《古代社会》的研究与成果。

大约 20 世纪 70 年代以后，在一系列重大考古发现的支持下，中国学术界也基本认为仰韶文化中期及以后流行一夫一妻制婚姻与家庭，属于父系社会时期；而仰韶文化早期及以前的新石器时代中期则都属于母系氏族社会时期，并流行"对偶婚"。

与此同时,中国的民族学家詹承绪、严汝娴及民族考古学家宋兆麟等,从20世纪60年代初一直到70年代末,对云南永宁纳西族所在区域进行了大量艰苦的调查,也证明"对偶婚"的确是母系氏族社会晚期流行的婚姻形态。其中,詹承绪先生的调查与研究成果主要见于《永宁纳西族的阿注婚姻和母系家庭》(上海人民出版社,1980年),严汝娴先生的调查与研究成果主要见于《永宁纳西族的母系制》(云南人民出版社,1983年),宋兆麟先生的调查与研究成果主要见于《中国原始社会史》(文物出版社,1983年)。

第二节 有关一夫一妻制婚姻和家庭的考古发现与意义

距今10 000—7 000年,新石器中期,中国有关婚姻与家庭形态的考古发现主要见于北方地带东部的兴隆洼文化与中原河南的裴李岗文化。

一、兴隆洼文化的发现与意义

(一) 兴隆洼文化的发现

兴隆洼文化,距今8 000年前后,主要发现见于内蒙赤峰敖汉旗兴隆沟与赤峰林西县白音长汗两遗址。

1. 兴隆沟遗址的发现

兴隆沟遗址的发现主要都出于"居室葬"与"居室墓"内。

根据已有的考古发现,位于内蒙东南辽宁西部的兴隆洼文化是目前国内新石器时代中期唯一见有"居室葬"与"居室墓"的文化。其中,"居室葬"特指将死者置于生前居住过的房址地面上而不挖坑掩埋的一种埋葬方式与现象;而"居室墓"则特指在死者生前居住过的房子内挖坑掩埋的一种埋葬方式。"居室葬"与"居室墓"既相似又不同。相似,是都将死者置于生前居住过的房址里面。区别,前者只将死者置于居住面上,原来居住过的房子从此废弃;而后者却在居住面上挖坑掩埋,房址仍为后人继续利用和居住。

2003年,遗址西区东南部发掘,清理房址14座,有居室墓10座。其中,有5座房址内的居室葬和居室墓与一夫一妻制婚姻和家庭有关[①]。

[①] 刘国祥:《兴隆沟遗址第一地点发掘回顾与思考》,《内蒙古文物考古》2006年第2期;中国社会科学院考古研究所内蒙古第一工作队:《内蒙古赤峰市兴隆沟聚落遗址2002—2003年的发掘》,《考古》2004年第7期。

F22，居室葬，室内居住面西北部有4具人骨，成年男女各1名、儿童2名。成年女性骨骼紧靠成年男性骨骼的东侧，俯身屈肢。儿童骨骼均不完整，可能系二次葬。其中，一具位于成年女性骨骼的南侧，仅存双腿的胫骨、胖骨及部分脚骨；另一具位于成年女性骨骼的东北侧，仅存头骨残片及2枚乳牙。人骨周围伴有大量的遗物，多成组放置。成年男、女性骨骼的东北侧还有一组陶器，分别为11件陶罐，2件陶钵和1件陶杯（图1-2-3,1）。

F36，室内一座居室墓，即M23，成年男女双人合葬。截至目前，该墓是整个东北地区迄今所知年代最早的成年男女合葬墓。随葬品有磨盘、长条形石块、磨石等（图1-2-3,2）。

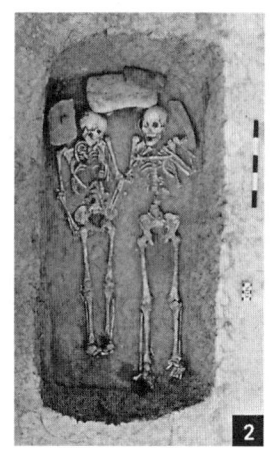

图1-2-3 兴隆沟F22、M23发掘现场照片
（引自中国社科院考古研究所内蒙古第一工作队《内蒙古赤峰市兴隆沟聚落遗址2002—2003年的发掘》）

F10，室内三座居室墓。M2、M3为成年男女。M4，比较特殊，为一女童；填土内有1件玉玦，还有一件玉玦嵌入墓主人的右眼眶内，此种用玉习俗在中国史前时期尚属首次发现。对此，发掘者认为："这对玉玦应为墓主人生前佩戴于双耳的装饰品，因墓主人右眼有疾，死后将1件玉玦嵌入右眼眶内，以玉示目……女童之所以能随葬当时非常稀罕的玉玦，显系因其父母地位显赫，生前深受宠爱，得以佩带玉玦，死后又将玉玦随葬。"[①]

F32，室内二座居室墓。M19，成年男性；M20，成年女性带一儿童合葬。

除了一夫一妻或一夫一妻带孩子的墓以外，兴隆沟还发现了成年父亲带孩子的墓。

[①] 李健民：《兴隆洼文化的居室葬》，《赤峰学院学报》2006年红山文化研究专辑，第81—82页。

F31,室内二座居室墓。M27,成年男性,随葬石斧 3 件,还有石锛、磨石、骨锥、骨镖、石刃骨镖、蚌壳、钻孔泥蚶壳等。M26,儿童,随葬成组钻孔泥蚶壳、长条形蚌壳。

2. 白音长汗遗址的发现

与兴隆沟的发现不同,白音长汗遗址的二个重要发现都位于居住房址以外的露天墓地。

其一,M2,成年男女同穴合葬墓。

该墓位于Ⅰ号墓区 M5 的东部(图 2-1-5,2),南北长 2.24 米,东西宽 1.16 米。双人合葬,仰身屈肢,竖膝,小腿叠在大腿骨之下。东侧男性,年龄 25 左右;西侧女性,年龄亦为 25 左右(图 1-2-4,1)。墓内随葬品丰富,1 件石核形石锥、2 件螺纹石棒饰、2 件石臂钏、9 件石珠、1 件玉管、1 件玉玦、18 件蚌饰、1 件蚌器,共 35 件(图 1-2-4,2)。其中,装饰品多按生前习惯佩戴后下葬。

其二,一组成年男女异穴合葬墓,M13、M16(图 2-1-5,2)。

异穴合葬墓,又称"并穴合葬墓",最大特点就是墓主一般都是成年男女,一人一墓,并相互距离很近。白音长汗所见就是目前国内时代最早的为考古专家认可的成年男女异穴合葬墓。

据发掘报告,这二座墓位于遗址Ⅱ号墓区,相互间距约 2 米(图 1-2-5,1)。其中,M13,长 2.56 米、宽 0.94 米,墓主男性,约 30 岁。随葬陶石筒形罐各 1 件。M16,长 2.02 米、宽 0.6 米,墓主女性,约 30 岁。因被盗,未见随葬品。

由于这二座墓是遗址Ⅱ号墓区唯一用石板构筑的墓葬;而且从地表迹象观察,这二座墓周围还有石头圈或积石,分布范围大体呈圆形(图 1-2-5,2),同一墓地的其他没有石板的土坑墓则环绕在它们的周围。这种现象表明,这一对成年男女肯定有一定的关系,而且还拥有一定的社会地位①。

(二)兴隆洼文化发现的意义

当人们在居住的房址内真的发现埋有成年男女,甚至儿童的时候,正常地都会不由自主地联想到:他们原本应该就是一家人。

在这里,居室葬与居室墓实际就是一种合葬墓的类型,房子就是他们合葬的地方和场所,这种合葬的形式本质上与"同墓合葬"或"同墓异穴"合葬

---

① 内蒙古自治区文物考古研究所编著:《白音长汗——新石器时代遗址发掘报告》,科学出版社,2004 年,第 28—30、505 页。

图 1-2-4 白音长汗遗址 M2 平剖面与部分随葬器物图

石珠: 1,17,19,20,21,29-1,29-2,29-3 玉玦: 2 蚌饰: 3,5,8,9,12,13,14,18,22,23,24-1,24-2,25,26,27,30,31-1,31-2(30,31-1,31-2 在头骨下)
蚌器: 4 螺纹石棒饰: 6,11 玉管: 7 石臂钏: 10,15 石锥: 16 石珠: 28
(引自内蒙古自治区文物考古研究所《白音长汗——新石器时代遗址发掘报告》)

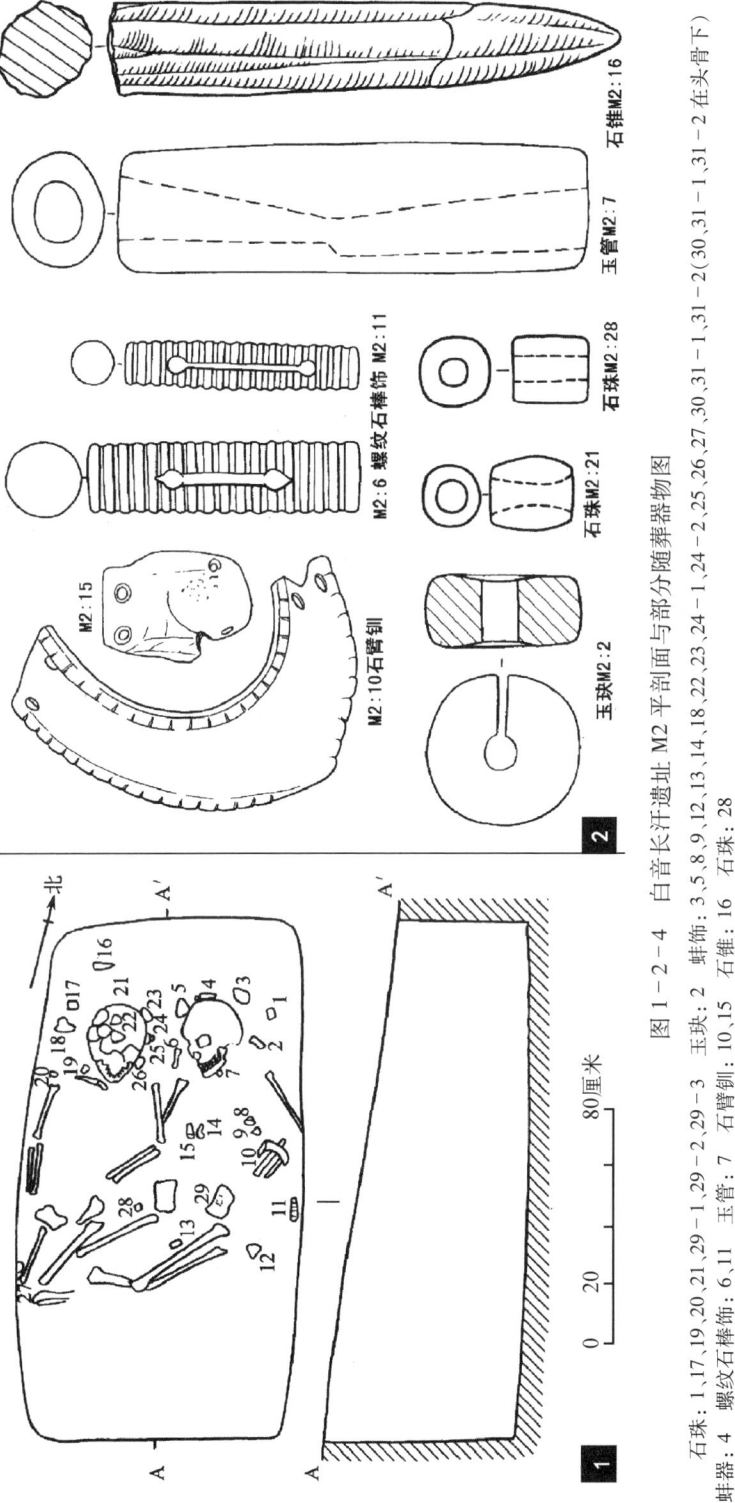

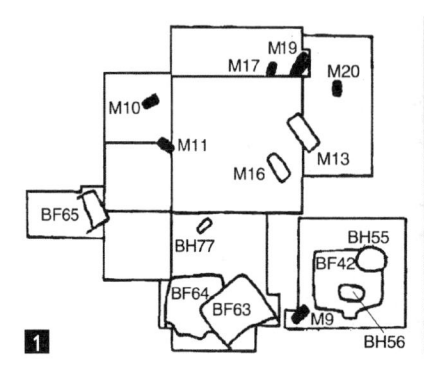

图 1-2-5　白音长汗遗址Ⅱ墓区墓葬分布图与 M13 墓顶石照片

1. 遗址Ⅱ墓区墓葬分布图　2. M13 墓顶石照片

（引自内蒙古自治区文物考古研究所《白音长汗——新石器时代遗址发掘报告》，图中土坑墓为本文作者涂黑）

是一样的。因此，无论居室葬与居室墓应该都是当时婚姻、家庭组合与特点最好的佐证与资料，尤其是那些成年异性加孩子的组合，如兴隆沟遗址 F22、F10，更是直观地反映了当时一夫一妻制婚姻与家庭形态的存在。

不过，由于当时是母系社会，又由于当时只有基于广谱经济的财富私有制，而且广种薄收式的集体劳动集体消费模式也不可能造就有经济独立性的"一夫一妻"。因此，这里的"家庭"就只能是一种早期的自然的以男女性爱为基础的"对偶家庭"。

虽然性爱是男女之间极其自然的一种关系，但在以往的研究中却极少有人提到它的作用与意义。事实上，即使父系社会的一夫一妻制，除了社会的基础，经济和财富的基础以外，性爱也是一种不可否认的基础，一种自然基础。一般而言，没有性爱，没有相互的认可，男女很难自愿走到一起；即使走到一起，也很难持续与持久。人们以往的研究之所以不提性爱的作用，最关键的问题就在于，忽视了人的自然属性，过多地强调了人的社会属性与经济的作用，强调了婚姻与家庭中社会与经济因素的重要性与作用。事实上，人首先是自然生态的人，时代越早自然生态的因素就越多，而时间越晚人的社会因素才越多。因此，承认早期自然性爱的作用事实上就是还原历史最初的本来面目。

值得注意的是，一夫一妻双方的人又来自何方呢？在以往的研究中凡是"对偶婚"的死者一律都不允许埋葬在别的氏族的土地上。

事实证明，新石器时代中期，人类社会最常见的也是最重要的社会组织就是部落，就是聚落与聚落近距离相聚而成的聚落群[1]。因此，当时人类的

---

[1] 裴安平：《中国史前聚落群聚形态研究》，中华书局，2014 年，第 134—137、154—159 页。

族外婚,实际也就发生在部落或聚落群的范围以内。又由于同属一个部落的氏族或聚落,原本都是一个整体,都是由于人口的增加和经济能力的局限而分开的。所以,这些氏族与聚落虽然形式上分开了,经济上也具有了一定的独立性,但它们之间仍有千丝万缕的血缘联系。内蒙林西白音长汗遗址二个围沟聚落①,敖汉旗兴隆沟遗址三个普通聚落②,之所以都以超近的距离相聚在一起(图2-1-5,2、3),就充分显示了同一部落内各氏族各聚落之间的亲密关系,也显示了他们原本都是"一个根骨"③的"亲戚"、"亲属"、"亲骨肉"。族外婚、对偶婚,当时不仅有利于人类自身生产质量的提高,还有利于整个部落整个聚落群的团结。

正是基于上述基础,以部落为边界为范围的对偶婚,其中出现了少数不求同日生但求同日死的长期稳定的一夫一妻就属完全正常了,即使不同氏族的男人与妻儿在一起生活,"从妻居"或"从夫居",或死后与妻儿葬在一起,也都会得到同聚落其他人的理解与宽容,也不违背他们的宗教规则。

兴隆洼文化不但在居室葬、居室墓中,而且还在居室以外的白音长汗Ⅰ号墓区 M2 也见到了成年男女的 2 人合葬墓。这不仅从居室与族墓地两方面同时证实了一夫一妻制家庭的存在,而且还共同给人们研究家庭的起源提供了七个方面的启示。

第一,以一夫一妻为特征的比较稳定的家庭,早在距今 8 000 年以前的新石器时代中期就已经出现了。

第二,当时的家庭还只是一个以自然性爱为基础的婚姻与生活单位,还不是一个在经济上有独立性的单位。

第三,这种仅以性爱为基础的家庭,来自同部落不同氏族的男女,他们相互并不是"外人",犹如现代云南的纳西族人一样,都是"一个根骨的人",故可以长期稳定的"同居"在一起,甚至生儿育女,死后合葬在一起。

第四,性爱在人类社会早期的家庭与婚姻关系中占有重要的作用,人类的婚姻与家庭的发展明显存在一个由自然因素起主要作用逐渐过渡到社会因素起主要作用的过程。

第五,知其母又知其父现象的出现并不是父系社会来到的标志,兴隆沟遗址 M26、M27 父子合葬于 F31 内就是典型例据。

第六,"对偶婚"形式是多种多样的,以长期稳定生活在一起的一夫一妻

---

① 内蒙古自治区文物考古研究所:《白音长汗——新石器时代遗址发掘报告(上)》,科学出版社,2004年,第40页。
② 邱国斌:《内蒙古敖汉旗新石器时代聚落形态》,《内蒙古文物考古》2010年第2期。
③ 严汝娴、宋兆麟:《永宁纳西族的母系制》,云南人民出版社,1983年,第35页。

为特征的"家庭"也是一种对偶的形式。但是,当时它并不是时代的主流。

第七,一夫一妻制婚姻与财富私有制和财富没有关系,有玉器的和没有玉器的不同等级的人都可以一夫一妻。

总之,兴隆洼文化的发现意义重大。一方面,它说明在自然性爱的基础上,在双方都有血缘关系都是亲戚的部落或聚落群内部,对偶婚会自然而然地滋生出少量一夫一妻的对偶家庭;另一方面,它还说明一夫一妻制并非起源于财富需要继承的私有制,不仅最早发生在母系社会,而且还以自然性爱为基础。

二、裴李岗文化的发现与意义

(一) 裴李岗文化的发现

裴李岗文化,距今 9 000—7 000 年,主要发现见于河南舞阳贾湖遗址。此外,新郑裴李岗、郏县水泉、密县莪沟北岗也有类似的现象。

1. 贾湖遗址的发现

贾湖遗址是裴李岗文化出土合葬墓数量最多,类型也最复杂的地点[①]。

1983 年至 1987 年,遗址六次发掘,共清理早、中、晚三期墓 349 座,大多数都是单人葬,但也有一些,共 48 座,占总数 13.75%,是同穴两人或以上的多人合葬墓。

这些合葬墓,除了性别不详的 5 墓以外,其余 43 墓可大致分为同性合葬、异性合葬、成年人带孩子合葬三类(表 1-2-1)。

同性合葬一共 14 墓,占性别清楚的 43 座合葬墓总数的 32.6%。其中,成年男性合葬墓共 10 座:2 人的 8 座,即 M35、282、334、335、61、205、253、263;4 人的 1 座,M364;5 人的 1 座,M76。成年女性合葬墓共 4 座:2 人的 2 座,M273、336;3 人的 2 座,M337、25。

男女异性合葬的一共 23 墓,占性别清楚的 43 座合葬墓总数的 53.48%,占遗址所有墓总数 349 座的 6.59%,无论数量和所占比例都明显超过了同性合葬墓。尤其引人注目的是,单纯的成年男女、老年男女 2 人异性合葬墓共有 11 墓,即 M109、321、83、106(图 1-2-6,2)、128、343、23、299、346、401、404,几近异性合葬墓总数的一半。

成人带孩子的墓一共有 6 座。其中,相互关系非常清楚的有 4 座。M272,成年男带一少年,可能为父子;M286,成年男带一孩子,非儿即女;M342,成年女带一孩子,非女即儿;M353,成年男女夫妻带一孩子,疑似少男(图 1-2-6,1)。

---

① 河南省文物考古研究所:《舞阳贾湖》,科学出版社,2003 年。

表1-2-1 舞阳贾湖遗址异性合葬墓与成人带孩子合葬墓登记表

合葬类型		期别	葬　　法	合计	随葬陶制品	随葬石、骨制品	随葬动物骨骼及其他	合计
异性合葬墓23座	1老年男 1成年女	早	M109: 甲老年男,乙女成年;甲一(次葬)乙二(次葬)	1	罐形壶	骨镖2,骨镞,骨针	黄牛下颌骨	6
	1老年女 1成年男	中	M321: 甲女55以上,乙男约35;皆缺肢一次葬		折肩壶			1
		中	M83: 甲男30,乙女成年;皆乱堆二次					0
		中	M106: 甲女35—40,乙男40—45;甲一乙二①		圆腹壶			1
		中	M128: 甲男25—30,乙女成年;甲一乙二	11	折肩壶	牙削,骨针2,骨匕,骨锥		6
	1成年男 1成年女	中	M343: 甲女中年,乙男成年;甲一乙二	9		骨匕,骨锥,骨针3,骨镞,牙削2,条形骨器	石块,动物下颌骨	11
		晚	M23: 甲男乙女,皆成年;皆一次仰身直肢					0
		晚	M299: 甲男乙女,皆成年;甲一乙二		扁腹壶	骨匕2		3
		晚	M346: 甲女乙男,皆成年;甲一乙二			骨镞		1

① "一"指一次葬,"二"指二次葬。下同。

（续　表）

合葬类型		期别	葬　法	合计	随葬陶制品	随葬石、骨制品	随葬动物骨骼及其他	合计
2人	1成年男1成年女	晚	M401：甲女乙男，皆中年；甲缺肢，甲一乙二		扁腹壶、敛口罐	砾石		3
		晚	M404：甲女约25,乙男成年；甲一乙二					0
	合　计			11墓	7件	22件	3件	32件
异性合葬墓23座 3人	2成年男1成年女	中	M281：甲男约50,乙男约40,丙女成年；皆二次	6	圆腹壶2、折肩壶	石磨盘、牙削、骨匕3、骨针		9
		中	M345：甲男，乙、丙男，皆成年；乱堆二次					0
		中	M380：甲男乙男丙女，皆成年，甲、乙一次缺肢，丙二次			骨锥		1
		晚	M415：甲女青年，乙丙男成年，丙女成年；皆二次					0
	2成年女1成年男	中	M79：甲男乙女成年，丙女35—45；乱堆二次	1	折肩壶3			3
	2老年男1老年女	中	M363：甲乙男55以上，丙女45—50；甲一乙丙二	1	折肩壶2、侈口罐	骨叉形器、锤击石核、骨料、石砧	龟甲8	15
	合　计			6墓	9件	11件	8件	28件

第二章 以自然性爱为基础的一夫一妻制婚姻和家庭 ·59·

（续　表）

合葬类型		期别	葬　　法	合计	随葬陶制品	随葬石、骨制品	随葬动物骨骼及其他	合计
异性合葬墓23座	3成年男1成年女 4人	中	M80：甲25—30，乙50—55，丙男丁女，皆成年；乱堆二次	3				0
		中	M277：甲女成年，乙男成年，丙男成年，丁男成年；甲一、乙丙丁二		折肩壶2，敛口钵、壶（破碎）	骨镖4，骨凿2，骨板3，骨镞21，骨针21，骨镖、牙削、器柄、骨料4，骨锥	云母片，龟甲片，石子	66
		中	M327：甲乙男老年，丙女壮年，丁男壮年；乱堆二次	6	深腹壶、折肩壶	骨叉形器2，骨凿、骨料、石铲、颜料、骨镖	龟甲片2，龟甲8	19
		中	M112：甲乙男，丙丁女，皆成年；乱堆二次	3	折肩壶2		牛骨	3
	2成年男2成年女	中	M325：甲女45—50，乙男50，丙男35—40，丁女成年；甲一，其他二	3	圆腹壶2，敛口钵、罐2，敛口钵、折肩壶	骨匕2，牙削、石磨盘、骨锥、骨镞、器柄	穿孔龟甲	14
		中	M326：甲男老年，乙男中年，丙女约40，丁女35—40；皆二次		折肩壶2，罐底		龟3，鳖	7
合计				6基	17件	73件	19件	109件

(续　表)

合葬类型	期别	葬　　法	合计	随葬陶制品	随葬石、骨制品	随葬动物骨骼及其他	合计
2人 1成年男 1小孩	中	M272：甲16岁以下少年，乙成年男；甲乙皆一	2	圆腹壶	骨镞		2
1成年女 1小孩	晚	M286：甲小孩，乙男成年；甲乙皆一					0
3人 1老年女 1成年男 1少年	中	M342：甲5、6岁小孩，乙成年女；甲一乙二	1	折肩壶、小钵4、杯	锤击石核、石纺轮、骨饰、牙削、石纺轮半成品、圆形穿孔石饰	石料	13
4人 1成年男 2成年女 1少儿	中	M353：甲？12，乙男成年，丙女50；皆一次	1	陶纺轮、深腹壶、折肩壶	骨针21，骨镞、骨锥2，骨削2，骨针8，石坯		39
6人 3成年男 2成年女 1少年	中	M352：甲女约50，乙男约30，丙女25—30，丁9—11；甲一余二	1	折肩壶4			4
	中	M394：甲男成年，乙男中年，丙男成年，丁女成年，戊女成年，己10—12；皆乱堆二次	1	折肩壶3	牙削	羊角、鳖甲片	6
合　计			6墓	17件	44件	3件	64件

（资料来源：《舞阳贾湖》；另表中随葬器物未标出具体件数的皆为1件）

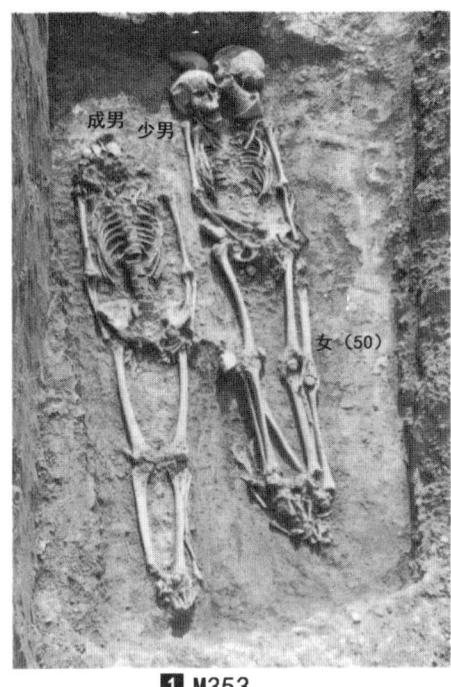

图 1-2-6　舞阳贾湖 M353、M106 发掘现场照片
(引自河南省文物考古研究所《舞阳贾湖》)

2. 其他遗址的发现

除了贾湖遗址以外,还有新郑裴李岗、郏县水泉、密县莪沟北岗三个裴李岗文化遗址也发现有合葬墓。

新郑裴李岗,1979 年发掘,发现合葬墓一座,即 M38。该墓墓坑较大,长 2.6 米,宽 1.8—2.1 米,有人骨架 2 具,皆腐朽不全。东边的可能是成年女性,身边有石磨盘、石磨棒等 11 件随葬品。西边的,体形较小,似未成年人[1]。

郏县水泉,1986—1989 年遗址发掘,共发现时代与裴李岗、密县莪沟北岗基本同时的合葬墓 3 座[2]。M25,墓坑较大,长 1.9 米,宽 1.48 米,两人并排,性别不详,无随葬品。M30,也是两人并排,左边的人骨颈部旁有绿松石坠饰一件。M31,墓坑长 2.2 米,宽 0.9 米,深 0.5 米,墓内人骨 2 具,性别不详,上下叠压,皆仰身直肢,随葬品较多,至少 19 件。

---

[1] 中国社会科学院考古研究所河南一队:《1979 年裴李岗遗址发掘报告》,《考古学报》1984 年第 1 期。

[2] 中国社会科学院考古研究所河南一队:《河南郏县水泉裴李岗文化遗址》,《考古学报》1995 年第 1 期。

密县莪沟北岗,1977—1978 年发掘,发现一座两人合葬墓(M61)①。由于骨架保存不好,两人性别莫辨。但有专家认为,应该是一男一女,因为随葬品中有一套裴李岗文化女人专用的石磨盘②。

(二)裴李岗文化发现的意义

虽然表现形式与特点各有不同,但裴李岗文化的合葬墓与兴隆洼文化的居室葬、居室墓的本质却是完全一样。它们二个,一个主要从房址内,一个主要从公共墓地,相互印证了对方存在的合理性,也相互证明了历史上的确有过一段包含了以自然性爱为基础的一夫一妻制婚姻与家庭在内的时代。

1. 贾湖拥有中国史前最宽松的以自然性爱为基础的"对偶家庭"

在贾湖,前六次发掘一共发现了单纯的成年男女以及老年男女 2 人异性合葬墓共有 11 座,近各种异性合葬墓总数的一半,也占所有墓葬总数 349 座的 3.15%。

这说明贾湖是中国新石器时代中期,单个遗址中同穴异性合葬及成年男女 2 人合葬墓数量与所占比例最高的遗址。

此外,在贾湖所有的 349 座墓中,一次葬是主流,共 236 座,占总数的 67.6%;二次葬是次要的。然而,在 2 人及以上的合葬墓中,只有 5 座全部是一次葬(M321、23、272、286、353),而有二次葬过程的却是主流,共 43 座,占总数 48 座各种合葬墓的 89.58%。

值得思考的是,在一个流行一次葬的社会中,人们为什么会不辞辛劳地将已经逝去的死者又重新合葬在一起,并出现如此之多的二次异性合葬墓呢?尤其值得深究的是,为什么一男一女(M109 等)、二男一女(M281、345、380、415)、二女一男(M79、363)、一男二女(M352)、三男一女(M80、277、327)、二男二女(M112、325、326)、三男二女(M394),都可以合在一起呢?

根据云南纳西族的调查,这类合葬墓很可能就是墓主生前多次婚姻多个长期"阿注"的反映与结果③。

"这种婚姻形式,比阿注异居的婚姻前进了一步。男子不再暮去晨归。而是和女阿注同居一家,共同劳动,共同生活,共同养育子女,已具有单偶婚的雏形。……据对中心区忠实、开坪、温泉、八株、拖支、洛水

---

① 河南省博物馆等:《河南密县莪沟北岗新石器时代遗址发掘报告》,《河南文博通讯》1979 年第 3 期。
② 王晓:《裴李岗文化葬俗浅议》,《中原文物》1996 年第 1 期。
③ 詹承绪等:《永宁纳西族的阿注婚姻和母系家庭》,上海人民出版社,1980 年,第 95、99、79、85 页。

六个乡,二十八个村,一千七百四十九名成年男女的普查,民主改革时实行这种婚姻的共一百八十二人,占成年男女总人数的百分之十点四。其中,男子到女方同居的八十二人,女子到男方同居的一百人"(P95)。

"阿注同居……显示了这种婚姻形式的一些优越性。这种优越性最突出的是,大多数同居阿注都比较尊重已经建立的共居关系,在同居期间相处比较融洽。有些同居男女还很少或者不再另交阿注,也很少发生纠纷,从而使他们的同居关系能够保持十几年至几十年,有的直到对方去世为止"(P99)。

"开坪乡开基格瓦、开基木瓦、纳哈瓦、戛拉村、甲布瓦和格沙瓦六个村,有五十一岁以上的男女八十名,其中终生只有一个长期阿注的十七人,占百分之二十一。忠实乡巴奇、阿布瓦、黑吉古、尤米瓦、忠克和忠实六个村,有五十一岁以上的男女三十二名,终生只有一个长期阿注的四人,占百分之十二"(P79)。

"八株乡八株村的司沛达达·梭纳(女),自十八岁同阿塔·哈尔巴梭底结为阿注后,便不愿再找阿注……继续与哈尔巴梭底过阿注生活,关系维持二十余年,并生有三子"(P79—80)。

"开坪乡甲布瓦村错尼·竹比,男,五十四岁……第一个阿注是本村有塔·尔车马,仅同居三晚……第二个阿注是本村巴米·达朱……关系保持十年左右,并生二女……第五个阿注是格沙瓦村的木衣·直马。竹比先访宿约五年,后来关系日渐亲密,一九五四年经双方商定,木衣·直马迁到竹比家长期同居"(P85)。

"开坪乡甲布瓦村拉虎·高母,女,四十五岁……第一个阿注是藏族人……同居近三年,后男子返藏未归。第二个阿注是温泉乡八瓦村扎呷·格洛,保持关系约一年半……第三个阿注是邻村格沙瓦的阿窝·格若……共同生有一子一女……他们之间十一年的阿注生活从此中断。第四个阿注是温泉乡八加村普米族纳吉米·哈尔巴。关系维持了两年……"(P85)。

显然,对偶婚的现象是很复杂的,因人而异。虽然现在还不能完全准确地认识贾湖各种合葬墓性别组合的性质,但已有的种种迹象表明,贾湖的各种合葬墓,尤其是那些一男一女的合葬墓,与超长期的或正在与"阿注同居"的人有关;而那些多人多类型的男女合葬墓,则有可能与男女双方各自拥有的多次长期阿注有关。

根据现代的民族学资料,母系社会晚期,能够合葬在一起的同龄异性就可能是那些同部落而不同氏族的"长期阿注",或曾"从妻居"、"从夫居"过的人。

当然,由于没有任何社会的强力约束,那时候的夫妻多数都应该是以纯自然的性爱为基础的,所以既有比较固定的,也有比较松弛的,还可以是多次置换的。正如恩格斯所言"这种对偶家庭,本身还很脆弱,还很不稳定"(《起源》P43)。因此,贾湖那些多样的异性组合墓就正是那种脆弱与不稳定性的表现。

值得注意的是,当时的人们对那些死者之间的关系应该是很清楚的;能在他们死后又把他们都按生前的关系合到一起来,既充分显示了那些死者的家属,那些同氏族,同部落的人,对他们的理解、宽容与默许;又充分显示了贾湖拥有中国史前最宽松的以自然性爱为基础的婚姻与"家庭"。

2. 贾湖的一夫一妻与财富私有制毫无关系

虽然考古在裴李岗文化中已看到了财富私有制的存在,也看到了人与人之间的贫富与地位高低不同,但却没有发现财富私有制对当时的婚姻与家庭形态有任何直接或间接的影响。

第一,在贾湖11座可能属于一夫一妻的合葬墓中,总共有各种随葬品32件,平均每墓只有2.9件。其中,M343,随葬品最多,也仅11件,就数量而言也只属于当时当地的中等。此外,M109、106、346三墓仅有随葬品1件,而M83、23、404三墓竟空无一物。除了数量稀少以外,这些墓里的随葬品种类也十分低档,一件绿松石制品、一件骨笛、一件骨叉形器、一件龟甲都没有,显示这是一个贫穷的群体。

第二,在贾湖12座3人、4人的异性合葬墓中,总共有各种随葬品137件,贫富差异明显。其中,空无一物的三墓,M345、415、80;1—5件的三墓,M380、79、112;5—10件的二墓,M281、326;10—20件的三墓,M363、327、325;随葬品数量最多的是M277,三男一女,66件。此外,M363、327有骨叉形器,M363、277、327、325、326有龟甲。但无一墓有绿松石与骨笛。即使是M277,之所以随葬品数量多,关键也是因为有骨镞21枚,骨针21枚等工具类器物。显然,这里的贫富差异更多的也只是数量,而缺少质的区别。

总之,贾湖的异性合葬墓总体偏"穷",并显示穷人,地位低下的人,似乎更喜欢异性合葬。

值得注意的是,在贾湖,那些随葬物中包含了绿松石与骨笛的墓没有一座是异性合葬,这似乎又说明,有权有地位和有财富的人对异性合葬并没有兴趣,也没有因为有较多财富,而萌生要求一夫一妻制以利于血缘正统的后辈来继承的愿望。

显然,控制一夫一妻自由对偶的基础与力量当时主要还是自然性爱,最初的财富私有制对婚姻和家庭形态并没有任何直接影响。

3. 贾湖代表了早期无区别合葬墓起源的最早源头

贾湖不仅引领了中国史前最早的一夫一妻合葬墓的潮流,还引领了中国史前最早的男女老少多人无区别合葬墓的潮流。

2013年,贾湖遗址第八次发掘,除了发现了一批随葬了绿松石串饰的高等级墓以外,还有一个重大发现,那就是发现了一个人数多达23人的合葬墓①。虽然关于墓葬的详细资料尚未公布,但它却依然显示了对于合葬墓历史研究的重要意义。

第一,贾湖晚期遗存是中国史前母系社会合葬墓变化的转折点。

考古表明,中国史前母系氏族社会时期的多人合葬墓历史可以分为早晚二期。

早期,距今约7 000年以前,主要的发现是北方地区的兴隆洼文化与中原地区的裴李岗文化,墓内的总人数不多,2—6人。晚期,主要的发现是仰韶文化早期,其主要特征是墓内人数大量增加,多10—100人。

以前,也曾有人注意过它们二者之间的关系,李友谋先生就是其中一位。他说:裴李岗文化和仰韶文化"应该是前后相继的新石器时代文化",在"聚落遗址、房屋建筑、墓葬的葬式以及石器和陶器的发展演变"诸方面都有反映②。

这次的新发现,不仅证明了以往有关的研究认识具有一定的合理性,更重要的是用实物资料直接证明了二者关系的存在。一方面,它说明了中国史前合葬墓可以分为早晚两段是对的,是客观存在的;另一方面,它又说明贾湖遗址晚期正是早晚两段合葬墓的转折时期,虽然它的主体、它的合葬墓的多数都是早期形态,但却出现了少数完全属于晚期类型的合葬墓。

就这样,贾湖把早晚二期合葬墓的发展连接起来了,使之成为了发展的序列。

第二,赋予了不用时段的合葬墓不同"家"的概念。

贾湖不仅把合葬墓前后二段连接起来成为了一个发展的序列,而且还把不同的"家"的概念赋予了每一时段不同的合葬墓。

按照以往的学说,即使是流行"对偶婚"的时期,史前社会也没有"家"

---

① 陈楠楠:《论贾湖文化》,天津师范大学,2014年,中国知网·学位论文库;桂娟:《贾湖遗址出土绿松石串饰》,《北京晨报》2014年3月12日,A18版。
② 李友谋:《裴李岗文化》,文物出版社,2003年,第165页。

的概念,因为男女的婚姻纯粹是一种性生活、"夜生活",短暂而随意,完全不是一种"过日子"的日常生活单位。因此,新石器中期聚落遗址的墓地到处都流行一人一墓的埋葬方式,包括兴隆洼文化与裴李岗文化在内概莫如此。然而,恩格斯关于对偶婚的论述(《起源》P41—50)打破了中国学者描绘的对偶婚场景,它第一次让人们看到了人类可以脱离聚落的束缚,让来自同部落而不同氏族的男女较长期的独立生活,相濡以沫,相互厮守。这是一种全新的生活方式,也让人艳羡,因而也获得了人们的宽容与理解。在他们双方都去世以后,人们还将他们又二次合葬在一起,从而在历史上第一次出现了按"家"来埋葬的居室葬、居室墓、同穴合葬墓。

不过,与晚期的合葬墓相比,无论是兴隆洼文化的居室葬、居室墓,还是裴李岗文化的同穴合葬墓,他们的规模都只属于"小家"。

仰韶文化早期为什么会出现并流行那么多的甚至大型的合葬墓呢?为什么时代更早的也同属于母系氏族社会的兴隆洼、裴李岗文化就没有那些大型的合葬墓呢?为什么裴李岗文化晚期以后才开始流行大型的合葬墓呢?为什么到了母系氏族社会的末期才想起"活着在一起死了也要在一起"[①]呢?

显然,这些变化都可能与"家"的概念的扩大与扩散有关,与"小家"变"大家"有关。因为,"家"的出现历史上第一次使男女关系得到了升华,从而也使人们看到了"家"的社会凝聚力。将氏族视为"大家"不仅有利氏族社会内部的团结,也更有利于凝聚集体的力量。于是,大型的合葬墓就出现了,并开始广泛流行。

第三节　有关问题讨论

马克思曾经在《〈黑格尔法哲学批判〉导言》中说过:"批判的武器当然不能代替武器的批判。"[②]然而,当代考古学研究中经常可以看到的现象就是"批判的武器"出了问题,所以现在最重要的工作就是要进行"武器的批判",要重建问题的认识体系。

因此,为了客观正确地理解新石器时代中期的有关发现,这里将讨论三

[①] 宋兆麟:《云南永宁纳西族的葬俗——兼谈对仰韶文化葬俗的看法》,《考古》1964年第4期。

[②] 马克思:《〈黑格尔法哲学批判〉导言》,《马克思恩格斯选集》第一卷,人民出版社,1974年,第9页。

个有关的问题。

一、不应该将"对偶婚"与"对偶家庭"的形态绝对化

所谓"对偶婚",一般认为就是不同氏族的成年男女在或长或短的时间内偶居的婚姻形式,是群婚制向一夫一妻个体婚制转变的过渡形态或中间环节。

受传统思维和认识模式的影响,我国学术界以往对"对偶婚"、"对偶家庭"形态的理解非常僵硬,而且绝对化。于是,就滋生了二种完全不同的"对偶婚"与"对偶家庭"的认知模式。

第一种模式可称为"恩格斯模式"。

1884年,也就是135年以前,恩格斯在《家庭、私有制和国家的起源》一书中提出的有关"对偶家庭"及其特点的论述,和现在中国人理解的大不一样。

第一,恩格斯认为,对偶家庭就是"某种或长或短时期内的成对配偶制"(《起源》P41)。虽然是一种族外婚,但"在这一阶段上,一个男子和一个女子共同生活……在同居期间,多半都要求妇女严守贞操,要是有了通奸的情事,便残酷地加以处罚"(《起源》P42)。

第二,"按照当时家庭内的分工,丈夫的责任是获得食物和为此所必需的劳动工具……在离婚时,他就随身带走这些劳动工具"(《起源》P50)。

第三,"对偶婚给家庭添加了一个新的因素。除了生身的母亲以外,它又确立了确实的生身的父亲"(《起源》P50),"根据母权制……男性死者的子女并不属于死者的氏族,而是属于他们的母亲的氏族"(《起源》P50)。

显然,在恩格斯笔下,对偶家庭至少有以下四个重要特点。

其一,"对偶家庭"是一个日常生活单位,时间或长或短都可以。

其二,这种生活单位并不是"夜生活"的单位,而是"同居"的单位。

其三,不仅生活在一起,而且家庭内的男女之间还有劳动分工,每个人都对家庭负有责任和义务。

其四,"对偶家庭"的孩子既知其母又知其父。

第二种模式可称为"中国模式"。

这种模式与恩格斯模式区别很大。

根据云南永宁纳西族母系社会的民族调查与研究,20世纪80年代以后,我国学术界就出现了将"对偶婚"分为早晚二个阶段的倾向[①]。

[①] 宋兆麟等:《中国原始社会史》,文物出版社,1983年。

早期，"一群兄弟有共同的妻子，而一群姊妹有共同的丈夫，氏族极力排除兄弟姊妹间的婚姻关系，禁止在氏族内通婚"①。此外，还有以下五个方面的特点。

第一，"望门居"，男女双方各自都住在自己所属的氏族里面。虽然相互之间的距离很近，都可以看到对方的房门，但根本不允许，也根本不存在"同居"的可能。

第二，"对偶婚"和"对偶家庭"都只在晚上存在，因为只有晚上男人才能到其他氏族去"走婚"，去找"阿注"。一旦天亮，所有的男人就都要回到他自己原来的氏族。

第三，"对偶婚"和"对偶家庭"就根本不存在家庭范围内的男女之间的劳动分工，因为男人天一亮都要回到了自己所在的氏族，并参与自己氏族的集体劳动。即使"走婚"的对象是同一个部落内的不同氏族，相互之间的关系也是如此，你我分得一清二楚，本氏族的男人绝不可能到另一个氏族去居住去生活，甚至还在女方氏族参与劳动、制作工具、获得食物。

第四，由于对象不够稳定，中国式的"对偶婚"和"对偶家庭"里的孩子，多数就只知其母而不知其父。

第五，出去"走婚"的人死了不得埋在其他氏族的土地上。

晚期，出现了真正的"对偶婚"，出现了恩格斯模式，"男子不仅夜间在女方居住，白天也生产、生活在一起"。

应该指出的是，中国式的"对偶婚"和"对偶家庭"也有一些客观的元素，并见于我国民族学家在云南等地区大量的民族学调查。

但是，云南永宁纳西族的调查同样又表明，"对偶婚"和"对偶家庭"是复杂多样的，既没有任何绝对统一的模式，也根本不存在所谓不同发展阶段的问题。虽然当地多数人实行的是"中国模式"，男人晚出早归；但也有少数人，不仅有男人，还有女人，实行的却是"恩格斯模式"，出去就不回了，或"从夫居"，或"从妇居"。对此，氏族、部落全都采取了容忍的态度。

值得注意的是，考古学的发现实际也表明，中国学术界以往关于"对偶婚"的认识存在两大问题，而且都需要纠正。

第一，"恩格斯模式"与"中国模式"实际是同时存在的。

北方兴隆洼文化"居室墓"、"居室葬"与黄河中游裴李岗文化所见男女异性合葬墓表明，在中国，至少距今1万年以来就已经出现了一夫一妻制的

---

① 马克思：《摩尔根〈古代社会〉一书摘要》，人民出版社，1978年，第80页。

"对偶家庭"。1988年,陕西临潼《姜寨——新石器时代遗址发掘报告》出版。在《结语》中,作者在解释遗址小房子不同类型的功能性质时就认为"F14、F46、F41、F109及F127等保存较好,房中摆设有生活用具及少量的生产工具,是一套完整的家庭常用的生活、生产用品,显然是一个相对独立的生活单位。把这种情况解释为一个对偶家庭的住处,就像易洛魁人的男子结婚后住在妻方氏族长屋中的一间房,夫妻建立对偶家庭、共同参加生产劳动、共同生活一样,是比较合适的";而"F45、F50、F83、F95及F100等保存也较好,房中仅有少量日常用的手工工具,并没有整套的生产、生活用具,不像是一个对偶家庭的住所,不像是一个在氏族或家庭中相对独立的生活单位,而像是一个夜来晨去走访婚的客房,氏族或家族中正在过婚姻生活的适龄女子常住其中,夜间接待外氏族的男子(像纳西族的阿注关系一样),白天男子离去,各自参加本氏族或家族的生产劳动,只在一起同居,不在一起生产、生活(吃饭、养育子女)"。

这些发现说明历史上的对偶婚并不存在早期以"中国模式"为主,晚期以"恩格斯模式"为主的有区别的二大阶段,也同时说明"恩格斯模式"与"中国模式"是同时并存的。

为了彻底划清与"恩格斯模式"的关系,也有学者将早期阶段"中国模式"的婚姻形态称为"走访婚"①。然而,名称并不重要。关键的是"对偶婚"的形式是多样的,这就是历史事实。实际上,"对偶婚"只是一个大的概念,在这个概念之下有多种对偶的形式,时间或长或短,关系或亲或疏。切不可将事物发展的多样性,都转化为单线进化过程中的阶段性。

第二,不存在死后不能埋在外氏族的墓穴和墓区里的现象。

长期以来,学术界就认为对偶婚与父系社会一夫一妻制婚姻的最大区别就在于,母系时期对偶婚高级阶段的男女可以长期的生活在一起,但人死了却不能埋在其他氏族的墓穴与墓地里。由于当时主要是"从妇居",所以,男子,如张忠培先生所言"死后也不能埋在妻方墓穴乃至墓区"里②。

根据云南纳西族的调查,母系氏族社会时期的"对偶婚"阶段,并不是所有的具有一夫一妻制特征的"对偶家庭"都是"从妇居",而同时还有"从夫居"③。

对此,詹承绪等先生"对中心区忠实、开坪、温泉、八株、拖支、洛水六个

---

① 宋兆麟等:《中国原始社会史》,文物出版社,1983年,第200—210页。
② 苏秉琦主编:《中国通史·第二卷·远古时代》,上海人民出版社,1994年,第二章,第153页。
③ 詹承绪等:《永宁纳西族的阿注婚姻和母系家庭》,上海人民出版社,1980年,第95—103页;宋兆麟等:《中国原始社会史》,文物出版社,1983年,第246—261页。

乡,二十八个村,一千七百四十九名成年男女"进行了普查,其中"民主改革时实行这种婚姻的共一百八十二人,占成年男女总人数的百分之十点四。其中,男子到女方同居的八十二人,女子到男方同居的一百人"①。

值得注意的是,考古在兴隆洼文化、裴李岗文化所发现的男女异性合葬墓,尤其是那些一男一女的异性合葬墓,它们实际早就说明了,无论男人女人都有埋在同部落其他氏族墓穴与墓地里的现象。

如果不承认那些一男一女的异性合葬墓是一对夫妻,那就意味着他们是一对兄妹,那就更违背了氏族内部兄妹不得通婚也不得同墓的根本大忌。显然,这种可能性更低,更不可能。但是,如果承认他们是一对正常的对偶夫妻,那就意味着其中有一个一定是外氏族的。至于,哪一个是外氏族的,是男人还是女人,应该说都有可能。

事实上,永宁纳西族"从妇居"与"从夫居"都同时存在的事实就意味着这种可能性的存在,就意味着学术界需要及时地用考古发现的成果来修正以往主观设置的许多认识障碍。

综合已有的民族调查资料与考古发现,可以看出母系社会晚期,以及母系父系社会交替时期,"对偶婚"与"对偶家庭"形态的复杂性和多样性远远超出了人们的想象。

二、不应该将部落内部的人都视为"外人"

事实上,历史早就证明了人类的婚姻是有范围局限的,而且随着人类社会组织的变化与扩大还有不断扩大的趋势与规律。早期,由于人类社会只有以血缘为纽带的社会组织,规模很小,所以当时的婚姻范围也就局限在血缘的小范围以内。后来,随着社会组织规模的不断扩大,社会组织由血缘到地缘范围的不断扩大,人类的婚姻范围也随之在不断扩大。

长期以来,由于人们没有注意到婚姻也有一个范围的问题,因而在理解和认识母系氏族社会的婚姻与家庭问题时,就不免出现了一些误区,生成了一些不符合实情的观点。长期以来学术界为什么就很难承认兴隆洼文化居室葬、裴李岗文化合葬墓已经有了一夫一妻,除了其他的原因以外,还有一个很重要的原因就是将所有当时涉及一夫一妻的男人,或女人,都当作了"外人",并"认为把一个亲属的尸骨和一个外人的尸骨混在一起是违反宗教规则的,因为凡是亲骨肉,彼此的骨肉就应当永远不分离"②。

---

① 詹承绪等:《永宁纳西族的阿注婚姻和母系家庭》,上海人民出版社,1980年,第95页。
② 摩尔根:《古代社会》,商务印书馆,1977年,第80页。

因此,当他们面对那些"永远不分离"地躺在居室或墓里的一夫一妻的时候,他们就怀疑那些墓是"非正常"的墓。

这实际是历史冤案,有永宁纳西族"通婚集团"的民族学资料为证。

1963 年、1965 年、1976 年,詹承绪等先生怀着极大的热情和兴趣,"到永宁纳西族人民中间,同他们的干部和群众生活在一起,对阿注婚姻和母系家庭做了几次调查访问,进行了实地考察……收集整理了一批材料";其中,纳西族存在明显的"通婚集团"(图 1-2-7),就是他们考察的一个重要发现,并记载在《永宁纳西族的阿注婚姻和母系家庭》(以下简称《纳西族》)一书中①。

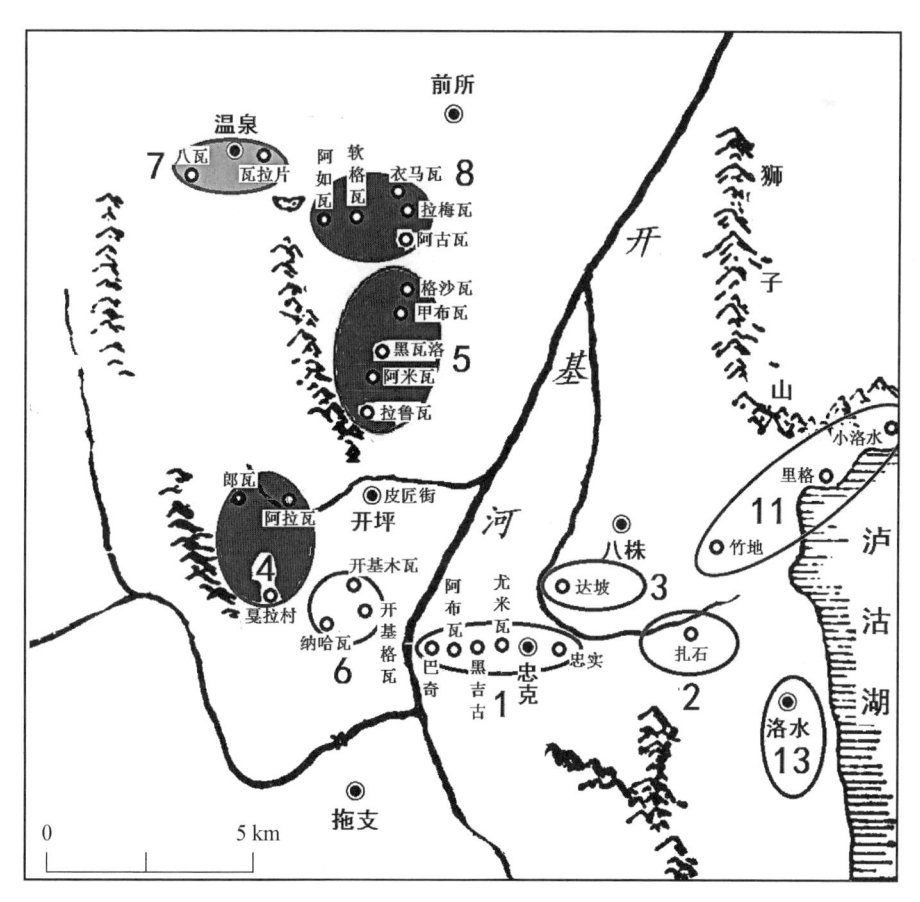

图 1-2-7　永宁纳西族村落与"通婚集团"分布示意图

(引自詹承绪等《永宁纳西族的阿注婚姻和母系家庭》;图中村落分群与编号系本书作者所加。其中,村落群编号与原著表《纳西族》P26—P28 中"顺序"对应;黑色区属原著表中"峨尔",灰色区属原著表中"胡尔")

---

① 詹承绪等:《永宁纳西族的阿注婚姻和母系家庭》,上海人民出版社,1980 年,第 6、26—28 页。

现摘录如下:

在中心区六个乡的四十多个村落中,仍残留着自然形成的,以地缘村落为基础的大约十三个"通婚集团"。每个集团包括相邻的二、三个村落,或五、六个村落(见下表)。

乡名	顺序/村名	每个集团包括的村落
忠 实	1	巴奇、阿布瓦、黑吉古、尤米瓦、忠克、忠实六个村
	2	扎石格瓦、扎石木瓦、扎石三个村
	3	达坡忠瓦、达坡、思罗三个村
开 坪	4	夏拉村、朗瓦、阿拉瓦、梅吉洛、巴搓古五个村
	5	拉鲁瓦、阿米洛、阿米瓦、黑瓦洛、甲布瓦、格沙瓦六个村
	6	开基木瓦、开基格瓦、纳哈瓦三个村
温 泉	7	阿古瓦、拉梅瓦、衣马瓦、软格瓦、阿如瓦五个村
	8	瓦拉片、八瓦二个村
八 株	9	者波上村、中村、下村三个村
	10	八珠村,共二十九户,村内几个不同母系血统的成员互为通婚集团
	11	竹地、里格、小洛水、独家村四个村
拖 支	12	拖支、阿拉瓦二个村
洛 水	13	洛水上村、洛水下村二个村

这十三个"通婚集团",民主改革前还有下列一些传统规矩:(1)凡属同一集团的成年男女,只要不违反通婚禁例,都可以在本集团所属各村中任意交结阿注,不受任何干涉或限制。(2)凡男子离开本集团,到别的集团所属村落找女阿注,须事先向女子所在村落的小伙子们打个招呼。第一次去时,一般要请女方村落的小伙子们喝酒,表示对他们的尊重,方可同该女子过偶居生活。(3)对不按上属规则办事,鲁莽跑到别的集团走访女阿注的男子,无论是公开的或是秘密的,一旦被女子所在村落的小伙子们发觉,他们便会集体采取行动,进行干预。常见的作法是:他们联合起来驱赶、污辱,甚至殴打前来走访的男子。这个男子一定要赔礼认错,补请小伙子们喝酒,才能获准继续与女阿注偶居(P26—28)。

……

永宁纳西族人以地缘村落为基础的通婚集团,早期可能是建立在母系血缘村落基础上的群婚集团(P28)。

……

从前的血缘村落,大多数变成了地缘村落。但在中心区六个乡四十八个村落中,还有四个乡的十三个村落,由同一个尔的一至数个斯日的成员聚居(见下表),在形式上保留着血缘村落的躯壳(P36)。

乡 名	村 名	户 数	所属尔	血缘关系
开 坪	甲布瓦	8	峨尔	甲布一个斯日
	格沙瓦	9	峨尔	格沙一个斯日
	阿米瓦	12	峨尔	两个以上斯日
	阿米洛	4	峨尔	两个以上斯日
	郎 瓦	12	峨尔	两个以上斯日
温 泉	拉梅瓦	4	峨尔	哈巴布一个斯日
	衣马瓦	10	峨尔	两个斯日
	软格瓦	6	峨尔	软格一个斯日
	阿如瓦	9	峨尔	阿如一个斯日
	瓦拉片	30	胡尔	两个斯日
	八 瓦	10	胡尔	瓦虎一个斯日
八 林	独家村	6	峨尔	良休一个斯日
拖 支	阿拉瓦	6	峨尔	阿拉一个斯日

(P37)

根据永宁纳西族的传说①,他们的祖先是由北方迁来的,初到泸沽湖地区时,共有六个"尔"。尔的含义是"一个根骨",即由一个始祖母的后裔组成的血亲集团,也就是母系氏族集团。

这6个氏族进入泸沽湖地区后,西、胡、牙、峨4尔住在黑底,即永宁坝子,永宁盆地;布尔和搓尔住在布底,即泸沽湖所在地。虽然上述氏族在20世纪80年代以前就早已瓦解了,但那时候永宁坝区绝大多数人户对自己原本属于哪个尔,属于哪一个氏族依然清楚如故。

"斯日"是由尔分裂出来的比尔小的母系血缘集团,可算女儿氏族,含义

---

① 严汝娴、宋兆麟:《永宁纳西族的母系制》,云南人民出版社,1983年,第31—40页。

也是"一个根骨的人"。由于地理环境的局限,斯日的人数,按民主改革前后统计,多则百人左右,一般不超过百人。

正因此,通过传说以及各自认同的相互之间所拥有的血缘关系的远近,可以发现纳西族村寨之间的婚姻是有大致范围局限的,而且一般都局限在近距离相聚的"亲骨肉"村寨之间,即局限在"亲骨肉"氏族构成的部落之内(图1-2-7)。

这就是"通婚集团"的意义,它在提醒人们,研究史前婚姻和家庭形态不能泛泛地将聚落或氏族以外的人都称为"外人";而应该始终注意将婚姻与聚落的组织联系在一起,并有根有据地将"外人"与"亲骨肉"区别清楚。

三、不应该将私有制与婚姻、家庭的起源都捆绑在一起

这是一个非常敏感的问题,但又是一个不可能绕过去的问题。

应该承认,早在裴李岗文化和兴隆洼文化所处的新石器时代中期,中国就已经出现了以财富私有为特征的早期私有制。但是,这个私有制完全是一个与人们传统认识不一样的私有制。

长期以来,人们并不关心也不研究中国本土的史前私有制,也根本不认识中国本土史前私有制的特点。因而,也就长期误解了私有制对史前社会,对婚姻与家庭起源的有关影响,还以为只要出现了私有制就一定会导致一夫一妻制家庭与父系社会的出现。三者中的任意一者是否起源,都要看其他二者是否起源。于是,中国考古学主流对历史问题的论证就出现了形式逻辑的一环套一环的肯定或否定的奇特现象。

首先,面对兴隆洼文化的成年男女或成年男女带孩子的居室葬与居室墓,以及裴李岗文化公共墓地的成年男女或成年男女带孩子墓,人们之所以不肯承认他们是一夫一妻,不肯承认在自然性爱的基础上会出现经济并不独立的个体家庭。因为,一旦承认了,就意味着承认兴隆洼与裴李岗文化都有了私有制,有了父系社会。

其次,尽管兴隆洼文化、裴李岗文化当时也出现了随葬玉器、猪、绿松石等有地位的富人,出现了财富私有的现象,考古学的主流也不承认。因为,承认了财富私有,就等于承认了私有制,就等于承认当时已经出现了一夫一妻制家庭与父系社会。

为此,一个都不能承认。

人们不禁要问,为何一定要将私有制起源、一夫一妻制家庭、父系社会的出现都捆绑在一起呢?

事实上,中国的考古发现,最早的一夫一妻制家庭就出现在母系氏族社

会的兴隆洼和裴李岗文化时期,与后来父系社会的出现完全没有必然的联系,与当时的财富私有制也没有必然的联系。

这就是历史,不以人们的主观意识为转移。

尽管在这一研究过程中,也有一些不同的声音,甚至认为裴李岗文化就出现了私有制。但是,学者们都存在一个共同的问题,就是控辩的双方同样都将私有制、父系社会、一夫一妻的起源都捆绑在一起,并使用同样的逻辑和理论来论证新石器时代中期已经有了私有制,有了一夫一妻制和父系社会[1]。这样就出现了控辩的双方都在使用同一件"批判的武器",用其之矛攻其之盾,都完全忘却了"武器的批判"的现象。

也许有人会将上述现象归结为马克思主义的影响。

实事求是地说,有这方面的原因。但是,这并不是主要的原因。因为马克思主义的历史唯物主义强调的就是实事求是,就是还原历史真相。坚持马克思主义不能只坚持那些关于具体事件与具体问题的论述,更不能简单地"对号入座",或抄袭。

马克思主义,特别是恩格斯《家庭、私有制和国家的起源》的写作与出版,不仅年代早,1884年,也就是135年以前;而且当时无论历史资料还是民族学的资料都很少,尤其是考古的资料就更是稀缺。因此,不能苛求古人,苛求马克思、恩格斯。此外,中国专家对问题的研究也不能只顾简单地披上马克思主义的外衣,而应更多基于已有的大量而丰富多彩的考古资料,实事求是地探索中国史前社会的本土特点。这就是真的历史唯物主义的精髓和要义,也是中国考古人不可推卸的责任和义务。千万不要懈怠了自己的责任和义务,更不要随随便便就将有关问题的责任都推给马克思主义。马克思主义不是"马克思主义者"[2]们墨守成规,不作为不思进取的护身符和藏身洞。

根据中国的考古,私有制与父系社会,与婚姻、家庭实际并没有任何直接的关系。

新石器时代中期,社会流行的生产方式就是在生产资料集体所有制前提下的集体劳动,广种薄收,集体消费。社会普通成员一是没有私有的生产资料;二是除了大家都有的普通陶器和石器以外,也没有属于个人的真正的财富,更没有"财富"要继承的需求;三是虽然有了一定程度的贫富分化,但

---

[1] 李友谋:《裴李岗文化》,文物出版社,2003年,第152—158页。
[2] 恩格斯:《恩格斯致施米特(8月5日)》,《马克思恩格斯选集》,人民出版社,1974年,第474页。

因为个人没有生产资料的所有权，也没有社会认可的个体劳动，所以贫富的分化也与个体劳动个体经济没有任何明显的关系。正因此，当时的一夫一妻及其家庭完全是一个自然的基于自由性爱的生活单位。

那种以为全世界的私有制都一样，都是一个模式，都是生产资料的私有制，有了这种私有制就一定会产生需要继承的财富，有了财富就一定会出现具有经济与社会双重独立性的一夫一妻制家庭与父系社会的观点，完全与中国的实情不合，在中国也难以成立。

本 章 小 结

本章重点讨论了母系社会晚期即新石器时代中期，以自然性爱为基础的一夫一妻制婚姻和家庭的起源问题。

一、历史背景

新石器时代中期，广谱经济、早期财富私有制、对偶婚，就是一夫一妻制婚姻与家庭最早出现阶段的历史背景。

二、一夫一妻制婚姻和家庭的有关考古发现与意义

（一）有关的考古发现

根据已有的资料，中国最早的一夫一妻制婚姻与家庭的发现主要就见于兴隆洼文化与裴李岗文化。

这些发现共同表明，虽然一夫一妻制并不是当时社会流行的婚姻与家庭形态，但却是当时流行的对偶婚中一种不容随意否认的形式与历史现象。

（二）有关考古发现的意义

1. 兴隆洼文化发现的意义

兴隆洼文化居室葬、居室墓与公共墓地的发现不仅证明了当时一夫一妻制婚姻与家庭的存在，还为基于自然性爱基础的一夫一妻制婚姻和家庭的起源研究提供了七个方面的启示。

第一，早在距今8 000年以前的新石器时代中期就出现了一夫一妻的婚姻与家庭。

第二，当时的家庭还只是一个以自然性爱为基础的婚姻与生活单位。

第三，以性爱为基础的家庭成员应该都是同部落不同氏族的男女，相互并不是"外人"。

第四,性爱在人类社会早期的家庭与婚姻关系中起着重要的作用,人类的婚姻与家庭的发展明显存在一个由自然因素起主要作用逐渐过渡到社会因素起主要作用的过程。

第五,知其母又知其父现象的出现并不是父系社会来到的标志。

第六,"对偶婚"形式是多种多样的,一夫一妻稳定的"家庭"也是一种对偶的形式。

第七,一夫一妻制婚姻、家庭与财富私有制和财富没有关系。

2. 裴李岗文化发现的意义

第一,河南舞阳贾湖遗址拥有中国史前最宽松的以自然性爱为基础的一夫一妻制家庭或"对偶家庭"。

第二,贾湖遗址一夫一妻制婚姻与家庭同财富私有制和财富毫无关系。

第三,贾湖遗址代表了中国男女老少无区别合葬墓起源的最早源头。

三、有关问题讨论

主要讨论了三个问题。

(一) 不应该将"对偶婚"与"对偶家庭"的形态绝对化

云南永宁纳西族对偶婚的不稳定性与多样性,以及裴李岗文化、兴隆洼文化多样的男女组合类型合葬墓,一方面真实地还原了当时的历史实际,另一方面又显示了部落内部之间男女的对偶是比较自由的。因此,家庭组合的多样性也远远超过了历史上的任何时期,切不可将"对偶婚"与"对偶家庭"的形态固定化绝对化。

(二) 不应该将部落内部的人都视为"外人"

云南永宁纳西族母系"通婚集团"的存在说明人类的婚姻范围从来都是有局限的。早期,人类的婚姻范围主要局限于部落即聚落群以内,部落以内的人都属于"亲骨肉",部落以外的人才是真正的"外人"。

(三) 不应该将私有制与婚姻、家庭的起源都捆绑在一起

在中国,新石器时代中期,社会流行的生产方式就是在生产资料集体所有制前提下的集体劳动,广种薄收,集体消费。社会普通成员一是没有私有的生产资料,二是除了大家都有的普通陶器和石器以外,也没有真正的财富,更没有"财富"要继承的需求。所以当时的一夫一妻及其家庭既与私有制无关,也与"财富"需要纯血缘继承无关。

第三章 以早期个体劳动个体经济为基础的一夫一妻制婚姻和家庭

所谓"早期个体劳动"就是劳动者以个人或一夫一妻制个体家庭为单位,在个人拥有土地独立耕作权的基础上所独立从事的个人劳动;所谓"早期个体经济"就是独立的劳动者和一夫一妻制家庭从事早期个体劳动的经济活动与收益。

一般而言,早期个体劳动与早期个体经济的联袂出现第一次使一夫一妻制婚姻开始与经济发生了联系,使一夫一妻制婚姻广为流行和普及,使一夫一妻制家庭成为了人类血缘社会最小的组织与经济单位。

相对于新石器时代中期,新石器时代晚期至夏商周时期就是中国一夫一妻制婚姻与家庭起源的第二阶段,它的主要特点就是普及并流行以新型的早期个体劳动和个体经济为基础的一夫一妻制婚姻与家庭。

其中,距今6 000年以前的新石器时代晚期早段,如中原仰韶文化早期,就是一夫一妻制婚姻与家庭早晚二段的过渡时期;距今6 000年以后一直到商代晚期,就是一夫一妻制婚姻与家庭普及和流行的时期;西周时期,统治民族内部不仅出现了"礼制婚姻",还由此反映时代越晚婚姻过程融入的经济因素越来越多。

第一节 历 史 背 景

根据已有的考古发现,史前晚期推动和影响一夫一妻制婚姻与家庭普及流行最基本的历史背景主要涉及三个方面。

一、人类的生存压力急剧扩大

全国文物普查的资料数据表明,距今6 000年前后就是中国史前晚期人口与聚落数量第一个大增长时期,无论长江流域、黄河流域,还是北方地区,都同步出现了类似现象。

(一) 湖南西北澧阳平原

湘西北澧阳平原,位于武陵山余脉与洞庭湖盆地之间的过渡地带,三面环山,仅东面与洞庭湖平原相连,总面积约600平方公里。

表 1-3-1 澧阳平原史前各时期聚落遗址统计表

时代 \ 数量	遗址总数	平均面积(m²)	各类遗址数量(分类单位:万平方米)							
			<1	≥1	≥2	≥3	≥4	≥6	≥7	≥8(城址)
彭头山	12	7 960	8	3		1				
皂市下层	17	13 550	6	6	2	2	1			
大　溪	46	15 850	27	6	2	8		1		1

已有的考古资料发现,距今7 000—6 000年期间,澧阳平原的聚落数量、规模,以及相关的人口数量都出现了一个迅速增长的高潮(表1-3-1、图1-3-1,1、2)。

距今9 000年以前,平原上只发现彭头山文化的聚落遗址12处(图1-3-1,1);距今7 000年以前,皂市下层文化也只发现聚落遗址17处。但是,距今6 000年的大溪文化却发现46处(图1-3-1,2),近4倍于彭头山文化,3倍于皂市下层。

彭头山文化每处遗址的面积平均约0.8万平方米,皂市下层文化约1.355万平方米;而大溪文化约1.585万平方米,分别是彭头山时期的1.98倍,皂市下层时期的1.17倍。

由于平原面积是不会改变的,所以总面积÷各时期的聚落总数,即可粗略地知道不同时期每个聚落的平均活动面积。结果表明,彭头山时期每个聚落的平均活动面积多达约50平方公里;皂市下层时期,约35平方公里;大溪时期最少,约13平方公里,大体只有彭头山时期的1/4,皂市下层时期的1/3。

假设每个聚落遗址相似的单位面积承载相似的人口,那又可发现聚落数量、规模的增长同时也意味着人口的增长。经计算,三者人口总量的比例关系大约是:1∶3∶8,即大溪文化时期的人口总量至少是彭头山时期的8倍,是皂市下层时期的3倍,并意味着在彭头山1个人平均所有的土地上,大溪文化要养活8个人;在皂市下层1个人的土地上,大溪文化要养活3个人。

(二) 河南洛阳盆地

洛阳盆地呈东西狭长的椭圆形,总面积逾1 000平方公里。

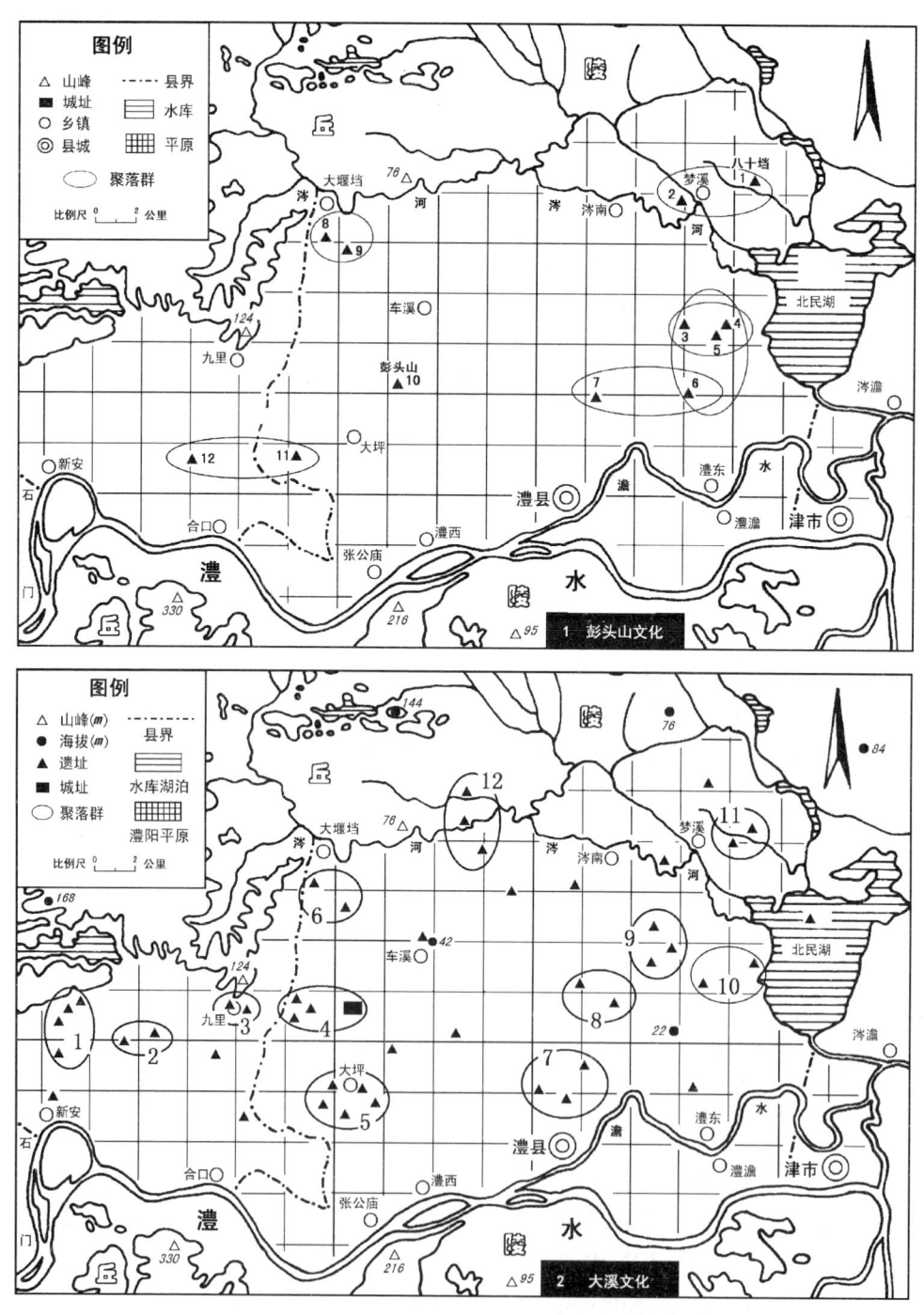

图 1-3-1　湘西北澧阳平原彭头山文化与大溪文化聚落遗址分布图
（引自裴安平《中国史前聚落群聚形态研究》）

2001—2003年,中国社会科学院考古所对盆地内的考古遗存进行了全覆盖的区域调查①,结果显示这里距今6 000年前后,仰韶文化的聚落遗址也出现了放量增长的趋势。

其中,裴李岗文化时期整个盆地仅有4个聚落,平均每个聚落拥有的活动与自然食物来源面积为250平方公里。仰韶文化时期,聚落数量陡增到105处,是裴李岗时期的26倍还多。与此同时,仰韶文化时期每一处遗址所可能拥有的自然食物资源面积则平均只有9.52平方公里,仅为裴李岗时期的3.8%。

假如仰韶文化每一个聚落遗址的平均面积与裴李岗文化一样,那上述遗址数量的变化实际就意味着在裴李岗文化1个人所有的土地上,仰韶文化至少要养活26个人。

(三) 内蒙赤峰地区

1999—2001年,中美考古学者联合对内蒙赤峰地区进行了专门的区域调查。该区域约765.4平方公里,主要的河流有锡伯河、半支箭河、阴河。其中,距今6 000年前后的遗址主要涉及兴隆洼文化、赵宝沟文化、红山文化②。

兴隆洼文化,距今8 000—7 200年,一共调查该文化的遗址14—19处,遗址的面积从几百平方米到近3万平方米(图1-3-2,1)。

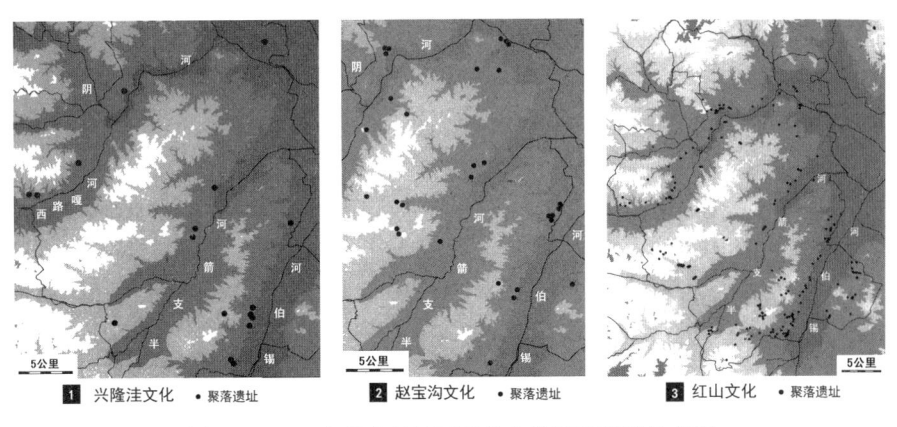

图1-3-2 内蒙赤峰地区有关文化聚落遗址分布图
(引自赤峰中美联合考古研究项目《内蒙古东部(赤峰)区域考古调查阶段性报告》)

---

① 中国社会科学院考古研究所二里头工作队:《河南洛阳盆地2001—2003年考古调查简报》,《考古》2005年第5期。
② 赤峰中美联合考古研究项目:《内蒙古东部(赤峰)区域考古调查阶段性报告》,科学出版社,2003年,第27—32页。

赵宝沟文化，距今 7 200—6 500 年，一共调查到该文化的遗址 29 处，遗址的面积从几百平方米到 3 万平方米（图 1-3-2,2）。

红山文化，距今 6 500—5 000 年，一共调查到该文化的遗址 160 处，遗址的面积从几百平方米到 11 万平方米（图 1-3-2,3）。

显然，红山文化在遗址数量、面积，以及对应的人口方面都有大幅度的提高。

就遗址的数量而言，赵宝沟 29 处，是前期兴隆洼 14—19 处的 1.5—2 倍。但红山文化则出现了遗址数飙升的现象，160 处之多，是兴隆洼的 8.42—11 倍多，赵宝沟的 5.5 倍。

就遗址的规模而言，由于原始资料并未详细报告每一个遗址的具体数据，所以这里不可能就此进行细致的分析对比。但红山文化数量众多的遗址本身又说明，即使遗址的平均面积与兴隆洼、赵宝沟一样大，它的总体规模至少也比它们大 5.5—11 倍。

假设相似的单位面积承载相似的人口，那红山文化在聚落数量、规模增长的同时，也意味着的人口数量至少比前二者增加了 5 倍以上。

二、生产方式变革

一般而言，生产方式就是具体的劳动技术、方法与"生产关系"（劳动者与生产资料和分配的关系）相结合的统一体。

为了应对因人口与聚落数量大幅增长，人均土地资源面积大幅减少导致的生存危机，发展生产性食物来源农业就成为了当时人类社会的主要对策，并由此引起了生产方式三个方面的重要变化。

（一）变广种薄收为定点精耕细作

据已经发表的资料，距今 6 000 年前后，我国发现的"稻田"有三种类型。

第一种就是水稻的自然生长地，如现代长江以南不同地点存活的野生稻的原始生长地。

第二种就是水稻的自然栽培地。

一般而言，这只是一种"形似"的稻田，既不适合个人劳动，也不能养活劳动者，并担当"农业"的大任。概而言之，主要有二个方面的特点。

其一，多位于聚落日常生活的边缘范围，单个田块的形状很不规整，面积也很小，仅区区一到几个平方。

其二，缺少人工长期耕作的迹象与特点。这种稻田一般都位于地势低洼，容易积水，水稻也容易存活的地方，人类对这类土地及其形态也很少专门的干预，充其量只是在那里撒播种子，任其自生自灭。

因此,这种土地见证的多是粗犷的广种薄收。

第三种,就是真正的"稻田"。

它不仅出现的时间较晚,而且还有三个方面的突出特点。

其一,土地经过了人为的专门干预,人工开挖,并堆垒田埂。

其二,为了达到一定的产量,又为了一定的集中排灌,田块的面积往往都比较大。

其三,使用期长,以致耕土底部与原生土层面的交接部还形成了一个渍水面,并伴生大量的铁锰斑与结核。

目前,湖南澧县城头山所见就属于那种真正的"稻田"。

1996年,澧县城头山遗址发掘,在汤家岗文化聚落濠沟东部的外侧,发现了年代距今6 500年的古稻田(图1-3-3)[①]。

根据土壤的颜色,这里的稻田原本就是在生土面上挖出来的,总体凹槽形(图1-3-3,3,18);中间是人为垒筑的平行的田埂(图1-3-3,1—3)。已确认二丘,每丘的面积都较大,田土都平整,厚约30厘米,纯净黑灰色(图1-3-3,3,17、18),与现代稻田的水稻土类似。在田泥中,稻叶、茎和稻谷至今还清晰可辨。在田泥的底部,因水稻土的长期使用还形成了渍水面,铁、锰在渍水面中汇聚成的斑点与细小结核颗粒也十分明显。据显微观察,田泥中的稻属植硅石含量亦非常接近现代的农田。此外,每当黑灰色稻田土增高并即将与原田埂顶面持平的时候,人们还会继续用黄褐色土在原田埂上再重新垒高一次。

城头山稻田的发现不仅是中国史前最早的,而且意义非常重要,并表明当时人类的生产方式已经开始由刀耕火耨广种薄收转变为以稻田为主的定点精耕细作了。

(二)变集体劳动为个体劳动

很久以来,人们总以为在社会生产力的构成诸元素中,生产工具是最重要的,最活跃的,也是最能够反映不同时代社会生产力的发展水平。但是,从新石器时代到商周,在生产工具并没有大的质的变化的前提下,人们并不知道究竟哪一时段是哪一种工具代表了生产力,也不明白生产工具究竟要变化到何种程度就标志着生产力有了大的进步与发展。于是,对工具变化的意义就有了各种不同的理解,对生产力发展水平的认识就有了诸多不同的学说。

[①] 湖南省文物考古研究所等:《澧县城头山古城址1997—1998年度发掘简报》,《文物》1999年第6期。

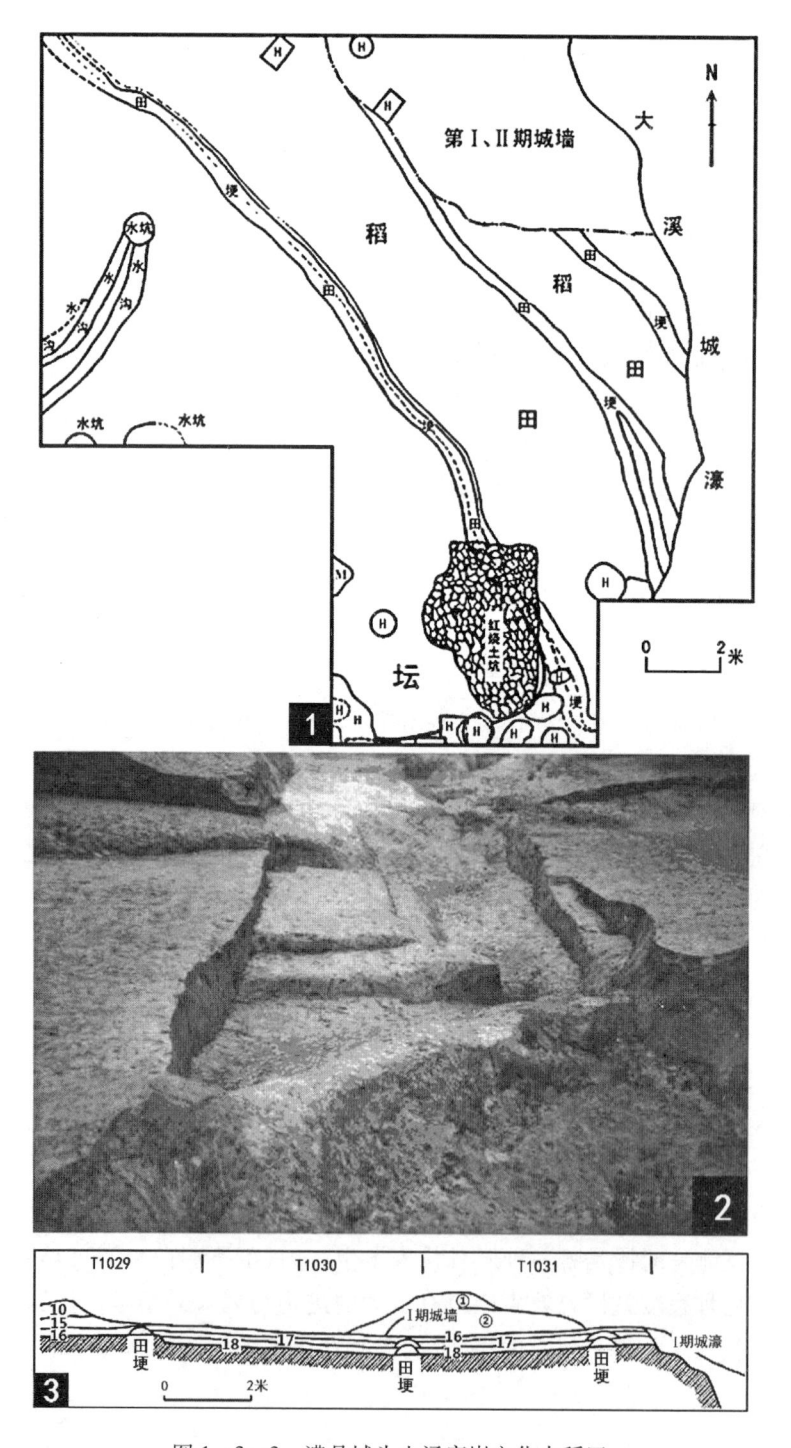

图 1-3-3 澧县城头山汤家岗文化水稻田
1. 水稻田平面图　2. 稻田发掘照片　3. 水稻田剖面图
（引自湖南省文物考古研究所等《澧县城头山》）

然而，大量的考古资料却证明，中国的商周及以前是科技含量很低并以磨制石器为主要生产工具的时代，无论哪一种具体的生产工具，以及由此代表的具体生产方式的变化，都远远不及人与生产资料结合的生产方式的变革，以及由此所产生的历史影响和作用。人是第一生产力，人不仅创造了工具，而且在生产工具一定的历史条件下，人与生产资料和谐的结合模式还有助于最大限度地释放人与工具的生产力。否则，再好的工具也只是一种历史的玩物。

湖南湘西北澧阳平原史前晚期的历史变化就是这种生产方式变革及其效果的最好证据。

在澧阳平原，大溪文化时期人类社会正面临着巨大的生存压力，在彭头山文化1个人的土地上要养活8个人，在皂市下层时期1个人的土地上要养活3个人。

因此，要维持与彭头山或皂市下层时期相同的生活水准，那就只有一条出路，在原有的基础上大力发展农业，因为只有人类主动从事生产的农业才可能在一定的土地上获取比自然更多的食物。又由于大溪文化时期的人口数量分别是彭头山时期的8倍、皂市下层时期的近3倍，所以要发展农业，就必须在有限的土地面积内加大投入，就必须至少8倍于彭头山时期、3倍于皂市下层时期的投入。

当然，压力与动力总是相对的，有压力就有动力。事实表明，史前人类就很好地将压力化解成了动力。

虽然在已有的考古发现中并没有见到任何直接证据可以说明当时究竟采取了哪些具体措施来解决问题，但史前晚期，尤其是距今6 500—5 000年期间人类社会集中出现的一系列重大变化却表明，古人确实很好地解决了在有限的土地上产出更多食物的问题。其中，最关键的就是变以往集体劳动为个体劳动，让劳动者与生产资料紧密地结合，变广种薄收为定点耕作，从而达到让每个劳动者至少可以通过自己的劳动来养活自己的目的。

事实上，城头山稻田的发现就同时说明，距今6 500年前后，是人类农业生产方式悄然发生重大变化的时段。那些长期耕作的稻田的出现与分割，不仅标志着以往广谱经济背景下粗放的广种薄收正不断转向以田块为主体的定点耕作与精耕细作，而且还标志着以往广谱经济背景下粗放的集体劳动正在不断转变为个体劳动。

（三）变集体消费为早期个体经济

这是史前晚期社会生产方式最值得关注的历史变化。

历史的发展一再表明，农业是人创造的，农业是不会自己生产出粮食来的。一方面，狭义的农业只是一种作物的栽培与技术，如果没有人的生产积极性，这种作物的栽培与技术毫无意义。另一方面，作为一种社会生产方式的农业，如果只是将生产资料的使用权，将土地交给劳动者耕作，而劳动者没有更多的生产积极性，农业也不会自己创造奇迹，充其量也只是劳动者自己养活自己，而不可能还有更多的"剩余"产品去支持整个聚落集体与氏族社会的发展。因此，既要使农业成为人类食物的主要来源，又要使农业真正同步成为社会发展的物质基础，就必须使个体劳动实实在在地具有超出劳动者个人和个体家庭生存需求的经济内涵，就必须让劳动与收获联系在一起，就必须多劳多得让个体劳动具有一定的经济意义。否则，劳动者没有生产的积极性，农业自己永远也不可能创造社会发展的奇迹。

种种迹象表明，随着早期个体劳动的出现，早期的个体经济也登上了历史舞台。虽然，当时的个体劳动和个体经济与春秋战国及以后拥有生产资料土地完全使用权的晚期个体劳动和个体经济特点有很大不同，但相对以往的集体劳动集体消费，它却是一个巨大的历史进步。劳动者不仅因为分田到人到户，从而获得了生产资料一定的使用权，即土地的独立耕作权；还由于多劳多得，使个体劳动第一次具有了超出维持生命以外的经济意义。

史前晚期，社会之所以会发生一系列的重要变化，如一夫一妻制婚姻与家庭的普及，父系社会的产生，男人地位的提高，只适合个体家庭居住的"排房"和"套房"的出现，实际也都证明了当时这种史无前例的早期个体经济已经出现与存在。

三、社会组织不断大型化整体化一体化

史前晚期，由于人口与聚落数量大量增加，不仅人与资源的矛盾激化，而且人类社会各聚落组织之间的矛盾也空前激化。为了土地，为了水源，为了自己的生存与利益，人们不得不组织起来，做强做大，因而就同步推动了聚落组织不断地大型化整体化一体化。

所谓大型化，就是组织的规模越来越大，涉及的聚落组织与数量越来越多。

所谓整体化，就是以往血缘组织内部各成员之间的独立性都消失了，而自愿结为一种新的整体或大型组织。

所谓一体化，就是所有的成员都服从核心的集中统一领导与指挥，同生死共命运，利益均沾。

考古发现，史前晚期，以血缘为纽带的聚落组织的大型化整体化一体化

过程大体经历了三个阶段①。

第一阶段：从新石器时代中晚之交开始，一直到距今约5 000年，是一体化聚落群崛起和流行的阶段。

第二阶段：距今5 000—4 500年，是一体化聚落群团崛起和流行的阶段。

第三阶段：距今4 500—4 000年，是一体化聚落集团崛起和流行的阶段。

第二节 过渡阶段的发现与特点

已有的发现表明，距今约6 500—6 000年的仰韶文化早期就是史前婚姻制度的转折与过渡时期。一方面它有许多特征与早期裴李岗文化存在明显的联系，另一方面它又显示了许多新的历史特点。更重要的是还显示在新的时代背景的推动下，一夫一妻制婚姻也已开始悄悄地普及，父系社会也在悄悄的到来。

一、仰韶文化早期的有关发现

主要有五个方面的发现。

（一）6人以下异性合葬墓数量大幅减少

为了更准确地认识仰韶文化早期婚姻与家庭的有关特点，这里特将陕西临潼姜寨遗址二期的合葬墓及其性别组合表示如下（表1-3-2、1-3-3）。

表1-3-2 姜寨遗址二期合葬墓登记表

序号	墓号	人数	性别类型	老男	老女	中男	中女	青男	青女	童	不详
1	80	2	2男			2					
2	81	2	2男			2					
3	85	2	1孩子1不详							1	1
4	133	2	2男			2					
5	173	2	2男			2					
6	215	2	1男1女			1	1				
7	229	2	2男			2					

---

① 裴安平：《中国史前聚落群聚形态研究》，中华书局，2014年。

(续　表)

序号	墓号	人数	性别类型	老男	老女	中男	中女	青男	青女	童	不详
8	237	2	2男			2					
9	257	2	2男			2					
10	287	2	?								2
11	293	2	1男1女			1	1				
12	305	2	1男1不详			1					1
13	317	2	?								2
14	327	2	1男1女					1	1		
15	351	2	?								2
16	362	2	?								2
17	125	3	2男1孩子			2				1	
18	126	3	2男1女			2	1				
19	138	3	3男			3					
20	228	3	3男			3					
21	231	3	3男			3					
22	235	3	3男			3					
23	250	3	3男			3					
24	309	3	2男1不详			2					1
25	340	3	2男1女	1		1	1				
26	346	3	1男2女			1	2				
27	67	4	1男1女2孩子			1	1			2	
28	123	4	2男1女1不详	1		1	1				1
29	171	4	2男2女			2	2				
30	196	4	?								4
31	286	4	1男2女1不详			1	2				1
32	301	4	1男2女1不详			1	2				1
33	313	4	2男2女			2	2				
34	109	5	5男			5					

(续 表)

序号	墓号	人数	性别类型	老男	老女	中男	中女	青男	青女	童	不详
35	111	5	5男			5					
36	303	5	2男1女1不详			2	1				2
37	314	5	3男2女			2	1	1	1		
38	357	5	?								5
39	114	6	5男1女			4	1	1			
40	312	6	2男2女2不详		1	2	1				2
合计	40墓	127人		2	1	67	20	4	2	4	27
41	94	7	7孩子							7	
42	120	7	3男4女			2	2	1	2		
43	127	7	5男2女			4	1	1	1		
44	131	7	6男1女			5	1	1			
45	199	7	5男2女			5	1				
46	210	7	4男3女			4	3				
47	227	7	7男			7					
48	316	7	4男3女	1	1	2	2	1			
49	318	7	3男3女1不详			3	2		1		1
50	333	7	4男3女			4	2				
51	115	8	6男2女	1		5			2		
52	239	8	6男2孩子			6				2	
53	299	8	2男2女4不详			2	2				4
54	307	8	4男3女1不详			4	2	1			1
55	337	8	4男2女2不详			4	1	1			2
56	347	8	3男4女1不详			3	3				1
57	1	9	7男2不详	2		4		1			2
58	118	9	9男	3		4		2			
59	254	9	?								9
60	345	9	4男3女2不详			4	2	1			2

(续 表)

序号	墓号	人数	性别类型	老 男	老 女	中 男	中 女	青 男	青 女	童	不详
61	359	9	?								9
62	360	9	?								9
63	218	10	4男6女			4	5			1	
64	246	10	7男3女			7	3				
65	336	10	3男4女3不详			3	3		1		3
合计	25墓	202人		7	1	86	35	7	14	9	43
66	130	11	8男3女			7	3	1			
67	211	11	9男2女			8	2	1			
68	216	11	9男2女			9	2				
69	331	11	5男3女3不详			4	3	1			3
70	121	12	8男4女			7	2	1	2		
71	328	12	6男3女3不详			6	2		1		3
72	212	13	9男4女			8	3	1	1		
73	335	13	6男4女3不详			6	4				3
74	122	14	11男3女			9	1	2	2		
75	124	14	10男3女1孩	3		7	3			1	
76	169	14	11男2女1孩			6		5	2	1	
77	170	14	9男3女2孩			7	1	2	2	2	
78	300	14	8男6女			8	5		1		
79	369	14	3男11女		3		7	3	1		
80	112	15	8男7女			8	4		3		
81	315	15	11男4女		1	9	4	1			
82	332	15	9男3女3不详			7	2	2	1		3
83	344	15	9男5女1不详	1		5	3	3	2		1
84	350	15	4男11女	1		3	7		4		
合计	19墓	253人		5	4	124	58	23	22	4	13
85	82	16	15男1女	1		12	1	2			
86	113	16	11男5女	1	1	9	3	1	1		

（续　表）

序号	墓号	人数	性别类型	老男	老女	中男	中女	青男	青女	童	不详
87	209	16	10男6女			9	6	1			
88	311	16	7男7女2不详			7	6		1		2
89	334	16	4男2女10不详			4	1		1		10
90	339	16	7男8女1不详			6	5	1	3		1
91	77	17	?								17
92	217	17	12男5女			12	5				
93	338	17	9男5女3不详			9	4		1		3
94	319	18	7男6女5不详	1	1	6	5				5
95	373	18	1女17不详						1		17
96	238	19	12男7女			12	7				
97	310	19	7男7女1孩4不详			7	7			1	4
98	364	19	5男14女			1	4	4	10		
99	368	19	5男13女1孩	2		3	5		8	1	
100	200	20	15男5女			15	5				
101	201	20	15男5女			15	5				
102	323	20	11男6女3不详			10	6	1			3
合计	18墓	319人		5	2	137	75	10	26	2	62
103	219	22	12男10女			12	10				
104	213	23	16男7女			15	6	1	1		
105	245	23	16男7女			16	7				
106	172	25	20男4女1孩			19	4	1		1	
107	353	25	4男20女1孩			4	13		7	1	
108	128	26	18男8女			16	5	2	3		
109	110	27	13男11女3不详			13	11				3
110	207	27	20男7女			20	6		1		
111	83	28	18男9女1不详	3		14	5	1	4		1

(续　表)

序号	墓号	人数	性别类型	老男	老女	中男	中女	青男	青女	童	不详
112	129	28	13男15女		3	11	8	2	4		
113	374	28	3男1女24不详			3	1				24
114	324	29	16男7女6不详	1		13	7	2			6
115	330	29	5男8女16不详			2	6	3	2		16
116	370	29	4男22女3孩	2	3		9		10	3	
117	375	29	2男2女25不详			2	2				25
118	363	30	3男27不详			2		1			27
合计	16墓	428人		6	6	162	100	15	32	5	102
119	84	32	21男9女2孩	2	3	15	5	4	1	2	
120	168	32	24男8女	1		23	7		1		
121	367	33	10男22女1孩	1	1	4	17	5	4	1	
122	76	37	18男5女1孩13不详	6	2	11	2	1	1	1	13
123	325	38	12男13女1孩12不详		1	12	11	1	1	1	12
124	206	43	32男11女			31	10	1	1		
125	204	45	34男11女			34	11				
126	198	50	30男20女			30	19		1		
127	302	51	26男15女10不详	2		22	11	2	4		10
128	202	61	44男17女			44	17				
129	75	69	55男11女3孩	19	3	25	3	11	5	3	
130	208	74	45男29女			45	27		2		
131	137	79	59男20女			56	19	3	1		
132	205	82	47男27女8不详			46	26	1	1		8
133	358	84	17男65女2孩		1	2	48	15	16	2	
合计	15墓	810人		31	11	400	233	43	39	10	43
总计	133墓	2 139人	异性合葬101墓，纯男性合葬16墓	56	25	976	521	102	135	34	290

（资料来源：《姜寨——新石器时代遗址发掘报告》）

表 1-3-3 贾湖与姜寨 2—6 人合葬墓有关组合类型比较表

类型 人数	性别	贾湖 墓号	组合类型	老男	老女	成年男	成年女	少儿	临潼姜寨二期 墓号	组合类型	老男	老女	中男	中女	青男	青女	童
2	同性合葬	35、282、334、335、61、205、253、263	2男			2			80、81、133、173、229、237、257	2男			2				
		273、336、337	2女				2										
3或4		364	4男			4			138、228、231、235、250	3男			3				
5		76	5男			5			109	5男			5				
									111						5		
2	异性合葬	83、106、128、343、23、299、346、401、404	1男1女			1	1		215	1男1女			1	1			
		109		1			1		293				1	1			
		321				1	1		327						1	1	
3		281、345、380、415	2男1女			2	1		126	2男1女			2	1			
		363		2	1				340		1		1	1			
									346	1男2女			1	2			
4		112、325	2男2女			2	2		171	2男2女			2	2			
		326		1		1	2		313				2	2			
5或6		394	3男2女1孩			3	2	1	314	3男2女			2	1	1	1	
6									114	5男1女			4	1	1		
3或4	带孩合葬								125	2男1孩			2				1
		353	1男1女1孩			1	1	1	67	1男1女2孩			1	1			2

(资料来源:《舞阳贾湖》与《姜寨——新石器时代遗址发掘报告》)

经与裴李岗文化比较(表1-3-3),可见二者的合葬墓联系与差异都比较明显。

作为裴李岗文化的代表性遗址,舞阳贾湖遗址前六次发掘所见各种合葬墓每墓的人数均不超过6人,这绝不是一种偶然,而是那个时代的反映,是那个时代诸多特点共同作用的结果,所以它也是人们研究历史及其发展的一条自然客观的界线。

如果与贾湖的合葬墓对比,姜寨二期一个非常明显的变化就是6人以下的异性合葬墓数量大幅减少。

由表1-3-3可见,姜寨二期6人以下的各种合葬墓一共只有40座,约占同期合葬墓总数133座的30%,而贾湖所有合葬墓都是6人及以下。比较而言,姜寨较贾湖相对减少了70%。

此外,贾湖一共有各种异性合葬墓23座,占性别清楚的43座合葬墓总数的53.48%,占遗址所有墓总数349座的6.59%,无论数量和所占比例都明显超过了同性合葬墓。尤其引人注目的是,单纯的成年男女、老年男女2人异性合葬墓共有11墓(表1-2-1),近异性合葬墓总数的一半。

但是,姜寨二期6人以下的异性合葬墓只有10墓(表1-3-3,M215、293、327、126、340、346、171、313、314、114),只占6人以下的40座各种合葬墓的25%,占整个遗址191座土坑墓的5.23%。其中,只有3座墓(M215、293、327)是男女2人异性合葬墓,占异性合葬墓总数的30%。

显然,在6人及以下的合葬墓范围内,姜寨的异性合葬墓不仅整体数量大幅减少,而且其中的男女2人合葬墓也同时大幅减少。

(二)6—10人的异性合葬墓数量大幅增加

由于贾湖前六次发掘就没有发现6人以上的合葬墓,所以姜寨6人以上10人以下的异性合葬墓就完全是一种新的产物。

据统计(表1-3-2),姜寨有这种新型的异性合葬墓共有18墓,它们是M120、127、131、199、210、316、318、333、115、299、307、337、347、1、345、218、246、336,占整个遗址所有合葬墓总数133座的13.53%,占整个遗址所有墓总数191座的9.42%。

显然,无论总数,还是所占合葬墓及所有墓的比例,都超过了同期6人及以下的异性合葬墓,这表明当时异性合葬墓的发展重点是人数多的,而不是人数少的。

(三)同性合葬墓数量超过异性合葬墓

据表1-3-2,这种同性合葬墓在姜寨二期共有16座,全男性。

其中,2人合葬的7墓,M80、81、133、173、229、237、257。3人的5墓,

M138、228、231、M235、250。5人的2墓，M109、M111。7人的1墓，M227。9人的1墓，M1。

除了姜寨以外，西安半坡、南郑龙岗寺、华县元君庙等地点也发现有类似的同性合葬墓。

西安半坡，M38，4个女性合葬。M39，2个男性合葬①。

南郑龙岗寺，M236、M67、M173、M309、M316、M396，2个女性合葬；M330，2个男性合葬；M145，3个男性合葬；M300，6个男性合葬②。

华县元君庙，M429、443，2个女性合葬；M457，3个女性合葬；M413，2个男性合葬；M449，3个男性合葬③。

由于裴李岗文化的贾湖遗址总共只发现13座同性合葬墓，占遗址所有墓总数349座的3.72%，明显比姜寨二期总数16墓，占遗址所有土坑墓总数191座的8.37%要少。此外，再加上其他遗址所见，可知同性合葬墓数量的增加也是仰韶文化早期晚段墓葬发展变化的一个重要现象。

（四）流行无区别大规模合葬墓

这是仰韶文化早期一种非常有特点的墓，它与同时期同性或异性合葬墓最大的区别就在于它有四个鲜明的特点。

第一，10人以上。

第二，墓坑大，除了常见的单坑以外，还出现了大坑套小坑的"复式坑"。

第三，男女老少不分。

第四，多二辈、三辈，甚至"四世同堂"（表1-3-4）。

华县元君庙M417④，临潼姜寨M358⑤，华阴横阵MⅠ、Ⅱ、Ⅲ⑥就都是这种无区别合葬墓的典型。

华县元君庙M417，长方形竖穴土坑，长约1.9米，宽约1.8米。墓内23人，全部二次葬。其中，男性共16人，50岁老人1人，30—40岁中年人12人，20—25岁青年2人，另1人年龄不详；女性共4人，1个青年人，3个中年人；小孩共3人，15岁、10—15岁、10岁各1人（图1-3-4，2）。

---

① 中国科学院考古研究所等：《西安半坡》，文物出版社，1963年，第203页。
② 陕西省考古研究所：《龙岗寺》，文物出版社，1990年，第175页。
③ 北京大学历史系考古教研室：《元君庙仰韶墓地》，文物出版社，1983年，第77、97、17、44、101页。
④ 北京大学历史系考古教研室：《元君庙仰韶墓地》，文物出版社，1983年，第91页。
⑤ 半坡博物馆等：《姜寨》，文物出版社，1988年，第181、182页。
⑥ 中国社会科学院考古研究所陕西工作队：《陕西华阴横阵遗址发掘报告》，《考古学集刊》第4集，中国社会科学出版社，1984年，第1—39页。

表1-3-4 姜寨二期各类合葬墓人员辈分组合统计表

类型	一辈 完整	一辈 不详	二辈 完整	二辈 不详	三辈 完整	三辈 不详	四辈 完整	四辈 不详	不详
2—6人	80、81、133、173、215、229、237、257、293、327、138、228、231、235、250、126、286、301、303、346、171、313、109、111	85、305、309、286、301、303	125、340、67、314、114	312		123			287、317、351、362、196、357
共40墓	21墓	6墓	5墓	1墓		1墓			6墓
7—10人	94、210、227、246	299	120、127、131、199、333、239、218	318、307、337、347、345、336	316、115、118	1			254、359、360
共25墓	4墓	1墓	7墓	6墓	3墓	1墓			3墓
11—15人	216	335	130、211、121、212、122、300、112	331、28、332	124、169、170、369、315、350	344			
共19墓	1墓	1墓	7墓	3墓	6墓	1墓			

第三章 以早期个体劳动个体经济为基础的一夫一妻制婚姻和家庭

(续 表)

类型	一辈 完整	一辈 不详	二辈 完整	二辈 不详	三辈 完整	三辈 不详	四辈 完整	四辈 不详	不详
16—20人	217、238、200、201	373	209、64	311、334、339、338、319、310、323	82、113		368		77
共18墓	4墓	1墓	2墓	7墓	2墓		1墓		1墓
21—30人	219、245	110、374、375	213、128、207	330、363	172、353、129	83、324	370		
共16墓	2墓	3墓	3墓	2墓	3墓	2墓	1墓		
31—82人	204、202		206、198、208、137	205	168	302	84、67、75、358	76、325	
共15墓	2墓		4墓	1墓	1墓	1墓	4墓	2墓	
合 计	34墓	12墓	28墓	20墓	15墓	6墓	6墓	2墓	10墓
总 计	46墓		48墓		21墓		8墓		10墓

(资料来源:《姜寨——新石器时代遗址发掘报告》)

1 华阴横阵墓地平面图

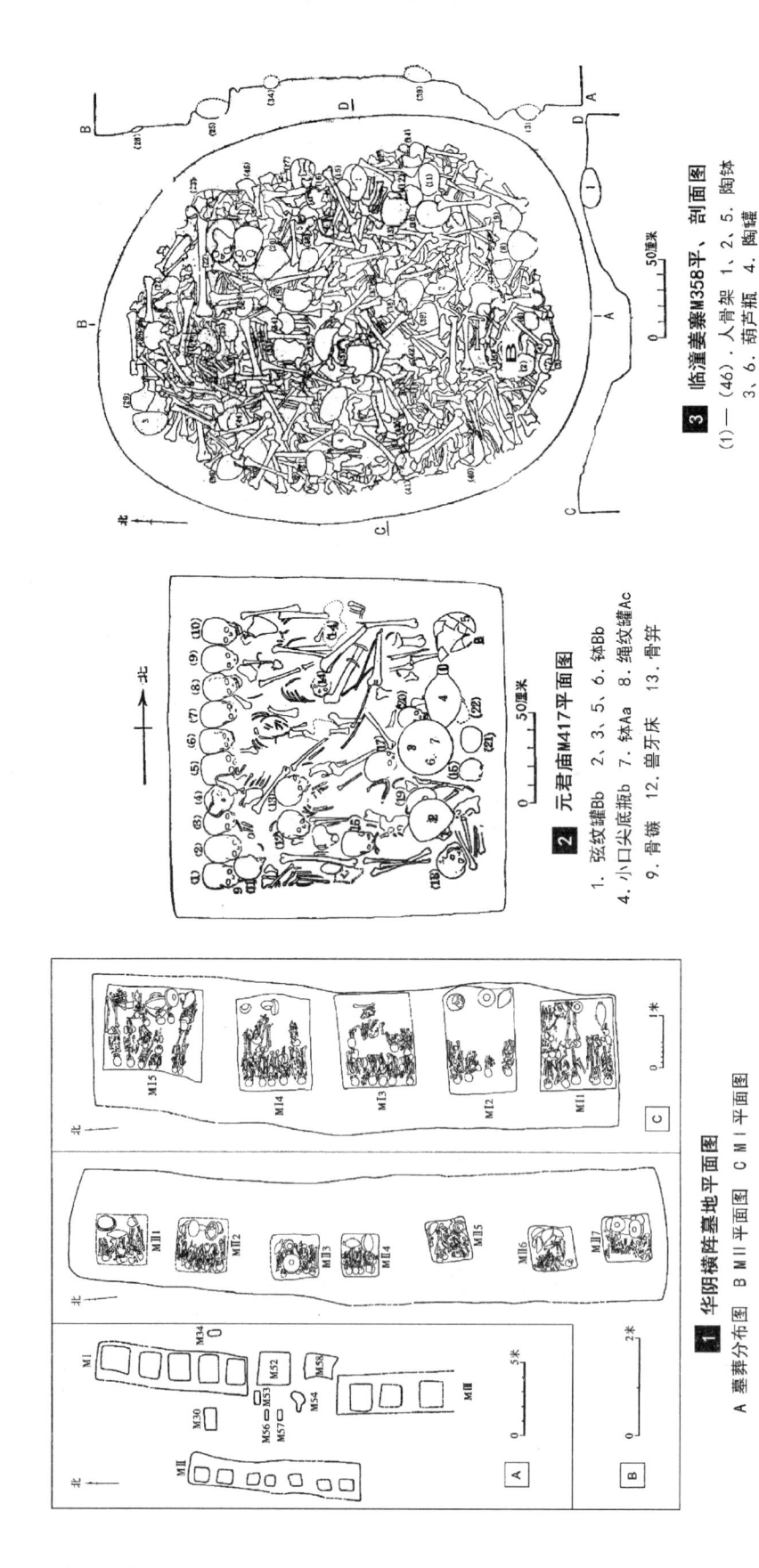

2 元君庙M417平面图
1. 弦纹罐Bb　2、3、5、6. 钵Bb
4. 小口尖底瓶b　7. 钵Aa　8. 绳纹罐Ac
9. 骨镞　12. 兽牙床　13. 骨笄

3 临潼姜寨M358平、剖面图
(1)—(46). 人骨架　1、2、5. 陶钵
3、6. 葫芦瓶　4. 陶罐

图1-3-4　华阴横阵、华县元君庙、临潼姜寨无区别合葬墓平面图
A 墓葬分布图　B MⅢ平面图　C MⅠ平面图

(1引自中国社会科学院考古研究所陕西工作队《陕西华阴横阵遗址发掘报告》；2引自北京大学历史系考古教研室《元君庙仰韶墓地》；3引自半坡博物馆等《姜寨》)

临潼姜寨 M358,墓坑椭圆形,长径 3.8 米,短径 2.7 米,深 0.8 米。84 人二次合葬,人骨分四层堆放。其中,青年男性 15 人,中壮年女性 48 人,中壮年男性 2 人,老年女性 1 人,青年女性 16 人,儿童 2 人(图 1-3-4,3)。

华阴横阵 MⅠ、Ⅱ、Ⅲ是"复式坑"的代表。特点三个。一是大坑套小坑,即大墓坑里面还有小坑;二是所有的人,无论男女老少都可以埋进去;三是进去的人分组安置在不同的小墓坑内(图 1-3-4,1)。

其中,MⅠ,大坑长 10.4 米,宽 2.8 米,内套 5 个方形小坑,长宽各 1.8 米。其中,Ⅰ1 坑内 10 人,Ⅰ2 坑内 4 人,Ⅰ3 坑内 10 人,Ⅰ4 坑内 8 人,Ⅰ5 坑内 12 人,共 44 人。

MⅡ,大坑长 12 米、宽 2.1—2.57 米,大坑内有 7 个小坑。Ⅱ1 坑内 7 人,Ⅱ2 坑内 9 人,Ⅱ3 坑内 6 人,Ⅱ4 坑内 5 人,Ⅱ5 坑内 5 人,Ⅱ6 坑内 3 人,Ⅱ7 坑内 5 人,总共 40 人。

MⅢ,大坑残长 7.1 米,宽 2.8 米。残存 3 个小坑。Ⅲ1 坑内 5 人,Ⅲ2 被晚期灰坑打破,人数不详,Ⅲ3 坑内残存 3 人。

(五)夫妻异穴合葬墓开始流行普及

这是以前很少见并说明出现了明显时代变化的一种夫妻埋葬形式。已经发现有较多夫妻异穴合葬墓的地点主要是陕西临潼姜寨一期,为陈雍先生首先认识并揭示(图 1-3-5)[1]。

他认为,姜寨北片的墓葬排列比较整齐,成年男女墓两两并列的现象在墓地中显得格外突出。一共有 12 对,M259(女)和 M258(男)、M260(女)和 M261(男)、M105(女)和 M104(男)、M99(女)和 M98(男)、M95(女)和 M100(男)、M102(女)和 M96(男,墓穴内还有一小儿)、M107(女)和 M108(男)(有一 6 岁前男孩 M140 就在这一组墓附近)、M147(女)和 M184(男)(有一 6 岁前男孩 M146 就在这一组墓附近)、M187(女)和 M186(男)、M189(女)和 M188(男?)、M272(女)和 M267(男)、M270(女)和 M269(男)。

二、仰韶文化早期婚姻与家庭形态的意义

仰韶文化早期发现的意义表明,当时并不是母系社会的繁荣期,而是母系社会的末期,是父系社会的起源期。

(一)继承了裴李岗文化的相关因素

根据姜寨二期墓葬的发掘,其中 6 人及以下各种合葬墓都与裴李岗文化有缘。

---

[1] 陈雍:《姜寨聚落再检讨》,《华夏考古》1996 年第 4 期。

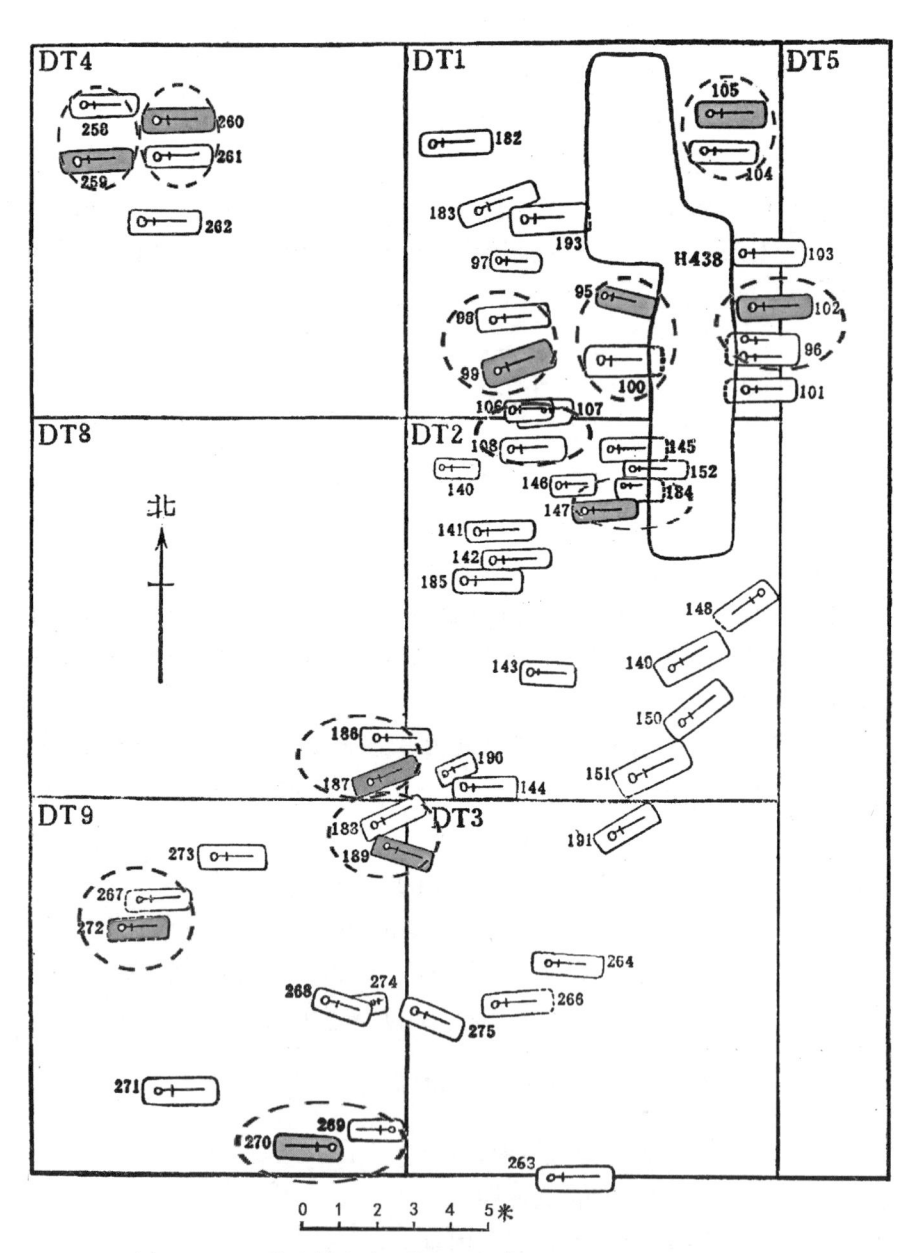

图 1-3-5 临潼姜寨遗址仰韶文化第一期聚落北片墓地平面图
（引自半坡博物馆等《姜寨》；图中虚线圈、女性墓涂灰为本书作者所加）

由表1-3-3的比较可见,姜寨二期6人及以下的各种合葬墓一共有40座,除了14座(M85、10、12、13、15、16、24、28、30—32、36、38、40)组合关系不是很清楚的以外,其余的合葬类型大多数都与裴李岗文化贾湖遗址的相似。

在姜寨,6人及以下的合葬墓共有11种不同的性别组合。

同性合葬墓,姜寨共有3种组合,即2男、3男、5男。经比较,均与贾湖的相似。

异性合葬墓,姜寨共有6种组合,一男一女、二男一女、二女一男、二男二女、三男二女、五男一女。经比较,二者大同小异,只有二女一男、五男一女,贾湖没有。

此外,二者也都有成年男女带孩子的墓。

这说明仰韶文化早期,也包括早期晚段,在各种合葬墓的组合中,尤其是2—6人的合葬墓,基本上都是从裴李岗文化继承下来的。

这种现象说明,仰韶文化早期婚姻与家庭制度的变化基础就是继承了裴李岗文化的因素,就是在裴李岗文化基础上的再发展。

(二) 同性与无区别合葬墓空前发展

就婚姻与家庭形态的演变而言,仰韶文化早期最重要的二大变化就是同性与各种无区别合葬墓的空前发展。

已有的资料表明,这二种埋葬方式都源于裴李岗文化。

就同性合葬墓而言,贾湖的发现说明这类墓早期少,仰韶文化早期有了较大的发展,并成为那个时代社会形态、婚姻与家庭特征的一个重要标志。

就无区别合葬墓而言,贾湖的发现说明仰韶文化早期的这类墓也来源于裴李岗文化。

2013年,贾湖遗址第八次发掘,其中一个重大发现就是见到了一个人数多达23人的合葬墓[①]。虽然关于墓葬的详细资料尚未公布,但它却非常明确地显示了合葬规模的扩大和男女老少无区别的葬在一起的新特点。

值得深思的是,仰韶文化早期为什么会同时兴起同性合葬与无区别合葬墓?为什么这二种合葬墓流行的历史时段都很短,都主要只见于仰韶文化早期,中期虽有但不多?

关于同性合葬墓的性质与意义,以往学术界多认为主要是族外级别对偶婚的反映,因为这种墓里的人不仅都同性,而且年龄也大都相仿。

---

① 陈楠楠:《论贾湖文化》,天津师范大学,2014年,中国知网·学位论文库;桂娟:《贾湖遗址出土绿松石串饰》,《北京晨报》2014年3月12日,A18版。

然而,同样是流行族外级别对偶婚的裴李岗文化却不流行同性合葬墓,而以异性合葬墓为主,这又是为什么呢?

显然,以往的解释还存在明显的漏洞。

关于无区别合葬墓的性质与意义,以往学术界的认识是"它是一个由几代人组成的母系最近亲属集团,即是以血缘关系连接起来的包括三四代人、人数相当多的母系家族","半坡类型合葬墓中长年男女不成比例,和这类墓所表述的按母系传承的情况,正是母系家族成员构成特点及母系性质,在埋葬制度方面的反映"[1]。也正是因为他们都是"母系家族"的成员,而"凡是亲骨肉,彼此的骨肉就应当永远不分离"[2],所以就出现了无区别合葬墓。

然而,为什么同为母系氏族社会的裴李岗文化却不流行无区别合葬墓,这又是为什么呢?

显然,与同性合葬墓一样,上述的解释也存在明显的漏洞。

实际上,早在裴李岗文化舞阳贾湖,合葬墓全部都只有6人及以下,而在仰韶文化早期晚段临潼姜寨二期全部133座合葬墓中却只有40座,占合葬墓总数30%,是6人及以下的组合,这说明仰韶文化早期不仅6人及以下合葬墓的数量与比重大幅下降了,而且同时还兴起了同性合葬与无区别合葬墓。尤其值得关注的是,临潼姜寨二期无区别合葬墓涉及的人数还特别多,共2 012人,占所有合葬墓总人数2 139人的94.06%,也占当时整个聚落各类墓2 194具人骨的91.7%,充分地说明了同性合葬与无区别合葬墓在当时社会中的重要性和主流地位。

然而,同为母系社会的裴李岗文化与仰韶文化早期合葬墓为什么会存在如此巨大的反差?

事实表明,这种现象很可能与当时的社会背景、墓葬所反映的思想观念的不同有关。

裴李岗文化时期,时代比较早,地广人稀,广谱经济,社会矛盾并不激烈,人类社会组织内部纯自然的因素比较多,纯粹对偶婚的因素比较多,所以当时的合葬墓不仅人数少,而且还以异性合葬为主。

但是,从新石器时代中晚期之交开始,随着人地关系的紧张与生产方式的变革,随着早期个体劳动个体经济的出现,也随着人类社会聚落组织之间

---

[1] 张忠培:《半坡类型的社会制度》,《中国通史·第二卷·远古时代》,上海人民出版社,1994年,第151页。
[2] 摩尔根:《古代社会》,商务印书馆,1977年,第80页。

矛盾的激化,母系氏族社会及其传统制度受到了巨大的冲击,已濒临解体的边缘。为此,姜寨一期聚落平面布局的向心结构,姜寨二期的同性与无区别合葬墓就都充分地显示了应对危机的种种举措。于是,刻意地从各个方面强化集体、强化组织、突出中心、加强团结,"凡是亲骨肉,彼此的骨肉就应当永远不分离"①的观念与行为就占据了主导地位。

尽管目前还无法准确地认识和判断姜寨二期 6 人以上与无区别合葬墓的历史意义,但它们至少说明那些合葬墓并不是母系氏族社会繁荣期的表现,而更多的是当时社会发展状况的一个缩影,是当时社会性质整体处在大变化时期的反映。

(三) 母系社会向父系社会转变

就在仰韶文化早期强调母系社会集体的完整性、凝聚力的同时,考古证明父系社会的因素却在同时悄悄地兴起。

第一,姜寨发现了夫妻并穴合葬墓。

据有关专家研究,在姜寨一期聚落墓地的北片共发现夫妻并穴合葬墓 12 对。

应该说明的是,这种夫妻异穴合葬墓的兴起与普及完全是一种新时代的新发展,也是距今 6 500 年以后新石器时代晚期不见夫妻同穴合葬的主要原因。

第二,出现了中国最早的男根图像。

1995 年,袁广阔先生在题为《试析姜寨出土的一幅彩陶图案——兼谈半坡类型鱼纹消失的原因》(《中原文物》1995 年第 2 期) 一文中,首次涉及了仰韶文化半坡类型出现了男根图像的问题。

他说:"近年来我们在整理河南汝州洪山庙遗址内出土的仰韶文化彩陶图案时,发现了同姜寨 M76∶8 号罐上'花蕾'形相似的图案,而且还发现它们均与甘肃大地湾遗址出土的陶祖的形状完全一致,因此,使我们认识到洪山庙所出土相似的图案,应为男性生殖器。姜寨出土的'花蕾'形图案为男性生殖器前端(龟头)部分……姜寨遗址一、二期遗存均属于半坡类型,大地湾、洪山庙的陶祖及男性生殖器图案,当是由半坡类型发展来的。"

显然,以上新鲜因素的出现表明时代正在变化。

正因此,仰韶文化早期既是母系氏族社会最后的转型期,也是父系社会最早的胎孕期或新生儿的临盆期。

---

① 摩尔根:《古代社会》,商务印书馆,1977 年,第 80 页。

第三节　一夫一妻制婚姻与家庭的普及和特点

如果说最早的，也是没有任何经济独立意义的第一代一夫一妻制家庭，就出现在新石器时代中期，就出现在广谱经济集体劳动集体消费的基础上，那么仰韶文化中期到夏商周时期普及并流行的第二代一夫一妻制家庭，就与早期完全不同。一方面，新的一夫一妻制家庭已不再是纯自然性爱的结果，而是社会生产方式变革催生的产物；另一方面，由于土地与个体劳动直接联系，分配也与个体劳动直接挂钩，从而使一夫一妻制家庭开始具有了一定的经济独立性；再一方面，由于生产方式的变革，早期个体经济的出现，一夫一妻制家庭不仅成为了血缘社会最小的组织单位，而且在食物生产与人口生产两方面都成为了社会的主角。

正是基于这些变化，一夫一妻制家庭不仅获得了经济与社会两方面的独立性，还一跃成为了史前晚期到夏商周时期普遍可见的主流生产与生活方式。

一、一夫一妻制婚姻与家庭普及的考古发现

主要有三个方面。

（一）居住房址结构的变化

已有的考古资料非常清楚地表明，大约从距今约6 000年开始，全国各地史前聚落内部居住用的房屋形态都开始发生了重大变化（图1-3-6）。

河南淅川下王岗，1971—1974年遗址发掘，在中国第一次发现了距今5 000年以后时代属于仰韶文化晚期早段的由套间连在一起的地面式排房。其中，最大的一排进深约7.9米，面阔长约78米，由17套带门厅的套房组成。其中，二室一厅的12套，一室一厅的5套，单室无厅的3套（图1-3-6,1）[1]。

河南郑州大河村，1987年以前的发掘，在中国第一次发现了距今5 000年左右仰韶文化晚期的独立套房F1—F4（图1-3-6,4）[2]。

F1，面积20.8平方米，是这套房址的主间。其中，出土了陶器、石器、骨器50余件，并用墙壁还隔出了一个小房间。

F2，面积14.23平方米，与F1同时并列修建，中间共用一墙。房内共有

---

[1] 河南省文物研究所等：《淅川下王岗》，文物出版社，1989年，第166—183页。
[2] 郑州市文物考古研究所编著：《郑州大河村》，科学出版社，2001年，第168页。

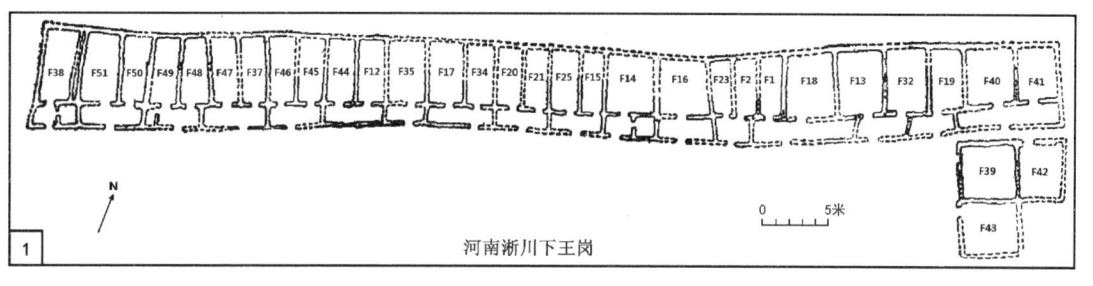

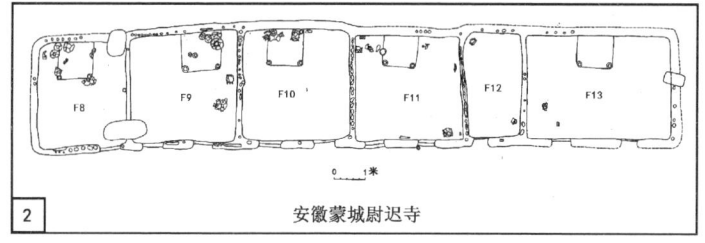

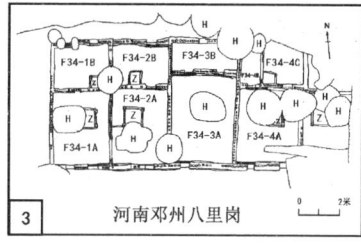

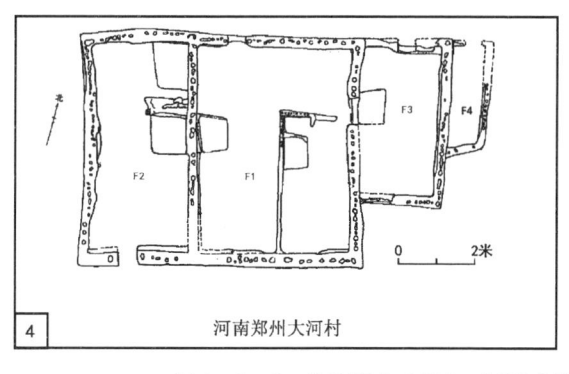

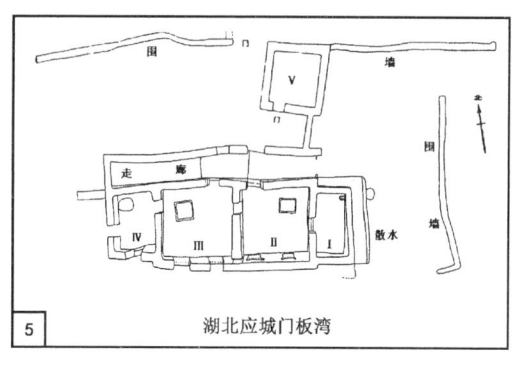

图 1-3-6　各地距今 6 000—4 500 年期间发现的"排房"与"套房"平面图

(1 引自河南省文物研究所等《淅川下王岗》;2 引自中国社会科学院考古研究所《蒙城尉迟寺》;3 引自北京大学考古实习队等《河南邓州八里岗遗址发掘简报》;4 引自郑州市文物考古研究所《郑州大河村》;5 引自国家文物局《1999 中国重要考古发现》)

二个烧火台,一个位于室内东北角,发掘时台上还发现一罐炭化的高粱与两枚完整的莲子①。

F3,面积 7.8 平方米,是扩建所形成的,房内也有一个烧火台。

F4,面积 2.5 平方米,与 F3 同时扩建而成。室内没有发现陶器石器等生产生活用具,但却发现了两处烟熏痕迹和大量的灰烬。此外,在东墙的拐角处,还发现了一堆木炭,估计这间小房子的作用可能与储藏燃料及火种有关。

对此,发掘者认为"大河村遗址的发掘,为研究我国原始社会的有关问题,提供了一批重要资料。大河村三期 F1—4 和 F19—20 的两组房基,我们

---

① 郑州市文物考古研究所编著:《郑州大河村》,科学出版社,2001 年,第 169 页。

认为,它们类似一个家庭或一个家庭的住房","因此,我们推测在大河村第三、第四期的发展阶段,很可能出现了私有制和一夫一妻制的新的婚姻关系"。

河南邓州八里岗,1991年以后的考古发掘,在中国第一次发现了距今6 000—5 000年之间仰韶文化中期庙底沟时期的"排房"。其中,F34,东西残长18米,南北进深7.6米,现存房间共五套。除东面的一套因破坏间数不详外,余者,四套。共有二种户型,大小各一间类型,三套;另一套,为一大两小类型。大房间一般面积14—19平方米,小间房6—8平方米,每间房都有灶。此外,每套中的大小房都有门相通,还各有外出的门。值得注意的是,每套房之间不仅有较厚的墙相互分割,而且也没有可相互连通的门(图1-3-6,3)①。对此,发掘主持张江凯先生深有感触地指出"自庙底沟类型始,像八里岗这样的小村落发生的变化竟如此之大,足见我国的史前社会早在纪元前3500年前后即已步入了急剧变革的新时期"②。

安徽蒙城尉迟寺,大汶口文化晚期遗址,距今5 000—4 500年。1989—1995年发掘,在中国第一次完整揭露了一个以排房和套房为主的聚落(图1-3-7,2),一共发现和揭露排房17排(组),共76间房。其中,每排房子都由大间和小间连成的套房组成(图1-3-6,2)③。

湖北应城门板湾,屈家岭文化遗址,距今5 000—4 500年。1998—2002年发掘,在中国第一次发现了一座保存状况良好的大型土坯砖砌带院子的独立套房④(图1-3-6,5)。其中,南、北、东三面的院墙依然存在,并与主体建筑保持了一定的距离。除了主体建筑以外,室外还有规整的散水,在居室的北门外还专门修筑了走廊围墙,在北院墙的中门内侧还有类似于门房之类的房子。

以上各地遗址发现的新式房屋建筑,不仅距今6 000年以前从未见过,更重要的是它还意味着距今6 000—5 000年期间,人们的居住与生活方式都发生了重大变化。首先出现的是由"套房"构成的"排房",然后就出现了专门为一夫一妻制个体家庭居住而定制的独门独户的"套房",并由此证明在此期间个体家庭已正式成为了血缘聚落社会独立的组织与经济单位。

(二) 聚落整体布局模式的变化

聚落的整体布局模式表面上与婚姻和家庭形态无关,但实际上它却是

---

① 北京大学考古实习队等:《河南邓州八里岗遗址发掘简报》,《文物》1998年第9期。
② 北京大学考古实习队等:《河南邓州八里岗遗址发掘简报》,《文物》1998年第9期。
③ 中国社会科学院考古研究所:《蒙城尉迟寺》,科学出版社,2001年。
④ 国家文物局主编:《1999中国重要考古发现》,文物出版社,2001年,第7页。

当时婚姻、家庭形态及其地位变化最直观的反映。

陕西临潼姜寨就是距今6 000年以前仰韶文化早期母系氏族社会末期聚落整体布局的典范,尤其是它的向心结构更令人瞩目印象深刻。它不仅显示了整个聚落一种事先规划的整体性,显示了聚落内部的多级社会结构,更重要的是,还显示了整个聚落以家族为单位逐级向心的构建和布局模式,以及希望借此塑造一个团结和谐的"大家"的设计与布局理念(图1-3-7,1)。

然而,距今6 000年以后,黄河、淮河流域的聚落形态都发生了重大变化,大汶口文化晚期安徽蒙城尉迟寺遗址就是这方面的典型代表(图1-3-7,2)。

与姜寨相比,尉迟寺有三个方面的重要变化。

第一,拥有长年积水防御功能明显的大型濠沟。

在聚落居住区的外围,尉迟寺有一条宽25—30米、深4.5米的大型濠沟,规模明显超过姜寨宽仅1.8—3.2米、深仅2.4米的聚落围沟,防御功能突出。

第二,中心广场消失了。

在姜寨,聚落的中心广场,不仅位于整个聚落的中心,而且还面积巨大,4 000平方米,占整个居住区面积约18 000平方米的22.22%。但是,在尉迟寺,全聚落唯一的中心广场已经不再,而分散的可能属于"活动广场"的场所则多达5处(图1-3-7,2,灰色区域)。其中,最大的一处位于遗址南部18号房基F68—F71的前面,总面积约1 300多平方米。与姜寨相比,不仅聚落的中心没有了,而且所有"广场"的规模也大幅缩水,即使最大的一处也仅姜寨中心广场的1/3。

第三,所有居住建筑的层次与向心性结构都消失了。

早期姜寨遗址最出彩的特色就是它的居住类房址的多层向心结构。其中,小房址向心围着中房址,中房址向心围着大房址,大房址向心围着中心广场。然而,在蒙城尉迟寺,类似姜寨那样的分层向心结构荡然无存了,取而代之的则是套房构成的排房,以及这种排房的成排分布。虽然排房之中的套房也有大小之分,但它们却全都隐身在排房之中,因而那些大中型房址也就完全失去了昔日作为分层中心的光彩和地位。此外,所有大房址的门都要一致朝向中心广场的"向心"结构,在蒙城尉迟寺也都完全消失了。

如果说以往聚落布局的基本组织单位就是家族,布局的核心理念就是"向心",那么蒙城尉迟寺的布局就表明,虽然家族的外壳还在,但"向心"却完全没有了,而以"套房"为标志的一夫一妻个体家庭的独立性与地位则出现了历史性的突破和提高。

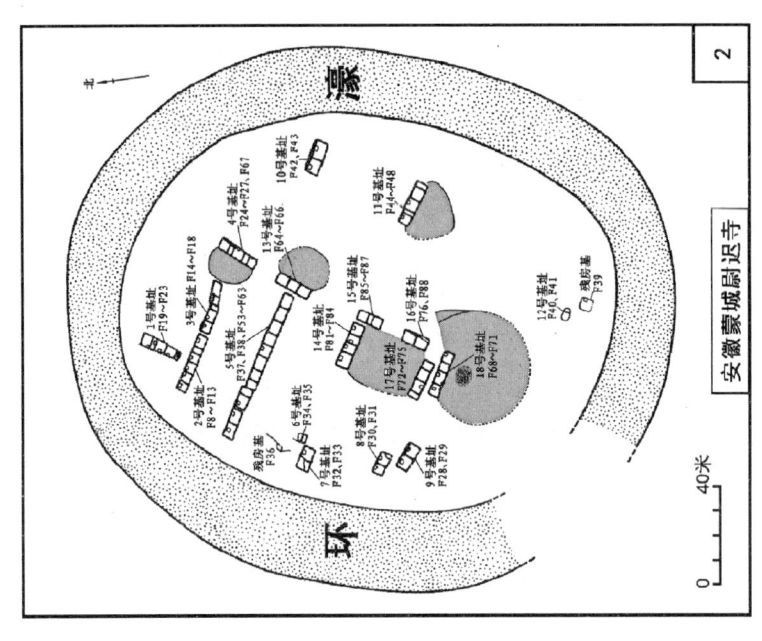

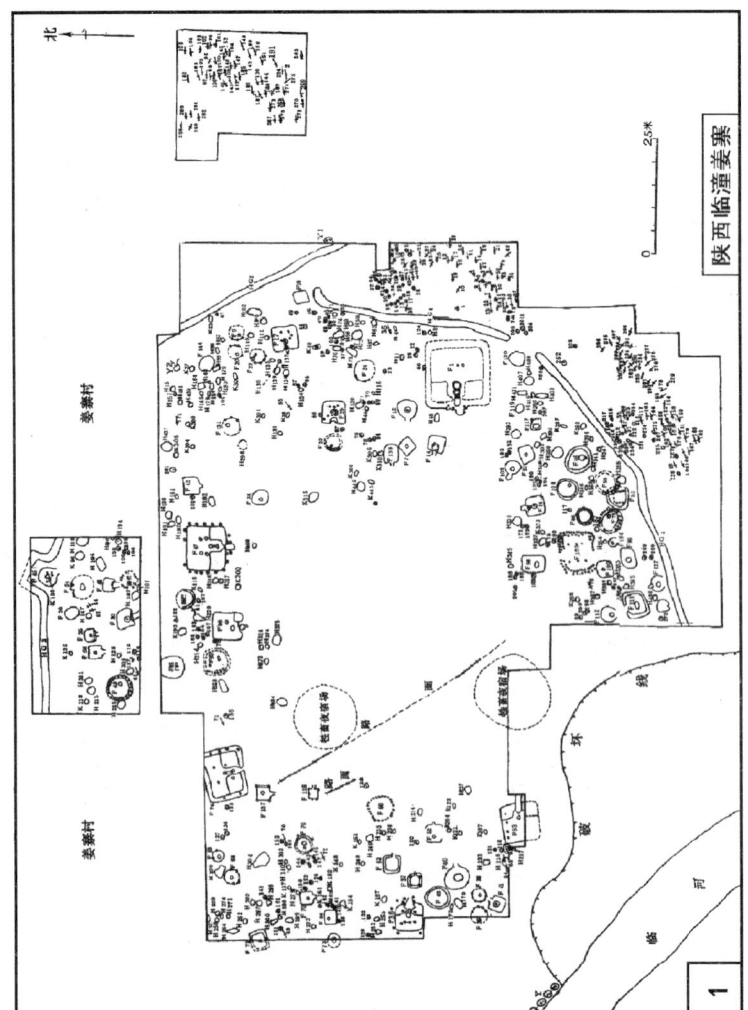

图 1-3-7 陕西临潼姜寨与安徽蒙城尉迟寺聚落平面图
（1 引自半坡博物馆等《姜寨》；2 引自张弛《〈蒙城尉迟寺（第二部）〉与尉迟寺遗址第二阶段发掘工作评述》；图中"活动广场"涂成灰色为本书作者所为）

（三）传统埋葬模式的变化

顺应时代的变化,距今6 000年以后的史前晚期与夏商周时期聚落墓地的组织方式也发生了一系列的重要变化。这些变化一致表明,新式的第二代一夫一妻制婚姻与个体家庭已经普及和流行,并成为了社会普遍的一种生活方式。

1. 墓地分群分组越来越细

墓地分群的现象实际自裴李岗文化以来就一直存在。不同的是,仰韶文化中期以前,由于没有个体家庭这种社会的组织单位,所以墓地的分群分组就缺少了这一级。仰韶文化中期以后,个体家庭已正式成为了血缘社会的基本组织单位,从而促使墓地的分组分群就自然而然地增加了这一级,并明显引起了三个方面的变化。一方面,群组的规模越来越小;另一方面,各级组织的独立性越来越强;再一方面,整个聚落公共墓地占有的空间面积越来越大。

1990年,湖南安乡汤家岗文化墓地发掘[1],在300平方米范围内发现距今约6 500年的墓葬150余座,平均2平方米面积就有一座。

1978—1980年,湖北公安王家岗大溪文化晚期墓地发掘[2],在东墓区50平方米发掘区内发现墓葬21座,平均2.38平方米面积一座;在南墓区225平方米发掘区内发现同期墓葬53座,平均4.24平方米一座。

1991年,湖南澧县大坪乡孙家岗距今约4 500年的石家河文化墓地发掘[3]。与早期相比,特点十分明显而独特(图1-3-8)。

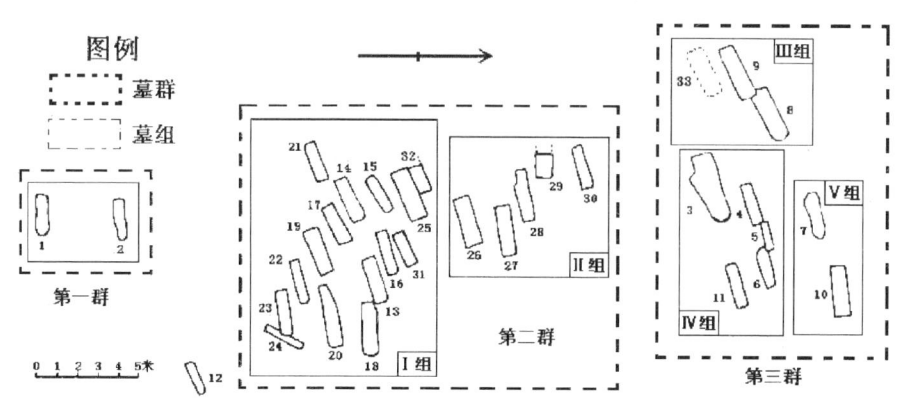

图1-3-8　湖南澧县孙家岗遗址墓葬位置分布图
(引自湖南省文物考古研究所《澧县孙家岗新石器时代墓群发掘简报》)

---

[1] 湖南省文物考古研究所资料,1991年汤家岗遗址第二次发掘,本人为发掘领队。
[2] 湖北省荆州地区博物馆:《湖北王家岗新石器时代遗址》,《考古学报》1984年第2期。
[3] 湖南省文物考古研究所:《澧县孙家岗新石器时代墓群发掘简报》,《文物》2002年第12期。

第一,在近400平方米的发掘区内,仅发现32座墓葬,平均12.5平方米才有一座,密度远远低于以往,只有安乡汤家岗墓地的1/7、公安王家岗南墓区的1/3。

第二,在已有的发掘区内,所有墓葬的亲疏关系与层次都通过空间距离表现得非常清楚,并可依相互距离远近将它们划分为3个大群和5个小组。其中,大群之间有宽阔的隔离带,约6—7米;小组之间隔离带较窄,约2米左右;距离最近的是第二大群的Ⅰ、Ⅱ小组,但相互间距也大于各自组内墓葬之间的距离。

第三,那些小组内部多数都不超过5个人,显示组织单位很可能与个体家庭有关。

河南三门峡西周虢国墓地也是一个各级组织的独立性越来越强,整个墓地占有的空间面积越来越大的实例。对此,发掘者认为:"虢国墓地是一处从国君到一般庶民埋葬在一起的邦国公墓墓地。而墓地中墓葬的埋葬排列有序,这是典型的聚族而葬的例子。"①

1956—1994年,整个墓地发现了各类大小不一的墓葬500余座(包括车马坑和祭祀坑)。分布在南北约520米、东西约440米的三角形地带,总面积约1.2万平方米的范围内。平均每座墓占地24平方米。由于地位等级不同,那些王侯级的大墓占地肯定更多,而一般平民小墓肯定要少一些。但如此空旷的墓地,就个人平均占地面积而言,接近史前湖南澧县孙家岗的2倍。

此外,从20世纪80年代虢国墓地发掘的平面图还可看出②,那里的20座墓有16座可以明显分为4个小群,每群3—5墓不等(图1-3-9),这不仅说明墓地最小的组群规模越来越小,还说明个体家庭就是墓地最小组群的组织单位。

2. 有些个人或家族墓葬移到了居住房址的附近

在黄河流域,仰韶文化早期位于居住房子周边的多是小孩的瓮棺葬。然而,仰韶文化中期以后,不仅瓮棺葬少了,房子周边的墓葬也多数不再是小孩,而是成人。

河北正定南杨庄,1980—1981年发掘,就是中国史前第一个见证这种变化的遗址③。

遗址第一期遗存,发现房址一座(F1),周边有墓葬3座。由于时代早,

---

① 河南省文物考古研究所等:《三门峡虢国墓》,文物出版社,1999年,第2—11页。
② 河南省文物考古研究所等:《三门峡虢国墓》,文物出版社,1999年,第5页。
③ 河北省文物考古研究所编著:《正定南杨庄新石器时代遗址发掘报告》,科学出版社,2003年,第5、30页。

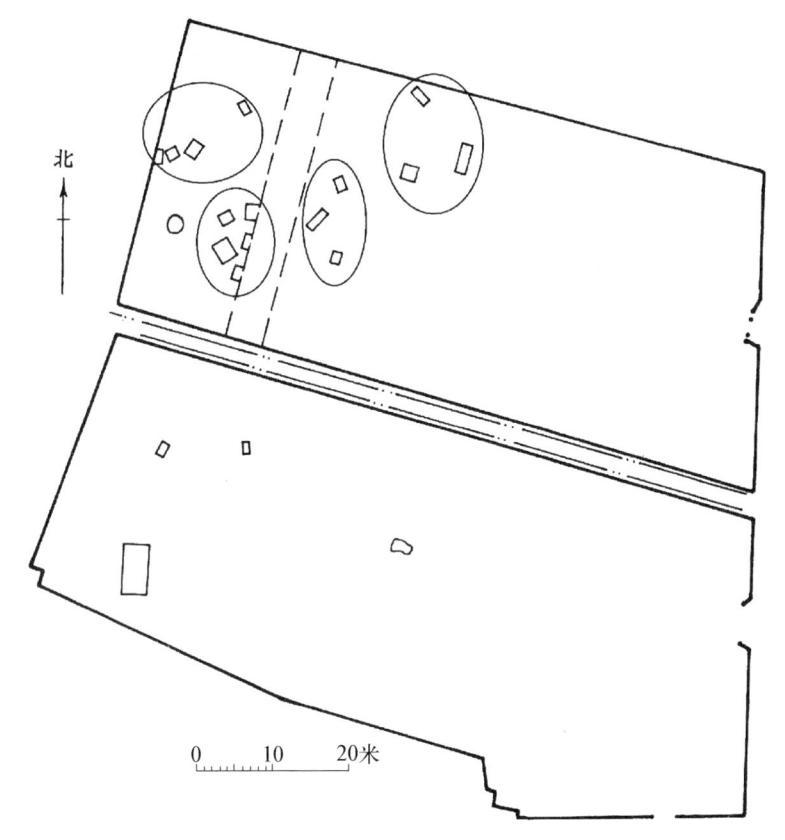

图 1-3-9 三门峡虢国墓地八十年代发掘墓葬位置平面图
（引自河南省文物考古研究所等《三门峡虢国墓》）

相当仰韶文化半坡类型，所以那些墓葬全部都是小孩的瓮棺葬。

遗址第二期遗存，年代相当仰韶文化中期偏早，发现房址3座（F2、3、4）。其中，位于F2、F3周边只有一座瓮棺葬，即M125。其余都是成人土坑墓，共9座，即M15、20（重号）、28、29、30、33、39、40。

类似现象，也见于郑州大河村第Ⅰ发掘区第四期遗存，年代相当仰韶文化晚期（图1-3-10）①。

那里一共发现四组墓葬，有三组就位于房址周边。其中，第一组，土坑墓8座（M1—5、16、18、19），小孩瓮棺葬13座，皆位于F5—10一组房址附近20米的范围内。

在河南的洛阳地区也发现了类似现象，只是时间稍晚一点。

对此，余扶危等先生就认为："龙山文化时期，母系氏族社会解体，父系

---

① 郑州市文物考古研究所编著：《郑州大河村》，科学出版社，2001年，第238—312页。

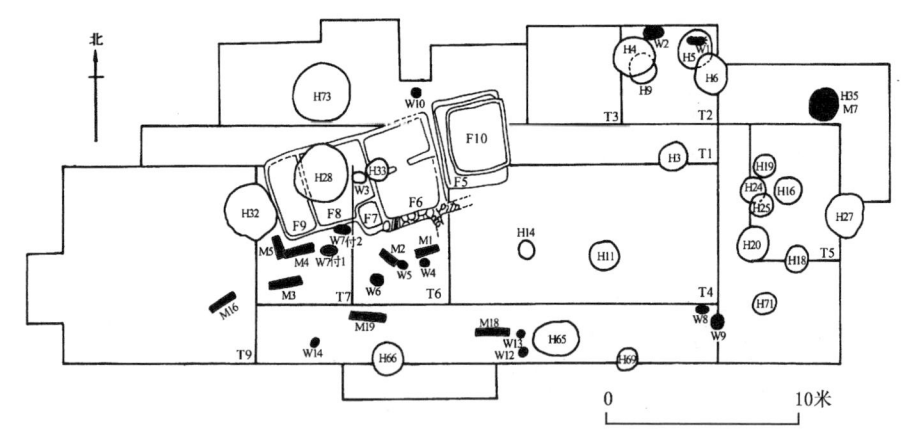

图 1-3-10　郑州大河村第Ⅰ发掘区仰韶文化第四期有关遗存平面图
（引自郑州市文物考古研究所《郑州大河村》；墓葬涂黑为本书作者所为）

氏族社会建立，随之而来的以血缘关系为纽带的氏族公共墓地开始瓦解……家族式墓地也就随之而生。因此，在龙山文化居址附近已很难发现成片的氏族墓地，而在氏族墓地内出现了相对独立的家族墓群。这就是洛阳龙山文化三、五成群埋在一起的根本原因。"①

3. 异穴合葬逐渐成为夫妻埋葬的主要形式

根据已有的发现，异穴合葬有多种形式。其中，主流形式就是两座拥有独立墓坑的墓近距离靠近左右并列，故又称为"并穴合葬"或"异穴并葬"。

目前，最早的异穴合葬见于兴隆洼文化的白音长汗遗址，即二期Ⅱ号墓地的M13与M16，一男一女（图1-2-5）②。不过，新石器时代中期，一夫一妻的主要埋葬形式还不是异穴合葬而是同穴合葬，即男女都位于同一个墓坑里。此后，随着个体家庭的崛起，个体家庭地位的提升，异穴合葬这种埋葬方式就逐渐成为了全国各地史前晚期夫妻埋葬的主要形式。

在山东青岛诸城前寨大汶口文化的墓葬中，"虽没有发现合葬，但有五对时期相同、年龄相若的男女墓紧紧相靠"③。

在辽宁省凌源田家沟红山文化墓地，2009—2011年的发掘，就在第一、第三、第四地点先后发现了男女异穴合葬墓（图1-3-11）。其中，第一地点的发掘还显示，是男人入葬的时间早于女人④。

---

① 余扶危等：《洛阳仰韶和龙山文化时期墓葬研究》，《洛阳大学学报》2007年第3期。
② 内蒙古自治区文物考古研究所编著：《白音长汗——新石器时代遗址发掘报告》，科学出版社，2004年，第28—30、505页。
③ 苏秉琦主编：《中国通史·远古时代》，上海人民出版社，1994年，第260页。
④ 王振宏等：《红山墓群发掘男女并穴合葬墓》，《解放日报》2012年3月23日，第7版。

图 1-3-11　辽宁凌源田家沟遗址男女异穴合葬墓
(引自王振宏《红山墓群发掘男女并穴合葬墓》)

在商代安阳殷墟,这类墓也非常流行。对此,孟宪武先生曾做过专门的研究。

1986年,在《殷墟南区墓葬发掘综述——兼谈几个相关的问题》(《中原文物》1986年第3期)一文中,他就指出:在"殷墟发掘中,'异穴并葬'墓是族墓地中常见的一种现象……仅殷墟西区与南区的墓葬资料中,'异穴并葬'墓就近300例"。

1993年,在《试析殷墟墓地"异穴并葬"墓的性质——附论殷商社会的婚姻形态》(《华夏考古》1993年第1期)一文中,孟先生还特举了殷墟西区、南区与大司空村的发现,进一步论证了这类墓存在的普遍性、特点与意义。

根据《1969—1977年殷墟西区墓葬发掘报告》,他发现在当地的936座墓中,"异穴并葬"墓共有166对,即332座,占西区殷墓总数的35.5%左右。

根据戚家庄、刘家庄南墓区的资料[①],他发现在275座墓中,"异穴并葬"墓有70对,计140座,占墓葬总数约50.9%。

---

① 当时安阳博物馆的内部资料。

根据《一九五三年大司空村发掘报告》,他还发现在166座墓中,"异穴并葬"墓35对,即70座,占总墓数的42.2%。

对此,专家们都认同孟先生的研究,并认为在"殷墟墓地中,经常发现一些左右并列或前后相随,相距很近的墓葬。这些墓葬性质相似、时代(期别)相近、随葬品组合一致,而且墓主人的头向相同。殷墟西区、大司空村、戚家庄、刘家庄等墓地中,该类墓占到墓葬总数的近三分之一强"。此外,性别、年龄的鉴定还表明,异穴合葬墓的主人,虽然性别不同,但年龄却比较接近。"因此,这些墓葬的墓主关系很可能是夫妻关系"①。

与殷墟的发现多平民不同,山西曲沃晋侯墓地既是西周中期至春秋初期王侯的专有墓地,也是贵族同样实行一夫一妻异穴合葬的典型②(图1-3-12)。

整个墓地南北一共发现3排9组晋侯与夫人墓。

北排,自东向西分别是,M9与M13组(前面的墓是夫,后面的是妻;以下皆同),M6与M7组,M33与M32组,M93与M102组。

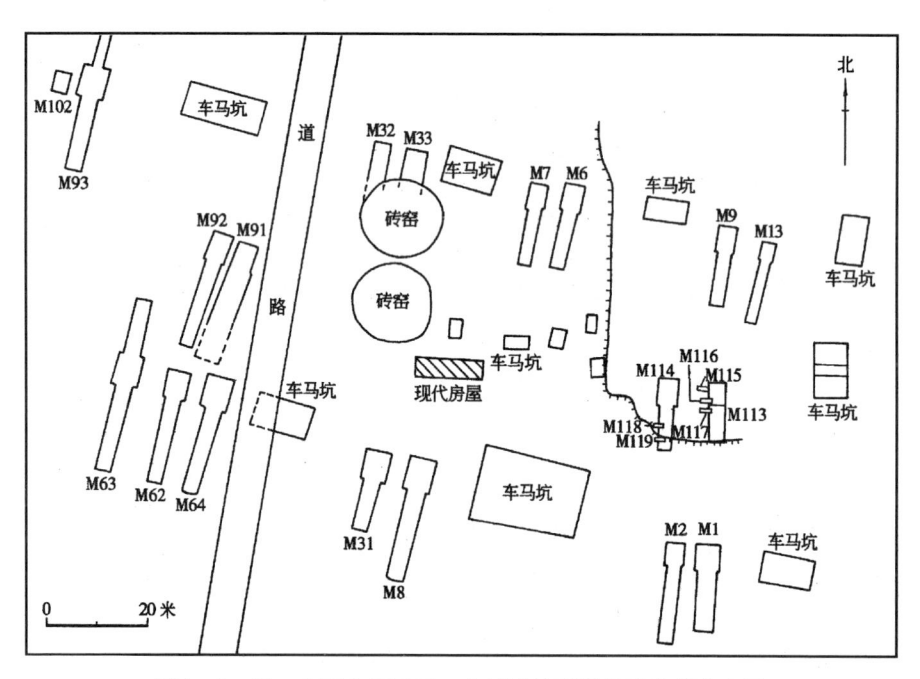

图1-3-12 山西曲沃天马—曲村遗址晋侯墓地墓葬分布图
(引自中国社会科学院考古研究所《中国考古学·两周卷》)

---

① 中国社会科学院考古研究所编著:《中国考古学·夏商卷》,中国社会科学出版社,2003年,第338页。
② 中国社会科学院考古研究所编著:《中国考古学·两周卷》,中国社会科学出版社,2004年,第87页。

中排,自东向西分别是,M114 与 113 组,M91 与 M92 组。

南排,自东向西分别是,M1 与 M2 组,M8 与 M31 组,M64 与 M62、63 组。

显然,殷墟与山西曲沃的发现共同表明,从史前晚期开始,在一夫一妻制家庭已经成为社会最基本组织单位的基础上,异穴合(并)葬已成为一夫一妻主流的埋葬模式。

二、以早期个体劳动个体经济为基础的一夫一妻制家庭的主要特点

从仰韶文化中期开始一直到夏商周三代,以早期个体劳动个体经济为基础的第二代一夫一妻制家庭在中国的历史上存活了近 4 千余年,并在这一漫长的历史过程中逐渐展现了它的诸多特点。

(一)"从妇居"变为"从夫居"

虽然基于现代考古学的技术条件,目前人们尚无法直接回答新石器时代中期兴隆洼文化"居室葬"内那些成年的男女,也同样无法直接回答新石器时代晚期那些异穴合葬墓的成年男女都来自哪个氏族。

但是,大量的考古发现与资料还是间接地证明了,从新石器时代晚期开始,类似云南纳西族那样的"从妇居"和"从夫居"并存的现象很可能都变成了"从夫居"。

因为,为了应对生存危机,史前晚期聚落社会掀起了变革的高潮,新的生产方式使土地、收获直接与劳动者挂钩,男人身体的自然优势以及在个体生产中的作用和地位,使得男人第一次真正地承担着聚落社会兴旺发达的希望。

为此,男人都被留下来了,还分了土地;而女人则被嫁出去了,所以只能"从夫居"。

(二)男耕女织的个体家庭经济已现雏形

与制陶、冶铜、玉石器、骨器的制作不同,整个史前考古就不见一例纺织业的手工作坊,这说明纺织业是一种以个体劳动为主的手工业。已有的考古证明,中国史前不同时期纺织业的个体劳动也有不同的特点与意义。

表 1-3-5 统计的就是河南舞阳贾湖裴李岗文化时期墓葬随葬品中与纺织有关的物件,并非常清楚地反映了距今 7 000 年以前在广谱经济的背景下,当时纺织手工业的诸多时代特点。

第一,以缝为主,以织为辅。

从距今约二万年的北京山顶洞开始,中国的考古就证明在人类的纺织业中首先出现的是缝纫。尽管山顶洞的骨针同时也证明了当时出现了可用以缝纫的"线",但并没有因此就证明当时已经有了可用于纺织的"线",或用这种线织成的织物。

表1-3-5 舞阳贾湖裴李岗文化墓葬随葬骨针、纺轮统计表

序号	墓号	时代	性别	年龄	骨针（器型、件数）	纺轮	合计骨针	合计纺轮
1	M29	Ⅰ2	女	50—55	Ad1		1	
2	M32	Ⅰ2	男	40—45	Ab1、Ac5、Ca1、Ad1、Cb1		9	
3	M38	Ⅰ2	男	30—35	Ab1、Ad1		2	
4	M40	Ⅰ3	男	50—55	Ab1		1	
5	M41	Ⅰ2	女	12—15	Ab1		1	
6	M42	Ⅰ2	男	50—55	Ae1		1	
7	M52	Ⅰ2	?	10左右	Ad1		1	
8	M58	Ⅰ1	女	30—40	Ac1、Ae1		2	
9	M66	Ⅰ1	男	35—40	Ac1		1	
10	M90	Ⅱ6	男	40—45	Ba1		1	
11	M91	Ⅱ5	男	41—45	Ad1		1	
12	M94	Ⅱ6	男	45—50	Ac1		1	
13	M98	Ⅱ5	男	成年	Cb1		1	
14	M107	Ⅰ1	女	50左右	Ac1		1	
15	M108	Ⅰ2	女	40—45	Ac1		1	
16	M109	Ⅰ2	甲男乙女	老年	Ad1		1	
17	M111	Ⅰ3	男	成年	Ca1		1	
18	M113	Ⅱ6	女	成年	Ab1、Ae1		2	
19	M115	Ⅱ5	男	青年	Ad1、Ca2、Ab2、Cc1		6	
20	M123	Ⅱ4	女	30左右	Ab1		1	
21	M126	Ⅰ2	男	成年	Aa1、Ac1		2	
22	M128	Ⅱ5	甲男乙女	25—30 成年?	Ab1、Ae1		2	
23	M132	Ⅱ4	女	成年	Ac1		1	
24	M231	Ⅲ8	女	25—30	Ad1		1	

(续　表)

序号	墓号	时代	性别	年龄	骨　针 (器型、件数)	纺轮	合计 骨针	合计 纺轮
25	M246	Ⅰ2	女	壮年	Ad1		1	
26	M248	Ⅱ5	男	中年	Ad1		1	
27	M257	Ⅲ7	女	中年	Ac1		1	
28	M270	Ⅱ5	男	55以上	Ac1		1	
29	M275	Ⅱ5	男	30—35	Ac1		1	
30	M276	Ⅱ5	男	40左右	Ab1		1	
31	M277	Ⅱ6	甲女 乙男 丙男 丁男	皆成年	Cb10、Ca6、 D1、Cc4		21	
32	M278	Ⅲ7	男	老年	Ac1		1	
33	M279	Ⅲ7	小孩	5—6	Ac1、Cb1		2	
34	M281	Ⅱ5	甲男 乙男 丙女	50左右 40左右 成年	Bb1		1	
35	M281	Ⅱ5	甲男 乙男 丙女	50左右 40左右 成年	Cb10、Ca6、 D1、Cc4		21	
36	M282	Ⅱ5	甲男 乙女	35左右 45以上	Ac1		1	
37	M295	Ⅰ2	男	壮年	Ac1、Cb1		2	
38	M304	Ⅱ6	男	成年	Bb1		1	
39	M308	Ⅰ3	女	中年	Aa1		1	
40	M318	Ⅰ2	男	老年	Ac1		1	
41	M332	Ⅰ2	女	青年	Ab1		1	
42	M335	Ⅱ5	二男	甲25左右 乙成年	Ad2、Ab2		4	
43	M336	Ⅱ6	女	23左右	Ab2		2	
44	M341	Ⅰ1	男	壮年	Bb1		1	
45	M342	Ⅱ5	甲小孩 乙女	5—6 成年		石1 石半成品1		2

(续表)

序号	墓号	时代	性别	年龄	骨针（器型、件数）	纺轮	合计骨针	合计纺轮
46	M343	Ⅱ5	甲女乙男	中年成年	Bb1、Ba1、Ab1		3	
47	M351	Ⅱ5	男	成年	1		1	
48	M353	Ⅱ5	甲？乙男丙女	10—12成年50左右	Cb7、Cc8、Ca6、Cd8	陶1	29	1
49	M356	Ⅲ7	？	11—13	Ae1	石半成品1	1	1
50	M361	Ⅱ5	女	20左右	Ba1		1	
51	M370	Ⅱ6	女	25左右	Ac1		1	
52	M376	Ⅰ2	男	老年	Ab1		1	
53	M377	Ⅱ5	男	壮年	Ba1		1	
54	M396	Ⅱ5	男	30—35	Ad1		1	
55	M411	Ⅱ4	女	中年	Ba1		1	
56	M486	Ⅱ6	女	壮年	Ac1、Ab1		2	
57	M487	Ⅱ5	女	成年	Ab1、E1		2	
总计	57墓	Ⅰ21墓 Ⅱ31墓 Ⅲ5墓	女27 男39 孩6	独女18墓，骨针23件 独男25墓，骨针41件 独孩子4墓，骨针5件 合葬10墓，骨针83件			152	4

(资料来源:《舞阳贾湖》)

舞阳贾湖裴李岗文化墓葬的发现表明，新石器时代中期的早、中段，沿自山顶洞以缝纫为主的发展状况并没有根本性的变化。虽然贾湖的墓葬里也有纺轮出土，但区区3座墓(表1-3-5,M342、353、356)，总共4件，相对56墓出土的152件骨针而言，足以说明当时纺织业的特点依然是以缝为主，以织为辅。

第二，男人是缝纫的主力。

据表1-3-5统计，1983—1987年贾湖遗址前六次发掘一共发现有57墓随葬了骨针与纺轮。其中，特别引人瞩目的是，从事这一手工劳动的主力不是传统认为的女人而是男人。其中,有 25 座男单人墓,随葬了 41 件骨针;而女单人随葬了骨针的墓则只有 18 墓共 23 件,只占男人墓总数的 72%,占男人墓随葬骨针总数的 56%。此外,单人墓出土骨针数量最多的墓也全部都是男人,M32,9 件;M115,6 件。类似的现象,也出现在了当时的多人合葬墓中。M281,二个男人,随葬骨针 21 件,人均 10.5 件;M277,三男一女,也随葬骨针 21 件,人均 5.25 件。

大约从新石器中期晚段开始,中国史前的纺织技术发生了重大变化,尤其是距今约 7 000 年的浙江余姚河姆渡早期遗存发现的 44 件纺轮,以及定经杆、机刀、梭子、布轴等织机部件,不仅说明当时长江下游已经出现并使用了踞织机①,还说明当时的纺织业已经开始从以缝为主转变为以织为主。

山东大汶口文化早期,距今 6 000 年左右的兖州王因遗址,墓葬随葬品的男女组合就充分显示了这种变化的过渡性特点②。

遗址一共发现随葬了纺轮与骨针的墓葬 54 座,有二个值得注意的现象。

第一,继承。

男人继承了源自新石器时代中期的特点,仍旧担当缝纫的主力。在随葬了骨针的 27 座墓中,有 18 墓是男人,只有 9 墓是女人。

第二,创新。

改变了新石器时代中期以缝纫为主纺织为辅且纺轮稀少的状况,一共发现纺轮 27 件。不仅显示数量与骨针相当,表明纺织的重要性得到了提高,还由于所有纺轮就出在 22 座女人墓中,显示女人已成为纺织领域与男人平起平坐的力量。

新石器时代晚期的中晚段,女人开始真正成为了纺织业的主角。

在长江中上游之交的三峡地段,巫山大溪遗址 1975—1976 年第三次发掘,共清理距今 5 500—5 000 年期间大溪文化晚期 133 座墓葬。其中,有 5 座墓随葬了陶、石、骨质的纺轮 7 件,骨针 2 件(M79,石纺轮 2 件,陶纺轮 1 件;M94,骨纺轮 2 件,陶纺轮 1 件;M142,石纺轮 1 件;M191 与 M197,各骨针 1 件)。除 M142 属性别不详的孩子以外,其余的纺轮与骨针全都出自女人之墓③。

---

① 浙江省文物考古研究所:《河姆渡——新石器时代遗址考古发掘报告》,文物出版社,2003 年,第 312、319、348、355、376 页。
② 中国社会科学院考古研究所编著:《山东王因——新石器时代遗址发掘报告》,科学出版社,2000 年,第 337—387 页。
③ 四川省博物馆:《巫山大溪遗址第三次发掘》,《三峡考古之发现》,湖北科学技术出版社,1998 年,第 143—147 页。

在西部青海的马厂文化类型中,"在发掘中经常发现陶、石、骨质的纺轮和骨针等纺织工具,并且这些工具多在女性墓内"。青海乐都柳湾,1974—1978年发掘,在马厂文化类型男女性别基本清楚的166座墓葬中,发现53个男性墓主有45个随葬了斧、锛、凿等石质生产工具,只有8个随葬了纺轮;而同时却有31个女性墓主,有28个随葬了纺轮。对此,专家认为:"可见当时男耕女织的分工更为明显了。"①

显然,中国男耕女织模式形成的最早年代是史前晚期的中段,即距今6 000年以后。就形成的原因而言,一方面是技术的发展,纺织业由以缝为主发展到以织为主,从而为女性的参与创造了条件;另一方面是社会生产方式的变化,男人分了田,主要从事农业生产,所以女人就自然以纺织为主了。于是,就初步形成了中国历史上时代最早的个体家庭早期个体经济以男耕女织为基本特点的模式。

(三)男人的社会地位逐渐强化

史前晚期,随着广谱经济的衰落,生产性农业的兴起,男人在生产中地位的提升,以早期个体劳动个体经济为基础的一夫一妻制家庭的普及,男人的社会地位也越来越高。

1994年,张忠培、朱延平合作完成了《黄河流域史前葬俗与社会制度》一文②,并以山东地区大汶口文化早、中期的发现为例,对距今6 000年以后墓中男人地位的变化进行了细致的对比研究。

现择要引用如下:

> 以大汶口遗址为代表的大汶口文化中期,成对成年男女合葬的习俗得到推广。像大汶口、邹县野店、邳县大墩子,都存在相当数量的一对成年男女或一对成年男女带小孩的合葬墓,如大墩子此类墓的数量占该地合葬墓总数的60%。这说明以男性为本位的亲属体制,及至五千年前左右的大汶口文化中期时,早已占据了统治地位。
>
> 不仅如此,与父系社会确立阶段的刘林期相比,此时的合葬墓还可见到以下一些现象。
>
> 1. 刘林期成年男女合葬墓中,男女在墓穴中的位置,尚无一定规矩,既有男左女右的情况,也有女左男右的现象。而大汶口文化中期的男女合葬墓基本上都是男左女右,可知男左女右已成为这一时期成年

---

① 中国社会科学院考古研究所编:《新中国的考古发现和研究》,文物出版社,1984年,第114页。
② 张忠培等:《黄河流域史前葬俗与社会制度》,《文物季刊》1994年第1、2期。

男女合葬墓的定制。

2. 在刘林期的成年男女合葬墓中,尚看不出男性随葬品偏多的现象。而大汶口文化中期的这类墓葬,凡能看出随葬品归属某一个体的,往往是男性的随葬品明显多于女性。

3. 刘林期的成年男女合葬墓,一般是男女平分墓穴,并列安置墓室之中……到大汶口文化中期时,成年男女合葬墓中男女的位置发生了一些变化,许多墓葬的男子占据着墓穴中央或墓穴大部分面积,而将同墓中的女子挤于一旁,甚至还发现有的女子被压在男子腿骨之下的实例。

为便于更好地了解以上提到的情况,兹将大汶口墓地的两座合葬墓介绍于次:

大汶口1号墓:"坑长2.5、宽1.4、深0.4米。北壁有一向外扩出的小坑,长1.8、宽0.2米,底部略高,女性即葬于这一小坑内。男性处于坑的中央。两具人架相距10厘米。随葬品集中男性一边,女性仅颈部佩一玉管,右腰间放一龟甲。男的右腰部也佩一龟甲,头左侧有石铲、骨铲、鼎和豆各一件,附近有一组石器(斧、锛、砺石)和骨镞、兽牙等物混放一起。由肩至大腿左侧,有杯一件,下压一石铲,其余为小石锛(一件有段,一件为玉质)、石矛、石刀、砺石、骨锥、骨凿、骨镞、箭尾、骨钩、穿孔长方骨板和一些牙料。脚部放有高柄、单把和筒形杯。"

大汶口35号墓:"坑长2.21、宽1.31、深0.4米。成人骨架两具,小孩一具。成人为一男一女,男左女右。小孩为女性,紧倚在成年女性右侧,下肢斜搭在大人的股上。均为仰身葬。男性面部向左,双手抚于盆骨处,执獐牙。左手佩一骨指环。女性右臂搂住女孩,左手放于盆骨处,头佩束发器。随葬器物多靠近男性一边。人架头上方有一大背壶。背壶右边两壶、一杯,左边有砺石、牙料、蚌片、零星兽骨和陶杯。男性身左侧,自肩至足有鼎(内放猪骨两块)、豆、壶、罐、砺石、猪头及陶器碎片。右脚附近一鼎。"

……

看来,以上这些现象与刘林期合葬墓所显示出的夫妻关系,存在着质的区别。刘林期的合葬墓,夫妻之间体现为平等的关系,而此时的合葬墓中,男子占据墓室中央,享有多数随葬品,妇女则被置于他的右侧卑位,这一切都无不在渲染男子的突出地位,女子的命运则比以前大为不如……

(四) 一夫一妻制家庭的经济与社会独立性有限

这是史前晚期及夏商周时期,中国以早期个体劳动个体经济为基础的一夫一妻制家庭最重要的历史特点。

从宏观的角度来看,史前晚期聚落整体布局、居住建筑、墓地布局的变化,以及男人地位的提高,"从夫居"的流行,实际都是一夫一妻制家庭早期经济与社会地位迅速提高和独立性增强的重要证据。

然而,这种独立性又是有限的。因为这种一夫一妻制家庭本质上还只是生产资料集体所有的小型血缘社会中的组织单位,还不是生产资料使用权完全个人所有的大型地缘化社会中的组织单位。

从仰韶文化中期开始,以早期个体劳动为基础的一夫一妻制家庭虽然已经成为了当时社会独立的组织与经济单位,但是,历史又证明它还长期依附在聚落以内,依附在血缘的族群以内。至少西周以前,不仅考古从未发现过聚落个体成员离开集体自己单独开荒自己独立生活的实例,就是各种历史文献也没有一例类似的记载,这表明一夫一妻制家庭的独立性又是十分有限的。

截至目前,考古学最能证明这一特点的发现就是殷墟的聚落群聚形态。

1995年,郑若葵先生曾就殷墟的都城构建模式发表了《殷墟"大邑商"族邑分布初探》一文。文中明确指出殷墟都城聚落形态的特点是,以宫殿宗庙建筑为中心,周围环绕的则是居民的族邑聚落,没有城墙①。

事实上,根据唐际根先生的介绍,在洹河以南东西约6公里,南北约2.6公里,总面积约15.6平方公里的殷墟范围内,密集分布有"族邑"类聚落遗址多达109处(图4-3-3)②。这些"族邑","他们生前'聚族而居',死后'聚族而葬',聚落形式上有很大程度的原始性"③。

此外,后冈墓地的发掘也清晰地表明,贵族与穷人,无论是否婚姻,都同在一个聚落组织里④。贵族不因为自己"贵",而离开这个组织;穷人也不因为自己"穷",而离开这个组织。

殷墟虽然是国体即国家组织模式地缘化的一国之都,但它的政体即统治模式与基层组织却依然还是血缘化的,都城人员的组织纽带依然还是血缘关系。那些"族邑",那些族人,无一不依附在血缘的组织与族体内。

正因此,史前与夏商周三代基于早期个体劳动与早期个体经济的一夫一妻制家庭的独立性,既不能不承认,也不能估计过高。因为,那是基于血

---

① 郑若葵:《殷墟"大邑商"族邑分布初探》,《中原文物》1995年第3期。
② 中国国家博物馆等:《商邑翼翼四方之极》,安徽人民出版社,2013年。
③ 孟宪武等:《对殷墟外围族氏中心遗存问题的讨论》,《甲骨学110年:回顾与展望》,中国社会科学出版社,2009年,第380页。
④ 中国社会科学院考古研究所编著:《殷墟的发现与研究》,科学出版社,2000年,第132页。

缘组织的独立性,而不是基于地缘社会的独立性。

(五)婚姻的范围从血缘走向地缘

这是一个家庭与婚姻历史演变过程中值得关注的问题。

已有的发现显示,伴随着史前晚期聚落组织的大型化整体化一体化,婚姻的范围也在不断扩大,家庭的组合也从血缘不断走向地缘,并经历了二个大的发展阶段。

第一阶段:在血缘社会的范围内不断扩大。

目前,中国的考古资料与世界各地的民族学资料都证明,在国家出现之前,人类社会最主要的实体组织就是部落。因此,"到发现美洲的时候,全北美的印第安人都已依照母权制组成为氏族"(《起源》P89),而且"绝大多数的美洲印第安人,都没有超过联合为部落的阶段"(P89)。中国的民族学,尤其是云南永宁纳西族"通婚集团"的存在,也证明了在人类聚落组织的一体化进程之前,社会最主要的组织就是部落,"族外婚"实际就是氏族之外部落之内婚。

然而,随着史前晚期聚落社会矛盾的激化,为了生存,为了利益,人类以血缘为纽带的聚落组织不仅规模日益扩大,而且还在近亲血缘组织的基础上扩大发展成为一种近亲加远亲的利益一体化的新型血缘组织。

截至目前,虽然考古的调查与发掘从未发现史前族外婚的范围在逐渐扩大的证据,但伴随着聚落血缘组织的不断扩大化一体化,原来可能属于"外人"的远亲部落与聚落组织都同时变成了"内人"。不难想象,在此基础上婚姻的范围也会随之在一体化血缘组织内部不断地扩大。这不仅因为它们都距离很近,许多都在"望门居"的范围内,而且相互的通婚还有助于这类聚落组织内部的联系与团结。

第二阶段:在地缘社会的范围内不断扩大。

1933—1937年,前国立北平研究院史学研究所在陕西宝鸡斗鸡台发掘了一批含有"瓦鬲"即陶鬲的墓。1948年,苏秉琦先生编写的考古发掘报告《斗鸡台沟东区墓葬》正式出版。在书中,苏先生还附录了《瓦鬲的研究》一文。

《瓦鬲的研究》被专家们认定为"中国考古类型学研究的典范"[①],也是中国考古学早期类型学成熟与本土化的标志。它的成果不仅说明了"斗鸡台出土瓦鬲的形制与年代"、"瓦鬲的分布与演变"、"瓦鬲的发生"、"瓦鬲的

---

① 杨晶:《中国考古类型学研究的典范之作——读〈瓦鬲的研究〉》,《南方文物》2009年第1期。

消灭";而且他还把瓦鬲与不同的墓葬形制、葬俗的研究结合起来,从而科学地揭示了商王朝时期周人已在西部兴起的历史事实,以及先周文化的两个来源。一个是西北的姬姓(CD型),一个是关中的土著(BC型)。

周文化是目前为止中国第一个被考古认定为主要由姬姓和姜姓二个不同民族和谐地糅合在一起的文化。传说中的周人始祖"弃",他的母亲便是姜的裔族有邰氏的女子姜嫄。后来,古公亶父娶的是太姜,武王娶的就是邑姜。周建国后,历代周王都娶了异姓女。据史书记载,成王妻王姒、康王妻王姜、昭王妻房后、穆王妻王俎姜、共王妻王妢、懿王妻王白姜、孝王妻王京、夷王妻王姞、厉王妻申姜、宣王妻齐姜、幽王妻申姜与褒姒、桓王妻纪季姜、惠王妻陈妫、襄王妻隗氏、定王妻姜氏、灵王妻姜氏等均是异姓女①。

事实上,许旭生先生的《中国古史的传说时代》和崔明德先生的《先秦政治婚姻史》②,就都对这类问题有很全面深入的研究和阐述,并证明中国史前末期与先秦各地各族之间的联姻已是一种常态。他们的结合虽然主要是为政治的需求开路的,但也明确地显示了紧随政治需求之后史前婚姻与家庭组合范围的扩大化趋势,及其原因和特点。

联姻不仅深化了双方生死与共的合作与利益共享,同时也见证了史前晚期以后人类的婚姻与家庭组合开始从血缘走向地缘这一历史性的转变。

三、有关问题讨论

针对学术界目前关于史前一夫一妻制婚姻与家庭的认识,这里将讨论五个有关的问题。

(一) 母系氏族社会女性地位高与农业无关

为了达到说明母系氏族社会女性地位突出的目的,长期以来许多专家都竭力证明妇女在史前农业生产中有着突出的作用与地位。

最早对这个问题给以全面论述的是《西安半坡》发掘报告。在报告中,石兴邦先生阐述了自己的观点。他认为"农业是当时生产活动的主要部门,也是经济生活的基础。这一点,从当时聚落之大、人口之多以及定居时间之久,可以得到证明。定居生活给农业发展提供了有利的条件,同时也正由于有了农业,加强了定居生活的意义";"半坡人们可能采用'烧荒'的办法……当时地多人少,土地可以轮歇丢荒广泛使用";"在锄(耕)

---

① 罗文荟:《从〈诗经〉中的夫妻称谓看周人的同姓不婚制》,《天中学刊》2012年第4期。
② 徐旭生:《中国古史的传说时代》,文物出版社,1985年;崔明德:《先秦政治婚姻史》,山东大学出版社,2004年。

农业阶段,经常的农业生产劳动,一般认为主要由妇女来担任,这个看法大体是正确的"①。

巩启明先生也持有类似的观点,他说:"仰韶文化早期……农业是当时生产活动的主要部门,是生产力发展水平的集中反映,是人们赖以生存和繁衍的经济基础……当时的农业劳动,可能是男女协作进行的,如开垦耕地、播种等,需要较多的男女强壮劳力共同协作才能完成。至于中耕管理,乃至收割、储藏、粮食加工等可能是多由妇女承担。在整个农业生产过程中,妇女投入的时间和劳动量是最多的。平时的饲养家畜,都由妇女担任。采集野菜、野果则是由老人、妇女和小孩去做。同时妇女还肩负着生儿育女、制造部分工具、陶器制作、制备食物、纺线、织布、缝纫衣物及其他繁重的家务劳动。狩猎、捕鱼等生产活动才是由男子承担的,北首岭的77M4和77M20等中青年男性墓中随葬骨镞各有80多件,他们在生前可能是富有经验的猎手,这项生产一年四季都可进行,但收获远比不上农业和饲养家畜牢靠。可见在整个经济生活中妇女起着重要作用,其经济地位、社会地位可能均比男子要高。"②

随着近年有关发现的增多与研究的深入,以上研究的不足也逐渐显露出来了。

第一,聚落大小人口多少都不是当时农业发展的证据。

近20年来,中国农业考古的一个重要收获就是证明了新石器时代晚期以前中国基本上还是以广谱经济为主,农业只处于补充作用。此外,农业考古的另一个重要收获就是证明了史前是否定居以及定居聚落的规模大小皆与农业没有直接的因果关系。聚落大不能证明它的农业就发达,聚落小也不能证明它的农业就弱。事实表明,定居就一直是人类与生俱来的一种主要生活方式,河北阳原泥河湾距今200万年以前旧石器早期遗址的群聚形态(图1-1-7),以及东谷坨、飞梁遗址厚2—3米的文化层(图1-1-9)③就是最好的证明,并说明只要有满足需要的自然食物资源就一定会有定居。旧石器时代末期新石器时代早期,人类的定居之地之所以大都会从山区走进平原水网地区,更多是因为更新世末期的降温促使广谱经济的出现,为了寻求自然食物资源新的来源与数量,从而促使人类又定居在了人少地多,自然陆生小颗粒食物、自然水生食物资源丰富的地区。至于

---

① 中国科学院考古研究所等:《西安半坡》,文物出版社,1963年,第222—224页。
② 巩启明:《从考古资料看仰韶文化的社会组织及社会发展阶段》,《中原文物》2001年第5期。
③ 谢飞等:《泥河湾旧石器文化》,花山文艺出版社,2006年,第58—67页。

农业之所以成为人类食物的主要来源,史前考古证明,那是史前晚期人类遭遇生存压力的结果,是人口增加导致人均自然食物资源减少的结果①。至于史前晚期那些大型聚落和超大型聚落遗址的形成原因,也不仅仅是因为它的农业特别发达,而主要是与聚落组织的大型化和一体化有关。

正因此,"聚落之大、人口之多以及定居时间之久"都不是所在聚落已经以农业为主,农业已经特别发达了的直接证据。

第二,以为"在整个农业生产过程中,妇女投入的时间和劳动量是最多的"证据不足。

这完全是一种推测,没有任何依据。即使仰韶文化早期是以农业为主,凭现有资料和证据实际也无法计算出妇女投入的时间和劳动量就比男人多。此外,即使女人投入农业的时间和劳动量都比男人多,也无法由此就证明女人的地位就一定比男人高。一方面,当时农业的地位并不高;另一方面,广种薄收,需要支出的劳动量也不多;再一方面,狩猎、捕鱼等需要体力与技巧的工作,实际也是一项复杂劳动,也不太适合多数女人参与。

第三,在集体劳动集体消费和自然分工的模式下,没有男女经济与社会地位的高低。

一般而言,无论男女,任何人的劳动要取得"经济地位"和"社会地位"双高的效果,必须有一定的社会制度作为基础和保障。换言之,只有在一定的经济与社会制度的前提下,人们的劳动才会有经济与社会地位高低的意义。

根据已有的考古资料,特别是临潼姜寨一期的聚落形态,说明当时整个聚落社会实行的仍然是生产资料集体所有制,既没有也不存在个体经济独立的家庭与社会单位。因此,在这样的基础上人与人之间的关系是平等的,经济形态也只能是集体劳动集体消费。

尽管仰韶文化早期社会已经出现了财富私有制,但是在以血缘为纽带的聚落内部,集体劳动集体消费的经济形态与模式,又从根本上又决定了社会贫富分化的程度与广度,决定了大多数人的劳动性质都属于自然分工,决定了大多数人无论从事什么工作都没有经济与社会意义的高低贵贱之分。

所谓"自然分工",实际上就是各自平等的各尽所能,就像北首岭的77M4 和 77M20 等中青年男性一样,也可能是骨镞的制作高手,也可能是渔猎的高手,但他们绝不可能因为制作了骨镞,或提供了人们都喜欢的肉类食物而经济与社会地位双高。就早期的农业而言,一方面,人类食物的主要来源是

---

① 裴安平等:《长江流域的稻作文化》,湖北教育出版社,2004 年,第 101—135、198—226 页;裴安平等:《史前稻作研究文集》,科学出版社,2009 年,第 241—345 页。

广谱经济,所以农业的重要性与地位较低;另一方面,广种薄收,多采用"烧荒"与"轮歇丢荒"的生产模式,体力的支出也比较有限,所以在这样的前提下,"妇女投入的时间和劳动量是最多的"也是一种自然分工,也根本不可能出现"在整个经济生活中妇女起着重要作用,其经济地位、社会地位可能均比男子要高"的现象。假如女人就因为多从事农业社会地位就高,那男人也会抢着去做。

实际上,自有人类以来,之所以会出现母系社会,之所以不需要农业,妇女的地位就比男人高,这完全是一种自然现象和自然原因,因为人们"只知其母不知其父"。新石器晚期早段,如仰韶文化早期,虽然社会上出现了少量的一夫一妻形式的对偶家庭;但是,社会的属性并没有发生根本性的变化,人们"只知其母不知其父"的现象也并没有得到根本性的扭转。因此,女人地位较高的原因也不需要其他太多的理由。

当然,父系社会时期,男人不仅经济地位而且社会地位都比女性要高。这是因为社会的生产方式与经济制度都发生了重大变化,一方面劳动者直接与一定的土地挂钩,另一方面收获也与劳动者直接挂钩,从而为男人身体优势条件的充分发挥创造了条件,使男人不仅经济而且社会地位都高。

显然,母系社会女人的地位是自然天成的,父系社会男人的地位是社会发展的结果,人们不能简单地用父系社会男人的地位特点来理解母系社会女人的地位与特点。

(二) 一夫一妻制婚姻家庭的普及流行与财富和财富私有制无关

长期以来,中国的考古就表明,无论是新石器时代中期还是新石器时代晚期,中国一夫一妻制婚姻与家庭的起源和发展,既与生产资料私有制无关,也与财富私有制和财富需要继承无关。

新石器时代中期,裴李岗文化、兴隆洼文化之所以会出现一些明显的一夫一妻制家庭,就充分证明了当时它与财富的继承完全无关,而更多的是一种自然生态的以性爱为基础的家庭。舞阳贾湖11座成年或老年男女2人合葬墓,之所以70%的随葬品都很少,还有2座空无一物,实际就表明他们的结合基础既不是生产资料私有,也不是财富的私有和需要继承。

事实上,裴李岗文化、兴隆洼文化的发现就一直在不停地提示和告诉人们,中国有自己的私有制起源之路,也有自己的家庭起源之路。

距今8 000年以前,无论是裴李岗还是兴隆洼文化,都同时证明当时就是广谱经济时代[①];而广谱经济的特点就是集体劳动集体消费,社会根本

---

① 中国社会科学院考古研究所内蒙古第一工作队:《内蒙古赤峰市兴隆沟遗址2002—2003年的发掘》,《考古》2004年第7期。

就不可能产生具有经济内涵的财富。虽然在一般正常的气候条件下,自然完全可能会向人们提供超出他们需要的食物量。但是,当时在人们的心目中就根本没有财富的观念,所以也没有将自然资源转化为财富的念想,也更不可能还会因财富而引发需要继承的问题。因此,在广谱经济与整个社会都缺少财富与财富意识的前提下,兴隆洼文化的奢侈品玉器,裴李岗文化的绿松石饰件,就基本上是一种权力与地位的象征,而财富的内涵则不太明显。这就是中国最早的私有制,表面上是财富的私有,本质上却是一种社会的等级、分配与管理制度的产物和反映,与当时一夫一妻制家庭的出现毫无联系。

仰韶文化中期及以后,聚落的整体布局、居住房屋建筑模式、墓地布局、夫妻异穴合葬的流行等方面的变化,充分说明一夫一妻制家庭已经迈过了它的初期起源阶段,而进入到了一个普及流行阶段,并开始成为当时血缘社会普遍的婚姻形态和社会最小的组织与经济单位。但是,它们也不是因为财富,或财富需要继承,才出现才存在的。

表1-3-6登记的9个遗址共23座男女同穴合葬墓的随葬品就显示,距今6 000年以后,虽然中国的财富私有制已经进入到一个新的发展时期,贫富的差距也越来越大,但是,男女2人同穴合葬墓的随葬品状况却依然如故,依然显示他们的结合仍与财富无关。富人也可以一夫一妻,如大汶口M13;穷人或墓中空无一物的人也可以一夫一妻,如下王岗M704、王因M2330;男富人可以一夫一妻,如大汶口M13;女富人也可以一夫一妻,如呈子M59。

表1-3-6 史前晚期部分遗址成年男女2人同穴合葬墓登记表

序号	遗址名	时代	墓号	人数	年龄组合	随葬品数量	随葬品种类	当地墓葬等级	资料出处
1	淅川下王岗	仰韶文化中期	M60	2	中年男中年女	1	冥陶器1	下等	《淅川下王岗》
2		仰韶文化中期	M539	2	壮男壮女	8	冥陶器4 石块3 石器1	中等	
3		屈家岭文化中期	M704	4	男40—50 女40—45 儿童2人	0		下等	

(续 表)

序号	遗址名	时代	墓号	人数	年龄组合	随葬品数量	随葬品种类	当地墓葬等级	资料出处
4	郑州西山	仰韶晚期	M85	2	成年男女		没有详细报道		《文物》1999年第7期
5		仰韶晚期	M86	2	成年男女				
6		仰韶晚期	M97	2	成年男女				
7		仰韶晚期	M106	2	成年男女				
8	大汶口	大汶口文化中期	M13	2	1成年男 1成年女	47	陶器19 玉石器3 骨角牙器8 猪头14 獐牙3	大墓	《大汶口》
9		大汶口文化中期	M111	2	1成年男 1成年女	20	陶器10 石器2 骨角牙器6 獐牙1 四不像下颌1	中等	
10		大汶口文化中晚期	M35	3	1成年男 1成年女 1孩子	35	陶器12 砺石2 骨角牙器4 牙料10 獐牙3 蚌片1 猪头1 猪蹄2	中等	
11		大汶口文化晚期	M1	2	1成年男 1成年女	58	陶器7 白陶器3 砺石2 玉石器16 骨角牙器15 牙料5 龟甲2 獐牙8	中等	
12	兖州王因	大汶口文化早期	M238	2	男女皆25—30	1	束发器1	下等	《山东王因》
13		大汶口文化早期	M2330	2	男35—40 女25—30	0		下等	
14		大汶口文化早期	M2659	2	男约20 女约45	12	陶器5 骨器6 獐牙1	中等	

（续　表）

序号	遗址名	时代	墓号	人数	年龄组合	随葬品数量	随葬品种类	当地墓葬等级	资料出处
15	枣庄建新	大汶口文化中晚期	M10	2	男约30 女约25—30	6	陶器6	中下	《枣庄建新——新石器时代遗址发掘报告》
16		大汶口文化中期	M80	4	男约35 女约20—25		陶器2 石器1 骨器1	下等	
17		大汶口文化中期	M31	2	男30 女35	49	陶器36 石器2 象牙器3 玉器1 砺石	中等	
18	邹县野店	大汶口文化中期	M47	2	壮男 壮女	68	陶器40 石器7 骨器2 玉器15 绿松石1 猪下颌骨3	中上等	《邹县野店》
19		大汶口文化晚期	M81	2	老年男 中年女	6	陶器1 獐牙5	下等	
20		大汶口文化中期	M88	2	壮年男 青年女	14	陶器2 陶镯9 骨器1 石环1 龟甲1	下等	
21	诸城呈子	大汶口文化中期	M59	2	男约25 女约20—25	25	男：陶器4 石器2	大墓	《考古学报》1980年第3期
							女：陶器16 石器1 骨器2		
22	广饶五村	大汶口文化晚期	M47	2	1成年男 1成年女	1	陶器1	下等	《海岱考古》第一辑
23	泗水尹家城	大汶口文化中期	M145	2		10	陶器3 石器3 骨器2 獐牙2		《考古》1987年第4期

（资料来源：各遗址考古发掘报告）

显然，一夫一妻基本没有财富的影响与局限，一夫一妻也基本不因财富而结合。

实际上，史前晚期，一般的聚落普通成员除了一点普通的陶器、石器等物品以外，也没有什么东西可称为"财富"，更没有人会由此产生需要后人继承的理由与愿望。

就不动产的土地而言，集体所有，不可能，也不需要继承，充其量每隔一定时间在集体成员之间重新分配。

房子，已有的发现表明也是集体的，因为它们都是在集体的土地上，集体规划，集体营建的，个人与个体家庭对房子也只有居住权而无所有权。仰韶文化早期的陕西临潼姜寨遗址，布局的整体性很强，所有的房子，大小等级、位置、门向，都事先有所安排，错落有致。大汶口文化晚期的安徽蒙城尉迟寺，虽然布局与房型的特点变了，但房屋集体所有的特点并没有改变，集体规划集体营建的模式也没有改变。此外，由于当时还是血缘社会，一个聚落内部的所有人员都有血缘关系，都是亲戚，当时的聚落之所以在住房问题上采取集体规划集体营建的模式实际也是一种血亲互助的表现形式。亲戚们不会让其中的任何个人"寄人篱下"或"流离失所"。因此，当时所有的人都有住房，房屋住宅也不是私有的，也不需要继承。至于贵族的住宅，安徽蒙城尉迟寺就不明显，这说明起初他们的住宅与聚落普通成员的差别并不大。但是，后来贵族越来越贵，有了高台式宫殿与宗庙，但那些建筑也都是集体的或国家的，也都是在集体或国家的土地上由集体或国家营建的，如浙江余杭莫角山就属于集体的，而河南洛阳二里头遗址的宫殿就都属于国家，因而也都不具备私有的条件，也不需要继承。

当然，房子也和土地一样，最后也私有化了，也可以买卖了。但那是有条件的，因为只有在拥有完全使用权的私人的土地上私人自己建的房子才属于私有财产，私人才可以买卖。正因此，买卖房子与买卖土地的性质一样，至少西周以后才有可能。

就动产而言，由于一般的聚落成员并没有奢侈品，而只有一些日常生产生活用品，而这些用品都是聚落成员之间通过相互交换劳动就可以随时获取的。1957年，李仰松先生到云南西盟阿佤山佤族地区调查，就发现"寨中老百姓（指不会做陶器的人）可以去南卡江岸挖陶土来请别人代做，做好后两家伙出木材烧陶，烧成的陶器则两人平分"[①]。

显然，这些动产也没有需要刻意继承的意义。

---

① 李仰松：《云南省瓦族制陶概况》，《考古通讯》1958年第2期。

值得注意的是,在血缘社会和主要生产生活资料都是集体所有集体提供的制度下,不仅一般的聚落成员没有财富需要继承,即使贵族财富需要继承的意愿也不明显。

第一,在史前,如浙江余杭反山大墓 M12、山西襄汾陶寺早期出彩绘龙盘的大墓,他们个个都富可敌国;但是,他们个个却都自私地把大量的财富带到另一个世界去了,丝毫也没有一点顾及晚辈的意思,也不见对血缘纯正的后辈的关爱,并把财富留给他们。

第二,更令人不解的是,就在一夫一妻制家庭不断流行的时代,那些贵族们却一直在实行一夫多妻制,越有权越有财富的人妻子就越多,西周贵族妻妾成群就是典型的例据。这样的结果难道就使后辈的血缘纯正了?财富的继承就有着落了?世界上最需要一夫一妻正统血缘来继承财富的人,却带头破坏了这个规则。那这样的规则又意义何在呢?

第三,只要集体在,贵族的后人即使没有继承前人的财富,也衣食无忧,不存在缺衣少食的问题。

第四,由于奢侈品的主要功能是代表和象征一个在世的活人的社会地位与等级,不能交换也不能买卖,也不能拿去换取其他普通的生活资料。因此,这些物品即使留给后人了也只能看不能用,需要继承的意义也不是很明显。

正因此,贵族们并不重视财富的后人继承问题,而更重视权位与自己的享乐。生前用奢侈品来标志自己的权力与地位,用一夫多妻制来满足自己的欲望;死了,到另一个世界去了,也还要用奢侈品来继续标志自己的权力与地位,满足自己的享乐。

显然,中国的史前考古表明一夫一妻制婚姻与个体家庭的普及就根本不是人人都有财富需要继承的原因。财富需要继承的意义被放大了,父系血缘的正统性意义也被放大了。

当然,早期个体劳动个体经济的出现与兴起确实具有财富私有的含义。但是,财富私有制最早出现的时候,并没有出现个体劳动与个体经济;财富私有制之所以会进入新的起源阶段,关键就是当时的社会生产方式的变革,早期个体劳动个体经济就是生产方式变革的基本内容。因此,财富私有制与早期个体劳动个体经济之间并没有直接的因果关系,财富私有制与一夫一妻制个体婚姻和家庭的普及流行之间也没有直接的因果关系。

(三)史前晚期至商周一夫一妻制婚姻家庭与早期个体劳动个体经济的关系

新石器时代晚期中段,即距今 6 000 年以后,顺应社会的改革浪潮,尤其是生产方式的变革，往日以自然性爱为基础的一夫一妻制婚姻与家庭发生了巨大的变化，一方面是成为了社会最流行的婚姻与家庭制度，另一方面是成为了具有一定经济独立性的社会基本组织单位。

然而，为什么会有这些变化呢？家庭的改革变化为什么会与社会生产方式的改革和变化相呼应呢？是什么原因提升了个体家庭的社会地位，并促使个体家庭取代血缘家族而成为社会的基本组织单位呢？

目前，所有的考古发现都表明是社会生产方式的变革直接推动了早期个体经济的出现，而早期个体经济的出现又直接推动了一夫一妻制婚姻与家庭的普及与流行。

商周、秦汉时期的甲骨文、竹简和古典文献记载，至少在汉代以前，土地就一直是国有制，并在此基础上实行过定期轮换的分配制度，战国至汉代又称为"授田制"。

在殷墟卜辞的记载中，"徙田"活动就屡见不鲜，如"庚辰卜，□贞，翌癸未，屖西单田，受虫年。十三月"（《甲骨续存》下166），就是其中之一。据俞伟超先生对商周金文徽号及汉代的石刻、砖文、印章等资料的研究，这条卜辞中的"单"，"既是地名，又是一种社会组织及聚落之名，也是氏族之名"，而且在殷墟还辖有大量农田。关于其中的"屖"，李家浩先生的考释结果为"徙"字。这样，整条卜辞记载的内容就是秋收以后春耕之前，"在庚辰到癸未的四天期间，在'西单'进行一次徙田及换田活动"。所谓换田，俞伟超先生认为其可能性之一就是"重新分配土地"[1]。

山东临沂银雀山汉墓在出土的竹简中就有战国齐人的作品《田法》[2]，在涉及分田或授田时有如下记载："五十家而为里，十里而为州，十乡〈州〉而为州〈乡〉。州、乡以地次受（授）田于野，百人为区，千人为或（域）。"对此，有学者认为是"在以家为单位组成的行政区划州、乡中按夫授田，百人、千人所受田组成相应地块区、域"[3]。

湖北云梦睡虎地出土的秦简《魏户律》对土地分配制度的记载比殷墟卜辞和银雀山汉简更加具体。其中有曰"……叚（贾）门逆吕（旅），赘婿后父，勿令为户，勿鼠（予）田宇"[4]。对此杨宽先生的解释是："做买卖的'贾门'，经营'逆旅'的店主，招赘于人家的'赘婿'，招赘给有儿子的寡妇的'后父'，

---

[1] 俞伟超：《中国古代公社组织的考察》，文物出版社，1988年，第6—20页。
[2] 银雀山汉墓竹简整理小组：《银雀山竹书〈守法〉、〈守令〉等十三篇》，《文物》1985年第4期。
[3] 袁林：《两周土地制度新论》，东北师范大学出版社，2003年，第255—271页。
[4] 睡虎地秦墓竹简整理小组：《睡虎地秦墓竹简》，文物出版社，1978年，第294页。

都作为身份低下的人,不准独立为户,不授予田地房宅基。"①

显然,这些考古文献记载的意义非常明确而重要。

第一,证明了自史前晚期以来,中国社会就普遍存在生产资料土地的集体与国有制,就存在公有土地分田到户个人独立经营的生产方式。

第二,分田的对象以户为单位,一户只有一份土地。

第三,男人是户主,按夫授田。

第四,原来聚落所有的土地,即使国家所有了,也只分给原聚落里土生土长的男人,而不得分给外来的男人。湖北云梦睡虎地出土的秦简《魏户律》记载的"贾门"、"逆旅"、"赘婿"与"后父",由于都是外来的男人,所以都不准独立为户,不授予田地房宅基。

新石器时代晚期,由于人口大量增加,人均土地面积急剧减少,生存的巨大压力与挑战迫使人类社会走上了变革之路,迫使人类放弃了集体劳动集体消费的经济模式,而走上了劳动者自己养活自己的道路。广谱经济变成了农业经济,广种薄收式的集体劳动变成了定点个体劳动,个体劳动又凸显了男人的生理优势,男人的生理优势又成为了分田到人分田到户的唯一理由。由于土地只分给男人,所以社会就形成了以男人为核心的经济制度和社会制度。

于是,为了适应社会的变革,人类的婚姻制度也从以广谱经济集体劳动集体消费为基础的自由对偶时代,走向了以个体劳动为基础的,一份土地养活一家人的一夫一妻制家庭普及流行的时代。

事实上,无论是哪一种生产资料所有制,也无论是哪一种社会生产方式,要使血缘社会的普通成员都有"财富",都需要继承,就意味着当时应该是先有早期个体劳动与个体经济,然后才会有"财富"并需要继承。否则,财富又源于何方呢?

正因此,只有早期个体劳动个体经济才是一夫一妻制婚姻与家庭普及与流行的真正原因。

(四)一夫一妻制家庭长期依附在聚落内的原因

一夫一妻制家庭为什么会长期依附在聚落内呢?

生前"聚族而居",死后"聚族而葬"的聚落凭什么就可以横跨史前与夏商周三代二个历史时代呢?凭什么就会有如此强大的生命力呢?

有五个基本的原因。

---

① 杨宽:《云梦秦简所反映的土地制度和农业政策》,《上海博物馆集刊》建馆三十周年特辑(总第2期)。

第一,生产力发展水平的局限。

由于生产力水平低下,个人一般都没有能力独立生存,即使商周时期也一样。

商周时期,一方面生产资料与劳动者相结合的社会生产方式与史前晚期一模一样,都是劳动者只有土地的独立耕作权;另一方面普通聚落成员使用的农具也与史前晚期一模一样。1989年,据《殷墟的发现与研究》作者们的不完全统计,殷墟当时一共出土了各种石器5 500件以上,除了石乐器、礼器、仪仗器与武器以外,还有约4 800件,占总数的87.27%,属于生产工具,即斧、锛、凿、刀、铲之类的实用器。就质地、形态、制法而言,这些器具与史前几乎没有什么区别,如"磨光扁平石铲……这种工具在仰韶文化时期即已使用"[1]。

显然,社会普遍生产力水平的低下,不仅制约了史前也同样制约了商周都城居民独立生存的能力,以至于人们长期无力摆脱血缘聚落社会的束缚。

第二,史前与夏商周时期的基层聚落组织都是以血缘为纽带的组织。

如殷墟社会的结构,专家们就认为"他们生前'聚族而居',死后'聚族而葬',聚落形式上有很大程度的原始性"[2]。

在社会生产力普遍低下的前提下,以血缘为纽带的聚落与聚落组织就成为了所有人类成员共同构筑的以利于生存的最好的庇护所。它利用了集体的力量,保护了每一个有血缘关系的聚落成员的生命与利益,它的存在就是每一个聚落成员的生存与希望之所在。

因此,以血缘为纽带的聚落组织的存在,不仅是社会普遍生产力低下的反映,也是社会发展需要的佐证。

西周时期,虽然国家实施了"乡里"制[3]与"井田制",从而开启了社会基层组织地缘化的大门。但是,"同里者大率同氏"[4],又说明当时改变的实际只是社会基层的管理制度,而以血缘为纽带的聚落组织并没有完全消亡。

第三,至少商代及以前聚落组织都是生产资料的集体所有制。

中国的血缘聚落组织之所以经久不衰,之所以西周基层组织地缘化之前都是如此,其根本原因就因为生产资料的集体所有制。夏商时期,国家虽然地缘化了,但主要生产资料土地仍然国家与集体二级所有。一般而言,正

---

[1] 中国社会科学院考古研究所编著:《殷墟的发现与研究》,科学出版社,2001年,第437页。
[2] 孟宪武等:《对殷墟外围族氏中心遗存问题的讨论》,《甲骨学110年:回顾与展望》,中国社会科学出版社,2009年,第380页。
[3] 朱玲玲:《坊里的起源及其演变初探》,《郑州大学学报(哲学社会科学版)》1986年第2期。
[4] 李学勤:《战国题铭概述(上)》,《文物》1959年第7期。

是这种集体所有制为聚落和聚落组织作为一种生产生活实体的存在提供了坚实的经济基础与强大的生命力,并从根本上制约了个人与个体家庭的独立。

第四,聚落与聚落组织向每一个内部成员提供最低生活保障。

作为一个以血缘为纽带的实行生产资料集体所有的利益共同体,聚落与聚落组织最关键的生命力就是在生产资料集体所有的基础上 向每一个聚落和组织成员,无论男女老少,提供最低生活保障,使他们有吃有住,衣食无忧。

假如不提供最低生活保障,不提供必要的吃住,那史前的人们凭什么要聚族而居,聚族而葬呢?

恩格斯也曾经说过:"氏族制度是一种多么美妙的制度呵!……在大多数情况下,历来的习俗就把一切调整好了。不会有贫穷困苦的人,因为共产制的家庭经济和氏族都知道它们对于老年人、病人和战争残废者所负的义务。"①

第五,史前晚期聚落组织也是一个利益共同体。

新石器时代中期,地广人稀,广谱经济,人类组织之间很少冲突。因此,诚如恩格斯所言:"绝大多数的美洲印第安人,都没有超过联合为部落的阶段。"但是,新石器时代晚期,人口增加,人均土地面积减少,人类组织之间的冲突日趋增加。为了生存,一方面以往自然的血缘组织开始成为利益组织,以往聚落组织之间第一位的血缘纽带开始让位给了利益纽带;另一方面,长期的征伐与浴血奋战使聚落内部人与人之间的关系有了新的基础。聚落不仅保护了每一个成员,聚落还成为了利益场上参与博弈的大型团体,并寄托着每一个聚落成员渴望利益的期望。

正因此,无论富人穷人,聚落与组织都是他们生存的基础,都离不开聚落与组织,离不开自己赖以生存的集体。

对每一个聚落成员而言,维护聚落与组织的整体性比维护个人的利益更重要。从史前晚期开始,全国各地大量出现的城址、环壕(濠)聚落,实际就都是当时集体利益至高无上,聚落成员自愿、无偿、无私奉献"剩余劳动"的佐证。

(五)一夫一妻制婚姻家庭同阶级、阶级斗争无关

长期以来,我国就有学者认为一夫一妻制家庭的出现不仅是父系社会

---

① 恩格斯:《家庭、私有制和国家的起源》,《马克思恩格斯选集》第四卷,人民出版社,1974年,第92页。

出现的标志,更是阶级出现的标志,阶级压迫的标志。其中,山东邹县野店遗址大汶口文化晚期的合葬墓就是这方面的典型①。

1. 中国的"阶级"何时有

关于阶级的概念,列宁曾有一段经典的并为我国学术界长期认可的解释②。他说:"所谓阶级,就是这样一些集团,这些集团在历史上一定社会生产体系中所处的地位不同,对生产资料的关系(这种关系大部分是在法律上明文规定了的)不同,在社会劳动组织中的所起的作用不同,因而领得自己所支配的那份社会财富的方式和多寡也不同。所谓阶级,就是这样一些集团,由于它们在一定社会经济结构中所处的地位不同,其中一个集团能够占有另一个集团的劳动。"

显然,在列宁的定义中无论哪一种"集团"都不是血缘社会的集团,都是社会地缘化以后的集团,都是一个一个地缘化的个人的联合体。

经比较,真正符合列宁定义的"阶级",在中国出现的时间很晚,而且也必须以地缘化的经济与社会制度为基础。否则,就缺少没有任何血缘与民族羁绊的完全独立的个人,就不可能出现地缘化的阶级与阶级集团,这个集团也不可能占有另一个集团的劳动。

在中国,人们之所以会在婚姻与家庭问题的讨论中涉及"阶级"的问题,关键的原因就在于学术界长期以来就一直以为,父系社会的到来就是"阶级"出现的开端,"阶级"的出现就有压迫,而最早的压迫就是在一夫一妻制家庭中男人对女人的压迫。

根据已有的考古发现,这样的认识与历史事实完全不符。

在以血缘为纽带的史前社会晚期,聚落组织不仅是一个血缘群体也是一个利益群体,所有的人不仅都是亲戚而且都是战士,这个组织中的每一个成员都在为组织的利益而浴血奋战,并共同享受由此而获得的利益。所以聚落组织内部只有等级,而无阶级。即使夏商周时期,也是如此。殷墟的后冈墓地,那些除了一具骨架以外空无一物的小墓③之所以还会与那些"中字形"、"甲字形"的大墓簇拥在一起(图2-2-9),就因为他们既是血缘组织又是利益一体化组织的成员,同一个利益共同体的成员,生死共存亡。因此,他们之间的关系就根本不存在压迫和剥削,也不能用压迫和剥削来理解和表达。事实上,殷墟的那些小墓的墓主们,他们在殷墟内部虽然是"平

---

① 张忠培等:《黄河流域史前葬俗与社会制度》,《文物季刊》1994年第1、2期。
② 列宁:《伟大的创举》,《列宁选集》第4卷,人民出版社,2012年,第10页。
③ 中国社会科学院考古研究所编著:《殷墟的发现与研究》,科学出版社,2001年,第131页。

民",但出了殷墟,在那些被统治者面前,他们又成了"贵族",就像清朝满族的"八旗子弟"一样。

在《家庭、私有制和国家的起源》一书中,恩格斯曾说道:"氏族制度的伟大,但同时也是它的局限性,就在于这里没有统治与奴役的余地。"①。

此外,当时的利益之争也不是以个人为单位,而是以集体为单位,以血缘族体为单位,即使古国的出现也是血缘族体之间利益争夺的结果。夏商周时期,国家统治与权力的覆盖范围虽然已经突破了血缘组织的界限,已经地缘民族化了。但是,当时统治的模式与政体却依然还是血族统治,西周的分封制就是代表。

正因此,在以血缘为纽带的史前社会和以血族统治为特点的夏商周时期,中国根本就不存在列宁定义的阶级,也没有那种阶级存在的基础,因而一夫一妻制的家庭也就不可能是一个阶级压迫另一个阶级最早的地方与场所。

2. 关于山东野店遗址大汶口文化成年男女合葬墓的意义

1971—1972年,山东省的考古工作者在邹县野店遗址连续揭露了1 660平方米,一共发现大汶口文化不同时期的墓葬87座,其中包含了成年男女2人同穴合葬墓10座(表1-3-7),为探讨当时一夫一妻制家庭的特点提供了一批重要的资料。

表1-3-7 邹县野店大汶口遗址成年男女同穴合葬墓登记表

类型	墓号	分期	男女位置	葬式	随葬品种类、数量、位置	其他
异性合葬	1	三	左,人骨残破,性别不详 右,女壮年	仰卧直肢	陶器7,石器2	
	15	四	左,人骨腐朽,性别不详 右,女,23岁	仰卧直肢	陶器41,石器3,玉器4,小陶球2	鼎、豆中有猪肢骨、蹄骨
	23	三	头骨破坏,性别不详	仰卧直肢	陶器10,砺石1	
	31	四	左,男,30岁 右,女,35岁	仰卧直肢	陶器36,石器2,象牙2,玉器6,小球1,砺石	
	45	三	人骨腐朽,性别不详	仰卧直肢		

---

① 恩格斯:《家庭、私有制和国家的起源》,《马克思恩格斯选集》第四卷,人民出版社,1974年,第154页。

(续　表)

类型	墓号	分期	男女位置	葬式	随葬品种类、数量、位置	其他
异性合葬	47	四	左,男,35 岁 右,女,壮年	仰卧直肢	陶器 44,石器 2,束发器 2,玉器 15,骨矛 2,绿松石坠 1,猪颚骨 3,鸡、狗骨	
	48		左,男,23 岁 右,被打破,性别不详	仰卧直肢	陶器 14,玉器 1,骨器 1,角坠 9	
	55	五	人骨腐朽,性别不详	仰卧直肢	陶器 13,石器 2	
异性合葬	81	五	左,男,老年,头倒置 右,女,中年	仰卧直肢	陶器 1,獐牙 5	
异性合葬	88	三	左,男,壮年 右,女,青年	仰卧直肢	陶器 2,陶镯 9,骨针 1,石环 1,龟甲 1 副	陶镯套在双腕骨部

(资料来源:《邹县野店》)

为此,有专家认为"当时一般妇女身份之卑微早已从为夫殉葬这一点体现出来了。试想,大汶口文化中期常见成年男女均采用一次葬的合葬墓,显然当有不少是一方先亡,另一方随之从殉。否则数量就难以接近同址墓葬总数 20%";此外,"夫死妻殉,反映了当时社会上男性对妇女权力的剥夺,这是父权制时代最为普遍的一种习惯势力"[1]。

根据已经发表的报告[2],在野店大汶口文化的墓葬中,实际只有占总墓数的 11.49%的可能属于男女异性 2 人合葬墓。其中,经人骨鉴定有 4 座是属于真正的男女异性 2 人合葬墓(M31、47、81、88)。还有 6 座,人骨部分损伤,无法鉴定性别,推测可能也是男女异性 2 人合葬墓。因为,这类墓的墓坑内只有 2 人,并有 2 座的右侧发现了女性(M1、15),一座的左侧发现了男性(M48),符合当时"男左女右"的埋葬规则。

不过,值得注意的是,这些墓并没有显现出"男性对妇女权力的剥夺",以及"夫死妻殉"的迹象。

(1) 野店男女 2 人同穴合葬墓的考察

由于原发掘报告只提供了 6 座男女 2 人合葬墓的详细资料,所以这里的考察也只能局限于这 6 座墓。

---

[1] 张忠培等:《黄河流域史前葬俗与社会制度》,《文物季刊》1994 年第 1、2 期。
[2] 山东省博物馆等:《邹县野店》,文物出版社,1985 年。

M1

葬式：女性优于男性。主要表现是女性整体位于墓坑上方，疑似男性位于下方；女性明显仰身直肢，面向北；而男性则上身躬身侧向女性，双臂合于左侧（图1-3-13,1）。

随葬器物与位置：随葬器物共9件。其中，右侧女性死者胸前佩刀形石坠一件，左肩处置Ⅱ型2式石斧一件；而Ⅱ型漏器、Ⅱ型小鼎和Ⅰ型2式罐等3件则陈放于两人头骨之间，Ⅱ型1式钵形鼎1件则放于两人脚骨之间。至于男性死者的足边南则有Ⅰ型2式罐形鼎、Ⅱ型带把鼎和Ⅱ型2式带把钵等3件器物。

评价：男女地位与财富基本平等。

M15

葬式：女性更像是墓主人，而疑似男性只是随从。因为，男性的位置不仅偏于墓室的左侧，占有的空间小，而且相对位置还较女性低下（图1-3-13,2）。

随葬器物与位置：随葬器物共50件，主要放置于两人的足端与左侧死者的足部。另，左侧死者头部扣一件盘形豆，右手臂尺骨、桡骨上戴有1石镯；右侧女性右胁下有石斧1件，颈部有4件小玉环，耳旁各有小陶球1件，足部还有石纺轮1件。

评价：女性地位略高。这不仅因为她位于墓室中央，位置高高在上，还因为整个墓里最有价值的4件小玉器皆属于她。

M31

葬式：男女各占墓室的一半。其中，男人区比较空旷（图1-3-13,3）。

随葬器物与位置：随葬器物49件，大部分明显置于女性一侧。不过，男性一侧有1件长36厘米的象牙矛头，颈部有串饰，含玉质的花形和圈形小环6件。

评价：按学界惯例，随葬器物多的人的地位就高，那该墓就应该是女人地位高。但考虑到男人不仅拥有象牙器还拥有玉质串饰等贵重物品，故推测二人地位基本平等。

M47

葬式：男人占据墓室中央的位置，而女人则偏于右侧（图1-3-13,4）。

随葬器物与位置：随葬器物68件。不仅大部分位于男性一侧和脚部，而且在男性两只上臂肱骨部各放玉质单环，右臂9件，左臂6件；另在前腹两侧还各挂Ⅳ型骨矛一体，头部枕骨佩一绿松石坠装饰品。女性的随葬器物很少，仅头部双耳旁各有一件束发器，头顶前方置一组四件穿孔的石刀形器。

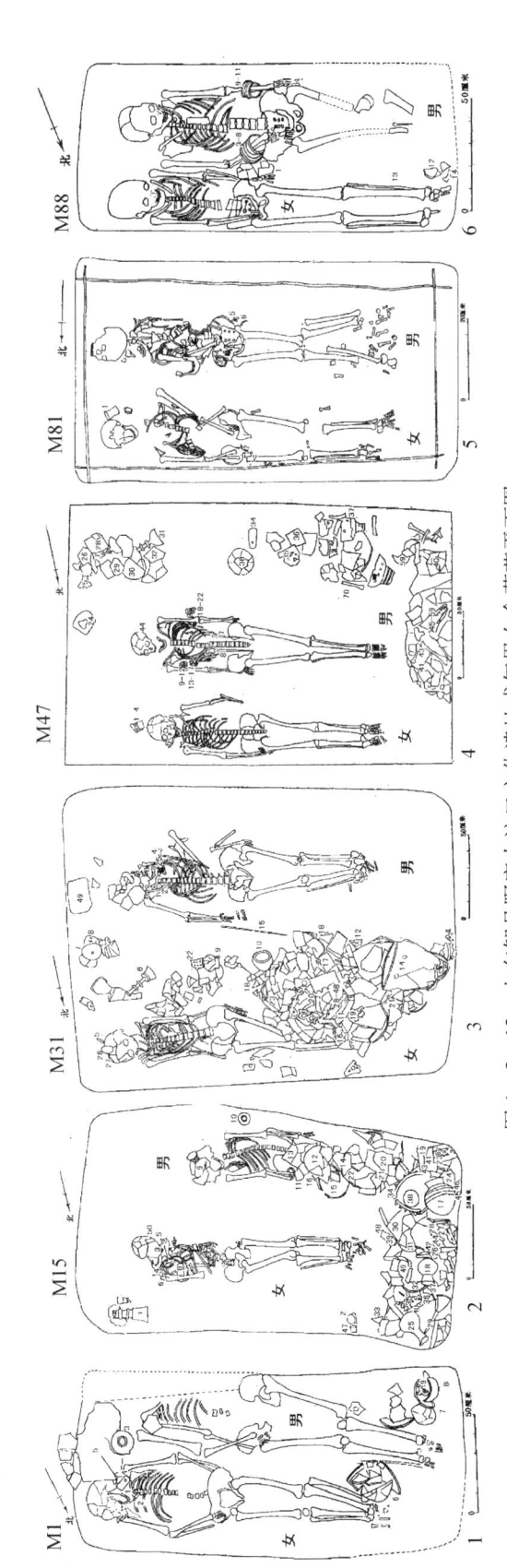

图 1-3-13　山东邹县野店大汶口文化遗址成年男女合葬墓平面图

M1：1. Ⅱ型2式石斧　2. 石刀形石坠　3. Ⅰ型2式罐　4. Ⅱ型小鼎　5. Ⅱ型漏形器　6. Ⅱ型小鼎　7. Ⅱ型钵形鼎　8. Ⅱ型2式壶形鼎　9. Ⅰ型2式带把钵　10. Ⅱ型2式带把钵　11. Ⅰ型2式壶形鼎　12. Ⅰ型2式单把钵
M15：1. ⅥA型2式盘形鼎　2. Ⅱ型石纺轮　3、4、7. 玉环　5、6. 小陶球　8. Ⅱ型2式石斧　9. Ⅱ型2式彩陶壶　10、28. Ⅲ型2式壶形鼎　11. Ⅰ型带把鼎　12. Ⅱ型1式壶形鼎　13. Ⅲ型4式罐形鼎　14、15. Ⅱ型2式器盖　16. 单钮器盖　17. Ⅰ型2式彩陶钵形鼎　18. Ⅰ型2式钵　19、26、31. Ⅰ型3A式盂形鼎　20、21. Ⅲ型2式盂形鼎　22、24. Ⅲ型ⅣA型3式觚形杯　38. Ⅱ型Ⅰ式器盖
23、27、32. Ⅰ型2式盘形豆　25、45. Ⅱ型2式鬶　29、35. Ⅲ型3B式盘形豆　30. Ⅲ型3式盆　33. Ⅰ型2式漏器　34. Ⅱ型3B式觚形杯　46. Ⅰ型小鼎　47. Ⅱ型3式盘形豆　48. Ⅱ型3式漏器　49. Ⅰ型2式盘形鼎　50. 玉环
39. Ⅱ型2式盘形豆　40、44. Ⅲ型钵形豆　41. Ⅰ型2式鬶　42. 三环钮器盖　43. Ⅲ型2式釜形鼎　
M31：1、2、24、25. Ⅰ型2式盘形豆　13、33. Ⅰ型盂　36、37、39. Ⅱ型2式鬶　15. Ⅰ型2式器盖　6、8、21、22. ⅥA型2式觚形豆　7. Ⅱ型2式盘座　11. Ⅱ型壶　9、10、29、30. Ⅱ型器盖　12、16、18-20. Ⅰ型2式盘形座
Ⅱ型2式盘形豆　13、33. Ⅰ型盂　36、37、39. Ⅱ型2式鬶　3、4. 玉花环　5、31. Ⅰ型2式觚形豆　23. Ⅱ型盘形豆　26、27、31、40. Ⅴ型Ⅰ式觚形鼎　35. Ⅰ型3B式盂形鼎　34. 其他型壶
35. Ⅲ型2式盘形豆　34. Ⅱ型2式器盖　5、6. 束发器　7、8. Ⅳ型兽牙　9-23. 玉环　24、28、35. Ⅰ型2式盘盖　25. Ⅰ型盂形豆　26、27、31、40. ⅥA型Ⅰ式觚形豆　29. 石英球　
M47：1-4. 石刀形石坠　5、6. 小陶球　14. Ⅱ型2式石斧　36. Ⅱ型2式石斧　37、38、41、50、59、60、61. Ⅰ型2式钵形鼎　42. Ⅱ型带把钵　44. 绿松石饰　45. Ⅰ型2式杯　58、62、
30、32、33、43、57. Ⅰ型2式盘座　34. Ⅱ型3式盂形鼎　37、38、41、50、59、60、61. Ⅰ型2式碗形鼎　39. Ⅱ型3式带把钵　42. Ⅱ型带把钵　52. Ⅳ型Ⅰ式盆　53. Ⅱ型2式盘　54. Ⅰ型尊　55. 长嘴盉　56. Ⅰ型2式鬶
座　46. Ⅱ型2式盂形豆　47、55、68. Ⅲ型3式罐　48、67、68. Ⅱ型2式罐　49. Ⅱ型碗形鼎　51. Ⅲ型3式漏器　52. Ⅳ型Ⅰ式盆　53. Ⅱ型2式盘　54. Ⅰ型尊　55. 长嘴盉　56. Ⅰ型2式鬶　58、62、
63-65. Ⅱ型3B式盂形鼎　69. 狗骨　70. 獐牙　
M81：1. 龟甲一副　2. Ⅰ型2式直杯　3-11. Ⅰ型2式陶鬶　12. Ⅱ型小鼎　13. 残骨针　14. Ⅱ型1式钵形鼎
M88：1. 小石环　2-6. 猪牙　

（引自山东省博物馆等《邹县野店》）

评价：该墓不仅明显男左女右，而且也明显男尊女卑。

M81

葬式：男人占据了墓室的主要位置，女人偏于一侧（图1-3-13,5）。

随葬器物与位置：随葬器物6件。其中，5枚獐牙分别位于2个死者的手旁，仅有的一件制作粗糙的Ⅰ型2式直杯就放在女性死者头旁左侧。

评价：墓主人虽贫穷，但除陶杯以外，女性也有獐牙，故二人地位基本平等。

M88

葬式：男人的占位略比女人要宽（图1-3-13,6）。

随葬器物与位置：随葬器物14件。其中，男性死者的两上臂尺、桡骨上套有陶镯，右手6件，左手3件，而女性死者左腰旁放有一副背、腹俱全的龟甲，足部左侧放有残骨针，小石环和Ⅱ型1式钵形鼎及Ⅱ型小鼎等器。

评价：虽然男性在墓室中占位较宽，但随葬器物的质量却不如女性，估计男女双方地位比较平等。

总之，根据以上墓葬的考察，关于当时遗址内家庭男女的地位问题大体可以获得三个方面的基本认识。

第一，男女大体是平等的，只有个别的男人地位略高一点，但这并非当时的大局和主流。

第二，各墓中究竟是男先死还是女先死并不十分清楚，因而"夫死妻殉"现象在此并不明显。

第三，男左女右的埋葬模式已基本成形，但并没有左边的男人就是统治阶级，而右边女人就是被统治阶级的含义。

（2）其他不同时代不同遗址有关墓葬的考察

要搞清楚男性对妇女的权力是否存在"剥夺"，以及是否存在"夫死妻殉"的迹象，除了直接考察野店的那些男女异性2人合葬墓以外，其他不同地点不同时段有关墓葬的考察也会提供一些有价值的线索。

① 山东邹县野店M22

在野店大汶口文化的墓葬中，该墓属于中上等级墓（图1-3-14,1）[①]。人骨鉴定为女性，23岁，头向东南，面向上。随葬器物62件。陶器大部分陈置于死者足端，少量放在死者左侧。另外，头部放有骨笄和大小玉质单环、双连环、四连环及绿松石坠等装饰品，左手套有Ⅰ型1式石镯。在死者左侧的陶器中还有猪下颌骨一个。

---

① 山东省博物馆等：《邹县野店》，文物出版社，1985年，第180—187页。

第三章　以早期个体劳动个体经济为基础的一夫一妻制婚姻和家庭　·143·

1 山东邹县野店M22平面图　　**2** 山东临朐西朱封M1平面图

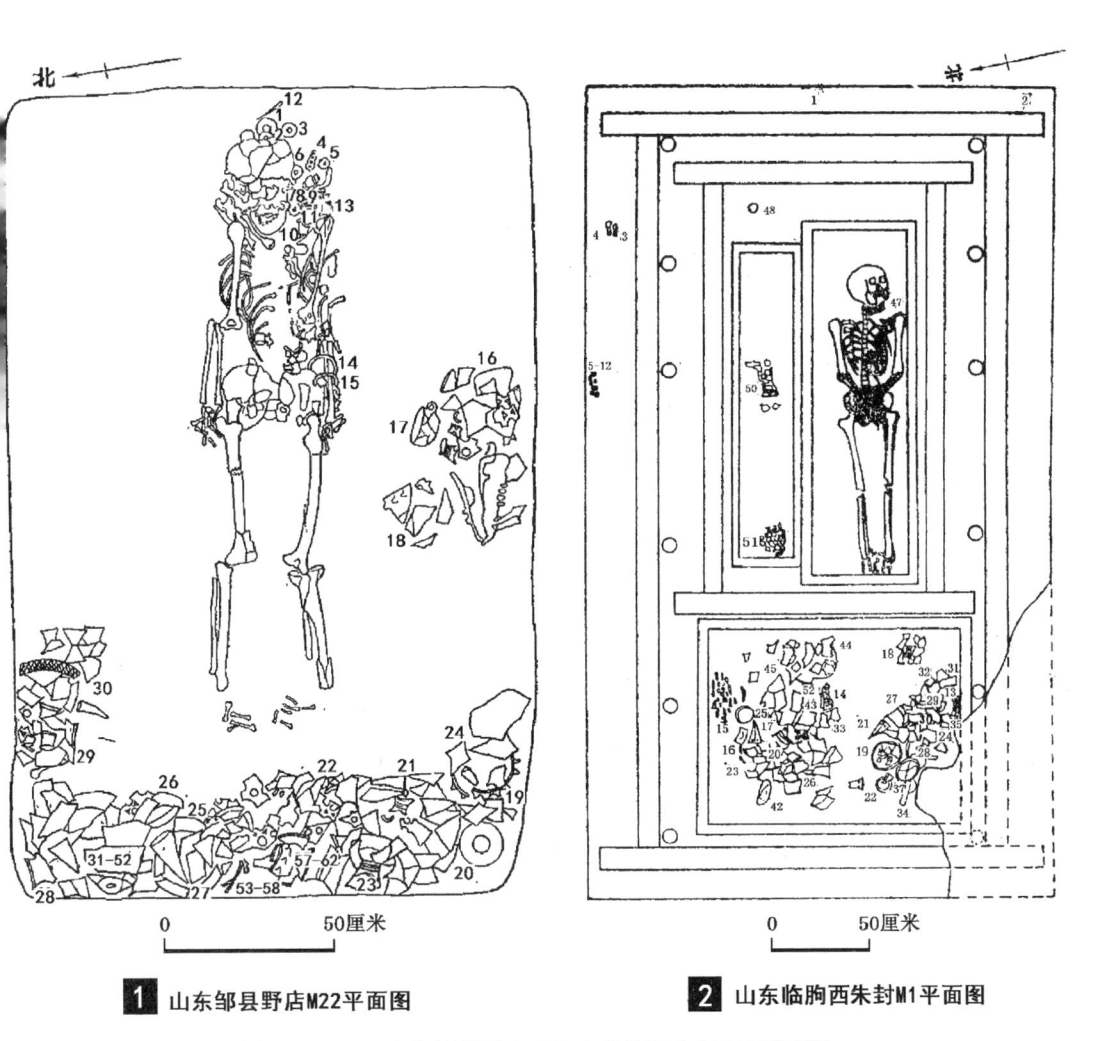

图 1-3-14　山东邹县野店 M22 与临朐西朱封 M1 平面图

M22：1—3、5—7、9—11. 单玉环　4. 玉四连环　8. 玉双连环　12. Ⅱ型骨笄　13. 绿松石坠　14、15. Ⅰ型1式石镯　16、33. Ⅱ型1式盘形豆　17. Ⅱ型单把钵　18. Ⅳ型彩陶漏器　19. Ⅱ型2式钵　20、30. Ⅱ型2式钵形鼎　21—23、25、26、56—59. Ⅲ型钵形豆　24. Ⅱ型彩陶漏器　27. Ⅲ型3式盆　28、46. Ⅰ型1式壶形鼎　29. Ⅰ型1式盉　31、50. Ⅰ型1式壶　32. Ⅰ型2式器座　34、48. Ⅰ型1式盂形鼎　35—37、49. Ⅰ型3B式盂形鼎　38. Ⅱ型4式罐形鼎　39、60—62. Ⅱ型2式器盖　40—45. Ⅲ型1式器盖　47. Ⅰ型2式盘形鼎　51、52、54、55. Ⅱ型1式器盖　53. 彩陶圈足

M1：1. 网坠　2. 泥塑动物　3、4. 兽骨　5—12. 弹丸　13—15. 蛋壳陶杯　16—18. 单把杯　19. 盖豆　20、21. 鼎　22. 鼎　23—25. 罐　26. 平底盆　27、28. 小盆　29—32. 三足盆　33. 鬶　34. 骨匕　35—37. 器盖　42. 蚌勺　43. 罍　44. 壶　45. 杯　46. 陶饼　47. 耳坠　48. 玉管　49. 獐牙　50—52. 蛋壳陶杯。另，32—41. 填土中陶器　53、54. 猪下颌骨

（1 引自山东省博物馆等《邹县野店》；2 山东省文物考古研究所等《临朐县西朱封龙山文化重椁墓的清理》）

② 山东宁阳大汶口 M10

这是整个大汶口文化随葬品最精致、最丰富的墓葬[①]。

墓穴,坑长 4.2、宽 3.2、深 0.36 米。根据木灰遗迹,推知它有葬具。

"死者为一女性,据鉴定年龄约在 50—55 之间。仰卧直肢,人架长 1.6 米,双手放于小腹下方,握有獐牙。周身覆有一层厚约二厘米的黑灰,疑为衣着。头部佩戴着由七十七个单件组成的三串石质装饰品,所佩臂环、指环以及随葬的石铲,都是玉质的,并且有大型的象牙雕筒和象牙梳。随葬陶器有洁净的白陶,乌亮的黑陶和精美的彩陶,其中陶瓶一项即达三十八件之多。

随葬品的陈放位置:在长方坑内人头的上方,为一组小型的白陶和黑陶器,有鼎、壶、鬶、盉、杯等,多数是成对的,共十一器。另外,头骨上还有一把象牙梳,额上一串长方石片,颈部一串石管状珠,胸前一串绿松石片。右臂佩一玉质半透明绿色臂环,右股上放一玉铲,右膝附近放一骨雕筒,左膝旁和脚下各放一器盖。一件石斧,放在左肩附近。

葬具内坑外东端置两个象牙雕筒,南北两边中部对称放两个形制、纹饰完全相同的彩陶背壶和黑陶杯。

葬具外放置着大量的陶器。东端南部一组有大型红陶罐、白陶背壶、高柄怀等,一白陶壶放在坑角处,附近有一堆鳄鱼鳞板。东端北部一组有白陶高柄怀、背壶、黑陶怀、豆等,坑角处也有一大白陶壶,附近一堆鳄鱼鳞板,但还有一堆兽骨及玉指环等。西端放着的是大量的陶器和一个猪头,陶器分三层放置,一、二层主要是瓶,三层有鼎、豆、壶、罐、瓶、器盖等等。坑口的西南角附近也放有一个大型白陶壶"。

③ 山东临朐西朱封 M1

这是整个中国龙山文化时期最大的墓葬之一,墓主似一中年女性(图 1-3-14,2)。

墓穴长 4.4 米,宽 2.5 米。葬具两椁一棺,并设有"边箱"和"脚箱"。外椁整体长方形,长 4.1 米,宽 2 米,板厚 0.1 米。外椁西部为"脚箱",长 1.42 米,宽 1.2 米。外椁的东部是内椁,长 3.81 米,宽 1.61 米。内椁的南面是棺,北面是"边箱"。棺长 2 米,宽 0.64 米。棺内墓主人仰身直肢,左手握有獐牙,头部、胸部有绿松石耳坠和玉管饰。随葬品一共 54 件。主要放在"脚箱"内,计有鼎、豆、盆、鬶、罍、罐、骨匕、器盖、蛋壳陶杯、三足盆、单把杯、蚌

[①] 山东省文物管理处等:《大汶口》,文物出版社,1974 年,第 22—23 页。

器等30多件。"边箱"的器物虽少,但精致,主要是两件蛋壳陶杯。另外,在棺椁上面的填土中还有白陶鬶4件、猪下颌骨2件,以及兽骨、泥丸、网坠、泥塑、陶饼等。

对于该墓的发掘,发掘者认为:"这座龙山文化墓葬,棺椁结构特殊,墓室面积较大。特别是'边箱'与'脚箱'的设置,在山东龙山文化中属首次发现。它对了解和探讨我国古代墓葬器物箱的起源,具有重要的意义。为进一步研究龙山文化的墓葬制度和社会性质,提供了珍贵的新资料。"[1]

④ 河南安阳殷墟的异穴合葬墓

根据已有的资料,从史前晚期开始,夫妻的埋葬模式就逐渐淘汰了成年男女同穴合葬这种形式,取而代之的就是异穴合葬。

其中,河南安阳殷墟虽然已经发掘了数千座商代晚期的各种墓葬。但是,却没有一例是成年男女同穴合葬,而到处都是异穴合葬墓。特别值得注意的是,那些异穴合葬墓并没有因为时代晚于大汶口文化而显示对女人的压迫和权力剥夺变本加厉。相反,那里大量存在的异穴合葬墓,不仅凸显了个体家庭的独立性,也显示了男女基本平等。

对此,专家们也认为在"殷墟墓地中,经常发现一些左右并列或前后相随,相距很近的墓葬。这些墓葬性质相似、时代(期别)相近、随葬品组合一致,而且墓主人的头向相同。殷墟西区、大司空村、戚家庄、刘家庄等墓地中,该类墓占到墓葬总数的近三分之一强"。此外,性别、年龄的鉴定还表明,异穴合葬墓的主人,虽然性别不同,但年龄却比较接近。"因此,这些墓葬的墓主关系很可能是夫妻关系"[2]。

殷墟西区M525与M527:两墓均属殷墟第三期,墓穴紧并,间隔约0.5米,均为南向,墓室面积都在1.5平方米左右。其中,M525,墓主女性,位居西侧,稍错后;红漆木棺,有腰坑,仰身直肢;随葬有陶觚、陶爵、陶盘等。M527,墓主男性,位居东侧,稍靠前,红漆木棺,无腰坑,仰身直肢,无随葬品。

殷墟南区戚家庄东M259与M256:两墓均属殷墟第四期,间隔0.85米,均为南向,墓室面积都在2平方米左右。其中,M259,男性,俯身直肢,居东侧,稍靠前;红漆木棺,无腰坑,随葬有陶觚、陶爵、陶盘等。M256,女性,仰身直肢,居西侧,稍错后,红漆木棺,有腰坑。随葬有陶觚、陶爵、陶盘、陶簋等。

殷墟南区戚家庄东M211与M212:两墓间隔0.3米,均为南向,墓室面

---

[1] 山东省文物考古研究所等:《临朐县西朱封龙山文化重椁墓的清理》,《海岱考古》第一辑,山东大学出版社,1989年,第219—224页。

[2] 中国社会科学院考古研究所编著:《中国考古学·夏商卷》,中国社会科学出版社,2003年,第338页。

积都在 1.5 平方米左右。M211，男性，俯身直肢，居西侧，稍靠前，红漆木棺，无腰坑，无随葬品。M212 女性，仰身直肢，居东侧，稍错后，红漆木棺，无腰坑，无随葬品。

殷墟南区戚家庄东 M234 与 M233：两墓殷墟第四期，间隔 0.7 米，均为南向，墓室面积 1.5 平方米左右。M234，男性，仰身直肢，居东侧，稍靠前，红漆木棺，有腰坑，随葬有陶觚、陶爵、陶盘等。M233，女性，仰身直肢，居西侧，稍错后，红漆木棺，无腰坑，随葬有陶觚、陶爵、陶盘等。

显然，以上所引孟宪武先生文章所举四组墓葬资料[①]表明，即使商代晚期，男女夫妻之间的关系也基本上是平等的。

（3）成年男女合葬墓的意义

综合以上考察不难发现，随着生产方式的变革与早期个体经济的出现，男人在社会中的地位也确实越来越高，甚至还形成了专门适应这种变化的男左女右的埋葬习俗和规矩。但是，男女之间的关系并没有因此就急促地堕入"男性对妇女权力的剥夺"那种阶级压迫的境地。

① 史前晚期女人地位的变化是有限的

虽然 1971—1972 年山东邹县野店的发掘并没有在一等的大墓中发现女性的影子，但这并不等于这个遗址就没有。事实上，M22 的发现就在提醒人们女性的地位仍然受到了重视，男性对女性的"剥夺"即使有，也只是部分，而不是全部和所有。

在野店的男女合葬墓中，M1、15、31，女性在墓室中的相对位置都在男人的上方；M1 和 M15，女人还占据着墓室的主要位置；M31，随葬器物大都位于女性一侧；M81，墓中唯一的随葬陶器就给了女人；M88，女性死者生前还可能是宗教神职人员，左腰旁就放着一副背、腹俱全的龟甲。

所有这一切，并没有显示男人就地位很高，甚至高到了有"剥夺"女性权力的地步。

除了邹县野店 M22 以外，山东宁阳大汶口遗址的 M10、临朐西朱封 M1 实际上也从空间分布的角度证明，大汶口文化时期女性的地位和权力受到人们重视的现象并不是个案。

对此，野店遗址的发掘者就认为：在"上述野店男女合葬墓的实例中，反映出男女的社会地位基本平等，尚无男尊女卑等社会等级差别"[②]。

---

① 孟宪武：《试析殷墟墓地"异穴并葬"墓的性质——附论殷商社会的婚姻形态》，《华夏考古》1993 年第 1 期。
② 山东省博物馆等：《邹县野店》，文物出版社，1985 年，第 137 页。

严文明先生也曾认为:"夫妻二人仅有分工的不同,他们都要参加社会劳动,都有义务供养他们的子女。因此他们在经济关系和社会地位上都是平等的。当然这不是说绝对意义的平等,但至少还谈不上一方对另一方的压迫和统治。大汶口文化中所有夫妻合葬或成对埋葬都没有发现男方或女方的明显优势;在单个墓的随葬品中,女性同男性一样有多有少,就是这种平等关系的证据。至于在合葬中往往是男左女右,也不应按后世出现的左尊右卑观念去看待史前社会的习俗。"①

安阳殷墟流行的夫妻异穴合葬墓实际也在告诉人们二个重要的历史事实。

其一,它从时间上说明,成年男女同穴合葬的现象只是史前晚期以前的现象,距今6 000年以后就逐渐退出了历史舞台,并让位给了夫妻异穴合葬这一主流埋葬模式。这种模式的本身就应该是男女基本平等的反映。假如史前晚期男人就已经开始利用同穴或异穴合葬的机会压迫女人,让女人"夫死妻殉",那殷墟就应该更为普及和常见,就应该更加变本加厉,但这种现象却并未发生。

其二,殷墟的异穴合葬墓"墓葬性质相似、时代(期别)相近、随葬品组合一致,而且墓主人的头向相同",显示至少到晚商时期,夫妻之间双方基本平等的历史现象还没有被完全打破。

② 对妇女权力的剥夺不利于血缘组织内部的团结

已有的历史学、民族学、考古学资料早已显示,史前晚期的妇女问题,既不是一个简单的性别问题,也不是一个孤立的男人与女人之间地位和财产的问题。尤其是从史前晚期开始,随着聚落组织在整体化一体化基础上规模的不断扩大,男女的婚姻问题实际已经上升到了作为一个政治问题的时代。

翻开中国现有的《民族志》,人们将会看到许多关于"抢婚"的记载。如云南傈僳族、拉祜族、哈尼族,"抢婚"就是婚姻的一种形式②。

为什么要"抢婚"呢?

一方面就是"娘家"氏族在显示自身的价值,另一方面就是测试男方家的实力,再一方面就是"娘家"表达了对自家人保护的意义。"娘家"为什么一直持续到现代还充满着活力,关键就是它代表着一种女方的保护势力,代表着一种维护社会平衡的势力。

---

① 苏秉琦主编:《中国通史·远古时代》,上海人民出版社,1994年,第261页。
② 叶涛等:《抢婚》,中央民族大学出版社,2000年,第68、69、81页。

根据民族学与考古学的发现,一夫一妻制的婚姻与家庭最初的"族外婚"范围仅限于部落内婚。后来,随着聚落组织规模的日益庞大,"族外婚"的范围也开始走出了部落与聚落群,而走进了聚落群团、聚落集团、早期国家、古国。其中,走进聚落群、聚落群团、聚落集团,都属于血缘婚的范畴,而走进早期国家和古国的则更多属于地缘婚的范畴。然而,无论是血缘婚还是地缘婚,都涉及相应的政治问题,涉及氏族与氏族,部落与部落,乃至更大的聚落组织与组织之间的关系。和谐的男女关系本身就是一种实力和力量,晚商武丁妻子妇好的武功,以及周人姬姓与姜姓的联姻就都是这方面最好的例据,而且这也是历史的主流。

此外,凉山彝族的男女关系也体现了"娘家"对女方的保护。"夫妇间亦有感情不睦,发生冲突者。丈夫并不敢虐待或责打妻子,原因妻子娘家有浓厚的背景。一旦妻子奔回诉苦,妻族必集族众,兴问罪之师,夫族若起而抵抗,即发生族与族间的冤家。妇女因有娘家支系的背景,她在家庭中的地位颇高","男女婚姻与家族氏族,都有密切的联系……婚姻为合两族之好,亦为两族合作的工具……婚姻更是两族合作契约,夫妇两方各有家庭氏族的背景,因而在婚姻关系中,男女共享平等的地位"①。

不过,在一些自然环境恶劣与经济落后的地区,也有一些男人比较强悍,对女人甚至拥有生杀予夺的大权②。如西藏的僜人"丈夫把妻子打死,妻家虽然气愤,却不会因此而引起血族复仇"③。但是,更多的是女方氏族只要有能力就不会忘记"娘家"的职责,并采取措施保护自己的女儿。在贵州,"蔡家苗在贵筑、修文、清镇、威宁、平远等州县……夫死以妇殉丧,妇家夺去,乃免"④。

显然,父系社会的夫妻关系是一种复杂的社会关系。一方面是男人地位的崛起和强化,另一方面是社会维护平衡的努力。因此,既要看清主流,又不能主观地放大了主流的意义。

家庭既是一个生产单位经济单位,也是一个社会最基本的组织单位。如果家庭内部的男女之间都如同阶级,女性的权力都要被剥夺殆尽,最后还都要夫死妻殉,那这样的生不如死的地方和单位还有女人敢去吗?还会有一夫一妻制家庭吗?家庭实际只有成为一个基本和谐的单位,它才能成为

---

① 林耀华:《凉山彝家》,云南人民出版社,2003年,第53页。
② 林耀华等:《父系家族公社形态研究》,青海人民出版社,1984年,第76页。
③ 吴从众:《僜人父权制的家庭与婚姻》,《民族研究》1980年第1期。
④ 李宗昉:《黔记》,中华书局,1985年;严奇岩:《清代贵州民族墓葬类型及其特点——以竹枝词为分析文本》,《贵州民族研究》2010年第1期。

这个社会不可或缺的一部分,才会使男耕女织成为支持中国历史经久不衰的经典生产生活模式。

第四节 西周"礼制婚姻"的制度与意义

随着国家的起源,尤其是单一民族国家的出现,一夫一妻制婚姻的范围不仅从血缘组织扩大到地缘统治民族的范围,而且统治民族为了维护自己的利益还制定了一系列的规则,从而形成了学界所称的"礼制婚姻"或"礼制的婚姻"①。"礼制婚姻"不仅显示了统治民族婚姻观念的变化,还显示了经济因素的渗透与女性地位的进一步下降。

根据文献记载,西周不仅是以早期个体劳动个体经济为基础的一夫一妻制婚姻的最后阶段,而且还是"礼制婚姻"的集大成与代表者。

一、西周"礼制婚姻"制度简介

(一) 婚姻的基本原则

1. 同姓不婚

由于周人清醒地认识到"男女同姓,其生不蕃"(《左传·僖公二十三年》),"同姓不婚,恶不殖也"(《国语·晋语四》)的道理;同时,姬姓与姜姓的联姻也使周人意识到"娶于异姓,可以附远厚别也"(《礼记·郊特牲》)。因此,为了子孙后代身体健壮及周人的发展,西周禁止同姓之间通婚。

2. 一夫多妻与正妻

《礼记·昏义》载:"古者天子后立六宫、三夫人、九嫔、二十七世妇、八十一御妻。"《礼记·曲礼》谓:"天子有后,有夫人、有世妇、有嫔、有妻、有妾。"这里所说的即意味着西周国王及各级贵族,可一夫多妻,可因地位不同而有不同数量的妻妾。其中,正妻只能有一个,其余均为名分不同的妾。

此外,周人贵族中的娶妻媵嫁习俗,实际也是一种一夫多妻制。

诸侯娶一国之女为夫人,女方须以侄(兄弟之女)娣(妹妹)随嫁,同时还须从另两个与女方同姓之国各请一位女子陪嫁,亦各以侄、娣相从,一共九人,只有夫人处于正妻地位,其余都属于贵妾。媵,相送,引申指陪嫁。天子媵嫁,与诸侯相似,唯媵嫁数目更多,连正妻共十二人。

---

① 汪玢玲:《中国婚姻史》,武汉大学出版社,2013 年;陶毅等:《中国婚姻家庭制度史》,东方出版社,1994 年;谢维扬:《西周家庭形态》,黑龙江人民出版社,2005 年。

(二) 婚姻的条件

1. 婚龄

西周所定婚龄是,"令男三十而娶,女二十而嫁"(《周礼·媒氏》)。因为,《礼记·内则》有云:"男子二十而冠,始学礼;三十有室,始理男事;女子,二十而嫁;有故,二十三而嫁。"此外,周人还认为,女子早于二十而嫁,"则上无以孝于舅姑,而下无以事夫养子"(《周礼·媒氏》)。

2. "父母之命,媒妁之言"

《诗经·齐风·南山》称"取妻如之何? 必告父母";《诗经·豳风·伐柯》称"取妻如何? 匪媒不得"。这说明未经父母作主同意,不通过媒妁从中传达,男女双方不得成婚。

(三) 婚姻的形式

西周的婚姻形式有掠夺婚、聘娶婚、自由婚等多种形式。其中,掠夺婚是以暴力手段劫夺成婚的一种婚姻形式,它实际上是一种类似云南近现代傈僳族、拉祜族、哈尼族"抢婚"一样[①]的假掠真婚制。聘娶婚是西周婚姻的主要形式,实际多是买卖婚,"凡嫁子娶妻,入币纯帛,无过五两"(《周礼·地官·媒氏》)。

(四) 婚姻缔结的法定程序

夫妻关系的确立关键在于婚礼,而婚礼之前要经过"六礼"的程序才能最后实施婚礼。所谓"六礼"即纳采、问名、纳吉、纳征、请期、亲迎。

纳采,即男方家长委托媒人提亲,女家许可之后,男家以雁为礼物,送给女方家。

问名,是男方家长通过媒人问清女子的姓名、生辰;然后,男方家长向宗庙卜问,占其吉凶。

纳吉,是卜得吉兆,将卜问结果通告女方家长。

纳征,是男方家向女方家送交聘财,与女方正式订婚。

请期,是男方家长以雁为礼,请女方家长决定婚期。

亲迎,即到了婚期日,男子亲自前往女方家,迎娶女方回家,然后,行拜见舅姑之礼与庙见之礼。

经过了上述六个环节,婚姻仪式才告终结,婚姻关系才正式确立。

(五) 婚姻关系的解除

西周法律允许夫妻离婚,但有"七出"、"三不去"的规定。

男要休妻与女离婚,则有"七出"。《大戴礼记·本命篇》记载:"妇有七

---

① 叶涛等:《抢婚》,中央民族大学出版社,2000年,第68、69、81页。

去:不顺父母去;无子去;淫去;妒去;有恶疾去;多言去;盗窃去。不顺父母去,为其逆德也;无子,为其绝世也;淫,为其乱族也;妒,为其乱家也;有恶疾,为其不可与共粢盛也;口多言,为其离亲也;盗窃,为其反义也。"

限制男子休妻则有"三不去"。《大戴礼记·本命篇》记载:"妇有三不去:有所取无所归,不去;与更三年丧,不去;前贫贱后富贵,不去。"

(六)禁婚的条件

西周禁止婚姻的条件,第一就是"同姓不婚"。第二就是等级身份不同也不得嫁娶,因为"礼不下庶人"。第三就是适用范围比较广泛的"五不娶",即"逆家子不取,乱家子不取,世有刑人不取,世有恶疾不取,丧妇长子不取"(《大戴礼记·本命》)。

二、西周礼制婚姻的特点与意义

根据上述的有关记载,西周时期的"礼制婚姻"与家庭制度具有鲜明的时代特征。主要表现在以下五个方面。

(一)婚姻范围在地缘化的基础上不断扩大

考古与文献都表明,人类婚姻与家庭的范围存在不断扩大之势。第一阶段,史前晚期大约距今4 500年以前,人类的婚姻范围在血缘组织范围内不断扩大;第二阶段,约距今4 500年以后至夏商周时期,人类的婚姻范围在地缘组织的范围内不断扩大。不过,这种扩大也不是一蹴而就的,而是经历了一个不断变化的过程。

文献表明,西周时期只有统治民族的"国人"才能当兵,而且"兵"的装备与器械也都是"国人"自己生产的。这表明,当时在统治者与被统治者之间存在明显的隔离措施。同时也表明,统治者与被统治者之间的婚姻也是被隔离的。因此,当时婚姻范围的地缘化是不完整的,只存在于不同的民族范围内。由于夏商周时期,国家的主体和统治者都是单一民族,所以,当时的"礼制婚姻"也仅限于统治民族范围内。

不过,这也是一种历史的进步,因为婚姻的范围从血缘组织走进了地缘组织。婚姻的范围越广,说明人的交流范围越广,融合的范围越广。

(二)"媒人"的出现推动了统治民族内部婚姻范围的扩大化

为什么西周时期会禁止"同姓"婚姻,会出现"媒人"?

这说明,随着夏商周等早期方国的出现,跨血缘跨地域的民族已经成为了国家统治的主要力量,人类的婚姻范围也在此基础上同步不断扩大,统治民族内的地缘化婚姻也在不断取代以往的血缘族体内婚,并同步催生了"媒人"。

具体而言,"媒人"的出现有二个原因。

第一,随着婚姻范围的扩大,越来越多的谋婚男女都是以前从不认识的不同血缘族体的陌生人。

第二,随着社会的发展,社会成员的地位与经济状况二级分化,又导致人们的择偶标准日趋世俗化与功利化。

于是,"媒人"便成为了一种婚姻的中介和桥梁。

"媒人"的出现不仅是社会血缘内婚转变为地缘外婚的标志,同时也是以自由性爱为基础的婚姻制度全面崩溃并转变为以功利为基础的婚姻的标志。

(三) 经济的因素开始渗透婚姻的各个环节

根据周人婚姻礼制,可以看到在整个婚姻的过程中,经济因素已开始渗透到了各个环节。

就婚姻的条件而言,没有"父母之命,媒妁之言"不得成婚,这不仅是包办婚姻,也是基于各方经济实力的考量,以避免男女双方两情相悦的冲动。

以家长包办为表征的"聘婚制"实质上也是家长买卖婚姻的别名。聘婚的要害就在于聘礼,即男方家庭向女方家庭纳送一定数量的聘礼,聘礼的多少是婚姻成否的必要条件。

婚姻程序的"六礼",从头到尾更与经济因素有关。

首先,"纳采",男方家长委托媒人提亲,并以"雁"为礼物。

其中,"纳征",男方家向女方家送交聘财,相传是五匹黑布两张鹿皮,之后才能与女方正式订婚。

最后,"请期",是男方家长以"雁"为礼,请女方家决定婚期。

应该指出的是,西周婚姻过程经济因素的渗透实际也正是当时经济不断发展,财富观念不断覆盖到人们生活方方面面的结果。

(四) 男女不平等现象进一步强化

主要表现在三个方面。

第一,一夫多妻制。

从名义上看,西周的合法婚姻形态是一夫一妻制。虽然对于男子而言,具有配偶身份的妻子只能有一个,但并不禁止纳妾,礼法名义上的一夫一妻制和实质上的多妻制并行不悖,王公大臣妻妾成群与此并行不相悖。周礼所标榜的一夫一妻制与区分嫡庶,不过是为了维护政治的稳定,适应宗法继承制度的需要。

第二,妇女受到礼法的重重束缚。

诚如《礼记·郊特牲》所言:"男帅女,女从男,夫妇之义,由此始也。妇人,从人者也,幼从父兄,嫁从夫,夫死从子。"这就是西周礼制婚姻中,妇女人身依附关系的写照,妻子的独立性和独立人格已基本丧失。

西周关于婚姻解除规定中的"七出",实际上也只有男方对女方道德与操守的要求与规定,而无女方对男方的要求。这就意味着当时的"礼制"完全是站在男方一边的,女人对男人不能有任何要求,即使有也得不到"礼制"的支持。

此外,西周男子休妻虽有"三不去"的限制原则。即"有所取无所归不去;与更三年丧不去;前贫贱后富贵不去"。这些原则表面上充满了伦理色彩,表现出了很强的人情味,但实际上它也是男人地位高高在上,女人独立性丧失无依无靠现象的反映。

(五)家庭与生产资料没有直接联系

根据文献记载,西周实行的是土地国有制。

周天子一方面将全国的许多土地分封给诸侯,"授民授疆土"(《左传·僖公二十六年》);另一方面又将一部分土地分给身边文武近臣等卿大夫作为"封邑"、"采邑"和"食邑";再一方面就是对有功和尽心尽力之臣,赐土、赐田、赐采、赐邑。

诸侯在自己的分封地也像王一样,将土地再分赐给下一级贵族,或作为赏赐。

由于西周各级大小贵族的土地都是由上往下"授"、"封"、"赐"而获得的,而且还具有世袭的特点,所以他们土地的性质是权力与等级的象征,也是他们赖以生存,并维系他们与王室与属下相互关系的中介,因而根本不可能成为商品。

不过,考古发现从西周中期开始,土地的性质已经悄悄出现了变化的萌芽。如卫盉、五祀卫鼎、九年卫鼎、师永盂、大簋、格伯簋、散氏盘等青铜器铭文,就明确记载了因"赏赐"、"交易"、"赔偿"而引起的"土地转让"[①]。虽然这些"转让"有的已开始具有"依货币计算"的意义,但这种现象还不是真正的商品交换。这些土地虽然表面上都属于大贵族所有,但实际上他们也只有使用权的所有,虽然他们也拥有绝大多数人所没有的比较自由的处置土地的权力,但那些"土地转让"的本身大部分还需要王室的同意,并表明即使是大贵族自由处置土地的权力也十分有限。不过,透过那些"土地转让"的实践,一方面也意味着土地逐渐商品化的进程已经萌芽,尤其是那些王室没有介入的"土地转让"就更可能是这方面的开端;另一方面,也说明在中国,

---

① 李学勤:《西周金文中的土地转让》,《光明日报》1983年10月30日,第4版。

土地的商品化存在由上往下不断发展扩大的趋势。

也有人以为西周时期基层普遍都是由没有血统关系的自由人构成的社会联合体——农村公社[①]。但是，西周普遍存在的"井田制"表明，当时的土地完全是国有制。因此，在土地没有私有化也不能买卖的前提下，根本就不可能出现农村公社，那些外来的没有血缘关系的人既分不到"土地"，也根本不可能长期定居在没有生活来源的地方。

总之，西周时期个体家庭的经济基础仍然是以早期个体劳动为主，个体家庭与生产资料仍然没有直接的联系，既没有生产资料的所有权，也没有使用权的完全私有化。个体家庭还不是地缘社会完全独立的组织与经济单位。

本 章 小 结

本章重点讨论了史前晚期至夏商周时期以早期个体劳动为基础的一夫一妻制婚姻与家庭的普及流行、特点和变化。

一、历史背景

史前晚期推动和影响一夫一妻制婚姻与家庭普及流行的主要历史背景涉及三个方面。

（一）人类的生存压力急剧扩大

距今6 000年前后，是中国史前晚期人口与聚落数量的第一个大增长时期，无论长江流域、黄河流域，还是北方地区，都同步出现了类似现象。人口的增长实际也意味着人均自然资源的大量减少，以及人类生存压力的急剧扩大。

（二）生产方式变革

由于生存压力的扩大，生存危机的出现，人类被迫走上了发展农业之路。为此，也引起了生产方式三个重要的变革。

一方面是变粗放的广种薄收为以田块为主的定点精耕细作；另一方面是变粗放的集体劳动为个体劳动；再一方面就是变集体消费为早期个体经济。

（三）社会组织不断大型化整体化一体化

史前晚期，为了土地，为了水源，为了自己的生存与利益，面对生存危机引起的日益增长的社会矛盾，人们不得不组织起来，并由此推动了聚落组织不断地大型化整体化和一体化。

---

① 谢维扬：《西周家庭形态》，黑龙江人民出版社，2005年，第283—295页。

二、过渡阶段的发现与特点

考古发现,距今约 6 500—6 000 年的仰韶文化早期就是史前婚姻制度的转折与过渡时期。

陕西姜寨遗址二期合葬墓就是这方面的代表,一方面 6 人以下的各种合葬墓都是早期裴李岗文化婚姻与家庭形态和特点的继承与延续,而另一方面同时兴起的同性与无区别合葬又显示刻意地强化集体、强化组织、突出中心、加强团结,"凡是亲骨肉,彼此的骨肉就应当永远不分离"的观念与行为占据了社会发展的主导地位。与此同时,新出现的夫妻异穴合葬墓与男性崇拜物等又明确显示仰韶文化早期并不是母系氏族社会的繁荣期,而是父系社会最早的胎孕期或临盆期。

三、一夫一妻制婚姻与家庭的普及和特点

距今约 6 000 年以后一直到夏商周时期,就是中国一夫一妻制婚姻与家庭起源的第二阶段,也是在生产方式变革的基础上一夫一妻制婚姻与家庭普及与流行的阶段。于此阶段,一夫一妻制婚姻不仅成为了一种社会普遍的婚姻形态,而且一夫一妻制家庭还成为了当时血缘社会最基本的组织与经济单位。

(一)一夫一妻制婚姻与家庭普及的考古发现

主要有三个方面的发现。

第一,人们的居住房屋由以往独立的单间房,变成了"套房"构成的"排房",最终又变成了只适合个体家庭居住的独立"套房"。

第二,聚落的整体布局由以往以家族为单位的多层向心结构,变成了以个体家庭为最小组织单位的无中心结构。

第三,改变了传统的埋葬模式。一方面,墓地的分群分组越来越细,并以个体家庭为最小组织单位;另一方面,有些地区个体家庭或家族的墓葬都移到了居住房子的周围;再一方面,异穴合葬逐渐成为了夫妻合葬的主流形式。

(二)以早期个体劳动个体经济为基础的一夫一妻制家庭的主要特点

主要有五个方面的特点。

第一,"从妇居"变成了"从夫居"。

第二,男耕女织的个体家庭经济已现雏形。

第三,男人的社会地位逐渐强化。

第四,一夫一妻制家庭的经济与社会独立性有限。

第五,婚姻的范围从血缘走向地缘。

(三) 有关问题讨论

针对学术界目前关于史前一夫一妻制婚姻与家庭的认识,主要讨论了五个问题。

1. 母系氏族社会女性地位高与农业无关

母系社会女人的社会地位高是自然天成的,父系社会男人的地位是社会发展的结果。人们不能简单地用父系社会男人的地位特点来理解母系社会女人的地位与特点,而且在集体劳动集体消费和自然分工的历史背景下,就根本没有男女经济与社会地位的高低之别。

2. 一夫一妻制婚姻家庭的普及流行与财富和财富私有制无关

中国史前一夫一妻制婚姻家庭的普及与流行,既与生产资料的私有制无关,也与财富私有制和财富需要继承无关。

就一般聚落普通成员而言,除了一点普通的陶器、石器等物品以外,也没有什么东西可称为"财富"。不动产的土地,集体所有;住房,也是集体的,是在集体的土地上,集体规划,集体营建的。至于动产,一般的聚落成员也只有一些日常生产生活用品,而这些用品都是聚落成员之间通过相互交换劳动就可以随时获取的。因此,没有人会由此产生需要后人继承的理由与愿望。

就贵族而言,财富需要继承的意愿也不明显。他们个个都把大量的财富带到墓里去了。此外,贵族的奢侈品既不能交换也不能买卖,贵族的后人即使没有继承前人的财富依托血缘集体的存在也同样衣食无忧。因此,贵族也并不重视财富的后人继承问题。

虽然早期个体劳动个体经济的出现与兴起确实具有财富私有的含义。但是,财富私有制最早出现的时候,并没有出现个体劳动个体经济;财富私有制之所以会进入新的起源阶段,关键原因就是社会生产方式的变革,早期个体劳动个体经济就是生产方式变革的基本内容。因此,财富私有制与早期个体劳动个体经济之间没有直接的因果关系,财富私有制与一夫一妻制个体婚姻和家庭的普及流行之间也没有直接的因果关系。

3. 史前晚期至商周一夫一妻制婚姻家庭与早期个体劳动个体经济的关系

考古发现表明是社会生产方式的变革直接推动了早期个体劳动和个体经济的出现,而早期个体经济的出现又直接推动了一夫一妻制婚姻与家庭的普及和流行。

商周、秦汉时期的甲骨文、竹简和古典文献记载还证明,自史前晚期以来,中国社会就普遍存在生产资料土地的集体与国有制,就存在公有土地分田到户个人独立经营的生产方式。其中,分田的对象以户为单位,男人是户主,按夫授田,原来聚落所有的土地,即使国家所有了,也只分给原聚落里土生土长的男人,而不是"贾门"、"逆旅"、"赘婿"、"后父"等外来的男人。

为了适应社会生产方式的变革,人类的婚姻制度也从以广谱经济集体劳动集体消费为基础的自由对偶时代,走向了以早期个体劳动个体经济为基础的一夫一妻制家庭普及流行的新时代。

4. 一夫一妻制家庭长期依附在聚落内的原因

由于生产力水平低下,社会组织以血缘为纽带,生产资料聚落集体所有,聚落不仅向每一个成员提供最低生活保障,而且还是所有聚落成员互相保卫并谋取利益的共同体。因此,当时任何个人和家庭都没有能力离开聚落的庇护并独立生存。

5. 一夫一妻制婚姻家庭同阶级、阶级斗争无关

由于在以血缘为纽带的史前社会和以血族统治为特点的夏商周时期,中国就没有出现以个人为单位跨血缘跨地域的阶级,所以一夫一妻之间也就没有那种阶级和阶级矛盾存在的基础与可能。此外,中国史前晚期到夏商周时期的考古发现也证明,一夫一妻的关系并不是阶级与阶级压迫,而是男女基本平等,相互关系基本和谐的,有生命力的社会组织单位。

四、西周"礼制婚姻"的特点与意义

西周时期就是以早期个体劳动个体经济为基础的一夫一妻制婚姻家庭普及与流行的最后阶段,而且还是"礼制婚姻"的集大成与代表者。

随着国家的起源,尤其是单一民族国家的出现,一夫一妻制婚姻的范围不仅从血缘组织扩大到地缘统治民族的范围,而且统治民族为了维护自己的利益还制定了一系列的规则,从而形成了学界所称的"礼制婚姻"或"礼制的婚姻"。"礼制婚姻"不仅显示了统治民族婚姻观念的变化,还显示了经济因素的渗透与女性地位的进一步下降。

根据有关文献,西周礼制婚姻与家庭主要有五个方面的特点与意义。

第一,婚姻范围在地缘化的基础上不断扩大。

第二,"媒人"的出现推动了统治民族内部婚姻范围的地缘化。

第三,经济的因素开始渗透到婚姻的各个环节。

第四,男女不平等现象进一步强化。

第五,家庭与生产资料没有直接的联系。既没有土地的所有权,也没有土地使用权的完全私有化。个体家庭还不是地缘社会独立的组织与经济单位。

第四章 以晚期个体劳动个体经济为基础的一夫一妻制婚姻和家庭

如果说早期个体劳动个体经济还只是血缘社会只有土地耕作权但经营的独立性有限的劳动和经济，那么晚期个体劳动个体经济就是地缘社会中土地已有完全使用权，且经营的独立性与自由度都比较明显的劳动和经济。

春秋战国时期就是中国一夫一妻制婚姻与家庭起源最后的第三阶段，也是一夫一妻制婚姻与家庭在晚期个体劳动个体经济基础上，即学术界称之为"小农经济"基础上的再发展，并最终成为地缘社会独立的最小的组织与经济单位的阶段。

第一节 历 史 背 景

一、诸侯并起

春秋战国（公元前770—前221）最重要的特点就是群雄并起诸侯争霸。

春秋比较大的诸侯国有秦、齐、楚、晋、鲁、宋、曹、卫、陈、蔡、吴、越等十二国，因此史记有这十二诸侯的列表。此外，稍大的还有莒国、许国、邹国、庸国等。其中，齐、晋、秦、楚、吴又号称"春秋五霸"[1]。

战国时期最强的是七个诸侯国，即秦、齐、楚、燕、韩、赵、魏，史称"战国七雄"。

春秋战国群雄并起的关键意义就在于，一方面它显示了王室的衰败各地方势力的崛起；另一方面又显示群雄争霸促进了一系列的社会变革，掀起了中国古代历史上最激动人心的改革大潮，从而完成了从血缘社会到地缘社会的最后转变。

---

[1] 郭沫若主编：《中国史稿》第一册，人民出版社，1976年，第293—309页。

二、政体由血缘走向地缘

正如张树栋先生所言"在先秦时代,各个社会等级都保存着血缘纽带,从天子诸侯到皂隶牧圉'皆有亲昵','各有分亲',因此血缘组织及其宗法是带有普遍意义的。周人征服了商人以后,周王室以殷民六族、七族分封给鲁、卫,命令分给鲁的殷六族要'帅其宗氏,辑其分族,将其类丑……使职事于鲁'。征服者不仅没有破坏被征服者的血缘组织及其宗法,反而利用它们作为统治的工具。这样,宗法就发生变化:一方面,宗法制度作为规定血缘组织内部男女长幼的权利和义务的规范的职能,随着血缘集团在文明社会地位的升降相应作了调整。比如,统治集团由宗法制度衍生出世官制、分封制等等。另一方面,统治的血族集团把原来规定族内事务的宗法,外化为国家的统治形式,从而规定了不同血缘集团在社会上的等级差异,从天子诸侯到皂隶牧圉,'皆有等衰',界级不可逾越。天子不仅是本族的大宗,而且是'天下的大宗','天下的君主'"[1]。

但是,随着各地诸侯国的相继崛起,按单一民族内部核心血缘组织的宗法,通过分人分权分土地的分封制来进行统治的模式已经不再适应新的形势,也无法动员和调动各地各族人民的力量来壮大各方国自己的实力并参与争霸。因此,从春秋战国开始就催生了多民族地缘化的统治模式,催生了"郡县制"与官僚的"任命制"。

郡县制与任命制的确立,一方面不仅强化了中央集权,加强了中央对地方政权的控制,使得中央的政令能较为顺利地贯彻到最基层,也有利于防止地方割据分裂,有利于维护国家的统一;另一方面还从根本上解除了所有个人都源于血缘的束缚,使得每一个人都获得了空前的自由度,都成为了地缘社会中独立与自由的一员。

三、土地使用权完全私有

如果说郡县制与任命制的改革是政治制度方面最重要的改革,那么土地使用权的完全私有化就是经济制度方面最重要的改革。这是一个有争议的问题,但这又是一个事实清楚的问题。因为,中国从来就没有生产资料土地的私有制。中国是一个农业大国,从史前开始,土地就是各级聚落组织存在的基础和命根,历史时期,土地依然是各个国家存在的基础和命根。所以,土地所有权从来都不是私有,无论任何人都要向土地的所有者缴纳贡

---

[1] 张树栋等主编:《古代文明的起源与演进》,南京大学出版社,1991年,第58页。

赋，国家在任何时候任何地点都可以剥夺任何人的土地。

19世纪50年代，马克思根据他所能接触到的资料就已经意识到了"东方……一切现象的基础是不存在土地私有制。这甚至是了解东方天国的一把真正的钥匙"①。恩格斯也同意这种看法，并说"不存在土地私有制，的确是了解东方天国的一把钥匙。这是东方全部政治史和宗教史的基础"②。

当然，这里也有一个集体与个人的关系问题。

为此，史前，在血缘社会的基础上就已经给出了第一个解决问题的方案，那就是生产资料集体所有，分田到人，劳动者直接与土地挂钩，收获与劳动直接挂钩。结果，在土地耕作权私有的基础上，个体劳动者高涨的生产积极性就为史前晚期社会的发展，文明与国家的起源奠定了物质基础。

夏商时期，虽然一方面是"溥天之下，莫非王土，率土之滨，莫非王臣"(《诗·小雅·北山》)，但另一方面却没有根本性地改变源于史前的土地制度。

西周时期，国家虽然表面上实施了"井田制"的新政，但它依然"受田"，无论所"受""公田"、"私田"实际还都是原来聚落血缘组织的土地，而真正改变的不仅只是"受田"的主人，变血缘聚落组织为国家。更重要的是彻底剥夺了原本血缘聚落组织也收取"公田"所得的资格，变土地的二级所有为国家独揽。因此，"井田制"也没有根本性地改变社会的生产方式与经济制度。

春秋战国时期，争霸不仅推动了政治体制统治模式的变革，也逐渐改变了社会的生产方式与经济制度，从而促使土地使用权趋于完全私有化。

税改，实际就是国家承认土地使用权私有的一种政策。因为，土地国有以后，原本血缘聚落组织对每一个成员提供最低生活保障的制度没有了，所以文献记载自西周末年开始，"公田不治"(《汉书·食货志》)，而开垦"私田"的现象就日趋普遍。为了增加国力，国家不得不改变了原有的政策。

公元前约685年，春秋初期，管仲首先在齐国实行了"案田而税"(《管子·大匡》)，又称"相地而衰征"(《国语·齐语》)的改革。这是中国历史上第一次变相承认土地使用权的私有，土地也没有了公田、私田的区别，一律按田地数量或产量，分等级纳税。

公元前约594年，鲁国也进行了一次著名的赋税改革，这就是鲁宣公十

---

① 马克思：《马克思致恩格斯(6月2日)》，《马克思恩格斯全集》第28卷，人民出版社，1973年，第256页。
② 恩格斯：《恩格斯致马克思(6月6日)》，《马克思恩格斯全集》第28卷，人民出版社，1973年，第260页。

五年的"初税亩"(《左传·宣公十五年》),国家第一次公开承认了土地使用权的私有。

大约春秋晚期,土地买卖由此兴起。

一般而言,土地使用权完全私有的意义就在于催生了晚期个体劳动与个体经济。一方面拆除了矗立在所有社会成员之间的血缘藩篱,另一方面所有社会成员的劳动,甚至生产资料土地,都融入了社会经济的商品化大潮,从而最大限度地激发了劳动者独立自主经营土地的热情。

四、商品经济出现高潮

一般而言,商品经济与生产力发展的关系最直接也最密切,因为只有生产力的发展才能产生"剩余劳动"、"剩余产品",才会激发交换的热情,才会使更多的人脱离农业生产而从事其他的盈利产业。

但是,历史却表明生产力的发展与重大进步是一种社会现象。其中,具体的生产工具、技术与方法的变化和升级只是为未来整个社会生产力的重大进步与发展准备了基础与条件;而具体在什么时候什么地方出现全社会性的生产力的重大进步和发展,则是社会变革生产关系调整的结果。

史前晚期,社会生产力出现了重大进步与飞跃,突出的标志就是养活的人口成倍的增长。自距今一万五千年以来[1],具体农业生产技术与方法的进步就为后来的重大进步与飞跃奠定了基础和可能。但是,没有其他因素的作用,尤其是没有社会生产方式与生产关系的调整与变革,没有早期个体劳动个体经济的出现,农业就根本不可能出现重大进步与飞跃,即使可以成为人类食物的主要来源,但也不可能成为文明与国家起源的物质基础。

与史前晚期农业的发展一样,春秋战国时期商品经济高潮的出现也不仅仅是铁器的推广与牛耕的普及,因为劳动者需要热情和一定的动力才会去使用高档并贵重的工具。显然,只有社会的变革与生产关系的调整才可能做到这一点。一方面社会的地缘化,即国体政体的地缘化就为商品的流通扫清了道路;另一方面,也更重要,就是从春秋初期开始的实物地租与土地使用权的不断私有,这不仅解脱了劳动者被捆绑在土地上的枷锁,同时也激发了劳动者从事其他盈利职业的热情。就这样,在社会生产方式与生产关系变革的基础上,中国历史上第二次生产力大发展的高潮出现了。

实际上,商品经济高潮的出现就是这一历史性进步最好的反映与证明。

---

[1] 吴小红等:《湖南道县玉蟾岩遗址早期陶器及其地层堆积的碳十四年代研究》,《南方文物》2012年第3期。

目前,考古所见春秋战国时期各国发行和流通的货币,如齐国燕国的刀币、三晋地区的布币、秦国及其他各国的圜钱、楚国的"蚁鼻钱"等①,就都是当时商品经济发展的最好见证。

此外,山东临淄齐国故城,面积约 15 平方公里。其中,大量的手工作坊遗址的发现也充分地说明临淄城不愧为当时商品经济的一个区域中心。

商品经济的兴起意义非常重大,它表明人们不再受制于各种血缘关系的束缚,个人在地缘社会中生产生活的独立性、自由度和各种相应的权利都得到了空前的提高。

第二节 有关婚姻家庭形态的变化与意义

春秋战国时期,不仅是中国历史上社会、政治、经济的大变革时期,也是婚姻家庭制度的大变革时期。

考古与文献表明,这一时期婚姻与家庭形态的变化与意义主要表现在以下三个方面。

一、个体家庭成为了地缘社会独立的组织与经济单位

从春秋开始,中国一夫一妻制个体家庭的发展进入了一个新的历史时期,并开始从位于血缘社会的藩篱与束缚中并不完全独立的最小的组织与经济单位转变为开放的地缘社会独立的最小的组织与经济单位。

就已有的考古与文献而言,推动这一过程的动力与原因主要有内外二个方面。

诸侯争霸肯定是最主要的外因。但是,要真正成就霸业,没有自身强大的经济实力只能望洋兴叹。因此,内因才是真正的主要原因。春秋战国各诸侯国之所以都纷纷变法,就充分证明了当时各国的社会与经济发展都遇到了同样的需求与问题。

考古表明,从史前晚期开始,中国就在生产资料集体所有制的前提下普遍实行了分田到人的生产方式变革。于是,在早期个体劳动个体经济的基础上,一夫一妻制婚姻也随之普及和流行,一夫一妻制家庭也随之成为了血缘社会最小的组织与经济单位。但是,当时无论是劳动者个人还是一夫一

---

① 中国社会科学院考古研究所编著:《中国考古学·两周卷》,中国社会科学出版社,2004年,第 451—463 页。

妻制个体家庭的独立性还十分有限,还不能摆脱血缘的束缚,还只能依附在血缘集体的大树下。

夏商时期,土地虽然国有了,但统治与剥削对象却依然还是血缘组织,血缘组织土地的所有权依然还在。

西周以后,土地完全国有了。尤其是"井田制"的实施,不仅废除了夏商以来土地的国家、集体二级所有制,而且国家还取代血缘组织开始成为了授田的主体。然而,相对史前晚期,"井田制"并没有给劳动者与一夫一妻制家庭带来劳动与经济活动的根本变化,劳动与经济活动的独立性与自由度依然如故。

不过,值得注意的是,西周土地的完全国有化还是引起了三个以前不见的现象。

其一,由于土地都一级一级分封给了贵族,所以各级贵族就营私舞弊层层加码加重了平民地租的负担。管仲当时之所以对齐桓公说:"相地而衰征,则民不移……无夺民时,则百姓富……"(《国语·齐语》),实际就反映了当时农民不堪重负的实情。

其二,对于不见任何好处与回报的"公田",平民没有生产的积极性,所以"公田不治"(《汉书·食货志》),到处都是"无田甫田,维莠骄骄"(《诗·齐·甫田》)的败落景象。

其三,由于失去了血缘集体的最低生活保障制度,大量荒地坡地被开垦,隐瞒在私人手中的土地数量也在不断增加。

为此,春秋的齐国鲁国先后开始了"案田而税"与"初税亩"的变法改革。

一般而言,这些变法改革不仅极大地推动了土地使用权的私有,还给春秋战国的社会带来了三个方面的重要变化。

第一,土地可以买卖。

《韩非子·外储说左上》:"中牟之人弃其田耘,卖宅圃而随文学者邑之半。"

《史记·廉颇蔺相如列传》:"今括一旦为将,东向而朝,军吏无敢仰视之者,王所赐金帛,归藏于家,而日视便利田宅可买者买之。"

《汉书·食货志》:"秦用商鞅之法,改帝王之制,除井田,民得卖买,富者田连阡陌,贫者无立锥之地。"

第二,个体家庭自主经营的权利在扩大。

《周礼·地官·司市》:"夕市夕时而市,贩夫贩妇为主。"

《管子·轻重甲》:"北郭者,尽屦缕之甿也,以唐园为本利。"

《孟子·滕文公下》:"(陈仲子)彼身织屦,妻辟纑,以易之也。"

《韩非子·说林上》:"鲁人身善织屦,妻善织缟,而欲徙于越。"

第三,催生了晚期个体劳动与个体经济。

由于商品经济的兴起,国家土地制度的变革并承认私人开垦土地的合法性,还由于国家税收制度的变革并变劳役地租为实物地租,从而催生了晚期个体劳动与个体经济。相对史前晚期的早期个体劳动与个体经济,晚期的最大变化在于土地不再只有耕作权,而是拥有完全的使用权,因此个体劳动与个体经济的独立性与自由度空前高涨。

数千年的历史告诉人们,这不仅是中国经济史发展过程中一次意义重大的变革,也是中国婚姻家庭发展史中意义重大的变革。它使一夫一妻制个体家庭从一个血缘社会的最小组织单位最终变为了地缘社会的最小组织单位,它还使长期依附在血缘组织躯体内的经济有限独立的一夫一妻制个体家庭最终变成了经济完全独立的社会单位,并为个体家庭最终甩掉血缘与乡土的束缚提供了可能,为个体家庭获得更多居住、生产、经营方面的自主权提供了可能。

二、男耕女织成为了农业社会经典的家庭生产生活模式

实际上,中国最早出现男耕女织家庭生产生活模式的时间大约是新石器晚期距今约6 000年以后。但是,由于当时的一夫一妻制家庭还只是血缘社会的组织与经济单位。因此,这种模式的根本意义就在于,将广谱经济时代聚落集体养活每一个聚落成员转变成了聚落成员自己养活自己,自己解决了自己的温饱问题。不过,由于受到土地只有耕作权与商品经济不发达等内外因素的制约,所以当时早期个体劳动的经济意义还十分有限。

春秋战国时期,基于国家政体地缘化的变革,以及商品经济的兴起,不仅为个体家庭甩掉血缘与乡土的束缚,面对更广阔的空间市场提供了可能,也为个体家庭获得了更多的社会独立性与经营自主权。于是,具有地缘社会独立经济意义的男耕女织就开始成为了人类社会长期稳定的生产生活的基本模式。

《周礼·冬官·考工记》云"国有六职",分别为"王公"、"士大夫"、"百工"、"商旅"、"农夫"、"妇功"。其中,释"妇功"为"治丝麻以成之,谓之妇功","妇功"与"农夫"并列,显示"女织"在家庭经济中的独立性与重要性。

此外,还有一些史料记载也表明当时的家庭经济中确实有了"妇功"。

《礼记·月令》:"蚕事毕,后妃献茧,乃收茧税,以桑为均,贵贱长幼如一,以给郊庙之服。"

《管子·国蓄》:"春赋以敛缯帛,夏贷以收秋实。"

《孟子·尽心下》:"有布缕之征,粟米之征。"

《史记·商君列传》:"僇力本业,耕织致粟帛多者复其身。"

值得注意的是,考古还发现春秋战国时期妇女创造了绚丽的纺织文化。当时齐国"太公劝其女功,极技巧……故齐冠带衣履天下"[1]。自齐初年,它的纺织业就很发达,到桓公时任用管仲改革,鼓励女子纺织,"一女必有一刀、一锥、一箴、一鉥,然后成为女"[2],"一女必有一针、一刀,若其事立"[3]。纺织业在人民生活中占有很重要的地位,《墨子·非命下》:"今也妇人之所以夙兴夜寐,强手纺绩织纴,多治麻丝葛绪,捆布缌而不敢怠倦者,何也?曰:彼以为强必富,不强必贫,强必暖,不强必寒,故不敢怠倦。"

"中国蚕桑丝绸的历史虽然远可追溯到远古时代,但直到春秋战国时期才获得了巨大的发展,并开创出无比繁荣的局面","近年来,在湖北、湖南的楚国墓葬中经常有丝织品出土,尤其是江陵马山一号楚墓丝绸宝库的发现,更让人们领略到楚国丝织品品种之丰富、色彩之艳丽、图案之精美[4]。楚国丝织物的种类主要有绢、绨纱、绮、锦、绦、刺绣等,汉代以后的主要品种这时几乎都已具备","马山一号墓只不过是一座小型墓葬,墓主身份也不高,因其保存完整,才留下这么丰富的丝织品,可见楚国的纺织业该有多么发达。其实,不仅是长江流域的楚国如此,中原各国的丝绸也不一定比楚国逊色"[5]。

显然,在这些绚丽的纺织品背后,不仅凝聚了无数东周妇女的辛劳,更意味着丝织品的商品化。马山一号小墓,墓主身份也不高,但却拥有如此之多之精美的丝织品,很可能就与丝织品的商品化有关。

值得注意的是,以生产资料土地使用权完全私有为基础,以独立经营和男耕女织为特征的晚期个体劳动与个体经济,不仅成熟于春秋战国时期,而且还成为了中国以后几千年古代社会经济结构与生产方式的主要特征,并为整个社会的稳定发展奠定了坚实的物质基础。

三、女性地位继续下降

与夏商周三代相比,春秋战国时期妇女的地位又有下降。主要表现在

---

[1] 《史记·货殖列传》,中华书局,1959年,第3260页。
[2] 《管子·轻重乙》,上海古籍出版社,1989年,第201页。
[3] 《管子·海王》,上海古籍出版社,1989年,第225页。
[4] 陈跃钧:《江陵马山一号墓出土的战国丝织品》,《文物》1982年第10期;湖北荆州博物馆:《江陵马山一号墓》,文物出版社,1985年。
[5] 袁行霈等主编:《中华文明史》第一卷,北京大学出版社,2006年,第242—244页。

三个方面。

1. 女性殉葬之风兴起

一般而言,自西周以后,用活人祭祀与殉葬的现象大为减少,春秋战国也不例外。但是,就在这种阳光历史的趋势下,却涌动着一股暗流,这就是春秋战国在贵族中兴起的女性殉葬之风。

湖北当阳赵巷4号墓,年代春秋偏晚,"墓主足下及南侧有5个陪葬坑,经鉴定,陪葬者均为女性,推测其身份当为侍妾"①。

山东临淄郎家庄一号东周墓,年代为春秋晚期至战国早期,主墓顶部发现六个殉人,无棺,年龄都20岁至30岁的男女青年,其中5女1男;另外,在墓主室周围还有十七个陪葬坑,殉葬者骨架能鉴定的都为女青年,她们有棺,有成套仿铜陶礼器,有贵重的水晶、玉、骨、石装饰品和带钩,还有车害、石磬等车马器或乐器,很多坑还有成组的陶俑,估计死者生前应为侍妾②。

山西定襄县中霍村M1,年代为春秋晚期至战国早期,墓主男性,"墓内外椁室间东北角有殉葬人1具,根据头骨观察,殉者为女性,年龄40岁左右"③。

湖北随县曾侯乙墓,战国初期,墓中21个殉葬者全是青年女性,各有一具彩绘木棺和少量陪葬品,当为墓主的侍妾或乐舞人员④。

江苏淮阴高庄墓,战国时期,墓南侧室,有人骨1具,显示出女性特征。无棺,身份应为陪葬之妾⑤。

河南新蔡楚平夜君成墓发掘,年代为战国中期楚声王以后,墓内有6位殉人,皆为女性,年龄都在20岁左右,随葬有玉器,推测身份当为墓主生前侍妾⑥。

2006年湖北郧县五峰乡发掘6座春秋楚国古墓,令人惊讶的是,在这些墓中竟无例外地都发现了殉人。在已发掘的殉人墓中,有一种殉人位于墓主人脚下方,没有任何随葬品。经鉴定,这类殉人均为年轻女性,年龄都在20岁左右,可能都是墓主人的奴婢⑦。

2. 声色职业开始发达

春秋中后期,随着土地使用权私有,货币经济发展,工商都会兴起,声色

---

① 宜昌地区博物馆:《湖北当阳赵巷4号春秋墓发掘简报》,《文物》1990年第10期。
② 山东省博物馆:《山东临淄郎家庄一号东周殉人墓》,《考古学报》1977年第1期。
③ 李育成:《定襄县中霍村东周墓发掘报告》,《文物》1997年第5期。
④ 湖北省博物馆:《曾侯乙墓》,文物出版社,1989年。
⑤ 淮阴市博物馆:《淮阴高庄战国墓》,《考古学报》1988年第2期。
⑥ 河南省文物考古研究所:《河南新蔡平夜君成墓的发掘》,《文物》2002年第8期。
⑦ 李桃元等:《郧县五峰乡发现我省最大春秋殉人墓葬》,《湖北科技报》2006年6月23日,第B01版。

职业的兴起也渐入高潮。尤其是战乱频仍,女性作为战利品被来回抢夺,婚姻生活极不稳定,也更进一步促使了女性声色职业的商品化。《史记·货殖列传》云"夫用贫求富,农不如工,工不如商,刺绣文不如倚市门";《汉书·地理志》云"赵、中山地薄人众……女子弹弦跕躧,游媚富贵,遍诸侯之后宫";《史记·吕不韦列传》云"吕不韦取邯郸诸姬绝好善舞者与居",就都是当时声色职业兴起的反映。

考古所见墓葬随葬的乐舞女俑,实际也是这种现象的证明。

山东临淄郎家庄 1 号齐国殉人墓,年代春秋晚期至战国早期,出土 6 组陶塑乐舞俑,有男有女,女俑躬立或跪地作舞蹈姿态,或张口似说唱状[1]。

山东章丘女郎山战国墓,出土彩绘乐舞陶俑 38 件,其中人物俑 26 件,21 件为女性[2]。

山东长岛王沟村战国墓,出土女乐舞陶俑及陶塑牲 33 件[3]。

山西长治分水岭 14 号墓,年代战国早期,出土乐舞俑与侍婢俑共 18 件[4]。

浙江绍兴狮子山 306 号战国墓,出土 6 件女乐铜俑[5]。

3. 出现了历史上最早的妓女

春秋战国时期,中国最早的妓女出现了,并有官妓与私妓之分。

官妓,即由官方设立的妓院所控制的妓女。中国最早的官方妓院始见于春秋时代的齐国,为齐桓公的大臣管仲所设[6]。《战国策·东周策》:"齐桓公宫中七市,女闾七百,国人非之。"《韩非子·难二》:"昔者桓公宫中二市,妇闾二百,被发而御妇女。"管仲设女闾的目的,一方面是为了让妓女赚钱,增加国家收入;另一方面也有供齐桓公和管仲等贵族淫乐的意思。

私妓,就是出卖肉体的妇女个人。春秋战国时期,商业发展,都会兴起,人口流动,女性声色职业在商品经济作用下的发展,私妓的数量与范围都得到了扩大。此外,买卖奴隶现象的增加,家贫者无以为生卖妻卖女为妓,促使私人蓄妓兴起,封君、贵族、富贵之家蓄养女妓成风。《墨子·辞过》"当今之君,其蓄私也,大国拘女累千,小国累百";又《墨子·贵义》篇载卫国大

---

[1] 山东省博物馆:《临淄郎家庄一号东周殉人墓》,《考古学报》1977 年第 1 期。
[2] 李曰训:《山东章丘女郎山战国墓出土乐舞陶俑及有关问题》,《文物》1993 年第 3 期。
[3] 烟台市文管会:《山东长岛王沟东周墓群》,《考古学报》1993 年第 1 期。
[4] 山西文物管理委员会:《山西长治市分水岭古墓的清理》,《考古学报》1957 年第 1 期。
[5] 浙江文物管理委员会等:《绍兴 306 号战国墓发掘简报》,《文物》1984 年第 1 期。
[6] 田家英:《中国妇女生活史》,中国妇女出版社,1982 年,第 71 页。

夫公良桓子家有"妇人衣文绣者数百人"。

总之,女性殉葬之风与声色职业的兴起、官私女妓的出现,不仅是女子商品化程度加深的证据,更是女性地位衰微最显著的标志。

本 章 小 结

春秋战国是中国一夫一妻婚姻与家庭起源最后的第三阶段,还是一个在晚期个体劳动个体经济基础上一夫一妻婚姻与家庭再发展、并最终成为地缘社会独立的最小的组织与经济单位的阶段。

一、历史背景

对当时婚姻与家庭形态影响最大的社会因素和时代背景主要包括四个方面。

第一,诸侯并起,相互争霸。

第二,国之政体由血缘走向地缘。

第三,土地使用权完全私有。

第四,商品经济出现高潮。

这些社会变化最重要的意义就在于,拆除了以往矗立在人们面前的各种血缘与乡土关系的藩篱,个人从事经济与其他各种活动的独立性与自由度得到了空前的提高。

二、有关婚姻家庭形态的变化与意义

主要表现在三个方面。

(一) 个体家庭成为了地缘社会独立的组织与经济单位

随着土地制度的变革,土地使用权的完全私有,不仅拆除了矗立在所有社会成员之间的血缘藩篱,催生了晚期个体劳动与个体经济;而且所有社会成员的劳动,甚至生产资料,都融入了社会经济的商品化大潮,从而最大限度地激发了劳动者独立自主经营土地的热情。

这是中国社会与经济史发展过程中的重大历史事变,也是中国婚姻家庭发展史中意义重大的变革。不仅为个体家庭甩掉血缘与乡土的束缚提供了可能,为个体家庭获得更多的独立性与经营方面的自主权也提供了可能,并使一夫一妻制个体家庭从一个血缘社会的最小组织与经济单位最终变成了地缘社会最小的组织与经济单位。

(二) 男耕女织成为了农业社会经典的家庭生产生活模式

由于国家政体与土地制度的一系列变革,男耕女织就开始成为了社会长期稳定的生产生活模式,还成为了中国古代社会经济结构与生产、生活方式的主要特征,并为整个社会的稳定发展奠定了坚实的物质基础。

(三) 女性地位继续下降

主要表现在三个方面。

第一,女性殉葬之风兴起。

第二,声色职业的开始发达。

第三,出现了历史上最早的妓女。

这些都是社会发展的负面影响与结果,也是女子商品化程度加深的证据,更是女性地位衰微最显著的标志。

家庭起源·结语

自有人类以来就有婚姻，婚姻就是成年男女相结合的方式；而家庭则是成年男女因婚姻而结合在一起的生活与社会单位，也是一定历史阶段的产物，是社会形态与婚姻形态演变的结果。

由于历史背景不同，各时期婚姻与家庭的特点也各不相同。

一、以血缘组织为基础的"族外婚"

广西百色盆地、皖东南水阳江流域、湘西北澧阳平原、陕西洛南盆地、山西襄汾丁村、河北泥河湾盆地等地区旧石器时代定居类遗址的群聚形态及其属性表明，它们就是当时以血缘为纽带的社会组织与组织形态的物化遗存与反映，并为当时婚姻形态的研究与讨论提供了一个科学客观的平台。

根据遗址的群聚形态，当时人类的婚姻应该具有三个方面的重要特点。

第一，旧石器时代并不存在独立生存的"原始群"，因而也就不存在基于独立的"原始群"的"杂婚"和"血缘婚"。

第二，氏族社会的形成与婚姻、家庭形态的变化无关。

自有人类以来就存在氏族血缘社会组织。其中，血缘、氏族涉及的都是人与人、人类群体与群体之间，源于自然的最根本的关系，以及建立这种关系的社会组织纽带与方式。

与血缘、氏族完全不同，婚姻与家庭却都是以血缘与氏族关系为基础为平台而发生的成年男女结合在一起的生活单位与生活方式。史前任何时期，任何形式的婚姻与家庭形态都改变不了当时血缘与氏族社会的基本性质。

因此，以为是家庭与婚姻关系的变化导致了氏族社会出现的看法需要重新修正。

第三，人类的婚姻与生俱来就具有"族外婚"的特点。

有四个方面的理由。

其一，定居类遗址群不仅是旧石器时代最重要的人类组织群体，也是人类婚姻的范围所在。

其二,氏族社会早于"普那路亚"。

这个问题的意义就在于说明,不是婚姻与家庭的变革导致了氏族社会的形成,而是婚姻与家庭形态的变革都是基于氏族社会这一历史的基础与平台。

其三,已知人类史前的婚姻范围就一直存在于血缘组织的范围之内。

其四,血缘社会各组织成员原本都是亲戚。

血缘社会的最大特点就是各组织成员原本都是亲戚。虽然每个原始组织至迟经过几代以后是一定要分裂的,但各个组织成员之间的关系却不可能一刀两断。也许大多数人都在自己所在组织单位内婚姻,但也有一部分人会跨单位的族外婚。

正因此,人类的婚姻从一开始就完全可能具有氏族外婚部落内婚的"族外婚"特点。

二、以自然性爱为基础的一夫一妻制婚姻和家庭

新石器时代中期,距今 10 000—7 000 年。当时广谱经济还是人类食物的主要来源,以奢侈品为标志的财富私有制也已经出现,社会普遍流行"对偶婚"。

就在这一历史阶段,北方兴隆洼文化、中原裴李岗文化则都发现了与中国时代最早的一夫一妻制婚姻和家庭有关的居址与墓葬。

1. 兴隆洼文化发现的意义

兴隆洼文化的发现为基于自然性爱的一夫一妻制婚姻和家庭起源的认识提供了七个方面的启示。

第一,早在距今 8 000 年以前的新石器时代中期就出现了一夫一妻的婚姻与家庭。

第二,当时的家庭还只是一个以自然性爱为基础的婚姻与生活单位。

第三,以性爱为基础的家庭成员应该都是同部落不同氏族的男女,相互并不是"外人"。

第四,性爱在人类社会早期的家庭与婚姻关系中起着重要的作用,人类的婚姻与家庭的发展明显存在一个由自然因素起主要作用逐渐过渡到社会因素起主要作用的过程。

第五,知其母又知其父现象的出现并不是父系社会来到的标志。

第六,"对偶婚"形式是多种多样的,一夫一妻稳定的"家庭"也是一种对偶的形式。

第七,一夫一妻制婚姻和家庭与财富私有制和财富没有关系。

2. 裴李岗文化发现的意义

第一,河南贾湖遗址拥有史前中国最宽松的以自然性爱为基础的一夫一妻制家庭,或"对偶家庭"。

第二,贾湖遗址一夫一妻制婚姻与家庭同财富私有制和财富毫无关系。

第三,贾湖遗址代表了中国男女老少无区别合葬墓的最早源头。

3. 有关问题讨论

为了正确地认识早期一夫一妻制婚姻与家庭的特点,有三个以往的问题需要讨论并纠正。

第一,不应该将"对偶婚"与"对偶家庭"的形态绝对化。

云南永宁纳西族对偶婚的不稳定性与多样性,以及裴李岗文化、兴隆洼文化多样的男女组合类型合葬墓,一方面真实地还原了当时的历史实际,另一方面又显示了部落内部之间男女的对偶是比较自由的。因此,以男女为单元的家庭组合的多样性也远远超过了历史上的任何时期,切不可将"对偶婚"与"对偶家庭"的形态固定化绝对化。

第二,不应该将部落内部的人都视为"外人"。

云南永宁纳西族母系"通婚集团"的存在说明人类的婚姻范围从来都是有局限的,早期人类的婚姻范围主要局限于部落即聚落群以内,部落以内的人都属于"亲骨肉",部落以外的人才是真正的"外人"。

第三,不应该将私有制与婚姻、家庭的起源都捆绑在一起。

新石器时代中期,社会流行的生产方式就是在生产资料集体所有制前提下的集体劳动,广种薄收,集体消费。社会普通成员一是没有私有的生产资料,二是除了大家都有的普通陶器和石器以外,也没有真正的财富,更没有"财富"要继承的需求。所以当时的一夫一妻及其家庭既与私有制无关,也与"财富"需要纯血缘继承无关。

三、以早期个体劳动个体经济为基础的一夫一妻制婚姻和家庭

新石器时代晚期至夏商周,即距今7 000年—公元前771年,是一夫一妻制婚姻与家庭起源的第二阶段,也是一夫一妻制婚姻与家庭在血缘社会早期个体劳动个体经济基础上普及与流行的阶段。

考古发现,促使和影响一夫一妻制婚姻与家庭普及流行最初的基本的历史背景主要涉及三个方面。

第一,距今6 000年前后,是中国史前晚期人口与聚落数量的第一个大增长时期,无论长江流域、黄河流域,还是北方地区,都同步出现了类似现

象。人口的增长实际也意味着人均自然资源的大量减少,以及人类生存压力的急剧扩大。

第二,面对危机,聚落社会迅速变革了生产方式。一方面是变粗放的广种薄收为以田块为主体的定点耕作与精耕细作;另一方面是变粗放的集体劳动为个体劳动;再一方面就是变集体消费为早期个体经济。

第三,为了土地,为了水源,为了自己的生存与利益,面对生存危机引起的日益增长的社会矛盾,人们不得不组织起来,并由此推动了聚落组织不断地大型化整体化和一体化。

在以上变化的推动下,史前婚姻与家庭制度开始进入转折时期,距今约6 500—6 000年的仰韶文化早期就是这方面的代表。一方面它有许多特点与早期裴李岗文化的对偶婚存在明显的联系,而另一方面又显示了在新的历史背景的推动下,一夫一妻制婚姻已开始悄悄地普及,父系社会也在悄悄地到来。尤其是那些夫妻异穴合葬墓与男性崇拜的出现,则明确地说明仰韶文化早期既是母系氏族社会的末期,又是父系社会最早的胎孕期或临盆期。

距今6 000年以后一直到夏商周时期,以早期个体劳动个体经济为基础的一夫一妻制婚姻和个体家庭开始进入了普及与流行的新时代。

主要有三个方面的证据。

第一,人们的居住房屋由独立的单间经过"套房"构成的"排房",最终变成只适合个体家庭居住的独立"套房"。

第二,聚落的整体布局由以往以家族为单位的多层向心结构,变成了以个体家庭为最小组织单位的无中心结构。

第三,改变了传统的埋葬模式。墓地的分群分组越来越细,并以个体家庭为最小组织单位;有些个人或家族的墓葬还移到了居住房子的周围;异穴合葬也逐渐成为了夫妻合葬的主流形式。

根据已有的考古发现,当时以早期个体劳动个体经济为基础的一夫一妻制婚姻与家庭主要有五个方面的特点。

第一,"从妇居"变成了"从夫居"。

第二,男耕女织的个体家庭经济已现雏形。

第三,男人的社会地位逐渐强化。

第四,经济与社会的独立性有限。

第五,婚姻的范围不断扩大,从血缘走向地缘。

不过,以往也有一些关于中国一夫一妻制婚姻与家庭普及流行原因及相关问题的认识需要重新探讨。

第一,母系社会女性地位高与农业无关。

母系社会女人的社会地位高是自然天成的,父系社会男人的地位是社会发展的结果。人们不能简单地用父系社会男人的地位特点来理解母系社会女人的地位与特点,而且在集体劳动集体消费和自然分工的历史背景下,就根本没有男女经济与社会地位的高低之别。

第二,一夫一妻制婚姻家庭的普及流行与财富私有制和财富无关。

在史前,一般的聚落普通成员,也没有什么东西可称为"财富"。不动产的土地,集体所有;住房,也是集体的,是在集体的土地上,集体规划,集体营建。至于动产,一般的聚落成员也只有一些日常生产生活用品,而这些用品都是聚落成员之间通过相互交换劳动就可以随时获取的。因此,没有人会由此产生需要后人继承的理由与愿望。

虽然早期个体劳动个体经济的出现与兴起确实具有财富私有的含义。但是,财富私有制最早出现的时候,并没有出现个体劳动个体经济。财富私有制之所以会进入新的起源阶段,关键原因就是社会生产方式的变革,早期个体劳动个体经济就是生产方式变革的基本内容。因此,财富私有制与早期个体劳动个体经济之间没有直接的因果关系,财富私有制与一夫一妻制个体婚姻和家庭的普及流行之间也没有直接的因果关系。

贵族虽然拥有较多的财富,但个个都把大量的财富带到墓里去了。此外,只要集体在,贵族的后人即使没有继承前人的财富也衣食无忧,奢侈品既不能交换也不能买卖,继承的实际意义也不明显。因此,贵族也并不重视财富的后人继承问题。

第三,史前晚期至商周一夫一妻制婚姻家庭与早期个体劳动个体经济的关系。

自史前晚期以来,中国社会就普遍存在生产资料土地的集体与国有制,就存在公有土地分田到户个人独立经营的生产方式。其中,分田的对象以户为单位,男人是户主,按夫授田;原来聚落所有的土地,即使国家所有了,也只分给原聚落里土生土长的男人,而不是"贾门"、"逆旅"、"赘婿"、"后父"等外来的男人。

为了适应社会生产方式的变革,人类的婚姻制度也从以广谱经济集体劳动集体消费为基础的自由对偶时代,走向了以早期个体劳动个体经济为基础的一夫一妻制家庭普及流行的新时代。

第四,一夫一妻制家庭长期依附在聚落内的原因。

由于生产力水平低下,社会组织以血缘为纽带,生产资料聚落集体所有,聚落不仅向每一个成员提供最低生活保障,而且还是所有聚落成员互相保卫并谋取利益的共同体。因此,当时任何个人和家庭都没有能力离开聚落的庇护并独立生存。

第五,一夫一妻制婚姻与家庭同阶级、阶级斗争无关。

由于在以血缘为纽带的史前社会和以血族统治为特点的夏商周时期,中国就没有出现以个人为单位跨血缘跨地域的阶级,所以一夫一妻之间也就没有那种阶级矛盾存在的基础。此外,中国史前晚期到夏商周时期的考古发现也证明,一夫一妻的关系并不是阶级与阶级压迫,而是男女基本平等,相互关系基本和谐的,有生命力的社会单位。

史前晚期以后,一夫一妻制的婚姻又出现了新的变化。

随着国家的起源,尤其是单一民族国家的出现,一夫一妻制婚姻的范围不仅从血缘组织扩大到地缘统治民族的范围,而且统治民族为了维护自己的利益还制定了一系列的规则,从而形成了学界所称的"礼制婚姻"。"礼制婚姻"不仅显示了统治民族婚姻观念的变化,还显示了经济因素的渗透与女性地位的进一步下降。

根据文献记载,西周不仅是以早期个体劳动个体经济为基础的一夫一妻制婚姻的最后阶段,而且还是"礼制婚姻"的集大成与代表者。

第一,婚姻范围在社会地缘化的基础上不断扩大。

第二,"媒人"的出现推动了统治民族内部婚姻范围的地缘化。

第三,经济的因素开始渗透到婚姻的各个环节。

第四,男女不平等现象进一步强化。

第五,家庭与生产资料没有直接的联系。既没有土地的所有权,也没有土地使用权的完全私有化。个体家庭还不是地缘社会独立的组织与经济单位。

四、以晚期个体劳动个体经济为基础的一夫一妻制婚姻和家庭

春秋战国时期,公元前770—公元前221年,是一夫一妻制婚姻与家庭起源最后的第三阶段,也是一夫一妻制婚姻与家庭在晚期个体劳动个体经济基础上再发展,并最终成为地缘社会独立的最小的组织与经济单位的阶段。

据考古发现与文献记载,当时对婚姻与家庭形态影响最大的社会因素包括四个方面:诸侯并起相互争霸,国之政体由血缘走向地缘,土地使用权完全私有,商品经济出现高潮。

在这些社会变化的影响下,个体家庭第一次从血缘社会的最小组织与经济单位变为了地缘社会最小的组织与经济单位,还使长期依附在血缘组

织躯体内独立性有限的个体家庭最终甩掉了血缘的束缚,获得了更多居住、生产、经营方面的独立性与自主权。与此同时,男耕女织也成为了家庭经济的主要组合模式,成为了社会长期稳定的生产生活模式,成为了中国几千年来以土地为基础的家庭经济的历史性开端。但是,春秋战国时期贵族墓中女性殉葬之风兴起,声色职业开始发达,并出现了历史上最早的妓女,说明随着女子商品化程度的不断加深,女性的地位又有了新的下降。

总之,中国的家庭,在不同历史时段不同背景的影响下,走过了一段充满本土特色的起源与演变之路。

就婚姻的范围而言,由血缘变为地缘,即由最初自然的氏族外婚即部落内婚变为在大型化一体化血缘组织内部的外婚,最后变为地缘化的外婚。

就婚姻的形式而言,由族外群婚变为个体婚,即由最初可能无级别的群婚变为有级别的对偶婚,再变为个体婚。

就婚姻的基础而言,由自然的性爱变为以耕作权私有的早期个体劳动个体经济为基础,再变为以生产资料的使用权完全私有的晚期个体劳动个体经济为基础。

就家庭的特点与性质而言,由最初的自然对偶家庭变为血缘社会独立的组织与经济单位,再变为地缘社会独立的组织与经济单位。

私有制起源

一般而言,私有制就是一种包括不动产生产资料都可以私有的制度。但是,中国从来就没有过这样的私有制,而只有财富的私有制。财富私有制也从来不是一种经济制度,而是一种社会的管理与政治制度。

新石器时代中期,在广谱经济与集体劳动集体消费的生产方式的基础上,财富私有制作为一种血缘聚落组织集体的管理与分配制度最早登上了历史舞台,凝聚了大量社会劳动的奢侈品也开始成为了权力和地位的象征。

新石器时代晚期至夏商周时期,在人类遭遇生存危机,社会生产方式变革,土地耕作权私有,出现了早期个体劳动个体经济的基础上,财富私有制不仅明显融入了经济的因素,而且还以大型一体化的聚落组织为平台升级为一种政治制度。权力、地位和贫富的差距越来越大;"礼器"开始成为新时代财富的标志;出现了贵族,而且越来越贵;个体家庭在早期个体劳动个体经济的基础上也开始成为血缘社会有一定独立性的最小的生产、经济与组织单位。不过,财富私有制的发展既与工具代表的生产力无关,也与农业手工业的社会分工无关,还与"剩余价值"的出现无关。

春秋战国时期,中国的财富私有制进入了全新的历史阶段。由于国体政体都已地缘化,商品经济出现高潮,以土地使用权完全私有为基础的晚期个体劳动和晚期小农经济开始崛起,货币、贵金属、土地成为了财富的新标志。与此同时,作为一种政治制度和"越有权越富"的财富私有制的主要特征并没有改变,改变的只是拥有财富的主体已由以往的血缘贵族变成了统治阶级。与此同时,官营手工业的出现还为统治阶级聚敛财富开辟了新的途径。

第一章　以集体劳动集体消费为基础的财富私有制

一般而言，可以个人私有的物品非常宽泛。不过，历史表明，最重要的是对二种物品的所有。一种是属于不动产的社会主要生产资料，另一种是属于动产的能标志社会地位、等级和财富的物品。由于不同历史时段社会背景与生产能力的不同，能标志社会地位、等级和财富的动产物品也明显不同。又由于在中国从史前到历史时期都不见作为不动产的主要生产资料的私有制，因而以不动产为代表的财富私有制就成了中国私有制的主要特点。

距今 10 000—7 000 年，新石器时代中期，就是中国史前财富私有制起源最早的第一阶段，也是以广谱经济集体劳动集体消费为基础，并以"奢侈品"为等级、地位和财富主要标志物的阶段。

第一节　历史背景

已有的考古发现表明，史前财富私有制最早起源的历史背景，除了广谱经济以外，最值得关注的就是当时的生产方式，即生产资料集体所有与集体劳动集体消费。

由于一直都没有生产资料的私有制而只有集体所有制，而且还由于人地关系良好自然食物充足，社会整体的生产力水平低下，个人也没有能力脱离集体而独立生存，所以从旧石器时代到新石器时代中期，人们也没有要改变生产方式的任何愿望与需求。

旧石器时代晚期以后，"广谱经济"兴起，这种经济实际也是一种自然经济，它最重要的意义并不是改变了人类的生产方式，而是由于气候的寒冷迫使人类的食物结构发生了很大的变化，并开始大量获取和食用以前很少触及的小颗粒与水生自然食物，如菱角、芡实、莲子、水稻等。为了追逐新的食物资源,人类也从山地走进了平原,并定居在了广袤的平原上①。

由于当时的平原地广人稀,如湖南西北的澧阳平原,约600平方公里范围内仅有距今约8 000年以前彭头山文化的12个聚落遗址,每一个聚落遗址都平均拥有50平方公里,半径约4公里的自然食物采集面积(图1-3-1,1)。

因此,和谐无忧的人地关系,一方面导致了当时人类社会组织之间的相互关系比较平和,没有激烈的矛盾冲突;另一方面也使得当时的每一个人根本就没有形成任何资源与生产资料个人所有权的概念和要求。一切都是自然的,集体的也是自然的。

又由于经济是自然经济,所有的聚落都是自然的生产资料集体所有制,所以当时的生产方式,人与生产资料的结合方式与生产关系,也完全是自然的集体劳动集体消费。

对此,马克思就曾经指出,这种生产方式"一方面以生产条件的公有制为基础;另一方面,正像单个蜜蜂离不开蜂房一样,以个人尚未脱离氏族或公社的脐带这一事实为基础"②。

第二节 财富私有制起源第一阶段的考古发现

根据已有的资料,中国财富私有制起源最早阶段的发现主要就见于内蒙东南辽宁西部的兴隆洼文化与中原河南地区的裴李岗文化。

一、兴隆洼文化的发现

在距今约8 000年的兴隆洼文化中,与财富私有制有关的发现主要来自内蒙敖汉旗兴隆洼、兴隆沟、林西白音长汗、辽宁阜新查海等遗址。

(一)兴隆洼遗址

1983—1993年,遗址全面揭露,发现了一批与财富私有制有关的遗迹和遗物③。

---

① 裴安平:《史前广谱经济与稻作农业》,《中国农史》2008年第2期。
② 马克思:《资本论》(第一卷),人民出版社,1975年,第371页。
③ 中国社会科学院考古研究所内蒙古工作队:《内蒙古敖汉旗兴隆洼聚落遗址1992年发掘简报》,《考古》1997年第1期;杨虎等:《兴隆洼聚落遗址发掘再获硕果》,《中国文物报》1993年12月26日,第1版;中国社会科学院考古研究所等编:《玉器起源探索:兴隆洼文化玉器研究及图录》,香港中文大学,1994年。

1. 居室墓所出玉器

遗址出土玉器的种类有玦、匕形器、弯条形器、管、斧、锛、凿等。其中，以玦为主，共有 10 余件；其次为匕形器。

居室墓是遗址出土玉器最多的地方，也是出土玉玦最多的地方，多数都位于墓主人左右耳侧。

M117，位于 F176（22.1 平方米）东北，打破居住面，"在墓葬第 2 层填土内，发现长条形刻纹蚌饰和人面形蚌饰各 1 件。墓主左、右耳部有环形玉玦一对，其中 1 件压在头骨左侧下面，缺口均朝上"①。其中，M117：1，外径 2.8 厘米，内径 1.3 厘米，厚 0.4—0.5 厘米（图 1-2-2，1）；M117：2，外径 2.9 厘米，内径 1.4 厘米，厚 0.5—0.6 厘米，皆黄绿色，通体抛光（图 1-2-2，2）。

M118，位于 F180（41.98 平方米）东北，开口于居住面下，打破生土层。随葬品丰富，有陶器、石器、骨器、玉器和蚌器五类（图 2-1-1）。其中，压

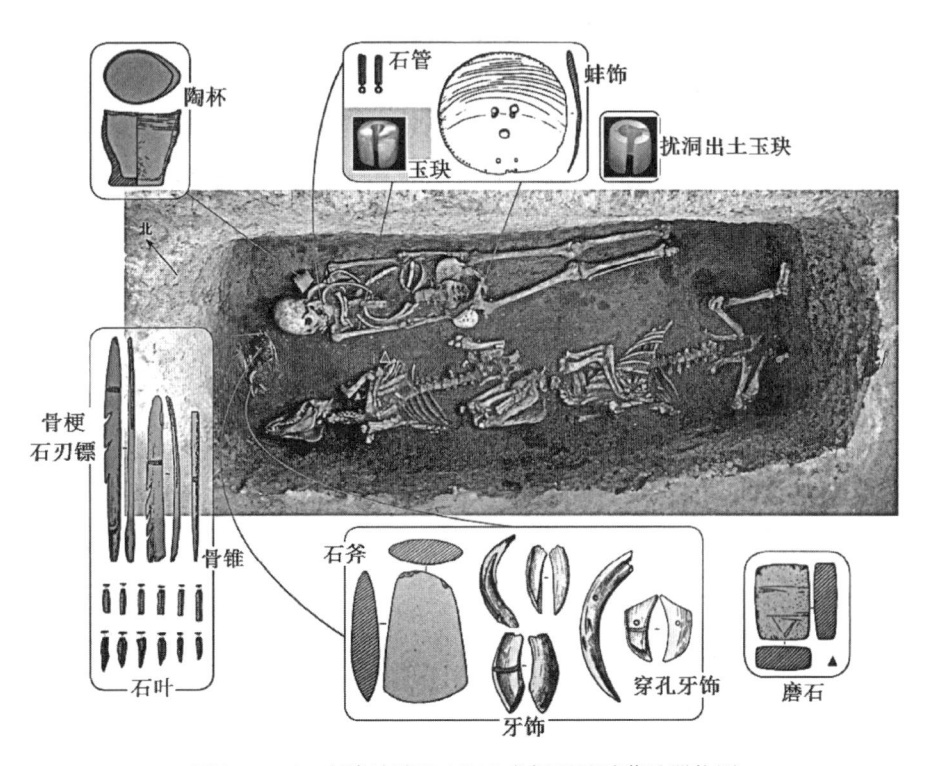

图 2-1-1　兴隆洼遗址 M118 发掘照及随葬品器物图
（引自杨虎等《玉器起源探索：兴隆洼文化玉器研究及图录》）

---

① 中国社会科学院考古研究所内蒙古工作队：《内蒙古敖汉旗兴隆洼聚落遗址 1992 年发掘简报》，《考古》1997 年第 1 期。

制小石叶数量最多,达715片,主要出于墓葬填土中或人骨周围。此外,有陶杯、石斧、磨石各1件,石管9件,小石块4件,骨梗石刃镖3件,骨两端器2件,骨针、骨叉状器、骨料各1件,牙饰品8件,短管状玉玦2件,圆形蚌饰1件。

M130、M135、M142等居室墓,玉玦也成对出土,多位于墓主人的耳部。其中,M135的形体最大,直径6厘米。M142所出为短管状玉玦。

M109,出土弯条形玉器。

2. 房址内所出玉器

房址内出土玉器一般都位于居住面上,但种类各有不同。据目前已公布的资料,遗址仅8座房址出土了玉器,只占所有房址总数"六七十座"①的13.33%—11.42%。

F173②:2,玉斧,是兴隆洼遗址也是兴隆洼文化目前所见最大的一件玉器,长7.26厘米,宽5.18厘米,厚1.45厘米②。

另外,F11、F250都出土了弯条形器,F125、F128出土了匕形器,F110、F138出土了玉锛,F260出土了玉凿。

3. 特殊现象

除了玉器以外,兴隆洼遗址与财富私有制关系最近的特殊现象就见于居室墓M118。

该墓不仅随葬品丰富,有玉器,更引人注目的是还有2头完整的猪同墓随葬(图2-1-1)。这不仅开创了中国史前用猪随葬历史的先河,更显示当时的猪也已成为了财富、权力和地位的象征。

(二) 兴隆沟遗址

兴隆沟遗址,为兴隆洼文化中期大型聚落,2001—2003年经过三次发掘,揭露面积6000余平方米,清理出房址37座,居室墓28座③。

1. 居室墓所出玉器

整个遗址一共发现玉玦5件,其中有4件出土于居室墓④。

---

① 中国社会科学院考古研究所编著:《中国考古学·新石器时代卷》,中国社会科学出版社,2010年,第161页。

② 张国强:《西辽河地区工具类玉器的使用与史前社会的发展》,《赤峰学院学报(汉文哲学社会科学版)》2008年第3期。

③ 中国社会科学院考古研究所内蒙古工作队:《兴隆沟聚落遗址2002年考古发掘的主要成果》,《中国社会科学院古代文明研究中心通讯》2003年第5期;中国社会科学院考古研究所内蒙古第一工作队:《内蒙古赤峰市兴隆沟聚落遗址2002—2003年的发掘》,《考古》2004年第7期。

④ 刘国祥:《兴隆沟聚落遗址:8000年前精美玉器》,《文物天地》2002年第1期;崔岩勤:《兴隆洼文化玉器特点简析》,《赤峰学院学报(汉文哲学社会科学版)》2015年第4期。

M4,居室墓。玉玦的出土位置十分特殊,一件出自墓葬的填土内;另一件,直径2.8厘米,镶嵌在墓主人的右眼眶内。经鉴定,墓主人是一位女性儿童,生前可能右眼有疾,死后嵌入玉玦,起到以玉示目的作用(图2-1-2,1,2)。

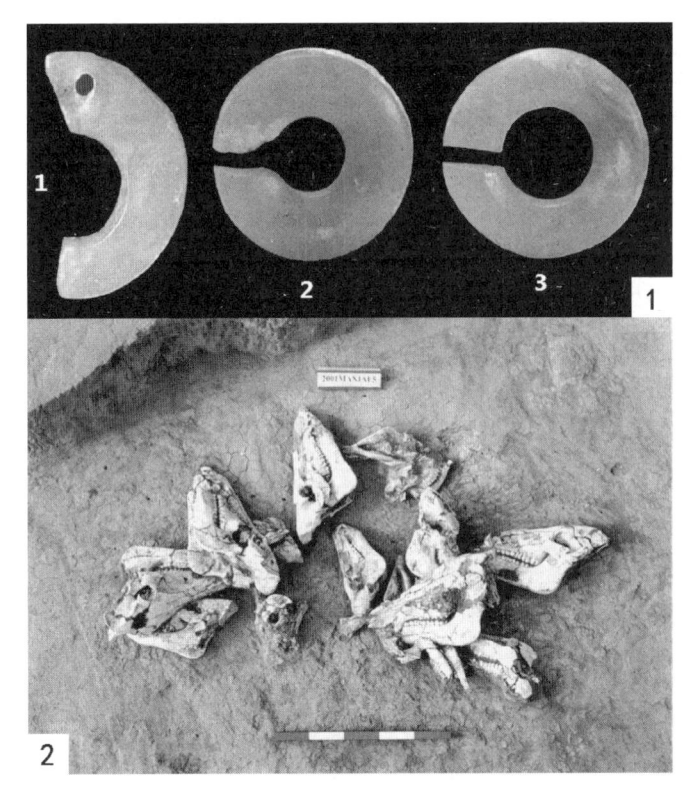

图2-1-2 兴隆沟遗址出土玉器与F5猪头兽头聚集图
(引自刘国祥《兴隆沟聚落遗址:8 000年前精美玉器》)

M7,居室墓,该墓墓主男性,左肩、右肱骨内侧各出一件玉玦,专家推测,可能系双耳部下滑所致。其中一件,直径2.8厘米(图2-1-2,1,3)。

2. 房址内所出玉器

有三座房址内发现了玉器。

F11内的第②层,出土一件可能为玦的残器,也有专家称之为弯条形器,长1.8厘米(图2-1-2,1,1)。

另,F21出土一件玉凿,F22出土一件玉匕形器。

3. 特殊现象

见于F5,在房址的居住面上出土了大量聚集在一起的兽头,初步认定有12个猪头和3个鹿头(图2-1-2,2),多数前额正中都钻有长方形或圆形孔,也有的两例留有明显的灼痕。

此类现象,一方面具有鲜明的宗教祭祀意义,另一方面也与兴隆洼遗址M118所出类似,意味着猪在当时人们的心目中已拥有特殊地位。

(三)白音长汗遗址

遗址位于内蒙赤峰市林西县,由两个围沟聚落构成。1988—1991年,三次发掘,发掘面积一共7 264.3平方米,大多数房址都已清理①。其中,A区,即遗址北部的围沟聚落,发掘面积4 772.5平方米;B区,即遗址南部的围沟聚落,发掘面积2 491.8平方米。此外,在两个聚落的围沟以外,还发掘清理了Ⅰ、Ⅱ、Ⅲ号墓区。

1. 出现了高等级墓

在遗址所有已发掘墓区中,有二个现象令人关注。

第一,出现了高等级墓。

M5即是。该墓位于Ⅰ号墓区(图2-1-5,2),属遗址二期遗存。墓顶、墓室、墓底均由石板构成。由于被盗,墓室内未见随葬品,但墓顶的外围却筑有遗址至今还保存完好的唯一的石头圈,东南—西北宽8米,西南—东北长9米,高0.3—0.4米(图2-1-3,1)。对此,专家认为:"墓顶有石头圈的石板墓有别于其他土坑积石墓,可能是氏族首领墓"②。

类似的现象也见于第Ⅱ墓区的M13与M16(图1-2-5)。

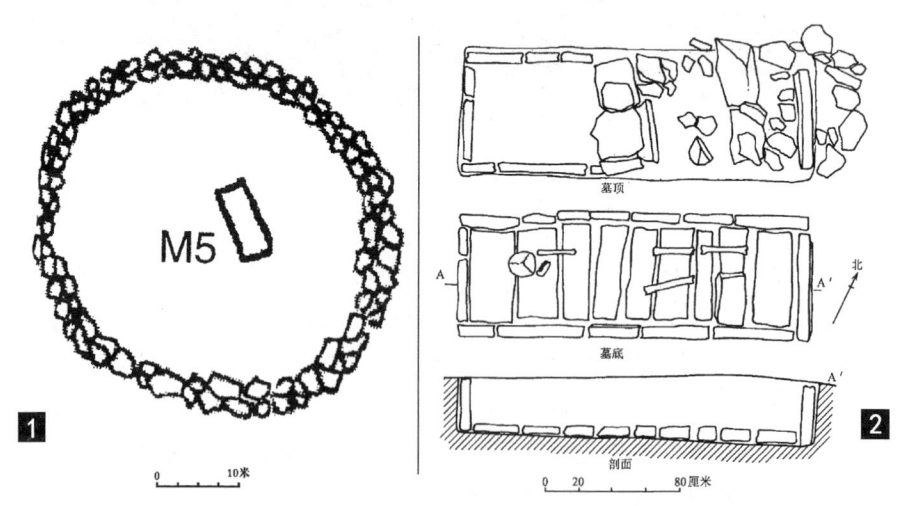

图2-1-3 白音长汗M5位置与墓葬平剖面图

(引自内蒙古自治区文物考古研究所编著《白音长汗——新石器时代遗址发掘报告》)

---

① 内蒙古自治区文物考古研究所编著:《白音长汗——新石器时代遗址发掘报告》,科学出版社,2004年。
② 索秀芬等:《兴隆洼文化聚落形态》,《边疆考古研究》,科学出版社,2009年。

第二,墓葬随葬品差距明显。

遗址有随葬品的墓葬占半数,少者仅1件(M10),多者达120件(M7)。此外,还有6墓,即M3、9、12、17、19、20,虽然没有被盗的痕迹,但墓内却空无一物,没有任何随葬品。

M7,位于Ⅰ号墓区西北,单人仰身。"在胸前与背后各有三行亚腰形蚌饰、石饰,每行7—9枚不等,似用线绳钉缀在衣服上,人骨颈部、脸上,以及头顶上部和靠近北壁墓底均有亚腰形蚌饰和石饰散落,共计117枚","在耳骨下有1件玉蝉,在颈骨和胸骨部位出有3件B型石珠,在胸部还有1件蚌珠,似为项上的饰物。在左侧上肢骨下出有小石雕熊1件"[①](图2-1-4)。

2.墓葬所土玉器

遗址第二期在4座墓中共出土玉器7件,为4件玉管、2件玦、1件玉蝉,皆绿色,磨制光滑。

M2,位于Ⅰ号墓区,男女二人屈肢合葬墓,皆25岁左右,随葬品丰富,共计35件,并有玉玦、玉管各1件(图1-2-4)。

M4,位于Ⅰ号墓区,性别与葬式不明,随葬品22件。16件蚌饰,玉管2件,玉玦、石管、蚌臂钏、石叶各1件。其中,M4:5,玉管,长3.8厘米,直径1.3—1.5厘米(图1-2-2,12);M4:17,玉管,长3.8厘米,直径1.55厘米(图1-2-2,10);M4:7,玉玦,直径4.2—4.4厘米,厚1厘米(图1-2-2,7)。

M7,位于Ⅰ号墓区,单人,性别不详。随葬品共120件。其中,1件玉蝉(M7:1),长3.55厘米,尾宽1.2厘米,厚1.1厘米(图2-1-4,1)。

M11,位于Ⅱ号墓区,男性单人屈肢葬。随葬品为两串饰物。第一串,戴在头上,由15枚蚌饰构成。第二串,戴在颈上,由2颗石珠与1件玉管构成。其中,玉管M11:2,长4.1厘米,直径1.6—1.8厘米(图1-2-2,11)。

(四)查海遗址

位于辽宁省阜新蒙古族自治县沙拉乡查海村西南2.5公里处,总面积超过12 000平方米。1986—1994年,接连6次发掘,发掘面积7 300平方米。共出土玉器44件。经鉴定,玉质皆透闪石、阳起石结晶体,均属真玉。其中,11件出土于文化堆积层,21件出于房址,8件出于居室墓,1件出于祭祀坑,另外3件为采集品[②]。

[①] 内蒙古自治区文物考古研究所编著:《白音长汗——新石器时代遗址发掘报告》,科学出版社,2004年,第204页。

[②] 辽宁省文物考古研究所编著:《查海:新石器时代聚落遗址发掘报告》,文物出版社,2012年。

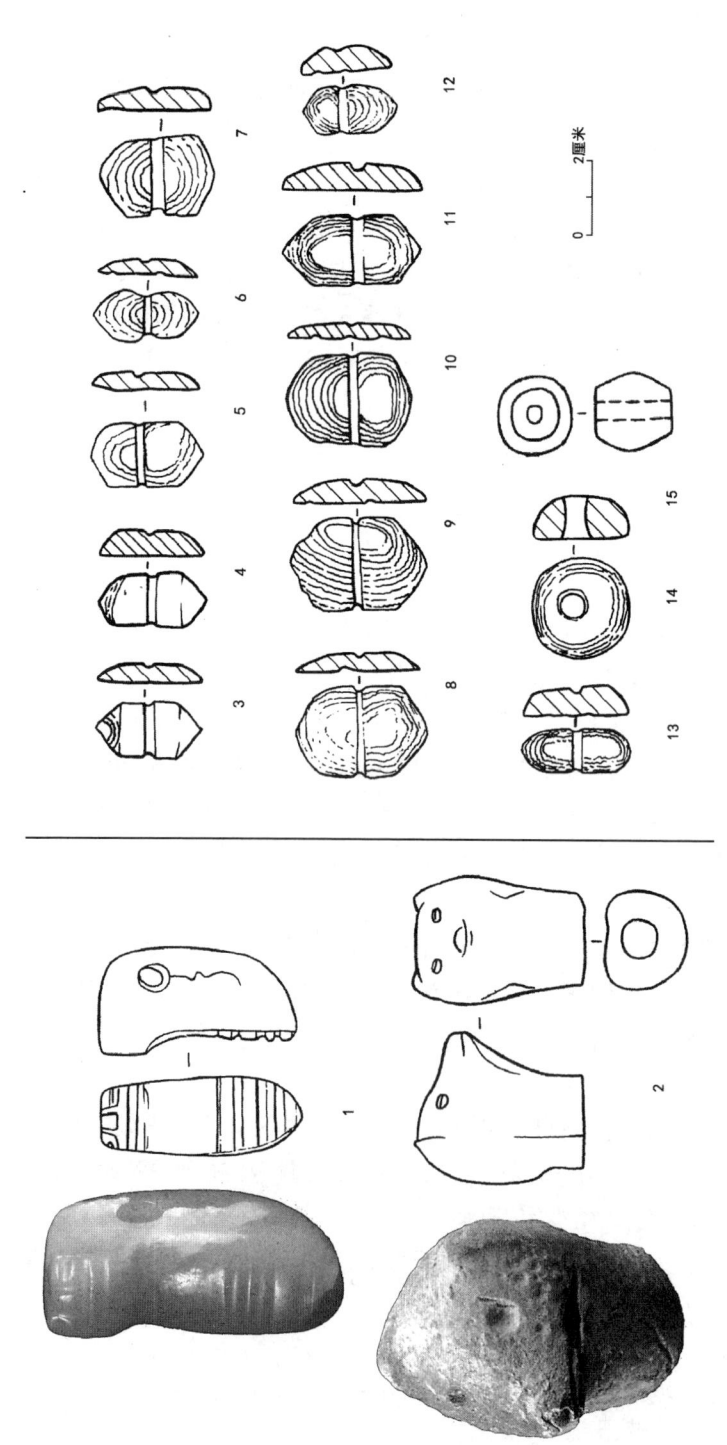

图 2-1-4 白音长汗 M7 随葬器物图

1. 玉蝉 M7：1 2. 石雕熊 M7：4 3. 石亚腰形饰件 M7：3—8 4. 亚腰形饰件 M7：3—7 5. 亚腰形蚌饰 Bb 型 M7：3—10 6. 亚腰形蚌饰 Ca 型 M7：3—4 7. 亚腰形蚌饰 Bc 型 M7：3—11 8. 亚腰形蚌饰 Aa 型 M7：3—1 9. 亚腰形蚌饰 Ab 型 M7：3—2 10. 亚腰形蚌饰 Ac 型 M7：3—3 11. 亚腰形蚌饰 Ba 型 M7：3—9 12. 亚腰形蚌饰 Cb 型 M7：3—5 13. 亚腰形蚌饰 Cc 型 M7：3—6 14. 蚌珠 M7：6 15. 石珠 M7：5—1
(引自内蒙古自治区文物考古研究所编著《白音长汗——新石器时代遗址发掘报告》)

1. 房址所出玉器

查海遗址共清理房址55座,均为半地穴式建筑,可分早、中、晚三期。其中,占总数约1/4的14座房址的居住面与房内堆积中共出土各类玉器21件(表2-1-1)。

表2-1-1 查海遗址房址内出土玉器统计表

序号	期别	编号	类型(m²)	居住面			室内堆积	
				玉器			其他主要器物	玉器	其他主要器物
				数量	位置	种类			
1	早	F50	大 60.7	1	正中灶侧	白色玉斧	陶器8,石器41		
2	中	F38	小	1		浅黄色斧残件	陶器11,石器3		
3	中	F41		2		乳白色管	陶器7,石器7		
4	中	F43		3	西南角	乳白色玦 浅绿色匕 乳白色管	陶器10,石器45		
5	晚	F11	小	1	北侧	白色钻孔残器	陶器10,石器9		
6	晚	F17	小	1	东南	乳白色斧	陶器15,石器27		
7	晚	F20	小	1		墨绿色凿	陶器23,石器12		
8	晚	F14	中	1		浅绿色凿	陶器22,石器26,细石器43		
9	晚	F18	中	1		乳白色斧	陶器26,石器23,细石器1		
10	晚	F27	中				陶器12,石器47	浅灰色斧	
11	晚	F54	中	2		乳白色匕2	陶器15,石器68		
12	晚	F16	大 >60	1		乳白色匕	陶器45,石器85,细石器1		
13	晚	F36	大 >60	2	西部西北	乳白色玉斧 蜡色玉管	陶器10,石器55,细石器2,猪骨		
14	晚	F46	超大 157.32	2	西北	乳白色匕形器 浅绿色凿	陶器21,石器70	灰色块状玉料	陶器22,石器53,细石器33件
合计				19	西部:4 东部:1 北部:1	斧6,匕5,凿3管2,玦1,不明器1	陶器:235件 石器:518件 细石器:47件	斧1料1	陶器22 石器53 细石器33

(资料来源:《查海:新石器时代聚落遗址发掘报告》)

2. 墓葬所出玉器

用玉器随葬的墓全部属居室墓,共发现二例。

F43M,墓主人性别和年龄不详,在墓底北侧头骨附近出土白色玉玦2件(图1-2-2,3、4),同出的随葬品还有7件小型陶器和2件石器。

F7M,儿童单人葬。在墓主人的颈部、腰部和脚部共出土6件玉匕形器,均为内凹长条状,顶端钻孔。其中,4件乳白色,1件浅绿色,1件乳白色。此墓同出的器物还有15件陶器和28件石器。

3. 祭祀坑所出玉器

在遗址中心墓区附近,发现祭祀坑2个。其中,编号为H34的圆形祭祀坑位于中心墓区的最南部。在坑底中部偏北处还有一小坑,坑内土色黑灰,有过火的猪骨残块,除陶器和石器各5件外,还有长方形浅绿色玉凿1件。

二、裴李岗文化的发现

中原距今9 000—7 000年的裴李岗文化,与兴隆洼文化相比,财富私有制的表现方式既相似又有区别。其中,相似的是贫富差距的内涵明显,而有区别的则是外在的奢侈品等标志物与遗迹互不相同。

(一)墓葬随葬品数量差距明显

学术界最早关心和重视这个问题的就是李友谋先生,他一直认为裴李岗文化出现了私有制,并认为墓葬随葬品的多寡就是其证据之一。

在《裴李岗文化》一书中①,他一方面从宏观的角度对这种现象进行了概括,指出"从数量而言,少者只有一件,一般的有三四件或六七件,有的达10余件,多的20余件或30多件,其中随葬品较多的墓占少数";另一方面,他还具体指出了每一个遗址墓地随葬品多寡的有关现象。

新郑裴李岗,共清理墓葬114座,"随葬品的数量不等,少者1件,或石器,或陶器,一般的为3—4件,或只有陶器,或包括石器和陶器。有两座墓的随葬品最多,其中M15的随葬器物共24件……M21随葬器物共19件……"。

新郑沙窝里,共清理墓葬32座,"随葬器物的数量亦是少者1件,一般为3—4件"。"有个别墓随葬的石器较多……如M19随葬的石器就有24件"。

密县莪沟,共清理墓葬68座,"墓内大多有随葬品,其中有60座有随葬品,8座一无所有"。随葬品"数量少者1件,一般为2—8件,最多的有14件"。

---

① 李友谋:《裴李岗文化》,文物出版社,2003年,第151—152页。

长葛石固,共清理墓葬 69 座,"早期墓几乎都有随葬品,晚期墓则有一半墓无随葬品,如第四期的墓共清理 30 座,有 15 座无随葬品……一般为 2—3 件,最多的 10 件"。

郏县水泉,共清理墓葬 120 座,"墓内一般都有随葬品,只有少数无随葬品……数量少者 1 件,最多的 31 件,一般的三四件或六七件","随葬器物最多的是 M29,此墓的墓坑长 2.72 米,宽 1.5 米,深 0.5 米。形制较大,墓内随葬器物 31 件,其中陶器 24 件……是裴李岗文化墓随葬陶器最多的一座"。

舞阳贾湖,共清理墓葬 349 座,"多数墓有随葬品,少数墓则没有,大致有 80 多座墓一无所有";"但男性墓的随葬品普遍较多",M386 共 17 件,M344 共 32 件;M282,二个男性的合葬墓,有随葬品 61 件。

(二)墓葬随葬品种类差距明显

2013 年贾湖遗址第八次发掘,取得重大突破。

在墓葬的发掘中,发现了一批属于遗址二期遗存的随葬了绿松石串饰与象牙雕板器的墓葬,而且这些墓的分布范围还相当集中。

据介绍[1],这些绿松石串饰大小不一,加工的难度较大。一般直径在 3 毫米到 6 毫米之间,厚度在 1 毫米与 3 毫米之间。

其中 M55,南北向,墓主人为 6 岁左右儿童,身高 1 米,头骨下枕一象牙雕板,头左侧置有一个圆腹双耳壶,靠近墓坑北壁处还有 3 件陶器。颈部、腰部、腿部均分布有绿松石串饰,共计 228 粒。此外,脚上还覆有 4 个龟甲,内有石子,显示墓主人不同寻常的身份与地位。

另一座南北向的墓也不同寻常,颈部至膝盖散布大量绿松石串饰饰件,其头部左侧还随葬了一块象牙板,肩部置有陶壶、陶罐、陶鼎各一件,胫骨两侧置有数个龟甲及大量骨镖、骨镞。

M59,墓主人头颈边随葬有绿松石串饰,其中最大的绿松石块呈弧边三角形,长 8 厘米,宽 4 厘米,是贾湖遗址目前发现的最大的绿松石饰件。

制作精美的象牙雕板也是遗址第八次发掘首次发现的,一共发现 7 个,5 个出现在墓葬中,另外 2 个出现在祭祀坑中。象牙雕板的形制极为罕见,它整体呈"中"字形,最长的有 32 厘米,最短约 27 厘米,背面平整,正面中间的方形部分有椭圆形或圆角方形环状突起,环状突起上钻有 4 个小孔。

由于随葬了绿松石串饰与象牙雕板器的墓葬数量极少,所以它们的发

---

[1] 蓝万里等:《河南舞阳贾湖遗址第八次发掘取得重要成果》,《中国文物报》2014 年 1 月 17 日,第 8 版。

现就充分地说明当时的社会已经出现了明显的等级与贫富分化。

（三）出现了中国最早的环壕聚落和从属关系明显的多聚落遗址

一般而言,遗址就是历史遗迹和遗存的载体,也是保存有历史遗迹和遗存的场所和地方。其中,保存有聚落的遗址就称为"聚落遗址"。有的遗址同时只有一个聚落,就称为"单聚落遗址";有的遗址同时并存有二个聚落,就称为"双聚落遗址";还有的遗址同时并存有三个,乃至数十个聚落,就称为"多聚落遗址"。

值得注意的是,一个遗址上除了聚落的数量互有不同以外,还有的遗址聚落之间的组织关系也有不同。实际上,从新石器时代中期晚段开始,约距今7 500年,遗址中就出现了以往不见的新的聚落组织方式与组织关系,河南新郑唐户就是黄河流域这方面变化的代表。

新郑唐户,面积30万平方米,不仅是目前中国所见新石器时代中期规模最大的聚落遗址,而且还明显拥有三个方面的重要特征。

1. 拥有黄淮之间时代最早的有防御功能的壕沟

所谓壕沟,就是史前主要见于黄河流域与淮河以北地区的防御功能明显而又长年无积水的大型沟状设施。

目前,唐户遗址的壕沟就是中国黄淮之间地区时代最早的壕沟,发掘编号G11(图2-1-5,1),已探明长度300余米,宽10—20米,最宽处40米,深2—4米,东南—西北走向。由于这条沟又宽又深,且深度超过正常人的身高,所以具有明显的防御功能[①]。

2. 聚落之间已拥有明显的主从关系

由2006、2007年的发掘可知[②],遗址一共发现了五组同时期的房址群(图2-1-5,1)。

第一组:位于第Ⅲ发掘区的西部,距离第四组最近130米,只发现F1、F2两座房址,其余遗迹与房址可能已被河道冲刷破坏。

第二组:位于第Ⅱ发掘区的西部,距离第三组45米,发现房址3座,为F15、16、17。

第三组:位于第Ⅱ发掘区的东南部,距离第二组45米,距离第四组60米,距离第五组170米,发现房址3座,为F6、F7、F18。

---

① 河南省文物管理局南水北调文物保护办公室等:《河南新郑市唐户遗址裴李岗文化遗存发掘简报》,《考古》2008年第5期;张松林等:《新郑唐户遗址发现裴李岗文化大面积居址》,《中国文物报》2007年7月13日,第5版。

② 河南省文物管理局南水北调文物保护办公室等:《河南新郑市唐户遗址裴李岗文化遗存发掘简报》,《考古》2008年第5期。

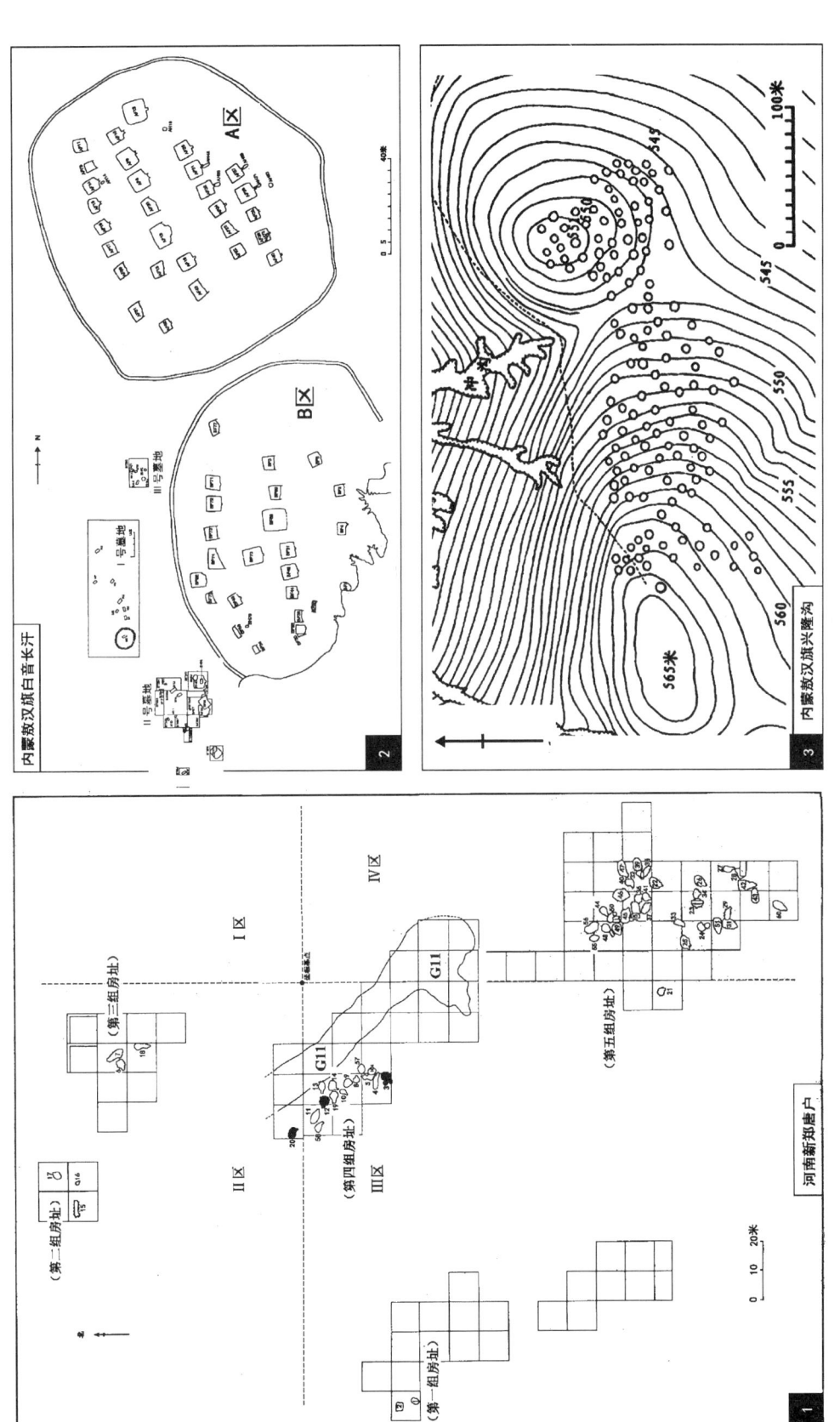

图 2-1-5 唐户、白音长汗、兴隆洼遗址平面图

（1 引自张松林《郑州市聚落考古的实践与思考》，房址组编号为本书作者所加；2 引自内蒙古文物考古研究所《白音长汗——新石器时代遗址发掘报告》；3 引自邱国斌《内蒙古敖汉旗新石器时代聚落形态》）

第四组：位于第Ⅲ发掘区的东北部，距离第一组130米，距离第三组60米，距离第五组90米，发现房址14座，为F3—F5、F8—F14、F19、F20、F57、F58，分布在壕沟(C11)内侧。

第五组：位于第Ⅲ发掘区的东南部和第Ⅳ发掘区的西南部，即环壕外部以南，距离第四组90米，已发现房址33座，为F21—F29、F31—F51、F55、F56、F60。

值得注意的是，遗址的上述整体布局所表达的不仅是一种多聚落的组织结构，而且也反映了聚落之间已出现了明显的向心结构与主从关系。其中，位于壕沟以内的第四组房址代表的就是地位最高的核心聚落，而位于壕沟以外的则是从属聚落。壕沟与环绕在壕沟以外的聚落都负有保护核心聚落的责任与义务。

3. 聚落遗址的整体化一体化特征明显

在中国，已有的史前考古证明，大型化整体化一体化的聚落组织只存在于史前晚期。但是，新郑唐户的发现却改写了历史，并表明黄淮之间地区这种组织的最早类型，即一体化聚落群，就首先出现在新石器中晚之交的裴李岗文化晚期。

大约比唐户略早，北方兴隆洼文化也发现了同一个部落的聚落零距离相聚在一个遗址中的现象，如白音长汗就是二个围沟聚落相聚的典型（图2-1-5,2），而兴隆沟则是三个无围沟聚落相聚的代表（图2-1-5,3）。但是，这些遗址的聚落群除了零距离相聚在一起以外，并没有显示出任何等级高低的区别，这表明除了辈分高低以外，它们之间的关系基本上都是自然、独立与平等的。

然而，唐户与它们却完全不同。其中，最根本的不同就是以往各成员之间的独立与平等已经不在了，而取代它们的则是以往不见的核心聚落与从属关系。

值得注意的是，核心聚落与从属关系的出现实际就是史前聚落组织整体化一体化的标志与特点，并表明以往自然的以血缘为基础的聚落组织已经开始变为一种新型的具有集中统一领导与管理特点的组织。

第三节　财富私有制起源第一阶段的基本特点

基于已有的考古发现，历史上最早的财富私有制，即基于集体劳动集体消费的财富私有制，主要有以下五个方面的特点。

一、等级与贫富分化同时出现

主要表现在人与人、聚落与聚落、聚落群与聚落群之间三个方面。

(一) 人与人之间的等级与贫富分化

考古发现,兴隆洼与裴李岗文化有关遗址墓葬与房址的随葬品和出土物就是这方面最好的实例与证据。

在内蒙敖汉旗兴隆洼遗址,M118除了数量较多的随葬器物以外,还有其他墓不见的二头整猪。

在内蒙林西白音长汗遗址,M5、M13与M16,不仅用石板筑墓,而且在墓周围还有其他墓不见的圆形石头圈或积石。

在内蒙敖汉旗兴隆沟遗址,F5的居住面上聚集了其他房址不见的数量众多的兽头,初步认定有12个猪头和3个鹿头。

在裴李岗文化,新郑裴李岗和沙窝里、密县莪沟、长葛石固、郏县水泉、舞阳贾湖等遗址墓葬中,随葬品数量明显有多少之别。少的,一无所有;多的,数十件。此外,贾湖遗址第八次发掘,还发现了一些随葬了数量庞大的绿松石串饰的墓,有的墓还出土了制作精美的象牙雕板。

显然,以上发现表明当时聚落社会内部的成员之间已经出现了明显的等级与贫富分化。

(二) 聚落与聚落之间的等级分化

聚落与聚落之间的等级分化,裴李岗文化新郑唐户遗址就表现得最为明显。

遗址不仅是目前中国新石器时代中期面积最大的聚落遗址,而且遗址内部多聚落的向心结构还表明,就在同一个聚落群的内部,聚落之间已经出现了明显的等级地位不同(图2-1-5,1)。其中,第四组房址代表的核心聚落就位于壕沟以内,而以第二、三、五组房址代表的其他普通聚落则环绕在壕沟的外围。

显然,这种以往不见的遗址整体布局所表达的不仅仅是一种多聚落的向心结构,更说明当时同一聚落群内部的聚落之间已经出现了基于实力的等级分化与主从关系。

(三) 聚落群与群之间的等级分化

由于唐户遗址本身就是一个聚落群驻守的多聚落遗址,所以这种遗址的存在就表明聚落群与群之间也出现了等级分化(图5-1-7)。

与其他同时期的聚落群相比,唐户遗址所在的聚落群拥有三大特点。

第一,整个聚落群零距离相聚在一个遗址之中,而当时大部分聚落群都是由独立的聚落近距离相聚而构成的。

第二,主从关系一目了然。因为唐户遗址的向心结构十分清晰地突出了聚落各自地位的不同。其中,壕沟以内的是"主",是"核心";壕沟以外的是"从",是"属"。

第三,实力已成血缘之上的新型组织纽带。

考古表明,纯粹的血缘社会就只有辈分的高低,就没有核心;而核心的出现则说明社会已经开始变化,血缘不再是聚落组织的唯一纽带。尤其是唐户遗址大型壕沟的出现,不仅说明实力已成为新型聚落群的组织纽带,还说明唐户聚落群具有了超过一般同期聚落群的实力。

二、奢侈品就是第一阶段财富的主要标志物

由于史前完全是一种生产资料集体所有制的社会,所有的不动产都是集体的,所以就没有基于生产资料的私有制。又由于当时只有聚落群即部落才是人类生产生活的实体,需要区分地位、等级的人不仅只限于部落以内,而且级差也简单不多,所以只需要"奢侈品"一类高档物品就足够了。因此,"奢侈品"也就成为了第一阶段财富的主要标志物。

在兴隆洼文化的查海遗址,出玉器的 F46 就面积超大,157.32 平方米;在兴隆洼,唯有出玉器的 F180 室内居室墓 M118 才随葬了两头整猪。这些现象不仅共同见证了他们的主人拥有比普通聚落成员更高的日常生活水准,更重要的是还证明了奢侈品多与聚落上层人士为伍。

在裴李岗文化的舞阳贾湖,第八次发掘所发现的高等级墓及其随葬的绿松石串饰与象牙雕板器,实际表明那里的奢侈品也只与聚落有地位的人士为伍。

正因此,只有那些与众不同的特殊手工制品,即由特殊原材料,特殊手工艺,并凝结了大量社会劳动而制作的学术界常说的"奢侈品",才是真正的等级地位与财富的标志。

不过,应该承认的是,由于时代的局限,当时关于地位与财富标志物的数量与种类肯定不如新石器晚期那样"多"且"贵"。

长期以来中国考古学的主流之所以不承认新石器时代中期出现了私有制,原因之一就是认为当时社会的等级与贫富分化还不明显。

然而,等级与贫富分化是一个历史的发展过程,等级与贫富的差异程度也会因不同时期不同基础条件而有不同。

事实上,如果仅就同一时代同一墓地之间的差别而言,无论兴隆洼还是裴李岗文化的贫富差距已经很明显了。但是,如果将它们与史前晚期相比,

那它们肯定都属于"不明显"之列。假如用商周的标准来衡量,那史前的贫富分化也不明显,也没有私有制。假如都用汉代的标准来衡量,那商代的贫富分化也不明显,也没有私有制。

显然,不能将晚期的现象都绝对化,并作为标准来衡量早期的现象。衡量一个时期是否有了等级与贫富分化不能用晚期的类似现象作为标尺,而只能以当时的社会现实为准。

三、出现了"特殊手工业"

邓聪先生曾对兴隆洼文化玉玦进行过深入细致的微痕观察分析,认为玉玦生产至少包括原石采集及粗坯生产、毛坯研磨加工、中央穿孔及打磨抛光、内孔研磨及开玦口等四道工序。同时他还认为,兴隆洼文化在玉石原料上已出现线切割的开片技术,在器物上也较多地使用了片切割技术。此外,微痕观察还可以清楚地看到,玉玦玦口的切割还存在线切割与片切割两种切割方法[①]。

显然,兴隆洼文化的玉器虽然器体较小,器类也简单。但是,它的出现却代表了当时最先进的制作技术与工艺,并表明当时已经出现了"特殊手工业"。

所谓"特殊手工业"指的就是史前手工业的一个门类,它的主要特点就是用特殊的原料,用当时最先进的制作技术和工艺,专门为特殊人群制作专门用以标志身份和地位的产品。

自兴隆洼文化发现玉器以后,人们就意识到了,这里有中国史前最早的特殊手工业与特殊制品。

这种思想最早是苏秉琦先生总结提出来的。1991年8月,在《文明发端玉龙故乡——谈查海遗址》[②]一文中,他说"查海遗址出土的十多件玉器,都是真玉,说明对玉的认识鉴别已有相当高的水平,玉的加工是高级加工,使用超越了作为工具和装饰品,而赋予社会意义,除一件玉锛以外,玦、匕都是特殊用品,成套,而且集中出土。……查海玉器已解决了三个问题,一是对玉材的认识,二是对玉的专业化加工,三是对玉的专用。社会分工导致社会分化,所以是文明起步"。同年12月,在《关于重建中国史前史的思考》的论述中,他又进一步指出"阜新查海的玉器距今8 000年左右,全是真玉(软玉),对玉料的鉴别已达到相当高的水平。玉器的社会功能已超越一般

---

① 邓聪:《兴隆洼文化玉器工艺诸问题》,《玉器起源探索:兴隆洼文化玉器研究及图录》,香港中文大学中国考古艺术研究中心,2007年,第275—298页。
② 苏秉琦:《苏秉琦文集(3)》,文物出版社,2009年,第168页。

装饰品,附加上社会意识,成为统治者或上层人物'德'的象征。没有社会分工生产不出玉器,没有社会分化也不需要礼制性的玉器"①。

苏先生的话一针见血,切中要害,最早且充分地肯定了兴隆洼文化玉器的社会和历史意义。

不过,值得注意的是,这里手工业的"社会分工",在当时广谱经济的背景下也不可能是真正的跨血缘跨地域并涉及全社会的"社会分工"。

第一,史前聚落的群聚形态研究表明,史前中期,地广人稀,聚落组织之间的关系总体比较和谐,相互冲突的概率和规模都小,所以当时人类社会最重要的与人们生产生活息息相关的实体聚落组织就是聚落群②。因此,当时的特殊手工业也只能就局限在同一个聚落群即部落的内部,并各自生产自己所需要的物品。

第二,为了保证特殊手工制品的特殊功能与作用,特殊手工业的原料、工艺、成品都具有明显的垄断性,除了有地位的人,其他人都不得占有,这也正是一般平民墓玉渣玉料都不见的根本原因。

第三,虽然特殊手工业制品的出现意味着已经出现了一些专门的能工巧匠,而且这些能工巧匠还可能脱离了具体的食物生产。但是,在广谱经济集体劳动集体消费的大前提下,这种工匠及其工作实际也只是一种自然的各尽所能的分工,没有任何经济意义,也不可能因此而变成"富翁"。

四、没有出现"贵族"

所谓"贵族",有二个基本特征。其一,脱离了日常的普通生产劳动;其二,握有一定的权力,地位高居于平民之上。

已有的发现表明,中国新石器时代中期,财富私有制虽然已经起源,聚落内部成员之间虽然已经出现了一定程度的等级与贫富分化,但并没有因此而出现"贵族"。

对此,兴隆洼文化的发现就是很好的证明。

在阜新查海遗址,特别值得注意的就是 F46(图 2-1-6,1)。它不仅面积超大,157.32 平方米,是整个聚落遗址最大的房址③;而且在室内居住面上还出土了 2 件玉器,即乳白色匕形器(图 1-2-2,6)与浅绿色凿各 1 件。这说明房主有可能是聚落最高等级的人物。

---

① 苏秉琦:《关于重建中国史前史的思考》,《考古》1991 年第 12 期。
② 裴安平:《中国史前聚落群聚形态研究》,中华书局,2014 年,第 68—114 页。
③ 刘赫东等:《兴隆洼文化查海遗址出土玉器发微》,《赤峰学院学报(汉文哲学社会科学版)》2014 年第 1 期。

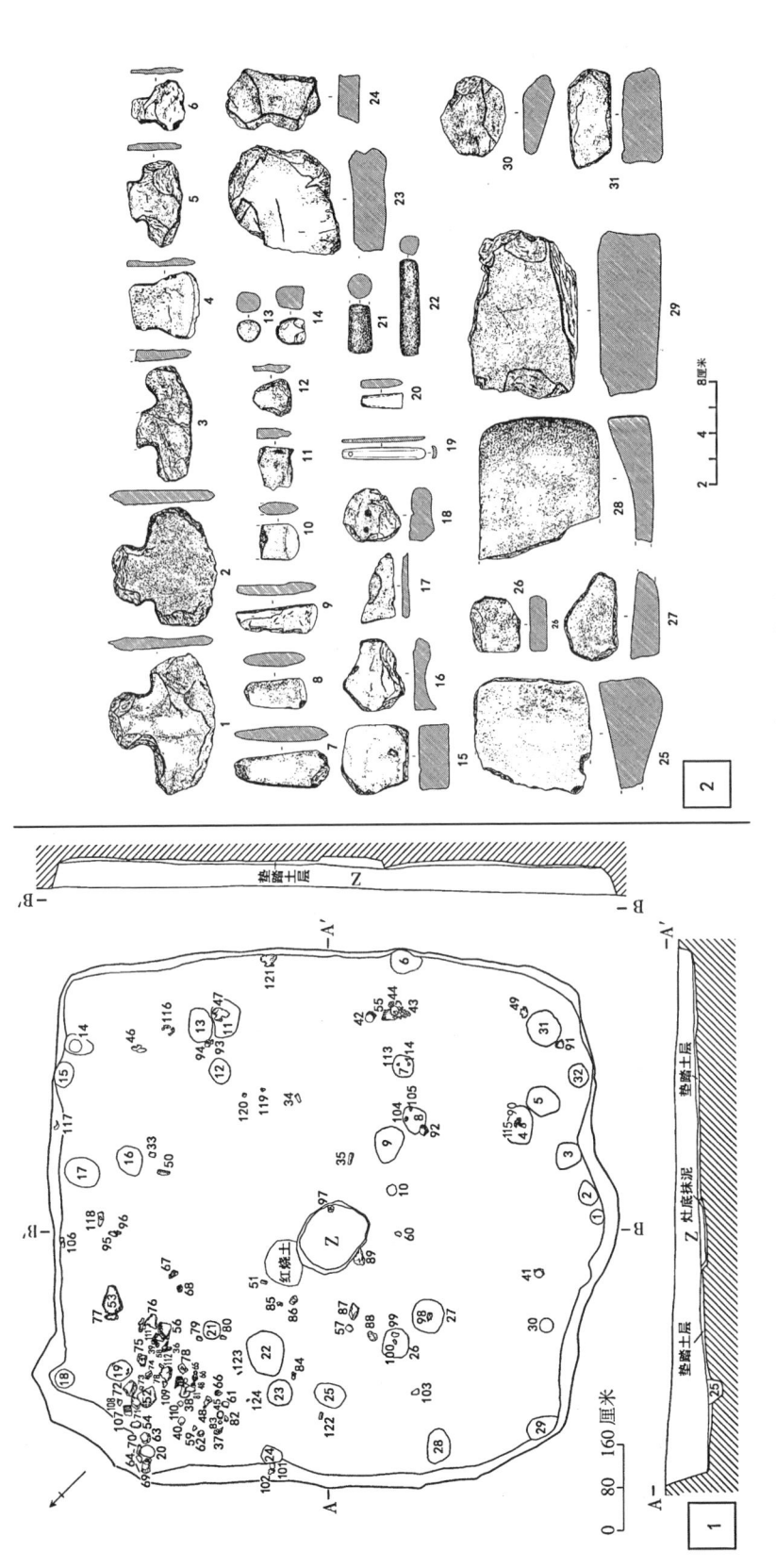

图 2-1-6 查海 F46 平剖面与出土器物图

1：1—32. 柱洞　33—36. 石斧　37,38,107,113—115. 直腹罐　39. 小直腹罐　40—42,44,45,108. 直腹罐底　43,110,111,117. 陶片　46—49,59,60,97,102,106,121. 铲形石器　50,51. 磨棒　52,53,55,57. 磨盘　54,56,58,63,64,69,70,72,91,92. 砺石　61,62,65—67,79,83,95,96,98,99,105,119,120. 敲砸器　68,71,73—78,80—82,84—90,93,100,101,118,122. 石料　94. 砧石　103,104. 石球　109. 斜腹罐口沿　112. 斜腹罐　116. 钵　123. 玉匕　124. 玉凿
2：1. 锄 F46：47　2. 锄 F46：121　3. 锄 F46：46　4. 锄 F46：49　5. 锄 F46：48　6. 锄 F46：102　7. 斧 F46：35　8. 斧 F46：34　9. 斧 F46：36　10. 斧 F46：33　11. 锄残片 F46：106　12. 锄残片 F46：59　13. 锄 F46：104　14. 球 F46：103　15. 锄 F46：92　16. 锄 F46：54　17. 砺石 F46：58　18. 有黄石器 F46：94　19. 玉匕 F46：123
20. 玉凿 F46：124　21. 磨棒 F46：51　22. 磨棒 F46①：86　23. 砺石 F46：92　24. 砺石 F46：70　25. 砺石 F46：55　26. 磨盘 F46：57　27. 磨盘 F46：53　28. 磨盘 F46：52
29. 砺石 F46：72　30. 砺石 F46：64　31. 砺石 F46：63

（引自辽宁省文物考古研究所《查海——新石器时代聚落遗址发掘报告》）

但是，F46居住面上出土的70件石器（图2-1-6,2），在室内堆积中出土的53件石器与33件细石器，又显示房主地位虽高，但仍未脱离普通的生产劳动。

第一，房址居住面与室内堆积出土的遗物数量虽多，但绝大多数都是普通的日用陶器和石器、细石器，其中石器共计156件。这说明除了那几件玉器以外，房主的日常生活与普通人没有大的区别。

第二，室内居住面与室内堆积中出土的石器不仅数量多，而且多数都有使用痕迹，如石锄的刃部有的就有"崩痕"，有的就有"崩疤"[1]。

类似的现象也见于敖汉旗兴隆洼遗址。

M118，居室墓，随葬品丰富，不仅数量较多，还有玉器，尤其是两头整猪的随葬（图2-1-1），更显示了墓主地位的特殊。为此，发掘者称其为"社会组织和宗教活动的首领人物"[2]。

然而，就在这座"首领人物"安卧的F180室内（41.98平方米），却出土了大量的普通生产生活用品（图2-1-7,1、2）[3]，仅石器就有22件。就种类而言，这些石器全是最普通的实用器，即锄2件，刀4件，砍砸器2件，盘状器2件，锛1件，斧1件，饼形器2件，凿1件，磨盘2件，磨棒4件，残器1件。其中，石锄，F180④：32（图2-1-7,2,10），有柄，长13.5厘米，宽10.9厘米，原发掘简报特别注明"有使用痕迹"。石刀，F180③：3（图2-1-7,2,18），长12.2厘米，宽8.5厘米，磨制，十分锋利，原发掘简报也特别注明"有使用痕迹"。

显然，这些普通石质工具上的使用痕迹正是兴隆洼遗址"首领人物"的日常生活与普通人没有大的区别，而且也参与日常普通生产劳动的最好标志。

与查海、兴隆洼不同，林西白音长汗北部聚落遗址（A区）二期既没有发现那种超大型的房子，也没有发现那种随葬了整猪的居室墓，但已有的发掘资料却显示，居住在45平方米及以上的大中型房址内的聚落上层人物个个都参与普通劳动。

由表2-1-2可知，白音长汗北聚落45—50平方米的中型房子6座，55—70平方米的大房子2座，一共8座。除AF8空无一物以外，其余房址

---

[1] 辽宁省文物考古研究所编著：《查海——新石器时代聚落遗址发掘报告》，文物出版社，2012年，第387—396页。
[2] 杨虎等：《兴隆洼文化居室葬俗及相关问题探讨》，《考古》1997年第1期。
[3] 中国社会科学院考古研究所内蒙古工作队：《内蒙古敖汉旗兴隆洼聚落遗址1992年发掘简报》，《考古》1997年第1期。

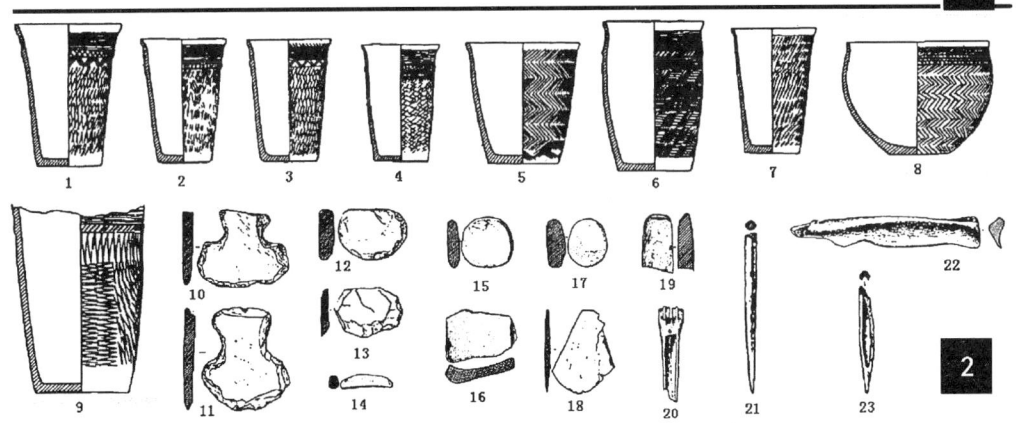

图 2-1-7 兴隆洼遗址 F180 平面及出土器物图

1：Ⅰ—Ⅶ.柱洞 01—09.石块 010—013.鹿角 1—4.骨锥 5—7、9—14、16、17.陶罐 8.陶钵 15.残陶罐 18.骨器 19、21、41.石磨盘 22.石器 23.陶片 24.石斧 25、27、39.石刀 26.石凿 28、31、38.石器 29、30、35、37.石磨棒 32、33.石锄 34、40.石饼形器 20、43、45.石砍砸器

2：1.陶罐 F180④：4 2.陶罐 F180④：5 3.陶罐 F180④：10 4.陶罐 F180④：12 5.陶罐 F180④：17 6.陶罐 F180④：6 7.陶罐 F180④：9 8.陶钵 F180④：8 9.陶罐 F180④：16 10.石锄 F180④：32 11.石锄 F180④：33 12.盘状器 F180④：36、13.砍砸器 F180④：43、14.磨棒 F180④：37 15.饼形器 F180④：34 16.磨盘 F180④：41 17.饼形器 F180④：40 18.石刀 F180③：3 19.石凿 F180④：26 20.骨锥 F180④：3 21.骨两端器 F180④：1 22.骨刀 F180④：18 23.骨锥 F180④：4

（引自中国社会科学院考古研究所内蒙古工作队《内蒙古敖汉旗兴隆洼聚落遗址 1992 年发掘简报》）

表 2-1-2　白音长汗遗址北围沟聚落二期大中型房址出土器物登记表

房号	现状/面积 m²	陶器	石工具 总数	斧	锛	铲	刀	磨盘	磨棒	臼	杵	研磨器	石球	石叶	刮削器	凿	纺轮	小石棒	骨蚌器	其他物品
AF13	残/44.4	5	1	残																
AF31	整/46.24	9	8	2				2	2	1	1								2	
AF9	整/48.08	8	12	1		1	2		1					2	1	4				
AF8	整/48.38																			
AF36	整/48.47	6	4			2	1		1										1	石杯 1
AF25	整/49	8	10	3	1			1	1	1	1						2		4	
AF19	整/56.25	3	2			1			1										3	石雕人 1 蛙形石雕 1
AF12	整/69.56	7	7			2			3								1	1		
合计		8 46	44	7	1	6	3	1	9	2	1	2	1	2	1	4	2	1	10	3

(资料来源:《白音长汗——新石器时代遗址发掘报告》)

全部都出土了生产工具,各种各样,而且出土工具的总量基本与出土陶器的总量持平。

显然,当时的权贵人物虽然已经拥有了"奢侈品",但这些人物居室内,带有使用痕迹的普通生产工具的存在,又从根本上说明了当时还没有出现既脱离集体劳动又地位高居于他人之上的"贵族"。

五、财富私有制是聚落组织内部的管理与分配制度

一般而言,财富就是有价值的物品。但是,任何原始的物品除了使用价值以外都没有任何社会的经济价值。经济价值不是从来就有的,经济价值实际是一种社会属性,并随着社会的发展才逐步具有的。此外,有经济价值的物品的范围与价值大小,也不是一开始什么都有什么都大,也是随着社会的发展不断伸缩或扩大的。不同的时代不同的背景,有价值的物品的内涵与范围也不尽相同,就像春秋战国时期一样,随着生产资料使用权的私有,土地等生产资料也开始成为了个人财富的组成部分,还可以自由买卖。因此,关于财富的认定与研究不能一概而论,而要具体地历史地区别不同时代的不同特点。

新石器时代中期,由于当时完全是广谱经济、生产资料集体所有、集体劳动集体消费,所以在这种基础上发生和起源的最早的财富私有制,既不可能是经济制度的产物,也与任何个人的劳动和技能没有任何关系,即使是那些凝聚了大量社会劳动的"奢侈品",由于整个社会就没有经济的概念与氛围,所以更多的也只是一种地位与等级的标志,而作为拥有经济意义的财富的含义则相对较弱。

就兴隆洼和裴李岗文化的发现而言,其中就包含了一个非常值得注意而又相互矛盾的现象,那就是一方面是广谱经济,集体劳动集体消费,而另一方面却是明显的贫富分化。为此,人们不禁要问,权贵的玉器因何而来?聚落成员之间贫富分化的原因又在何方?

很明显,这一切都说明财富私有制当时就应该是氏族血缘组织内部一种宏观的管理与分配制度。

事实上,广谱经济与集体劳动集体消费只是一种宏观的经济模式与生产方式。但是,具体如何来维持、推动经济的发展,并养活日趋增多的人口,就成了当时聚落组织内部社会发展的头等大事。为此,建立一种符合集体利益的管理与分配制度,一方面既能够很好地维护集体所有制,另一方面又能够激励所有的人在这种所有制的基础上都积极进取。

根据已有的考古发现,这种管理与分配制度实际就是奖励了对聚落建设有贡献的三个层次的人物。

第一个层次涉及的就是聚落社会的上层人士。

由于当时聚落社会的各级组织都完全是以自然的血缘为纽带,聚落上层人士也多是祖宗与辈分较高的人物,又由于当时的聚落上层人物与普通成员也很亲近,还亲自参加各种普通劳动,所以,就双方的关系而言,奢侈品实际上也是人们自愿献给那些重要人物的物品。一方面,表达了族人对他们自然而普遍的尊敬;另一方面,也是一种激励,希望他们不负众望,带领族人去争取更好的明天。

第二个层次涉及的主要是能工巧匠。

在各个不同的文化中都能看到一种类似的现象,那就是有的墓内随葬品特别多,但多数都是有关的生产工具。

辽宁阜新查海遗址兴隆洼文化 M8,男性,长方形竖穴土坑,长 2.24 米,宽 0.65 米,随葬器物全部都是石器,共 23 件。对此,发掘者认为"M8 成年男性,出土许多石器,不见陶器",反映出当时"可能已经有了社会分工和出现了专门的手工业者"①。

河南舞阳贾湖裴李岗文化 M277,成年一女三男合葬墓,女人仰身直肢,二男二次葬,一男葬式不明。随葬物 66 件,多数都位于女方脚部。其中,与骨器有关的 55 件,即 21 件骨镞、20 件骨针、5 件骨镖、2 件骨凿、3 件骨板、4 件骨料。

第三个层次涉及的主要应该是比较勤劳的群体。

有关的发现表明,这部分人就是多少都有一定数量陶器随葬的墓主。

显然,在当时的历史背景与条件下,聚落虽然承担着养活每一个聚落成员的责任与义务,但也并不是无差别的对待每一个人。为了更好地生存,也为了更好地发展,聚落建立了一种激励制度,奖励勤劳,奖励有贡献的人。人活着的时候,这种制度不是无差别的平均分配生活资料;人死了,这种制度也不会允许无差别的平均随葬各种生产生活器具。于是,人们就在普通聚落成员的墓里看到了随葬器物的数量与种类差别。

在这里,虽然有地位和贫富的等级之差,但没有生产资料的私有,没有贵族,没有剥削,也没有压迫。

在这里,不同等级的人享受不同的激励待遇,奢侈品、普通陶器和石器,每一样都可以用来激励不同的人。

值得注意的是,在这种激励制度的基础上,也会导致不同的聚落不同的聚落组织之间明显的实力差异。其中,河南舞阳贾湖裴李岗文化遗址那些引人注目的刻符龟甲、骨笛、绿松石饰件、象牙雕板等"奢侈品",尤其是新郑唐户具有防御功能的壕沟,不仅显示了这些遗址的实力与地位,还同步见证了在当时社会分配与管理制度的推动下,聚落社会发展的不平衡性也已日渐突出。

本 章 小 结

距今 10 000—7 000 年,新石器时代中期,也是中国史前财富私有制最早起源的第一阶段,也是以"奢侈品"为财富标志物的阶段。

一、历史背景

史前财富私有制最早起源的历史背景,除了广谱经济以外,最值得关注

---

① 辽宁省文物考古研究所编著:《查海——新石器时代聚落遗址发掘报告》,文物出版社,2012 年,第 527—535、672 页。

的就是当时的生产方式,即生产资料的集体所有与集体劳动集体消费。

二、财富私有制起源第一阶段的考古发现

这一阶段的主要发现源于北方东部地区的兴隆洼文化与中原地区的裴李岗文化。

(一)兴隆洼文化的发现

第一,少数高等级的墓葬拥有高档的玉器,主要是玦。

第二,少数大中型房址的居住面与堆积中,也发现了高档的玉器。

第三,在少数高等级的墓葬和大中型房址中,还发现了一些能标志身份与地位的特殊物品和遗迹。

(二)裴李岗文化的发现

第一,墓葬随葬品数量差距明显,有的空无一物,有的多达数十件。

第二,墓葬随葬品种类差距明显,少数随葬了绿松石饰件与象牙雕板器。

第三,出现了黄淮之间最早具有防御功能的环壕聚落和互有从属关系的多聚落大遗址。

三、财富私有制起源第一阶段的基本特点

主要有五个方面。

第一,等级与贫富分化同时出现。

北方兴隆洼文化,尤其是河南新郑唐户裴李岗文化遗址的发现表明,当时不仅聚落成员之间,而且聚落与聚落之间,聚落群与群之间也都出现了等级、实力与贫富不均的分化。

第二,奢侈品就是第一阶段财富的主要标志物。

由于史前完全是一种生产资料集体所有制的社会,所有的不动产都是集体的,所以就没有基于生产资料的私有制。又由于当时只有聚落群即部落才是人类生产生活的实体,需要区分地位、等级的人不仅只限于部落以内,而且级差也简单不多,所以只需要"奢侈品"一类高档动产物品就足够了。因此,"奢侈品"也就成为了财富私有制最早第一阶段的主要标志物。

第三,出现了"特殊手工业"。

"特殊手工业"就是史前手工业的一个门类。它的主要特点就是用特殊的原料,用当时最先进的制作技术和工艺,专门为特殊人群制作专门用以标志身份和地位的产品。

兴隆洼文化发现的玉器就是这方面的典型代表。

特殊手工制品的出现虽然会导致一些能工巧匠脱离具体的食物生产劳动,但在广谱经济的背景下,他们的劳动本质上也是一种各尽所能的自然分工,既不会导致血缘社会内部,也不会导致跨血缘的手工业与农业的社会分工。

第四,没有出现"贵族"。

所谓"贵族",有二个基本特征。其一,脱离了日常的普通劳动;其二,拥有一定的权力,地位高居于平民之上。

新石器时代中期,财富私有制虽然已经起源,聚落内部成员之间虽然已经出现了贫富与等级分化,但并没有因此而出现"贵族"。在兴隆洼文化出土玉器的房址与墓葬中,之所以还同时并存数量较多的实用生产工具,就是当时还没有出现"贵族"的主要标志,说明他们当时也参加普通的集体劳动。

第五,财富私有制只是一种社会的管理与分配制度。

由于中国史前时代最早的财富私有制完全是在广谱经济、生产资料集体所有、集体劳动集体消费的基础上发生和起源的。因此,这种私有制的经济意义财富意义实际还不如地位与等级差异的意义突出。因此,当时的财富私有制更可能是一种宏观的社会管理与分配制度,并用以激励所有的人、聚落与聚落组织都积极进取。

第二章 以早期个体劳动个体经济为基础的财富私有制

新石器时代晚期到夏商周时期,即距今 7 000 至公元前 771 年,就是中国财富私有制起源的第二阶段,就是早期个体劳动个体经济出现并以此为基础的财富私有制起源的新阶段。

于此阶段,财富私有制明显融入了更多的经济因素,原来只是社会管理与分配制度的财富私有制也升级成为了一种政治制度;与此同时,"礼器"也成为了这一阶段财富的主要标志物。

第一节 历 史 背 景

大量的考古发现表明,与一夫一妻制婚姻和家庭的普及一样,史前晚期及夏商周时期的财富私有制也是在人口与聚落大量增长,人地关系空前紧张,旺盛的需求与生产能力不足这一社会基本矛盾不断激化的基础上引起的。

为了应对危机,生产方式变革,男人社会地位提高,早期个体劳动与早期个体经济开始普及,聚落组织规模不断扩大与升级,都直接推动了史前晚期财富私有制的全面发展。

然而,长期以来人们并不明白中国史前晚期与夏商周时期私有制发展的背景与原因,只泛泛地认为是与工具代表的生产力发展的结果,是农业发展的结果,是农业与手工业分工的结果。事实表明,这些认识都与中国历史明显不符。

第二节 财富私有制起源第二阶段的考古发现

根据不同的特点,新阶段的财富私有制可细分为四个循序渐进发展的小阶段。

一、第一段：距今 7 000—6 000 年

这是一个承前启后的阶段。一方面继承了源自新石器时代中期财富私有制的基本特点，另一方面又显示社会的生产方式正在发生重大变化，早期个体劳动与个体经济已开始取代集体劳动集体消费，并成为了新时期财富私有制的新型经济基础。

（一）湖南安乡汤家岗的发现

1978 年，湘北安乡县汤家岗遗址第一次发掘，发现距今 6 500—6 000 年汤家岗文化晚期的墓葬 12 座[①]；1990 年，遗址第二次发掘，在第一次墓葬的周围再度发现同期墓 150 余座[②]。

根据随葬品的多寡、种类组合，所有墓可明显分成三类。

甲类：不足 10 座，一般随葬陶器 10—20 余件，最多的 24 件。除了筒形罐、圈足碗、环底钵这三种普通陶器以外，还专门配有特殊器类白衣红陶盘（图 2-2-1，5、6）。

乙类：不足 10 座，一般随葬陶器 10 余件，最少的 3—4 件，最多的 17

图 2-2-1　湖南安乡汤家岗遗址出土白衣红陶盘与白陶盘

1—4. 白陶盘　5、6. 白衣红陶盘
（引自湖南省文物考古研究所资料）

---

① 湖南省博物馆：《湖南安乡县汤家岗新石器时代遗址》，《考古》1984 年第 4 期。
② 湖南省文物考古研究所藏 1990 年发掘资料，作者为发掘领队。

件。除了筒形罐、圈足碗、环底钵这三种普通陶器以外,还专门配有特殊器类白陶盘(图2-2-1,1—4)。

丙类:数量最多。随葬陶器一般2—4件,最多的6件,皆筒形罐、圈足碗、环底钵三种普通陶器。

在以上三类墓中,甲类的地位最高,可能是聚落的管理人员。不仅随葬品数量普遍多于乙类,而且还拥有整个墓地随葬器物最多的墓。乙类墓的地位不如甲类,但墓主可能是宗教神职人员。一方面他们特有的白陶盘系特殊材料高岭土(瓷土)制成,另一方面这种盘的器表和器底的纹饰也明显比白衣红陶盘复杂、繁缛,更充满宗教的神秘与诡谲,图案类似浮雕状的效果也更显突出。丙类墓应是聚落的普通成员,人数虽多,超过墓地总数的80%,但随葬品却数量偏少,合计仅约墓地总数的1/2,同时还缺少量身定制的特殊器类。

值得注意的是,汤家岗的发现表明,新石器晚期之初,财富私有制的众多方面都继承了新石器中期的特点。

第一,奢侈品依然是权贵与财富的象征物。

虽然汤家岗没有发现玉器、象牙器等高档的奢侈品,但是,就它本身的条件而言,那些白衣红陶盘与白陶盘已经足够了,制度与工艺都赋予了它作为地位与等级标志物的含义。

第二,存在特殊手工业。

白衣红陶盘与白陶盘之所以能够成为地位与等级的标志物,并只出现在聚落上层人士的墓中,就充分地说明当时也的确存在特殊手工业,并只为聚落上层人士量身定做奢侈品。

第三,聚落内部成员贫富与等级分化明显,越有权越富。

汤家岗甲乙丙三类墓的区别,一方面说明等级与贫富的差异已越来越细越来越明显;另一方面,尤其是甲乙二类的区别,说明有地位的人之间也出现了等级与贫富分化,其中管理人员就比神职人员更富。

第四,私有制仍是聚落社会内部通行的一种管理制度。

实际上,汤家岗的白衣红陶盘与白陶盘之所以能够成为奢侈品,成为权力、等级与财富的标志,而其他的普通聚落成员则只有筒形罐、圈足碗、环底钵这三种相似的器物,就表明完全是制度使然,是源于新石器时代中期以来的、与生产资料集体所有制相适应相配套的一种社会管理制度。

(二)湖南澧县城头山的发现

湘西北的澧县城头山有二个距今6 500年的重要发现,而且代表了新时期财富私有制的新特点新现象。

第一，发现了中国史前时代最早的适合个体劳动的稻田。

1996年，城头山发现了中国史前时代最早的适合个体劳动的古稻田，时代属汤家岗文化时期，距今6 500年(图1-3-3)。特别值得注意的是，每一丘田之间都有黄褐色的田埂将它们分开，每当长期的耕作致使黑灰色的稻田土增高并即将与原田埂顶面持平的时候，人们还会在原地继续用黄褐色土重新垒筑一次(图1-3-3,2、3)。

这种不断加高田埂的现象表明，城头山的稻田已具有刻意分割田块并长期耕作的特点。

为什么要这样呢？

显然，这表明当时史前农业的耕作模式已经发生了重大变化，并从以往粗放的广种薄收转变为以田块为单位以个体劳动为主的精耕细作。与此同时，耕作模式的转变还标志着当时农业已经取代广谱经济成为了人类食物的主要来源，成为了财富私有制的主要经济基础，早期个体劳动早期个体经济已经取代集体劳动集体消费成为了社会主要的生产与生活方式。

第二，发现了中国时代最早的聚落濠沟。

与黄河流域黄土地区史前晚期流行沟内无长年积水的壕沟不同，淮河以南地区则流行沟内有长年积水的濠沟。2001年10月至12月，湖南省文物考古研究所对澧县城头山遗址进行了第11次田野考古发掘，并发现了中国淮河以南地区时代最早的聚落濠沟，属汤家岗文化时期。濠沟口宽约15.3米、深不足1米，沟内全是乌黑的水成淤土。另外，内坡之上还有一道残高0.75米的土垣[①]。

值得注意的是，以前在当地也发现过类似的聚落沟状设施，如澧县八十垱、临澧县胡家屋场。但是，八十垱的属于早期聚落围沟，规模小，开口与聚落居住面等高，沟内无常年积水，防御功能较弱。胡家屋场的属于晚期围沟，宽约10米，初具防御功能，但依然是一条又浅又干的沟，防御功能有限。而城头山的濠沟，不仅沟的宽度大幅提高，而且还由干沟变成了水沟，从而拥有了明显的防御功能。这说明当时当地史前聚落外围的沟状设施已经升级换代，说明当时当地的聚落已经由不设防到设防，再到防御功能明显的新时代，还说明随着财富私有制的发展，不仅聚落内部的人与人之间出现了等级贫富分化，聚落与聚落之间，聚落组织与组织之间，也都出现了地位等级与贫富分化，其中一些有实力的强势核心聚落已开始刻意的设防和自我保护。

---

① 湖南省文物考古研究所：《澧县城头山》，文物出版社，2007年，第167页。

二、第二段：距今 6 000—5 000 年

这一阶段最主要的特点就是，继前一阶段生产方式与经济基础的变革之后，社会更深层次的变化开始起步。一方面在早期个体劳动个体经济的基础上，个体家庭的独立性与地位都得到了普遍提高；另一方面就是出现了早期"贵族"。

（一）各地的"排房"与"套房"

已有的考古资料非常清楚地表明，大约从距今约 6 000 年开始，全国各地史前聚落内部居住用的房屋形态都发生了重大变化，由以前流行的独栋独门独间式的建筑变成了大小几间配套的独立套房。

河南邓州八里岗发现的仰韶文化中期庙底沟类型的排房，河南淅川下王岗、郑州大河村发现的仰韶文化晚期由套房连在一起的排房和独立套房，安徽蒙城尉迟寺发现的大汶口文化晚期的排房，湖北应城门板湾发现的屈家岭文化的大型土坯砖砌带院子的独立套房，就都是当时新式建筑崛起并不断流行的代表（图 1-3-6）。

值得注意的是，为什么会出现套房呢？

正如郑州大河村的发掘者所说"它们类似一个家庭或一个家庭的住房"，"推测在大河村第三、第四期的发展阶段，很可能出现了私有制和一夫一妻制的新的婚姻关系"[①]。

很明显，套房的出现与流行正是当时早期个体劳动、早期个体经济、个体家庭的独立性与社会地位已得到普遍提高的反映和证据。

（二）安徽凌家滩的祭坛与墓葬

安徽含山凌家滩，年代与长江中游地区大溪文化晚期相当，距今 5 500—5 000 年。

自 1987 年第一次发掘以来，遗址的内涵就引起了学术界的极大关注，尤其是它的祭坛与那些高等级墓葬已标志着史前最早的"贵族"已经诞生。

祭坛，面积约 1 200 平方米，高约 1 米，位于整个遗址地势的最高处，充分显示了这个建筑至高无上的地位。

高等级的墓，不仅距离祭坛最近，就位于祭坛下墓群最前面的一、二排，而且墓坑也大，随葬物既高档、精美，又充满了宗教的神秘。其中，87M4 与 87M15 就是这方面的突出代表。

87M4，墓中共随葬玉器 103 件（组）（图 2-2-2，左）；87M15，共随葬

[①] 郑州市文物考古研究所编著：《郑州大河村》，科学出版社，2001 年，第 169 页。

玉器94件(组)(图2-2-2,右)。根据玉器的种类与数量,发掘者认为"87M4主要随葬的是代表神器的玉龟、玉板、三角形饰、玉勺等和代表兵权的器物玉钺、玉斧,这表明87M4墓主人神权和兵权两种职能集于一身"①。"87M15随葬玉璜30件,是中国新石器时代墓葬中随葬玉璜数量最多、玉质和形状最丰富的墓葬,玉璜象征身份、地位、象征统率的王权。同时组合器物有玉管49件,玉管与玉璜相配,相得益彰,显示豪华,再加3件冠饰,突出至高无上的统帅地位,玉冠饰的出现首次展示中国王权象征的风采。标志人文礼仪制度的诞生,象征以人为本的礼仪等级的出现"②。

除了玉器以外,87M4还随葬了石器30件,即钺18件、斧1件、锛6件、凿5件。其中,绝大多数都是凿磨精美,刃口锋利。仅有1件钺,87M4:70,"刃口有破损"。87M15随葬了石器17件,即钺7件、锛8件、砺石2件,没有1件器物的刃部有破损的痕迹。

这说明,当时的聚落社会已经出现了史前第一批"贵族",而且已经完全脱离了各种具体的生产活动。在他们的墓里,一是奢侈品的数量远远超过了其他普通种类的器物,如普通的陶器普通的石器;二是虽然也有普通的生产工具,但这些工具并没有使用痕迹,并不是真正的实用器,而仅是表现了领导对普通劳动的重视,是一种象征物。

三、第三段: 距今5 000—4 000年

这一阶段最主要的特点与变化就是权力与财富的象征物都升级了,老式的奢侈品升级变成了新式的礼器。还由于礼器上绘制了大量的神徽,从而又显示了贵族与神的联系更为密切,也显示了人权神授和能够通天达地的含义。

(一) 浙江余杭反山、瑶山

考古发现,距今5 000年以后,随着聚落组织不断地大型化整体化一体化,贵族也升级了,也不再像凌家滩一样,死了还位于人工高台或祭坛的下面,而是直接升到了人工高台或祭坛的上面。

浙江余杭的反山和瑶山就都是人工营建的大规模祭坛。发掘表明,祭坛上全部都"是良渚时期最高规格的显贵墓地","在这两处墓地中,墓主们

---

① 安徽省文物考古研究所:《凌家滩——田野考古发掘报告之一》,文物出版社,2006年,第272页。
② 安徽省文物考古研究所:《凌家滩——田野考古发掘报告之一》,文物出版社,2006年,第272页。

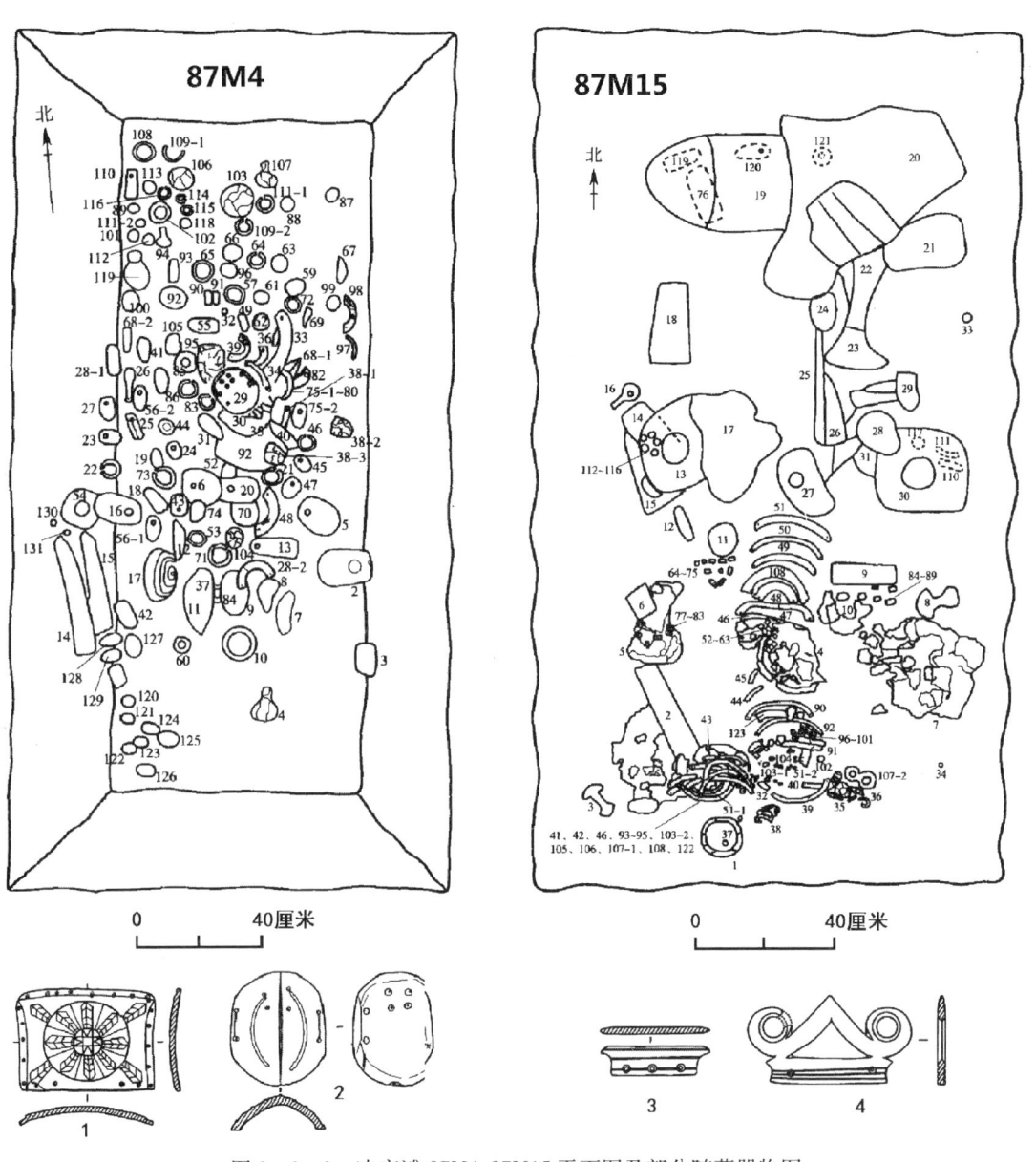

图 2-2-2 凌家滩 87M4、87M15 平面图及部分随葬器物图

87M4：1. 石钺（出土在墓坑口平面上） 2、5、6、20、23、24、27、43、45、47、54、56—1、56—2、70、75—2、100、119. 石钺 3、7—9、11、12、19、50—1、74. 玉石 4、104、107 陶壶 10、53、65、72. 玉镯 13、49、50—2、51、69、91. 石锛 14、15、52、90、93. 石凿 16、25、110. 玉钺 17、38—2、38—3、92、103、105、106. 陶片 18、31、47、42、55. 玉斧 21、22、46、64、71、73、83、86、109—2、111—1、112、114、115、116. 玉玦 26. 玉勺 28—1. 石斧 28—2、33、34、37、38—1、39、48、67、75—1—82、84、97、98. 玉璜 29、35. 玉龟 30. 玉板 32—1、59、87—3、101、117. 纽扣形玉饰 32—2、32—3、32—4、89、113、120、126、128、129、130、131. 圆形玉饰 36. 玉簪 40. 人头冠形玉饰 44、60、85. 玉璧 57、108、109—1. 玉环 58、127. 菌状玉饰 61、62、66、121、122、123—1、124、125. 扁方圆形玉饰 63. 柄形玉饰 68—1. 三角形玉饰 68—2 87—1、87—2、88、99、102、111—2、118、123—2. 玉管 94. 陶器盖 95. 陶罐 96. 玉饰

87M15：1、111. 玉镯 2、6、9、12、14、18、76、119. 石锛 3、5、7、23. 陶豆壶 4. 陶三足盘 8、22、29. 陶豆 10、11、17、20、21. 陶罐 13、15、25、26、27、30、31. 石钺 16. 圆环柄形玉饰 19、24. 陶壶 32、39—51、51—2、90—95、103—2、105、106、107—1、108—110、122、123. 玉璜 33、37、103—1、104. 玉饰 34. 水晶耳珰 35、36、38. 玉冠饰 52—75、77—89、96—102、112—116. 玉管 107—2. 玉双连环 117. 玉玦 118—1、118—2. 砺石（118—1、118—2 在 19 下） 120. 玉钺 121. 陶纺轮

1. 87M4：30，玉板 2. 87M4：35，玉龟 3. 87M4：35，玉冠饰 4. 87M4：38，玉冠饰

（引自安徽省文物考古研究所《凌家滩——田野考古发掘报告之一》）

攫取了全社会最精致的玉器,有些墓主的敛玉重量甚至超过了其本人躯体的分量。良渚人显然已不把他们看作凡人,他们随葬玉器上的神人兽面符已把他们笼罩成神的化身或代言人。他们具有世俗的权力,更具有神祇的权力……"①。

反山 M12,南北长约 3.1 米,东西宽约 1.65 米,墓底有棺床。随葬器物包括玉器、石器、嵌玉漆器、陶器,共计 658 件(不含玉粒和玉片)。其中,玉器 647 件②,近随葬器物总数的 98.33%。就玉器的种类而言,这时期已基本淘汰了早期凌家滩流行的玦与璜,取而代之的则是更能明显区别贵族身份与等级的礼器——琮、璧、钺。

玉琮,虽然最早见于凌家滩,但真正成为一种主要的流行礼类,还是良渚文化时期(图 2-2-3)。之所以良渚时期流行,关键就在于它迎合了当时聚落组织规模越来越大,组织的层级越来越多,贵族政治越来越复杂的需要,从而演变成了一种只为最高层人士把握的既能通天又能达地的礼器与神器。就外形而言,玉琮中间是圆的,周边是方的,正符合中国古人天圆地方的理念,再加上它品质的高贵与器表镌刻的那些神徽,使之成为了史前中国最适合作为"神器"的器物,并显示了只有高层贵族才具有与天神地神沟通的能力。

(二) 山西襄汾陶寺

山西临汾盆地陶寺古城里的大墓,虽然不见南方良渚文化那些精美的玉器,但它们随葬品的种类和品质却毫不逊色,显示了一种完全不同于良渚

图 2-2-3　反山玉琮(M12∶98)及器表纹饰
(引自浙江省文物考古研究所《反山》)

---

① 浙江省文物考古研究所:《良渚遗址群》,文物出版社,2005 年,第 316 页。
② 浙江省文物考古研究所:《反山》,文物出版社,2005 年,第 27 页。

尚玉文化的财富观①。

自1978年以来,陶寺已经历了数十次发掘。其中,在早期的小城外发现6座大墓,在中期的小城内发现了大墓2座。

这些大墓一般都有木棺椁,棺内铺撒朱砂,殓衾裹尸,而且随葬品丰富,一般都有近百件,最多的近200件,都包括成组的日用陶器和玉、石、骨、蚌器。此外,最引人注目的是还有成套的彩绘陶器、彩绘木器、玉石器、鼍鼓、石磬、土鼓;特别是彩绘蟠龙纹陶盘,不仅突出地反映了墓主人生前的地位与身份,实际也同时表达了贵族所具有的与神沟通的突出能力(图2-2-4)。

图2-2-4 陶寺彩绘蟠龙纹陶盘
(引自中国社会科学院考古研究所山西队等《1978—1980年山西襄汾陶寺墓地发掘简报》)

四、第四段:夏商周

距今4 000年以后,随着大型的单一民族方国夏商周的相继崛起,青铜器不仅成了中原王朝,也成了各地同期方国新时代的礼器,并取代史前的礼器成为了财富的主要标志,"分封"也成为了贵族新的、与传统方式不同的财富与经济的主要来源。

(一)四川广汉三星堆、江西新干大洋洲祭祀坑

随着历史的进步,技术的进步,从夏代晚期开始青铜器不仅成为了权力与财富的主要标志物,而且大量凶猛的饕餮纹,更显示了人权神授的理念,以及青铜器作为"神器",与神沟通的能力。

在四川广汉三星堆,商代晚期的祭祀坑就位于大型方国蜀国都城外面东南约50米,面积虽不算大,但出土物却十分丰富,多数都是青铜器②。

一号坑,长4.6米,宽3.5米,深1.6米。出土各类器物420件,青铜器有人头像、人面像、人面具、跪坐人、龙虎尊、羊尊、瓿、器盖、盘等178件。二号坑,长5.3米,宽2.3米,深1.55米。出土各类器物1 300多件,有青铜器,如

---

① 中国社会科学院考古研究所编著:《中国考古学·新石器时代卷》,中国社会科学出版社,2010年,第561—573页。
② 陈旭:《夏商考古》,文物出版社,2001年,第237页。

方座大型立人像、人头像、人面像、神树、鸟、鹿、戈、罍、尊、铃、彝等铜器735件。其中,大型立人像,通高2.62米,重约180公斤;铜神树,通高3.84米,重约160公斤,是世界上目前发现的时代最早、形体最高大的一株铜树。

1989年,江西商末周初虎方的新干大洋洲祭祀坑(有人认为系商墓)发掘,该坑虽然孤零零地位于清江河边开阔的沙滩上,东西向,长8.22米,宽3.6米,但出土的各种高档器物却像四川三星堆一样令人惊叹。其中,青铜器480多件,数量之大,品类之多,纹饰之精美,为江南同时期所罕见。尤其是体形最大的一件铜甗,通高1.1米,重85公斤,被誉为"甗王",还有方鼎,通高97厘米,重49.2公斤①。另外,坑内还有玉器100多件,陶器300多件。

显然,各地祭祀坑内的贵重器物一方面都是献给神的,并负载着人们的期望与寄托;另一方面又说明不仅夏商周,而且与他们同时的各地方国都已经将青铜器作为了权力与财富的主要标志物。

(二)江南商文化遗址群

由于"溥天之下,莫非王土,率土之滨,莫非王臣"(《诗·小雅·北山》),又由于疆域辽阔,鞭长莫及,所以有文献为证,大约从商代开始,在宗法关系的基础上,分封,授民授疆土,就成了统治民族血缘统治国家,即国体地缘化政体血缘化的一种基本国策。

考古发现,商代的确已有了类似西周一样的分封制。其中,长江中游以武汉黄陂盘龙城为首的商文化遗址群就是这方面的证据之一。

截至目前,长江以南两湖地区的沿江一带一共发现了3处纯粹的商文化遗址,它们是分别湖北黄陂盘龙城②、湖北荆州江陵荆南寺③、湖南岳阳临湘铜鼓山④。

盘龙城,建于滨水的高地上,可分内城与外城二个部分。其中,内城南北长290米,东西宽260米,周长1100米,面积约75400平方米,东北角还发现了大型宫殿基址。外城,面积2.5平方公里(图2-2-5),有居民点和手工业作坊,东西北三面均有墓葬,并有殉人墓和大批精美的青铜器。近年,在北部杨家湾还发现了长约150米、宽约20多米的城墙⑤。

---

① 任继愈主编:《中国重要考古发现》,商务印书馆,1998年,第86—93页。
② 湖北省文物考古研究所:《盘龙城——1963—1994年考古发掘报告》,文物出版社,2001年;刘森淼:《盘龙城外缘带状夯土遗迹的初步认识》,《武汉城市之根——商代盘龙城与武汉城市发展研讨会论文集》,武汉出版社,2002年,第190—198页。
③ 荆州地区博物馆等:《湖北江陵荆南寺遗址第一、第二次发掘简报》,《考古》1989年第8期。
④ 湖南省文物考古研究所等:《岳阳市郊铜鼓山商代遗址与东周墓发掘报告》,《湖南考古辑刊》第5集,岳麓书社,1989年。
⑤ 张昌平:《湖北黄陂盘龙城遗址又获重大发现》,《中国文物报》2016年4月8日,第8版。

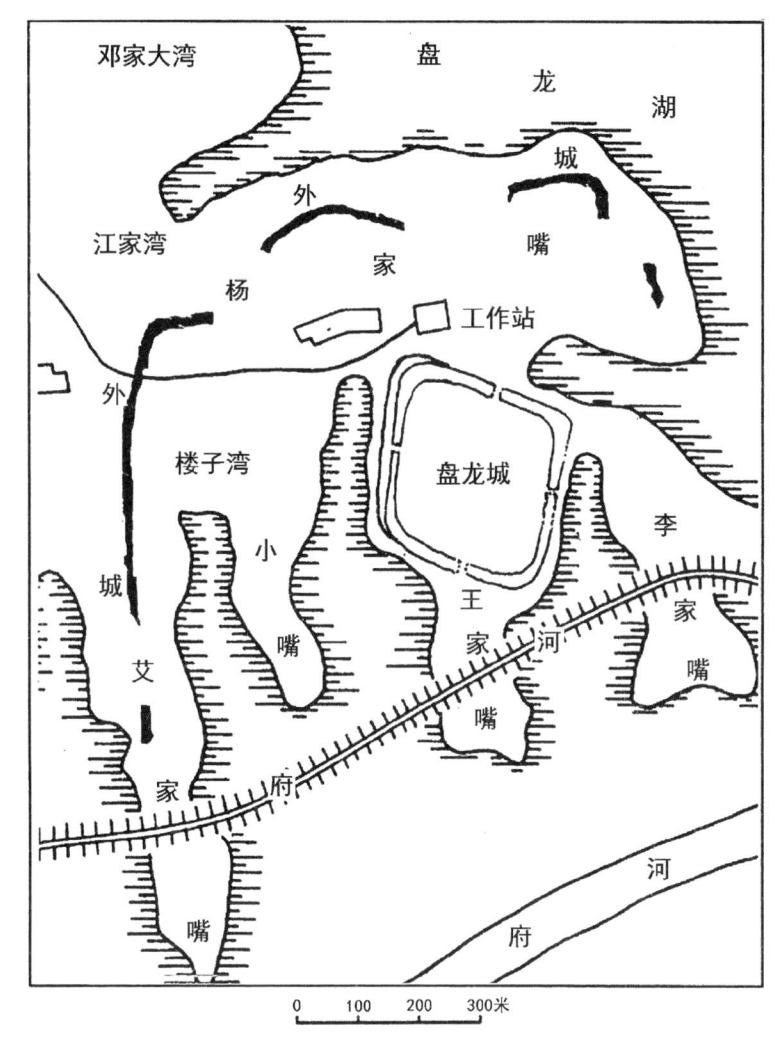

图 2-2-5　盘龙城商代城址平面示意图

（引自刘森淼《盘龙城外缘带状夯土遗迹的初步认识》）

根据已有的发现,特别是已经出土的数百件青铜器表明,盘龙城不仅是一处商代早中期的军事据点和军事中心,更是商王朝早中期统治江南三苗地区的政治中心[①]。

湖北荆州江陵荆南寺与湖南岳阳临湘铜鼓山,考古发掘证明它们也都是正宗的商文化遗址,但档次都比盘龙城要低。

第一,遗址的面积明显较小。荆南寺现存面积仅约 1.2 万平方米,铜鼓

---

① 万琳等:《盘龙城,长江流域青铜文明之源——盘龙城遗址发现 60 周年》,《长江日报》2014 年 12 月 12 日,第 6 版。

山现存面积约3万平方米。

第二，遗址内至今都没有发现城墙、濠沟、宫殿基址与贵族墓葬。

不过，这些遗址档次虽然较低，但它们却都是商王朝异族统治区军事占领政治统治体系中不可或缺的一部分。与此同时，它们还非常清晰地证明了商代也存在"分封制"。

值得注意的是，就财富的来源而言，商代"分封"的出现也就意味着，从那时开始"分封"已成为贵族一种以往不见的全新的财富与经济来源途径。

第三节　财富私有制起源第二阶段的新特点

相对起源初期，本阶段可谓财富私有制成熟稳定发展与变革的高潮时期，并拥有许多新的特点。

一、农业已成为财富私有制发展的经济基础

大约在新石器时代中晚期之交，由于人口与聚落数量的大幅增加，人地关系的紧张，人类一方面被迫放弃了源自旧石器时代末期以来的广谱经济而发展农业，另一方面又被迫放弃了源自旧石器时代末期以来的刀耕火耨广种薄收集体劳动集体消费的农业生产方式，而转变为以田块为基础的个体劳动与精耕细作，从而使农业成为了人们食物的主要来源。

以南方的稻作为例，这方面的变化主要表现在以下二个方面。

第一，距今6 000—5 000年之间，很多地点出土了大量的稻谷稻米。

在长江中游，湖北松滋桂花树，大溪文化遗址，"炭化稻壳灰、水稻茎叶与谷壳密结成层，厚达数十厘米"[1]；在湖北京山屈家岭，屈家岭文化遗址，1956年的发掘发现一处面积500平方米，体积200立方米的烧土遗迹，其中掺和的稻壳非常多，密结成层[2]；在湖南华容车轱山，屈家岭文化遗址，1982年的发掘在灰坑中也发现了成堆的炭化大米[3]。

在长江下游，类似大量出土稻谷稻米的地点也是比比皆是。20世纪70年代苏州吴县草鞋山发掘，在第⑩层马家浜文化时期的灰坑中出土成块的

---

[1] 湖北省荆州地区博物馆：《湖北松滋县桂花树新石器时代遗址》，《考古》1976年第3期。
[2] 张绪球：《长江中游新石器时代文化概论》，湖北科学技术出版社，1992年，第205页。
[3] 湖南省岳阳地区文物工作队：《华容车轱山新石器遗址第一次发掘简报》，《湖南考古辑刊》第三集，岳麓书社，1986年。

炭化稻谷①;在浙江吴兴钱山漾,良渚文化,炭化稻和米在发掘区内分布广泛,甚至也成堆出现②。

第二,农业养活的人口大幅超越了广谱经济。

距今6 000年前后,全国各地史前聚落遗址大幅增加的趋势十分明显。

在湖南澧阳平原,距今7 000年以前,整个平原分别只有彭头山文化与皂市下层文化的聚落遗址12(图1-3-1,1)与17处。其中,彭头山时期,每处遗址的平均面积只有约8 000平方米,而皂市下层时期也只有平均约13 550平方米。但是,距今6 000年,整个平原上的大溪文化遗址却急剧上升为46处(图1-3-1,2),分别是彭头山时期的3.83倍,皂市下层时期的2.7倍。而且每一处遗址的平均面积也扩大到了15 850平方米,是彭头山时期的1.98倍,皂市下层时期的1.17倍。假设相似的单位面积承载相似的人口,那聚落数量、规模的增长同时也就意味着人口的增长,意味着在彭头山时期一个人平均所有的土地上,大溪文化要养活8个人。

由于自然资源的总量与状况并没有任何变化,所以同一个地方聚落与人口的大量增加实际也就意味着农业不仅已经取代广谱经济成为了人类食物的主要来源,而且还意味着农业养活的人口大幅超越了广谱经济。

更重要的是,由于农业已经成为了人类食物的主要来源,所以农业也同步成为了新型的财富私有制发展的经济基础。

二、早期个体劳动已成劳动者早期个体经济的主要来源

由于史前晚期稻作农业的兴起,可长期使用且相互分割的稻田的发现,只适合个体家庭居住"套房"的流行,无中心聚落整体结构的变化,一夫一妻制婚姻的普及,一夫一妻制家庭成为血缘社会最小组织与经济单位等方面的变化,皆表明当时早期个体劳动个体经济已经成为了社会普遍的生产方式与生活方式。至于西周"井田制"的出现与存在,更说明只有土地耕作权私有的早期个体劳动个体经济从史前晚期一直延续到了夏商周时期。

考古表明,这是一个非常重要的历史变化。它不仅标志从新石器时代中晚之交开始,人类食物的生产方式发生了重大变化,即由广种薄收变成了以农田为主的精耕细作,更重要的是,集体劳动变成了个体劳动,集体消费变成了个体经济。因此,劳动就与个人的消费第一次历史性的建立了联系,

---

① 南京博物院:《江苏吴县草鞋山遗址》,《文物资料丛刊》第3期,文物出版社,1980年。
② 浙江省文物管理委员会:《吴兴钱山漾遗址第一、二次发掘报告》,《考古学报》1960年第2期。

多劳多得就使人类第一次历史性的具有了与个体劳动联系在一起的经济制度。于是,早期的个体劳动就成为了劳动者早期的个体经济的主要来源,财富私有制由此也开始真正地融入了经济的因素,具有了经济的内涵。

不过,由于史前晚期与夏商周时期基层组织还是血缘社会,而血缘社会生产资料的集体所有制又限制了土地只能耕作不能买卖。与此同时,血缘社会也局限了农业与手工业跨血缘跨地域的社会分工,局限了商品经济的发展,农产品再多也主要只能自我消费,不能出售。

正因此,当时的个体劳动虽然有了一定的经济意义,但很弱,也根本不会在社会成员中还同步造就出"富翁"与商贩。

一般而言,当时个体劳动的出现主要有二个方面的意义,一方面化解了人类遭遇的生存危机,变集体养活了每一个人为每一个人自己养活自己;另一方面就是"剩余劳动"为血缘集体和组织的发展奠定了坚实的物质基础。

三、个体家庭已成聚落社会有一定独立性的最小组织与经济单位

有三个方面的证据,而且与一夫一妻制婚姻和家庭普及的证据完全一样,即房址结构的变化、聚落整体布局模式的变化、传统埋葬模式的变化。

在中原,仰韶文化早期,居住类房址虽然有大中小之分,可绝大多数都是独门独栋的单间类型。但是,从仰韶文化中期开始,传统被打破了,人类的居住形态发生了史无前例的变化,首先出现了适合个体家庭居住的"套房"组合而成的"排房",后来所有的"排房"又迅速分解为独立的"套房",从而标志着个体家庭已成为聚落社会有一定独立性的最小经济与组织单位(图1-3-6)。

在中原,仰韶文化早期,聚落内部房址的整体布局基本上都是多层分级向心结构,小房址围在中房址周边,中房址围在大房址周边,大房址围在中央广场周边。之所以如此,一是氏族"一家亲"的理念在起作用,二是当时聚落内部具有一定经济意义的社会组织单位主要就是血缘家族,因而许多小房子内连灶坑都没有。但是,从距今约6000年的仰韶文化中期开始,聚落的布局发生了巨大的变化,出现了新型的多中心即无中心模式,安徽蒙城尉迟寺大汶口文化晚期聚落就是这方面的典型(图1-3-7,2)。它说明从史前晚期开始,随着个体家庭社会地位的提升,聚落集体"一家亲"的局面与向心结构已经不再,而替代它的则是多中心即无中心。

与居住房子的建构和聚落的整体布局模式相比,墓葬是保留传统最晚的地方,所以最迟到距今5000年左右才发现个体家庭已明显成为了墓地最小的组织单位(图1-3-10)。其中,距今约4500年湖南澧县大坪乡孙家岗石家河文化遗址墓葬的排列就是这方面变化的代表(图1-3-8),并显

示个体家庭在墓地构成中的独立地位有了重大进步,个体家庭已经成为了聚落社会方方面面都能发现的最小的组织单位。

四、土地史前集体所有,夏商国家集体二级所有,西周国有

目前,学术界基本上都认为土地史前是集体所有,夏商周是国有。

袁行霈、严文明先生主编的《中华文明史》就有类似的论述,并认为"商和西周的土地所有制都是国有制,实际是以国王为首的贵族家系所有制"[1]。

学术界之所以有如此认识,概而言之主要有三个方面的证据。

第一,有"井田制"的记载。

诚如中国台湾的赵冈、陈钟毅二位先生在《中国土地制度史》中开篇第一句话所言"中国古代实行过井田式的土地公有制,大概是确有其事,先秦古代文献记载此事者不止一处"[2]。

第二,有土地定期轮换分配与授田制的记载。

商周、秦汉时期的甲骨文、竹简和古典文献记载,至少在汉代以前,土地公有还是一种普遍现象,并在此基础上实行过定期轮换的分配制度,战国至汉代又称之为"授田制"。

第三,有授民授疆土的记载。

西周时期,在历史上最有代表性也最有影响的政治制度就是授民授疆土,就是分封诸侯。对此,我国史学界的专家们几乎一致认为,这种制度的基础实际就是土地国有制。

不过,基于历史背景的不同,中国不同时期土地公有制的主人与特点也不尽相同。

史前,在没有地缘组织和国家的时代与地区,土地的主人就是血缘组织,土地的性质也就是集体所有。

夏商时期,由于无论是国都殷墟还是基层的社会组织单位依然还是类似以往的血缘组织,而且被统治者被剥削者也都是以血缘组织为单位,国家压迫和剥削的对象也不是以个人为单位而是以血缘集体为单位即"氏族奴"[3],从而说明当时的土地所有制就是国家与血缘组织二级所有。

西周时期,由于国家一方面建立了"乡里制"(《周礼》),一方面又实行了"井田制",于是最终就彻底剥夺了土地血缘组织的集体所有权,从而全部

---

[1] 袁行霈、严文明主编:《中华文明史》第一卷,北京大学出版社,2006年,第143页。
[2] 赵冈等:《中国土地制度史》,台北联经出版事业公司,1996年,第1页。
[3] 侯外庐:《中国古代社会史论》,河北教育出版社,2003年,第43页。

变成了国家一级所有,原本聚落内部"公田"的收入也全都成为了国家收入。

应该说,西周揭开了中国土地制度史的新篇章,以往聚落血缘组织各自独立各自管辖的土地开始全国一体化地缘化。

五、贫富分化日趋扩大

相对新石器时代中期,由于经济因素的融入与聚落组织的大型化一体化,史前晚期聚落社会的贫富分化不仅差距日趋扩大,而且在广度上还波及贵族与普通平民。

主要表现在三个方面。

(一) 出现了个人贵族

所谓"个人贵族",特指那些脱离了具体的生产劳动,高居于普通聚落成员之上,并掌握了某种权力和大量社会财富的个人。

一般而言,个人贵族经历了三个大的发展阶段。

第一阶段:距今5 500—5 000年,是早期个人贵族的崛起阶段。

有二个显著的标志。

第一,在他们的墓葬中数量最多的随葬品已经不再是普通的陶器与生产工具,而是大量的奢侈品。

第二,为了显示自己的与众不同,他们开始将自己的地位、权力、财富与神绑在一起了。

除了安徽含山凌家滩以外,辽宁牛河梁也是这方面的突出代表。

牛河梁位于辽宁建平、凌源二县的交界处,因山下的牤牛河而得名。

自1983年第一次发掘以来,已在自西南向东北连绵约10余公里的范围内发现了16个地点,有规律地分布着女神庙、祭坛和积石冢群。每一个冢群里都有一些贵族墓,构成了一个独立于居住区以外的,规模宏大的史前祭祀与墓葬区[1]。

规模最大的积石冢群是牛河梁第Ⅱ地点。在东西长150米,南北宽60米的范围内,有"五冢一坛"六个建筑单元。其中,1号冢规模最大,东西长约26.8米,南北宽约19.5米(图2-2-6,1)。截至1989年,冢内已清理26座石棺墓。M21,成年男性,随葬品全部都是玉器,共20件,为第Ⅱ地点出土玉器最多的墓(图2-2-6,2)[2]。

---

[1] 中国社会科学院考古研究所编著:《中国考古学·新石器时代卷》,中国社会科学出版社,2010年,第351—356页。
[2] 辽宁省文物考古研究所:《牛河梁红山文化第二地点一号冢石棺墓的发掘》,《文物》2008年第10期。

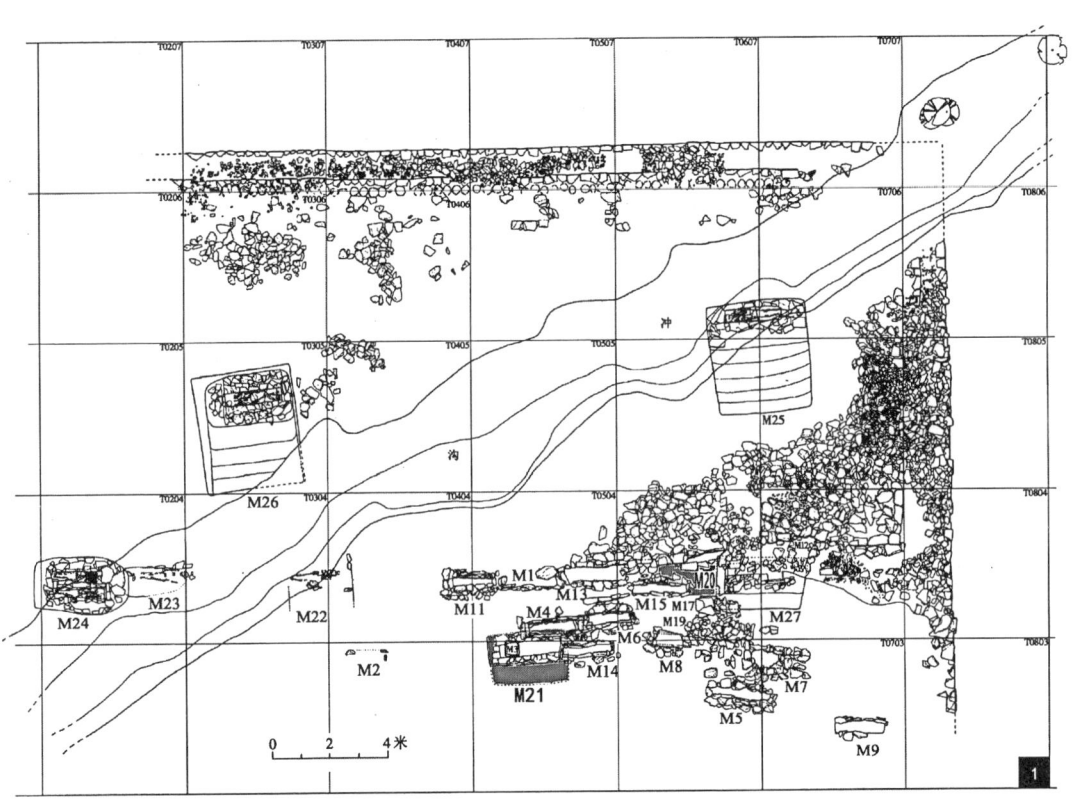

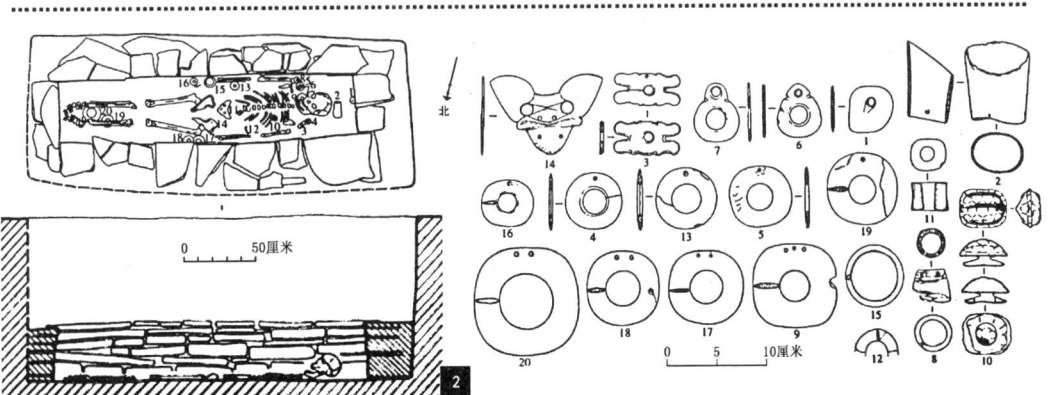

第二章 以早期个体劳动个体经济为基础的财富私有制 ·221·

图 2-2-6 牛河梁第Ⅱ地点一号冢平面图、M21 平剖面图和随葬玉器

（1 引自辽宁省文物考古研究所《牛河梁红山文化第二地点一号冢石棺墓的发掘》，图中灰色区为本书作者所加；2 引自中国社会科学院考古研究所《中国考古学·新石器时代卷》）

牛河梁的发现不仅证明红山文化晚期社会已经出现了完全脱离生产劳动,并高居于普通聚落成员之上的"贵族",而且还证明那些贵族都开始位于专门通往天堂并能与神沟通的地方,权力、地位、财富都成了通往天堂的铺路石和入场券。

第二阶段：距今5 000—4 000年,是个人贵族崛起的成熟阶段。其中,最显著的标志就是出现了"礼器"。

以前,人们只知道"礼器"是用来明贵贱分等级的器物,但并不知道它的适用范围。然而,考古却表明,距今5 000年及以前,由于聚落组织的规模很小,组织的层级很少,所以区分普通平民与权贵只要奢侈品就足够了。但距今5 000年以后,随着聚落组织规模的不断扩大,贵族之间的等级也在不断增加。于是,简单的奢侈品已不再适应发展的新需要,而纯粹用于贵族范围内明贵贱分等级的"礼器"也就应运而生了。

第三阶段：夏商周时期,是个人贵族进一步系统化的发展时期。

由于地缘化国家,尤其是夏商周单一民族国家的出现,国家的统治范围迅速扩大,实力迅速增强,从而使这一阶段形成了政治上的"分封制"与大量使用铜"礼制"的系统化的制度,鼎簋也逐渐成为了系统化的礼器的核心。与此同时,铜器表面大量的兽面纹还显示了源于早期"神器"的基本功能,以及"人权神授"的观念。

以上三个阶段,虽然特点各不相同,但联系起来却是一部中国血缘社会贵族的诞生与发展史。与此同时,还同步显示了随着社会的发展,伴随聚落组织不断大型化一体化,贵族也越来越贵越来越富,与普通平民之间的差距也越来越大的过程与特点。

(二) 出现了集体贵族

所谓"集体贵族",最早出现于距今5 000年以后,一般都是核心个人贵族的近亲与直系血缘族人,因同族个人贵族而贵,而显示地位与有关待遇与众不同。

1. 史前有关墓葬和遗址的发现

(1) 浙江余杭反山、瑶山、莫角山

在浙江余杭反山,与出土琮王M12共处的墓葬就有明显的地位高低不同[1]。

其中,在南北两排9座墓中,有4墓,琮璧钺共存(M14、12、16、20);有1墓,琮钺共存(M17);有1墓,琮璧共存(M23)。但是,却有3墓,或只有琮(M18),或只有璧(M22、15)。尤其是M15、18二墓,玉器的数量还比较少,

---

[1] 浙江省文物考古研究所：《反山》,文物出版社,2005年,第25页。

只有54或61件,为倒数第一、第二名。即使与倒数第三名M22相比,也比它175件少了近2/3。这说明反山的墓葬等级不仅有高低之别,而且M15、18就明显不属于大贵族。

在余杭瑶山,M5就是那里出土玉器数量最少的墓,只有22件,即冠形器1件,圆牌3件,管串一组8件,管2件,珠7件。其中,琮璧钺全无,显示墓主可能只是一个小贵族。

除了墓葬以外,居住类遗址中也有各种等级的遗存近距离共存的现象,莫角山即如此。

由于莫角山是人工堆筑的巨型高台,所以从发现之日起学界就形成了共识,认为那里是宫殿与宗庙的聚集区,是贵族的聚集区。然而,那里却发现了许多普通的聚落设施、作坊与平民墓葬。

1987年,莫角山东南发掘,在T7西南清理出1座小型墓葬。墓长2.4米,宽0.8—0.9米,随葬品仅3件普通陶器,鼎、豆、双鼻壶[1]。根据墓葬的大小及随葬品的种类与数量多寡,可知这是一座良渚文化最经典的低档平民小墓。

1992—1993年,小莫角山东南考古发掘,在编号为Ⅱ1T1的10×10米的探方夯土基址上,曾一共发现32个柱洞[2]。但那些柱洞"大小、形状各异",又不在一条直线上,甚至一个柱础都没有。这种既不规范,又简陋有余的柱洞,显然也不属于宫殿与宗庙。

同年,莫角山正中心位置发掘,在"Ⅳ1区南部夯土基址上发现大面积的沟埂遗存,其结构是在平铺的沙质土上开掘并行的浅沟,隆起的地方便成为埂","沟埂呈南北向排列,一般宽度30—50厘米,平均深度10—20厘米",最长的超过18米,"揭露范围内共发现45条沟,48条埂",埂与埂之间的距离多数40—100厘米(图2-2-7)[3]。据已有资料,这些沟埂很可能就是红烧土坯砖作坊的一部分,主要用于土坯的堆放。没有这种堆放场,土坯中的水汽就无法缓慢释放,阴干,火烧时就无法避免水汽膨胀而导致的土坯破裂和扭曲变形。

同年,就在土坯堆放场的南部还发现了8个灰坑,大的超过20米(图2-2-7,H2)。由于这些灰坑"形状多不规则。填土与坑外土非常接近,总体为黄褐色,结实带沙性,包含物极少",估计它们很可能就是制作土坯或红烧土砖的黏土料坑。

---

[1] 浙江省文物考古研究所:《余杭莫角山遗址1992—1993年的发掘》,《文物》2001年第12期。
[2] 浙江省文物考古研究所:《余杭莫角山遗址1992—1993年的发掘》,《文物》2001年第12期。
[3] 浙江省文物考古研究所:《余杭莫角山遗址1992—1993年的发掘》,《文物》2001年第12期。

图 2-2-7 莫角山Ⅳ1区沟埂遗存平面图
(引自浙江省文物考古研究所《余杭莫角山遗址 1992—1993 年的发掘》)

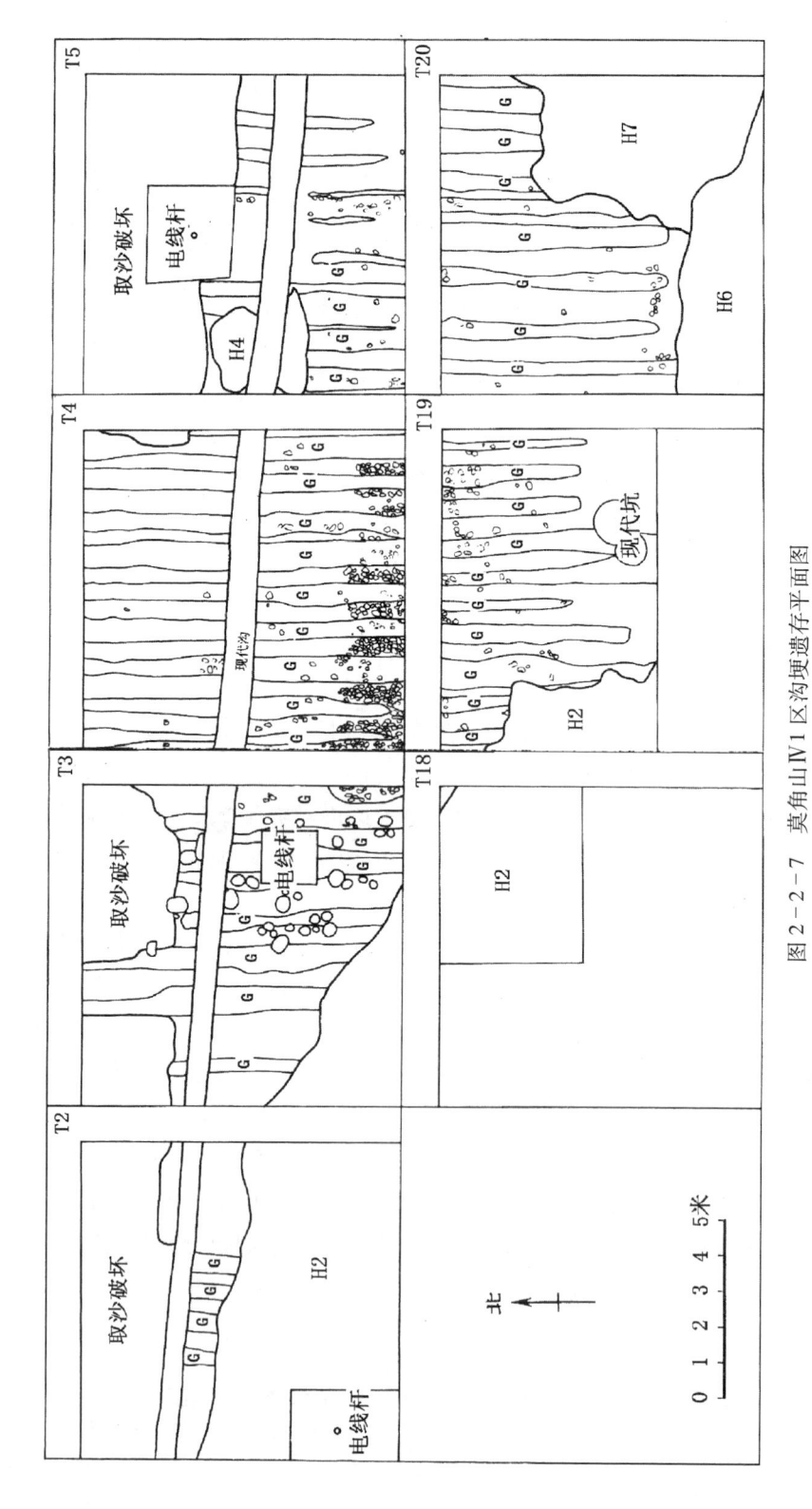

虽然莫角山的发掘还太少,但以上的发现却表明它应该没有以往人们想象的那么神秘与伟大。那些普通的柱洞、沟埂遗存、小墓、灰坑的存在与发现,都表明莫角山上并非遍地都是宫殿,遍地都是大小个体贵族,而是还有平民,有平民小墓,有平民制土坯的作坊与堆放土坯的场地。

它们之所以都能够与贵族同时存在并同时活动在同一个夯土层面上,关键就在于它们都是同一个核心族体的族人,都是个人贵族的亲人。尽管他们人数众多,工作与任何普通聚落成员一样平凡,但核心贵族毕竟是从他们中间产生的,他们与核心贵族毕竟同宗同祖。尤其是史前晚期,实力成为了核心贵族地位的基础,而族人又是实力的基础,所以核心贵族与族人不仅血缘一家亲,而且还是同一个利益共同体的成员。因此,核心个人贵族贵了,没有忘记生死与共的族人,所有的族人也理所当然名副其实的成为了"集体"贵族,并与核心个人贵族一样都享受特殊待遇,都一起住在莫角山上。

反山、瑶山也与莫角山一样,实际也是一种族墓地。不过,没有莫角山那么大的规模,也不是一个氏族的墓地,而是一个家族的墓地。家族里有人成了大贵族,有人继承前人也成了大贵族。但是,并不是族里所有的人都是大贵族。他们之所以都会与大贵族的人同时跻身于祭台上,关键就在于他们是同一个家族的人,都可以跟着个人贵族享受特殊待遇。

(2)辽宁凌源牛河梁

在辽宁凌源,红山文化牛河梁规模最大的积石冢,即第Ⅱ地点的1号冢群,也有与浙江余杭类似的现象。

其中,M20墓内就空无一物,但他居然也可以与随葬大量玉器的墓M21,共存在同一个积石冢的同一个墓组群中,相距仅约5米(图2-2-6,1)。

之所以会出现这种地位与财富都显赫的个人贵族与一贫如洗的集体贵族成员近距离共存于同一高档祭坛和墓地的现象,可以说全是直系亲属血缘关系使然。

(3)湖北天门石家河与安徽蒙城尉迟寺

如果说浙江余杭与辽宁凌源的发现代表的都是一些享受贵族待遇的个人,那湖北天门石家河与安徽蒙城尉迟寺的发现代表的就是一些享受贵族待遇的聚落与氏族。

在湖北天门石家河,考古发现,住在大城里面的聚落不是一个而是四个,而且从屈家岭文化开始一直持续到石家河时期皆如此。其中,除了谭家岭面积特别大,位置又居中,而且还有内城环绕[1],系当时聚落群团和聚落

---

[1] 湖北省文物考古研究所:《三苗与南土——湖北省文物考古研究所"十二五"期间重要考古收获》,江汉考古编辑部,2006年,第31页。

集团的核心聚落以外,其他的三个聚落,即邓家湾、三房湾、蓄树岭,之所以都能够位于外郭城中,并受到整个聚落群团与集团其他成员的保护,皆因为它们都是核心聚落的直系亲属。它们共存共荣,共同构建了整个群团或集团的核心聚落群。

安徽蒙城尉迟寺,大汶口文化晚期聚落群团核心聚落群的构建模式与湖北石家河也基本一样。其中,核心的核心就位于环濠以内,而另外二个核心聚落群的成员则紧挨环濠(图3-2-5,6)。至于,群团的其他聚落群却不仅距离整个核心聚落群较远,而且还环绕在核心聚落群的周围(图3-2-5,5)。

2. 商代安阳殷墟甲组基址与后冈墓地

殷墟的发现也与史前一样,遍地都是宫殿宗庙与普通民宅、手工作坊,大贵族墓与平民墓聚在一起的现象。

大灰沟以内的甲组基址就是宫殿宗庙与普通民宅、手工作坊聚在一起的典型。

石璋如先生早期曾亲自参与或主持过殷墟小屯宫殿宗庙的有关考古发掘。由于甲组各基址的面积普遍较乙组要小(图2-2-8,1),基址面上也多无柱础石,也没有用人、兽奠基和祭祀的现象,所以石先生当时就认为"全组基址看不出含有宗教意味的痕迹,可能住人的"[1]。

此外,在甲组基址的范围内还陆续发现了许多手工作坊(图2-2-8,2)。

早年,在甲一基址的下面曾发现大量的龟甲和鹿角[2]。

1987年,甲四东面约5.7米处,发现殷墟一期大型灰坑87H1,南北长7米,东西宽4.4米,深4—4.6米。坑内遗物数量最多的就是可用以冶铜的"将军盔",占灰坑所出陶器的35%;有的还有火烧痕迹,有的还有较厚的铜渣[3]。

2004—2005年,甲五西北又发现了玉料坑。经钻探,在2米深的地方存在一个玉料层,约20平方米。此外,在甲五周边"清理的商代灰坑中常可见到骨料、半成品骨器和大量磨石"[4]。

对于以上发现,专家认为"种种迹象表明,殷墟宫殿宗庙区北部靠近洹河附近可能存在着由王室直接控制管理的作坊区。这些新的发现,对判断

---

[1] 中国社会科学院考古研究所编著:《殷墟的发现与研究》,科学出版社,2001年,第54页。

[2] 中国社会科学院考古研究所安阳工作队:《2004—2005年殷墟小屯宫殿宗庙区的勘探和发掘》,《考古学报》2009年第2期。

[3] 中国社会科学院考古研究所安阳工作队:《1987年安阳小屯村东北地的发掘》,《考古》1989年第10期。

[4] 岳洪彬等:《殷墟都邑布局研究中的几个问题》,《三代考古》(四),科学出版社,2011年,第261页。

图 2-2-8 殷墟甲组基址 20 世纪 30 年代发掘与 1987 年发掘、2004 年钻探结果平面图
（1 引自中国社会科学院考古研究所《殷墟的发现与研究》；2 引自中国社会科学院考古研究所安阳队《2004—2005 年殷墟小屯宫殿宗庙区的勘探和发掘》；图中灰色区域为本书作者所加）

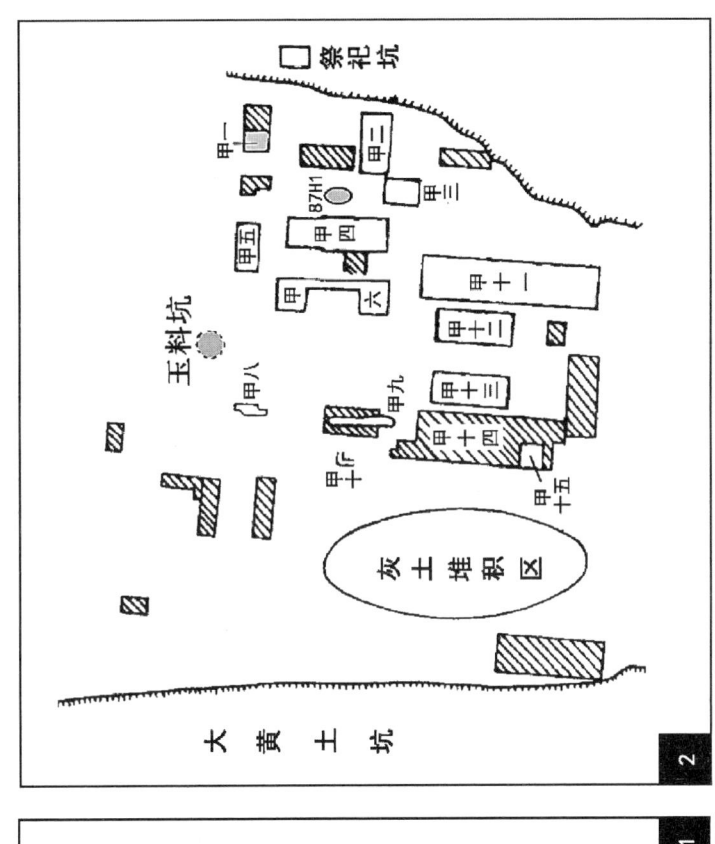

甲组基址群的性质具有重要意义"[1]。

然而,那些手工作坊为何就要分布在宫殿宗庙的核心区内呢? 为何就不能从宫殿宗庙区内搬出去? 难道搬出去王室就无权直接控制了吗?

显然,甲组基址与浙江余杭莫角山上的那些平民遗存的性质是一样的,他们之所以位居大灰沟以内并距离商代晚期最核心的乙组基址很近,就表明他们与商王之间存在着非常亲密的血缘关系,所以也享受"集体贵族"的待遇,也住在大灰沟以内的夯土基址上。

与甲组基址不同,后冈则是一个墓葬只按血缘不按地位相聚的典型。

根据空间位置与分布,后冈墓地可分为六个墓组,每个墓组又代表了一个家族(图2-2-9)。

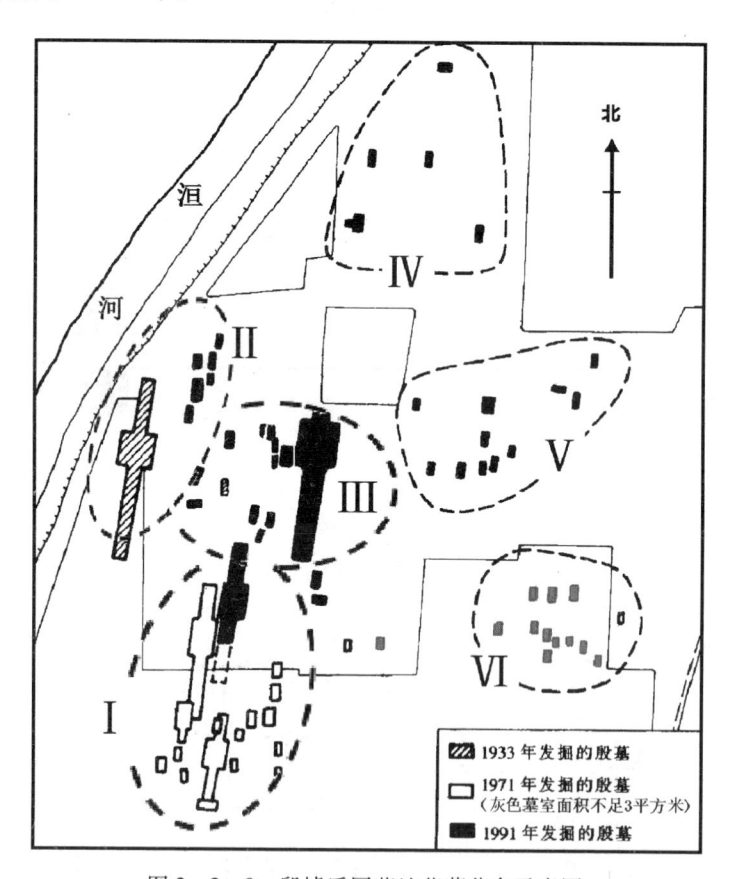

图2-2-9 殷墟后冈墓地墓葬分布示意图

(引自中国社会科学院考古研究所《中国考古学·夏商卷》;图中虚线圈与编号、墓室灰色系本文作者所加)

---

[1] 中国社会科学院考古研究所安阳工作队:《2004—2005年殷墟小屯宫殿宗庙区的勘探和发掘》,《考古学报》2009年第2期。

其中,第Ⅰ组,是整个墓地规模最大的墓组,最少18墓,并有三座带二个墓道的"中"字形大墓,一座是带一个墓道的"甲"字形大墓。这些墓,毫无疑问都是大贵族,尤其是那些"中"字形大墓,发现的数量很少,墓主很可能就属于王室成员。然而,就在他们的墓边周围却簇拥着一批又穷又贫的小墓和家族。其中,1971年发掘的第Ⅳ群墓葬就绝大多数墓室面积不足3平方米,随葬品稀少①。这种现象表明整个"后冈是王室成员及其家族的墓地"②。

这就是血缘社会的一个基本特点,近亲血缘使"个人"贵族总是与"集体"贵族结伴而行,一荣俱荣,一损俱损,从史前晚期一直到商周时期皆如此。

(三) 普通聚落成员也贫富分化

新石器时代晚期,在早期个体劳动个体经济与财富观念日趋普及的背景下,不仅贵族与平民的等级区分明显,就是平民之间也有了比以往更明显的贫富区别。

主要表现在二个方面。

第一,纵向比较,可见时代越晚,即使是普通平民,有随葬品的墓也越来越多。

1988年,湖南湘西北澧阳平原距今9000年的彭头山遗址发掘,发现各类墓葬18座。随葬品很少,最多的一墓只有陶器4件,大多数一件都没有③。

1990年,古澧阳平原中部距今6500年的安乡汤家岗遗址发掘,发现各类墓150余座④。其中,大多数墓都有2—4件随葬陶器。

这说明,时代越晚,墓葬随葬器物的覆盖面越大,表面上的富裕程度也明显超过以前。究其原因,应该是财富观念普及,早期个体劳动个体经济普及的反映和标志。

第二,横向比较,可见时代越晚,同时期普通平民之间也贫富等级分明。

类似的现象在湖南澧县城头山距今6000—5000年的大溪文化墓葬中就有反映⑤。

---

① 中国科学院考古研究所安阳发掘队:《1971年安阳后冈发掘简报》,《考古》1972年第3期。
② 中国社会科学院考古研究所编著:《殷墟的发现与研究》,科学出版社,2001年,第132页。
③ 湖南省文物考古研究所等:《湖南澧县彭头山新石器时代早期遗址发掘简报》,《文物》1990年第8期。
④ 湖南省文物考古研究所1990年遗址发掘资料,本书作者为发掘领队。
⑤ 湖南省文物考古研究所:《澧县城头山》,文物出版社,2007年,第743—758页。

表 2-2-1　湖南澧县城头山遗址大溪文化土坑墓随葬器物件数统计表

墓号	分期	完整器	残器	其 他	墓号	分期	完整器	残器	其 他
58、59、60、61、62、64、67、74、75、76、79、80、639、643、645、647、706、745、766、770、773						一			
63	一	2			65	一	1		
73	一	3			77	一	1		
78	一	2			638	一	2		
644	一	1			646	一	3		
746	一	2	✓		748	一	3		
749	一		✓		751	一			石斧1
761	一	1	✓		768	一		✓	
769	一		✓		771	一	2		
772	一		✓		774	一			牛下颌骨1、鹿牙1
668、681、682、688、690、700、723、725、729、737、741、765						二			
39	二	1			649	二	5		
650	二	4			665	二	4		
669	二	11		猪牙1	670	二	1		
671	二	1			672	二	2		
673	二	2			674	二	2		
676	二	1			678	二	24		玉璜2
679	二	11		砾石1	680	二	10		玉玦1、石片1、燧石器1
689	二	3		石鼻塞1	691	二	1		
692	二	2			693	二	3		
699	二	1			705	二	3		
721	二	2			724	二		✓	
727	二		✓		728	二		✓	
730	二		✓		735	二	1		
736	二			石斧1、砾石1	738	二		✓	

(续　表)

墓号	分期	完整器	残器	其他	墓号	分期	完整器	残器	其他
739	二	14	✓		740	二			绿松石1
742	二	1			744	二		✓	
747	二	2			750	二	1		
756	二	1			758	二	2		
764	二		✓		775	二	1		
801	二	1			906	二	21		石斧1
		657、662、666				三			
32	三	1			661	三	1		
722	三	5		卵石1					
157	四	4			299	四	8		
318	四	7			388	四	6		
389	四	2			391	四	7		
406	四	2			427	四	2		
444	四	6			445	四	8		
447	四	5			457	四	3		石锛1
459	四	5			468	四	5		
469	四	3			470	四	1		
472	四	4			494	四	1		
499	四	2			557	四	2		
577	四	4			597	四	4		
603	四	1			614	四	1		
616	四	2			619	四	6		
620	四	5			623	四	8		石锛1
626	四	3			708	四	1		
802	四	6		石锛1、石凿1	803	四	5		石钺1
805	四	2		石锛2	806	四	7		
807	四	5			808	四	5		
809	四	7		石斧1	810	四	10		石锛1、石凿1

（续　表）

墓号	分期	完整器	残器	其　他	墓号	分期	完整器	残器	其　他
811	四	2		石锛1	814	四	6		
815	四	8		石凿1	816	四	8		
817	四	7			818	四	5		
819	四	4			820	四	5		
821	四	10			822	四	7		
823	四	9		石锛1、石凿1	824	四	1		石斧1
825	四	1			826	四	3		
827	四	5			828	四	4		石锛1、石斧1
829	四	4			830	四	2		石斧1
831	四	4			832	四	1		
833	四	3			837	四	4		石凿1
838	四	5			840	四	3		
841	四	2			842	四	5		
843	四	7			844	四	3		
846	四	7		石凿1	848	四	2		
849	四	5			850	四	9		
851	四	1		石环7	852	四	1		石斧1、石凿1
855	四	8			856	四	5		
857	四	2			858	四	3		
859	四	5		石环8	860	四	6		
861	四	4			862	四	2		
864	四	2			865	四	1		
866	四	12			867	四	3		
868	四	3			869	四	12		石锛1、石网坠1
870	四	2			871	四	18		
872	四	5			873	四	3		
876	四	5			877	四	3		
878	四	3		石斧1	879	四	5		石斧1

(续 表)

墓号	分期	完整器	残器	其 他	墓号	分期	完整器	残器	其 他
880	四	2			881	四	5		
882	四	3			883	四	3		
884	四	6			885	四	5		石锛1
886	四	9			887	四	7		
888	四	8		石斧2、石锛1、石凿1、石钺1	889	四	3		石塞1
890	四	6		石凿1	891	四	4		石斧1、石凿1
892	四	2			893	四	1		石钺1、石凿1
894	四	6		石斧1、石凿1、石钺1	895	四	8		
896	四	3		石斧1、石凿3	897	四	2		石铲1
898	四	2		石锛1	899	四	2		
900	四	6		石锛1	902	四	3		
903	四	6							

分期		陶器（件）				其他器物				无随葬品	总墓数
		1—5	6—10	10—15	16以上	石器	牙器	玉器	其他		
一期	墓数	18				1			1	21	39
二期	墓数	34	1	3	2	5		2		12	52
三期	墓数	3				1(卵石)				3	6
四期	墓数	74	37	6		33					117
合计		**129**	**38**	**9**	**2**	**40**	**1**	**2**	**2**	**36**	**214**

（资料来源：《澧县城头山》；另表中"√"表示"有"）

由表2－2－1可知，城头山大溪文化共发掘土坑墓214座，其中有36座没有随葬品，占总墓数的16.82%，不足1/5。值得注意的是，时代越晚，没有随葬品的墓越来越少。其中，大溪第一期，就有18墓没有随葬品。但到了大溪晚期，即第四期，所有的墓全部都有了随葬品。其中，1—5件的共74墓，为晚期总墓数的63.24%；6—10件的37墓，为总数的31.62%；11件以上的6墓，为总数的5.12%。

显然，人人都有随葬品，而且随葬品数量渐多。这一方面应该是财富观念日趋普及和深入的反映与标志；另一方面又说明当时聚落普通成员之间的贫富分化也呈明显的金字塔形，贫富程度的分化也比以前有所扩大。

不过，需要指出的是，普通聚落成员之间的贫富分化，与普通聚落成员与贵族之间的贫富分化性质完全不同。普通聚落成员之间的贫富分化总体上只是一种量的区别，墓里或多一点陶器，或多一点石器，而普通聚落成员与贵族之间的贫富分化则是质的区别，是有无奢侈品或礼器的区别。正因此，普通聚落成员之间的贫富差距，从史前晚期一直到夏商周时期差距都比较小。但是，贵族就因为一直都是生产资料集体所有或国家所有的代理人与管理者，所能掌控并为自己服务的社会资源和财富也远远超过了普通聚落成员，所以不仅越来越贵越来越富，而且不论数量与质量，与普通聚落成员的差距也越来越大。

六、礼器已成财富新的标志物

距今 5 500—5 000 年期间，中国史前第一代贵族登上了历史舞台，如安徽凌家滩 87M4、87M15，但贵族的墓里还只有高档的奢侈品，而没有真正的"礼器"。距今 5 000 年以后，礼器正式登上历史舞台，并成为中国财富私有制起源第二阶段财富与新式贵族的标志物。

之所以会出现礼器，之所以礼器会取代奢侈品成为财富私有制起源第二阶段的标志物，关键就在于早期的奢侈品只能区分聚落群即部落范围内上层人士与普通平民之间的地位与等级。因此，种类简单数量稀少，使用没有系统化规范化。但是，距今 5 000 年以后，随着一体化聚落血缘组织不断大型化，以及历史上第一个政治组织一体化聚落群团的出现，以往的奢侈品已不再适应社会组织规模的扩大与上层人士等级的增加。于是，礼器出现了。

一般而言，礼器也是由凝聚了大量社会劳动的奢侈品构成的，但与早期的奢侈品比较，相互的区别还是很明显。以良渚文化和安徽含山凌家滩的玉器为例，即可见早晚六个方面的显著不同。

1. 种类与结构完全不同。

在凌家滩，玉璜、玉璧、玉玦、耳珰、玉镯、玉管串、玉扣、玉喇叭形器等装饰性用品占整个玉器种类与数量的 50%[①]，且核心器类的地位不甚明显突

---

① 夏颖：《凌家滩文化与良渚文化的玉器比较研究》，《安徽工业大学学报（社会科学版）》2011 年第 3 期。

出,而良渚文化不仅以礼仪性的用具为主,而且琮、璧、钺作为核心礼器的地位与作用十分明显。

2. 在具体的使用中形成了以琮、璧、钺为核心的等级制度。

在凌家滩,87M4、87M15随葬的玉器种类与数量都多,说明墓主都是高等级的贵族,但是他们相互之间的上下等级界线却并不十分明显。然而,在良渚,则形成了以琮、璧、钺为核心的礼器与使用制度。其中,以琮为主的墓就是最高等级的墓,而以璧为主,或以钺为主的墓,就是次一等级的墓。这样就从器类方面较好地解决了贵族之间上下等级的区别问题。

3. 个体又大又重。

在凌家滩,除了玉铲、玉钺,个体较大较重以外,其他的玉璜、玉璧、玉玦等装饰性的用具都普遍个体较小、重量较轻。但良渚文化不仅琮、璧、钺的数量很多,而且个体形态也普遍较大较重。实际上,礼器个体大小与重量的区别,也是区分贵族等级的标志之一。如反山M12所出"琮王",重达6 500克(图2-2-3),无人能及,就显示了高于一切的地位。

4. 制作更为精美。

良渚文化的玉琮就是一个制作更为精美的代表。玉琮不仅以中间圆四面方的立体造型突破了早期以宽扁片状造型为主的特点,而且器表浮雕与纹饰的精美程度也达到了前所未有的境界(图2-2-3)。

5. 使用的数量巨大。

在凌家滩,出土玉器最多的就是87M4、87M15,不超过103件(组)。但余杭良渚遗址群中的反山,仅M12就出土647件(不含玉粒和玉片),即使最少的M15、M18,也分别出土了54、61件,均超过凌家滩一半,显示玉器的用量时代越晚越大,以致有的墓葬随葬玉器的重量都超过了墓主人的体重[1]。

6. 礼器、神器、财富三合一。

一般而言,礼器是现实政治的需要,而神器则是维护这种政治的需要,将这两种功能合二为一则是中国史前晚期的一大发明与创新。

史前晚期,由于社会组织不断一体化大型化,并历史性地、史无前例地出现了拥有集中领导与管理特点的一体化的聚落组织;所以就不仅需要用礼器来标示各级贵族的等级与地位,而且还需要在意识形态方面证明贵族拥有集中领导与管理权力的合法性。于是,现实政治与神就联系在一起了,

---

[1] 浙江省文物考古研究所:《良渚遗址群》,文物出版社,2005年,第316页。

人权神授就成为了现实权力合法性的基础。与凌家滩相比，良渚文化的玉器就更具有"神器"的特点。尤其是琮的造型和器表面的神徽，不仅显示离神更近，也更具有通天达地的功能。

礼器除了与神器二合一以外，还与财富三合一，即礼器本身也是财富。因为，礼器是用当时最贵重的原料、最先进的工艺，并凝聚了大量社会劳动而制作成的，所以它的本身也是财富。此外，不同等级的人使用的礼器种类与数量也有不同，并同步显示了财富的多寡与差异。

显然，礼器的出现不仅是史前晚期贵族政治即"礼制"初步成形的标志与反映，也是贵族越来越贵的标志与反映。正因此，"礼器"就成为了财富私有制起源第二阶段的标志性器物。

七、血缘社会内部没有剥削与压迫

史前晚期，整个社会的贫富等级分化明显加速，尤其是贵族越来越贵、越来越富的趋势更使两极分化的差距日新月异。

然而，值得注意是，政治上的压迫与经济上的剥削最早只发生在距今4500年以后古国内部不同的血缘组织之间，而同一血缘组织内部却一直未见类似的剥削与压迫。

在浙江余杭瓶窑古城的莫角山上，就在人们以为那里遍地都是宫殿，遍地都是大小个体贵族的地方，却同时还共存了平民的房址、平民的小墓、平民制土坯的作坊、灰坑与堆放土坯的场地，一派贵族与同族平民和谐共处的景观。

在安阳殷墟大灰沟以内，除了宫殿宗庙以外，居然还有许多普通"住人"的房址，以及许多手工作坊（图2-2-8）。这种现象又表明，殷墟核心区域即大灰沟以内也像莫角山一样，也是商王与同族族人、工匠同时共存的地方。他们虽然地位与贫富差距悬殊，但他们之间没有剥削与压迫，更没有形成相互对立的剥削与被剥削阶级。

安阳后冈商代墓地布局也是同族大贵族与平民和谐共处的场所与代表（图2-2-9）。

显然，相近的血缘与共同的利益把同族的贵族与平民都紧紧地联系在一起了，同生死，共命运。正因此，他们之间只有等级与贫富，没有压迫与剥削。

这就是中国史前晚期与夏商周时期的重要历史特点，最早的压迫和剥削并没有发生在等级贫富两极分化严重的血缘社会和血缘组织内部，而要压迫要剥削的对象则是别的血缘族体。

八、社会成员只有限的经济独立性

长期以来,人们总以为私有制的本质与要害就是生产资料个人所有,经济上人人都独立平等。然而,中国的考古却发现从史前到商周,无论是贵族,还是普通的聚落成员,都没有获得真正的经济独立性。

就贵族而言,虽然他们是生产资料集体所有或国有的代理人与管理者,但也是以集体的名义而不是以个人的名义。西周中期以后有关贵族之间土地转让与交换的青铜铭文就显示大都有上报王室或大臣参与的记载,还显示"这一程序,一般也是在天子或执政大臣的监督下完成。所以,这既是土地交换的具体实施,又成为天子最高土地所有权的表现"①。

就普通平民而言,也没有生产资料土地的所有权,即使有土地的使用权也只是最基本的耕作权。还由于血缘社会、生产资料集体所有、商品经济不发达等多重因素的局限,不仅土地不能买卖,就连农产品也无法买卖。

这就是中国当时的财富私有制,社会成员只有限的经济独立性,核心的生产资料从来都没有私有过,也从来没有过纯经济因素的私有制。史前晚期私有制的变化与新特点,实际都不是因为经济与经济制度的变革,而是生产方式与社会的变革引起的。虽然西周时期贵族的土地可以转让和交换,但转让与交换的也只是使用权,而不是所有权。

九、财富私有制变成了血缘社会的政治制度

新石器时代中期,财富私有制就明显起源了。虽然那时候既没有个体劳动个体经济,也没有生产资料的私人所有,但是它却显示了聚落成员之间一定的地位与等级分化,显示了中国财富私有制越有权越富的最基本特点。尽管当时分化的物质遗存与标志物还没有史前晚期的数量那么多,质量也没有那么高档耀眼,但它毕竟代表了一段历史过程,并充分地表明了它并不是一种经济制度,而本质是一种聚落血缘社会内部的管理与分配制度。

新石器时代晚期,一方面在生产方式变革并出现早期个体劳动个体经济的基础上,另一方面在社会组织形态发生重大变化的基础上,财富私有制也发生了很大的变化。一方面就是出现了贵族,而且越有权越贵;另一方面,也是最重要的方面,就是财富私有制已经变成了一种政治制度。

财富私有制之所以会变成一种政治制度,主要是因为距今 5 000 年以后聚落组织大型化一体化高潮迭起,而且还出现了具有集中统一领导与管理

---

① 李朝远:《论西周土地交换的程序》,《江西社会科学》1990 年第 6 期。

的一体化的政治组织——聚落群团,接踵而至的就是一体化的聚落集团、早期国家、古国和早期方国。于是,为了维护一体化聚落组织整体的利益,也为了维护组织内部人与人之间等级地位的秩序,财富私有制就变成了一种政治制度。

"礼器"的出现就是这种变化最重要的标志。

"礼器"不仅可以分等级明贵贱,而且等级的高低与地位的贵贱全部都与财富联系在一起了,全部都可以用礼器来表示。"礼器"的出现不仅是礼制出现的标志,更是不同地位等级与财富多少基本统一对应的标志,因而也是财富私有制变成了政治制度的标志。

又由于新型的大型一体化聚落组织的出现不仅拓宽加大了财富私有制的总体经济规模,更重要的是还使能够汇聚并有权使用的资源也越来越多,这就为"礼制"的出现,"礼器"的大量使用,都奠定了经济基础。

一般而言,史前晚期财富私有制变成一种政治制度,意义重大。

一方面,它表明中国财富私有制发展的主要原因与经济的发展不仅没有任何关系,也根本就不是一种经济制度,而是不同时期以经济为基础的级别不同、特点不同的社会管理与分配制度。

另一方面,它揭开了中国几千年持续不断的财富私有制最基本、最重要特点的序幕,开了先河。中国的财富私有制为什么会持续不断地越有权越富?关键就在于它不仅仅只是一种初级的自然的管理与分配制度,更是一种高级的政治制度,即高级的社会管理与分配制度。

第四节　史前晚期夏商周时期财富私有制与生产力发展的关系

长期以来,我国学术界多认为以生产工具代表的生产力的进步与发展是私有制产生的主要原因。因为,史前晚期,随着新的生产工具和生产方法的出现,生产力不断进步,从而就导致"剩余产品",接着又导致私有制出现了[1]。

然而,中国的考古表明,中国的财富私有制完全与以生产工具代表的生产力的发展与进步没有任何关系。

---

[1] 杨邦兴等:《文明起源与旱地农业》,《安徽师范大学报》(哲学社会科学版)1987年第2期;尚明杰:《原始农业与中国古代文明》,《青海师范大学学报》(社会科学版)1987年第2期。

第一,新石器时代中期,尽管当时以自然的广谱经济为主,集体劳动集体消费,而且无论生产工具还是具体的生产方法都比较落后,但财富私有制却独立起源了。

第二,新石器时代晚期,财富私有制出现了新的变化,出现了早期个体劳动个体经济。但是这与当时生产工具代表的生产力的发展也没有任何直接的因果关系。因为,早期个体劳动个体经济出现的主要原因是人类社会生存危机推动社会生产方式变革的结果。

这就是中国历史的特色,生产力的发展与先进的工具都与财富私有制起源关系不大,而主要与社会生产方式,与生产关系的调整和变革有关。

从史前晚期开始,社会上就连续不断地出现了许多被专家们视为生产力发展水平标志物的工具,如"锄耕"农业的石锄、石耜①,"犁耕"农业的石犁、耘田器②等。但这些工具并不是生产力普遍提高与发展的物证,而主要是具体的生产技术与方法改进和发展的物证。

中国的历史表明,社会生产力的提高与发展是一种质的进步,最主要的标志就是生产资料与劳动者和谐结合的生产方式与生产关系,而那些工具的进步则是一种量的进步,只在一定的社会生产方式与生产关系的基础上提高了劳动的效率。

一般而言,生产力包括了劳动力、劳动工具、劳动对象等三种要素。其中,劳动力不仅是最活跃的因素,而且人还是主要的生产力。因为,所有的生产工具都是人创造的,所有生产工具所焕发出来的生产能力也是人操作的结果。正因此,劳动者与生产资料的结合方式,人在生产中的地位,产品的分配制度等因素就决定了人的生产积极性。积极性高,生产就发展。否则,工具再先进也不过是历史的玩物,生产力也不发达。先秦以后,中国封建社会历次生产力大发展的高潮时期,实际都是生产关系调整得比较好的时期。1978年12月,安徽凤阳小岗村农民的变革就更生动地说明,即使在拖拉机、化肥、农药都齐全的现代生产工具和生产资料的历史背景下,社会生产方式与生产关系的变革依然是农业生产力发展的主要原因和动力。

正因此,史前财富私有制的起源与发展与生产工具及其所代表的生产力的进步关系不大,而是社会生产方式与生产关系调整的结果。

---

① 范志文:《仰韶文化时期的农业工具——锄耕农业工具的演变和应用》,《中国农史》1988年第3期。
② 牟永抗等:《江浙的石犁和破土器——试论我国犁耕的起源》,《农业考古》1981年第2期。

第五节　史前晚期夏商周时期财富私有制与手工业的关系

长期以来,我国学术界就将农业与手工业的社会分工视为私有制起源的主要原因。20 世纪 80 年代在考古学否定了中国存在农业与畜牧业的社会分工以后,农业与手工业分工的重要性更上升到了全新的高度,也受到了比以往更多的关注与重视。因为,舍此将可能"永远"也找不到中国私有制起源的源头和原因了。

然而,事实证明中国史前晚期至夏商周时期并没有出现农业与手工业的地缘社会分工,财富私有制的起源和发展也确实与手工业的兴衰无缘。

一、史前晚期特殊手工业的基本功能与特点

从新石器时代中期开始,中国史前血缘组织内部就出现了手工业的分工,就出现了专门为贵族和贵族政治服务的特殊手工业,并有五个方面的重要特点。

(一) 生产资料贵族集体所有

史前晚期,无论是长江中游汤家岗文化的白陶盘、白衣红陶盘;北方地区红山文化的玉猪、玉龙;还是长江下游良渚文化的琮、璧、钺,它们都拥有一个明显的共性,那就是长期稳定地只出现和存在于一个少数人构成的群体之中。这种群体性现象实际就表明,特殊手工业的生产资料不是归某一个贵族所有,而是归贵族集体所有。否则,贵族们就失去了集体占有那些特殊手工制品的基础与权力。

(二) 明显的垄断性

为了维护特殊手工制品的特殊性,确保它们在彰显地位、权力方面所具有明确的、不可替代的、不可复制的标志性作用,贵族手工业在生产资料、技术和制品各个方面都呈现出明显的垄断性。

史前晚期,贵族手工业几乎集中了当时所有较成熟先进的生产技术,如湖南汤家岗文化的白陶器、山东大汶口文化的象牙器、浙江良渚文化的玉器、山东龙山文化的黑色蛋壳陶器等的制作和雕刻。而与此同时,除了贵族与重要祭祀场所,整个社会的其他人员与日常生活区域却很少见到用类似的原料和技术制作的同类产品,或替代品、仿制品,即使是那些参与制作的能工巧匠也不得拥有。

显然,这种现象就是特殊手工业明显的垄断性和专门强力维护特点的反映。

(三)生产不以交换和出售为目的

为了达到彰显地位、权力的基本目的,史前晚期社会也出现了一些贵族追求异地高档手工制品的现象,如江苏新沂花厅①、山西芮城清凉寺②、山西襄汾陶寺③、辽宁建平牛河梁④、安徽定远德胜村⑤、湖北蕲春坳上湾⑥、湖南安乡度家岗⑦、江西丰城荣塘和靖安郑家坳⑧、广东曲江石峡⑨、广东曲江床板岭⑩、广东海丰田墘三舵⑪、广东封开禄美村⑫等墓葬和遗址所出各类琮(图2-2-10),就显示了与长江下游良渚文化有某种联系。

但是,截至目前为止,除了江苏新沂花厅大汶口文化墓葬所出与良渚文化的同类器比较相似以外,其他地区不仅相似的种类少,而且风格与原产地也明显不同。

广东现已发表10余件,玉与石质的各半,最长的也只有5节,全部为大孔型(图2-2-10,1—9)。黄河中游的晋南地区也发现了较多玉琮。其中,芮城清凉寺庙底沟二期文化墓葬发表1件,陶寺龙山文化中期墓葬发表4件,但基本上也都是单节、大孔、薄壁、素面型(图2-2-10,15—17)。

关于上述发现所呈现的地方特点,专家们早有议论。

---

① 南京博物院:《花厅——新石器时代墓地发掘报告》,文物出版社,2003年,第150页。
② 山西省考古研究所等:《山西芮城清凉寺新石器时代墓地》,《文物》2006年第3期。
③ 中国社会科学院考古研究所山西工作队等:《山西襄汾县陶寺遗址发掘简报》《考古》1980年第1期;《1978—1980年山西襄汾陶寺遗址墓地发掘简报》,《考古》1983年第1期。
④ 辽宁省文物考古研究所编:《牛河梁红山文化遗址与玉器精粹》,文物出版社,1997年,第69页。
⑤ 吴荣清:《安徽省定远县德胜村出土良渚文化遗物》,《东方文明之光》,海南国际新闻出版中心,1996年,第155页。
⑥ 汪宗耀:《湖北蕲春坳上湾新石器时代遗址》,《考古》1992年第7期。
⑦ 何介钧:《湖南史前玉器》,《东亚玉器》第一册,香港中文大学中国考古艺术研究中心,1998年,第227页。
⑧ 万良田等:《江西出土的良渚文化型玉琮》,《东方文明之光》,海南国际新闻出版中心,1996年,第157页。
⑨ 广东省博物馆等:《广东曲江石峡墓葬发掘简报》,《文物》1978年第7期。
⑩ 广东省文物管理委员会等:《广东文物普查成果图录》,广东科技出版社,1990年,第21页。
⑪ 广东省文物管理委员会等:《广东文物普查成果图录》,广东科技出版社,1990年,第24页。
⑫ 广东省文物管理委员会等:《广东文物普查成果图录》,广东科技出版社,1990年,第22页。

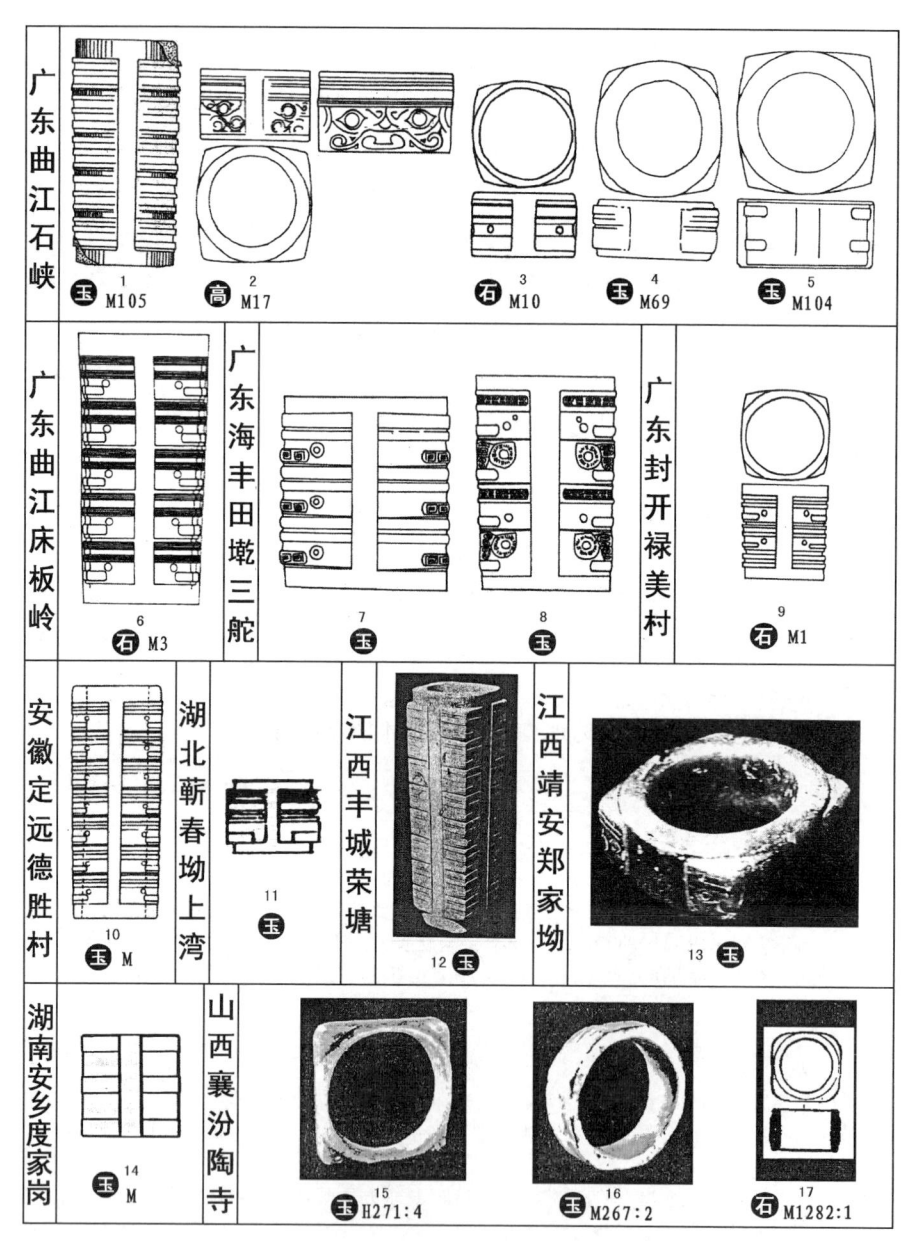

图 2-2-10　史前晚期中国东部地区出土与采集类似良渚文化玉琮石琮

玉：玉质；石：石质；高：高岭玉

（器物引自杨建芳《从玉器考察南中国史前文化传播和影响》；广东省博物馆等《广东曲江石峡墓葬发掘简报》；中国社会科学院考古研究所山西工作队等《山西襄汾县陶寺遗址发掘简报》，《1978—1980年山西襄汾陶寺遗址墓地发掘简报》）

王巍先生曾认为陶寺所出玉与石琮,"有的内圆外方,有的外周作八角形,素面或饰横槽数道","与良渚文化的玉琮在形制上差别很大,似不应看作与良渚文化有直接关系"①。

邓淑苹女士也曾认为"新石器时代,散布于宁、甘、晋、川等西边省份"的,"有上下射口,外壁四面平齐光素"的玉琮,如陶寺 M168、M271 所出,"与东边良渚式的垂直堆叠面纹的风格,似乎完全无关"②。对石峡文化所出,邓淑苹女士也提出了自己的观点,并认为石峡 M17、69 的二件玉琮,尽管花纹相似良渚,但材质分别是高岭玉和矽卡岩,因而"为石峡居民自做的可能性应较大"③。

此外,安徽、江西、湖北、湖南出土的玉琮,表面上也类似良渚文化的同类器,但与广东、山西所出一样,多数都是大孔节少型。

至于江苏新沂花厅所出玉琮,它也不是商品交换的结果,而是良渚文化向北扩张的直接结果④。2011 年 10 月至 2015 年 12 月江苏省兴化、东台两市交界处蒋庄遗址的发掘,就证明良渚文化的确存在向长江以北扩张的历史事实⑤。

显然,各地的发现表明,良渚的玉琮是不能买卖的,那些与良渚相似的各地玉琮大多数都是本地仿制的。

(四)聚落组织内部的核心是生产的组织者与管理者

史前晚期,由于聚落组织日趋大型化一体化,从而导致手工业也同步出现了规模化、专业化、分工化的趋势。

对此,特殊手工业的反映最明显。早期只为满足本聚落或本部落的需要而生产,后来,聚落组织扩大升级成了聚落群团或聚落集团,那就必须扩大生产规模提高产品档次以适应新的需求。因此,最早推动手工业规模化、专业化、分工化的不是商品经济,而是聚落组织本身的扩大与升级。

值得注意的是,随着聚落组织规模的扩大,特别是随着具有集中统一管理特点的一体化的聚落群团和聚落集团的相继出现,核心聚落的地位也越来越高,不仅成为了所在组织的政治中心,还同步成为了特殊手工业生产的组织者与管理者。

---

① 王巍:《良渚文化玉琮刍议》,《考古》1986 年第 11 期。
② 邓淑苹:《由"绝地天通"到"沟通天地"》,《故宫文物月刊》(台湾)1988 年第 10 期。
③ 邓淑苹:《由"绝地天通"到"沟通天地"》,《故宫文物月刊》(台湾)1988 年第 10 期。
④ 宋健:《嵩山地区与太湖地区文明进程的比较研究》,《上海博物馆集刊》1992 年第 6 期。
⑤ 林留根等:《江苏省兴化、东台市蒋庄遗址发掘取得重大收获》,《中国文物报》2016 年 2 月 1 日。

2002年,浙江省文物考古研究所在良渚遗址群中的塘山遗址(金村段)发现一处良渚文化的制玉作坊,揭露面积458平方米(图4-2-4,28)①。

在出土的标本中,制玉工具最多,达400余件。可分3类:一类为砺(磨)石,用于玉器不同部位的磨砺,均为砂岩;二类为切磋用石,器形有片形、条形、不规则形,数量较多的还是由石镞改制而成,磨磋面特别光滑,推测是切割或抛光玉器反复磨蹭的结果;三类为雕刻用石,石质特别坚硬,属石英岩,以黑石英为主(与黑曜石有别)。

发现的玉质遗物共计100余件,半数以上为玉料,均留有切割痕迹,或片切割,或线切割。其中,还有许多玉器的残件,可辨器形的有琮、璧、钺、镯、锥形器、管珠和管钻的内芯等。

与制玉有关的石砌遗迹也发现3处,均为若干较平整的石块布列而成的"工作台",有的石块平整放置,有的直立插入土中,围成一个小空间。

尽管该作坊遗迹的全貌目前已不完全清楚,也未发现地面以上可供遮风避雨并长期使用的作坊建筑,但它单独置身于所有聚落之外的位置,较大的工作面积,适合不同工序使用的工具,各种玉礼器残件的发现,已将一个贵族集体所有,且专门生产玉器,并明显具有规模化、专业化、分工化特征的作坊轮廓呈现在了人们的面前。

由于该作坊是良渚遗址群内目前发现的唯一一处制玉作坊,而且距离瓶窑古城也比较近。因此,该作坊直接属于瓶窑古城核心莫角山管理的可能性很大。

类似的现象也见于湖北天门以谭家岭内城为核心的石家河文化聚落集团。

考古发现,石家河大城内外共有3个地点发现了可能是冶铜的遗迹和遗物。其中,邓家湾,位于大城内的西北②;肖家屋脊③与罗家柏岭④则位于大城外的东南。

由于铜是当时的贵金属,铜的制品也只有贵族才能享用,又由于冶铜也是当时手工业技术含量最高的顶级产业,所以它的生产活动绝不是个别聚落的随意行为。这些制铜作坊,虽然都不在谭家岭的小城内,但它们都服从小城内核心聚落的统一管理。就像河南安阳殷墟的孝民屯一样,虽然远离小屯大灰沟以内的宫殿宗庙区约2公里,但它所出土的商代顶级陶范却毋

---

① 王明达等:《塘山遗址发现良渚文化制玉作坊》,《中国文物报》2002年9月20日。
② 湖北省文物考古研究所等:《邓家湾》,文物出版社,2003年,第243页。
③ 湖北省荆州博物馆等:《肖家屋脊》,文物出版社,1999年,第236页。
④ 湖北省文物考古研究所等:《湖北石家河罗家柏岭新石器时代遗址》,《考古学报》1994年第2期。

容置疑的表明那里是一处"王室直接控制"的手工作坊。

事实上,在一体化的血缘聚落组织内部,在所有聚落都有明显主从关系或从属关系的前提下,没有核心的统一安排与管理,任何聚落都不可能从事贵重"奢侈品"的生产。与此同时,组织内部的所有聚落实际都在"王室直接控制"下,因而不仅整个特殊手工业都在"核心"的控制与管理范围内,而且指定任何一个聚落或聚落组织进行生产都属于"王室直接控制"的权力与范围。

(五)工匠不享受自己的劳动成果

在贵族手工业中,劳动者不仅没有生产资料,而且也从不参与自己劳动成果的分配。

有专家论证,安徽凌家滩98M23的墓主人就是一个从制石专业工匠中分化出来的专门制玉的匠人[①]。

"98M23位于祭坛西侧……是随葬器物数量最少的一座墓葬,共随葬器物10件,分别为玉环1件、玉芯2件、石工具3件和陶器4件。玉环是装饰品,陶器为生活用品,玉芯及石工具,则是墓主人生前职业的指示物。石工具者,如前所述,其中含有石钻;玉芯,是制作玉器之孔时所割出来的芯。98M23以石钻及玉芯随葬,使人们一眼就能看出其墓主人是位专制玉器的匠人"。

值得注意的是,就在98M23的附近还有二座大量随葬玉器的墓[②]。其中,87M15,随葬器物总数128件(组),有玉器94件(组),占随葬物总数的73.4%(图2-2-2,右);98M29,随葬物总数86件,玉器52件,占60.5%。

也许98M23的墓主人是一位身怀绝技,甚至是当时最先进生产力的代表者,但他并没有资格去享用自己亲手制作的大量精品。

总之,史前晚期伴随着社会组织的大型化一体化,特殊手工业也出现了新的特点,不仅推动了新兴手工业制作技术的利用和提高,还推动了手工业生产方式的规模化、专业化、分工化。但是,它的发展和它的生产目的、生产方式、分配方式及其垄断性却完全是新石器时代中期特殊手工业特点的继承与发展,并从根本上背离了商品生产和交换的要求,从而既制约了整个社会商品经济的发展,也制约了拥有产权的个体私有经济的正常发育和个体手工业者的大量出现。

因此,特殊手工业的根本属性就是史前晚期贵族政治的附属。它的历史作用并不是社会转型与贫富等级分化的原动力,而只是助长了社会的贫

---

① 张忠培:《窥探凌家滩墓地》,《凌家滩玉器》,文物出版社,2000年,第141页。
② 安徽省文物考古研究所:《凌家滩——田野发掘报告之一》,文物出版社,2006年,第138页。

富与等级分化。

二、史前晚期普通手工业的基本功能与特点

与特殊手工业对应的就是普通手工业。史前晚期,普通手工业主要有三个方面的特点。

(一)聚落内部普通手工业门类小而全

这是一个与特殊手工业明显不同的特点。一般而言,特殊手工业就是"贵族手工业",就是为贵族服务的手工业,所以它的生产就是集整个聚落组织的力量来进行的,并由组织的核心来安排与管理。但是,普通手工业是为普通聚落成员服务的,所有的制品都是普通的生产生活用品,所以它的生产的最基本特点就是各聚落自己组织,聚落成员各尽所能,生产门类小而全。

1996年,位于浙江余姚河姆渡西北,相距约11公里的余姚鲻山遗址发掘,出土物的种类与精美程度与河姆渡极其相似①。

2004年1月,位于河姆渡东北,相距约7公里的余姚田螺山遗址发掘,各种物品的发现也与河姆渡极其相似(图2-2-11)②。

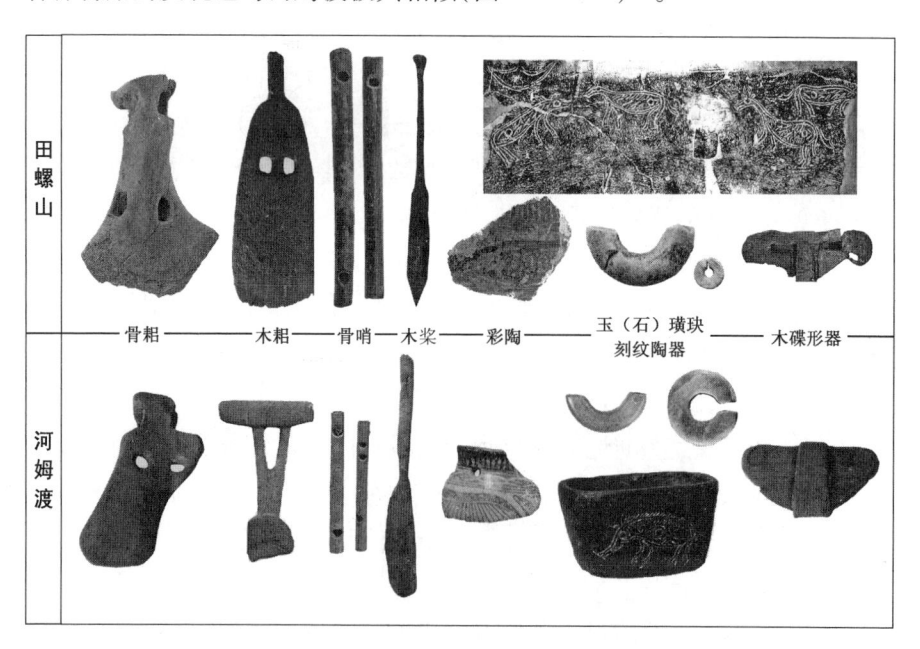

图2-2-11 田螺山与河姆渡遗址出土器物比较图
(器物引自《田螺山遗址》、《河姆渡遗址》)

---

① 浙江省文物考古研究所等:《浙江余姚市鲻山遗址发掘简报》,《考古》2001年第10期。
② 孙国平:《浙江余姚田螺山遗址初现端倪》,《中国文物报》2004年8月6日。

同年4—8月,位于河姆渡东北,相距约10公里的宁波慈城傅家山遗址发掘,所有的发现也与河姆渡、鲻山、田螺山极其相似①。

由于河姆渡、鲻山、田螺山、傅家山时代相同,而且各自出土物的种类与精美程度也十分相似。因此,它们的发掘与发现就充分地证明,距今7000年以前的新石器时代中期,在广谱经济与风调雨顺的支持下,人们不仅有大量的时间来从事手工制作和艺术创作,而且都以聚落为基本单位,各尽所能,各自内部不仅形成了细致的自然分工,而且门类也十分齐全。

距今5000年以后,虽然各地的能工巧匠可能随时都应招进入了贵族特殊手工业的行列,虽然在大型化一体化的聚落组织内部手工业的规模化、专业化、分工化现象日渐突出,但这一切并没有改变普通手工业以聚落为单位组织生产的传统。

浙江湖州钱山漾良渚文化遗址的发现就是典型的一例。

遗址1956、1958年先后二次发掘,面积731.5平方米,年代距今约4300年,发现大量普通手工制品,数量较多的有石器、木器、竹器等。其中,石器主要有石犁、耘田器,而完整与残破的石犁则多达127件。木器的种类也较多,有木浆、木盆、千篰、木杵、木榔头等。竹编物出土数量更多,达200余件,包括竹篓、篮子、算子、谷箩、刀篰、簸箕、倒梢(捕鱼用具)、竹席、篷盖、门扉、竹绳等11个功能互异的品种,一般都做工精细,有的编织方法还随物而异,花色复杂②。

应该说,钱山漾的手工制品不仅分工细致,专业化程度高,而且绝大多数制品的种类也应该是聚落内部小而全的普通手工业生产的农家生产生活用品。

值得注意的是,距今5000年以后,随着一体化大型聚落组织的出现,普通手工业也开始在这类组织中出现了分工分级现象。如史前晚期的湖北天门石家河枯柏树遗址的彩陶纺轮③、河南安阳殷墟薛家庄南地④与大司空村东南地⑤的骨器,就可能因为产品时新和重要导致其服务范围不再限于单个的聚落,而是扩大到一定的聚落组织范围。但是,即使在殷墟也不见大规模的普通陶器和普通石器的生产作坊,这又说明虽然时代越晚参与分工的

---

① 《慈城傅家山遗址今揭面纱》,《宁波晚报》2004年12月2日。
② 浙江省文物管理委员会:《吴兴钱山漾遗址第一、二次发掘报告》,《考古学报》1960年第2期。
③ 何介钧:《长江中游新石器时代文化》,湖北教育出版社,2004年,第370页。
④ 孟宪武:《殷商制骨》,《殷都学刊》2006年第3期。
⑤ 中国社会科学院考古研究所编:《殷墟发掘报告》,文物出版社,1987年,第79页。

行业也渐多,但是直到商周时期普通器物的生产仍然沿袭史前晚期的传统,沿袭湖北天门肖家屋脊所见二座石家河时期普通陶窑①所表示的传统,从而说明各聚落自行组织生产,规模小而全依然是当时普通手工业的基本特点。

(二)自给自足是生产的基本目的

由于财富私有制与生产力的发展,人们很容易就将一些普通手工业的进步与商品生产直接联系在一起,从而忽视了普通手工业的传统特点,以及它与满足人们需求增长之间的内在联系。

兰州白道沟坪遗址,马家窑文化马厂类型,年代距今4 500—4 000年之间,就因为发现了12座以上的陶窑,有专家就将它与手工业的规模化、专业化、分工化和私有制、商品生产联系在一起了②。

然而,其生产规模却并未明显超出当时该文化普通聚落成员的实际需求。

考古发现,甘青地区马家窑文化马厂类型是中国史前墓葬随葬陶器数量最多的文化。在青海乐都柳湾,仅这一时期的872座墓葬中的845座就出土了陶器13 227件,平均每墓15.65件,创下了中国史前单个聚落遗址墓地与平均各墓随葬陶器数量最多的二项纪录③。

根据墓地M564随葬器物的平面图,以及白道沟坪方形窑室1米的边长,初步推测该墓随葬的91件陶器大约需要4窑方能烧制完成(图2-2-12)。依此类推,整个墓地的所有陶器大约就需要580窑,即12座窑经过约48轮方能完成。

显然,柳湾墓地随葬陶器代表的不仅仅是一种"厚葬",而是一方面表明墓地的陶器应该都是聚落内部自己生产的,不可能都来源于市场,也不可能每一个人都有相应的购买力;另一方面也说明史前晚期普通手工业虽然已经出现了规模化、专业化、分工化的迹象与特点,但它的基本功能依然还是以满足聚落内部人员不断高涨的各种需求为主。

(三)人人都有获得手工制品的权利

由于史前社会是一种血缘社会,不仅组织内部所有成员都是亲戚,而且组织与聚落内部还实行所有成员的最低生活保障制度,所以交换劳动各取所需就成了聚落普通成员获取手工制品的基础与主要方式。

---

① 湖北省荆州博物馆:《肖家屋脊》,文物出版社,1999年,第128页。
② 许顺湛:《再论仰韶时期的社会性质》,《学术研究辑刊》(现《中州学刊》)1979年第1期。
③ 青海省文物管理处考古队等:《青海柳湾》,文物出版社,1984年,第97页。

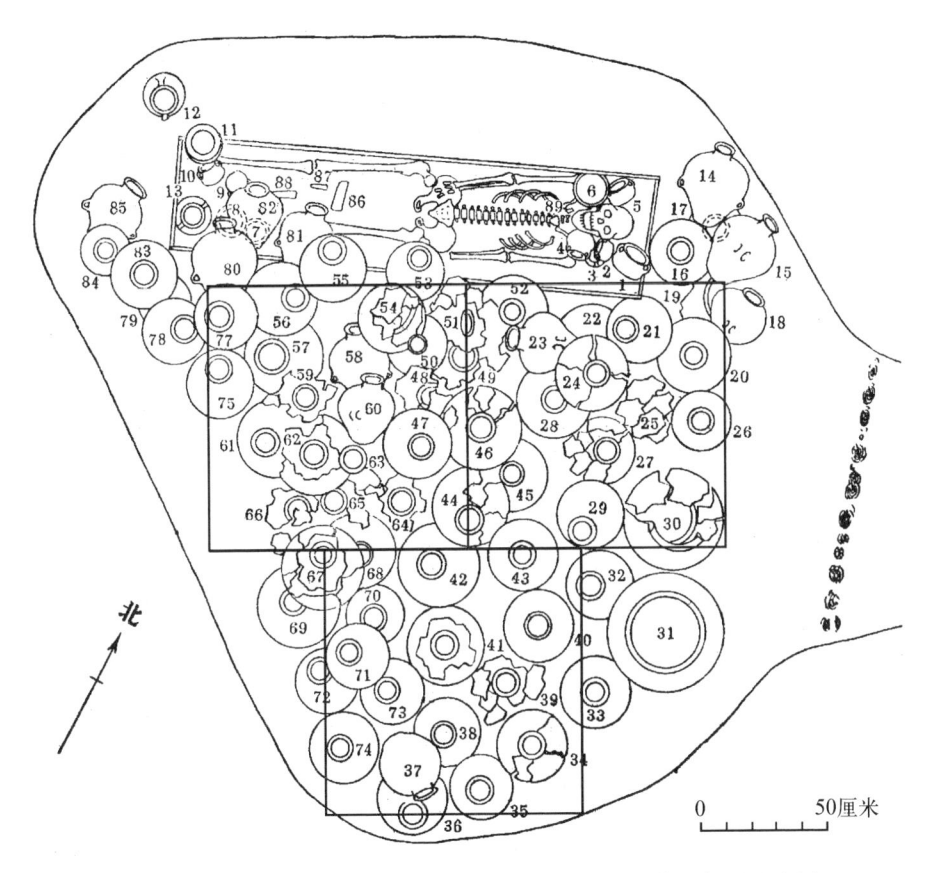

图 2-2-12 乐都柳湾 M564 平面图及其陶器烧制工作量推测示意图
(引自青海省文物管理处考古队等《青海柳湾》,图中黑线方框为本书作者所加)

在青海乐都柳湾遗址,马家窑文化马厂类型之所以近97%的人都随葬了陶器,就说明人人都有获取陶器的资格与权利。

关于兰州白道沟坪遗址窑场的性质,严文明先生就曾认为"大规模而又分组排列的窑场,充分显示了在原始公社制度下有组织地进行劳动生产的场景"[①]。

这个观点是对的,因为它通过指出窑场是在"公社制度下有组织地进行劳动生产",而揭示了生产资料的"公社"集体所有制和劳动者服从"公社"统一组织与管理的历史事实。

值得注意的是,"公社"不仅统一组织与管理生产,实际还具体负责手工制品对众多无偿消费者的分配。

---

① 严文明:《马家窑文化》,《中国大百科全书·考古学》,中国大百科全书出版社,1986年,第301页。

在青海乐都柳湾，在聚落成员人人都可以获得普通陶器的前提下，却有极少数人没有，也有些人只有 1 件(M8)[1]，这就说明陶器的分配与使用，与组织生产一样，都是有人管理的，也有一定的规则与制度。

1994 年，湖南澧县城头山于城址中部偏西发现了一处专门烧造红烧土疙瘩的窑场(图 4-1-1,2,三)。发掘区一共发现了陶窑 8 座，多数时代属大溪文化早、中期，一座为屈家岭文化时期。除陶窑外，还发现了料坑、储水坑，以及工棚等相关设施[2]。由于遗址地处江南，气候潮湿，所以用红烧土疙瘩铺垫房基、道路也就成了当地流行的建筑模式，还由于窑场规模较大，设施齐备，使用期也特长，前后跨逾近 1 000 年。因此，该窑场应该是一处聚落集体所有的，并在"公社制度下有组织地进行劳动"和长期服务于聚落所有成员的"中心"窑场。不过，窑场毕竟规模有限，生产的过程也有早有晚，也不可能同时服务于所有聚落成员。因此，与兰州白道沟坪遗址的陶器生产和消费一样，也有一个孰前孰后、孰轻孰重的管理问题。

显然，人人都可以获得普通手工制品是史前血缘社会普通聚落成员的一种基本的权利。但如何具体获得，获得的具体时间与数量，则可能受制于聚落的宏观管理，以及一些乡规民约。

值得注意的是，普通手工业的根本属性就是血缘组织在生产资料集体所有制基础上实行的组织成员最低生活保障制度的组成部分，其目的就是无偿地满足普通聚落成员日常生产生活方面的基本需求。因此，普通手工业既不会直接推动社会的贫富与等级分化，也不会直接导致商品经济的出现。

三、史前晚期夏商周时期手工业"三化"的基本原因与特点

距今 5 000 年以后的史前晚期，手工业的确出现了规模化、专业化、分工化的"三化"趋势，而且规模越来越大，专业分工也越来越细，乃至晚商都出现了"百工"与"世工世族"。但是，它既不是农业与手工业跨血缘、跨地域全社会分工的标志，也不是生产资料私有制和商品经济出现的证据。

(一) 手工业规模化、专业化、分工化的基本原因

根据已有的考古发现与研究，从史前晚期到夏商周时期，手工业的规模化、专业化、分工化现象都只出现在一些大型的一体化的血缘组织内部，并说明手工业规模化、专业化、分工化的基本原因就是血缘组织的不断大型化

---

[1] 青海省文物管理处考古队等：《青海柳湾》，文物出版社，1984 年，第 84 页。
[2] 湖南省文物考古研究所：《澧县城头山》，文物出版社，2007 年，第 257 页。

和一体化。

之所以如此,皆因为以往传统的血缘组织不支持社会分工。

史前晚期以前就是传统的血缘社会。在这种社会中,人类的社会组织数百万年以来都以自然的血缘为纽带,相互之间完全独立平等,生产的最高目标与境界就是自给自足。因此,自然的传统血缘组织之间不仅完全各自为政,而且也根本不存在任何社会分工的需求与基础。

不过,中国的考古又表明,虽然聚落组织之间没有社会分工,但是同一组织内部的分工最早从新石器时代中期就开始了,并有三个突出的特点。

第一,分工的范围只发生在聚落群即部落以内,因为当时只有这一级组织才是人们日常生产生活的实体。

第二,最早独立与分工的就是特殊手工业。由于特殊手工业制作的奢侈品一般都以聚落群即部落的上层人士为服务对象,制品的原料也比较稀缺,工艺复杂,因而不太可能是由各个聚落自己单独生产,而应该由聚落群统一组织统一安排。

第三,生产的规模很小。

由于服务对象与经济能力的局限,当时特殊手工业的生产规模都很小。内蒙林西白音长汗兴隆洼文化遗址就是这一阶段的代表。遗址上明显住着一个聚落群,并由二个聚落超近距离相聚而构成。由于遗址上所有的居住房屋基本上都发掘完毕,可知在近一千年的时间内居住区所见到的高档奢侈品玉器,如玉玦、玉蝉等却总共只有 8 件[①],显示生产规模很小。

史前晚期,主要是距今 5 000 年以后,随着具有集中统一领导和管理特征的一体化的聚落群团、聚落集团、早期国家、古国相继登上历史舞台,以往不见的大型或超大型聚落组织开始成为了人们生产生活的新型实体。

事实证明,正是这种组织规模的不断扩大,一方面有了不断扩大手工业产品数量的需求,因为人多了;另一方面又有了提升产品种类与质量的需求,因为随着组织规模的扩大,组织的层级也在同时增加,不同等级地位的贵族也有不同的需求。

此外,聚落组织的大型化实体化又为实现那些新的需求奠定了社会基础,提供了可能。一方面有了更多可以调配和使用的社会资源用于手工业的生产与发展,另一方面集中统一领导与管理更有利于手工业的规模化、专

---

① 内蒙古自治区文物考古研究所编著:《白音长汗——新石器时代遗址发掘报告》,科学出版社,2004 年;索秀芬等:《白音长汗遗址出土玉器》,《边疆考古研究》第三辑,科学出版社,2004 年,第 1—8 页。

业化和分工化。

甘肃兰州白道沟坪遗址,马家窑文化马厂类型,年代距今4 500—4 000年之间,它所发现的12座以上的陶窑,很可能就是史前晚期大型聚落组织中的普通手工业作坊。由于服务的范围扩大了,所以作坊的规模也扩大了。

河南安阳殷墟孝民屯的青铜作坊更是手工业规模化、专业化和分工化的典型。虽然具体的生产单位和地点都远离小屯大灰沟宫殿宗庙区约2公里,但它规模巨大,5万平方米,而且所出顶级陶范还表明它就是一处"王室直接控制"的国家级的特殊手工业作坊。尽管它具有商周及史前考古至今仍无可比拟的规模化、专业化、分工化特征,但它的生产目的却是不折不扣的商王朝核心血缘族体内部自身的需要,完全与社会分工毫无关系。

显然,史前晚期至夏商周时期,手工业的社会分工只发生在拥有血缘关系的组织内部,并随着这种组织规模的扩大而扩大。与此同时,它的发展还表明从史前到商周,规模化、专业化、分工化完全是当时手工业发展的表面现象,不能以这种表明现象掩盖了它的本质属性。

(二)史前晚期石家河文化聚落集团手工业的发现与启发

大约距今5 000年以后,特别是距今4 500年之后,史前血缘组织内部手工业的分工进入了一个全新的历史阶段。

这一阶段分工的范围与内涵更广更细了。

一方面,由于聚落组织一体化规模的不断扩大,从一体化的聚落群团发展到聚落集团,以及早期国家与古国。所以无论特殊手工业还是普通手工业,许多作坊都因产品服务范围的扩大而规模升级扩大了。

另一方面,由于组织与规模的扩大,组织内部的组织层级和人与人之间的等级地位差别也越来越多,于是,为不同等级不同组织范围服务的生产分级现象也出现了。其中,服务范围仅限于聚落本身的就是聚落级;服务范围扩大到整个聚落群的,就是聚落群级;服务范围扩大到整个聚落群团的,就是聚落群团级;服务范围扩大到整个聚落集团的,就是聚落集团级。

调查与发掘表明,距今4 500—4 200年的湖北天门石家河文化聚落集团的手工业就是组织内部分工又分级的代表。

石家河文化时期,当地就存在一个组织规模巨大的聚落集团。其中,大城内有4个聚落(图3-2-4);大城外东西南三面约1公里,北面约1.5公里的范围内,密集地聚集了36个聚落(图3-2-13,2)①。

---

① 湖北省文物考古研究所:《大洪山南麓史前聚落调查——以石家河为中心》,《江汉考古》2009年第1期。

目前,与集团内部特殊手工业有关的发现主要位于罗家柏岭、肖家屋脊、邓家湾三个遗址。

其中,位于大城内的邓家湾和位于城外东南的罗家柏岭、肖家屋脊三个遗址都发现了与铸铜有关的冶铜原料遗存。此外,罗家柏岭还发现了的玉石作坊,充分地显示了当地的特殊手工业已出现了明显的专业分工。由于铜器玉器的制作都涉及整个聚落集团上层的贵族与贵族政治,所以它们的性质都属于聚落集团级,生产的管理者也应该就是整个集团的核心聚落。

与普通手工业有关的发现目前就见于枯柏树与肖家屋脊二个遗址。

枯柏树位于城外西部,"曾采集不计其数的彩绘纺轮"①。由于当地这类纺轮的数量巨大,还由于这类纺轮也先后见于小城内的谭家岭②、大城内的邓家湾③,以及大城外的肖家屋脊等遗址的普通聚落成员活动区④。因此,枯柏树遗址很可能就存在一个专门为整个集团生产彩陶纺轮的聚落集团级的普通手工业作坊。至于生产的管理单位,根据遗址所在城址西部的聚落分布状况,估计可能属于聚落群管理的可能性较大。

肖家屋脊的发现是两座普通的陶窑⑤,并排位于聚落生活遗迹最密集的区域,规模不大,估计它的性质就属于聚落一级的普通手工业作坊,只专门为同聚落的族人烧制普通陶器。因此,它的管理者也应该就是所在聚落。

值得注意的是,石家河的发现总体虽然还太少,但是已有的发现却为人们理解史前晚期手工业的基本特点,特别是为理解手工业分工的深化、细化,提供了四个方面的重要启示。

第一,史前晚期虽然在一定的聚落组织内部手工业出现了规模化、专业化与分工化的现象,但所有这些变化都与商品经济无关。聚落组织内部,之所以能够实现手工业的社会分工,关键就在于聚落组织具有利益一体化的条件和基础,这种组织不只是会合作打战,而且还是一种日常生活的实体,是一种日常生活的共同体,共同生产,共同消费。

第二,手工业的分工日趋细化。除了可以区分特殊手工业与普通手工业以外,在普通手工业中因产品的服务与覆盖范围的不同还出现了生产与管理的分级现象。

第三,聚落组织内部分工的基本原则是各尽所能。在群体内,谁有能力

---

① 何介钧:《长江中游新石器时代文化》,湖北教育出版社,2004年,第370页。
② 湖北省荆州博物馆等:《谭家岭》,文物出版社,2011年,第189页。
③ 湖北省文物考古研究所等:《邓家湾》,文物出版社,2003年,第229页。
④ 湖北省荆州博物馆等:《肖家屋脊》,文物出版社,1999年,第214页。
⑤ 湖北省荆州博物馆等:《肖家屋脊》,文物出版社,1999年,第128页。

生产就交给谁生产,即使是铜器、玉器的生产也可以由核心区即城址外围其他同组织的成员生产,而不是将铜器、玉器等贵重物品都置于城内,都置于"贵族"的控制之下,或让其位于城内并成为"王室直接控制的手工业"。

第四,同一个聚落范围内的手工作坊,由于参与分工,也有级别和管理单位的不同。就像肖家屋脊一样,既有属于聚落集团级并属集团核心管理的特殊手工业的冶铜遗存,也有只为本聚落普通平民服务的聚落级并属本聚落管理的普通陶窑。

(三) 晚商殷墟手工业的发现与启发

根据已有的发现,河南安阳晚商殷墟就是研究和认识夏商周时期手工业特点的最好标本。

一方面,夏商周的国体虽然已经地缘化了,但政体却还是血缘化的,基层组织还是血缘化的。铜器的铭文研究表明,殷墟一直就是许多以血缘为纽带的"族邑"联合构成的"大邑商"[①]。对此,聚落群聚形态的研究也表明,整个殷墟就是一个以血缘为纽带的聚落集团,下属的 109 个"族邑"聚落遗址又都分别近距离相聚为聚落群和聚落群团(图 4-3-3)[②]。这种现象说明,血缘组织就是殷墟手工业的社会基础与历史平台。

另一方面,殷墟手工业的发展还显示了三个重要特点。一是自给自足;二是生产分类又分级;三是世工世族。

1. 自给自足

在介绍和讨论殷墟的手工业特点时,经常有专家会不知不觉地就将一些规模化、分工化、专业化的手工作坊列入商品经济的范畴之中。如北辛庄与大司空的制骨作坊,就因为作坊规模较大,"都以生产骨笄为主",就说明"生产的目的是为了出卖,可能属商品性生产"[③]。

然而,这样的普通生活用品又卖给谁呢?又有谁不会生产而需要通过市场才能获取呢?如果要卖又卖给谁呢?

商代有资格参与社会分工的手工制品实际主要只有二种。一种是自然的,有赖各地物产的不同,如山东的海盐;另一种是人为有特色的,他人很难生产,并受到他人欢迎的,如殷墟的青铜器。相对而言,骨笄既不是特殊的自然产品,也不是有特色受欢迎又很难生产的人工产品。假如商代如此简单普通的骨笄当时都商品化了,那就意味着商代晚期中国已经成为了商品

---

① 郑若葵:《殷墟"大邑商"族邑布局初探》,《中原文物》1995 年第 3 期。
② 裴安平:《中国史前聚落群聚形态研究》,中华书局,2014 年,第 389—416 页;中国国家博物馆等:《商邑翼翼·四方之极》,安徽美术出版社、安徽人民出版社,2013 年。
③ 中国社会科学院考古研究所编著:《殷墟的发现与研究》,科学出版社,2001 年,第 96 页。

经济的大国,就意味着商代以后中国社会的发展都在"开倒车"。显然,商代的骨笄不可能因为作坊的规模大一点就成了"商品",商人也不可能还将自己的手工制品不加区别的同时销往被压迫民族和地区,被压迫民族和地区的人民也不可能都很富有,都情愿出钱购买压迫者如此简单的手工制品。

事实上,与史前湖北天门石家河文化聚落集团一样,殷墟的手工制品原则上也是自产自用、自给自足。唯一的区别仅在于殷墟的聚落组织规模比石家河还大。石家河聚落集团城内城外总共只有 40 个聚落①,而殷墟却至少聚集了 109 个聚落②,仅聚落数量就是石家河的 2.5 倍还多。显然,殷墟有些手工作坊的规模之所以较大,关键就像石家河枯柏树遗址的普通彩陶纺轮一样,由于消费者的范围大了、人数多了,所以规模也大了。

一般而言,手工业的商品化和商品经济的出现必须要具备二个基本的社会条件。一是生产资料的私有,或生产资料使用权的全部私有,没有这二种私有,产品就不属于劳动者个人,劳动者就无权将劳动产品拿出去交换和买卖。二是社会要地缘化,否则就没有分工的社会基础,即使有了"商品"也无法流通。史前是血缘社会,人们所有的生产与消费都长期局限在一定的血缘组织范围内。假如有独立的商人为贸易而穿行于一个个相互独立的血缘组织之间,那一方面肯定有被误以为是敌探而遭杀戮的可能;而另一方面也可能会因为有利可图而遭到抢劫。清朝时期,国家的基层组织虽然早已地缘化了,但社会上的各种"镖局"居然依然林立,生意火爆,其根本的原因之一就因为商贸活动的人财物时有被抢劫和杀戮的可能。清代尚且如此,史前商周也就不难想象了。

正因此,商代手工业的基本性质还是一种自给自足,只是由于血缘组织的规模扩大了,服务的范围扩大了,服务的人数增加了,所以生产的规模也扩大了。

2. 生产分类又分级

如果说新石器时代中期是史前手工业分工的第一阶段,距今 5 000—4 000 年期间是史前手工业分工的第二阶段,那么夏商周时期就是手工业分工发展的第三阶段。

相对而言,这一阶段手工业的分级生产与分级管理的现象更为明确、普遍和规范。

---

① 湖北省文物考古研究所:《大洪山南麓史前聚落调查——以石家河为中心》,《江汉考古》2009 年第 1 期。
② 中国国家博物馆等:《商邑翼翼·四方之极》,安徽美术出版社、安徽人民出版社,2013 年。

(1) 特殊手工业的分级

考古表明,由于组织规模偏小,所以距今5 000年以前以后的史前聚落组织中的特殊手工业都不存在分级生产、分级管理的现象,而是统一生产、统一管理,湖北天门石家河即如此,邓家湾、肖家屋脊、罗家柏岭的制铜制玉就皆属集团的核心管理。但是,由于核心血缘组织的规模扩大了,统治的区域范围也扩大了,所以殷墟的特殊手工业也第一次采用了分级生产、分级管理的模式。

殷墟西区孝民屯铸铜作坊就是殷墟特殊手工业聚落集团与国家级的典范(图4-3-3)。

孝民屯距离小屯村西部约2公里,发现了一处铸铜作坊,有三个重要特点。

第一,作坊规模,殷墟最大。

该作坊分布范围东西约370、南北约130米,面积超过5万平方米①。出土的主要遗存有取土坑、范土澄淀坑、范土堆积坑、土范阴晾坑、窖穴、大型青铜器铸造间及浇注工作平台、水井、匠人墓地,以及与铸铜活动有关的废弃物堆积等。

第二,制作的器物,殷墟等级最高。

该作坊出土的陶范数以万计,分外范和内范2大类,制作考究,花纹繁缛华丽,刀法娴熟,工艺精湛,部分陶范上还有铭文。最常见的器形有鼎、簋、觚、爵,其次是罍、尊、卣、觥、豆、彝、鬲(分裆鬲)和动物形卣盖等等,偶见兵器。其中,大型青铜器铸造间发现3处,保存较好的一处,残存一件大型青铜容器的内范底座,直径达1.58米、这表明在该铸造间曾经铸造过一件口部内径达1.58米,超过司母戊鼎口长1.12米的巨型青铜容器。此外,在另一间铸造间的填土中还出土了2件未经焙烧就被抛弃的泥模鼎足,直径13—17厘米、残高近45厘米,其中一件上端浮雕饕餮纹,饕餮的眉、眼和阴线底纹等皆清晰可见②。

第三,参与制作的人员,殷墟最多。

由于规模宏大,工序复杂,分工细致,所以该作坊的工作人员可能多达数百人,并可能由一个聚落群或部落的几个聚落或氏族的人员共同构成(图4-3-3)。

---

① 中国社会科学院考古研究所安阳工作队:《2000—2001年安阳孝民屯东南地殷代铸铜遗址发掘报告》,《考古学报》2006年第3期。
② 殷墟孝民屯考古队:《殷墟孝民屯大面积发掘的重要收获》,《中国文物报》2005年6月15日,第1版;殷墟孝民屯考古队:《河南安阳孝民屯商代铸铜遗址2003—2004年的发掘》,《考古》2007年第1期。

与孝民屯相比,小屯村北甲四基址东面、大司空村南、苗圃北地铸铜作坊的属性与等级就明显低了一级。

1987年,小屯村北大灰沟以内甲四基址东面约5.7米处,发现殷墟一期大型灰坑87H1,南北长7米、东西宽4.4米、深4—4.6米。坑内遗物数量最多的就是可用以冶铜的"将军盔",有的还有较厚的铜渣①。

1936年,在大司空村南700米处发现一处商代铸铜作坊(图4-3-3),仅在灰坑TSKH016中发现陶范35块,陶范以礼器范为主,其中觚范最多②。

1959—1964年,苗圃北地在面积5000多平方米的范围内,也发现了一处铸铜作坊,出土了"极为丰富的铸铜遗迹和遗物",其中"外范以礼器为主,器类有大方鼎、圆鼎、簋、方彝、卣、觯、斝、角、觚、爵、器盖等"③。

由于以上三处铸铜作坊的规模明显都小于孝民屯很多,所发现铸造的器物档次也明显比孝民屯要低,所以这类作坊,虽然都是生产青铜礼器,但其属性就不可能都是聚落集团即国家级的,而只相当聚落群团级。

值得注意的是,在殷墟以外的被统治民族区域还发现了二处商人的铸铜作坊。

2015年,湖北黄陂盘龙城小嘴遗址发掘,发现了商代早期的青铜作坊。为此,发掘者认为"这是早商时期都城地区之外的首次发现,这一发现需要重新认识早期国家青铜器为垄断生产的主流观点"④。

2013年,安徽阜南台家寺遗址发掘,发现一处性质与湖北盘龙城一样的、位于淮河中游地区、商人自己建立的政治与军事中心,其中也有商代中期的铜器作坊,还有铸造青铜容器所用的陶范等⑤。

显然,这二处商人核心区以外的发现与殷墟的发现就共同表明,商代的青铜器并不是都由国家或国都垄断生产,而是国都以内和国都以外都存在分级生产分级管理的特点。其中,王与王室只负责国家级与殷墟聚落集团级的,再下就是殷墟重要的聚落群团级,核心区以外的诸侯级可能与殷墟的重要聚落群团级相当。

---

① 中国社会科学院考古研究所安阳工作队:《1987年安阳小屯村东北地的发掘》,《考古》1989年第10期。
② 杜正胜等:《大司空第二次发掘报告》,历史语言研究所,2011年版;孟宪武等:《殷墟都城遗址中国家掌控下的手工业作坊》,《殷都学刊》2014年第4期。
③ 中国社会科学院考古研究所编著:《殷墟的发现与研究》,科学出版社,2001年,第83、87页。
④ 湖北省文物考古研究所:《三苗与南土》,江汉考古编辑部,2016年,第53页。
⑤ 陈冰白等:《安徽阜南台家寺遗址发现商代高等级聚落》,《中国文物报》2013年4月28日,第8版。

（2）普通手工业的分级

骨器制作是殷墟普通手工业中分级比较明显的行业。孟宪武等先生就是最早发现这种现象的学者。在《殷商制骨》一文中，他们就将殷墟面貌比较清楚的骨器作坊分成了三级[①]。

第一级，孟先生等称之为"王室直接控制的"制骨作坊，可以大灰沟内花园庄的骨器作坊为代表（图4-3-3）。

1986—1987年，花园庄村西南角（大灰沟以内）发掘，发现一个面积超过500平方米的大型灰坑H27。灰坑内的出土物主要是大量破碎的兽骨，总共近30万块，多数为牛股骨与厷骨臼上段，少数为牛髋骨。据此推测该坑应该是一处废骨坑，在坑的附近可能还有一处骨器作坊。值得注意的是，距该坑约五、六十米的小屯南地，1973年曾发现5 000多片刻辞甲骨，其中绝大多数就都是牛骨，还有一些未经占卜的完整牛肩胛骨。由于二者之间的距离很近，小屯南地遗址的繁荣阶段与花园庄H27废骨堆积的时代也大致相同，而且都多见牛骨。因此，花园庄制骨场所可能就是专门为宫廷选用占卜用骨（牛骨脚骨）所设立的作坊。此外，该作坊还兼生产骨器与角器等骨质产品，其中有二种骨笄，一件为Ⅱ式，一件为Ⅳ式，在商代一般的墓葬中就很难见到，而与《殷墟妇好墓》所出同类器相似。

第二级，孟先生等称之为"王室所控制的"制骨作坊，可以薛家庄的骨器作坊为代表，（图4-3-3）。

第三级，孟先生等称之为"是某个部族所经营的"制骨作坊，可以北辛庄的骨器作坊为代表。

北辛庄位于殷墟西部边缘，距离小屯村2.5公里（图4-3-3）。1959年的发掘就发现了骨器作坊，2003年的发掘又进一步确认了作坊的范围与使用时间。由于该作坊规模不大，所以它的性质有可能就"是某个部族所经营的"制骨作坊。

孟宪武等先生的上述分类虽然还有值得商榷之处，尤其是关于第二类作坊的属性可能与"王室"关系不大。不过，他们将殷墟的制骨作坊进行分级研究的思路是科学的，也同步说明在殷墟不仅特殊手工业而且普通手工业也存在明显的分级生产、分级管理的现象。

不过，殷墟手工业的这种分级现象本质上并不是商品经济发展的反映和结果，而实际是利益一体化基础上自给自足的结果与反映。假如是商品生产，所有的作坊都参与社会竞争，那作坊的分级既不可能也完全没有必

[①] 孟宪武等：《殷商制骨》，《殷都学刊》2006年第3期。

要。即使有,也早就被自由竞争打破了。

3. 世工世族

已有的资料证明,中国夏商周时期的"世工世族"实际上就与手工业的分级一样都是血缘组织内部分工深化的结果。

新石器时代中期,人少地多,广谱经济,最重要的聚落组织就是聚落群即部落,而且同部落的聚落之间也相距较远,3—5公里都比较常见,显示各自的独立性较强。因此,在这种基础上,就像浙江河姆渡、鲻山、田螺山、傅家山一样,手工业生产一般都以聚落为单位,"小而全",也根本不存在"世工世族"现象。

新石器时代晚期,在生存危机、社会矛盾激化的逼迫下,以往松散的聚落组织开始整合,出现了以利益为基础实行统一领导、集中管理的一体化聚落群团和聚落集团。在这种组织中,一方面手工业不仅出现了分工,而且还越来越细;另一方面,所有的手工业者都享受集体提供的生活资料;再一方面,不同作坊专门只生产某一种手工制品的时间也越来越长。不过,由于需求相对有限,当时也并没有出现整个族体世世代代就共同生产一种或一类产品的"世工世族",如湖北天门石家河的罗家柏岭,就同时并存冶铜与玉石作坊;肖家屋脊就同时并存冶铜与普通陶窑。

夏商周时期,一方面统治者由单一的血缘组织扩大为单一的民族,另一方面统治者内部核心血缘组织的规模也非常庞大,如殷墟就是一个规模史无前例的超大型聚落集团,就至少集中了109个聚落。于是,在此基础上,内部的手工业需求就自然扩大了,因而也导致手工业在"百工"的基础上出现了"世工世族"。

一般而言,"世工世族"有二个最基本的特点。第一,就是一个氏族,或一个部落,甚至规模更大的血缘组织,长期主要只生产某一类制品;第二,长期"食官"[①],以此为生。

《左传·定公四年》所言西周分封鲁国的"殷民六族",条氏、徐氏、萧氏、索氏、长勺氏、尾勺氏;分封卫国的"殷民七族",陶氏、施氏、繁氏、锜氏、樊氏、饥氏、终葵氏,就属此类,并可见当时职业已成血缘组织的特征。

1960年,大司空村东南地,靠近洹河,发现一处大型制骨作坊,面积1 380平方米。根据地层关系和出土遗物,可知该作坊兴起于殷墟第二期,繁荣于第三、第四期,前后贯穿200余年[②]。由于作坊规模大,距离西北方的

[①] 《国语》韦昭注:"工,百工;商,官贾也。《周礼》府藏皆有贾人,以知物价。食官,官禀之。"
[②] 中国社会科学院考古研究所编:《殷墟发掘报告》,文物出版社,1987年,第79页;《中国考古学·夏商卷》,中国社会科学出版社,2003年,第417页。

聚落又近,不足400米(图4-3-3)。因此,它很可能就是这个聚落集体长期经营的作坊。

薛家庄南地,上世纪五、六十年代的发掘就发现了商代的骨器作坊,2002与2006年的两次发掘,发现这是一处规模约5 000平方米的大型骨器作坊,而且存在的时间与大司空东南地的骨器作坊相当(图4-3-3)①。由于该作坊距离西北方向的聚落很近,估计很可能也属聚落或这个聚落所在聚落群即部落集体长期经营的作坊。

苗圃北地发现的是一处大型铸铜作坊,面积一万平方米以上,殷墟一至四期都在使用②,超过250年。特别值得注意的是,该作坊就位于一处聚落的东部(图4-3-3),显示这又是一处由单一聚落或这个聚落所在聚落群集体长期经营的作坊。

类似"世工世族"的例子在殷墟比比皆是,并共同说明当时当地的"世工世族"还有另外四个明显的特点。

一是作坊的规模很大。

二是专业化、分工化非常明显,产品的种类非常单一。

三是专注制作同一类产品的时间很长。

四是以制作为生,长期"食官"。

值得注意的是,以上这些特点的存在又说明它们都不是商品经济的产物,而是手工业在大型血缘组织内部分工的最高境界,也是自给自足的最高境界。假如殷墟的手工业都在从事商品生产,连"骨笄"都可以卖钱,那就不难想象,在自由竞争的前提下,那些"世工世族"还能长期而稳定的存在吗?产品还能个个都延续几百年不变并经久不衰吗?

实际上,殷墟之所以会出现"世工世族",就是因为那里既不存生产资料的私有制,也不存在各"族邑"的独立经营,更不存在各"族邑"及其普通成员之间的自由竞争。所有"世工世族"的作坊一方面都接受有关方面的集中统一领导和管理,另一方面也都以此为生,"食官,官禀之"③,从官方获取生活资料。

因此,"世工世族"正是殷墟不存在商品生产和商品经济最直接和最重要的证据。

---

① 孟宪武等:《殷商制骨》,《殷都学刊》2006年第3期。
② 中国社会科学院考古研究所编著:《中国考古学·夏商卷》,中国社会科学出版社,2003年,第377页。
③ 《国语》韦昭注:"工,百工;商,官贾也。《周礼》府藏皆有贾人,以知物价。食官,官禀之。"

(四) 史前晚期商周时期手工制品的交换与特点

考古表明,自旧石器时代以来,人类的手工制品就存在相互交换的现象。

2007年杜水生先生在《泥河湾盆地旧石器时代晚期社会组织结构分析》一文中就认为,河北阳原泥河湾盆地旧石器晚期细石器的类型与制作技术可划分为两个传统类型,一个以楔形石核为代表,一个以锥形石核为代表。前者主要分布在泥河湾盆地中西部,虎头梁、西水地底、籍箕滩、二和尚沟等遗址就是;后者分布在盆地的东部,油坊遗址就是代表。之所以形成如此状况,皆与原料的产地有关。其中,油坊遗址出土的楔形石核,虎头梁类型遗址中发现的少量品质非常好的隐晶硅质岩,就说明两个族群之间存在一定的石器或原料交换①。

从新石器时代晚期开始,随着聚落组织的大型化、一体化,一方面造成了贵族的层级越来越多,对各种奢侈品的需求也越来越旺的趋势;另一方面,聚落的上层贵族又有权独立支配聚落普通成员创造和上缴的"剩余价值"。于是,"交换"就在贵族与贵族政治的推动下,一方面交换的物品以特殊手工制品或原料为主;另一方面涉及的地域也越来越远,有的甚至还距离千余公里。

长江三峡巫山大溪遗址所见安徽凌家滩式的玉器就是这方面变化的典型例据(图2-2-13)。

在长江三峡巫山大溪遗址,第三次发掘所出玉器绝大多数就与安徽凌家滩的相似。由于二地直线距离超过一千公里,所以这种相似性所表达的意义就非常令人关注。然而,凌家滩既没有发现大规模加工玉器的商品制作中心,也不可能将当地只有贵族才拥有的玉器都商品化,更不可能将生产好的玉器还专门运送到千里之外。显然,巫山大溪的玉器,假如都出自凌家滩,那也只能是以物易物并间接辗转传递的结果。

商周时期,特殊手工制品或原料交换中的"进贡"与"赏赐"又成了各地单一民族国家之间交换的新特点。四川成都平原广汉三星堆、江西新干大洋洲祭祀坑的发现就是这方面典型例据。在这些祭祀坑出土的青铜器中,一方面有许多明显是直接来自中原,另一方面又显示许多是来自中原的工匠在当地的铸造,如大洋洲那些虎钮大方鼎。更重要的是,这些青铜器还显示商代晚期以后商人获取铜矿资源的方式发生了很大变化。商代早期,湖

---

① 杜水生:《泥河湾盆地旧石器时代晚期社会组织结构分析》,《山西大学学报(哲学社会科学版)》2007年第5期。

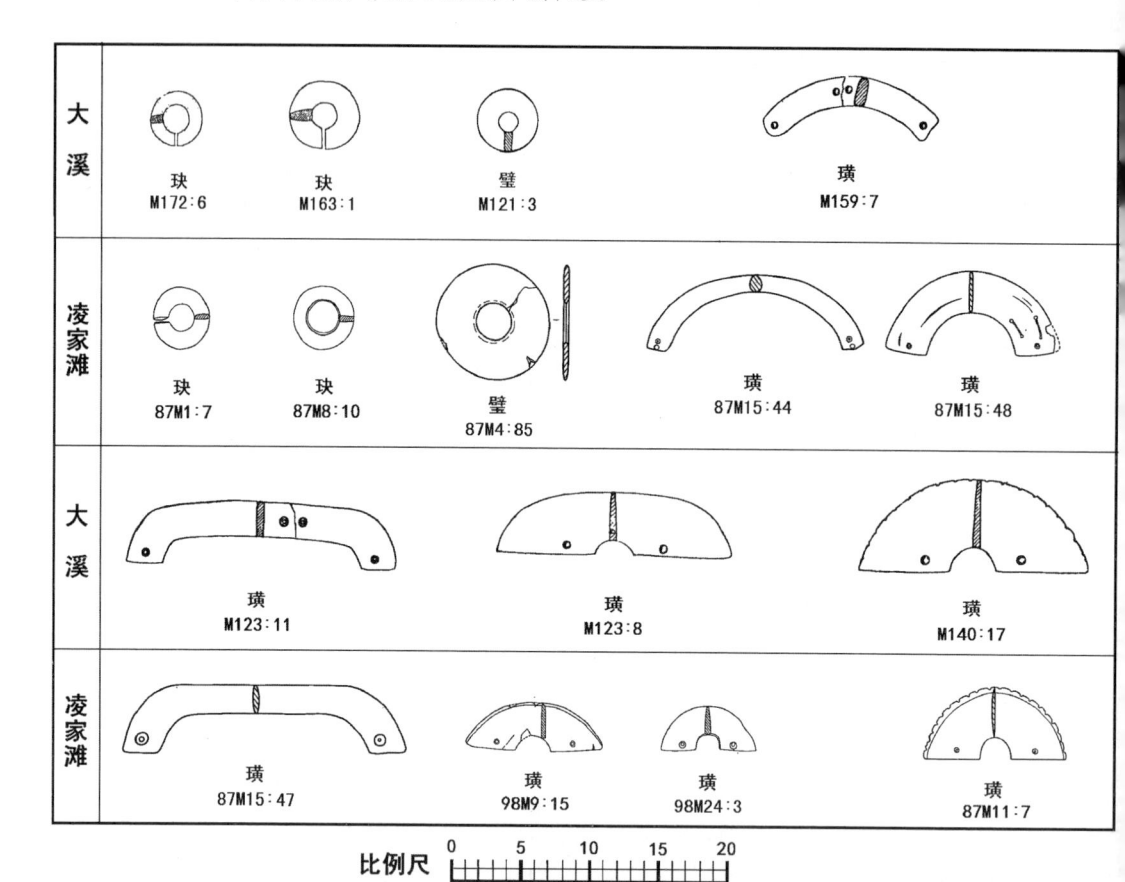

图 2-2-13　重庆巫山大溪与安徽含山凌家滩墓葬随葬玉器形态比较图

（器物引自国家文物局三峡工程文物保护领导小组湖北工作站《三峡考古之发现》，安徽省文物考古研究所《凌家滩——田野考古发掘报告之一》）

北黄陂盘龙城与江西瑞昌铜岭遗址的发现即表明，当时铜器原料的获取方式是商人自己直接去开采，而商代晚期，铜器原料的获取方式发生了重大变化，各地方国的"进贡"与中央方国的"赏赐"就成了特殊手工制品或原料交换的一种历史新常态。

显然，商周以前，无论普通还是特殊手工制品，也无论距离的远近，交换一直在不断地发展。但是，这一切并没有必然地推动农业与手工业的社会分工，更没有导致商品经济的出现；与此同时，也说明有交换并不等于就有商业，不能将有关的物品交换都视为商品交换和商品经济。

四、长江峡江地区大溪文化时期的石器制作属性

很久以来，学术界就有一种声音，认为长江三峡境内距今6 000—5 000年大溪文化发达的石器制作业与商品经济有关，甚至认为"长江三峡地区土地狭窄不宜农耕,而江边的砾石则是制造石器的好原料。那里的许多聚落便以制造石器为生,并且初步形成了一个石器交换网"①。

根据已有的论述,认为三峡"以制造石器为生",且"形成了一个石器交换网"的理由大致可分为内外二个方面。

属于内部的理由主要有四个。一是各遗址都有大量的石器存在,如中堡岛1979年发掘,大溪与屈家岭二个文化时期就出土了石器4 000余件②;二是有的遗址还发现了大面积的石器制作场,最典型的就是柳林溪文化时期的宜昌杨家湾,面积至少在1 000平方米以上,遍地都是石片、石核、石坯和成形的石器③;三是当地所有的大溪遗址都以打制的石器为主,或是以磨制石器的半成品为主;四是土地狭窄不宜农耕,尤其是多见渔猎遗存的发现又显示当地的食物生产不需要太多的石器。

属于外部的理由主要有三个。一是三峡以东的江汉平原西部与洞庭湖北部都是平原地区,制作石器的原料稀缺;二是那里都以农业为主,都需要大量的石质农具;三是至今在那里一处大溪时期的石器制作场都没有发现。

然而,随着考古发现的不断增加和研究的不断深入,以上所有的理由都已基本动摇。

(一) 大量的生产工具主要是三峡农业内部的需要

长期以来,研究三峡的考古学家都被三峡的现代地形地貌误导了,以为三峡两岸阶地狭窄,岸坡陡峭,基本上就没有可供人们从事农业的可耕地,所以三峡是一个农业很弱也很不发达的地区。

然而,史前原始的真实的三峡,人们确实是以农业为主。

多年来,面对三峡大溪文化大量发现的石锄,人们虽然从来没有怀疑过三峡有农业,但却把握不住在那种特殊的地理条件下,农业的规模和作用究竟有多大。

1979年,在宜昌县清水滩遗址第一次发掘简报的结尾中,马继贤、卢德佩二位先生写到"与江汉平原的同类遗址不同,这里未见种植水稻的遗存。我们认为这是由于这一带自然条件造成的。遗址处于江边斜坡台地上,其表土层都是由分化的粗砂质和沙质土构成,覆盖很浅薄,保水性差而且贫瘠,至今这一带沿江的台地上仍罕见种水稻者,其他农作物的产量也很低。几千年前要在这种土地上种植水稻恐非易事。从遗址里出土的鹿角、野猪

---

① 袁行霈、严文明主编:《中华文明史》,北京大学出版社,2006年,第19页。
② 湖北省宜昌地区博物馆等:《宜昌县中堡岛新石器时代遗址》,《考古学报》1987年第1期。
③ 宜昌地区博物馆:《宜昌县杨家湾新石器时代遗址》,《江汉考古》1984年第4期。

獠牙等动物遗骨分析,在当时这里起伏的峰峦上树木比较茂密,灌木丛生,动物出没,是从事狩猎的良好场所;从出土的箭镞、弹丸等工具亦可证明狩猎是人们经济生活的重要来源。同时,遗址靠近长江,地层里发现了大量青鱼和白鲢的骨骼和牙齿,说明捕鱼也占有重要地位。但就石器工具的种类来看,数量最多的还是用于砍伐和掘土的工具,也就不能排斥有种植其他农作物的可能"①。

1984 年,在清水滩遗址第二次发掘简报的结尾中,向绪成、王然二位先生写道"清水滩遗址从两次发掘的生产工具来看,遗址中发现有箭镞、矛、鱼钩、鱼鳔等狩猎捕鱼工具,还发现鹿角、野猪等动物骨骼和大量青鱼、白鲢等鱼骨,说明狩猎、捕鱼在当时人们经济生活中占有重要的地位。但在生产工具种类中大量的还是用于砍伐掘土的生产工具,所以当时清水滩人们的经济生活仍以农业生产为主。三峡两岸,峰峦起伏,树林茂密,灌木丛生,为农业生产造成了很大困难,这只是一个方面。另一方面,三峡两岸也有许多缓坡台地、小块平地,再加上雨水充沛,气候适宜,也有利于农业生产的条件。大量石斧等砍伐工具和掘土工具的发现,就是当时人们在缓坡台地、小块平地上,披荆斩棘,开垦种植的实物证据,同时也反映了三峡原始农业生产的特点"②。

以上专家的意见明显是相左的,其关键就在于对三峡土地资源的认识。实际上,即使是向绪成、王然二位先生所提到的"缓坡台地、小块平地",也因为农业面积太小很难说服人们相信那里的大溪文化曾以农业为主。正因此,多数专家都认为,三峡就没有适合农业发展的自然条件,山高坡陡,土壤沙性,即使个别遗址具备较好的农业条件,也不足以改变当地不适合农业的宏观面貌与特征。

显然,要证明三峡有农业,并以农业为主,首先必须解决农业的大面积土地问题。否则,大量的掘土工具就只能用于"出口"了。

对此,应该指出的是,此前无论哪一种观点的专家他们都有一个共同的局限或失误,那就是将现代三峡的地形地貌当作了大溪时期人们生活的原始地形地貌,从而使问题讨论的基础发生了变化,使问题的讨论堕入了自我造就的陷阱之中而不能自拔。

实际上,可以肯定地说,大溪时期的土地状况比现在要好很多。

---

① 宜昌地区博物馆等:《湖北省宜昌县清水滩新石器时代遗址的发掘》,《考古与文物》1983 年第 2 期。
② 武汉大学历史系考古专业:《清水滩遗址 1984 年发掘简报》,《江汉考古》1988 年第 3 期。

一方面,当时确实拥有比较宽阔的阶地面,而宽阔的阶地面也是当时农业的主要耕作区。

由于巴东以下遗址的居住区与墓葬区绝大多数都被水冲毁了,巴东以上遗址的居住区也被水冲毁了,而墓葬区保存较好(表2-2-2),所以现在遗址的保存状况就非常清楚地告诉人们:当时整个三峡里的遗址居住区与农田全部都被水冲毁了。

表2-2-2 三峡地区大溪文化遗址位置与保存现状信息登记表

序号	遗址名	分期	海拔(m)	距江高度(m)	阶地	所处地形	保 存 现 状
1	宜昌清水滩	早			一级	坡地	房址、墓葬全无,残余文化层与灰坑
2	宜昌大坪	中			一级		房址、墓葬全无,残余文化层
3	宜昌窝棚墩	中、晚		20	一级	缓坡地	房址、墓葬全无,残余文化层
4	宜昌中堡岛	早、中	75—80		一级	岛屿	房址全无,残余墓3座,及灰坑与较大面积文化层
5	宜昌白狮湾	晚			一级	坡地	阶地后缘高坡残余13座墓,阶地前缘残余文化层
6	宜昌黄土包	早			二级	坡地	房址、墓葬全无,残余灰坑3个
7	秭归台丘	中、晚	75—85			坡地	房址、墓葬全无,残余文化层
8	秭归缆子杆	早	70—90		一二级	坡地	房址、墓葬全无,残余文化层
9	秭归卜庄河	不详	70—100			坡地	房址、墓葬全无,残余文化层
10	秭归旧州河	中	100—120		一级	坡地	房址、墓葬全无,残余灰坑1个
11	秭归何家坪	中	90—130	20	二级	缓坡地	房址、墓葬全无,残余灰坑2个
12	秭归玉种地	早	90—110		一级	坡地	房址全无,残余墓1座,灰坑2个
13	巴东红庙岭	中	100—144	33.2		坡地	房址全无,残余墓2座、灰坑6个

(续 表)

序号	遗址名	分期	海拔(m)	距江高度(m)	阶地	所处地形	保存现状
14	巴东老五亩田	不详				坡地	房址、墓葬、文化层全无
15	巴东黎家沱	中	115	15—35	二级	25°坡地	房址、墓葬、文化层全无,仅见陶片
16	巴东前进滩	中				坡地	房址、墓葬全无,残余文化层
17	巴东鸭子嘴	中	95		二级	坡地	房址全无,残余墓5座
18	巴东楠木园	早、中	110—140			坡地	房址、墓葬全无,残余文化层
19	巴东李家湾	早、中	110—140			坡地	房址、墓葬全无,残余文化层、灰坑、灰沟
20	巴东土寨子	不详	110—132			7—25°坡地	房址、墓葬、文化层全无
21	巴东万流	早	120			坡地	房址、墓葬、文化层全无
22	巫山碚石	中	135			坡地	房址、墓葬全无,残余灰坑1个
23	巫山人民医院	中	130		二级	坡地	房址1座,墓120余座
24	巫山欧家老屋	早	135—155		二级	坡地	房址、墓葬全无,残余几个灰坑
25	巫山琵琶洲	不详				三面环水	(没有发掘报告)
26	巫山江东嘴	中	120—135		一级	坡地	房址、墓葬全无,残余文化层
27	巫山柏树梁子	晚	165—175		二级	坡地	房址全无、残余墓地,墓10座
28	巫山大溪	晚	125—150	40	二级	坡地	房址全无,墓区保持较好,残余文化层
29	巫山大脚洞	不详				洞穴	(没有发掘报告)

假如当时的居住区还在,那么根据两岸遗址现代洪枯水位之间的平面距离可知,大溪时期每一个居住遗址与阶地面都可以向江心方向至少推过去50米(图2-2-14)。在此基础上,大溪到巫山,长约25公里的大宁河宽谷段,两岸就至少有了可耕地2 500 000平方米,约3 750亩;官渡口到香溪,

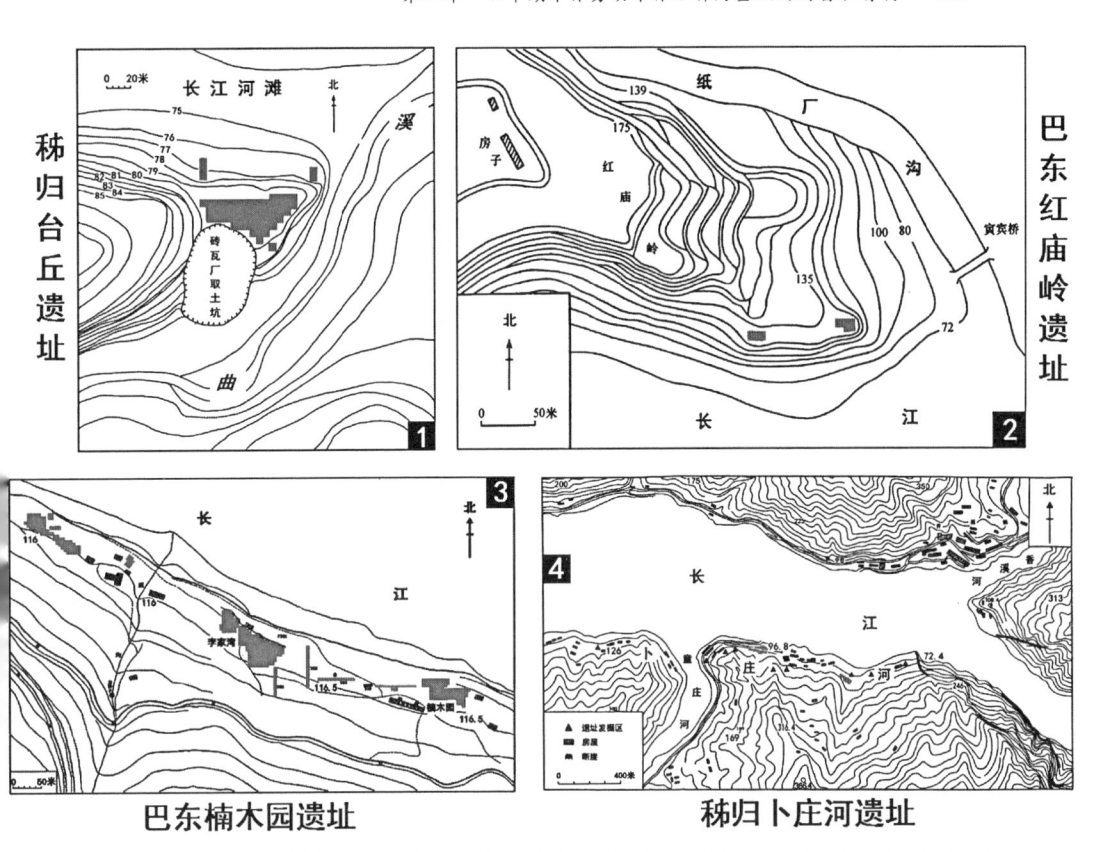

图 2-2-14 三峡有关大溪文化遗址现代枯水位与古代遗址考古发掘探方位置示意图

图中长江边缘线为现代枯水位线,灰色区域为遗址考古发掘探方分布区;大溪文化遗存多数都在此区以下,并被水冲毁了
(1 引自天津市历史博物馆考古部《秭归台丘遗址发掘报告》,2 引自湖北省文物考古研究所《巴东红庙岭遗址第一、二次发掘报告》,3 引自国务院三峡工程建设委员会办公室等《巴东楠木园》,4 引自国务院三峡工程建设委员会办公室《秭归卜庄河》)

长约 47 公里的香溪宽谷段,那两岸就至少有了可耕地 4 700 000 平方米,约 7 050 亩;庙河到南沱,长约 34 公里的庙南宽谷,那两岸就至少有了可耕地 3 400 000 平方米,约 5 100 亩(图 2-2-15)。

显然,一旦恢复了大溪文化时期的古地形地貌以后,人们从事农业的土地就有了着落。

据已有的研究,三峡境内大溪文化中期是当地聚落遗址最多的时期,已确认 15 处(图 2-2-15,表 2-2-2)。根据古地形地貌的恢复,当时平均每处聚落遗址可拥有的耕地不少于 1 060 亩。如果再加上现在还在遗址附近存在的那些"缓坡台地、小块平地",那三峡的农业不就有了较多的"土地"吗? 农业不就成了当时当地主要的经济和食物来源吗? 各遗址大量出土的用以掘土的石锄不就有了用武之地吗? 中堡岛为什么会发现三峡各大溪遗址中数量最多的石锄,不就因为它拥有宽敞平坦适合农业的阶地面吗?

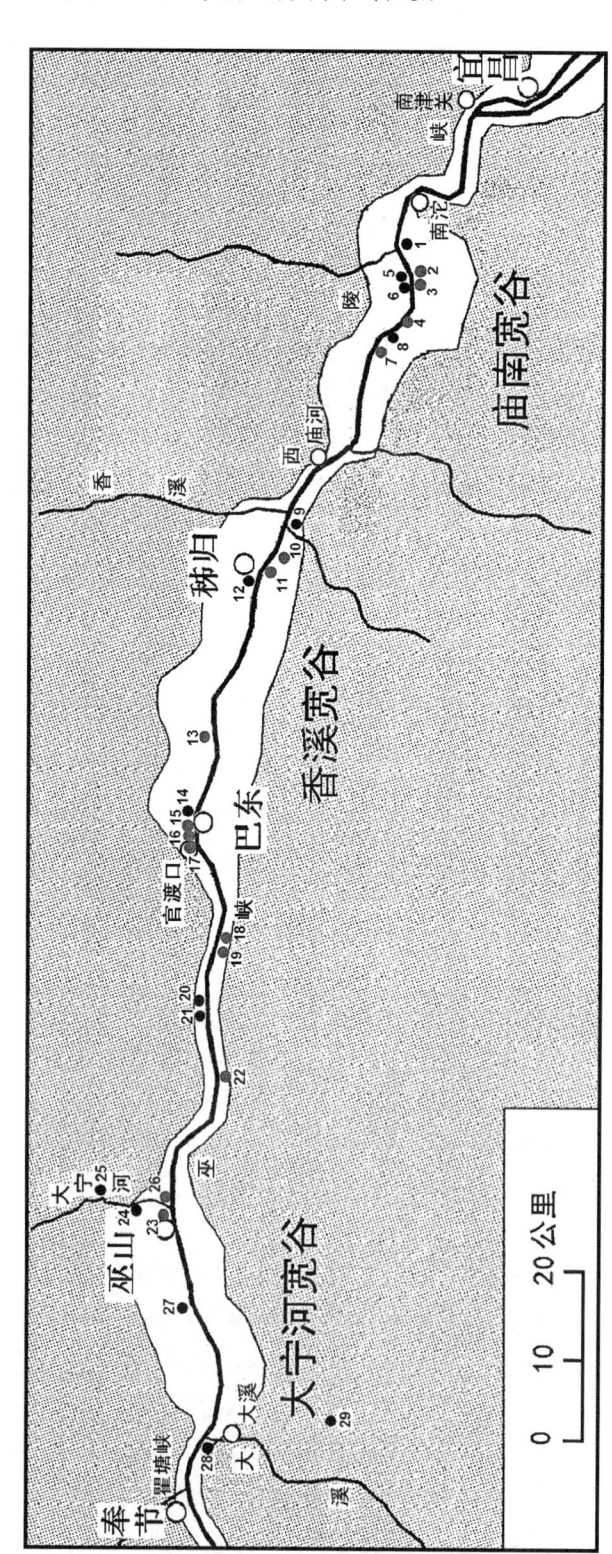

· 268 ·　中国的家庭、私有制、文明、国家和城市起源

图 2-2-15　三峡宽谷位置与大溪文化遗址分布位置示意图

● 经研究已确定的大溪文化遗址　● 大溪文化中期遗址　○ 现代城镇

1. 清水滩　2. 大坪　3. 窑棚墩　4. 中堡岛　5. 白狮湾　6. 黄土包　7. 台丘　8. 鹚子杆　9. 卜庄河　10. 旧州河　11. 何家坪　12. 王种地　13. 红庙岭　14. 老五亩田　15. 黎家沱　16. 前进滩　17. 鸭子嘴　18. 楠木园　19. 李家湾　20. 土寨子　21. 万流　22. 碚石　23. 巫山人民医院　24. 欧家老屋　25. 琵琶洲　26. 江东嘴　27. 柏树梁子　28. 大溪　29. 大脚洞

（宽谷位置引自张弛《长江中游地区史前聚落研究》）

事实就是如此,既复杂又简单。

此外,三峡地区当时土地的质量也比现在好。

正如马继贤、卢德佩先生所言,三峡境内现在大溪遗址所在地的表土层许多都是由分化的粗砂质和沙质土构成的,覆盖很浅薄,保水性差而且贫瘠,不适合发展农业。

对此,也一定要从环境变迁的角度来理解问题。

首先,可以确定的是,大溪文化时期阶地的状况是正常的,其表面也不可能都是由粗砂质和沙质土构成。因为,数十处大溪文化的遗址就定居在这个阶地面上。假如当时的阶地面都是粗砂质和沙质土构成的,那聚落还会在此定居吗?事实上,三峡现存大溪文化遗址的考古发掘所见地层堆积就证明,当时聚落定居点的土质基本上都以黏土为主。

不过,应该承认的是,现在的一、二级阶地面确实存在较多的粗砂质和沙质土。但考古证明它们大多数都是大溪文化之后洪水高涨的结果。从已有的资料来看,这一波降雨量大增、洪水不断高涨的时间较长,大约从商周开始一直持续到战国。为什么三峡河边阶地面上多商代及以前的遗存,而春秋战国时期的则多位于两岸的山顶上?究其原因,就是商代以后洪水高涨。其中,峡江东部洪水持续的时间可能更晚,中堡岛之所以商代之后最早只见到六朝的遗存就是这方面最好的证据。

显然,在排除了商代以后洪水带来的沙土之后,大溪时期质地良好的可耕地就全都露出水面了。

当然,在解决了土地的数量与质量问题之后,随之而来的就是当时的农业栽培什么品种?因为这关系到农业总共可能提供的食物量问题。

由于缺少实物证据,所以现在很难有定论。不过,还是有些线索值得注意。

其一,水稻。

就已有的资料而言,大溪文化时期三峡应该种植水稻。

1994年,在位于三峡东口的《宜昌大坪遗址发掘简报》中,发掘者张昌平先生等就报道发现了可能属于石家河文化时期的水稻,"据T1的陶片统计,陶器以夹砂为主,泥质次之,掺稻壳陶极少"[1]。

2002—2004年,在位于三峡西口的重庆云阳大地坪遗址,湖南株洲文物管理处和株洲博物馆先后进行了三次发掘。期间,第一次在当地出土了一

---

[1] 三峡考古队:《宜昌大坪遗址发掘简报》,《江汉考古》1994年第1期。

批哨棚嘴文化的人工栽培水稻,年代与大溪文化晚期基本相当①。

2003年,在《长江中下游地区史前聚落研究》一书中,张弛先生就明确记载"本地区新石器时代遗址中目前所知仅柳林溪一处发现有稻谷遗存,这就是在夹炭陶器中掺有稻谷壳(还掺有骨末、蚌末)"②。

显然,三峡东口、西口与中部的发现共同表明,三峡地区并不是史前稻作遗存的空白区。

其二,芋头。

最早认为三峡大溪文化的居民可能种植芋头的是当时湖北荆州博物馆的张绪球先生。他说"鄂西川东山区以及其他少数丘陵地区的原始农业,大概是以栽种耐旱作物特别是芋薯类植物为主……据古籍记载,至迟在西汉时芋已成为北方和四川地区重要的粮食作物。因此,鄂西川东地区在大溪文化时期栽种芋薯类作物是有可能的"③。

现代的芋头可分为旱芋和水芋两大族。在三峡,大溪文化的居民除了种植水稻以外,很可能也同时种植芋头,尤其是旱芋更适合在一些比较缺水的山坡地上种植。

总之,三峡大溪文化的农业在经济中的比重完全可能超过了当时当地的采集与不稳定的渔猎,三峡大溪文化的居民在同时种植水稻与芋头的前提下,就有了可长期储藏的相对稳定的食物来源,因而也就不需要"以制造石器为生"了。因此,三峡大溪文化所发现的大量石器也就主要是当地农业的需要。

(二)大量制作与使用打制类石器并非峡江地区所独有的特点

在贵州西南的北盘江流域贞丰县有一个名叫孔明坟的遗址,面积约1万平方米。2005—2009年发掘,在遗址南区就发现了一个石器制作场,出土了大量的打制石器、石核、石片,约2万件。在最多的区域,1.5平方米就出土了40余件④。

2007年6月,在湘渝交界处的重庆酉阳县笔山坝遗址,考古调查也发现了一处大溪文化的遗址与石器制作场。在仅600平方米的地表上就发现数以千计的打制石器成品、半成品和废料⑤。

---

① 刘虎:《云阳出土稻谷遗骸》,《中国三峡工程报》2004年11月26日。
② 张弛:《长江中下游地区史前聚落研究》,文物出版社,2003年,第118页。
③ 张绪球:《长江中游新石器时代文化概论》,湖北科学技术出版社,1992年,第144页。
④ 王宁:《北盘江古文化直抵新石器时代》,《贵州日报》2007年6月11日;王小梅:《贞丰孔明坟遗址获中国重要考古新发现》,《贵州日报》2010年7月12日。
⑤ 明星:《湘渝交界处发现原始社会人类石器制造场遗址》,《中国文物报》2007年7月9日。

应该指出的是,类似的例子在中国西南山区不胜枚举。那些地方之所以石器使用量普遍较大,而且以打制为主,很可能与环境有重要的关系。一方面,山区林木丛生,土壤沙性松散,对石器的需求又多又大;另一方面,距离河滩近,原料丰富,取材方便,因而制作粗糙,以打为主,遗留的半成品和废料就遍地都是;再一方面,居住的时间长,日积月累,遗弃和堆积在原地的成品、半成品、废料也特别多。

显然,上述发现表明既不能一见到类似现象就以为他们都是以"制作石器为生",也不能只选择三峡地区让他们单独以"制作石器为生"。

(三) 三峡东部并不稀缺石器原料

1992年,湖北荆州郢北村鸡公山遗址发掘,发现旧石器时代晚期距今约5—6万年的生活面,近500平方米,分布着数以万计的石器成品、半成品和原料①(图2-2-16)。

图2-2-16 荆州鸡公山旧石器晚期下文化层生活面
(引自王幼平《中国远古人类文化的源流》)

1986年,湖南西北澧阳平原临澧县胡家屋场遗址发掘②,在160平方米的发掘区内,出土新石器时代中期距今约7 000年的石器制品215件,其中磨制石器22件,打制石器193件。由于发掘报告并未统计成形石器以外的

---

① 王幼平:《中国远古人类文化的源流》,科学出版社,2005年;田园:《鸡公山旧石器遗址》,《江汉考古》2001年第1期。
② 湖南省文物考古研究所:《湖南临澧县胡家屋场新石器时代遗址》,《考古学报》1993年第2期。

数量,所以制作过程中原料及残断的破片、断片、碎块、碎屑等数据不详。

1988年,湖南澧县彭头山遗址发掘,在近400平方米的发掘区内,出土新石器时代中期距今约9000年各种石器制品,制作过程中残断的破片、无加工痕迹的砾石、燧石制品与碎片等,共计1468件①。

显然,上述遗址如此众多的石器与残片表明,峡江以东地区并非是石器资源稀缺或贫乏区,而且从旧石器时代开始那里的石器就一直在自产自用,自给自足。

值得注意的是,平原地区的石器原料产地与峡江两岸完全不同。

一般而言,由于农业需要大面积平坦的可耕地,同时还要避免江河经常可能发生的水患,所以平原地区的聚落遗址多数都会选择远离河谷又地势偏高的区域与地点。通常这样的区域与地点也就是河畔阶地的中部与后缘,湖南澧阳平原史前遗址的分布即如此(图1-3-1)。但是,山区的聚落遗址受到地形地貌的局限,大都只能坐落在临河狭窄的河边阶地上(图2-2-14)。又由于史前石器的制作原料大多数都来源于河畔砾石,所以平原地区的聚落就会因为选址的原因而距离石器原料地较远,而山区河畔聚落就距离石器原料地很近。正因此,大量的位于平原中的聚落遗址就很难见到大规模的石器制作场,而山区河畔聚落遗址的附近则不仅很容易发现石器制作场,而且也很容易发现它规模巨大。

显然,不是平原地区没有石器原料,而是石器原料与制作地的存在要比三峡和山区复杂得多。

因此,不能因为没有在平原地区发现大规模的石器制作场,就以为三峡里的人都"以制造石器为生",三峡东部平原地区的人只有"买"或用粮食"交换"才能得到石器。

(四) 整个三峡与东部地区当时都不存在发展商品经济的社会条件

商品经济不是自然经济,商品经济是在一定的社会基础条件支持下才产生的经济。其中,生产资料的个人所有制或使用权的个人所有制,以及社会基层组织的地缘化就是两个最基本的社会条件。

众所周知,史前社会是一个血缘社会,生产资料无论农业的土地还是主要的手工业基本上都是集体所有,所以当时根本就不可能出现以个人经营为主体的商品经济。

此外,在血缘社会中到处都是一个个独立的血缘组织。在这些社会组织之间,虽然有宽阔的中立地带或隔离区,但他们是不允许他人随意侵犯

---

① 湖南省文物考古研究所:《彭头山与八十垱》,科学出版社,2006年,第127页。

的。正因此,从三峡到商贸目的地之间不仅空间距离遥远,如宜昌清水滩到澧县城头山仅空中直线距离就至少150公里,更何况一路上全是虎视眈眈不计其数的独立血缘聚落族群。尤其是当这些聚落族群得知拿石器就可以轻易换到粮食的时候,他们就有了更多专职拦路抢劫的理由。显然,路途的遥远与艰险并不可怕,可以克服,关键是人为的障碍在地缘社会建立之前却是无法逾越的。

显然,由于当时整个社会的文明化进程才刚刚起步,社会的地缘化还尚未开始,因此,当时的社会发展状况根本就不可能为商品生产和商品交换提供必要的社会条件。

(五) 各地的石器组合与特点存在巨大的差异

为了显示各地石器的特点,这里特选择湘西北澧阳平原的城头山遗址与湖北枝江关庙山遗址作为比较对象。

1. 与城头山遗址的比较

位于湘西北澧阳平原的城头山遗址,最大面积14万平方米,大溪时期文化层最厚达2米以上。1991—2002年,遗址连续发掘6 064平方米。其中,出土的石器具有非常鲜明的地方特点,甚至可以说与三峡有质的不同。

斧,城头山280件,为数量最多的器类,占石质工具总量的36%,所有的个体都较小,绝大多数身长不过15厘米(图2-2-17,15—20)。但三峡内的中堡岛,1985—1986年发掘1 527平方米,出土斧224件,总量仅次于石锄,个体还大,占总数83.92%的体长都超过了10厘米(图2-2-17,1—7)。

锄,在城头山是一种微不足道的器类,总共26件,只占所有石质工具的3.5%。其中,个体最大的1件,城H569:5,也仅长9.4厘米(图2-2-17,43—45)。但在三峡,石锄与石斧一样,都是大溪文化最主要的生产工具,尤其是在地势比较平坦的中堡岛,石锄是当地数量最多、地位最重要的石器,共532件,除1件身长不足10厘米以外,其余的全部都在10—20厘米之间(图2-2-17,33—42)。

锛,在城头山属于石器中的大类,共出164件,仅次于石斧,数量是石锄的6倍还多,普遍都形体规整、通体磨光(图2-2-17,55—73),特别是13件有肩石锛,样式独特(图2-2-17,70—73)。但在中堡岛,只出了133件,仅相当锄的25%、斧的59%,重要性明显不如城头山(图2-2-17,47—54),而且也根本不见城头山的有肩石锛。

2. 与关庙山遗址的比较

枝江关庙山遗址是大溪文化鄂西南类型的典型代表。仅根据已经发表

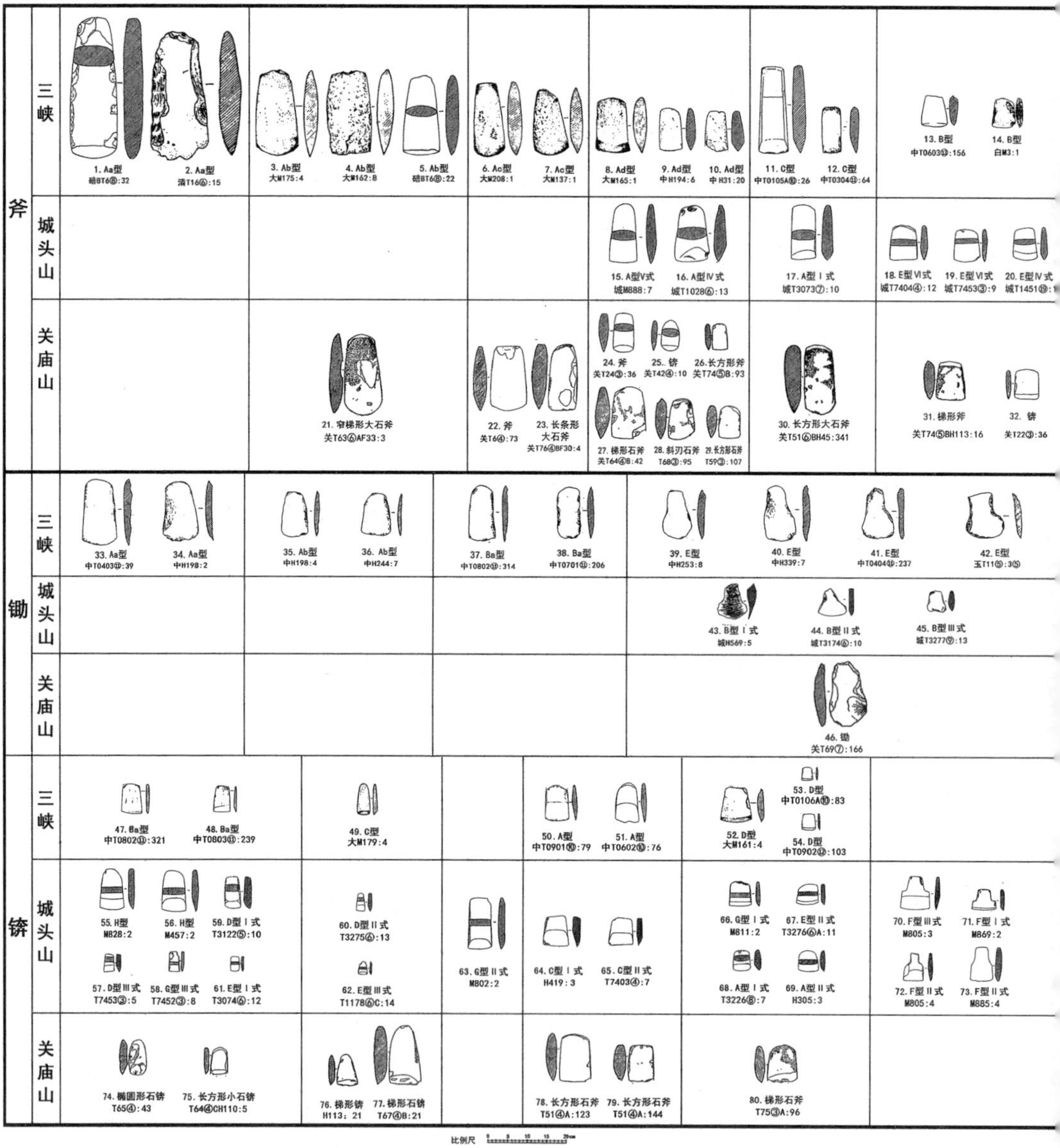

图 2-2-17 三峡与城头山、关庙山遗址大溪文化时期石斧、石锄、石锛器物比较图

（器物引自湖南省文物考古研究所《澧县城头山》，中国社会科学院考古研究所湖北工作队《湖北枝江关庙山遗址第二次发掘》；所有器物的型式与原发掘报告同）

的2篇简报,它与三峡地区石器的重大区别却也一目了然①。

第一,关庙山的石器种类数量最多的也是斧与锛,而三峡地区多斧与锄。

第二,关庙山的石器,虽然还有一些留有打制的疤痕,但普遍经过磨制,通体磨光的也不少。就制作的精度而言也明显超过三峡地区。

第三,关庙山的石器个体普遍偏小,如斧,最大的身长才约22厘米(图2-2-17,21—32),就根本不见三峡那种体长25—33厘米的种类(图2-2-17,1、2)。

第四,关庙山虽然也有少量的石锄,而且长条形微亚腰(图2-2-17,46),形状与三峡地区的同形锄相似。但是,它的数量与形态的多样性却远远不及三峡地区(图2-2-17,39—42)。

显然,三峡与其东部的鄂西南地区,尤其是与以城头山遗址为代表的洞庭湖北部地区,在石器的使用数量、形制组合、制作特点诸方面都存在着巨大的差异。这些差异很难想象是"商品交换"的结果,是三峡人"以制造石器为生",按他人与客户的要求量身定做的结果。

正因此,各方面的线索都表明,大溪文化时期峡江地区石器制作的主要目的应该还是以满足内需为主,虽然不排除有一点"交换"的可能,但总体上那不是主流,也不可能走得很远,更不可能是输出商品和"以制造石器为生"。

五、商周时期盐业的基本属性

最近20年来,商周盐业考古取得了很大的成绩,也证明了食盐与青铜资源一样都是中国最早的跨区域流动的手工业产品。

由于渤海沿岸的工作涉及面广、细致、有关遗址的层次与属性也比较分明,所以这里的讨论将以山东的发现为例。

又由于燕生东先生一直坚持在山东渤海南岸商周盐业考古调查与发掘的第一线,有关研究成果《商周时期渤海南岸地区的盐业》(文物出版社,2013年)既实事求是又比较深入,所以这里有关资料的介绍及问题的讨论将较多吸收他的研究成果。

(一)遗址分类

根据分布位置、堆积性质、出土遗物、聚落结构、经济形态等方面的特点,山东渤海南岸商周时期的遗址可明显分成三类:盐业生产作坊类、盐工居住类、内陆聚落类(图2-2-18)。

---

① 中国社会科学院考古研究所湖北工作队:《湖北枝江关庙山遗址第二次发掘》,《考古》1983年第1期。

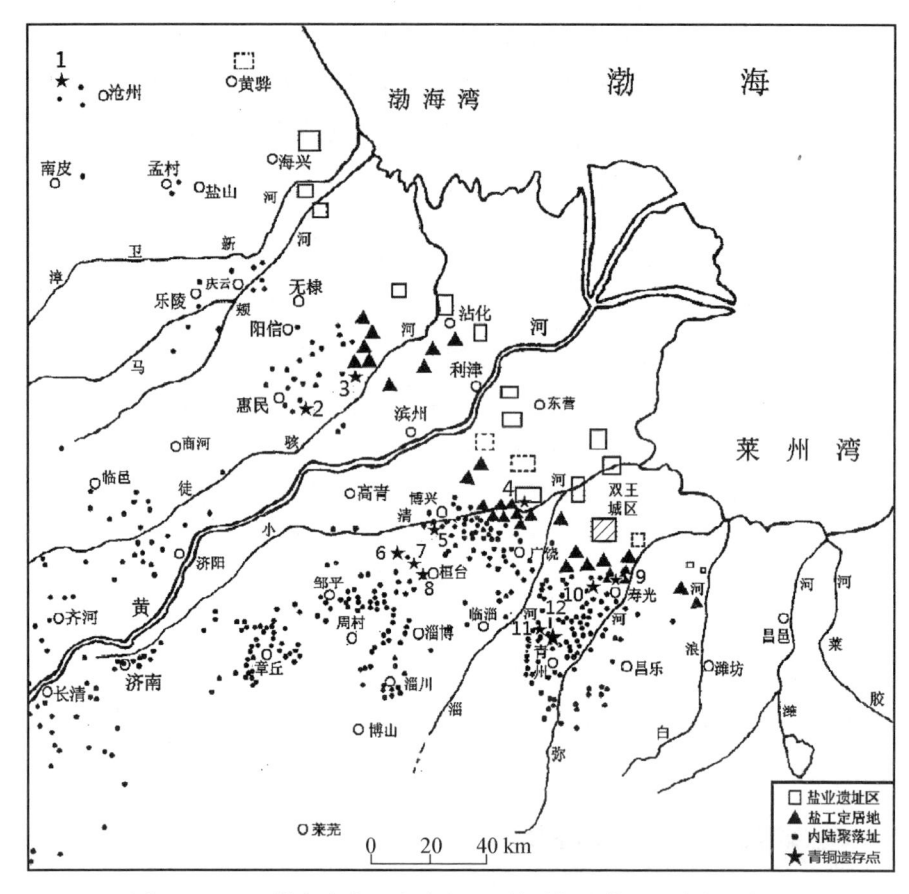

图 2-2-18 渤海南岸及内陆腹地殷墟时期聚落遗址分布示意图

1. 沧州倪杨屯 2. 惠民大郭 3. 滨州兰家 4. 广饶花官 5. 博兴寨卞 6. 桓台史家 7. 桓台旬召 8. 桓台唐山 9. 寿光古城 10. 寿光桑家庄 11. 青州于家 12. 青州苏埠屯

（引自燕生东《商周时期渤海南岸地区的盐业》，图中青铜遗存点与编号系本书作者所加）

1. 盐业生产作坊类遗址

这种遗址就是海边制盐的生产场所。所见遗物主要是烧土、草木灰和制盐工具盔形器，以及卤水坑井、坑池、盐灶、灶棚、工作间、灰坑，以及烧土、盔形器碎片与草木灰混杂在一起的生产垃圾类遗存。盔形器所占陶器总数比例在 95% 以上，生活器皿很少。

单个遗址的规模不是很大，除少部分面积在 1—3 万平方米外，多数都在 4 000—6 500 平方米之间，文化堆积也不厚，常见 0.5—1 米，显示延续时间较短。

这种遗址主要位于距现在海岸 5—30 公里范围内的海积和海河积平原上，海拔 5 米以下，蕴含丰富地下卤水。目前，已发现这类遗址总数 300 处以上。东至潍河以西的昌邑，经潍坊市滨海经济开发区、寿光、广饶，向西过小清河,再向北经东营、利津、垦利、沾化、庆云、无棣等县市(图2-2-18),最北可至河北的海兴、黄骅一带,横跨250余公里。

2. 盐工居住类聚落遗址

这种遗址完全是一种居住类遗址,故又可称为"聚落",全都位于盐业遗址的内侧,分布在今咸淡水分界线两侧地带(图2-2-18)。遗址面积都不大,数千平方米至万余平方米,但堆积既与制盐类遗址有相似之处,又有很大区别。

相似之处主要是制盐的工具盔形器数量明显较多。

区别则不见卤水坑井、坑池、盐灶、灶棚等遗迹,而多见房址、院落、墓葬等,以及日用陶器、石器、兽骨、卜骨等遗物。

值得注意的是,这类遗址的盔形器几乎都没有使用痕迹。如广饶的大桓台和西杜瞳两个遗址①,不仅发现了较多西周早期的盔形器,而且这些盔形器(包括碎片)内壁并没有熬盐实用留下的白色垢状物,底部也未见二次使用的痕迹(比如粘有草拌泥、红烧土等)。此外,遗址内还多见因烧制温度过高导致盔形器变形的现象。

显然,以上发现说明这里有专门烧制盔形器的陶窑,同时也说明这些遗址不是直接制盐的遗址,而是盐工非生产时节居住和为制盐提供服务的遗址。

3. 内陆聚落遗址

这种遗址就是一般的人类居住聚落遗址,均位于盐工居住类聚落遗址的内侧。分布地域都坐落在土层深厚适宜农耕的河流冲积平原、山前洪积与黄泛冲积平原上(图2-2-18)。此外,遗址内也不见或极少见制盐的工具如盔形器等。

(二)各类遗址的组织与群聚形态良好

1. 盐业生产作坊类遗址的群聚形态

在莱州湾地区,盐业生产类作坊遗址的组织与群聚形态明显可以分为三级。其中,寿光双王城水库附近的遗址分布就是见证(图2-2-19)。

第一级:遗址组。

以单个制盐遗址为组织单位,近距离相聚在一起的组织就是遗址组。

殷墟早段,每一组就2—3个遗址(图2-2-19,Ⅱ,a—j)。

殷墟晚段,组的规模扩大了,多数都有5—13个遗址(图2-2-19,Ⅲ,B群,c—f),而且组与组之间的距离也更近了,由早期的1公里或以上缩小到了200—300米。

---

① 广饶县博物馆:《山东广饶西杜瞳遗址调查》,《考古与文物》1995年第1期;尹秀民主编:《广饶文物博览》,内蒙古人民出版社,2001年,第8—24、57页。

图 2-2-19 山东寿光双王城水库附近商周时期制盐遗址分布图

Ⅰ.双王城制盐遗址分布总图　Ⅱ.第一发展阶段(殷墟早期)制盐遗址分布图　Ⅲ.第二发展阶段(殷墟晚期)制盐遗址分布图　Ⅳ.第三衰落阶段(西周早期)制盐遗址分布图

(引自燕生东《商周时期渤海南岸地区的盐业》,图中虚线圈与编号系本书作者所加)

第二级：遗址群。

以遗址组为单位近距离相聚在一起的组织就是遗址群。

殷墟晚段，C群就明显是由三个遗址组构成的。其中，d组就源自商代早段的j组，f组就源自商代早段的i组，至于e组就是新生的（图2-2-19，Ⅲ，C群）。

与此同时，双王城东部的B群，规模虽小，但也是由三个遗址组构成的，其中c组就源自商代早段的h组（图2-2-19，Ⅲ，B群）。

第三级：遗址群团。

以遗址群为组织单位近距离相聚在一起的组织就是遗址群团。

调查发现，环绕在双王城水库中北部的所有遗址就明显属于同一个遗址群团，并由B、C二个遗址群构成。B群在水库的东部，C群在水库的西北部，从殷墟早段一直到西周早期都没有变化（图2-2-19）。

此外，殷墟早段，水库东南也明显有一个遗址群团，规模很大，有7个遗址组（图2-2-19，Ⅱ，a—g）。但殷墟晚段，可能因资源首先从靠近内地的高处开始枯竭而离开了。

根据以上遗址的组织形态以及山东地区渤海南岸制盐遗址的整体分布，遗址群团实际就是当地制盐遗址的主要组织。每一个群团大约都有几十处遗址，占有的地域面积数十、上百平方公里不等。

2. 盐工居住类聚落遗址的群聚形态

由于这类遗址多分布在咸淡水分界线两侧开阔的地面上，即引黄济青渠与海拔50米之间，又由于目前报道发现的这类遗址数量还太少，所以这一区域前缘部分的遗址分布态势还相对比较松散。不过，在这一区域的后缘，即海拔50米沿线，已有的遗址依然显示了良好的群聚形态与组织结构。

根据《中国文物地图集·山东分册》提供的资料，寿光中部海拔50米沿线就明显聚集了三个可能以盐工居住聚落为单位近距离相聚而成的聚落群（图2-2-20，A—C）。

A群：位于海拔50米沿线最西部，由3个聚落构成，分别是高家庄、埠西三村、埠子顶，相互距离1—2公里。

B群：位于第A群东部，由2个聚落构成，分别是王庄、贾家庄，相互距离约2.5公里。

C群：位于第B群东部，由2聚落构成，分别是桑家庄、北博家，相互距离1.5公里。

由于这些聚落群相距都较近，如A群与B群，相距约2.5公里，而C群

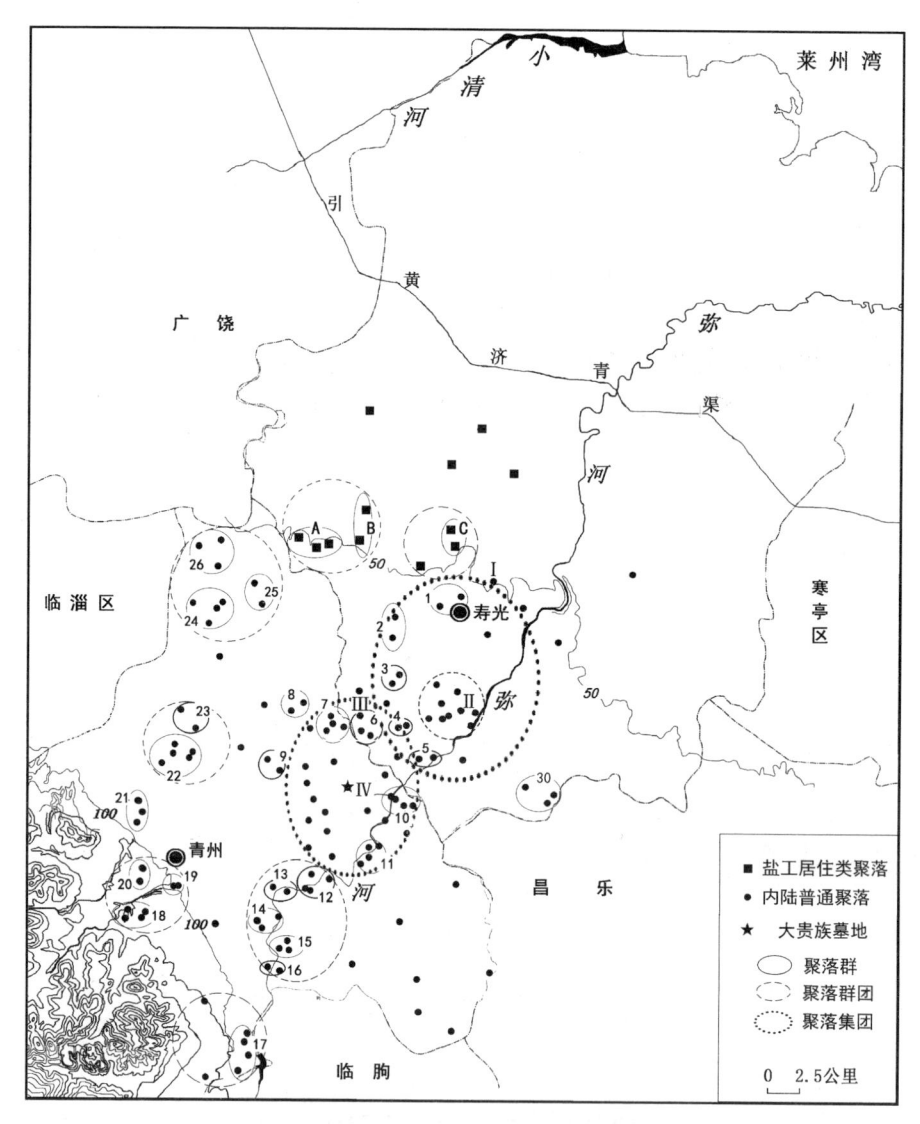

图 2-2-20　寿光青州商代盐工居住与内陆聚落遗址分布示意图
Ⅰ. 赵旺铺　Ⅱ. 呙宋台　Ⅲ. 边线王　Ⅳ. 苏埠屯
（引自国家文物局《中国文物地图集·山东分册》；图中实线与虚线圈、遗址与各种组织群体编号为本书作者所加）

与附近的桑家庄遗址也不超过3公里，所以A群与B群、C群，它们之间的关系应该是一种以聚落群为组织单位近距离相距而构成的聚落群团。

3. 内陆普通聚落遗址的群聚形态

位于山前洪积及河积平原上的内陆聚落遗址，不仅个体规模面积远远超过了制盐遗址，也超过了盐工的居住遗址，一般2—10万平方米，而且遗址相互近距离相聚所表达的亲疏与组织关系也非常清楚。

一方面，大多数聚落遗址都近距离相聚为聚落群。从海拔 50 米的咸淡水分界线到青州西南海拔 100 以上的山边，20 世纪的调查就发现那里拥有 2—5 个聚落相聚在一起的聚落群至少 26 个（图 2-2-20，1—26）。

另一方面，许多聚落群还近距离相聚为聚落群团。最有代表性的是第 22、23 号二个聚落群，第 24、25、26 号三个聚落群，就分别近距离相聚构成了不同的聚落群团。其中，群与群之间的距离仅 2.5—3 公里，略大于群内聚落之间的距离，但明显小于群团与群团之间的距离。

此外，以呙宋台遗址（图 2-2-20，Ⅱ）为首的聚落组织也应该是一个聚落个体数较多的聚落群团，只是个体分布过于密集，以致聚落群与聚落群之间的界线全都模糊不清了。

再一方面，从海拔 50 米以内至青州西南海拔 100 米以上的山边，还可以发现有二个大型的聚落组织——聚落集团。

一个位于寿光南部，它很可能以 80 万平方米的呙宋台为核心，并以呙宋台所在聚落群团为主体，其他聚落群则环绕在它的周边。另一个位于青州中部偏东，以苏埠屯（图 2-2-20，Ⅳ）大贵族墓地为核心，其他的聚落群体都环绕在它的周边。

这二个聚落集团不仅规模巨大，而且还是寿光青州乃至整个山东境内商人聚落遗址最密集的区域，也是商人在山东等级最高、最重要的聚落组织所在地。

（三）有关青铜遗存与贵族墓

据燕生东先生介绍，在这些内陆聚落遗址中还发现了一批商代的贵族墓及有关遗存，分别位于河北沧县倪杨屯、山东惠民大郭、滨州兰家、广饶花官、博兴寨卞、桓台史家、桓台旬召、桓台唐山、寿光古城、寿光桑家庄遗址、青州于家、青州苏埠屯等地的聚落与墓地。

河北沧州倪杨屯遗址（图 2-2-18，1），出土的青铜器有鼎、觚、爵，时代为殷墟一期，是渤海南岸地区发现的时代较早的一组青铜器[1]。

山东寿光桑家庄遗址，距离寿光古城很近（图 2-2-18，10），相距约 7.5 公里，曾出土过青铜觚、爵、戈等，似是墓葬随葬品，时代属殷墟二期晚段[2]。

青州于家遗址（图 2-2-18，11），曾出土过 1 件青铜爵，内有"父己"铭文，年代为殷墟三期[3]。

---

[1] 沧州市文物保护管理所等：《河北沧县倪杨屯商代遗址调查简报》，《考古》1993 年第 2 期。
[2] 潍坊市博物馆：《山东潍坊地区商周遗址调查》，《考古》1993 年第 9 期。
[3] 周庆喜：《山东青州市发现商代铜爵》，《考古》1997 年第 7 期。

博兴县寨卞遗址,位于寨郝镇寨卞村北小清河北岸(图 2-2-18,5),1970 年曾发现了墓葬,出土了殷墟三期的青铜鼎、爵和一批青铜镞等①。

广饶花官遗址,曾出土过属于殷墟二期晚段或三期早段的铜爵②(图 2-2-18,4)。

山东惠民县大郭遗址,位于麻店乡大郭村南,东距滨州兰家遗址 20 公里(图 2-2-18,2)。遗址东部可能是墓地,1973 年曾发现一座殷墟三期前后的墓葬③。该墓墓室南北长 12 米、东西宽 6 米,有二层台,台上殉葬 6 人。墓东、西、北侧均有一耳室(也可能是"墓道"),各殉葬一人一狗。由于早年被盗,现只见残存的铜鼎、方彝、觚、铙、刀各 1 件,爵 2 件,戈、锛各 3 件,矛 4 件。

滨州兰家遗址,位于滨城区堡集镇兰家村东部(图 2-2-18,3)。自上世纪 40 年代以来,遗址西北就陆续出土过完整青铜器④。仅有关刊物和书籍收录的铜器就有卣 1 件、觚 2 件、爵 2 件、带銎戈 2 件、剑(?)1 把,时代大体相当殷墟二、三、四期至西周早期。估计此地应有贵族墓地。

桓台县史家遗址,位于田庄镇史家村西南的一个高埠上(图 2-2-18,6),考古不仅发现了聚落壕沟,还在壕沟外北部发现了商代墓地,曾清理过几座,并出土了青铜器几十件,时代从殷墟一期到四期均有,种类有鼎、觚、爵、觯等。其中,带铭文的就有十几件⑤。

桓台旬召遗址,位于桓台田庄镇荀召村东隆起的高地上,海拔 16.9 米(图 2-2-18,7)。1987 年清理一座墓葬,墓内随葬青铜鼎、爵、觯等⑥。其中,铜觯,具有西周早期的特征,圈足上"叔龟"徽识还见于桓台唐山商代遗址,说明二者有血脉关系。

桓台县唐山遗址,位于县境西部(图 2-2-18,8),不仅发现了商代晚期与西周早期的聚落壕沟,而且还在壕沟外东南部发现了墓地,并出土了完

---

① 魏成敏等:《博兴县卞寨商周时期溃址》,《中国考古学年鉴 2003》,文物出版社,2004 年,第 207—208 页。
② 尹秀民主编:《广饶文物博览》,内蒙古人民出版社,2001 年,第 57 页说铜器出于南口遗址,但原始调查记录表明铜器应出土花官一带。
③ 山东惠民县文化馆:《山东惠民县发现商代古铜器》,《考古》1974 年第 3 期。
④ 王思礼:《惠民专区几处古代文化遗址》,《文物》1960 年第 3 期;山东省文物管理处等合编:《山东文物选集·普查部分》,文物出版社,1959 年,第 1—3、65 页;常叙政主编:《滨州地区文物志》,山东友谊书社,1991 年,第 6—7 页;滨城文物管理所等:《山东滨州市滨城区五处古遗址的调查》,《华夏考古》2009 年第 1 期。
⑤ 燕生东等:《桓台西南部龙山、晚商时期的聚落》,《东方考古》第 2 集,科学出版社,2005 年,第 190 页。
⑥ 燕生东等:《桓台西南部龙山、晚商时期的聚落》,《东方考古》第 2 集,科学出版社,2005 年,第 190 页。

整的青铜爵、陶簋以及人骨①。

寿光古城遗址(图2-2-18,9),1983年村民在益都侯城故城中部偏西处打井,在地下3.5米处发现了一座墓,出土了一批铜器和玉器②。其中,铜器有鼎、爵各5件,甗、簋、罍、斝各1件,提梁卣、尊各2件,觚3件,共计72件;另还有玉戈1件,柄形器3件,卜骨2件,蚌饰12件。经研究,该墓时代为商代晚期到西周早期,铜器铭文族徽为"己并"③。

青州苏埠屯遗址(图2-2-18,12),拥有整个山东地区等级最高的商文化墓地。墓地原始面积不少于6万平方米,至少15座墓(图2-2-21)。

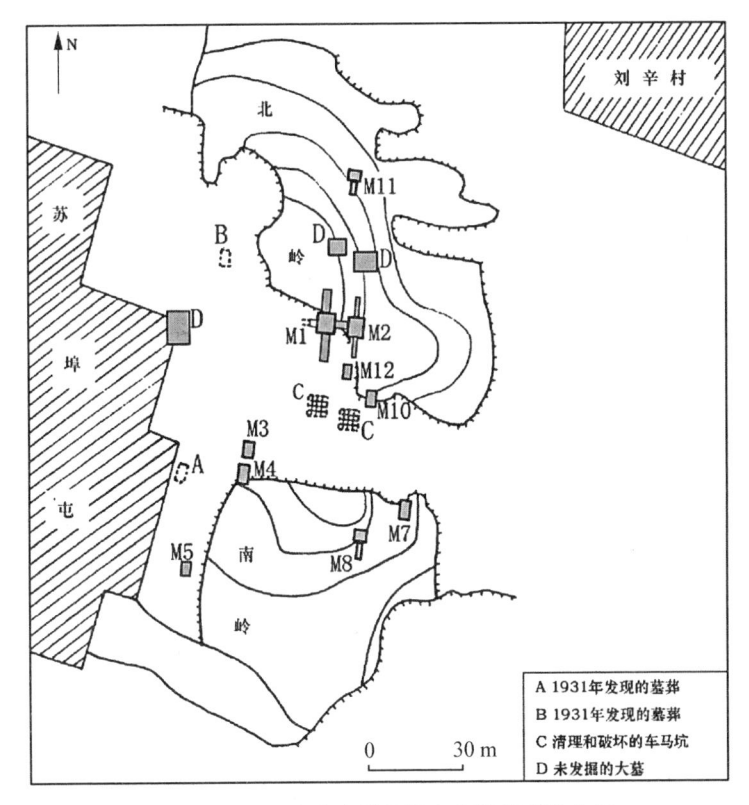

图2-2-21 山东青州苏埠屯商代墓葬分布图
(引自燕生东《商周时期渤海南岸地区的盐业》)

---

① 燕生东等:《桓台西南部龙山、晚商时期的聚落》,《东方考古》第2集,科学出版社,2005年,第189页。
② 寿光县博物馆:《山东寿光县新发现一批纪国铜器》,《文物》1985年第3期;贾效孔:《商代纪国铜鼎》,《文博研究》第三辑,文物出版社,2002年,第87—103页;贾效孔主编:《寿光考古与文物》,中国文史出版社,2005年,第82—99页。
③ 岳洪彬:《殷墟青铜礼器研究》,中国社会科学出版社,2006年,第368—369页;郜向平:《商系墓葬研究》,科学出版社,2011年,第30页。

其中,带四条墓道的"亚"字形大墓1座(M1),两条墓道的"中"字形大墓1座(M2),一条墓道的"甲"字形大墓可能5座①。

(四) 已有盐业考古发现的意义

渤海南岸商晚周初与盐业有关的考古发现又多又新又好,并显示了多方面的重要意义。

1. 伐夷是商代晚期最重要的外事活动

商代考古告诉人们,商代早期,商人最重要的外事活动就是南下长江中游,直奔当时最大的铜矿资源地——赣皖鄂三省交界带。其中,江西瑞昌铜岭铜矿遗址的发掘就是最好的证明。尤其是那些在采矿巷道里发现的商式陶鬲与斝(图2-2-22)②,更是充分地显示那处矿山就是商人在直接经营与管理,就是商王朝的国有矿山。

图2-2-22　江西瑞昌铜岭商代铜矿遗址发掘现场与出土器物
(引自江西省文物考古研究所《铜岭古铜矿遗址发现与研究》)

商代晚期,商人走了,商人在江南一个城一个据点都没有留下。这一方面可能与商人铜矿的主要来源和来源方式变化有关,另一方面也可能与商人战略重点的调整有关。山东考古的发现表明,商人之所以从江南抽身关键的原因就是要打东夷。

比较而言,与进攻江南以据点为基地不同,商人在山东却是大范围区域

---

① 燕生东:《商周时期渤海南岸地区的盐业》,文物出版社,2013年,第213、214页。
② 江西省文物考古研究所等:《铜岭古铜矿遗址发现与研究》,江西科学技术出版社,1997年,第32页。

性的占领、殖民与覆盖,从鲁西、鲁西南、鲁北一直到昌乐的广大地区,几乎全部成为了商人的占领区,商文化也趁势成为了那里的主流文化。不仅如此,商代在江南仅只发现了中等贵族墓,如盘龙城李家嘴的青铜殉人墓(M1),而在山东,不仅在滕州前掌大与苏埠屯都发现了大贵族的"中"字形大墓,而且还发现了只有安阳殷墟西北岗才有的"亚"字形大墓。这足以说明夷人的力量非同小可,晚商针对夷人的行动完全是举国之力,率军而征的人物也是商王一级。

2. 商移民的血缘组织规范有序

根据《中国文物地图集·山东分册》,寿光与青州二地一共发现了商人的居住类聚落遗址 138 处。其中,不论海拔 50 米沿线的盐工居住类聚落遗址,还是 50 至 100 米之间的内陆普通聚落遗址,都显示了规范有序的聚落群聚形态(图 2-2-18、图 2-2-20)。

一方面,所有的社会成员都以血缘为组织纽带,都聚族而居在一个个"族邑"与聚落遗址之中,没有发现一个独立的"散户";另一方面,这些聚落不仅 2—5 个近距离相聚成群,而且大多数也都只相隔 1—2 公里,显示了非常亲密的关系,并共同构成了聚落群即部落一级的组织。调查表明,弥河两岸就有这类组织至少 26 个(图 2-2-20)。

在聚落群与部落的基础上,还有类似部落联盟一样的组织,即聚落群团,各部落之间多数相隔都只有 2—4 公里。但也有少数,如寿光呙宋台所在群团,9 个遗址均以间隔约 1 公里的距离抱成一团,不仅模糊了各部落、各聚落群之间的界限,还显示了高度一体化的组织模式。

在聚落群团即部落联盟的基础上,他们还结成了更高一级的聚落组织,那就是聚落集团。在弥河两岸一共发现两个,一个以呙宋台遗址为核心,另一个以苏埠屯大贵族墓地为核心。

应该指出的是,由于商代没有常设军队,国家的武装力量都是临时从各个氏族部落征召而来的,并按各级聚落组织进行整合[①]。因此,上述商人的社会组织结构,除了证明了他们的聚落族群和组织形态与史前晚期氏族社会的完全一样外,还表明伴随着山东的军事行动,商人采取的基本策略就是成建制的移民和殖民,以满足长期占领的目的与需要。

3. 在整个占领区建立了等级有序的统治机构

山东各地出土的商代青铜器,以及各地发现的商代墓葬,就清楚地表明在聚落血缘组织的基础上,商人又建立了一套上层建筑与统治机构,且等级

---

① 裴安平:《中国史前聚落群聚形态研究》,中华书局,2014 年,第 416 页。

尊卑有序。

河北沧县倪杨屯、山东广饶花官、博兴寨卞、桓台唐山、寿光桑家庄、青州于家等6个遗址的发现就可能属于较低档的小贵族。一方面,当地出土的青铜器数量很少;另一方面,青铜器的种类也相对单纯,只有鼎、爵、觚与兵器等。

山东滨州兰家、桓台史家、桓台旬召、寿光古城、惠民大郭就可能系中等贵族,因为这些地点或墓葬的器物,不仅数量众多,而且还更为复杂多样。如惠民县大郭遗址东部1973年发现的墓葬,不仅墓大,南北长12米、东西宽6米,而且还有二层台,台上还有殉人。在寿光古城,1983年发现的墓葬既有铜器又有玉器。

高等贵族的发现主要可以那些"中"或"亚"字形大墓为代表,尤其是青州苏埠屯"亚"字形大墓的发现,更表明当地有与商王同级的贵族与人物。

总之,商人把自己社会管理的那一整套理念与制度全部都搬到山东去了,在那里又复制了一个商王朝。

4. 盐业生产"世工世族"

根据已有的发现,渤海南岸地区商周时期制盐作坊遗址的分布与内涵有三个重要特点。

第一,制盐作坊遗址多以组为单位相聚为群,每群一般都有2—3个组,共有十几个或几十个小的制盐作坊遗址。每个遗址群涉及的空间面积,从数平方公里到上百平方公里不等,规模宏大。

第二,每一个单独的制盐作坊遗址,内部一般都同时共存一定数量的制盐作坊与制盐单元(即最小生产单位)。

一般而言,每一个制盐单元占地面积在2 000平方米左右,每个盐灶的面积在30—40平方米左右。每个盐灶置放的盔形器数量约150—200个,每次举火煮盐所获数量都在千斤左右。

第三,每一个制盐遗址主要由不同数量的制盐单元构成。一般而言,一个完整的制盐单元,包括了卤水坑井、卤水沟、沉淀池、过滤池、蒸发池、储卤坑、大型盐灶、灶棚、烧火煮盐的工作间、生活用蓄水坑、储藏生活用品的窖穴等(图2-2-23,2),还有盐工工作期间住居的简易房屋等设施。根据工作流程及盐工居住区规模来推算,一个最基本的制盐单元所需盐工数量在10人左右。每个制盐单元的占地面积约2 000平方米,加上倾倒生产、生活、建筑垃圾的范围,一般面积在4 000—6 500平方米上下。也有的制盐遗址在1万平方米左右的,这就意味着它的内部同时共存了两个制盐单元(图2-2-19,图2-2-23,1);面积在2万平方米以下的,一般就共存了3个制盐单元;面积在2万平方米以上的,一般就共存了四个制盐单元。

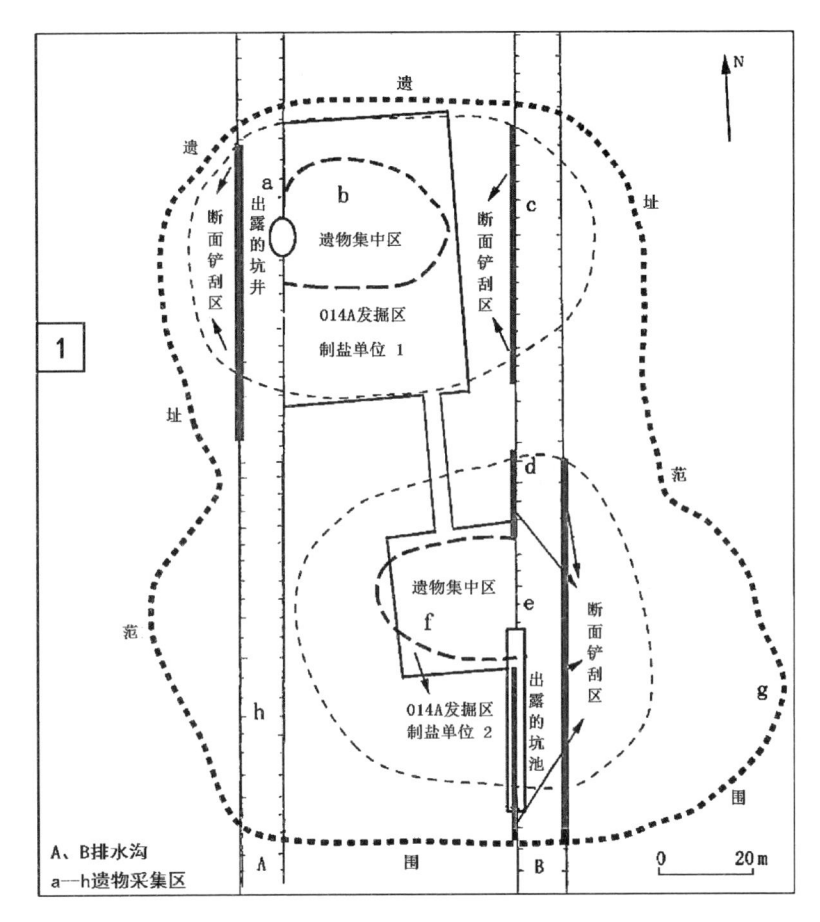

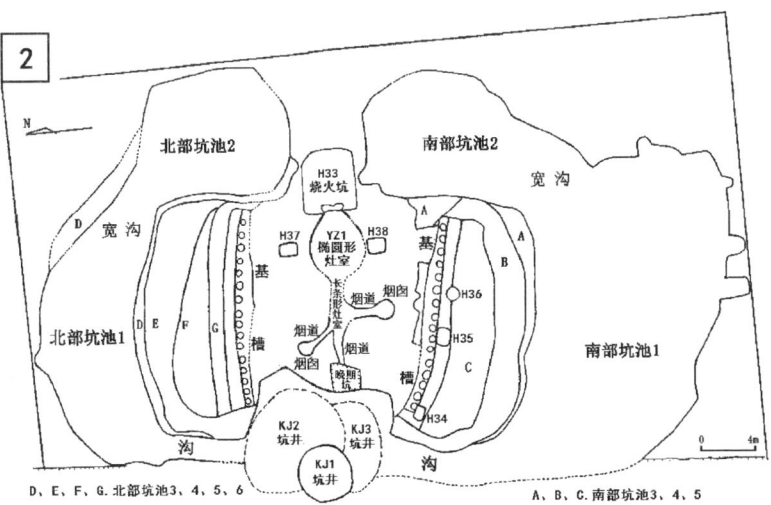

图 2-2-23 寿光双王城 014 遗址调查、发掘及制盐单元位置与
014 遗址制盐单元 1 内主要遗迹分布示意图

（引自燕生东《商周时期渤海南岸地区的盐业》）

盐业遗址的上述分布与内涵特点实际正是当时主流生产方式的反映。它不仅是一种具体的将卤水变为盐的生产方式,更重要的是人与生产资料的一种结合方式。

一方面,生产资料集体所有。

所有的制盐遗址之所以都分别各自近距离集中,长期相聚在一定的区域,互不侵犯,这本身就表明他们的制盐行为是一种有组织的行为,是有组织、有统一管理的,对一定资源的占有和开发都由集体和组织统一安排。

此外,在具体生产过程中大量消耗的熬盐用盔形器也明显由集体和组织统一生产、统一供给。诚如广饶的大桓台与西杜疃遗址一样,之所以在海拔50米左右区域盐户居住遗址里会较多的发现并未实用的盔形器,以及在窑里烧坏了的盔形器,就证明了这种供给关系的存在。

另一方面,生产组织分层又分级。

目前,渤海南岸的所有制盐作坊遗址大约可以分为两类。

第一类就是只有一个制盐单元的遗址,第二类就是有2—4个制盐单元的遗址。

由于每一个制盐遗址,大约都有4 000—6 500平方米,各方面的作业也需要10人左右,因此,这类遗址的劳动者不太可能来源于独立的个体家庭,而更可能来源于一个小型的家族,至于那些有2—4个制盐单元的大遗址,很可能就是一个大家族。

那些制盐作坊遗址之所以都要相互近距离相距为遗址组、遗址群、遗址群团,关键就在于他们原本就属于同一个互有血缘关系的聚落组织。聚在一起,不仅可以共同占有资源,还可以共同帮助,相互守护。打仗了,还可以共同上战场。

此外,这种按血缘成建制的制盐社会组织存在的时间也很长,山东寿光双王城水库附近商周时期制盐遗址分布即表明,它们在当地存在的时间至少200年以上,因为仅盘庚迁殷以后的商代晚期就历时约273年。

正因此,所有制盐作坊遗址的组织与分布,以及它们在那里所持续的时间,都共同表明商代的盐业根本不是以个体经营为主的商品经济的盐业,而完全是"世工世族",所有劳动者个人和个体家庭全都依附在集体之内,无一例外。

5. 盐业"官营"

以前人们只知道,汉代是盐铁官营,但近期的考古却发现早在商代晚期盐与铜就已开始"官营"了,只是不卖钱。

山东的商文化与制盐遗存及其特点一致表明,晚商商人对东夷的战争不仅是为了国家的安全,也为了盐业,盐业是商人东征最大的战利品。

然而,值得注意的是,从商人移民的组织方式、等级管理制度到盐业的生产方式,无一不显示当时的盐业只能是商人自己内部"官营"。尽管盐也是一种具有明显地域特征的自然物产,也因为需求旺盛而最容易成为商品。但是,从移民开始,以及安排一些聚落组织在一定的区域去从事盐业生产,都显示了商王室集中和统一管理的特点。实际上,山东盐业的整个生产组织与流程也清晰地表明,当时的盐业生产就根本没有个体化,而全部都是一种有组织的集体生产模式。

正因此,山东晚商西周初盐业考古的最大收获就是证明了,当时的盐业生产完全是一种"官营"模式,即国家集中统一管理模式,与此同时,也证明了当时的盐业生产还没有个体化,还没有成为商品。

六、商代海贝的基本属性

由于殷墟出土了大量的海贝以及少量的铜贝,因此关于这些贝的性质的争论就成了商代晚期是否有商品经济的重要问题。

2001年7月20日至23日,在四川峨眉召开了一次中国货币起源问题的座谈会,与会的多数学者对商代贝的货币职能都持否定态度[1],这大体上反映了当代学术主流的基本观点。但是,也有一些学者坚持认为那些贝就是中国最早的货币[2]。

不过,根据已有的发现,那些贝确实并不像货币。

(一) 贝的主要来源不是商贸活动

1938年,陈公哲先生就在香港大屿山东湾采集到一件石质的牙璋。1992年,香港中文大学与广州中山大学联合发掘香港南丫岛大湾遗址,在一座墓里又见到了一件玉质牙璋(图2-2-24,1)[3]。除此以外,福建南部(图2-2-24,6)、越南北部也有类似的发现(图2-2-24,2—5)[4]。由于这些牙璋的年代基本上都属于商代,又由于牙璋一直是黄河中下游地区

---

[1] 中国钱币学会货币史委员会:《货币起源问题座谈会纪要》,《中国钱币》2001年第4期。
[2] 杨升南:《商代经济史》,贵州人民出版社,1992年,第596—607页;杨升南等:《(商代史·卷六)商代经济与科技》,中国社会科学出版社,2010年。
[3] 区家发等:《香港南丫岛大湾遗址发掘简报》,《南中国及邻近地区古文化研究》,(香港)中文大学出版社,1994年,第195—208页。
[4] 曾凡:《关于福建和香港所出牙璋的探讨》,《南中国及邻近地区古文化研究》,(香港)中文大学出版社,1994年,第161—165页;邓聪:《越南冯原遗址与香港大湾遗址玉石器对比试释》,《南中国及邻近地区古文化研究》,(香港)中文大学出版社,1994年,第215—218页。

夏商时期的重要玉礼器(图 2-2-24,7—10)[①],所以它们的出现就引起了人们的普遍关注。人们一直在问：它们为何会出现在如此遥远的南海之滨？

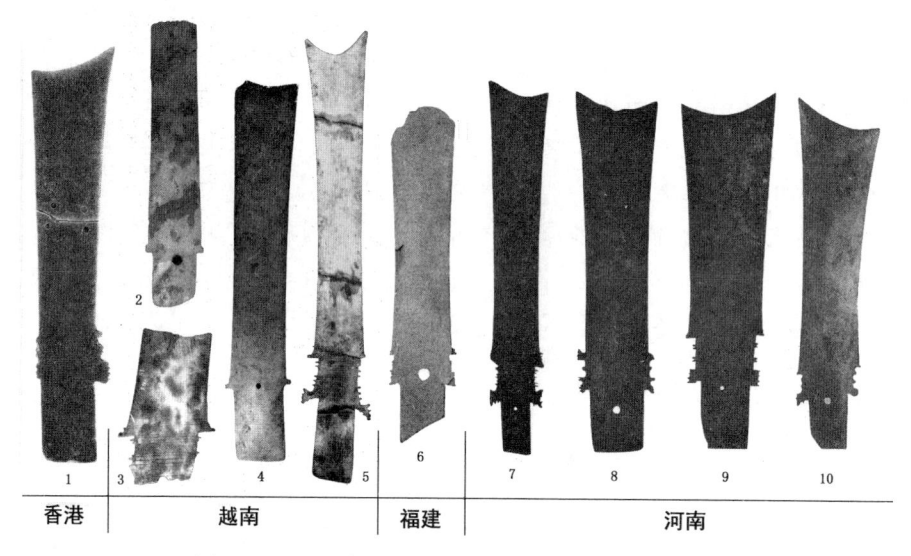

图 2-2-24　中原与东南沿海出土夏商牙璋器物图
1. 香港大湾 M6　2、3. 越南 Phung Nguyen　4、5. 越南 Xom Ren　6. 福建漳浦　7、8、9. 河南偃师二里头　10. 河南新郑望京楼
(引自香港中文大学中国考古艺术研究中心《南中国及邻近地区古文化研究》)

自龙山文化晚期开始，中原占卜之风日渐盛行，商代甚至成为了"国之大事"。不过，早期卜具多用动物肩胛骨，后来"通灵之物"龟的用量大增，尤其是殷墟武丁、祖甲时期卜骨已基本不用。正因此，在已发现的商代甲骨中，卜甲数量居多。

至于卜甲的来源，多来自南方，包括今江浙一带与东南沿海。前北平地质研究所就曾对安阳的甲骨做过鉴定，并在《河南安阳遗龟》一文中写道"中国胶龟 Ocadia sinensis……仅仅产于南方(福建、广东、广西、海南、台湾)……"。

与此同时，从二里头文化开始，海贝也渐次流行于中原之地，成为了贵族之物。到了商代，安阳殷墟以贝随葬的现象更是十分普遍，少的 1 枚、2 枚，多的，如妇好墓，一墓即随葬了 6 800 多枚。

经鉴定，"商代贝类包括货贝、大贝、阿拉伯绶贝多种。其中出土货贝的数量远远多于其他两种贝类。由于货贝主要分布在中国南海沿海以及西亚阿曼

---

① 郑光：《略论牙璋》，《南中国及邻近地区古文化研究》，(香港)中文大学出版社，1994 年，第 9—18 页。

湾、南非阿果阿湾等地",所以专家"推测商代所用货贝大都取自中国南海"①。

由于海龟与海贝都是中原王朝政治的重要工具,所以建立与发展同沿海地区的联系,努力保持其稳定的来源也就成了中原王朝对外关系的一件大事。

事实上,湖南、广西两省出土经典商文化铜器的地点连接起来的线路就充分显示了商王朝在这方面的努力②,显示了这条南北通道的存在。

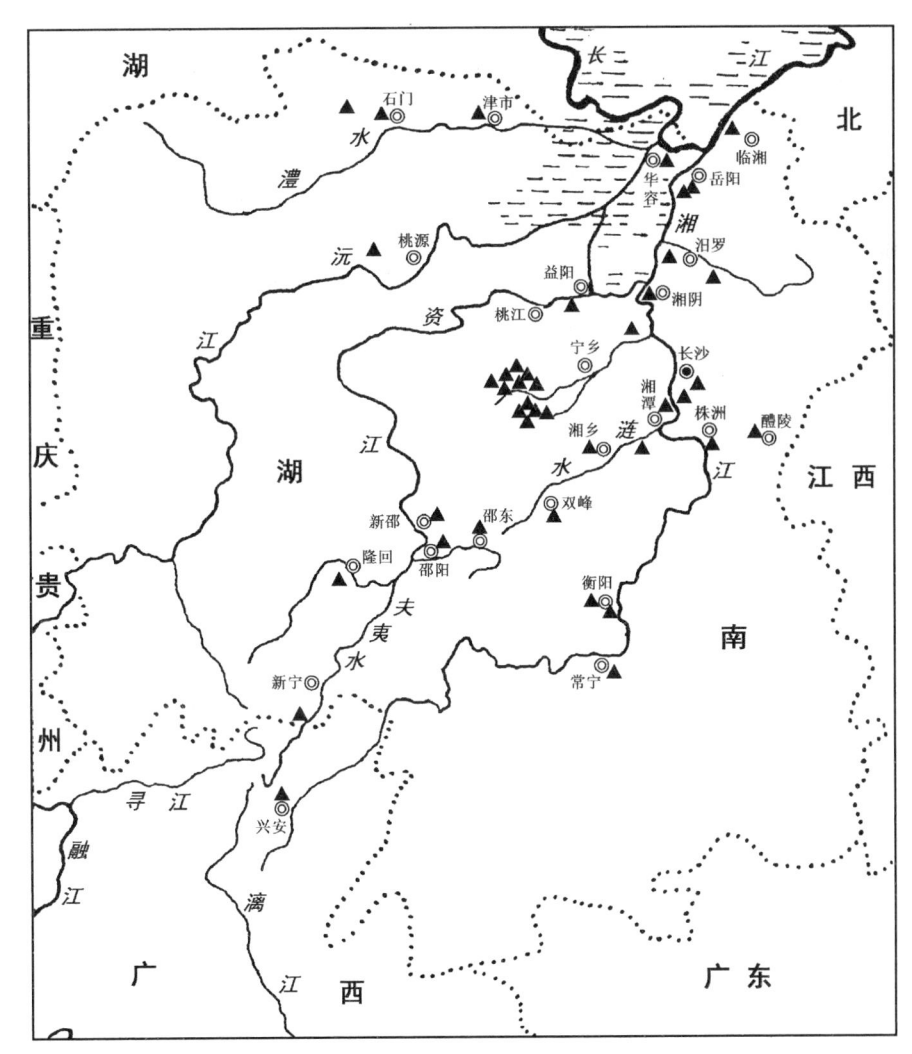

图2-2-25 湖南商文化青铜器分布示意图
(引自裴安平《中原商代"牙璋"南下沿海的路线与意义》)

---

① 中国社会科学院考古研究所编著:《中国考古学·夏商卷》,中国社会科学出版社,2003年,第422页。
② 裴安平:《中原商代"牙璋"南下沿海的路线与意义》,《南中国及邻近地区古文化研究》,(香港)中文大学出版社,1994年,第69—78页。

由图2-2-25可知,为了避开了沿途所有的高山峻岭,特别是横亘在湖南与广东之间的南岭,商代铜器在湖南的分布由北向南可以分为三段。

北段,从洞庭湖到湘潭,顺湘江南下。

中段,从湘潭到双峰,通过湘江支流涟水向西南与资江上游的夫夷水相连。

南段,从邵东到新宁,由夫夷水再与珠江水系的漓江连通。

此外,广西北部的兴安县①、南部南宁市的武鸣②,也出过典型的商代青铜器(图2-2-26)。

特别值得注意的是,就在湘桂边境的新宁县迎仙桥还曾发现过一座商墓,同出的铜器鼎、瓠壶、矛均属典型的商器,而且鼎腹底的铭文"㠱"亦同晚商殷墟铭文③。

这些现象清晰地表明,商代龟甲与贝的来源并非是商品经济商贸往来的结果。如同商代的铜与盐一样,他们的获取依然凝结着商人在

图2-2-26　广西武鸣出土商代青铜提梁卣
(引自《广西文物珍品》)

这方面倾国的努力。那些沿途遗留的商人墓葬与青铜器,不仅见证了海龟海贝通道的存在,而且也见证了商人为维持这条通道顺畅的不懈努力。

于是,作为王朝信物的"牙璋"就永远留在了通道的另一端,留在了遥远他乡的海边。

(二) 商代权贵是拥有海贝的主要人群

截至目前,中国境内已经报道发现了商代海贝的地点主要都位于商代的中心统治区域里面。

1953年,河南安阳殷墟大司空村发掘,83座商墓出土海贝234枚④。

20世纪50年代初,河南辉县琉璃阁发掘了一批商代墓葬,有海贝出土⑤。

---

① 梁景津:《广西出土的青铜器》,《文物》1978年第10期。
② 广西壮族自治区文物管理委员会等编:《广西文物珍品》,广西美术出版社,2002年,第40页。
③ 湖南新宁县文管所藏资料。
④ 马得志等:《一九五三年安阳大司空村发掘报告》,《考古学报》1955年第9期。
⑤ 中国科学院考古研究所:《辉县发掘报告》,科学出版社,1956年。

1955年,河南郑州白家庄C8M7出土海贝460余枚①。

1958—1959年,河南安阳殷墟一座杀殉坑清理人骨54具,其中随葬了海贝与贝饰的7人,最少的1枚,最多的300枚左右②。

1958—1961年,河南安阳殷墟小屯西地、苗圃北地等地发掘墓葬,有30座随葬了海贝③。

1965—1966年,山东益都苏埠屯商代"亚"字形四墓道大墓发掘,出土海贝3790枚④。

1971年,山西保德林遮峪商代晚期墓葬出土铜贝109枚,海贝112枚⑤。

1973—1974年,河北藁城商代晚期墓葬发掘,有8座墓随葬了海贝共10枚⑥。

1976年,河南安阳殷墟小屯M5,即妇好墓发掘,出土海贝6880枚。另有绿松石仿海贝6枚⑦。

1969—1977年,河南安阳殷墟西区共发掘商墓939座,有340座墓随葬贝。其中,有131座除贝外无任何其他随葬品,随葬100枚以上的有多座墓。M261,263枚;M272,350枚⑧。

1982—1992,河南安阳殷墟郭家庄西南发掘商墓191座,有87座随葬海贝302枚⑨。

1987年,河南安阳殷墟梅家庄东南地发掘商墓111座,有32座出土海贝127枚⑩。

1988年,河南安阳殷墟刘家庄北地发掘商代墓葬41座,出土海贝73枚⑪。

---

① 河南省文化局文物工作队第一队:《郑州商代遗址的发掘》,《考古学报》1957年第1期。
② 中国科学院考古研究所安阳发掘队:《1958—1959年殷墟发掘报告》,《考古》1961年第2期。
③ 中国科学院考古研究所:《殷墟发掘报告(1958—1961)》,文物出版社,1987年。
④ 山东省博物馆:《商代益都苏埠屯第一号奴隶殉葬墓》,《文物》1972年第8期。
⑤ 吴振录:《保德县新发现的商代青铜器》,《文物》1972年第4期。
⑥ 河北省文物研究所:《藁城台西商代遗址》,文物出版社,1985年。
⑦ 中国社会科学院考古研究所:《殷墟妇好墓》,文物出版社,1980年。
⑧ 杨升南:《贝是商代的货币》,《中国史研究》2003年第1期。
⑨ 中国社会科学院考古研究所:《安阳殷墟郭家庄商代墓葬:1982年—1992年考古发掘报告》,中国大百科全书出版,1998年。
⑩ 中国社会科学院考古研究所安阳队:《1987年秋安阳梅家庄东南地殷墓的发掘》,《考古》1991年第2期。
⑪ 中国社会科学院考古研究所安阳队:《河南安阳殷墟刘家庄北地殷墓与西周墓》,《考古》2005年第1期。

1991年，山东滕州前掌大遗址商代墓葬发掘。其中，"中"字形大墓M4，出土海贝1 432枚；"甲"字形大墓M3，出土海贝163枚①。

1995年，河南安阳殷墟郭家庄东南M26出土穿孔石贝8枚②。

1997年，河南安阳殷墟王裕口南地发掘商代墓葬21座，出土海贝20枚③。

1992—2001年，河南安阳殷墟花园庄东南地发掘商墓42座，11墓随葬了海贝。其中，M54有1 472枚，M60有53枚④。

2003年，济南大辛庄发现商代墓地，发掘商代中期墓葬16座。M106，发现海贝6枚⑤。

2004—2008年，河南安阳殷墟徐家桥郭家庄商墓发掘，其中28座随葬有海贝，出土海贝118枚；清理车马坑3座，共出土海贝238枚⑥。

2005年，河南荥阳西司马遗址晚商墓地发掘，墓葬82座，其中一共出土海贝832枚⑦。

2006年，安阳市殷墟郭家庄东南地发掘第五号商代墓葬发掘，墓内殉人头部出土海贝6枚，背后均有一穿孔⑧。

基于以上发现，有专家认为"商代海贝出土地区集中在安阳、郑州、山东、山西等商王朝的中心统治区域，而商王朝统治的其他地区则较少发现海贝……商代海贝及各种仿制贝大量发现于墓葬（包括车马坑）之中，墓葬规格越高随葬的海贝数量越多"；这些现象都说明"商代海贝发现的特点提醒我们应当重新思考商代海贝的性质……有限的财富积聚在一定阶层中，表明它不是作为货币而存在的，而是一种财富象征或身份象征"⑨。

此言甚确。由于以往有的研究只注意了海贝的发现地点很多，以为这种现象就是一种相互贸易的结果。然而，出乎意料的却是，那些出土海贝的地点绝大多数都是商人自己的权贵墓葬。这样的一种局面显然就不是贸易

---

① 中国社会科学院考古研究所山东工作队：《滕州前掌大商代墓葬》，《考古学报》1992年第3期。
② 中国社会科学院考古研究所安阳工作队：《河南安阳郭家庄东南26号墓》，《考古》1998年第10期。
③ 中国社科院考古研究所安阳工作队：《河南安阳市王裕口南地殷代遗址的发掘》，《考古》2004年第5期。
④ 中国社会科学院考古研究所：《安阳殷墟花园庄东南地商代墓葬》，科学出版社，2007年。
⑤ 陈雪香：《山东地区商文化聚落形态演变初探》，《华夏考古》2007年第1期。
⑥ 安阳市文物考古研究所：《安阳殷墟徐家桥郭家庄商代墓葬》，科学出版社，2011年。
⑦ 郑州市文物考古研究院等：《河南荥阳西司马遗址晚商墓地发掘简报》，《中原文物》2009年第3期。
⑧ 安阳市文物考古研究所：《河南安阳市殷墟郭家庄东南五号商代墓》，《考古》2008年第8期。
⑨ 李志鹏：《商代海贝性质分析》，《华北水利水电学院学报（社科版）》2013年第1期。

的结果了。

2009年,殷墟研究专家唐际根先生出版了他的论著《考古与文化遗产论集》(科学出版社),在书中他第一次发表了论文《殷墟商代墓葬出土海贝的统计学分析》。在结语中,他也明确指出"货贝的随葬数量与死者社会地位有关"(第249页)。

(三) 铜器铭文与甲骨文均无商代海贝用作货币的记载

杨升南先生是主张商代海贝为流通货币的代表,在论文《贝是商代的货币》(《中国史研究》2003年第1期)一文中,他列出了许多理由,现简要概述如下。

第一,贝所具的价值尺度。

贝是不是货币,最为重要的一个界标就是看它是否具有价值尺度。贝所具的价值尺度,在商代迄今还没有确凿的材料证实,但是稍后的西周时期,贝的价值尺度职能就是明确无误的。西周青铜器《卫盉》铭文云:

> 矩伯庶人取瑾璋于裘卫,才(裁)八十朋,厥贮(贾)其舍田十田。

意为裘卫的这一块玉器瑾璋,矩伯若要,就必须用贝支付,就要八十朋贝;若要用田去换,就要十田(一田为一百亩)。由此可知,"八十朋"是这块玉器瑾璋的价值(也是十田即一千亩土地的价值)。贝在这里亦有作为价值尺度的职能。在此铭文中,矩伯还从裘卫那里取走了两件玉雕的虎和三件皮制品,其价值是"才(裁)二十朋,其舍田三田"。此20朋贝乃这两件玉虎和三件皮制品的价值。

由于周因于殷礼,西周时期贝的这种职能,无疑是沿于商代的。

第二,贝的支付手段。

在中国社会科学院考古研究所编的《商周金文集成》一书中,就收录了商周赐贝而制器的青铜铭文达168件之多。赐贝而制器的含义,就是某人赐给某人贝若干朋,受赐者因受到此赏赐而制造一件铜器作为纪念,或"用贝的购买力,去购买青铜原料,或自己开炉铸造、或到他人的青铜作坊去订做"。

> 辛卯,王赐寝鱼贝,用作父丁彝。寝鱼爵(《集成》9101)[①]
>
> 丙午,王赏戍嗣子贝廿朋,在阑宗,用作父癸宝鼎。戍嗣子鼎(《集成》2708)
>
> 乙巳……王赏子黄瓒一,贝百朋。子光赏,蚁员用作己[宝盘]。子黄尊(《集成》6000)

[①] 《集成》即中国社会科学院考古研究所编《殷周金文集成》的简称,2001年香港中文大学中国文化研究所出版。

上举三件青铜器都是商代晚期的。

第三,贝的流通手段职能。

商代贝常作为重要的赏赐品,普遍见于青铜器铭文,也见于甲骨文,例如:

庚戌[卜],□,贞赐多女屮贝朋。《合集》11438①

……征不死,赐贝二朋。一月。《合集》40073

贝作为有价值的物品而为赏赐品,在商人中流动,受到赏赐的人们,用贝去制作青铜器或者去购买其他所需物品,这就是贝所具的流通手段。商代甲骨文中,还有占卜"买"与不"买"的卜辞,如:

戊寅卜,内,呼雀[买]?勿呼雀买?《合集》10976

……弗买?《合集》21776

《集成》中收有16件器铭中有"买"字,其字形都与甲骨文相同,但这16个"买"字都是名词而无一例作动词用。近出西周早期《亢鼎》中的"买"字,始见此字在西周金文中用为买卖交易之义,铭文云:

公大保买大休(球)于美亚,在五十朋。公令亢归美亚贝五十朋。

第四,贝的储藏职能。

贝的储藏职能,在考古中有大量的发现。在商人的墓中常用贝为随葬品,少者一个,多者如殷墟的妇好墓,随葬贝达6 880枚。在四川广汉三星堆的二号祭祀坑中出土贝亦达6千多枚。这些被用作随葬或祭扫的贝,是为了供给死者或神灵在另一个世界里使用的。

值得注意的是,杨升南先生的以上论述确有许多值得商榷的地方。

在"贝所具的价值尺度"的论证中,杨先生明确指出:"在商代迄今还没有确凿的材料证实,但是稍后的西周时期,贝的价值尺度职能就是明确无误的"。这就说明,西周的发展层次要高于商代。不能因为"周因于殷礼",而以为西周的一切商代都有,也都是从商代学来的,西周就是商代的复制品,看到了西周就等于看到了商代,海贝西周时期"所具有的价值尺度","无疑是沿于商代的"。就论证的方法与逻辑而言,这种"周因于殷礼"的思路肯定有所不妥。

在"贝的流通手段职能"的论证中,杨先生明确指出:《集成》中收录的16件商代器铭中的"买"字,其字形都与甲骨文相同,但皆用作名词而无一

---

① 《合集》即郭沫若任主编,胡厚宣任总编辑,中国社会科学院历史研究所《甲骨文合集》编辑组编纂的《甲骨文合集》的简称。1979年中华书局出版,1983年出齐,共选录国内外收藏甲骨和拓本41 956片。

例用作动词。然而,西周早期《亢鼎》中的"买"字不仅已明确具有了"买"的意义,而且与商代不同的是由"名词"变成了"动词"。这又说明,商时期贝作为流通手段的职能相对西周明显要弱,而西周的发展层次要高于商代。此外,还说明西周时期贝的流通职能的进步,也不全是"周因于殷礼"。

在"贝的支付手段"的论证中,杨先生明确指出赐贝并制器有两种可能:一种是受赐者因受到此赏赐而制造一件铜器作为纪念,第二种是用贝的购买力,去购买青铜原料,或自己开炉铸造,或到他人的青铜作坊去订做。

根据已有的考古发现,第一种说法是对的,第二种说法就超越了历史。

其一,所有青铜器铭文与甲骨所载赏赐贝的行为明显都只局限于贵族范围内,赏贝后制器也都是在贵族圈内发生的事。

事实表明,贝与青铜器都是贵族政治的用具,礼制的反映。即使是那些只有海贝随葬的殷墟西区的普通族邑成员,他们之所以能够获得一定数量的贝,很可能也是贵族政治的结果,也是一种赏赐行为的结果。

从新石器晚期以来考古就表明,贵族手工业具有明显的垄断性与非营利性特点。虽然,海贝不属于手工制品,但它来源的艰难与中央大地的稀缺性,使得它也具有了一切贵族用品"奢侈"的基本特点。

正因此,所有青铜器铭文与甲骨所载赏赐贝制器行为都不具有任何商贸性质,都只是局限于贵族范围内的一种交换行为,以物易物。

子黄尊、戍嗣子鼎都是晚商之器。

子黄尊,通高25.3厘米,口径19.5厘米,重2.7公斤(图2-2-27,2)。依铭文可知此器因"王赏子黄瓒一,贝百朋"而制。

图2-2-27 戍嗣子鼎、子黄尊器物图

(1引自中国文化遗产杂志社《中国文化遗产》2006年第3期;2引自中国"鉴宝网")

戍嗣子鼎,通高48厘米,口径34.5—39.5厘米,重21.5公斤(图2-2-27,1)。依铭文,可知此器因戍嗣子得赏贝二十朋而制。

子黄尊的重量虽然只有戍嗣子鼎的约1/8,可对应的却是"百朋";反过来戍嗣子鼎比子黄尊重约8倍,却对应的只是二十朋。

如此巨大的反差说明什么呢？说明贝丝毫不具备通用的"价值尺度"、"支付手段"的意义;铭文所言完全不是一种等价交换的市场行为,而是受赐者因受到赏赐而制造一件铜器作为纪念的行为。

其二,夏商周时期,所有的青铜原料都是国家控制的资源,来之不易。其中,江西瑞昌铜岭采矿遗址就见证了早商商人异地取铜的艰辛。正因此,国家控制的资源又怎么可能有专卖店随意出售呢？如果是这样,那青铜器还能成为国之重器,还能成为贵族的象征？

其三,所有赏贝制器的铭文无一例说明,购买青铜原料以后,"或自己开炉铸造,或到他人的青铜作坊去订做"。事实上,青铜器的制作就是贵族手工业的组成部分。孝民屯的发现即证明,虽然殷墟的青铜作坊级别不同,但也并非所有的青铜作坊都私营、都对外开门营业,有贝就接受"定制"。假如所有的青铜作坊都对外营业,都提供"定制"服务,那青铜器还会贵重吗？商周的礼制还会持续吗？礼崩乐坏的局面不早就发生了吗？

显然,商代的海贝还不是真正的"货贝",也不是真正的一般等价物。

第六节　史前晚期夏商周时期财富私有制与"剩余劳动"的关系

大约从20世纪80年代开始,由于中国考古学发现中国史前就根本不存在农业与畜牧业的社会分工,所以关于农业与手工业的社会分工,以及史前农业的"剩余劳动"与"剩余产品"的论述也开始成为一系列历史变迁原因的关键词。

杨邦兴、裘士京先生认为:从事旱地农业的地区,人们获取生活必需品较省时省功,维持生命、繁衍后代的必要劳动时间相对减少,剩余劳动和由此而产生的剩余产品出现也较早,从而促进了农业与手工业分工,使氏族成员间的贫富差异扩大,随之出现交换及掠夺财物的战争,进一步扩大私有制领域,最终引起人与人之间关系的变化,导致生产关系的变革和新的社会形态——奴隶制的出现,造成某些部落的消亡,局部地区的倒退或停滞,从而加剧了社会发展的不平衡①。

尚明杰先生认为：农业生产迅速发展，并由此引起社会财富的迅速增长。剩余产品的出现使私人占有成为可能，随之出现了贫富分化的危机，导致部落战争，使原有的那种以血缘关系为纽带的氏族制度开始被冲毁，地域性联合的形成和扩大又为国家的出现提供了必不可少的条件②。

吴汝祚先生认为：农业还有力地推动了手工业生产的发展，尤其是农业生产发展到较高阶段，当粮食产量出现一定数量的剩余时，手工业得以从农业中分离出来，以前所未有的速度向前发展③。

曹兵武先生认为：文明起源问题首先是一个历史过程，应作为一种前文明社会的文明化运动来考察，认识的起点应当从考古学的新石器时代食物生产革命即农业革命的发生开始。经过革命，食物产量大为增加，并由此导致人口增加、剩余产品和劳动分工出现，不再直接从事食物生产（至少部分如此）但照样可以存活的人出现了，社会生活日益多样化，而社会组织日趋复杂化④。

魏京武先生认为：农业的产生和发展，积累起社会财富，产生了贫富分化和阶级分化⑤。

显然，由专家们的论述不难发现，所谓"剩余劳动"和"剩余产品"就是史前晚期随着农业的发展劳动者生产出来的多余的产品，而关于它的研究意义重大，尤其是对于农业与手工业的分工、贫富分化、私有制、氏族制度的毁灭、阶级分化、战争、文明和国家的产生，都有着明显的作用和影响。

然而，根据中国考古的已有发现，目前学术界关于"剩余劳动"和"剩余产品"的认识有许多值得商榷的地方。

一、仅靠农业生产不出"剩余劳动"和"剩余产品"

考古发现，是否会有"剩余劳动"和"剩余产品"并不是因为农业。

距今一万年以来，中国史前的农业就有了很大的发展。

在湘西北的澧阳平原上，距今9 000余年的彭头山文化就发现了大量的

---

① 杨邦兴等：《文明起源与旱地农业》，《安徽师大学报》（哲学社会科学版）1987年第2期。
② 尚明杰：《原始农业与中国古代文明》，《青海师范大学学报》（社会科学版）1987年第2期。
③ 吴汝祚：《初探中原和渭河流域的史前农业及其有关问题》，《华夏考古》1993年第2期。
④ 曹兵武：《食物生产革命与文明起源——中国文明起源理论思考之一》，《中国文物报》1998年4月15日第3版。
⑤ 魏京武：《农业与中国文明的形成——兼论良渚文化在中国文明形成过程中的地位》，《良渚文化研究——纪念良渚文化发现六十周年国际学术讨论会文集》，科学出版社，1999年，第151—159页。

稻作遗存。一方面是大量的稻壳被掺和在陶土之中,以增强陶器胎壁的结构性与透气性。于是,烧成后黑胎的夹炭陶就成了该文化的显著特点之一。另一方面是大量数以万计的稻谷在八十垱遗址周边古河道岸坡下被发现,可能是用以祭祀河神。

在浙江宁绍平原上,距今约7 000年的河姆渡文化也发现了数量巨大的水稻遗存。在第一次发掘的第四层共400平方米的面积内,普遍存在含有稻谷、稻壳、稻秆和稻叶等物的堆积,一般厚20—50厘米①。

显然,上述发现表明,当时的农业不仅已经开始规模化经营,而且规模和产量还越来越大。

然而,当时占主导地位的广谱经济不仅表明农业尚处于次要地位,而且还表明不是有了农业就一定有了"剩余劳动"、"剩余产品"。

农业是人类食物的生产性产业,也是作物的规模化栽培与经营,并由二个方面组成。一方面是具体的生产方式即作物的栽培方式与技术,另一方面是社会的生产方式与生产关系,即人与生产资料的结合方式。新石器时代中期,农业之所以发达了,但并没有出现"剩余产品",就说明仅有栽培技术是远远不够的。

一般而言,农业的发展首先要有实际的需求。在广谱经济盛行的历史条件下,也不需要农业生产"剩余产品"。此外,要使农业发达并有"剩余产品",不仅要有新的生产技术与方法,更要有新的社会性生产方式。

在广谱经济时代,社会流行的生产方式就是集体劳动、集体消费模式。这种模式最重要的特点就是具体的生产与耕作方式简单粗犷,刀耕火耨,广种薄收。因此,不改变这种生产方式,农业永远也不可能有"剩余劳动"和"剩余产品"。

事实上,人是第一生产力,劳动者如果没有生产的积极性,无论采用任何形式的生产技术与劳动方式都生产不出"剩余劳动"、"剩余价值"、"剩余产品"。

正因此,中国史前晚期之所以会出现"剩余劳动"和"剩余产品",不仅因为出现了以田亩为单位的精耕细作的具体耕作与生产方式,而更关键、更重要的是出现了生产资料直接与劳动者相结合的社会性生产方式革命,这就是分田到人,让个体劳动、个体经济直接与土地与分配挂钩,从而充分地调动了生产者的生产积极性。于是,以前生产不出"剩余劳动"、"剩余产品"的农业,就源源不断地出现了"剩余劳动"和"剩余产品"。

---

① 浙江省文物考古研究所:《河姆渡——新石器时代遗址考古发掘报告》,文物出版社,2003年,第9页。

显然，以前以为是农业与农业的发展直接造就了"剩余劳动"和"剩余产品"的认识可以说只是一种表面现象的误解。

二、"剩余劳动"不会导致农业与手工业跨血缘、跨地缘的社会分工

长期以来，学术界就一直以为有了"剩余劳动"和"剩余产品"就一定会导致农业与手工业的社会分工。

然而，中国的发现却表明，史前晚期的"剩余劳动"和"剩余产品"并没有引起跨血缘、跨地域全社会性的分工。

这说明以往的认识有三个问题。第一，根本没有意识到分工必须以一定的社会条件为基础，必须以一体化的社会组织为基础；第二，根本没有意识到人类社会的一体化首先是从血缘社会开始的，手工业的社会分工也首先是从血缘社会开始的；第三，把所有血缘社会内部的分工都当作了地缘化的社会分工。

值得思考的是，中国史前晚期的"剩余劳动"和"剩余产品"为什么就没有引发全社会的农业与手工业的分工？

事实证明，"剩余劳动"和"剩余产品"只是地缘化社会分工的必要条件之一，但不是全部的，也不是主要的。

一般而言，地缘化社会分工至少应该同时具备二个方面的基本条件。

第一是经济方面的。那就是农业要有"剩余劳动"和"剩余产品"。否则，手工业就不可能独立出来，并以此为生。

第二是社会方面的。如要实现地缘化的分工务必首先实现社会的地缘化。否则，手工业就很难摆脱血缘社会的束缚，有关的制品也不可能在不同血缘组织之间流通。

史前晚期，农业虽然已经开始提供"剩余劳动"和"剩余产品"，但社会的地缘化进程还只是刚刚起步，所以农业与手工业的全社会地缘化分工还为期遥远。

商代早期，商人之所以亲自到江西瑞昌去开采铜矿；商代晚期，商人之所以亲自到渤海南岸去制盐，实际就充分说明商王朝想要的东西都没有商品化，也更不存在以农业"剩余劳动"和"剩余产品"为基础的跨血缘又跨地域的社会分工。

三、"剩余劳动"与私有制、阶级、奴隶的出现没有直接关系

长期以来，学术界还一直以为有了"剩余劳动"和"剩余产品"就一定会直接导致私有制、阶级、奴隶的出现。

然而，在中国所有的这一切都与"剩余劳动"和"剩余产品"没有直接关系。

就财富私有制而言,新石器时代中期中国就已经在广谱经济的基础上起源了。新石器时代晚期,农业兴起了,并出现了"剩余劳动"和"剩余产品",但那主要是社会生产方式变革的产物,与财富私有制也没有任何直接的因果关系,更不是因为有了"剩余劳动"、"剩余产品"才导致财富私有制的出现。

就个人构成的阶级而言,地缘社会是阶级出现的必要条件之一,因为阶级是社会所有独立的个人在没有血缘与民族隔离和束缚的条件下共同组成的。但是,史前晚期是一个血缘社会,整个社会从根本上就缺失形成阶级的社会基础与条件。在血缘组织的内部,每一个人都是亲戚,每一个人都是这个整体中的一员,相互之间只有地位等级的高低,没有形成阶级。在血缘组织的外部,史前晚期也不存在全社会性的跨血缘、跨地域的阶级。即使是夏商周时期,国体虽然地缘化了,但政体与基层组织还是血缘化的,还要"封建亲戚,以蕃屏周"(《左传·僖公二十四年》),也没有见到个人阶级。此外,经济完全独立的个人也是阶级出现的必要条件之一。但是,这种人中国最早只见于个人拥有土地完全使用权的春秋战国时期。正因此,史前晚期到夏商周,农业的"剩余劳动"和"剩余产品"皆与个人阶级的出现完全无关。

就奴隶的出现而言,由于人们一直认为农业"剩余劳动"和"剩余产品"的出现提升了人的利用价值,从而为失去人身自由并被他人任意驱使的奴隶的出现铺平了道路。但是,除了任人宰割的外族战俘以外,中国考古却至今也没有发现一个史前聚落内部成员,或夏商周时期统治民族内部成员,沦为了本聚落、本氏族、本民族"奴隶"的报道和证据。

值得思考的是,究竟是什么原因使得"剩余劳动"和"剩余产品"没有导致个人奴隶的出现,也没有导致大规模奴隶的利用?

一般而言,个人奴隶的出现是有条件的,不仅要有经济方面的条件,要能生产出"剩余价值",更要有一定的社会条件。

第一,在生产资料集体所有的血缘组织内部,集体对每一个聚落成员都有不可推卸的养育与保护的责任与义务。此外,每一个聚落成员都是血缘与利益一体化组织同生死共命运的成员,因而组织也不会允许他们成为奴隶。之所以当时每一个聚落成员,即使一贫如洗,也都在聚落居住区、公共墓地和家族墓地中占有一席之地,就其原因即在于此。

第二,在史前生产资料集体所有制的前提下,个人只是耕种了集体的土地,无产可破,因而血缘组织内部就根本没有因"破产"而出现的奴隶。

第三,利用价值太低。因为,史前中国并没有出现所谓的社会分工与商品经济,农业的个体劳动虽然能产生一点"剩余劳动"和"剩余产品",但是它们并不能转化为商品,转化为财富。所以,即使有奴隶,利用价值也不高。

第四,"不吉利"。截至目前,中国史前与商周考古还没有在一座城址、壕(濠)沟、大型宫殿建筑与房屋基址的修筑过程中,发现了使用奴隶的迹象,而只有用于祭祀的。这种现象说明,当时血缘社会存在一种观念,那就是不能使用外族人来为自己营建工程。之所以如此,可能认为利用"阶下囚"的外族人"不吉利"。

类似的现象也见于安阳晚商殷墟,一方面在甲骨与金文中就没有任何关于族人破产为奴的记录,另一方面大量的手工作坊内也没有发现一个被统治民族的"奴隶"。此外,那里的手工作坊还显示了商人自己愿意当"百工",愿意"世工世族"而绝不让外族"奴隶"染指的现象。

显然,史前晚期到商周,中国私有制的发展并没有给当时的社会带来经济破产的奴隶,所谓"奴隶"的来源主要是战俘,主要用于祭祀和殉葬,而用于生产和经济以获取"剩余劳动"和"剩余产品"的奴隶既不突出也不明显。

四、"剩余劳动"主要用于血缘组织内部的需求

史前晚期农业的确出现了"剩余劳动"和"剩余产品",尤其是各地相继崛起的那些数量众多的城址就不断表明,它们都是"剩余劳动"和"剩余产品"的产物和结果。

值得注意的是,以往学术界普遍认为"剩余劳动"和"剩余产品"都被统治者"剥削"了,而劳动者从自己的劳动产品中所能得到的份额,仅限于维持自己与后代生存所必需的最低限额的生活资料。

对此,中国史前晚期的考古表明问题并没有那么严重。一方面,"剩余劳动"完全与跨血缘、跨地域的剥削阶级的"剥削"无关;另一方面,"剩余劳动"的作用范围仅限于血缘组织的内部,支出的方向和项目也主要是血缘组织内部的贵族政治与公共支出。

1. "剩余劳动"的支出去向之一——贵族政治

史前晚期,随着社会文明化进程的启动,原本群龙无首、松散的聚落血缘组织逐步踏上了大型化、一体化之路,组织内部贵族的层级也越来越多。为了明确地显示贵族之间不同的等级、不同的地位,源于新石器时代中期不区分等级的贵族专用奢侈品已不再适应时代的发展,于是专门的礼器出现了。礼器不仅在器物的质料,而且在器物的形态、数量与重量等方面都出现了重要变化。

与此同时,聚落组织的规模越大,可以汇聚的资源也越多,可以集中使用的"剩余劳动"和"剩余产品"也越多,从而又为贵族礼器的出现和使用奠定了物质与经济基础。

一般而言,礼器的生产有三种模式。其一,有原料的就自己制作;其二,没有原料的就通过交换,以物易物,获得原料后再自己制作,湖北天门石家河聚落集团中的邓家湾、肖家屋脊、罗家柏岭遗址所见铜矿石可能就是这种模式,因为当地没有铜矿石原料;其三,直接换取制成品,就像三峡地区大溪文化晚期所出安徽凌津滩式玉器一样(图2-2-13)。

然而,无论哪一种模式,都与当时农业的"剩余劳动"和"剩余产品"存在明显的联系。并需要"剩余劳动"和"剩余产品"来维持"特殊手工业"的分工,维持工匠及其后代的生存。可以说,没有"剩余劳动"和"剩余产品"就没有"礼器","礼器"的贵重与否也取决于"剩余劳动"和"剩余产品"的多少。

2."剩余劳动"的支出去向之二——公共支出

已有的发现显示,史前聚落组织内部的公共支出也是当时农业"剩余劳动"和"剩余产品"的主要去向之一。

其中,主要有二个支出方面。

第一,满足聚落成员的最低生活保障。

史前血缘社会在生产资料集体所有的前提下,聚落拥有保护并养活每一个聚落成员的职责与义务,并向他们提供最低生活保障,如住房就是典型的一例。晚商殷墟孝民屯A发掘区所见27组近百间半地穴式住房的发现即表明,直到商周时期,聚落成员还一直集中住在聚落集体提供的、位于聚落集体所有的宅基地上的住宅里面(图2-2-28)。

此外,向每一个聚落成员无偿提供日常生产生活的手工制品,这也是聚落最低生活保障制度的组成部分。

1994年,湖南澧县城头山于城址中部偏西发现了一处窑场,发掘区内一共有陶窑8座,时代从大溪文化早期一直延续到屈家岭文化时期[1]。虽然这处窑场的职能是专门烧造红烧土疙瘩,但这却是聚落普通成员在多雨潮湿条件下改善居住环境的重要用品。因此,窑场的规模也大、使用期也长,估计在此工作的窑工也是比较专业的工匠,可能也会得到农业"剩余劳动"和"剩余产品"的扶持。

1956年,兰州白道沟坪马家窑文化马厂类型遗址发掘,发现了多达12座以上的陶窑,窑室一般都在1米左右[2],显示了普通手工业明显的规模化、专业化与分工化。估计在此工作的窑工也像城头山一样,可能也会得到农业"剩余劳动"和"剩余产品"的扶持。

---

[1] 湖南省文物考古研究所:《澧县城头山》,文物出版社,2007年,第257页。
[2] 许顺湛:《再论仰韶时期的社会性质》,《学术研究辑刊》(现《中州学刊》)1979年第1期。

类似的例子还有很多,并说明为了落实聚落成员的最低生活保障制度,"剩余劳动"和"剩余产品"不仅仅只服务于贵族政治,也同样服务于普通聚落成员。

第二,大型公共工程。

自湖南西北澧阳平原发现中国史前第一个城址以后,目前黄河长江两河流域各地已经发现类似的大型公共工程已达数十处之多,尤其是北方长城沿线所见石头城址的数量还明显超过黄河长江流域的总和。

一般而言,城址的出现并不只是聚落贵族的需要,普通聚落成员也需要。因为史前晚期基于人地关系的紧张而导致的人与人关系的紧张,并不仅涉及贵族,而是涉及血缘社会有关组织的每一个人。城址不仅保护了贵族,也保护集体的利益,更承载了集体所有人员对未来的期盼。因此,城址的修建正是名副其实的公共工程,而且也充分体现了农业的"剩余劳动"和"剩余产品"的去向与用途。

浙江余杭良渚三镇遗址群就是这种用途的突出代表,它所修建的塘山与瓶窑古城就都是这方面的最好见证。

塘山,主要用途是防洪。

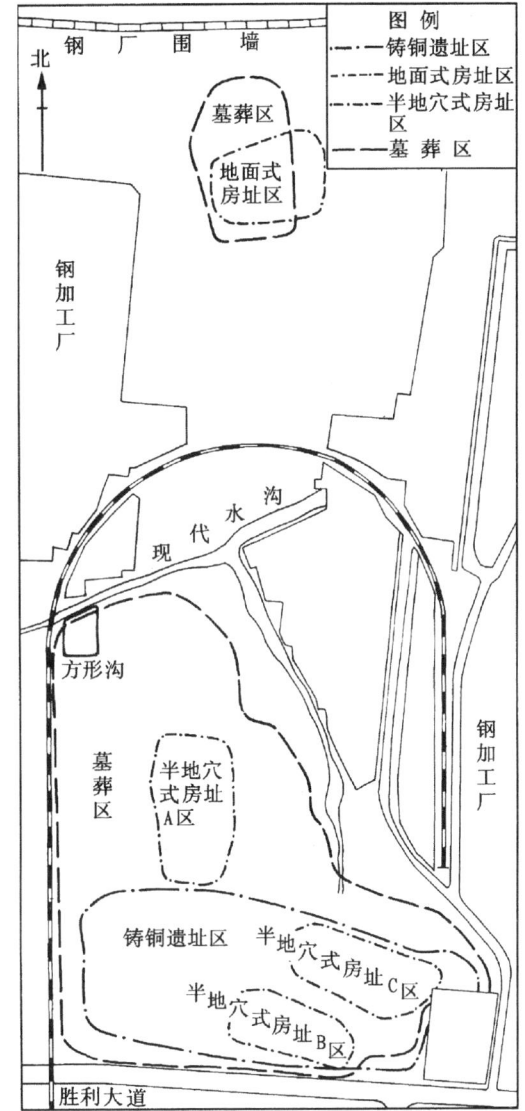

图2-2-28 殷墟孝民屯发掘成果平面图与A区半地穴式房址分布平面照片

(引自殷墟孝民屯考古队《河南安阳孝民屯商代房址2003—2004年发掘简报》)

位于整个遗址分布区的西北部与山区的边缘,东西长4.3公里,工程量特别巨大,调查与发掘表明,它宽20—50米,相对高度2—12米,推测工程量约100万立方米①。

城址,2006—2007年发掘正式确认②,规模巨大,工程量也特别巨大。仅城墙主体,周长约7 000米,底部宽40—60米,现存最高约4米,推测土方工程量至少120万立方米。

显然,这些巨大的工程不仅完全是良渚三镇全部聚落成员共同协作的产物,也是良渚三镇所有聚落农业"剩余劳动"与"剩余产品"的共同结晶。

正因此,所有作用于公共支出的"剩余劳动"与"剩余产品"就同时证明,史前劳动者从自己的劳动中所得到的不仅限于维持自己与后代生存所必需的最低限额的生活资料。

第七节 财富私有制起源第二阶段的意义

事实表明,财富私有制第二阶段的起源,尤其是早期个体劳动、个体经济的出现意义重大,并给社会的文明化注入了许多新鲜的血液,激发了社会空前的活力。

一、助推了一夫一妻制婚姻、家庭的普及与"父系社会"的出现

过去,学术界一般都认为社会形态由母系转变为父系是因为私有制导致财富的出现,财富又需要继承,继承又需要正统血脉,于是就产生了一夫一妻制婚姻、家庭和父系社会。

然而,中国的考古却告诉人们,真正有财富并需要继承的只是少数有权有势有地位的人,多数聚落普通成员,除了一点基本的生产生活资料,并没有真正的财富,更没有财富需要继承的愿望和需求。

已有的线索表明,中国一夫一妻制婚姻、家庭和父系社会出现的真正而又直接的原因就是社会生产方式的变革,而新型的财富私有制则在这一变革中起到了明显的、最主要的推波助澜作用。

其中,让个体劳动第一次具有了独立的经济意义就是财富私有制助推

---

① 浙江省文物考古研究所:《良渚遗址群》,文物出版社,2005年,第118页。
② 浙江省文物考古研究所:《杭州市余杭区良渚古城遗址2006—2007年的发掘》,《考古》2008年第7期。

而产生的一个巨大的历史进步。因为,它充分地调动了劳动者的生产积极性,还突出了男人在生产中的地位与作用。

在这样的基础上,人们一方面不得不放弃了以往以集体劳动、集体消费为基础的群婚制——对偶婚,而逐渐代之以固定的一夫一妻制;另一方面人类社会与生俱来的只认其母不认其父的"母系"制也蜕变成了父系制。

二、助推了脑力劳动、体力劳动以及早期"城乡"的社会分工

史前晚期聚落社会之所以会出现"城乡"分工,最根本的原因并不是社会生产力发展了,也不是农业与手工业分工了,商品经济出现了。

尽管当时的"城"与"乡"都是血缘社会的,而不是地缘社会的,而且所谓的"城"与"乡"也都不具有地缘社会的意义。

但就历史的发展而言,史前晚期,一方面社会组织的发展就需要政治中心的"城",就需要专职的管理人员;另一方面财富私有制的发展又推动并夯实了各种社会分工的物质基础,推动了"贵族"与礼制的出现。于是,脑力劳动与体力劳动的分工就导致了同一血缘组织内部"城"内与"城"外聚落之间的分工不同。

这是历史性的进步与变化,也为以后地缘社会的"城乡"在脑力与体力劳动分工基础上再手工业与农业分工奠定了基础,开了先河。

三、助推了人自身的独立与解放

自有人类以来,社会的组织方式就一直以血缘为纽带。在地广人稀、采集狩猎与广谱等自然经济的支持下,这种组织的生产方式就一直维持着集体劳动、集体消费的模式。又由于生产力的落后,这种组织与生产方式不仅适应了生产力的发展水平,而且还为每一个人提供了最低生活保障。正因此,新石器时代中期及以前,每一个人都是集体的一员,没有任何个人的独立性可言。

然而,从新石器时代晚期开始,由于财富私有制的推波助澜,出现了早期个体劳动、个体经济,从而在经济首先开始独立的基础上,个人的独立性与历史地位也都逐渐得到了普遍提高。其中,一夫一妻制婚姻与家庭的普及与流行(图1-3-11),人们居住的房屋样式也由过去的独门独栋独间变成了适合个体家庭居住的"套房"(图1-3-6),个体家庭成为血缘社会最小的组织与经济单位(图1-3-7,2),聚落的整体布局由分层向心结构变为成了多中心即无中心的结构(图1-3-7,2),就都是这方面的有力证据。

显然,史前晚期,人类不仅走上了个体劳动个体经济个人养活个人之

路;而且在此基础上个人不再是集体中的个人,而变成了集体中的独立个人。虽然这种独立性还不完全彻底,但就人的解放的过程与发展而言,这就是人自身解放的先声,也是人自身随着社会的进步而迈出的独立的革命性第一步。

四、为人类社会组织增添了利益的纽带

新石器时代中期及以前,由于地广人稀,为广谱经济,集体劳动集体消费,所以人类社会的财富观念十分淡薄,各社会组织之间也很少矛盾与冲突,即使有,"亲属部落间的联盟,常因暂时的紧急需要而结成,随着这一需要的消失即告解散"①。

但是,史前晚期,随着人口的增加,人均土地面积的减少,广谱经济成分的萎缩,农业成了人类生存的命根子。又由于农业经济的发展和不平衡,史前晚期因土地、因水源、因各种自然灾害、因收成的多寡不同等问题引发的矛盾与冲突的数量急剧增加,冲突的规模也急剧扩大。

为此,聚落社会以往单纯以血缘为纽带的组织已不再适应形势的变化。于是,在财富私有观念的基础上,利益诉求就成为了聚落社会在血缘之上又一种新型的组织纽带,聚落组织从此也不再是单纯自然的血缘组织。"这种组织起初只是一种同盟,经过实际经验认识到联合起来的优越性以后,就会逐渐结为一个联合的整体"②,并给当时的聚落社会带来了二个显著的变化。

1. 聚落组织内部的变化

为了生存,为了利益,原本的血缘组织纷纷在实力的基础上整合改造成为了利益一体化的组织。

目前,这种组织最突出的聚落形态特点就是大量的聚落以失去独立平等为代价超近距离地相聚在一起,抱成一团。其中,河南郑州西山仰韶文化晚期大遗址、湖北京山屈家岭文化大遗址、湖北天门石家河文化大遗址就都是这方面的典型,并分别代表了重组后的三种聚落组织类型。

郑州西山,仰韶文化晚期遗址,面积30万平方米,是以聚落个体为单位超近距离相聚成一体化聚落群的代表(图4-1-1,5)③。湖北京山屈家岭

---

① 恩格斯:《家庭、私有制和国家的起源》,《马克思恩格斯选集》第四卷,人民出版社,1974年,第89页。
② 恩格斯:《家庭、私有制和国家的起源》,《马克思恩格斯选集》第四卷,人民出版社,1974年,第120页。
③ 国家文物局考古领队培训班:《郑州西山仰韶时代城址发掘》,《文物》1999年第7期;马世之:《五帝时代的城址与中原文明》,《中州学刊》2006年第3期。

文化遗址,284万平方米,就是以聚落群为单位超近距离相聚成一体化聚落群团的代表(图3-2-5,1、2)①。湖北天门石家河文化遗址,就是在城址周围1.5公里的范围内,40个聚落相聚为一体化聚落集团的代表(图3-2-13,2)②。

值得思考的是,聚落组织为什么要一体化,为什么要超近距离相聚在一起,抱成一团。

显然,主要就是为了共同的利益。因为,在人多力量大的时代,抱成一团的规模越大,在利益场上搏击的力量就越大,胜算也越大。

2. 聚落组织外部相互关系的变化

同样也是为了生存,为了利益,原本相互毫无关系的血缘组织开始跨血缘,或又跨血缘又跨地域,相互合纵连横整合改造成为利益一体化的组织,其中"早期国家"就是这方面的典型代表。

所谓早期国家,实际就是由不同血缘的聚落组织相互在利益的基础上结成的同盟。有二种基本的组织形式:其一,只跨血缘不跨地域;其二,又跨血缘又跨地域。

根据文献与考古发现,河南洛阳盆地龙山文化的早期国家,就是一个又跨血缘又跨地域的联盟典范③,所以夏建国以后就因为各方都势均力敌而出现了国王的"禅让制"。先周时期,姜太公一族投靠姬姓就是只跨血缘不跨地域的典型代表,因为姜太公只带来了人没有带来土地。

显然,早期国家的出现表明,从史前晚期开始,利益纽带已经成为超越血缘之上的、比血缘更强有力的社会组织纽带。

五、为社会的文明化夯实了物质基础

新石器时代中晚之交,为了应对日趋激化的人与自然和人与人之间矛盾的激化,人类社会启动了文明起源,早期个体劳动加农业成为了社会主流的生产方式。

这是历史性的伟大变革。因为自有人类以来,人类社会的生产方式就一直是集体劳动集体消费,而新的生产方式不仅使人类由此走上了个人养活个人之路,还同时催生了史无前例的早期个体经济。

---

① 湖北省文物考古研究所等:《湖北京山屈家岭遗址群2007年调查简报》,《江汉考古》2008年第2期。
② 湖北省文物考古研究所:《大洪山南麓史前聚落调查——以石家河为中心》,《江汉考古》2009年第1期。
③ 裴安平:《中国史前聚落群聚形态研究》,中华书局,2014年,第268—273页。

事实表明,在财富私有制的助推下,早期个体劳动个体经济的出现不仅使农业焕发了无穷的生机,还为社会的文明化提供了坚实的物质基础。

主要表现在四个方面。

第一,养活了大量的人口与聚落。

湖南西北澧阳平原就是这方面的典型。在总面积约 600 平方公里的范围内,距今 6 000 年以后大溪文化养活的人口总量至少就是彭头山时期的 8 倍,是皂市下层时期的 3 倍(图 1-3-1)。

第二,聚落组织规模越来越大。

这是史前晚期开始出现的一种新的历史现象,大量聚落遗址超近距离或零距离地聚在一起,湖北天门石家河就是这方面的典型。距今 5 000—4 500 年的屈家岭文化期间,当地的聚落组织就在约 5.26 平方公里的范围内城里城外聚集了 18 个聚落,平均每一个聚落拥有的面积仅约 30 万平方米,仅相当现代 450 市亩。显然,在如此狭小的区域内,庞大而密集的聚落群聚形态就充分地说明了,没有早期个体劳动个体经济就没有大量聚落超近距离或零距离相聚在一起的物质基础。

第三,贵族不仅分级了,而且越来越贵。

随着聚落社会组织规模的扩大与一体化趋势的增强,组织内部贵族的分级现象也日趋明显。尤其是距今 5 000 年以后,为了彰显贵族之间的等级差异,以往的"奢侈品"开始变成了"礼器",从而促使贵族之间的等级差异不仅越来越多,越来越明显,而且还越来越贵。对此,浙江余杭良渚三镇范围内的良渚文化就是典型。其中,有的贵族墓葬随葬的玉器重量就已经超过了体重(图 2-2-3)。这又说明早期个体劳动个体经济为贵族政治的发展提供了越来越多的资源。

第四,出现了工程量巨大的公共工程。

距今 6 000 年,中国史前第一座城址开始崛起,并标志着一种史无前例的大型或巨型公共工程也开始出现。由于这些工程不仅体量巨大,而且都是以血缘组织为单位营建的,所以也要求这些组织要有雄厚的物质基础。对此,湖北天门石家河城址的营建就是典型。其中,仅谭家岭内城城濠,宽 30 米,深 9 米[1],周长约 1 900 米,意味着工程量至少接近 30 万立方米(图 3-2-4)。如按当时每人每天 0.5 立方的工作量计,这一工程就至少需要 1 万人 60 天才能完成。显然,没有农业提供的粮食,没有早期个体劳动个体经济,类似的工程是根本不可能完成的。

---

[1] 湖北省文物考古研究所:《三苗与南土》,江汉考古编辑部,2016 年,第 31 页。

六、初步铸就了中国财富私有制的基本特点

考古表明,中国从史前到古代的财富私有制有五个主要的特点。第一,生产资料集体或国家所有是这种私有制的社会基础;第二,劳动者的个体劳动个体经济是这种私有制的经济基础;第三,这种私有制不是一种经济制度,而是一种社会的管理与分配制度、一种政治制度;第四,财富与社会地位相匹配,越有权越富;第五,平民的贫富分化也日趋明显。

新石器时代中期,财富私有制虽然已经起源,但羽翼未满,除了第一方面的特点以外,其他特点或不够典型,或还没有出现。

新石器时代晚期,伴随着社会生产方式的变革,财富私有制的发展渐入成熟之境,上述五个方面的特点皆显山露水。尤其是作为一种政治制度的出现,遂使财富与人的社会地位密切地联系在一起了,形成了中国财富私有制最突出的历史特点。此外,个体劳动个体经济的出现与发展也是这一时期才开始出现的中国财富私有制的重要特点,因为在主要生产资料集体或国有的前提下,以土地和农业为根本的个体劳动个体经济就成了财富私有制的主要经济基础。

正因此,财富私有制起源的第二阶段也是财富私有制的成熟阶段,初步铸就了中国特点的阶段。

本 章 小 结

新石器晚期至夏商周时期是中国财富私有制起源的第二阶段,也是以早期个体劳动个体经济为基础,主要以"礼器"为财富标志物的新阶段。

一、历史背景

大量的考古发现表明,真正导致和推动财富私有制新发展的时代背景与一夫一妻制婚姻和家庭的起源一样,完全是人口与聚落大量增长,旺盛的需求与生产能力不足这一社会基本矛盾激化的结果,也是为应对生存危机而实行的社会生产方式变革的结果。

二、财富私有制起源第二阶段的考古发现

根据不同时段的特点,本阶段的财富私有制可以分为四个循序渐进发展的小阶段。

第一段：距今7 000—6 000年，是一个承前启后的阶段。湖南安乡汤家岗与澧县城头山的发现表明，这一阶段一方面继承了源自新石器时代中期的基本特点，财富私有制仍然是聚落社会通行的管理和分配制度；另一方面又显示生产方式发生了重大变化，早期个体劳动个体经济已取代集体劳动集体消费，并成为了新时期财富私有制的新型经济基础。

第二段：距今6 000—5 000年。继前一阶段生产方式与经济基础的变革之后，这一阶段上层建筑的变化开始成为了亮点。各地套房与安徽凌家滩祭坛、墓葬的发现表明，一方面在早期个体劳动个体经济的基础上个体家庭的独立性与地位得到了普遍提高，另一方面就是出现了"贵族"。

第三段：距今5 000—4 000年。浙江余杭反山、瑶山与山西襄汾陶寺的发现表明，这一阶段最主要的特点与变化就是财富与权力的象征物都升级了，奢侈品升级变成了礼器。礼器不仅可以区分贵族之间的等级、地位以及财富的多寡，还在于它绘制了大量的神徽，显示了与神的联系，也显示了人权神授和能够通天达地的含义。

第四段：夏商周时期。四川广汉三星堆、江西新干大洋洲的发现表明，随着大型的单一民族方国夏商周的相继崛起，除了中央王朝以外，各地方国也把青铜器作为了礼器和财富的主要标志。此外，湖北黄陂盘龙城的发现又表明"分封"已开始成为贵族新的、与传统方式不同的财富与经济的主要来源。

三、财富私有制起源第二阶段的新特点

史前晚期到夏商周时期，财富私有制的起源和发展主要有以下九个方面的新特点。

第一，农业已成为私有制发展的经济基础。

第二，早期个体劳动已成劳动者早期个体经济的主要来源。

第三，个体家庭已成聚落社会有一定独立性的最小组织与经济单位。

第四，土地史前集体所有，夏商国家集体二级所有，西周国有。

史前，土地的主人就是血缘组织，土地的性质就是集体所有。

夏商时期，无论统治还是被统治民族，基层组织全都还是以往的血缘组织，而且国家压迫和剥削的对象也是血缘组织而不是个人。因此，当时的土地所有制就是国家与血缘组织二级所有。

西周时期，国家一方面建立了"乡里制"，一方面又实行了"井田制"。于是，就最终剥夺了土地血缘组织的集体所有权，从而全部变成了国家一级所有，原本"公田"内的收入也全都成为了国家收入。

第五，贫富分化日趋扩大。

由于早期个体劳动早期个体经济的出现，财富观念的普及，社会贫富分化的广度与深度同时强化。一方面出现了脱离具体生产劳动，高居于普通聚落成员之上，并掌握了某种权力和大量社会财富的"个人贵族"，且越来越贵；另一方面，又同时出现了与"个人贵族"有近亲血缘联系的"集体贵族"；再一方面，聚落平民之间的贫富分化也在扩大。

第六，礼器已成财富新的标志物。

第七，血缘社会内部没有剥削与压迫。

史前晚期，同一血缘组织内部并没有发现剥削与压迫。因为，血缘与共同利益把同族的贵族与平民紧紧地联系在一起了，同生死共命运，利益共享。他们之间虽有等级与贫富的差异，但没有压迫与剥削，更没有形成对立的阶级。

第八，社会成员只有有限的经济独立性。

由于史前是生产资料集体所有制，夏商周时期是国有制，所以无论是贵族，还是普通的聚落成员，都没有获得真正的经济独立性。

第九，财富私有制变成了血缘聚落社会的政治制度。

考古发现，新石器时代晚期，随着聚落组织的大型化一体化及其政治组织的出现，财富私有制变成了一种政治制度。其中，"礼器"就是这种制度诞生的标志。它不仅可以分等级明贵贱，而且等级与地位的高低贵贱全部都与财富联系在一起了，全部都可以用财富来表达，越有权越富。

四、史前晚期、夏商周时期财富私有制与生产力发展的关系

中国的历史表明，社会生产力的提高与发展是一种质的进步，最主要的标志就是生产资料与劳动者相结合的和谐的社会生产方式与生产关系；而那些工具的进步则是一种量的进步，只在一定的生产方式与生产关系的基础上提高了劳动的效率。

正因此，史前财富私有制的发展与生产工具所代表的生产力的进步关系不大，而是社会生产方式与生产关系调整的结果。

五、史前晚期、夏商周时期财富私有制与手工业的关系

由于中国史前与夏商周时期都没有出现农业与手工业的社会分工，所以财富私有制的起源和发展也确实与手工业的兴衰毫无关系。

（一）史前晚期特殊手工业的基本功能与特点

一般而言，特殊手工业就是专门为贵族和贵族政治服务的手工业，主要

有五个方面的特点。

第一,生产资料贵族集体所有。

第二,明显的垄断性。

第三,生产不以交换和出售为目的。

第四,聚落组织内部的核心是生产的组织者与管理者。

第五,工匠不享受自己的劳动成果。

因此,特殊手工业的根本属性实际只是史前晚期贵族政治的附属。它的历史作用并不是社会转型与贫富等级分化的原动力,而只是助长了社会的贫富与等级分化。

(二) 史前晚期普通手工业的基本功能与特点

一般而言,普通手工业就是为聚落社会的普通成员服务的手工业,主要有三个方面的特点。

第一,聚落内部普通手工业门类小而全。

第二,自给自足是生产的基本目的。

第三,人人都有获得手工制品的权利。

这是普通手工业的根本属性,也是血缘组织在生产资料集体所有制基础上实行的组织成员最低生活保障制度的组成部分,其目的就是无偿地满足聚落社会普通成员日常生产生活方面的基本需求。

因此,普通手工业既不会直接推动社会的贫富与等级分化,也不会直接导致商品经济的出现。

(三) 史前晚期、夏商周时期手工业"三化"的基本原因与特点

从新石器时代晚期开始,手工业的确出现了规模化、专业化、分工化的"三化"趋势,而且规模越来越大,专业分工也越来越细,乃至晚商都出现了"百工"与"世工世族"。但是,它们既不是农业与手工业跨血缘跨地域全社会性分工的标志,也不是生产资料私有制和商品经济出现的证据。

之所以如此,一是所有的血缘组织都是独立的生产生活实体,根本不存在任何社会分工的社会基础;二是在生产资料集体所有制的基础上,手工业就是血缘组织成员实行最低生活保障制度的重要组成部分。

因此,社会最早的分工只出现在大型化一体化的聚落组织内部,并随着这种组织规模的扩大而扩大。

湖北天门石家河聚落集团,就是史前晚期大型化一体化聚落组织内部手工业分工门类越来越细,为不同群体服务的层级越来越多的代表。

河南安阳殷墟就是商代晚期手工业自给自足,在生产分类又分级的基础上还"世工世族"的代表。

此外,商周及以前,无论普通还是特殊手工制品,交换一直都在不断地发展,但并没有必然地导致商品经济的出现,也说明有交换并不等于就有商业,交换并不是商品经济出现的主要原因和标志。

(四) 长江峡江地区大溪文化时期的石器制作属性

由于商代以前峡江地区的阶地并没有被水冲毁,所以当地大溪文化的食物资源完全以在阶地面上的农业为主,石器制作的主要目的也是以满足内需为主,根本就不存在"以制造石器为生"的可能。此外,由于与邻近鄂西南、湘西北地区同期文化石器特点反差巨大,又表明当时也并没有形成以三峡为中心的石器"交换"圈。

(五) 商周时期盐业的基本属性

山东境内,特别是渤海南岸所有制盐作坊遗址、盐工居住类聚落遗址、普通商人内陆居住聚落遗址的组织、分布与持续的时间,以及所有盐工都世工世族、劳动者和个体家庭全都依附在集体之内等诸多特点,说明不仅当时的盐业完全是商人征伐东夷的战利品,而且还说明当时的盐业并不具有商品生产和商品经济的特点。

(六) 关于商代海贝的基本属性

根据商代海贝的来源、海贝的主要持有者与实际作用,以及铜器铭文与甲骨文并无商代海贝用作货币记载的事实,可以发现当时贝的主要作用并不是商贸活动,商代的海贝也不是真正的"货贝",更不是一种真正的一般等价物。

六、史前晚期、夏商周时期财富私有制与"剩余劳动"的关系

主要讨论了四个有关的问题。

第一,仅靠农业生产不出"剩余劳动"和"剩余产品"。

农业是人类食物的生产性产业,也是作物的规模化栽培与经营,并由二个方面组成。一方面是具体的生产方式即作物的栽培方式与技术,另一方面是社会的生产方式,即人与生产资料的结合方式。一般而言,"剩余产品"的出现不仅是生产技术提高的反映,更是经济和社会生产方式变革的结果。

第二,"剩余劳动"不会必然导致农业与手工业的全社会分工。

全社会性的分工至少应该具备二个方面的基本条件,不仅农业要有"剩余劳动"和"剩余产品",而且还要社会地缘化。否则,手工业就很难摆脱血缘社会的束缚,有关的制品也不可能在不同血缘组织之间流通。

史前晚期,农业虽然已经开始提供"剩余劳动"和"剩余产品",但社会的地缘化进程还只是刚刚起步,所以农业与手工业的全社会分工还为期

遥远。

第三,"剩余劳动"与私有制、阶级、奴隶的出现没有直接关系。

就财富私有制而言,新石器时代中期就已经在广谱经济的基础上起源了。新石器时代晚期,农业兴起了,并出现了"剩余劳动"和"剩余产品",但那主要是生产方式变革的产物。因此,"剩余劳动"、"剩余产品"与财富私有制之间并没有任何直接的因果关系。

就个人构成的阶级、奴隶而言,由于所有的"剩余劳动"都只出现在血缘组织内部,而血缘组织不仅实行生产资料的集体所有制,而且还向每一个普通成员提供最低生活保障。因此,在血缘组织内部不可能出现压迫与剥削,也不可能出现阶级,也不可能出现无产可破的奴隶。

第四,"剩余劳动"主要用于血缘组织内部的需求。

在血缘组织内部,"剩余劳动"的主要支出去向,一是贵族政治,二是公共支出。其中,公共支出的内容又主要有二项。一是,满足聚落成员的最低生活要求,提供基本的生产生活用具;二是,大型的公共工程,如城址。城址的出现不只是聚落贵族需要,普通聚落成员也同样需要。

七、财富私有制起源第二阶段的意义

考古表明,新式的财富私有制意义重大,并给社会的文明化注入了许多新鲜的血液,激发了社会空前的活力。

主要表现在六个方面。

第一,助推了一夫一妻制婚姻、家庭的普及与"父系社会"的出现。

第二,助推了脑力劳动、体力劳动以及早期"城乡"的社会分工。

第三,助推了人自身的独立与解放。

没有经济独立的个人就没有社会独立的个人,而早期个体经济则从根本上促使人开始成为了初具独立性的个人。人不再是集体中的个人,而变成了集体中的独立个人。

第四,为人类社会组织增添了利益的纽带。

第五,为社会的文明化夯实了物质基础。

第六,初步铸就了中国财富私有制的基本特点。

第三章　以晚期个体劳动、个体经济为基础的财富私有制

春秋战国时期是中国财富私有制起源的第三阶段。

由于诸侯并起,相互争霸,从而导致社会一系列政治与经济制度的变革。这些变革不仅彻底改变了史前晚期以来的土地与经济制度的基础,而且还使源自新石器时代中期以来的财富私有制发生了重大变化,使只有血缘集体土地耕作权的早期个体劳动个体经济变成了地缘国家土地使用权完全私有的晚期个体劳动个体经济,货币、贵金属、土地也开始成为新的财富的主要标志物(表2-3-1)。

表2-3-1　中国财富私有制起源历史进程简表

段落		第一阶段	第二阶段	第三阶段
时代		距今10 000—7 000年	距今7 000年—夏商周	春秋战国
基础	土地所有制	血缘组织集体所有	距今4 500年以前,血缘组织集体所有; 距今4 500年—夏商,血缘组织与国家二级所有; 西周,国家一级所有	春秋战国,国家一级所有
	生产方式	集体劳动集体消费	早期个体劳动个体经济(土地耕作权独立)	晚期个体劳动个体经济(土地使用权独立)
标志物		奢侈品	距今5 000年以前,奢侈品; 距今5 000年—夏商周,礼器	货币、贵金属、土地

第一节　财富私有制起源第三阶段的新特点

财富私有制起源第三阶段的新特点主要表现在六个方面。

一、晚期个体劳动、个体经济初上历史舞台

与早期只有集体土地独立耕作权、只有农产品简单的多劳多得的早期个体劳动个体经济不同,春秋战国时期由于土地使用权完全私有,劳动者对自己的生产资料和劳动产品都具有自主处置权,都可以自由买卖,所以就出现了以此为特点的晚期个体劳动和晚期个体经济。

由于晚期个体劳动个体经济就是地缘社会一种以劳动者个体或个体家庭为单位,独立劳动、独立经营的生产方式与经济形式;又由于以农业为主的晚期个体劳动个体经济通常都流行男耕女织的生产模式,并以自产自用、自给自足为主要生产目的,所以学术界又广泛称之为"小农经济"或"自耕农经济"。

一般而言,"小农经济"就是"个体经济"的组成部分。"个体经济"涵盖的生产门类更多更广,凡是个体劳动所从事的经济活动与收益都属于它的范畴,因此,以农业为主的"小农经济"也属于"个体经济"的组成部分。

考古发现,新石器时代晚期出现的早期个体经济实际也就是历史上最早的"小农经济",而春秋战国时期出现的晚期个体经济实际就属于晚期"小农经济"。

就历史的发展而言,晚期小农经济的出现是一个巨大的历史进步,根本性地改变了劳动者与生产资料的相互关系。

对此,范文澜先生曾认为"宗子世袭不得买卖的宗族土地所有制向个人私有可以买卖的家族土地所有制转化,成为东周社会各种变动中最基本的一个变动"[1]。

1976年,郭沫若先生主编的《中国史稿》第一册也认为"农业生产的发展,使一家一户为单位的小生产和以个体经营为特色的小农阶层(佃农和自耕农),有了成为社会基础的可能……分散的、个体的、以一家一户为生产单位的农业经济则是我国封建经济的重要特点"[2]。

不过,1975年湖北云梦睡虎地秦简发掘以后,许多学者据此即认为春秋战国时期的土地制度并不是私有制而是以国家"授田"制为主,被"授田"的农民叫"公民","公民"没有土地所有权,所受土地也不能买卖[3]。

显然,这是一个有争议的问题。

1981年,林甘泉先生在《从出土文物看春秋战国间的社会变革》一文

---

[1] 范文澜:《中国通史简编》(修订本)第一编,人民出版社,1965年,第156页。
[2] 郭沫若主编:《中国史稿》第一册,人民出版社,1976年,第316页。
[3] 刘泽华:《论战国时期"授田"制下的"公民"》,《南开大学学报》1978年第2期。

中,对有关的争议问题发表了自己的意见①。他说:"云梦秦简有关授田制的记载表明,土地私有制的确立有一个历史过程。井田制瓦解之后,尽管土地由定期重新分配转为各家私有了,但封建国家还以授田的形式,把土地国有的古老传统保持了相当一个时期。这也正是土地买卖在战国时代并不普遍的一个重要原因……战国时代授田制农民的土地私有权却还带有很深的国有制的烙印……在中国,一直到秦朝'令黔首自实田'之后,授田制才被废除,土地私有制才算最终确立,从此土地买卖和兼并也就频繁起来了。但即使这样,授田制的残余也还可以从汉代的'假民公田'等措施中找到。"

林先生的观点的确比较客观实际。因为,土地使用权的私有化不仅是一个发展的动态过程,而且在一定的时间段里还与"授田制"同时共存,此消彼长。

事实证明,中国土地使用权的私有化过程,也就是"个体经济"带着"小农经济"不断发展成熟的过程,并大体经历了以"授田制"为特征的三个阶段。

1. 第一代"授田制"与早期"小农经济"

考古发现,自史前晚期以来,由于聚落与人口数量的大幅增长,人类遭遇了空前的生存危机。为了化解危机,人类改变了生产方式,变粗犷的集体劳动为精耕细作的个体劳动。于是,中国最早的"授田制"出现了,并将集体土地的使用权交给个人,允许个人去耕作集体的土地,劳动者不仅与生产资料也与劳动成果发生了直接联系,多劳多得,从而就充分地调动了劳动者的生产积极性,并推动了第一代以早期个体劳动为基础的早期个体经济与早期小农经济的出现。

不过,基于当时的历史条件,从史前晚期一直到夏商时期,以一夫一妻制家庭为单位的早期个体劳动、早期个体经济、早期小农经济还不是真正独立的经济体,一方面他们还依附在集体的躯体上,另一方面他们还享受集体提供的最低生活保障。

2. 第二代"授田制"与中期"小农经济"

西周时期,国家实行的"井田制"实际就是国家"授田制",就是国家成为了授田主人的第二代"授田制"。

国家之所以能够成为新的"井田制"的授田主人,关键是同时还实行了"乡里"制,变基层血缘组织为地缘行政区划,变土地集体国家二级所有为国家一级独有。

这种新的"授田制",主要有二个方面的特点。

第一,继承了以前土地制度中与劳动者个人有关的部分。

---

① 林甘泉:《从出土文物看春秋战国间的社会变革》,《文物》1981年第5期。

主要涉及三个方面。

一方面,原本各血缘组织所有的土地范围都没有变化。因为,任何变化都可能会引起社会的激烈矛盾与冲突。

另一方面,原本只有本聚落的劳动者才有资格分田地的传统没有变。湖北云梦睡虎地出土的秦简《魏户律》之所以外来的"贾门"、"逆旅"、"赘婿"、"后父",都不准独立为户,不授予田地房宅基①,即说明当时及以前土地只分给原聚落里土生土长的男人,而不包括任何外来的男人。

再一方面,无论是分给劳动者耕作的"私田"还是作为劳役地租上缴给国家的"公田"很可能与史前以来的面积也没有太大的变化。因为,大的变化也可能引发社会的激烈矛盾与冲突。

第二,剥夺了集体的土地所有权。

应该说这是一种创新。

考古表明,自旧石器时代以降,生产资料集体所有制就一直是血缘组织存在与生命力的基础。即使是夏商时期,这一制度依然存在,而且集体即"氏族奴"②还是向国家纳贡的主体。但是,这种制度最大的缺点就是在劳动者与国家之间多了一个"收租"的中间环节,国家的收入也相应减少了。

为此,西周就实行了"井田制"。"井田制"的要害并没有改变第一代授田制的基本规则,而改变的主要就是剥夺了各血缘组织的土地所有权,以及收取土地使用税的权力,减少了中间环节,这样国家就可以收得更多更直接。与此同时,也拆除了劳动者与血缘组织之间的藩篱,增加了劳动者个体劳动与个体经济的独立性,即出现了介于早晚之间的中期个体经济、中期"小农经济"。

值得注意的是,由于"井田制"的实施,不仅土地全部都国有了,而且原本血缘集体用以护佑每一个组织成员的公共资源也全都没有了,人们第一次开始脱离了血缘组织的最低生活保障而独立生存。于是,面对地缘社会的无助,每一个劳动者也都意识到了危机的存在,也促使每一个劳动者都想方设法去弥补失去的集体的最低生活保障,去从事更多有利于个人和个体经济的劳动。为了夯实生存的基础,人们一方面"公田不治"(《汉书·食货志》),另一方面就是开垦了有史以来第一次属于自己的"私田"。春秋初期,齐国之所以要实行"案田而税"(《管子·大匡》),或"相地而衰征"(《国语·齐语》)的改革,实际就表明更早的西周时期不在国家控制内的大面积

---

① 杨宽:《云梦秦简所反映的土地制度和农业政策》,《上海博物馆集刊》建馆三十周年特辑(总第2期)。
② 侯外庐:《中国古代社会史论》,河北教育出版社,2003年,第43页。

"私田"的存在已是不争的事实。

3. 第三代"授田制"与晚期"小农经济"

春秋战国时期,在国家国体政体都地缘化,社会还出现了城市出现了商品经济高潮的基础上,晚期个体经济的内涵与外延都得到了极大的扩展。

与此同时,伴随着第三代以国家为"授田"主体的"授田制"的出现,以晚期个体劳动为基础的个体经济中的晚期小农经济也出现了。

这种"授田制",一方面国家继承了西周的制度继续向劳动者"授田";另一方面又变相承认了劳动者开垦的"私田"的合法性,并无论国家所授"公田"还是劳动者自己开垦的"私田"都要缴纳实物地租。此外,"私田"还可以自由买卖。于是,在国家正反两方面政策的双重作用下就催生了晚期的个体经济和小农经济,个体家庭第一次成为了地缘化社会中最小的经济细胞,个体经济和小农经济生产的粮食和其他物品都可以交换可以买卖,小农的个体经济也最终融入了地缘的大社会,成为了整个地缘社会商品经济的一个重要组成部分。

公元前约685年,春秋初期,齐国首先改革,"案田而税"(《管子·大匡》),从而说明在国家"授田"的"公田"之外还并行着劳动者个人的"私田",也说明最早从春秋早期开始国家就变相承认了"私田"的存在,并试图将它们都纳入国家的管理之中。

公元前约594年,继齐国的改革之后,鲁国也进行了一次著名的赋税改革,这就是鲁宣公十五年的"初税亩"(《左传·宣公十五年》)。

大约春秋晚期,土地买卖兴起。《韩非子·外储说左上》曰:赵襄子时,中牟令"王登一日而见二中大夫,予之田宅。中牟之人弃其田耘,卖宅圃,而随文学者,邑之半"。

从秦开始,"授田"制已近废弃的尾声,并普遍实行"使黔首自实田"的土地政策[1]。对此,吴荣曾先生亦认为:战国末期,由于商品经济的冲击,授田制已近尾声,西汉时已走到尽头[2]。

纵观史前晚期到春秋战国土地制度的变化,实际上就是土地使用权不断下放的过程。最后,国家仍然保留了土地的所有权,而广大劳动者则获得了全部的使用权。

值得注意的是,这种使用权的获得意义重大,不仅历史上第一次让劳动

---

[1] 司马迁:《史记·秦始皇本纪》,"三十一年"《集解》徐广曰:"使黔首自实田",中华书局,1959年,第251页。

[2] 吴荣曾:《战国授田制研究》,《思想战线》1989年第3期。

者有了社会都承认的表面上属于自己的生产资料土地,还一步一步地将劳动者推向了独立生存的商品经济轨道,使晚期个体经济和小农经济不断地获得了经济的独立性与经营的自由权。

晚期个体经济与小农经济的出现与崛起不仅奠定了后来中国几千年封建经济的基础,也同步标志着中国的财富私有制进入了一个全新的历史阶段。

二、出现了个体地主

由于从来就没有出现过生产资料土地的个人所有制,所以中国的个体地主就是凭借土地使用权完全个人所有并主要依靠地租获得经济收入的人。

又由于春秋战国以前,土地不仅所有权都是血缘组织与国家的,而且所有个人合法的土地都是集体或国家所授的,所有土地的耕作都只有劳役地租而无实物地租,所以社会上就没有出现独立的个体地主。

春秋战国时期,由于土地使用权的完全私有,甚至可以自由买卖,所以主要凭借土地使用权谋生的个体地主也就与晚期"小农"同时应运而生了。

根据已有的文献资料,当时个体地主的形成主要有新旧三种途径。

第一种,因传统的分封土地而成。

这种地主大都是西周分封诸侯"授民授疆土"的变体与产物,但与"授民授疆土"的第一代"地主"不同,他们并不关心"以蕃屏周"(《左传·僖公二十四年》),而是利用了自己的权力与地位营私,谋求自我发展。

史载"田氏代齐"的田氏就是这方面的典型(《史记·田敬仲完世家》)。其祖田完逃于齐国,因为人谦逊有礼有贤名,得齐桓公赏识,并命官封田地。此后,田完四世孙田桓子对齐国公族"凡公子、公孙之无禄者,私分之邑",对国人"之贫均孤寡者,私与之粟"。齐景公时,田桓子之子田乞又用大斗借出、小斗回收,使"齐之民归之如流水"。

田氏的以上举措不仅表明他的经济实力雄厚,也表明春秋战国时期利用自己传统的地位与权力转化为新时代的地主,就成了春秋战国地主成长的主要途径之一。

一般而言,这种地主的出现与途径可简单称之为"以权谋私",但最具中国特色。因为从史前到商周就没有生产资料的个人所有制,所以利用权力,将集体和国家所有的生产资料与财富变相转变为个人所有,一方面既得到传统"授民授疆土"政策的掩护,另一方面生产资料与财富的获得又快又多过程又简单。因此,这种途径就是当时地主成长的主要途径。

第二种,因赏赐而成。

一条较早的资料是《左传》哀公二年所记,赵简子与护送齐国支援范氏之军粮的郑军展开决战,战前曾誓曰"……克敌者,上大夫受县,下大夫受郡,士田十万,庶人工商遂,人臣隶圉免"。此后,《史记·赵世家》也有类似的例据,如"简子赐扁鹊田四万亩"。

不过,赏赐土地与分封土地有着本质的区别。如西周的分封,不仅仅只是"授民授疆土",更重要的是代表王室对所封土地内的居民实施统治与管理,而春秋战国赏赐的土地更多的只是享用其中的税赋。

第三种,因各种经济活动而成。

这是一种完全不同于前二种的新兴地主,是一种社会经济发展的新式产物。

虽然春秋战国史料记载的这类地主既不明显也不多,以致专家学者们多认为地主的兴起是汉代初期,而汉文帝之所以实行"限田"也就是这一原因①。

实际上,这恰好反映了当时的社会发展状况与特色。因为当时占主导地位的土地制度是国家"授田制",所授之田乃"公田",而公田又不能买卖,所以这就在很大程度上抑制了纯经济性、商业性地主的兴起与发展。因此,史籍关于直接买卖土地,或通过经济活动而成为地主的记载也就偏少。

但是,这并不等于当时就没有这类个体地主。

从史料上看,最经典的记载是赵将赵括将"王所赐金帛,归藏于家,而日视便利田宅可买者买之"(《史记·廉颇蔺相如列传》)。这说明最迟战国晚期,土地买卖已是不争的事实,因土地买卖而有新兴的个体地主也是不争的事实。

虽然春秋战国时期出现的个体地主应以第一种类型为主,但第三种类型的地主,尽管数量还少,却代表了时代发展的新方向。

三、出现了经济破产的个体奴隶

奴隶,通常指失去人身自由并为他人任意驱使和宰割的人。

中国的考古发现,由于史前都是普遍的血缘社会,即使古国的组织单位也都是聚落血缘组织,无论统治者还是被统治者都以血缘组织为单位。夏商周时期,国体虽然已经地缘化了,但政体与统治方式依然还是血族统治,社会的基层即使西周的"乡里"依然还是源自史前的血缘组织,所以,时代最早的第一代失去人身自由并为他人任意驱使和宰割的人基本上都以族体为

---

① 袁林:《小农经济是战国秦汉商品经济繁盛的主要基础》,《兰州大学学报(社会科学版)》2008年第4期。

单位。对此,侯外庐先生称之为"氏族奴"①。

春秋战国以后,由于土地制度的改革,劳动者个人拥有了生产资料完全的使用权,于是,小农经济兴起,失去了血缘族体最低生活保障制度保护的个人两极分化,从而催生了与第一代被人征服的"氏族奴"完全不同的独立的因经济破产而出现的个体奴隶。

《韩非子·外储说》记曰:"齐桓公微服以巡民家,人有年老而自养者。桓公问其故,对曰'臣有子三人,家贫,无以妻之,佣未反'。"这里老者讲到其三子为人佣工(估计是佣耕),尤值得注意的是言其子"未反(返)"。这说明,即使在国家实行"授田制"的前提下普通庶民依然存在贫富两级分化,那些"无以妻之"、"佣未反"的人实际距离奴隶已不遥远。

此外,齐国田完四世孙田桓子对国人"之贫均孤寡者,私与之粟"(《史记·田敬仲完世家》),以及赵将赵括将"王所赐金帛,归藏于家,而日视便利田宅可买者买之"(《史记·廉颇蔺相如列传》)等记载,均表明当时社会的两级分化比较严重,既有"贫"者,又有要贱卖土地之人。

此外,《晏子春秋》卷五还有这样一个故事:"晏子之晋,至中牟。睹敝冠反裘,负刍息于途侧者,以为君子也。使人问焉,曰:'子何为者也?'对曰:'我越石父者也。'晏子曰:'何为至此?'曰:'吾为人臣仆于中牟,见使将归。'晏子曰:'何为之仆?'对曰:'不免冻饿之切吾身,是以为仆也。'晏子曰:'为仆几何?'对曰:'三年矣。'晏子曰:'可得赎乎?'对曰:'可。'遂解左骖以赠之,因载而与之俱归。"

显然,越石父的故事表明当时确有破产了无以为生只能为奴的实例。

四、俸禄成为了统治阶级和官员新式的财富来源

根据文献记载,西周各级大小贵族的财富来源主要都直接有赖于土地,而所有的土地都是由上往下"授"、"封"、"赐"而获取得的,并具有世袭的特点。

周天子一方面将全国的许多土地分封给诸侯,"授民授疆土"(《左传·僖公二十六年》);另一方面又将一部分土地分给身边文武近臣等卿大夫作为"封邑"、"采邑"和"食邑";再一方面就是对有功和尽心尽力之臣,赐土、赐田、赐采、赐邑。

诸侯在自己的分封地上也像王一样,将土地再分给下一级贵族,或作为赏赐。

---

① 侯外庐:《中国古代社会史论》,河北教育出版社,2003年,第43页。

这种土地制度表明,当时贵族财富的主要来源就是"分封"的土地,而不是商品经济,同时也表明当时的商品经济即使有也很弱。

从春秋开始,随着国家政治制度由"分封制"变为"郡县制",国家的统治核心由血缘贵族变成了统治阶级,由贵族政治变成了官僚政治;此外,随着同时期商品经济的发展,官吏的待遇和财富的主要来源也开始与社会的发展接轨,从"封地"变成了"俸禄"。

据杨宽先生《战国史》研究,战国时代各国对官吏的任用一般都采用了俸禄制度。当时各国俸禄计算的单位是不同的,如卫国是用"盆"来计算,有"千盆","五百盆"等不同等级(见《墨子·贵义篇》)。齐魏等国用"钟"来计算,例如魏文侯时魏成子官为相国,有"食禄千钟"(见《史记·魏世家》)。秦、燕等国用"石"、"斗"来计算,秦国有五十石、一百石以至五百石、六百石以上俸禄的官,大体上以五十石为一级(据《韩非子·定法篇》、《史记·秦始皇本纪》始皇十二年),最小的官吏也还有"斗食"的(据《战国策·秦策三》、《史记·秦始皇本纪》始皇十一年)。燕国也有三百石以上俸禄的官(据《韩非子·外储说右下》、《战国策·燕策一》)。

"俸禄"最主要的特点,一是与生产资料土地没有直接关系,二是在任就能享受,而不能世袭。

五、商品经济出现了高潮

考古表明,春秋战国是中国历史上最早的真正的货币流通时期,而且主要诸侯国都发行和流通了属于本土的货币,如齐国燕国的刀币、三晋地区的布币、秦国及其他各国的圜钱、楚国的"蚁鼻钱"等[1]。货币的流通实际也是当时商品经济发展的最好见证。

尽管在农业经济为主的前提下,当时商品经济在经济整体中的比重还不能盲目高估,但是商品经济的兴起确是意义重大,它不仅表明个体劳动与经营活动在地缘社会中的独立性、自由度和各种相应的权利都得到了空前的提高,而且还开创了财富私有制的一个新阶段——财富的代表和象征已不再是第一阶段的奢侈品,也不再是第二阶段的礼器,而是新的第三阶段以货币为主。

六、官营手工业兴起

所谓官营手工业就是中国古代直接由官府设置、经营、管理的手工业。

---

[1] 中国社会科学院考古研究所编著:《中国考古学·两周卷》,中国社会科学出版社,2004年,第451—463页。

一般而言,官营手工业及其制品主要有三个作用。其一,满足国家及其常设机构的公共需求,如军队的装备、宫殿寺庙的建筑等;其二,满足统治阶级官员的日常生活需求,如服装、鞋帽等;其三,为了获利专门制作社会市场最紧俏又需求量大的物品,如盐与铁。

　　关于官营手工业的起源,学术界多认为最晚西周时期就出现了,因为西周时期的手工业由官府统一管理,按行业设立工官,如"车正"(《左传·定公元年》)、"陶正"(《左传·襄公二十五年》)等。但是,考古表明,从史前晚期一直到夏商周时期,所有的手工制品,包括贵族与贵族政治专用的特殊品都是在血缘组织内部分工分级制作完成的,既不是商品,也不能买卖,湖北天门石家河文化聚落集团与河南安阳商代晚期殷墟手工作坊的发现就是这方面最好的证明。西周时期,官府设官统一管理这些手工业,实际也只是史前晚期以来手工业特点以及"工商食官"特点的延续与扩大,并没有根本性地改变手工业生产以一定的血缘组织为单位和不以营利为目的根本属性。

　　然而,春秋战国时期,随着多民族国家的出现,国家政体的地缘化,以及商品经济的发展,血缘族体退出了历史舞台。于是,新型的官营手工业诞生了,一方面,主要是继承了以往特殊手工业的基本功能,即满足了前述一、二方面的需求;另一方面,有了新的发展与特点,这就是国家利用权力破天荒地直接进入市场,直接参与并基本垄断了手工业最有盈利潜力行业的生产,从而一方面为壮大国家的整体实力开辟了道路,另一方面也为统治阶级和权贵聚敛财富谋得了新的途径。

　　目前,山东战国临淄城的发现就是这种手工业兴起的佐证。

　　经过多年调查勘探与发掘,现已在城内发现冶铁或铸铁遗址 19 处,炼铜或铸铜遗址 8 处,铸钱遗址 7 处①。

　　值得思考的是,为什么战国临淄城手工作坊会集中在冶或铸铁、炼或铸铜、铸币等少数几个行业?为什么冶或铸铁遗址会超过炼或铸铜、铸币遗址的总和,并成为当时最主要的手工业门类?

　　显然,这些遗址,尤其是冶或铸铁遗址,实际就都是当时社会最重要最紧俏的需求量很大的产业遗址。它们不仅仅体现了战国齐人"工商立国"的思想和举措,而更重要的是体现了官方亲自操刀设立作坊进行生产以便进入商品市场的事实。

　　实际上,要实现"工商立国"的目标完全可以不用"官营手工业",而只要鼓励民营手工业即可实现。

---

① 山东省文物考古研究所:《临淄齐故城》,文物出版社,2013 年,第 543 页。

正因此,春秋战国时期官营手工业的新特点,也是最根本的特点,就是通过社会最紧俏又需求量大的物品的生产,最大限度地获取利益,并专门用于国家统治和统治阶级的享用。

第二节 财富私有制起源第三阶段的主要意义

财富私有制起源第三阶段的主要意义主要表现在五个方面。

一、财富私有制起源又上新台阶

中国始终就没有生产资料的私有制而只有财富的私有制,而且历史还证明财富私有制的起源与成熟也不是一天促成的,而是经历了一段漫长的历史过程。

新石器时代中期,财富私有制开始显露了它最初的起源形态与特点,并表明它的本质就是基于生产资料集体所有制的一种自然的宏观管理与分配制度。由于当时只有部落才是人类生产生活的实体,所以私有制的社会范围也都只局限在部落以内,而且无论是部落以内的上层人士还是普通成员,虽然相互存在地位的高低与等级差异,但经济的内涵却不明显,更没有出现"贵族",都要参加普通的集体劳动。

新石器时代晚期,由于人口大幅增长而引起的人类生存危机,推动了社会生产方式的变革。于是,财富私有制开始融入了经济的因素,并导致社会的发展出现了三个重大变化。一是出现了贵族;二是出现了个体家庭与早期个体劳动、个体经济;第三,出现了大型化一体化的聚落组织。值得注意的是,这些变化又同时促使中国的财富私有制出现了两个新的变化。第一,财富私有制由以前的管理与分配制度变成了一种政治制度,等级地位与财富配套结伴而行,越有权越富;第二,贫富分化日趋扩大,甚至普通平民也贫富差距扩大。

不过,由于当时的财富私有制还只是血缘社会组织内部的一种制度,而所有的血缘组织成员又还享受集体的最低生活保障,正因此,当时的私有制还只是一种过渡形态。

夏商时期,社会宏观的组织方式虽然发生了巨大的变化,出现了地缘化的单一民族早期方国,但社会的基层组织还是血缘化的,财富私有制的特点与史前大同小异。

相对而言,西周是一个从血缘社会向地缘社会深度转变的时期。国家实行的"乡里"制与"井田制"不仅剥夺了基层血缘组织的合法性,也剥夺了血缘组织收取劳役地租的权力,使国家的收益最大化。不过,由于仍然只有固定土地的耕作权,又由于整个社会还缺少商品经济的基础与氛围,所以"井田制"并没有给财富私有制带来质的变化,而只是为劳动者开垦"私田"变相提供了更多独立与自由的理由。

春秋战国时期,基于一系列的社会变革,财富私有制最终开始走向了稳定的成熟形态。一方面继承了源自史前的传统,本质依然还是一种政治制度,人的等级地位始终与财富连在一起,越有权越贵,而且越来越贵;另一方面就完全是新的时代特点,主要表现就在于晚期个体经济与小农经济成为了整个社会的主要经济基础,出现了阶级且统治阶级成为了攫取财富的主体,以及货币、贵金属、土地都成为了财富新的标志物,官营手工业兴起并成为统治阶级聚敛财富的新手段等四个方面。

值得注意的是,这些新的变化与特点表明,新时代的财富私有制无论基础还是形式都上了新台阶,都发生了巨大的变化。此外,也开了此后二千余年中国古代封建社会财富私有制成熟形态的先河。

二、晚期个体经济与小农经济开始成为整个社会的主要经济基础

相对新石器时代晚期与西周时期的早、中期的个体经济与小农经济,春秋战国时期的晚期个体经济与小农经济有三个突出的特点。

第一,早期个体经济与小农经济的成立与有效范围是小型的血缘组织与经济体,而晚期个体经济与小农经济的成立与有效范围是大型的地缘国家与经济体。

第二,早、中期个体经济与小农经济对土地只有有限的可以独立耕作的使用权,而晚期个体经济与小农经济则拥有土地完全的使用权,甚至都可以自由买卖。

第三,早期个体经济与小农经济的社会背景是聚落成员普遍的最低生活保障制度,而晚期个体经济与小农经济的背景则主要是市场经济。尽管春秋战国时期的"授田制"显示当时的经济形态还具有一定的过渡性特征,对国民还有一定的最低生活保障制度的意义。但是,不仅保障的范围从西周开始就收窄了,更重要的是迫使劳动者个人完全独立经营。秦时之所以实行"令黔首自实田"的土地制度,实际就是春秋战国时期土地制度与生产方式演变的结果。

正因此,晚期个体经济与小农经济的出现并正式登上历史舞台就是春秋战国时期财富私有制发展最具历史意义的事变。它不仅标志财富私有制

融入了越来越多的经济因素,更重要的是还标志了一种新型的生产方式,即晚期个体劳动已经成为了整个地缘社会的主流生产方式,成为了整个地缘社会商品经济的组成部分;它还充分地调动了劳动者经营土地的积极性与自由度,所以具有强大的生命力,为春秋战国以后中国封建社会二千余年持续不断、超稳定地发展铺平了道路,提供了坚实的经济基础。

三、统治阶级开始成为攫取财富的新型主体

中国的历史表明,史前社会各血缘组织内部虽然各成员之间存在明显的等级地位不同,但没有形成阶级,而不同血缘组织之间,由于各自独立平等,也无所谓"阶级"可言。国家出现以后,尤其是夏商周时期,国体已经地缘化了,但基层的社会组织却依然还是血缘化的,而且国家的核心即代表国家行使权力的也是血缘组织与血缘贵族,西周之所以"封建亲戚"就是当时社会没有形成阶级的重要标志。

春秋战国时期,国家的政治制度发生了翻天覆地的变化。随着多民族国家的出现,国家政体的地缘化,商品经济出现高潮,晚期个体经济与小农经济的出现与普及,血缘社会迅速退出了历史舞台,以个人的经济和社会地位为基础的阶级与阶级社会正式登上历史舞台。

与此同时,由于"郡县制"的普及,国家的政体结构也完全摆脱了血缘的束缚而地缘化。又由于官僚"任命制"的普及,代表国家行使权力的人从此不再是一个血缘族体的血缘贵族,而变成了来自各方面的跨血缘跨地域的人。还由于"俸禄"制的出现,官僚的待遇不再世袭,也不再"授民授疆土"(《左传·僖公二十六年》)。于是,以个人为单位的统治阶级也成为了阶级社会的组成部分。

值得注意的是,春秋战国时期,国家与社会仍然保留了沿自史前晚期财富私有制"越有权越富"的特点,如湖北随县擂鼓墩曾侯乙墓[①]、河北平山县中山王墓[②]就都是这方面的突出代表。

然而,值得思考的是,为什么社会形态变了,而"越有权越富"的特点却不变,而且还愈演愈烈?

究其原因,主要有三个。

其一,生产资料从集体所有到国家所有,形式变了,但任何个人都没有生产资料所有权的本质并没有变。因此,作为统治阶级的权贵就一直都是

[①] 湖北省博物馆:《随县曾侯乙墓》,文物出版社,1980年。
[②] 河北省文物研究所:《䨮墓:战国中山国国王之墓》,文物出版社,1996年。

生产资料所有权的代理人和管理者。

其二,从史前晚期开始,财富私有制就变成了一种政治制度。这种制度的核心就是将权力与财富牢牢地绑在一起。在这种制度中,生产资料的集体与国家所有制是基础,财富的获取宏观上依然是一种社会的管理与分配制度。作为统治阶级的权贵既不需要从事生产也不需要从事商贸,但永远都是社会最富裕的人群,而且随着社会经济的发展还越来越富越来越贵。

其三,作为统治阶级的权贵可以直接利用国家的权力,使国家永远处在社会财富积累的最上层,国家垄断了社会所有最有价值的产业,战国山东临淄齐故城内大量的冶铁作坊,以及汉武帝开始的"盐铁官营",就都是这方面的典型案例。

这是一个历史性的变化,统治阶级从此成为了攫取财富的新型主体,"越有权越富"的现象在这个新的历史平台上继续延续。

四、货币、贵金属、土地成为了第三阶段财富的主要标志物

实际上,《史记》所载赵将赵括将"王所赐金帛,归藏于家,而日视便利田宅可买者买之",就很清楚地表明春秋战国时期财富的标志物出现了重大变化。

第一,礼器退出了历史舞台。

因为贵族世袭制转变为官僚任命制,并同步由贵族土地分封制变为官僚"俸禄制",从而导致标志等级、地位与财富的礼器于春秋战国时期退出了历史舞台。

第二,货币、贵金属成为了历史新宠。

随着官僚任命制与待遇"俸禄制"的实施,以及商品经济的发展,货币、贵金属[1]就逐渐成为了财富的标志物。春秋时期,《管子·轻重乙》曾有记载"黄金刀布者,民之通货也"。战国时期,黄金的使用量大为普及和增加,湖南就曾在楚墓中出土了较多的砝码与天平[2]。

第三,土地也成为了财富的新型标志物。

从史前一直到夏商周,土地一直就是集体所有和国家所有,与此同时个人只有土地的耕作权,不仅不能买卖,而且集体与国家还通过"受田"的方式将劳动者祖祖辈辈都捆死在那块土地上。春秋战国时期,随着国体政体的地缘化,商品经济兴起,土地制度变革了,个人拥有了土地完全的使用权并可以买卖,从而推动土地也成为了财富的组成部分,土地也成为了财富的新

---

[1] 杨小平等:《中国黄金的货币性问题论述》,《中国钱币》2008年第1期。
[2] 高至喜:《湖南楚墓中出土的砝码和天平》,《考古》1972年第4期。

型标志物。

这是一种历史的巨大进步,说明一切都开始商品化了。

五、官营手工业开始成为统治阶级聚敛财富的新途径

从史前晚期一直到夏商周时期,无论普通还是特殊手工业,基本上都与商品制作和商品经济无缘。

但是,春秋战国时期新出现的官营手工业则彻底改变了以往的特点。

第一,基础完全地缘化了。因为随着多民族国家的出现,国家政体的地缘化,以及商品经济的发展,血缘社会彻底退出了历史舞台。

第二,官营手工业的内涵扩大了,既包括了源自史前的特殊手工业,又包括普通手工业。因而,其产品既有服务于新时代统治阶级权贵与统治政治的特殊手工业,又有服务于普通百姓的普通手工业。

第三,国家利用权力直接参与社会市场手工业最有盈利潜力行业的生产与经营。其目的,一方面就是增强国家的宏观实力,齐国之所以成为春秋第一霸主,其主要原因就因为国家实力雄厚;另一方面就是满足统治阶级和权贵放肆聚敛财富的需求。

值得注意的是,以上特点的形成与出现给社会的发展又带来了三个方面的显著变化。

第一,贵族越来越贵。因为,官营手工业为剥削阶级和官员在地缘与商品经济社会聚敛财富开辟了新的途径。它们一方面可以动用国家的税收,另一方面又可以动用官营手工业的营收。正因此,春秋战国时期贵族的墓葬又大又深,随葬的各类贵重物品又多又大。如湖北随县曾侯乙墓[①],墓坑南北长 16.5 米,东西宽 21 米,深 13 米,面积 220 平方米;墓中出土的精美青铜礼器、乐器、兵器、金器、玉器、车马器、漆木竹器以及竹简等文物共计多达 15 404 件,其中 65 枚青铜编钟的总重量即达 3.5 吨。

第二,严重地制约了中国手工业与商品经济的自由发展。因为官营手工业本身是权与利的结合体与产物,是统治者见利忘义、以权谋私的结果,并不是商品经济和商品经济自由竞争自由发展的结果,所以它的垄断性质非常突出明显,从而也就从根本上压制了民营经济的发展,压制了商品经济的自由竞争与兴盛。

第三,官营手工业开始成为统治阶级聚敛财富的新式来源。

中国财富私有制的发展史表明,不同时期不同历史背景,财富的来源途

---

① 湖北省博物馆:《随县曾侯乙墓》,文物出版社,1980 年。

径也不相同。

新石器时代中期,主要的历史背景是广谱经济、集体劳动集体消费,所以当时财富象征物"奢侈品"的来源就是聚落血缘组织内部成员的无偿劳动。

新石器时代晚期至夏商周时期,由于早期个体劳动个体经济的兴起与流行,所以当时财富象征物的"奢侈品"与"礼器"的来源,主要就靠各种聚落血缘组织内部成员的"剩余劳动",即"公田"的劳役地租。国家出现以后,还包括被统治血缘组织和民族的剥削所得。

春秋战国以后,随着国体特别是政体的地缘化,商品经济的兴起与高潮的出现,晚期个体劳动、个体经济的兴起,以核心血缘组织为基础的贵族与贵族政治退出了历史舞台,取而代之的是统治阶级,它不仅继续了中国财富私有制是一种政治制度的本质,而且还继续"越有权越贵"、"越来越贵"的基本特点,一方面继续利用税收为自己谋取利益和财富,另一方面还创新了攫取财富的手段,这就是创办并利用官营手工业主动介入商品经济的生产与营销,从而达到更进一步扩大财富来源的途径与目的,并从根本上保证统治阶级越来越富。

值得注意的是,春秋战国时期的这一重要变化不仅成为了统治阶级财富来源的新途径,还深刻地影响了此后二千余年中国封建社会财富私有制的基本特点,也深刻地影响了中国封建社会的经济与历史。

本 章 小 结

本章对春秋战国时期作为财富私有制起源第三阶段的基本特点及其历史意义进行了简要的梳理。

一、财富私有制起源第三阶段的新特点

主要有六个方面。

(一)晚期个体劳动、个体经济初上历史舞台

所谓晚期个体劳动、个体经济,就是地缘社会以劳动者个体或个体家庭为单位,独立劳动、独立经营的经济形式与生产方式。就农业而言,它的基本特点就是在土地使用权完全私有与实物地租的基础上,个体劳动者与个体家庭不仅成为了地缘社会独立的最小经济单位,而且晚期"小农经济"还成为了整个社会商品经济的基础与组成部分。

（二）出现了个体地主

地主就是凭借土地使用权与地租获取经济收入的人。春秋战国时期，由于土地使用权的完全私有，所以个体地主也应运而生了，并有三种形成的途径。

第一种，因传统的源自分封土地的贵族转化而成。

第二种，因各种原因得赏赐而成。

第三种，因各种经济活动而成。

其中，第一种途径产生的地主最具中国特色，因为从史前到商周就没有生产资料的个人所有制，所以利用权力，将集体和国家所有的生产资料与财富变相转变为个人所有就成了当时地主成长的主要途径。

（三）出现了经济破产的个体奴隶

由于土地制度的改革，个人拥有了生产资料土地的完全使用权，于是小农经济兴起，失去了血缘族体保护的个人二极分化，从而催生了与第一代被征服的"氏族奴"完全不同的因经济破产而出现的第二代独立的个人奴隶。

（四）俸禄成为了统治阶级和官员新式的财富来源

春秋战国时期，随着国家政治制度从"分封制"向"郡县制"的过渡，以及商品经济的发展，统治阶级与官员的待遇和财富的主要来源也开始与社会的发展接轨，从商周时期的"分封"土地变成了"俸禄"。"俸禄"最主要的特点：一是与主要的生产资料土地无直接的关系；二是在任就能享受而不能世袭。

（五）商品经济出现了高潮

春秋战国时期各国发行和流通的货币就共同见证了当时商品经济的发展已经出现了高潮，这不仅有助于个人在社会中的自由度和各种相应权利的提高，而且还推动财富私有制进入到一个货币化的新时代。

（六）官营手工业兴起

官营手工业就是中国古代直接由官府设置、经营、管理的手工业。

随着多民族国家的出现，国家政体的地缘化，以及商品经济的发展，血缘族体退出了历史舞台。于是，新型的官营手工业诞生了。一方面，继承了以往特殊手工业的基本功能，满足了剥削阶级权贵与贵族政治的基本需求；另一方面，有了新的发展与特点，这就是国家利用权力破天荒地直接进入市场，直接参与并基本垄断了手工业最有盈利潜力行业的生产，从而为剥削阶级和权贵聚敛财富开辟了新的途径。

二、财富私有制起源第三阶段的主要历史意义

主要有五个方面。

第一,财富私有制起源又上新台阶。一方面继承了源自史前的传统,财富私有制依然还是一种政治制度,人的等级地位始终与财富连在一起,而且越有权越贵,越来越贵;另一方面则完全是创新,主要表现在晚期小农经济成为了整个社会的主要经济基础,出现了阶级且统治阶级成为了攫取财富的主体,以及货币成为了财富新的标志物,官营手工业兴起并成为统治阶级聚敛财富的新手段等四个方面。

第二,晚期个体经济与小农经济开始成为整个社会的主要经济基础。这不仅标志财富私有制又进入了一个新阶段,还因为它还充分地调动了劳动者经营土地的积极性与自由度,所以具有强大的生命力,为春秋战国以后中国封建社会二千余年持续不断超稳定地发展铺平了道路。

第三,统治阶级开始成为攫取财富的新型主体。随着多民族国家与国家政体的地缘化,血缘族体退出了历史舞台,因而代表国家行使权力的变成了统治阶级。财富由此也开始与统治阶级结缘。

第四,货币、贵金属、土地成为了第三阶段财富的主要标志物。

随着贵族世袭制转变为官僚任命制,并同步由土地分封制变为"俸禄制",标志等级、地位、财富的礼器也退出了历史舞台。与此同时,又随着商品经济的发展,货币、贵金属、土地也逐渐成为了财富的标志物。

第五,官营手工业开始成为统治阶级聚敛财富的新途径。

春秋战国时期,统治阶级一方面继续利用税收为自己谋取利益和财富,另一方面还创新了攫取财富的手段,这就是创办并利用官营手工业主动介入商品经济的生产与营销,从而达到更进一步扩大财富来源的途径与目的,并从根本上保证了统治阶级越来越富。

私有制起源·结语

中国从来就没有生产资料的私有制,而只有财富的私有制,而财富私有制也从来不是一种经济制度,而是一种社会的管理、分配与政治制度。

一、以集体劳动、集体消费为基础的财富私有制

新石器时代中期,距今约 10 000—7 000 年,就是中国财富私有制起源的第一阶段。

在广谱经济、生产资料集体所有、集体劳动集体消费的时代背景与基础上,以凝聚了大量社会劳动的奢侈品为财富标志的最早的财富私有制已经起源。

概括已有的发现,可知当时的财富私有制主要有五个方面的特点。

第一,贫富与等级分化同时出现。

不仅人与人之间、聚落与聚落之间,而且聚落群与聚落群之间都出现了贫富与等级分化。

第二,奢侈品就是第一阶段财富的主要标志。

由于所有的不动产都是集体的,又由于当时只有聚落群即部落才是人类生产生活的实体,需要区分地位、等级的人不仅只限于部落以内,而且级差也简单不多,所以只需要"奢侈品"一类高档动产物品就足够了。因此,"奢侈品"也就成了财富第一阶段的主要标志物。

第三,出现了"特殊手工业"。

"特殊手工业"指的就是史前手工业的一个门类,它的特点就是用特殊的原料,用当时最先进的制作技术和工艺,专门为特殊人群制作专门用以标志身份和地位的产品。

第四,没有出现"贵族"。

新石器时代中期,私有制虽然已经起源,聚落内部成员之间虽然已经出现了贫富与等级分化,但并没有因此而出现脱离了日常普通劳动,且地位高居于平民之上的"贵族"。

第五,财富私有制只是一种社会的管理与分配制度。

由于中国史前最早的财富私有制完全是在广谱经济、生产资料集体所有、集体劳动集体消费的基础上发生和起源的,私有制的经济意义、财富意义实际并不如等级与地位的意义突出。因此,这种私有制更应该是一种宏观的社会管理与分配制度,以激励所有的人、聚落和聚落组织都积极进取。

二、以早期个体劳动、个体经济为基础的财富私有制

新石器时代晚期至夏商周时期,就是中国财富私有制起源的第二阶段,也是以早期个体劳动、个体经济为基础的阶段。

(一) 背景、发现与特点

考古表明,真正导致和推动史前晚期财富私有制新阶段的时代背景与家庭的起源完全一样,也是人口与聚落大量增长,旺盛的需求与生产能力不足这一社会基本矛盾激化的结果,也是社会生产方式变革的结果。

根据不同的特点,新阶段的财富私有制又可以细分为四个循序渐进发展的小阶段。

距今 7 000—6 000 年,是一个承前启后的阶段。一方面继承了源自新石器时代中期财富私有制的基本特点,另一方面又显示生产方式发生了重大变化,早期个体劳动、早期个体经济已取代集体劳动集体消费,并成为了新时期财富私有制的新型基础。

距今 6 000—5 000 年。继前一阶段经济基础与生产方式的变革之后,这一阶段上层建筑的变化开始成为了亮点。一方面在早期个体劳动、个体经济的基础上个体家庭的独立性与地位都得到了普遍提高,另一方面就是出现了"贵族"。

距今 5 000—4 000 年。这一阶段财富与权力的象征物都升级了,奢侈品升级变成了礼器。礼器不仅可以区分贵族之间的等级、地位以及财富的多寡,还在于它绘制了大量的神徽,显示了与神的联系,也显示了人权神授和能够通天达地的含义。

夏商周时期。随着单一民族方国的相继崛起,青铜礼器普遍取代玉礼器成为了新时代财富的主要标志物。与此同时,"分封"也开始成为贵族新的、与传统方式不同的财富与经济的主要来源。

相对新石器时代中期,新阶段财富私有制的起源与发展主要有以下九个方面的新特点。

第一,农业已成为私有制发展的经济基础。

第二,早期个体劳动已成劳动者早期个体经济的主要来源。

第三,个体家庭已成为聚落社会有一定独立性的最小组织与经济单位。

第四,土地史前集体所有,夏商国家集体二级所有,西周国有。

第五,贫富分化日趋扩大。

一方面出现了脱离具体生产劳动,高居于普通聚落成员之上,并掌握了某种权力和大量社会财富的"个人贵族";另一方面,又出现了与"个人贵族"有近亲血缘联系的"集体贵族";再一方面,聚落平民之间也出现了贫富分化。

第六,礼器已成财富新的标志物。

第七,血缘社会内部没有剥削与压迫。

史前晚期,虽然社会的等级与贫富分化明显加速,但是同一血缘组织内部成员之间只有等级与贫富的差异,而没有压迫与剥削,更没有形成对立的阶级。

第八,社会成员只有有限的经济独立性。

由于史前是生产资料集体所有制,夏商周时期是国有制,所以无论是贵族,还是普通的聚落成员,都没有获得真正的经济独立性。

第九,财富私有制变成了血缘聚落社会的政治制度。

史前晚期,随着聚落组织的大型化一体化及其政治组织的出现,财富私有制变成了一种政治制度。其中,"礼器"就是这种制度诞生的标志。它不仅可以分等级明贵贱,而且等级与地位的高低贵贱全部都与财富联系在一起,全部都可以用财富来表达,越有权越富。

(二)史前晚期、夏商周时期财富私有制与生产力发展的关系

历史表明,社会生产力的提高与发展是一种质的进步,最主要的标志就是生产资料与劳动者相结合的和谐的社会生产方式与生产关系;而那些工具的进步则是一种量的进步,只在一定的生产方式与生产关系的基础上提高了劳动的效率。

正因此,史前财富私有制的发展与生产工具所代表的生产力的进步关系不大,而是社会生产方式调整的结果。

(三)史前晚期、夏商周时期财富私有制与手工业的关系

中国史前与夏商周时期都没有出现农业与手工业跨血缘跨地域的全社会性分工,财富私有制的起源和发展也确实与手工业的兴衰无缘。

1. 史前晚期特殊手工业的基本功能与特点

史前的特殊手工业就是专门为贵族和贵族政治服务的手工业。主要有五个方面的特点。

第一,生产资料贵族集体所有。

第二,明显的垄断性。

第三,生产不以交换和出售为目的。

第四,聚落组织内部的核心是生产的组织者与管理者。

第五,工匠不享受自己的劳动成果。

因此,特殊手工业的根本属性实际只是史前晚期贵族政治的附属。它的历史作用并不是社会转型与贫富等级分化的原动力,而只是助长了社会的贫富与等级分化。

2. 史前晚期普通手工业的基本功能与特点

史前的普通手工业就是为聚落社会的普通成员服务的手工业。主要有三个方面的特点。

第一,以聚落为单位,内部手工业门类小而全。

第二,自给自足是生产的基本目的。

第三,人人都有获得手工制品的权利。

因此,普通手工业的根本属性就是血缘组织在生产资料集体所有制基础上实行的组织成员最低生活保障制度的组成部分,其目的就是无偿地满足聚落社会普通成员日常生产生活方面的基本需求。因此,普通手工业既不会直接推动社会的贫富与等级分化,也不会直接导致商品经济的出现。

3. 史前晚期、夏商周时期手工业"三化"的基本原因与特点

史前晚期以后,手工业的确出现了规模化、专业化、分工化的"三化"趋势。但是,它既不是农业与手工业跨血缘跨地域全社会性分工的标志,也不是生产资料私有制和商品经济出现的证据。

之所以如此,一是所有的血缘组织都是独立的生产生活实体,二是以生产资料集体所有制为基础,手工业一直就是血缘社会最低生活保障制度的组成部分。

因此,社会最早的分工只出现在一体化、大型化的聚落组织内部,而商周时期的"百工"与"世工世族"则是血缘族体内部长期分工形成的特点。

此外,商周及以前,无论普通还是特殊手工制品,交换都一直在不断地发展;但并没有必然地导致商品经济的出现,也说明有交换并不等于就有商业,交换并不是商品经济出现的主要原因和标志。

4. 长江峡江地区大溪文化时期的石器制作属性

由于商代以前峡江地区的阶地并没有被水冲毁,所以当地大溪文化的食物资源完全以在阶地面上的农业为主,石器制作的主要目的也是以满足内需为主,根本就不存在"以制造石器为生"的可能。此外,由于与邻近鄂西南、湘西北地区同期文化石器特点反差太大,又表明当时也没有形成以三峡

为中心的石器输出的"交换"圈。

5. 商周时期盐业的基本属性

山东境内特别是渤海南岸所有制盐作坊遗址、盐工居住类聚落遗址、普通商人内陆居住聚落遗址的组织、分布与持续的时间,以及所有盐工都世工世族、劳动者和个体家庭全都依附在集体之内等诸多特点,说明不仅当时的盐业完全是商人征伐东夷的战利品,而且还说明当时的盐业并不具有商品生产和商品经济的特点。

6. 关于商代海贝的基本属性

根据商代海贝的来源,海贝的主要持有者与实际作用,以及铜器铭文与甲骨文并无商代海贝用作货币记载的事实,可以发现当时贝的主要作用并不是商贸活动,商代的海贝也不是真正的"货贝",更不是一种真正的一般等价物。

(四)史前晚期夏商周时期财富私有制与"剩余劳动"的关系

第一,仅靠农业生产不出"剩余劳动"和"剩余产品"。

农业的发达,"剩余劳动"和"剩余产品"的出现,仅靠栽培技术与方法的提高和改进是远远不够的。一般而言,"剩余产品"的出现就是新的社会生产方式变革的结果,是充分调动劳动者生产积极性的结果。

第二,"剩余劳动"不会必然导致农业与手工业的社会分工。

由于史前晚期以后,手工业的社会分工只发生在血缘组织内部,又由于当时社会的地缘化进程还刚刚起步。所以"剩余劳动"和"剩余产品"虽然早就出现了,但距离全社会的分工还为期遥远。

第三,"剩余劳动"与私有制、阶级、奴隶的出现毫无关系。

新石器时代中期,财富私有制就已经在广谱经济的基础上起源了。新石器时代晚期,虽然农业兴起了,并出现了"剩余劳动"和"剩余产品",但那主要是生产方式变革的产物,与财富私有制之间并没有任何直接的因果关系,更不是有了"剩余劳动"、"剩余产品"才导致财富私有制的出现。

又由于所有的"剩余劳动"都只出现在血缘组织内部,而血缘组织不仅实行生产资料的集体所有制,而且还向每一个普通成员提供最低生活保障。因此,在血缘组织内部不可能出现压迫与剥削,也不可能出现阶级与奴隶。

第四,"剩余劳动"主要用于血缘组织内部的需求。

在血缘组织内部,"剩余劳动"的主要支出去向,一是贵族政治,二是公共支出。其中,公共支出的内容又主要有二项:一是满足聚落成员的最低生活要求,提供基本的生产生活用具;二是大型的公共工程,如城址。城址的出现不只是聚落贵族需要,普通聚落成员也同样需要。

(五)财富私有制起源第二阶段的意义

新式的财富私有制意义重大,并给社会的文明化注入了许多新鲜的血液,激发了社会空前的活力。

第一,助推了一夫一妻制婚姻、家庭的普及与"父系社会"的出现。

第二,助推了脑力劳动、体力劳动以及早期"城乡"的社会分工。

第三,助推了人自身的独立与解放。

没有经济独立的个人就没有社会独立的个人,而早期个体经济则从根本上促使人开始成为了初具独立性的个人。人不再是集体中的个人,而变成了集体中的独立个人。

第四,为人类社会组织增添了利益的纽带。

第五,为社会的文明化夯实了物质基础。

第六,初步铸就了中国财富私有制的基本特点。

三、以晚期个体劳动、个体经济为基础的财富私有制

春秋战国时期就是中国财富私有制起源的第三阶段,也是以晚期个体劳动、个体经济为基础的新阶段。

(一)新特点

主要有六个方面。

1. 晚期个体劳动、个体经济初上历史舞台

所谓晚期个体劳动、个体经济,就是地缘社会以劳动者个体或个体家庭为单位,独立劳动、独立经营的经济形式与生产方式。就农业而言,它的基本特点就是在土地使用权完全私有与实物地租的基础上,个体劳动者与个体家庭不仅成为了地缘社会独立的最小经济单位,而且晚期"小农经济"还成为了整个社会商品经济的基础与组成部分。

2. 出现了个体地主

个体地主就是凭借土地使用权完全个人所有并主要以地租获得经济收入的人。春秋战国时期,由于土地使用权的完全私有,主要凭借土地所有权为生的个体地主也应运而生了。

3. 出现了经济破产的个体奴隶

由于土地制度的改革,个人拥有了生产资料土地的完全使用权,所以随着晚期"小农经济"的出现与兴起,失去了血缘族体保护的个人由此二极分化,从而催生了因经济破产而出现的个人奴隶。

4. 俸禄成为了统治阶级和官员新式的财富来源

春秋战国时期,随着国家政治制度从"分封制"向"郡县制"的过渡,以

及商品经济的发展,统治阶级与官员的待遇和财富的主要来源也开始与社会的发展接轨,从商周时期的"分封"土地变成了"俸禄"。"俸禄"最主要的特点,一是与主要的生产资料土地无直接的关系,二是在任就能享受,而不能世袭。

5. 商品经济出现了高潮

春秋战国时期各国发行和流通的货币就共同见证了当时商品经济的发展已经出现了高潮,这不仅有助于个人在社会中的独立性、自由度和各种相应权利的提高,而且还推动财富私有制进入到一个货币化的新时代。

6. 官营手工业兴起

官营手工业就是中国古代直接由官府设置、经营、管理的手工业。

随着多民族国家的出现,国家政体的地缘化,以及商品经济的发展,血缘族体退出了历史舞台,新型的官营手工业诞生了。一方面,继承了以往特殊手工业的基本功能,满足了剥削阶级权贵与权贵政治的基本需求;另一方面,有了新的发展与特点,这就是国家利用权力破天荒地直接进入市场,直接参与并基本垄断了手工业最有盈利潜力行业的生产,从而为剥削阶级和权贵聚敛财富开辟了新的途径。

（二）财富私有制起源第三阶段的主要历史意义

主要表现在五个方面。

1. 财富私有制起源又上新台阶

一方面继承了源自史前的传统,财富私有制依然还是一种政治制度,人的等级地位始终与财富连在一起,而且越有权越贵,越来越贵;另一方面则完全是创新,主要表现在晚期小农经济成为了整个社会的主要经济基础,出现了阶级且统治阶级成为了攫取财富的主体,以及货币成为了财富新的标志物,官营手工业兴起并成为统治阶级聚敛财富的新手段等四个方面。

2. 晚期个体经济与小农经济开始成为整个社会的主要经济基础

晚期个体经济与小农经济的出现不仅标志财富私有制又进入了一个新阶段,还因为它还充分地调动了劳动者经营土地的积极性与自由度,所以具有强大的生命力,为春秋战国以后中国封建社会二千余年持续不断超稳定地发展铺平了道路。

3. 统治阶级开始成为攫取财富的新型主体

随着多民族国家与国家政体的地缘化,血缘族体退出了历史舞台,因而代表国家行使权力的变成了统治阶级。财富由此开始与统治阶级结缘。

4. 货币、贵金属、土地成为了第三阶段财富的主要标志物

随着贵族世袭制转变为官僚任命制,并同步由土地分封制变为"俸禄

制",标志等级、地位、财富的礼器也退出了历史舞台。与此同时,又随着商品经济的发展,货币、贵金属[①]、土地也逐渐成为了财富的标志物。

5. 官营手工业开始成为统治阶级和权贵聚敛财富的新来源

春秋战国时期,统治阶级一方面继续利用税收为自己谋取利益和财富,另一方面还创新了攫取财富的手段,这就是创办并利用官营手工业主动介入商品经济的生产与营销,从而达到更进一步扩大财富来源的途径与目的,并从根本上保证了统治阶级越来越富。

总之,中国的财富私有制,在不同历史时段不同背景的影响下,走过了一段充满本土特色的起源与演变之路。

就财富私有制的社会范围而言,从小型自然的血缘组织开始,先后进入大型一体化的血缘聚落组织,进入国体地缘化政体血缘化的古国、早期单一民族方国,最后进入国体政体都地缘化的多民族晚期方国。

就财富私有制的经济基础而言,最早是广谱经济,集体劳动集体消费;然后是农业兴起,基于耕作权私有的早期个体劳动与个体经济;最后是商品经济,基于土地使用权完全私有的晚期个体劳动与个体经济。

就财富的标志物而言,最早是只能区分地位高低的奢侈品,然后是可以区分贵族之间地位高低的礼器,最后是货币、贵金属与土地等。

就财富拥有的社会主体而言,最早只是聚落群一级的血缘组织的高层人士,然后是大型血缘聚落政治组织与早期方国的贵族,最后是统治阶级。

不过,在生产资料集体或国家所有制的基础上,财富私有制从早到晚都不是一种经济制度,而一直是一种社会的管理、分配与政治制度,一直都是越有权越贵,而且越来越贵。

[①] 杨小平等:《中国黄金的货币性问题论述》,《中国钱币》2008年第1期。

文明起源

文明不是具体的技术、文化与思想的进步,而是人类高品质的生存与生活状态,是人类社会发展的高级阶段,也是人类社会组织方式、生产方式、生活方式、人本身的解放不断地进步与变革。

文明的起源是独立的起源,不因国家而起,也不因国家而终。

距今7 500年,以血缘社会为基础的文明起源与社会的文明化同时起步。

距今6 500—5 000年,血缘社会的文明起源与文明化迎来了初期的高潮,还同步迎来了农业、早期个体劳动个体经济、一夫一妻制婚姻和家庭、父系社会和社会组织一体化等多方面的变革与进步。

距今5 000—4 000年,血缘社会的文明起源与文明化进入了中期阶段,进入了血缘与地缘社会之间的过渡阶段,并出现了一体化的血缘政治组织。在这种组织内部,不仅出现了脑力劳动体力劳动以及早期"城乡"分工,还出现了包括农业与手工业在内的各方面的社会分工。此外,这一时期还出现了地缘化的古国。

夏商周时期,血缘社会的文明起源与文明化进入了晚期阶段,进入了血缘与地缘社会之间的转折阶段。一方面出现了单一民族国家,极大地拓展了社会地缘化的空间;另一方面政体的血缘化与"分封制",又凸显了这一阶段最后的过渡特点。

春秋战国时期,不仅国体政体都地缘化了,出现了多民族的阶级国家;而且"郡县制"、官僚"任命制"、城市的出现、小农经济的成熟、私学的兴起,又表明国家已经开始成为社会文明化的主要推手,还表明人类社会的文明起源与文明化由此又进入了一个全新的历史新阶段。

中国的文明起源不仅特色独具,还多源多样,"满天星斗"。

第一章 以血缘社会为基础的早期文明起源

纵观已有的发展,可见人类的历史经历了前后两个生存状态存在重大区别的阶段。

第一阶段,自然社会,从旧石器时代一直到新石器时代中期。

于此阶段,人类社会的发展由于受到自然条件的局限显示出许多自然的重要特征,自然的食物,自然的氏族与血缘社会,自然的婚姻与成年男女关系,自然的经济与生产资料集体所有,自然的集体劳动与集体消费。所以,人类生存状态的改善不仅缓慢,而且变化的幅度也不大。

第二阶段,文明社会,从新石器时代中晚期之交一直到今天。

由于全新世以来气候的不断升温(图3-2-1)导致自然食物、农业产量与日俱增,也同步导致人口与聚落数量急剧增长,人均土地面积大幅减少,从而又给人类社会带来了史无前例的生存与社会危机。于是,文明起源了,人类的发展也由此进入了以主动追求、主动改善生存状态与生存质量为特点的第二阶段,即社会的文明化阶段。于是,人类生存状态的改善不仅快速,而且品质也不断提升。

中国的文明起源,最早发轫于距今7 500年,不仅特色独具,而且不同的历史时段,不同的背景,还特点不尽相同。其中,距今6 500—5 000年,就是在血缘社会的基础上文明起源与社会文明化最早的高潮时期。

第一节 中国文明起源的时间与标志

已有的考古发现表明,中国文明起源的最早时间不晚于距今7 500年。其中,浙江嵊州小黄山与河南新郑唐户遗址的发现就是这方面最突出的代表和标志①。

浙江嵊州小黄山,面积约5万平方米,是整个浙江地区当时最大的聚落遗址,文化属性为上山文化与跨湖桥文化之间的过渡形态,最重要的发现就在于确认了它是一处由二个聚落构成聚落群共同居住的遗址。其中,核心聚落就位于俗名"小黄山"的地点,外围还环绕有一定防御功能的晚期围沟;而遗址上的另一个聚落却位于围沟之外,显示等级与地位都低于"小黄山"。

河南新郑唐户(图2-1-5,1),裴李岗文化,不仅面积巨大,是当时中国最大的以聚落群为组织单位的多聚落遗址,而且那些零距离相聚在一起的聚落之间还拥有明显的主从关系。其中,核心聚落的外围就环绕有防御功能明显的中国时代最早的壕沟。

值得注意的是,浙江嵊州小黄山与河南新郑唐户的发现不仅表明当时聚落的群聚与组织形态都发生了重大变化,更表明文明已经起源。

以前,由于学术界总是将文明起源与国家起源捆绑在一起,还由于20世纪90年代以后学术界追随国外的"区域聚落形态",根本不研究人类史前基于血缘的社会组织与组织形态,所以对于这二处遗址所表达的重大历史意义没有任何有价值的认识。实际上,这二处遗址正是社会发生了巨变、文明已经起源的象征与标志。

因为自人类起源以来,人类的生存与社会就一直处于一种自然状态,所以人与人、遗址与遗址、聚落与聚落之间的关系总体上都是自然的平等关系(图2-1-5,2、3)。

然而,小黄山与唐户的发现则清楚地表明当时的社会已经发生了重大变化,人类社会的组织方式也已从以往的平等变成了不平等,并出现了"核心"与"从属"的区别,而这种区别则正是人类文明社会初始阶段最基本的重要特点。

第二节 早期文明起源给社会带来的变化

一般而言,距今6500—5000年之间就是中国早期文明起源与社会文

---

① 王海明:《专家论证嵊州小黄山遗址》,《中国文物报》2006年1月11日;王海明:《嵊州小黄山遗址发掘取得重大收获》,浙江文化信息网2005年8月5日;张恒等:《"小黄山"万年古文明的见证》,嵊州新闻网2011年4月25日;郑州市文物考古研究院:《河南新郑市唐户遗址裴李岗文化遗存2007年发掘简报》,《考古》2010年第5期。

明化的高潮时期,并给人类社会带来了八个方面的巨大变化。

一、自然的广谱经济转变为人为生产性的农业经济

各地的考古发掘,如长江中游湘西北距今约 8 000 年的彭头山文化八十垱遗址[1]、长江下游浙江宁绍平原距今约 7 000 年的河姆渡文化河姆渡遗址[2]、山东济南距今 8 000 年的后李文化张马屯遗址[3]、北方内蒙东南距今约 8 000 年的兴隆洼文化兴隆沟遗址[4],就因为都发现了大量的、超过了农业产品的、可食用的野生动植物遗存而充分证明,新石器时代中期农业虽然在不断进步,但广谱经济依然是人类食物的主要来源。

大约距今 6 500 年,广谱经济开始向农业经济转变。

有二个方面的重要证据。

第一,发现了中国史前最早适合个体劳动的稻田。

湖南澧县城头山遗址所发现的距今 6 500 年的古稻田就是这方面的代表(图 1-3-3)[5]。

尽管城头山稻田的发现目前数量还不多,但是它的意义却十分重要。因为它具有人工开掘,单块面积较大,长期用田埂分割以利分田到户、个体劳动等特点;所以它既不是地势低洼的野生水稻的自然生长区[6],也不是刀耕火耨、广种薄收的粗犷耕作地,而是史前人类由自然的广谱经济转向生产性经济的产物。

第二,农业养活的人口大幅度超越了以往的广谱经济。

距今 6 500 年以后,全国各地的史前聚落遗址都出现了大幅增加的趋势,这表明农业不仅已经成为了人类食物的主要来源,而且农业在相似的地域面积范围内养活的人口也已大幅度超越了广谱经济。如湖南的澧阳平原,距今 6 000 年以后大溪文化养活的人口就至少是距今 8 000 年以前彭头山文化的 8 倍,是距今 7 000 年以前皂市下层文化的 3 倍(图 1-3-1)。

---

[1] 裴安平:《彭头山文化的稻作遗存与中国史前稻作农业》,《农业考古》1989 年第 2 期。
[2] 中国社会科学院考古研究所编著:《中国考古学·新石器时代卷》,中国社会科学出版社,2010 年,第 455 页。
[3] 吴文婉等:《海岱地区后李文化的植物利用和栽培:来自济南张马屯遗址的证据》,《中国农史》2015 年第 2 期。
[4] 中国社会科学院考古研究所内蒙古第一工作队:《内蒙古赤峰市兴隆沟遗址 2002—2003 年的发掘》,《考古》2004 年第 7 期。
[5] 湖南省文物考古研究所等:《澧县城头山古城址 1997—1998 年度发掘简报》,《文物》1999 年第 6 期。
[6] 北京大学中国考古学研究中心等编:《田螺山遗址自然遗存的综合研究》,文物出版社,2011 年。

这是一个历史性的变化。以往可以说都是以自然生长的食物为主的自然经济时代,而距今6 500年以后则开始转变为以人工栽培和种植为主的生产性农业经济时代。

二、集体劳动转变为早期个体劳动

从过去的集体劳动转变为早期的个体劳动是人类社会生产方式的根本变化,也是文明起源社会文明化最重要的变革与特征之一,因为它为人类社会的全面发展和人的解放即独立与自由都奠定了社会的经济基础。

对此,考古有二个方面的证据。

第一,出现了只适合个体劳动的稻田。

湖南澧县城头山距今约6 500年汤家岗文化时期的稻田就是一例。

值得注意的是,那里的稻田虽然都位于同一水平面上,但田块之间却用田埂将它们区分得一清二楚(图1-3-3)。一般而言,田埂在有高差的地区,是合理利用地形以利排灌所需要的设施;而在同一水平面上虽然也有合理利用水资源的含义,但更与不同劳动者耕作区域的分界有关。因此,城头山的稻田应该就是独立的个体劳动出现的重要标志与直接证据。

第二,早期个体劳动和个体经济初显端倪。

史前晚期农业的发展并不是因为农业本身的原因。因为狭义的农业只是一种作物的栽培模式与技术,而要多产高产,要成为一种与社会发展相匹配的规模化经济,就不是狭义农业本身的问题,而是广义农业中社会生产方式与生产关系的问题,也是劳动与收获的关系问题。与此同时,个体劳动要成为一种普遍的生产方式,仅靠分田到人也是远远不够的,因为它与集体劳动模式下平均分解劳动任务并没有本质的区别,所以还必须允许多劳多得,让个体劳动与经济收益建立联系。只有这样,才能激发劳动者的生产积极性,农业才会真正成为人类食物的主要来源和社会发展的经济基础。

实际上,距今6 000—5 000年期间各地所见只适合个体家庭居住的"套房",如河南邓州八里岗仰韶文化中期所见"排房"中的"套房"(图1-3-6)就间接地证明,以往从未见过的、以一家一户为单位的早期个体劳动和早期个体经济已初现端倪,并开始成为当时血缘社会主流的生产方式。

三、一夫一妻制婚姻与家庭开始普及

虽然以成年一男一女为组合特征的家庭早在新石器时代中期就已经出现,但当时完全是以自然性爱为基础,也与个体劳动个体经济没有任何联系,所以就不普及。

新石器时代晚期,随着集体劳动集体消费模式的瓦解,自由对偶就失去了存在的经济基础,而早期个体劳动带来的早期个体经济不仅提升了男人的社会地位,还强力地推动了一夫一妻制婚姻与家庭的普及。距今6 000—5 000年期间各地所见只适合个体家庭居住的"套房"(图1-3-6),如河南邓州八里岗仰韶文化中期所见"排房"中的"套房",以及辽宁凌源田家沟红山文化多座成年男女异穴合葬墓(图1-3-11),就都直接地证明了一夫一妻制婚姻与家庭当时已经普及,并成为了社会的主流。

四、个体家庭成为了血缘社会独立的最小组织与经济单位

考古表明,最早的一夫一妻制家庭实际在新石器时代中期即已出现。但是,由于当时的历史背景还是广谱经济,还是集体劳动集体消费,还是对偶婚流行的时代,所以当时的一夫一妻制家庭还不是社会普遍可见的婚姻形式,更不是血缘社会独立的组织与经济单位。

但是,从新石器时代中晚之交开始,由于人类生存危机的出现,又由于应对危机一系列重大社会变革的出现,尤其是分田到人与个体劳动的出现,不仅促使了早期个体经济的出现,还促使了一夫一妻制家庭的普及与流行,促使了一夫一妻制家庭开始具有了明显的独立性,并成为了血缘社会最小的组织与经济单位。

最迟于仰韶文化中期,即距今6 000—5 500年前后,一夫一妻制个体家庭的独立与社会地位的提高就开始影响了人们居住方式的变革。之所以仰韶文化早期陕西临潼姜寨遗址(图1-3-7,1)与仰韶文化中期河南邓州八里岗(图1-3-6,3)、大汶口文化晚期安徽蒙城尉迟寺(图1-3-7,2)遗址,整个聚落的布局与住房模式会出现重大区别,由独门独栋的大中小三类房址形成的多重向心结构变成了"套房"与"排房"构成的无中心结构,就因为当时社会最小的组织与经济单位已由母系家族变为了父系一夫一妻制家庭。

"套房"与"排房"改变地不仅仅是人类居住建筑的模式,更重要的是它们还是一夫一妻制个体家庭已成为人类血缘社会独立的最小组织与经济单位的直接证据。

五、财富私有制进入了新的历史转折时期

虽然在新石器时代中期,中国就出现了以奢侈品为财富标志的财富私有制。但是,当时私有制的基础还只是广谱经济,甚至有地位有奢侈品的人也参加集体劳动,个人的劳动与财富没有明显的直接联系。因此,那时候的

财富私有制就是一种比较自然单纯的社会宏观管理与分配制度,经济的内涵既不突出也不明显。

但是,距今约 6 000—5 000 年期间,在并未触动生产资料集体所有制的基础上,通过分配与管理制度的改革,早期的个体劳动开始具有了一定的经济意义,"奢侈品"也开始具有了比较明显而广泛的经济与财富的内涵。由此,中国的财富私有制开始进入了一个新的历史转折时期,并出现了五个方面的重要变化。

第一,个体劳动,多劳多得。

第二,个体家庭开始具有了一定的经济独立性。

第三,男人的价值与社会地位不断提高。

第四,贫富与等级分化在新的基础上更为明显更为深入,并波及每一个聚落成员,如湖南澧县城头山大溪文化墓葬所见(表 2-2-1)。

第五,出现了"贵族",安徽含山凌家滩 M4、M15(图 2-2-2),辽宁建平、凌源牛河梁第二地点一号冢 M21(图 2-2-6)即是。

不过,由于距今 5 000 年以前,社会的主流组织模式与生产生活实体还是以自然组织聚落群即部落为主,所以距今 6 000—5 000 年之间财富私有制的整体仍然还是一种小型血缘组织内部独立自主的管理与分配制度,还不是一种大型聚落组织社会的政治制度。

六、母系社会转变为父系社会

母系转变为父系,最直接最明确的考古学证据就是男人社会地位的不断高涨。

史前晚期,早期个体劳动的出现与普及、一夫一妻制婚姻与家庭的普及、早期个体家庭经济与社会独立性的获得(图 1-3-6);尤其是辽宁凌源田家沟红山文化遗址,在Ⅰ、Ⅲ号二个墓区都发现了男左女右的夫妻异穴合葬墓(图 1-3-11),在Ⅳ号墓区还发现了男左女右的同穴合葬墓[①],都毫无疑问地表明男人社会地位提高了,社会属性已由母系转变为父系。

不过,父系社会的到来,并不意味着阶级压迫就已经到来,因为血缘组织内部所有的人都是亲戚,或近亲或远亲,其中只有等级没有阶级。既如此,在这种社会与组织中,就像母系社会的女人地位虽高却没有压迫男人一样,新时期男人的社会地位再高,也不可能就去压迫女人,对此同部落的亲朋戚友们也不会答应。

---

① 王振宏等:《红山墓群发掘男女并穴合葬墓》,《解放日报》2012 年 3 月 23 日,第 7 版。

七、人开始成为集体中的独立个人

由于生产力低下,生产资料集体所有,任何个人都没有能力离开集体而独立生存,所以自有人类以来,每一个人都是集体的一份子,没有任何属于个人的独立性与自由。但是,文明的起源,社会生产方式的变革,就直接推动了早期个体劳动与早期个体经济的出现,并为集体中个人独立性的获得奠定了经济与社会基础。

实际上,一夫一妻制婚姻与家庭的普及、新型的只适合个体家庭居住"套房"的出现(图1-3-6)、新型的夫妻异穴合葬墓(图1-3-11)的出现,就都是个人独立性获得的直接证据。

八、社会由分散开始走向整合与统一

历史的发展表明,由分散走向统一是人类社会文明起源与社会组织方式文明化的重要进步与标志。

所谓"统一"最主要的内涵就是在实力的基础上所有社会组织与成员都要接受统一领导和管理。

从旧石器时代一直到新石器时代中期,当时的社会组织就一直是小型、独立、分散的组织,即使是同部落的各成员之间也都普遍是相互比较独立、平等且松散的关系,并还有如下三个特点。

第一,聚落群即部落是最主要的社会组织。

从旧石器时代到新石器时代中期,虽然人类社会一直都存在聚落、聚落群与聚落群团三级社会组织。但是,其中最主要的还是聚落群,即部落。

对此,恩格斯也有相关的论述。他说"到发现美洲的时候,全北美的印第安人都已依照母权制组成为氏族"(《起源》P85),"绝大多数的美洲印第安人,都没有超过联合为部落的阶段"(《起源》P89)。至于比部落更高一级的社会组织,也有,但都是临时的,即"亲属部落间的联盟,常因暂时的紧急需要而结成,随着这一需要的消失即告解散"(《起源》89)。

为什么"部落"即聚落群会一直是当时最主要的社会组织呢?

原因有三。

之一,氏族与部落的血缘关系最密切,都是"母氏族"与"女儿氏族"的关系,都是直系血缘关系。

之二,地广人稀,各部落之间的关系比较独立平等,即使与其他血缘部落有矛盾与冲突,其激烈程度也比较有限,因而也不需固定常态化的大型组织。

之三,部落是当时人们日常生活的实体。在美洲印第安人那里,部落"自

有其所占据所保卫的领土"（路易斯·亨·摩尔根《古代社会》P101；以下简称《古代》），"他们的领土包括他们实际居住的地域，还包括他们在渔猎时足迹所到的周围地区那么大的范围，同时也得是他们有能力防御其他部落侵入的范围"（《古代》P109）。此外，部落与部落之间还有宽阔的避免冲突的中立地带。

第二，只有长辈聚落，没有"核心聚落"。

由于地广人稀，各部落之间矛盾冲突的频繁与激烈程度都十分有限，所以新石器时代中晚期之交以前，人类的聚落组织都很少经历大规模长期战争的洗礼，因而内部的组织状态也比较松散。此外，组织内部成员的地位都比较独立平等，除了基于自然血缘辈分的"母氏族"以外，就没有出现以实力和主从关系为基础的聚落群内的"核心聚落"。

第三，聚落之间没有主从关系。

这与"核心聚落"是同一个问题的二个方面。"核心聚落"代表的是同一个聚落群内部成员之间出现了等级分化，有实力的聚落，既可能是原来的长辈聚落，也可能是其他的"新秀"，成为了聚落群内的新式"领导"。至于"主从关系"，表达的则是聚落组织成员之间等级关系的特点与属性。其中，"主"就是"核心"，就是"领导"；"从"就是"从属"、"随从"，就是其他聚落成员相对"核心"的地位。一般而言，新石器时代中晚期之交以前就从未出现过这种聚落之间的关系。

但是，从新石器时代中晚之交开始，伴随着人类社会生存危机的不断强化，在实力的基础上将原来状态松散的组织整合为一体化的组织逐渐成为了聚落社会的发展趋势，并给当时的聚落社会带来了四个方面的深刻变化。

第一，出现了"核心聚落"。

第二，聚落之间出现了主从关系。

第三，出现了初具集中领导、统一管理特征的一体化的聚落群。

第四，所有的组织成员都超近距离地抱团相聚在一起。

对此，距今约 7 500 年的河南新郑唐户裴李岗文化晚期遗址[1]、浙江嵊州小黄山遗址就都是上述变化的突出代表[2]，表明当时的长江黄河流域都大体同时出现了史无前例的基于主从关系的一体化的聚落群，标志着人类社会从分散走向整合与统一的历史大幕已经由此正式开启。

---

[1] 郑州市文物考古研究院等：《河南新郑市唐户遗址裴李岗文化遗存 2007 年发掘简报》，《考古》2010 年第 5 期。

[2] 王海明：《专家论证嵊州小黄山遗址》，《中国文物报》2006 年 1 月 11 日；王海明：《嵊州小黄山遗址发掘取得重大收获》，浙江文化信息网，2005 年 8 月 5 日；张恒等：《"小黄山"万年古文明的见证》，嵊州新闻网，2011 年 4 月 25 日。

第三节　早期文明起源的特点与意义

事实表明,距今 6 500—5 000 年,中国的文明起源、社会的文明化就出现了第一个历史性的高潮。它不仅给人类社会的发展带来了八个方面的巨大变化,而且还表现出了多方面的特点与意义。

一、早期文明起源的特点

综合各地已有的发现,中国早期的文明起源有三个非常显著而重要的特点。

第一,起源的初始原因主要是自然的而非人为的。

已有的研究表明①,距今 10 000—6 000 年全新世的气候在不断升温(图 3-2-1),从而促使人类社会的发展出现了一个人口与聚落数量大幅增长的高潮时期,无论长江流域、黄河流域,还是北方地区,都同步出现了类似现象(图 1-3-1、图 1-3-2)。与此同时,人口与聚落数量的大幅增长又导致人与自然资源之间的矛盾日趋紧张,并同步促使人类社会组织之间的矛盾与冲突也不断激化。于是,为了应对人与自然、人与人之间的危机,文明就起源了,自然原因就成了文明起源的始作俑者。

第二,变革只发生在聚落群组织内部。

就变革涉及的社会范围而言,由于聚落群团还不是一种生产生活永久性的实体组织,所以当时的文明起源与社会的文明化全部都是以聚落群为单位而发生的,都只发生在各个聚落群的内部,都只是各个不同的聚落群自己在主导自己的变革。既没有产生一个跨血缘跨地域的聚落组织,也没有一个聚落组织获得了跨血缘跨地域的权力。因此,各个地区所见到的变革都不是一种跨血缘跨地域的联合行动与举措。

第三,和平变革。

就变革的方式而言,无论农业、早期个体劳动个体经济、一夫一妻制婚姻和个体家庭的流行还是社会独立性的获得、贫富与等级分化升级、母系变为父系、实力成为聚落之间新型组织纽带的普及,在全国各地不仅都大致同时发生,而且还都是聚落群组织内部自发的、静悄悄的和平变革,基本不见暴力。

---

① 施雅风总主编:《中国历史气候变化》,山东科学技术出版社,1996 年,第 119 页。

虽然距今 6 000—5 000 年期间中国就出现了最早的古城,并表明聚落组织之间的矛盾与冲突已经升级。但这些城址,一是数量少,目前全国仅见四处,即湖南澧县城头山、湖北石首走马岭—屯子山、天门龙嘴、河南郑州西山;二是等级较低,皆属于聚落群一级;三是至今也没有发现这四个城址周边有其他聚落或聚落群被武力剿灭了的现象。这说明当时的暴力即使有也不普遍也不激烈,城址出现的主要目的是防御而不是进攻,更不是为了推广变革,不劳而获。

显然,以上三个方面的特点表明,人类文明的起源与社会的文明化是人类社会一种内在的力量与变革,其目的就是要通过自身的努力与变革改变人类自身的生存状态与生存品质,而不是暴力与征服他人,更不是靠剥削和压迫别人而活着。

二、早期文明起源的意义

早期文明起源,社会早期的文明化,实际就是人类历史上最早的伟大变革。虽然是静悄悄的,但它却以和平的方式根本性地改变了人类的生产与生活方式,改变了人类社会的组织模式,也同步揭开了人的解放的序幕,并开启了人类社会由原始的自然生存状态进入到更高级的文明发展状态的大门。

(一) 改变了人类的生产方式

一般而言,人类有二种不同类型的生产方式,一种是技术性的,一种是社会性的。技术性的就是具体物品的生产方法与技术,社会性的就是人与生产资料的结合方式。

考古发现,最迟在距今 15 000 年以前[①],作物的栽培技术就已经出现了,并伴随人类在山前与平原地区的定居而规模不断扩大。但是,它并没有根本性地改变人类以自然食物为主的生存方式,也没有替代广谱经济成为人类食物的主要来源。距今 7 500 年以后,文明起源了,农业迅速地成为了人类食物的主要来源。

为什么农业就不能自主成为人类食物的主要来源呢?为什么就一定要与文明起源联手才能成为人类食物的主要来源呢?

这说明农业能不能成为人类食物的主要来源,与农业本身具体的栽培技术和方法关系不大,而取决于另外二个社会方面的因素。一是要有相应

---

① 吴小红等:《湖南道县玉蟾岩遗址早期陶器及其地层堆积的碳十四年代研究》,《南方文物》2012 年第 3 期。

的社会需求,二是要有相应的社会生产方式和生产关系。假如自然食物充足,那社会的需求就弱,农业永远也不会成为人类食物的主要来源;又假如没有个体劳动,也没有劳动与收获一定程度联系的个体经济,那劳动者一点"剩余劳动"的生产积极性都没有,农业虽然有可能在一定程度上成为人类食物的主要来源,但永远也成为不了社会发展的经济基础。值得注意的是,人类社会的发展之所以会与文明起源同步进入快车道,这本身就说明史前晚期人类所需要的农业已经不仅可以单纯地延续生命,还能够用"剩余劳动"支持社会整体的发展。

正因此,史前晚期农业发展的主要原因并不只是一种具体食物生产技术与方式的变换,而更重要的是一种社会生产方式与生产关系的变革。

文明起源对于农业的意义,关键并不在于它选择了农业,选择了以农业为人类食物的主要来源,而在于它彻底改变了自有人类以来延续了数百万年的集体劳动集体消费的生产方式,个体经济的萌芽与出现第一次使个体劳动具有了经济价值的含义,并在充分提升个体劳动独立性与价值的前提下,达到了充分调动劳动者生产积极性的目的,使农业使生产性经济迅速成为了人类食物的主要来源,使人类第一次具备了通过自己的努力根本改善生存状态与质量的能力,从而也为以后人类社会各方面的发展奠定了必要的物质基础。

(二) 改变了人类的生活方式

从旧石器时代一直到新石器时代中期,人类的生活方式就一直是一种自然的方式。食物的来源是自然的,只需要采集与捕获;生产方式是自然的,集体劳动集体消费;社会组织方式是自然的,一切都以血缘为基础;人类的婚姻是自然的,只要是互有血缘关系的成年男女即可无辈分或有辈分区别地自由婚姻;人与人的关系也是自然的,都是母系集体的一员,都是亲朋戚友,都只有辈分的高低……

然而,新石器时代晚期以后,人类的生活方式发生了根本性的变化,都变成了新的早期文明的生活方式。

这种变化不是一点一滴,而是全方位的。

食物的来源以人工栽培和耕作的农业为主,生产方式以个体劳动为主,社会的组织方式以实力为主,婚姻形态以一夫一妻制为主,家庭也已成为社会最小的组织与经济单位,社会形态也由母系变成了父系,人与人之间的贫富和等级差异更为扩大。

此外,如河南邓州八里岗遗址那样的人们居住房屋形态(图1-3-6,3)、河南新郑唐户(图2-1-5,1)和浙江嵊州小黄山那样的多聚落遗址的整体布局结构,再如辽宁凌源墓地中一夫一妻的合葬形式(图1-3-11),也都意味着从社会的各种制度到相关的物质形态都发生了完全不同以往的变化。

显然,文明的阳光洒满了社会的每一个角落,影响了每一个人的生活方式与历史命运。

(三) 改变了人类社会的组织方式

史前晚期以前,人类社会与组织之间的关系都是自然天成的,都是母系血缘集体中的一员,近距离相聚的所有社会单位都是近亲的血缘组织,都是同一个部落内部关系相互独立平等的成员。

然而,文明起源以后,人类社会的组织方式发生了四个方面的根本性变化。

第一,个体家庭成为了社会最小的基本组织与经济单位。河南邓州八里岗等遗址由"套房"构成的"排房"就是这方面的最好证据(图1-3-6,3)。

第二,血缘社会的基本组织纽带由母系转变为父系。辽宁凌源红山文化所见一夫一妻异穴合葬的埋葬方式就是这方面的最好证明(图1-3-11)。

第三,实力成为了高于血缘之上的社会组织的新型纽带。湖南澧县城头山距今6 000年中国最早的城址就表明,仅有血缘而没有实力不仅没有一体化的聚落组织,而且永远也不可能出现城址(图1-3-1,2)。

第四,出现了基于血缘与实力并包含了核心聚落与从属关系的一体化聚落群。河南新郑唐户(图2-1-5,1)与浙江嵊州小黄山等多聚落遗址及其聚落组织结构就是这方面的典型。

(四) 揭开了"人的解放"的历史序幕

文明不仅仅只是外在地改变了人们的生产方式与生活方式,也不仅仅只是改变了人类社会的组织方式,更深刻的是揭开了"人的解放"的历史序幕。

一般而言,"人的解放"是马克思主义的基本思想之一,它的核心就是要实现人的全面与自由的发展[①]。

中国考古表明,由于生产力的局限,自有人以来,每一个人就一直是集体中的一员,任何个人都只是自然的个人,没有任何社会的独立性。但是,史前晚期,随着生产力与经济的发展、社会的进步,尤其是文明的起源,早期个体劳动、早期个体经济、一夫一妻制的普及、个体家庭成为社会独立的最

---

① 马克思、恩格斯:《共产党宣言》,《马克思恩格斯选集》,人民出版社,1974年,第228—286页。

小的组织与经济单位等方面的变革,人的社会独立性得到了普遍地承认与彰显,人也从以往集体中的个人变成了集体中具有一定独立意义的个人。

值得注意的是,人的独立性的获得还表明,没有人的经济独立就没有人的社会独立。早期个体劳动个体经济的出现实际就是个人最早能够独立的经济基础。虽然,当时的人还没有也不可能最终摆脱血缘社会的束缚成为地缘化社会那种独立的个人、自由的个人。但是,独立是自由的基础,只有先独立了,部分独立了,才有以后逐步的自由。

(五) 早期文明起源与国家起源毫无关系

中国的考古表明,文明与国家的起源既有联系又有区别。其中,区别是主要的,联系是次要的。

之所以如此,皆因为文明的起源完全是独立的,而且最早的文明起源与国家的起源没有任何关系,也没有哪一项社会的文明化变革是国家起源的必要条件,是为了迎接国家的起源而事先准备的。

其中,早期个体劳动与个体经济的出现、一夫一妻制婚姻和家庭的流行、贫富与等级分化的升级、母系变为父系等方面的变革,更明显与国家的起源没有任何关系,也没有一项是国家起源的必要条件。

当然,从历史的发展而言,文明的起源与国家起源也有一定的联系。

其中,农业的发展最容易使人们联想到与国家起源的关系,因为农业为国家的起源奠定了物质基础。不过,这种关系并不是直接的。因为,当时农业发展最直接也是最主要的原因就是为了应对自然食物资源的严重不足。后来,农业发展到一定程度才为国家的起源夯实了物质基础。但是,那只是农业发展的一种泛泛的结果,并没有明确的指向性与针对性。农业发达的地方,可能出现国家,也可能不出现国家;可能先出现国家,也可能晚出现国家;而且没有农业的地方也会出现国家。国家的起源需要一定的经济基础,但并不是只有农业才是经济基础;也不是有了农业,国家才会起源。

与农业一样,聚落组织的一体化也很容易使人们联想到与国家起源的关系,因为聚落组织的一体化为国家的起源奠定了组织基础。然而,聚落组织一体化的出现也完全是为了应对生存危机引发的社会危机的举措;至于这种举措后来逐渐导致了国家的出现,那也不是它的初衷,也不是它的唯一结果。史前末期,继一体化的聚落群之后,之所以又相继崛起了不同类型的一体化的聚落群团、聚落集团、早期国家等多种社会组织,就充分地证明了最早的聚落组织的一体化与国家起源之间并没有直接的因果关系。当然,追溯国家的起源可以从聚落组织最早的一体化开始,但一定要充分认识到国家只是聚落组织一体化过程中的一种产物与结果,而且不同的地方不同的背景还会有不同的结果。

因此,早期文明的起源是一种独立的起源,与国家起源之间并没有必然的联系,不能将这种起源与国家的起源都不加区别地捆绑在一起。

本 章 小 结

本章重点讨论了文明起源的时间与标志,以及距今 6 500—5 000 年期间早期文明起源高潮的有关问题。

一、中国文明起源的时间与标志

中国文明起源的最早时间不晚于距今 7 500 年。其中,浙江嵊州小黄山与河南新郑唐户遗址所见聚落之间等级分明的主从关系就是这方面最突出的代表和标志。

二、早期文明起源给社会带来的变化

文明是人类自身生存状态的普遍改善与生存质量的普遍提高,具体而言,就是人类的生产方式、生活方式、组织方式、人本身的解放等方面的进步与变革,是社会发展的高级阶段。

已有的发现表明,早期的文明起源就给当时的社会带来了八个方面的巨大变化与进步。

第一,自然的广谱经济转变为人为生产性的农业经济。

大约距今 6 500 年,广谱经济开始向农业经济转变。中国史前最早适合个体劳动的稻田,以及能够养活的人口大幅度超越广谱经济的现象,就都是这方面的证据。

第二,集体劳动转变为早期个体劳动。

从过去的集体劳动转变为早期个体劳动,是人类社会生产方式的根本变化。对此,湖南澧县城头山距今 6 500 年稻田的发现,以及当时个体经济与个体家庭的出现就都是这种转变的反映。

第三,一夫一妻制婚姻与家庭普及。

新石器时代晚期,随着早期个体劳动个体经济的出现,不仅男人的社会地位提升了,还强力地推动了一夫一妻制婚姻与家庭的普及。

第四,个体家庭成为了血缘社会独立的组织与经济单位。

距今 6 000—5 000 年期间,以前从未见过的"排房"与"套房"就是这种

变化的见证。

第五，财富私有制进入了新的历史转折时期。

距今约6000—5000年期间，在并未触动生产资料集体所有制的基础上，通过分配与管理制度的改革，"奢侈品"开始具有了比较明显而广泛的经济意义，劳动也开始通过早期个体经济与财富建立了初步的联系。由此，中国的财富私有制也开始进入一个新的历史转折时期。

第六，母系社会转变为父系社会。

母系转变为父系，最直接、最明确的考古学证据就是男人社会地位的不断高涨。

史前晚期，个体劳动的出现与普及、一夫一妻制婚姻与家庭的普及、个体家庭经济与社会独立性的获得，尤其是男左女右夫妻异穴合葬墓的发现就直接地证明了男人社会地位提高了，社会属性已由母系转变为父系。

第七，人开始成为集体中的独立个人。

由于生产力低下，生产资料集体所有，任何个人都没有能力离开集体而独立生存，所以自有人类以来，每一个人就都是集体的一份子，没有任何属于个人的独立性与自由。但是，文明的起源、社会生产方式的变革，就直接推动了早期个体劳动与早期个体经济的出现，并为集体中个人独立性的获得奠定了经济与社会基础。

第八，聚落社会由分散开始走向统一。

为了应对生存危机而引发的社会危机，从聚落群开始，人类启动了社会的一体化进程，聚落社会也在"核心聚落"和"主从关系"的基础上开始从分散走向统一。

三、早期文明起源的特点与意义

（一）早期文明起源的特点

主要有三个。

第一，起源的初始原因是自然的而非人为的。

距今10000—6000年，全新世的气候不断升温，并促使人类社会的发展出现了人口与聚落数量的大幅增长，也同步促使人类社会之间的矛盾不断激化。于是，为了应对人与自然、人与人之间的危机，文明就起源了，自然原因就成了文明起源的始作俑者。

第二，变革只发生在聚落群内部。

就变革的范围而言，全部都只发生在各个聚落群组织内部，都是各个独立的不同的聚落群自己主导自己的变革，没有出现任何跨血缘跨地域的现象。

第三,和平变革。

就变革的方式而言,全部都是聚落群自身自发、静悄悄的和平行为,也没有出现暴力推动改革的现象。

(二)早期文明起源的意义

主要表现在五个方面。

第一,改变了人类的生产方式。

变广谱经济为农业经济,变集体劳动为早期个体劳动,并使早期个体劳动具有了一定的经济意义。

第二,改变了人类的生活方式。

食物的来源开始以人工耕作的农业为主,生产方式开始以个体劳动为主,婚姻形态开始以一夫一妻制为主,家庭开始成为社会最小的组织与经济单位,人与人之间的贫富和等级的差异更为扩大。因此,人类生活方式的变化是全方位的。

第三,改变了人类社会的组织方式。

人类社会组织方式的变化也是全新的。个体家庭开始成为了社会最小的组织单位,血缘社会的基本组织纽带开始由母系转变为父系,实力开始成为了社会组织的新型纽带,还开始出现了基于血缘与实力的一体化的聚落群。

第四,揭开了"人的解放"的历史序幕。

随着生产力与经济的发展,社会的进步,尤其是个体劳动、个体经济、个体家庭等方面的改革,人的社会独立性出现了,人从集体的个人变成了集体中具有一定独立意义的个人,"人的解放"也由此迈出了历史性的第一步。

第五,早期文明起源与国家起源毫无关系。

就文明起源的目的、起源的方式、起源的社会范围,以及农业的发展与聚落组织的一体化而言,都与国家的起源没有必然的联系。文明的起源是独立的,不能将早期文明的起源与国家的起源都不加区别地捆绑在一起。

第二章　以血缘社会为基础的中期文明起源

距今5 000—4 000年,就是以血缘社会为基础的文明起源的中期阶段,也是在前期部落与聚落群内部变革夯实了各方面基础的前提下,变革的范围不断扩大,社会组织方式一体化高潮迭起,血缘社会开始向地缘社会过渡的阶段。

其中,距今5 000—4 500年,崛起的是一体化的聚落群团;距今4 500—4 000年,崛起的是一体化的聚落集团、早期国家与古国。

第一节　一体化聚落群团崛起的背景、实例与意义

一体化聚落群团就是以聚落群即部落为组织单位相互近距离或超近距离抱团相聚而构成的聚落群聚与组织形态。这类组织不仅很像美洲印第安人部落之间"永久的联盟"(《起源》P89),而且还是血缘社会历史上第一种具有跨部落集中统一领导与管理特点的组织。

一、一体化聚落群团崛起的背景

根据环境学者的研究[①],距今8 000—6 000年是全新世气候的高温期,特点是持续高温多雨,为全新世气候的最宜时期。在长江中游,各类植物生长繁茂,气候带也类似现代的华南,为中亚热带至南亚热带类型,比现在湿热,年均温可达19℃,降水量超过1 300毫米。

但是,距今5 000年前后,气候开始从以前的高温多雨转向干凉,降温又干旱(图3-2-1)。

与此同时,气候激烈的冷暖变化也给人类社会带来了同样激烈的变化。内蒙古中南部的岱海周围,调查就发现以往人迹罕至的地区居然出现

---

① 施雅风总主编:《中国历史气候变化》,山东科学技术出版社,1996年,第119页。

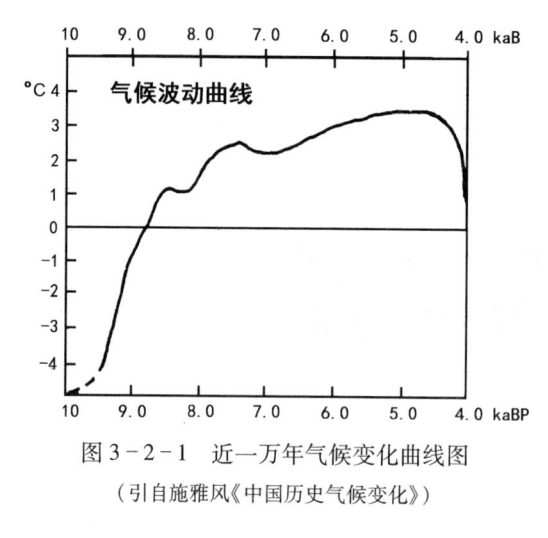

图3-2-1　近一万年气候变化曲线图
（引自施雅风《中国历史气候变化》）

了与中原非常相似的仰韶文化聚落,而且还成群分布(图3-2-2)①。其中,最早的相当于仰韶文化早期后冈类型,距今约6 300年(图3-2-2,11、7);最晚的相当于仰韶文化大司空类型,距今约5 000年(图3-2-2,5、6)②。在此期间,这些聚落里的人主要从事的生产都是农业。1996年,石虎山Ⅰ遗址(图3-2-2,7)发掘,就出土了许多农业生产工具,如磨制的铲、斧、刀、锛、石磨盘、石磨棒等③。但是,距今5 000年以后,这些聚落与人却突然消失了。

对于仰韶文化的这一异动现象,专家们做了大量有意义的研究,其中田广金等先生对老虎山遗址(石虎山遗址总称)东侧自然剖面的研究就是其中一例。研究表明,主要是环境的变迁使然④。因为距今5 000年以后,气温不断下降。到距今4 300年前后,当地的气温几乎降到了年均温0℃左右⑤。于是,所有来自仰韶文化的聚落和人就全部都走了。

发人深省的是,那些人为什么要远离中原北上陌生的岱海？后来他们又去了哪里？

显然,这里人与气候关系的背后掩盖的就是人与人之间的矛盾与危机。

一方面,他们之所以离开中原,离开他们祖祖辈辈生存的地方,实际就表明随着人口与聚落数量的增加,当地人多地少的矛盾日渐突出,一些相对弱势的群体就不得不在良好气候条件的支持下,背井离乡,长途跋涉,回避冲突,并选择北方人少地多适合农业的地方定居。

---

① 田广金：《内蒙古岱海地区仰韶时代文化遗址的调查》,《内蒙古中南部原始文化研究文集》,海洋出版社,1991年,第31—54页。
② 田广金：《岱海地区考古学文化与生态环境之关系》,《环境考古研究》(第二辑),科学出版社,2000年,第72页；连鹏灵等：《岱海地区原始农业的兴衰与环境演变的关系》,《地理研究》2001年第5期。
③ 中日岱海地区考察队：《内蒙古乌兰察布盟石虎山遗址发掘纪要》,《考古》1998年第12期。
④ 田广金：《岱海地区考古学文化与生态环境之关系》,《环境考古研究》(第二辑),科学出版社,2000年,第72—80页。
⑤ 宋豫秦等：《中国文明起源的人地关系简论》,科学出版社,2002年,第81页。

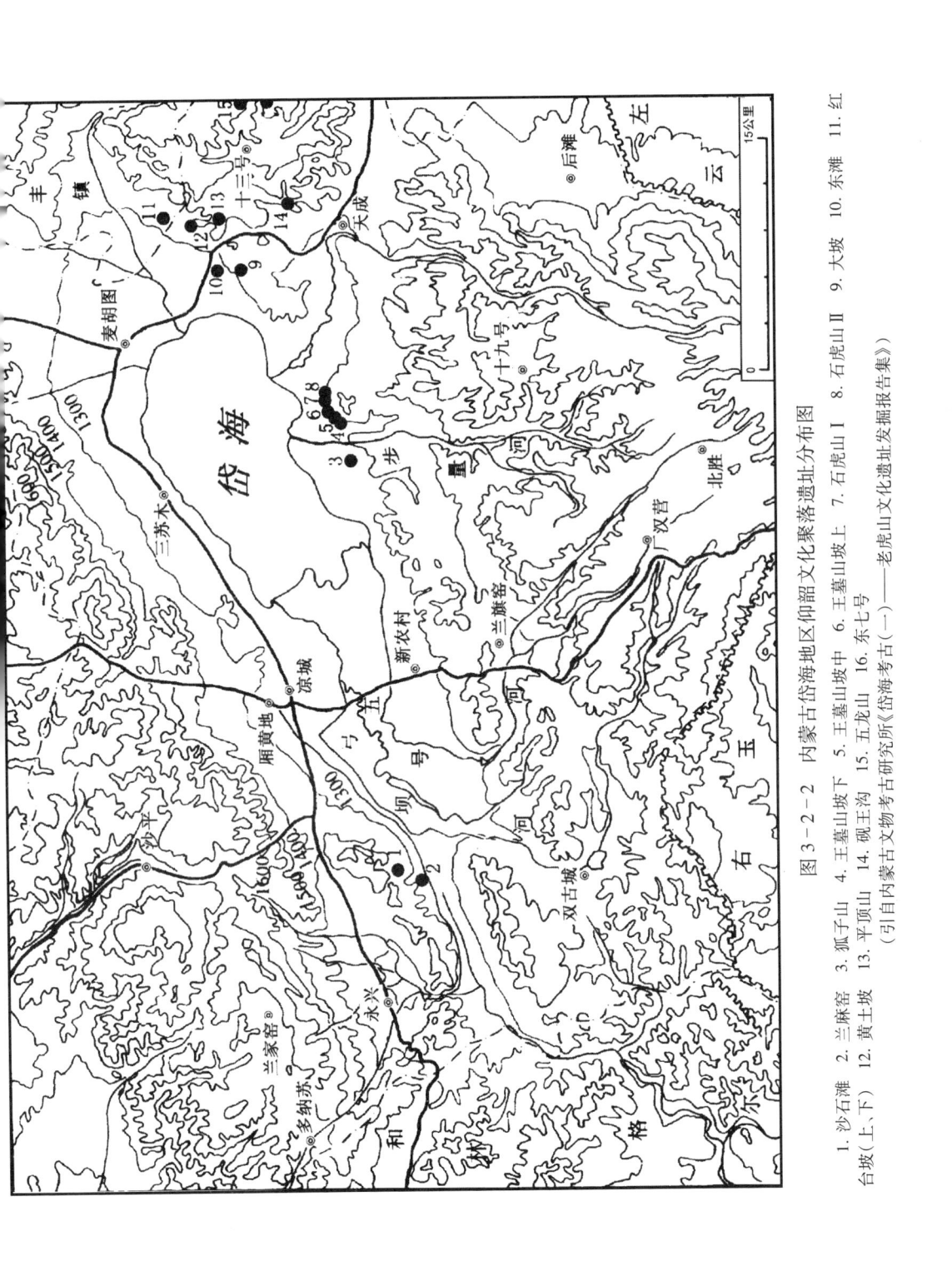

图 3-2-2 内蒙古岱海地区仰韶文化聚落遗址分布图

1. 沙石滩 2. 兰麻窑 3. 孤子山 4. 王墓山坡下 5. 王墓山坡中 6. 王墓山坡上 7. 石虎山Ⅰ 8. 石虎山Ⅱ 9. 大坡 10. 东滩 11. 红台坡(上、下) 12. 黄土坡 13. 平顶山 14. 砚王沟 15. 五龙山 16. 东七号

(引自内蒙古文物考古研究所《岱海考古(一)——老虎山文化遗址发掘报告集》)

另一方面,当气温下降的时候,他们在北方赖以生存的农业又无法继续,于是他们又想重回"老家"。虽然返程的历史足迹现已荡然无存,但不难想象的是他们无论走到哪里,都一定会与当地的原住民爆发激烈的冲突。

在长江中游,气候变迁所带来的社会变化也同样相当激烈,并发生了二件颇具历史意义的大事。

第一,距今6 000—5 000年之间,当地只发现3座古城。可是,距今5 000—4 500年期间,当地的古城只用了原来一半的时间就陡增了13座(图4-1-2),以致共15座城址的总量是早期的5倍,并再次成为当时中国各地城址数量最多的地区。

第二,大量的聚落,大量的人口,掀起了中国史前规模最大的移民潮。已有的资料显示,大量北上的移民不仅赶走了河南南部的原住民,还长期占领了整个河南南部,遍及漯河以南的驻马店、南阳、信阳等地区(图3-2-3)。

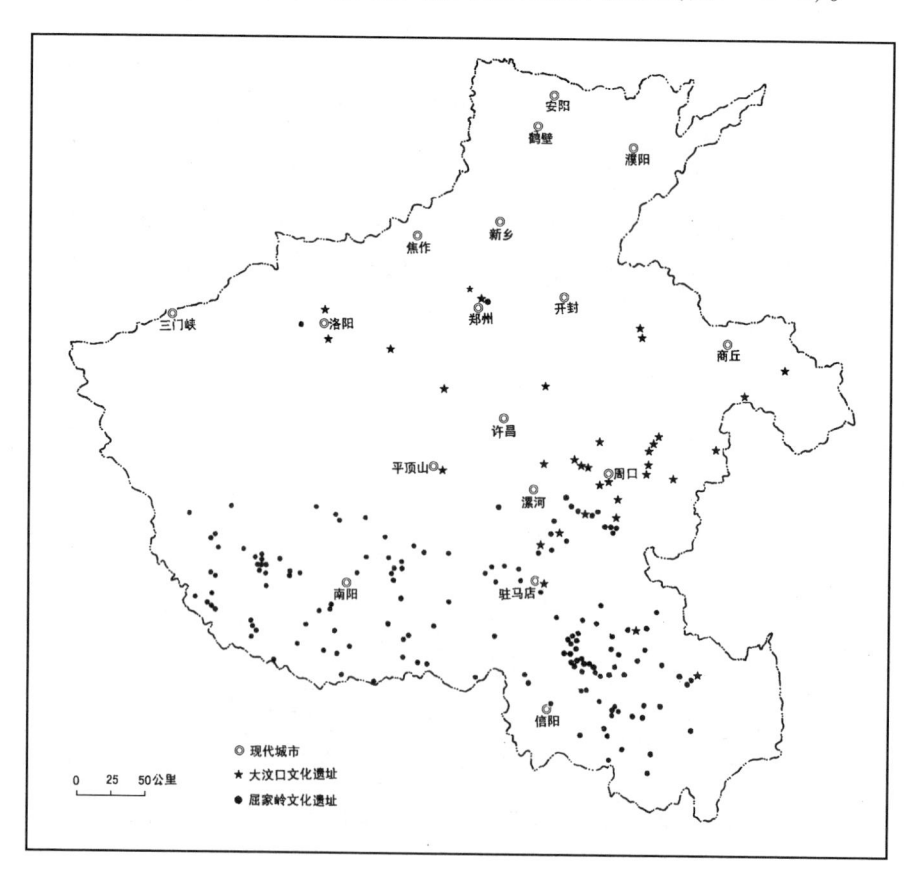

图3-2-3 河南境内屈家岭与大汶口文化遗址分布图
(引自孙广清《河南境内的大汶口文化和屈家岭文化》)

发人深省的是,为什么大量城址的崛起会和本地区大量的聚落与人口北上移民同时发生?

这一切实际都在暗示和说明,在气候变迁的作用下,原本已经紧张的人与自然、人与人的关系又更趋紧张激烈,又更上一个新台阶。

现代的气象资料显示,湖北全省年平均气温 15—17℃,年平均降水量在 800—1 600 毫米之间。而有关的研究则表明①,距今 5 000 年以后的气候变化可能就创下了本地区年平均气温、年平均降水量最低的二项历史记录。其中,年均温大约就比前期下降了 4℃,为 15℃左右;年降水量下降了 400 毫升,为 900 毫升左右。

显然,气候的降温、水资源与农业产量的同步减少,以致需要更多土地才能养活原来的人口,因而又给人类社会的发展带来了灾难。

社会的激烈变化、聚落组织的一体化,以及长江中游地区古城的大量崛起、史前中国最大移民潮的出现,实际都与气候的变迁和作用有明显的关系。

二、一体化聚落群团崛起的实例

如果说距今 5 000 以前,早期文明的起源与血缘社会一体化起步的主要原因,就是良好的气候导致人类社会快速发展而造成的生存危机的结果,那么,距今 5 000 以后,人类社会组织一体化再起高潮的主要原因,就是气候恶化而造成的新的生存危机,也就是全新世以来的第二次生存危机的结果。

不同的是,第一次生存危机主要依靠聚落社会内部一系列的变革就基本化解了,而第二次生存危机,由于内部变革的余地已经不多,生存危机引发的社会矛盾还在不断激化,因而组织起来做强做大就成了应对危机的必然选择。

于是,规模更大的、历史上第一次跨部落的一体化实体组织——聚落群团开始登上历史舞台。

其中,湖北天门石家河、京山屈家岭、安徽蒙城尉迟寺、山东滕州西康留、河南洛阳盆地浏涧河与马涧河交汇处的聚落组织,就都是各地一体化聚落群团崛起的代表。

(一) 湖北天门石家河

在湖北天门石家河,当地崛起的就是中国时代最早的一体化的聚落群团,并有三个鲜明的时代特点。

---

① 施雅风总主编:《中国历史气候变化》,山东科学技术出版社,1996 年,第 120 页。

第一，在东西约 2.16 公里，南北约 2.43 公里，总面积约 5.26 平方公里，即 526 万平方米的范围内，城内城外一共聚集了 18 个聚落，从而显示了在一个狭小的范围内，聚落数量既多、分布又密集的抱团相聚的总体特点（图 3-2-5，3、4）。

第二，整个群团的核心就是城址。屈家岭文化早期，群团核心聚落群的核心聚落谭家岭遗址开始筑城（图 3-2-4）。其中，环濠以内的面积约 26 万平方米，城垣以内的面积约 18 万平方米。屈家岭文化晚期，核心聚落群又开始筑"外郭城"，120 万平方米，不仅将早期的小城变成了"内城"，而且还将整个核心聚落群的其他 3 个聚落，即邓家湾、三房湾、蓄树岭，全部都圈入其中。

第三，城址外围的聚落，根据相互距离的远近，又分别属于至少 5 个聚落群，并显示它们与城址之间完全是一种主从关系（图 3-2-5，3、4）。

图 3-2-4　湖北天门石家河地区谭家岭古城地形图
（引自国家地理中文网）

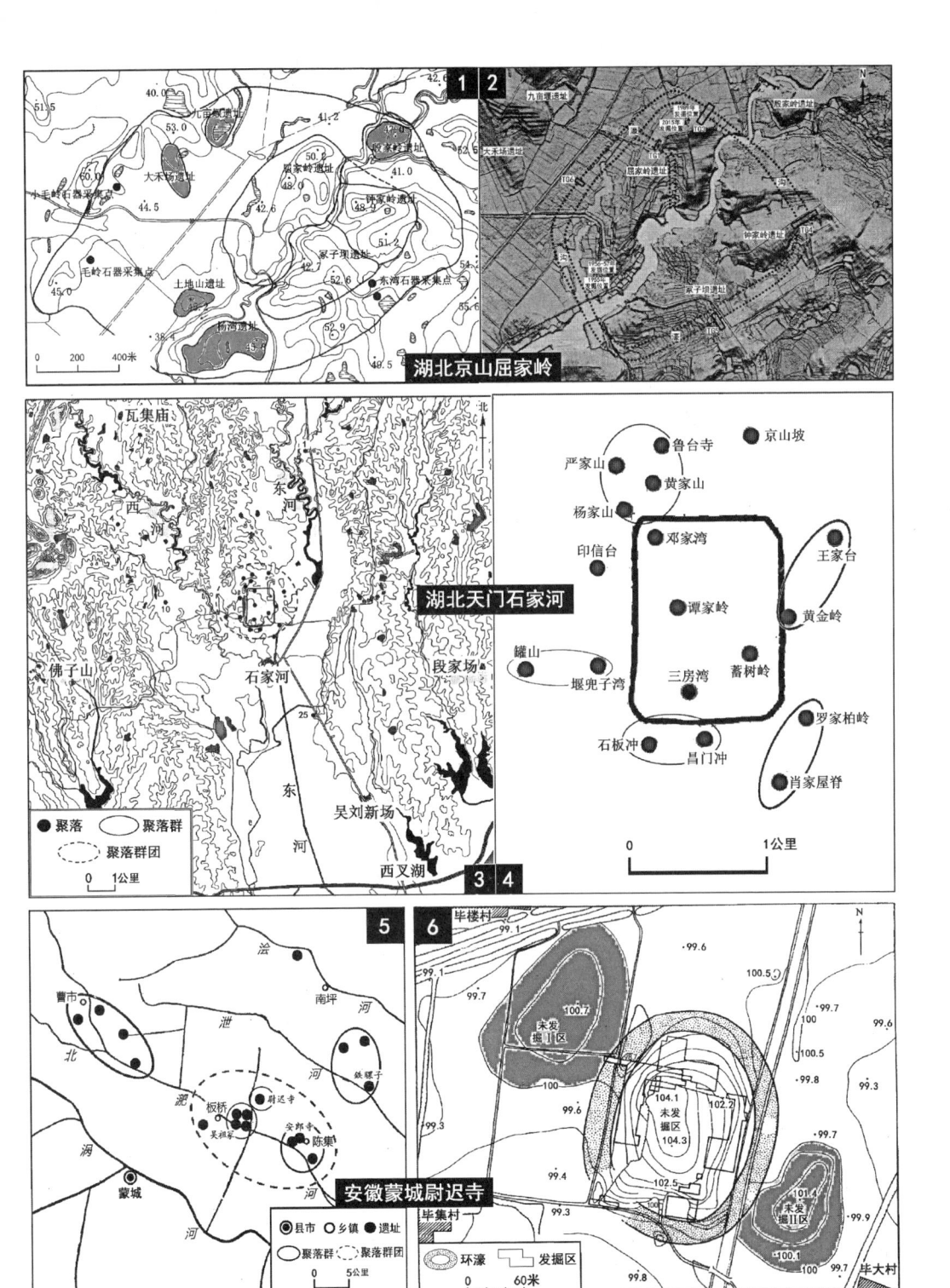

图 3-2-5 湖北京山屈家岭、天门石家河及安徽蒙城尉迟寺
距今 5 000—4 500 年期间聚落群团遗址分布图

（1 引自湖北省文物考古研究所等《湖北京山屈家岭遗址群 2007 年调查报告》；2 引自湖北省文物考古研究所《三苗与南土》；3 引自湖北省文物考古研究所《大洪山南麓史前聚落调查——以石家河为中心》；4 引自裴安平《中国史前聚落群聚形态研究》；5、6 引自中国社会科学院考古研究所安徽工作队《皖北大汶口文化晚期聚落遗址群的初步考察》、中国社会科学院考古研究所《蒙城尉迟寺》。图中所有实线圈、虚线圈、遗址灰色区均为本书作者所加）

（二）湖北京山屈家岭

在湖北京山,考古调查发现,屈家岭文化中期,在屈家岭遗址附近284万平方米的狭小范围内,不仅聚集了8个聚落与3个可能是已遭破坏的聚落(现称为"石器采集点")(图3-2-5,1),而且还非常直观地显示了这个组织与石家河类似的、明显一体化的三个特点[1]。

第一,在一个狭小的范围内,聚落遗址抱团相聚,数量既多,分布又密集。

第二,整个群体的核心明显不是单个聚落,而与石家河一样都是一个聚落群。一共有3个聚落,分别是屈家岭、钟家岭、冢子坝。这3个聚落组成的聚落群还全部位于约70万平方米的环濠之中,更显示了它们的核心地位与实力(3-2-5,2)。

第三,整个群团的组织结构完全基于聚落群与聚落群之间的主从关系。其中,为首的核心聚落群就位于环濠之中,而其他的聚落群,如大禾场与九亩堰,土地山与杨湾,则环绕在环濠外围100—300米的范围内。

（三）安徽蒙城尉迟寺

安徽蒙城尉迟寺遗址[2],位于北淝河边,属大汶口文化晚期,总面积约10万平方米,所在聚落组织也是一个聚落群团(图3-2-5,5)。至少由3个聚落群构成,相互距离多数1—3公里,明显小于当地同时期其他聚落组织成员距离的平均水平。

此外,作为整个群团核心的尉迟寺遗址也明显是一个多聚落遗址,一个聚落群所在的遗址。其中,聚落群的核心聚落位于环濠以内,面积约5万平方米。另外,同一聚落群的其他二个聚落皆位于环濠以外,一个在环濠西北的"未发掘Ⅰ区",地势较高,外观椭圆形,面积约2万平方米;另一个在环濠东南的"未发掘Ⅱ区",地势也较高,外观不规则"凸"字形,面积1万多平方米(图3-2-5,6)。由于这二个"未发掘区"都经过了"钻探与挖探沟",从而不仅证明了它们都是这个大遗址的组成部分,还证明尉迟寺所在聚落群团的核心,与湖北天门石家河、京山屈家岭一样,也是一个聚落群。

（四）山东滕州西康留

位于山东南部滕州薛河流域的大汶口文化晚期聚落群团[3],虽然由于

---

[1] 湖北省文物考古研究所等:《湖北京山屈家岭遗址群2007年调查报告》,《江汉考古》2008年第2期;湖北省文物考古研究所:《三苗与南土》,江汉考古编辑部,2016年,第32页。
[2] 中国社会科学院考古研究所:《蒙城尉迟寺》,科学出版社,2001年。
[3] 中国社会科学院考古研究所山东队等:《山东滕县古遗址调查简报》,《考古》1980年第1期。

地形的原因,总体外观特征既不像湖北天门石家河,也不像安徽蒙城尉迟寺那样聚落集体呈片状分布,而是所有的聚落与聚落群都位于薛河两岸狭长形的河谷地带,总体呈串珠形分布。

但是,该组织群聚形态的内在含义并未受到地形的影响,依然组织状态甚佳。不仅各聚落群内聚落成员之间的距离都很近,多数不到1.5公里,而且聚落群与聚落群之间的距离也很近,都不足3公里(图3-2-6)。

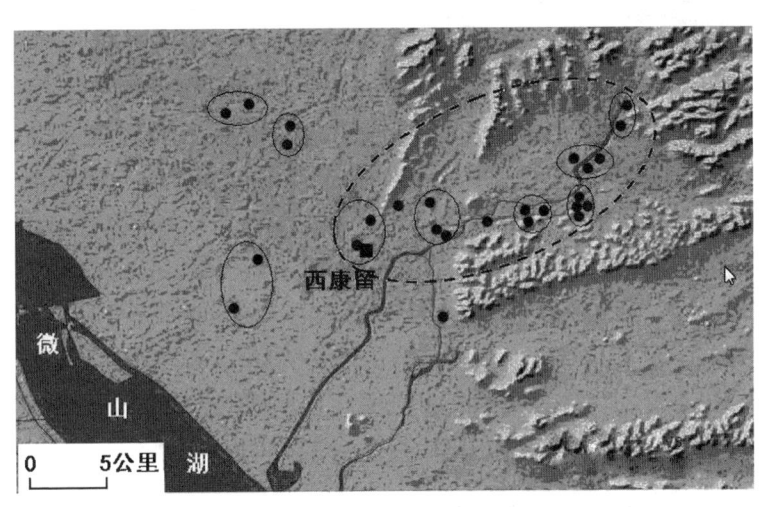

图3-2-6　山东滕州西康留大汶口文化城址及同时期聚落遗址分布图
(图中聚落遗址位置引自国家文物局《中国文物地图集·山东分册》,图中实线圈、虚线圈为本书作者所加)

群团的核心是西康留城址,就位于滕州官桥镇以东约1公里,平面呈圆角方形,南北约195米,东西约185米,面积约3.5万平方米,明显属于单聚落城址[①]。1994年进行了专门的调查和勘探,在遗址的中南部发现了夯土城墙的遗迹,在城墙外又发现了有水成淤土的濠沟。

值得注意的是,该城址所处位置正好是河谷出口与山前湖畔之间的交界地带,因而作为核心聚落保护群团其他成员的职责与功能就非常明显。

(五) 河南洛阳盆地浏涧河马涧河交汇处

河南洛阳盆地浏涧河马涧河交汇处的聚落群团,时代属仰韶文化晚期。调查发现,这里的聚落也近距离抱团相聚,共有17个聚落[②]。其中,最密集的地段,即浏涧河以东马涧河以北,在南北约4公里,东西约2公里,总面积

[①] 山东省文物考古研究所鲁中南考古队等:《山东滕州市西康留遗址调查、发掘简报》,《考古》1995年第3期。
[②] 中国社会科学院考古研究所二里头工作队:《河南洛阳盆地2001—2003年考古调查简报》,《考古》2005年第5期。

约8平方公里的小范围内就聚集了9个聚落(图3-2-7,核心区域),以致聚落群相互之间的界线都完全模糊了。

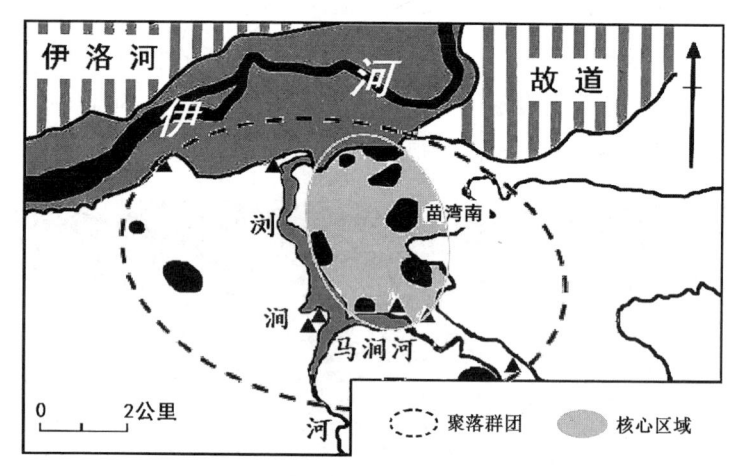

图3-2-7 河南洛阳盆地浏涧河马涧河交汇处仰韶文化聚落遗址分布图

(引自中国社会科学院考古研究所二里头工作队《河南洛阳盆地2001—2003年考古调查简报》)

三、一体化聚落群团崛起的意义

就文明起源、社会的文明化以及社会组织方式的变革而言,一体化聚落群团崛起的意义主要有四个方面。

(一)标志人类历史上第一个政治组织的诞生

所谓政治组织,就是以共同的利益、追求和实力为基础,并具有集中统一领导和管理权力的组织与单位。就史前社会的变化而言,这种组织还具有跨部落、永久性的特点。考古表明,一体化的聚落群团就是人类历史上最早的政治组织。

对此,人们不禁要问:为什么早期的一体化聚落群就不是政治组织,而晚期规模大的一体化聚落群团就变成了政治组织?

主要有四个方面的原因。

第一,一体化聚落群与聚落群团属性各不相同。

考古表明,从旧石器时代一直到新石器时代中期,遗址群和聚落群即部落就一直是人类社会主要的实体组织,并长期以自然的直系血缘为基础为纽带。新石器时代中晚期之交及以后,一些聚落群虽然也开始融入了利益的因素,变成了一体化的组织,如河南新郑唐户与浙江嵊州小黄山等多聚落遗址即是。但是,它们的组织成员完全没有任何变化,依然还是自然部落即聚落群的原有成员,因而它们的组织性质依然还是自然单纯的血缘组织,只是初步具有了一体化的特征。

与其不同的是,一体化的聚落群团虽然各组织成员、各聚落群、各部落之间都有血缘关系,但是由于以前社会矛盾与冲突既不频繁也不激烈,所以在相互关系中就缺少利益的基础和纽带,因而"亲属部落间的联盟,常因暂时的紧急需要而结成,随着这一需要的消失即告解散"(《起源》P89)。然而,大约距今5 000年,随着人地关系的进一步紧张,人类社会组织之间的矛盾与冲突的进一步激化,一体化永久性的聚落群团开始登上历史舞台。

值得注意的是,一体化聚落群团最主要的组织基础已经不再是血缘关系而是利益,是同血缘而不同部落的人们为了共同的利益而整合成的新型利益一体化实体化的组织。这种组织的性质已经不再是以往自然单纯的血缘组织,而主要是以利益为基础的利益共同体与组织。

第二,组织规模扩大升级了,聚落群成为了主要的组织单位。

新石器时代中期及以前,虽然当时也存在基于血缘的遗址或聚落群团即部落联盟,但是它还只是一种临时性的组织,需要的时候就有,不需要就解散(《起源》P89)。因此,一体化聚落群团的出现则意味着一种新型的永久性的人类生产生活实体出现了。

又由于聚落群都只以聚落为组织单位,一般只拥有2—5个聚落,如兴隆洼文化内蒙林西白音长汗遗址就是一个聚落群由二个聚落构成的代表(图2-1-5,2),敖汉旗兴隆沟遗址则是一个聚落群由三个聚落构成的代表(图2-1-5,3),而河南新郑唐户裴李岗文化遗址则是一个聚落群由三个以上聚落构成的代表(图2-1-5,1)。但是,新型的聚落群团,全部都以聚落群为组织单位,最少都有2个聚落群4个聚落成员,而多的一般都有3个或以上的聚落群,10—20个成员,如湖北京山屈家岭就可能有11个成员(图3-2-5,1、2)、天门石家河就有18个成员(图3-2-5,3、4)。

显然,组织单位的升级正是聚落组织大型化的主要原因,也是当时一体化聚落群团组织规模上了新台阶的主要原因。

第三,聚落群的独立性丧失殆尽。

由于以往的聚落群即部落一直是人类社会最主要的生产生活实体,所以相互之间的关系就一直是独立、平等、各自为政、群龙无首。但是,为了在激烈的矛盾与冲突中捍卫自己的利益,以往的聚落群整合成为了永久性的部落联盟即聚落群团。为此,以往聚落群的独立与平等关系也就全部丧失殆尽,取而代之的则是明显的从属关系或主从关系,以及由这种关系导致的凌驾于所有个人与集体之上的公共权力的产生。

对此，比较湖北天门石家河一体化的聚落群团与湖南湘西北澧阳平原西部松散型聚落群团的组织状态可见一般。

在湖北天门石家河，在东西约2.16公里，南北约2.43公里，总面积约5.26平方公里，即526万平方米的范围内，城内城外一共有18个聚落，平均每个聚落只拥有29.22万平方米（图3-2-5,3、4）。

在湘西北澧阳平原，屈家岭文化时期西部聚落群团的主体范围，南北约20公里，东西约10公里，总面积约170平方公里。由于一共只有17个聚落，所以每一个聚落就平均拥有近10平方公里，即1 000万平方米（图3-2-8），明显是湖北天门石家河地区同时期遗存土地面积的30倍还多。

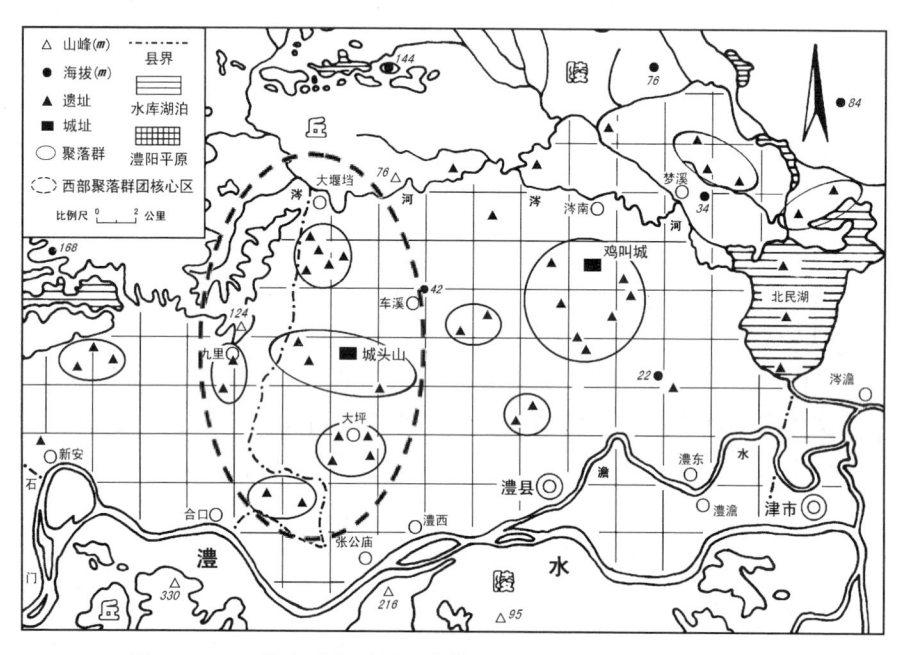

图3-2-8　湖南澧阳平原屈家岭文化时期聚落遗址分布示意图
（引自裴安平《中国史前聚落群聚形态研究》）

这种现象表明，聚落群团一体化最表面的外部特征就是聚落群超近距离的位移与抱团相聚，而最本质的内在特征则是通过这种位移，一方面就是放弃了以往相互拥有的独立与平等，另一方面就是放弃了聚落群即"一个部落的领土，包括村落所在地，及该部落从事渔猎的且能防御其他部落侵略的周围地带"（马克思《摘要》P104），取而代之的则是生产资料的群团大集体所有制，以及从属并服从核心聚落与核心聚落群的集中统一领导和管理。

第四，实力成为了聚落组织一体化的构建基础。

考古表明，聚落组织之所以能够从自然纯血缘的社会组织变成一种利益组织,除了时代的需求以外,关键是实力使然。

新石器时代晚期早段,距今 6 500—5 000 年,一体化的聚落群开始登上历史舞台。它的核心与各成员之间的从属关系显示,实力已经融入了这种组织的建构之中。但是,它仍然是一个血缘组织,所有的成员也都是原来同一个部落的成员。

新石器时代晚期中段,距今 5 000—4 500 年,真正以实力为基础的一体化组织即一体化的聚落群团出现了。

虽然这种组织的成员都有血缘关系,但是实力与利益已联袂成为了它的组织与建构基础。

一方面,没有共同的利益需求,就不可能形成利益一体化跨部落的永久性聚落群团。

另一方面,没有实力就没有可能在聚落群团内部超越血缘关系成为领军的核心聚落群和核心聚落,就不可能让他人都从属并服从它的集中与统一领导。

再一方面,没有实力就没有能力代表和维护集体的利益。

湖北京山屈家岭之所以整个核心聚落群都位于环濠以内,湖北天门石家河之所以整个核心聚落群都位于大城之中,安徽蒙城尉迟寺之所以整个核心聚落群就位于同一个 10 万平方米的遗址中,究其原因皆因为实力使然。

(二) 推动了公共权力的产生

所谓"公共权力"就是可以凌驾于所有的组织与个人之上并实行统一领导和管理的权力。它的出现既是时代的需要,又是内部管理的需要。因为史前晚期随着人地关系的紧张,人类社会组织之间矛盾日趋激烈,冲突的规模日趋扩大,并迫使人类的组织单位不断扩大化整体化一体化,于是,就出现了非传统的拥有公共权力的一类政治组织,即一体化聚落群团。

考古表明,公共权力的萌芽与初始阶段就是距今 7 500 年前后,各聚落成员之间拥有明显主从关系的一体化聚落群的出现就是标志,河南新郑唐户、浙江嵊州小黄山等多聚落遗址就是代表。不过,这种聚落群还具有明显的过渡性质与特征。虽然它的组织方式已开始以实力为基础,各聚落成员之间也拥有明显的主从关系。但是,直系的血缘关系与基础,又使"长辈"的作用依然明显。

与一体化的聚落群不同,一体化的聚落群团虽然还是一种血缘组织,但它却有三个以往不见的特点:第一,以实力为基础;第二,永久性的跨部落,凌驾于部落之上;第三,部落之间的独立性丧失殆尽。正因此,一体化的聚落群团完全是一种新型的组织与生产生活实体。于是,内部大量的领导与管理事务就催生了公共权力的产生。

这是历史性的事变,也为社会不断地文明化、一体化创造了条件。

(三)直接推动了血缘社会脑力劳动、体力劳动及早期"城乡"的社会分工

长期以来,学术界就认为人类社会之所以会出现体力劳动与脑力劳动的分工,一方面与社会的生产力水平有关,与剩余产品有关,因为没有生产力的发展就没有剩余产品,没有"剩余产品"就不可能有专门从事脑力劳动的人分离出来;另一方面就是与阶级和阶级压迫有关,"从事单纯体力劳动的群众同管理劳动、经营商业和掌管国事以及后来从事艺术和科学的少数特权分子之间的大分工。这种分工的最简单的完全自发的形式,正是奴隶制"[①]。

对此,中国的史前考古表明,脑力劳动与体力劳动的分工的确与生产力的发展有关,与农业的"剩余产品"有关。因为,脱离了生产劳动的"贵族"就出现在距今5 500年以后,也是距今6 500年就已开始的农业生产方式的变革之后。不过,需要指出的是,这里的"剩余产品"只是血缘组织内部的,而不是泛泛地缘社会的;脑力劳动与体力劳动的分工也是血缘组织内部的分工,而不是泛泛的地缘社会的分工。

与此同时,中国的史前考古还表明,脑力劳动与体力劳动的分工与阶级和阶级压迫毫无关系,而是中期文明起源与社会文明化的结果,是血缘组织利益一体化、跨部落政治组织的出现及其内部管理机制变革的结果。

新石器时代中期,北方兴隆洼文化的发现即表明,当时的人类社会就没有出现脱离了体力劳动的"贵族",因而也表明当时就没有出现脑力劳动与体力劳动的分工。

为什么当时社会就没有这种分工呢?

因为当时最主要的社会组织就是部落就是聚落群,而这种组织内部实行的就是自然的血缘辈分的管理,一切都听长辈的;与此同时,部落内部各成员之间的关系也比较独立平等,所以也不需要专门的脑力劳动者。

新石器时代晚期,社会之所以会出现"贵族",就因为聚落社会组织的大型化和一体化,尤其是第一代政治组织一体化聚落群团的出现,原本各聚落群即部落内部的长辈都无权进行跨部落的领导与管理。于是,就历史性的产生了需要跨部落的专职领导与管理人员的需求。正因此,脑力劳动与体力劳动的最早分工,一方面并不见于地缘社会,而是首先从血缘组织内部开始;另一方面,实力才是脑力劳动的基础,才是"贵族"出现的根本原因。

---

① 恩格斯:《反杜林论》,《马克思恩格斯选集》第3卷,人民出版社,1974年,第221页。

对此,湖北天门石家河屈家岭文化聚落群团就是一个很好的例子。

由于当时整个群团的规模较大,又由于核心聚落所具有的实力和权力,所以当时当地核心聚落最主要的工作就是整个聚落群团的集中统一领导和管理。其中,谭家岭内城(图3-2-4)①不仅是核心聚落的所在地,而且还主要从事脑力劳动,所以是中国史前"城乡"最早分工的标志。

虽然当时城内城外的聚落都是同一个血缘组织的聚落,也没有一个具有地缘社会"城"与"乡"的意义,也没有出现城乡分别以手工业或农业为生产重点的地缘化产业分工。但是在一体化的聚落群团内部,核心聚落的地位与分工则确实导致了最早的脑力劳动与体力劳动的分工,也由此启动了中国最早的基于血缘社会的"城乡分工"。

这既是时代的呼唤,也是社会文明化的成果。

(四) 变小集体为大集体的生产生活模式

第一次改变了人类社会组织、生产、生活模式的事变高潮就发生在距今6 500—5 000年之间,并变广谱经济为农业,变集体劳动为个体劳动,变对偶婚为一夫一妻,变个体家庭为社会最小的组织与经济单位,变母系社会为父系社会。

但是,这一切都只发生在人类原始的自然社会组织部落与聚落群内部。

距今5 000—4 500年,第二次改变了人类社会组织、生产、生活模式的事变又发生了。这一次最大的亮点,就是变革涉及的人类社会组织第一次超越了自然的部落和聚落群,而进入到一个全新的领域,进入到一体化的跨部落的聚落群团。

值得注意的是,从一体化的聚落群发展到一体化的聚落群团,改变的不仅是社会组织规模的升级与扩大,而且还由早期小集体的生产生活模式变成了晚期大集体的生产生活模式。

有关资料显示,生产生活模式的新变化主要表现在以下三个方面。

第一,生产生活的组织范围与管理模式由小集体的血亲管理模式变成了大集体的集中统一领导管理模式。

以往虽然也出现过聚落超近距离相聚的现象,如兴隆洼文化内蒙古敖汉旗兴隆沟遗址就是三个聚落零距离聚在一起的代表,但这一切都只发生在拥有直系亲属血缘关系的部落内部,并意味着以往人们生产生活的组织范围不仅是一种血亲的小集体,还意味着这种集体内部的管理也是一种血缘长辈式的管理模式。

但是,类似一体化聚落群团那样的由好几个部落超近距离抱团相聚的

---

① 湖北省文物考古研究所:《三苗与南土》,江汉考古编辑部,2016年,第31页。

现象却是以往从未见过,如湖北天门石家河,大城外一公里范围内就至少有5个部落(图3-2-5,4)。

显然,聚落群与聚落群,部落与部落的如此密集相聚,改变的不仅是一种聚落群聚形态的景观,而同时也改变了人们的居住与生活方式,变成了跨部落的大集体的组织、居住与生活方式;并意味着以往各部落相互独立、平等、各自为政的小集体的组织、生产生活模式一去不复返了,而代之以无条件服从集中统一领导和管理的大集体的生活模式。

第二,生产资料由小集体所有变成了大集体所有。

这是一个历史性的变化,因为各聚落群即部落从原来独立平等的居住状态变成近距离抱团相聚的状态,实际就意味着以往各自独立平等与各自为政的特点已全部丧失,就从一个侧面说明他们已经重新整合成为了新的大集体之下的一个组成部分。尤其是聚落之间超近距离的相聚,以及群团内部的各种"社会分工",更证明了生产资料的大集体所有制已是不争的事实。

第三,历史性的出现了最早的社会分工。

考古发现,距今5000年以后,随着一体化聚落群团的出现,也由此同步拉开了历史上最早的社会分工,即大型血缘组织内部"社会分工"的序幕。

根据已有的发现,并以湖北天门石家河为例,这种分工至少发生在以下四个方面。

其一,脑力劳动与体力劳动的分工。

其中,位于谭家岭小城内的核心聚落就主要是从事领导与管理方面的脑力劳动,而大城外的那些从属聚落则主要是从事体力劳动。

其二,农业的分工。

由于当时整个聚落群团相聚的区域总共不足5.26平方公里,平均每一个聚落最多只占有29.22万平方米,仅相当现代的438.77亩。因此,在土地如此稀少的前提下要养活聚落群团所有的人就必须向外拓展。为此,不同聚落耕作区域的面积大小,水资源的协调与利用,收获的集中与分配等等,都必须要分工与合作。

其三,手工业内部的分工。

目前所见主要是特殊手工业与普通手工业之间的分工。

位于大城西北属于核心聚落群成员的邓家湾遗址就曾发现过几处用大陶缸状筒形器与塔形筒形器相套排列的祭祀遗迹(图3-2-9)。其中,有的陶缸上还有刻划符号[1]。由于这类祭祀方式与祭祀器物还被后来的石家

---

[1] 湖北省文物考古研究所等:《邓家湾》,文物出版社,2003年,第28—33页。

第二章　以血缘社会为基础的中期文明起源 ·377·

图 3-2-9　湖北天门邓家湾、印信台遗址屈家岭与石家河文化时期祭祀遗迹与陶筒形器

1. 邓家湾屈家岭文化时期的祭祀遗迹　2—6. 邓家湾所出屈家岭文化时期祭祀用陶筒形器　7. 印信台石家河文化时期的祭祀遗迹

（1—6引自湖北省文物考古研究所等《邓家湾》；7引自湖北省文物考古研究所《三苗与南土》）

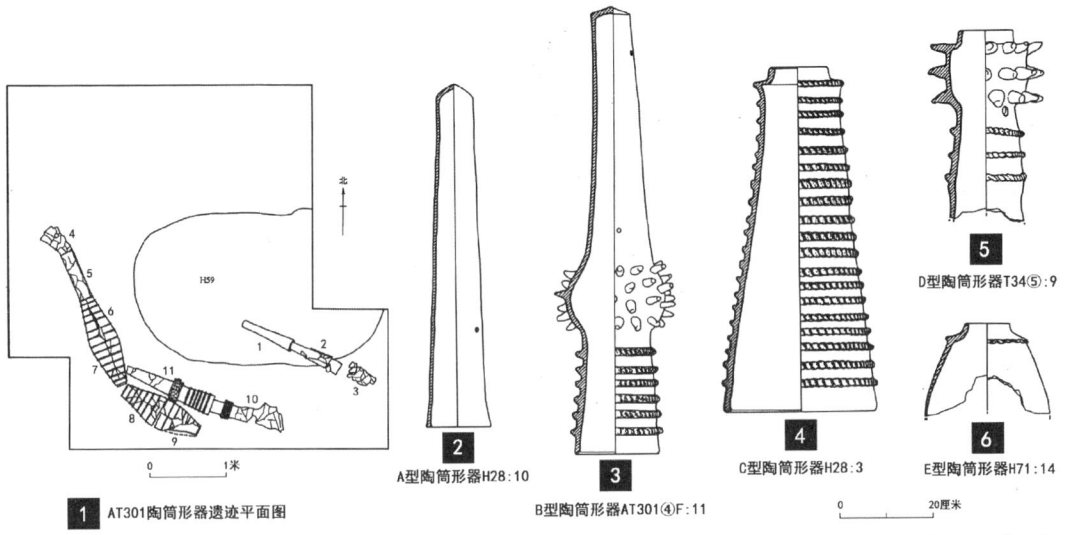

河文化所继承,并见于大城内的邓家湾①、大城外东南的肖家屋脊②、大城外西部长江中游史前规模最大的祭祀场所印信台(图3-2-9,7)③。因此,这种宗教活动的等级与意义应该不同一般,并同时说明那些大陶缸和塔形陶器的生产很可能就是手工业当时已经存在专门为整个聚落群团贵族与贵族政治服务的特殊手工业的标志,并与一般为聚落普通成员生产普通生产生活陶器的普通手工业存在分工不同。

其四,农业与手工业的分工。

因为随着聚落组织规模的扩大,有关手工业需求的规模也相应扩大了,尤其是特殊手工业的需求扩大了。为此,不仅推动了手工业本身的分工,也推动了手工业与农业的分工。

虽然史前晚期的社会分工完全是基于血缘组织内部的一种分工,但它毕竟迈出了人类社会分工的第一步,也完全是文明起源给人类历史带来的一种新的生产与生活方式。

第二节　一体化聚落集团、早期国家、古国崛起的背景、实例与意义

距今4 500—4 000年就是中国史前各种前所未有的超大型一体化聚落组织群雄并起的高潮时期。期间,聚落集团、早期国家、古国联袂登上历史舞台。

一、一体化聚落集团、早期国家、古国崛起的背景

为什么距今4 500—4 000年期间会同时崛起多种前所未有的新型大型聚落组织呢?

为什么会在这一历史时段开始从血缘社会向地缘社会的跨越呢?

就危机的先后次序而言,新石器时代中晚期之交开始发生的是全新世以来的第一轮危机,距今5 000年以后发生的是第二轮危机,而距今4 500年以后发生的就是第三轮危机。

就危机的性质而言,第一轮和第二轮,实际都有明显的"天灾"含义。因

---

① 湖北省文物考古研究所等:《邓家湾》,文物出版社,2003年,第137—142页。
② 湖北省荆州博物馆等:《肖家屋脊》,文物出版社,1999年,第128—131页。
③ 海冰:《印信台遗址发现罕见史前大型祭祀场所》,《湖北日报》2015年12月20日,第5版。

为,第一轮危机的主要原因是全新世气候高温多雨的"最宜期"推动人类社会快速发展,遂使聚落与人口在放量增长的同时也带来了生存与社会危机;第二轮危机的主要原因也同样是"天灾",是气候由暖变冷、由湿变干,它虽然没有带来聚落与人口的大量增长,但又冷又干的气候却使高温时期的农业可耕地大幅萎缩并减产,从而激化了各种社会的内部矛盾,以致长江中游地区在大量城址崛起的同时还有大量的"难民"北上求生。

与前两次危机的特点完全不同,已有的发现表明距今 4 500 年以后的第三轮危机纯系"人祸",皆属人类社会无节制膨胀发展所造成的结果。

(一) 来自湘西北澧阳平原的证据

调查显示,湖南西北澧阳平原史前聚落的数量曾出现过二次大的增长高潮。

第一次,距今 6 000—4 500 年,在彭头山文化只有 12 个、皂市下层文化也只有 17 个聚落遗址的基础上,大溪文化猛增到 46 个,屈家岭文化维持为 45 个(图 3-2-11,1)。

第二次,距今 4 500—4 200 年(澧阳平原极少有石家河晚期遗存),聚落数量又一次大幅增长,多达 163 个(图 3-2-10;图 3-2-11,1)。

随着聚落数量的飙升,整个平原的各个角落都密密麻麻地布满了聚落遗址(图 3-2-10),但同时期每一个聚落遗址的生存空间却大幅萎缩,平均不足 4 平方公里,活动半径平均仅约 1 公里,创下了历史新低。由图 3-2-11 的显示还可见,以彭头山、皂市下层为代表的时期,聚落平均拥有的生存空间在 50—35 平方公里之间;以大溪与屈家岭为代表的时期,聚落平均拥有的生存空间大幅减少为 13 平方公里,只有前期的 1/4—1/3;以石家河为代表的时期,聚落平均拥有的生存空间则下降为 3.68 平方公里,又只有前期的约 1/3(图 3-2-11,3)。

由于当时并没有发生明显的气候事变,所以当地石家河时期聚落遗址的大量增加就主要是"人祸"的结果。

(二) 来自鲁东南日照盆地的证据

日照盆地整体上是一个独立的大型自然地理单元,并以日照市区北部东西向的分水岭河山山脉为界,实际又可将这个盆地细分为南北二个相对独立的小盆地。北盆地,水系主要是潮河、吉利河,地形地貌以坡地为主。南盆地,水系主要是傅疃河、竹子河,地形地貌以河流冲积平原为主。

经调查[①],整个盆地一共发现大汶口晚期的聚落遗址 27 处,分水岭北部 10 处,南部 15 处(图 3-2-12,1)。

[①] 方辉等:《鲁东南沿海地区聚落形态变迁与社会复杂化进程研究》,《东方考古》第 4 集,科学出版社,2008 年,第 261 页。

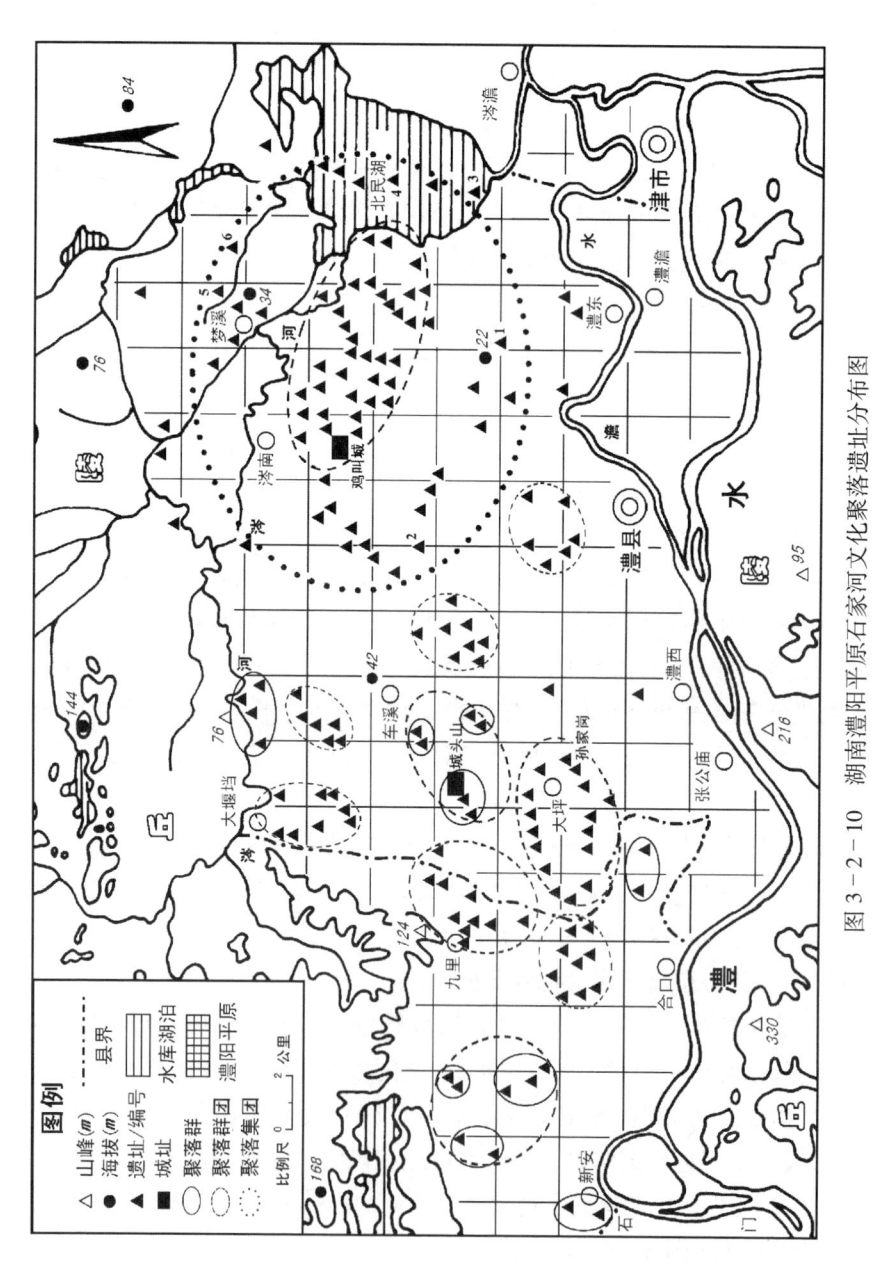

· 380 ·   中国的家庭、私有制、文明、国家和城市起源

图 3-2-10 湖南澧阳平原石家河文化聚落遗址分布图
(引自裴安平《中国史前聚落群聚形态研究》)

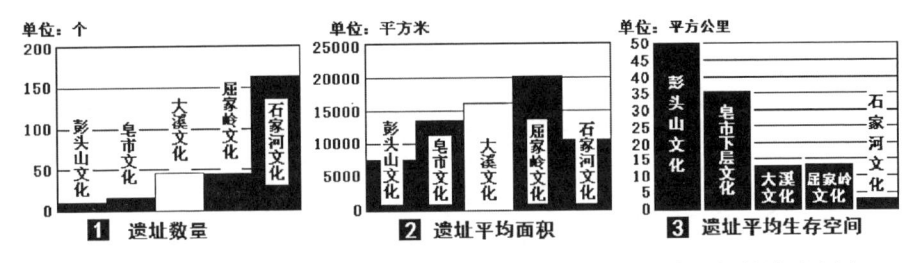

图 3-2-11　澧阳平原史前各时期聚落数量与平均面积、生存空间统计示意图
(引自裴安平《中国史前聚落群聚形态研究》)

但是,龙山早期,即使忽略那些意义不明确的 1 000 平方米以下的微型遗址,仍可发现遗址数量有了大幅增加,达 150 个之多(图 3-2-12,2),比大汶口时期的 5.5 倍还多。

(三) 来自晋西南临汾盆地的证据

山西临汾盆地位于晋西南,气候温暖,土壤肥沃,水源丰富,农业发达,至今依然是山西省的主要粮棉产区。

2009—2010 年,考古工作者合作完成了塔儿山南、北两麓黄土塬,即"北起临汾市的山前,南至浍河南岸,西起汾河,东至塔儿山东麓滏河上游。南北 70 公里,东西 25 公里,面积大约 1 750 平方公里"范围内的区域调查。其中,发现并确定史前晚期西王村三期文化时期的聚落遗址 15 处,陶寺文化聚落遗址 54 处[①]。由表 3-2-1 可知,距今 4 500 年以后陶寺文化的聚落遗址数量不仅是前期西王村三期文化的 3.6 倍,而且规模总面积也由前期的 286.34 万平方米扩大到 1 640.23 万平方米,是前期的 5.73 倍。假如相似的面积承载相似的人口,那么陶寺文化时期的聚落遗址规模,就意味着人口总量至少是前期的 5.73 倍。

值得注意的是,以上各地的证据表明,虽然每个地区聚落与人口的增长总量并不平衡,但是它们却共同显示距今 4 500 年以后的第三次危机却是真正的"人祸"。

二、一体化聚落集团、早期国家、古国崛起的实例

一般而言,聚落集团就是血缘社会一体化重组与整合最高级别的组织,也是一种泛血缘的组织。它以强势的聚落群团为核心,其他的组织成员无论近亲远亲,无论聚落群团或聚落群,只要沾亲带故皆可。

[①] 何驽:《2010 年陶寺遗址群聚落形态考古新进展》,《中国社会科学院古代文明研究中心通讯》2011 年第 21 期。

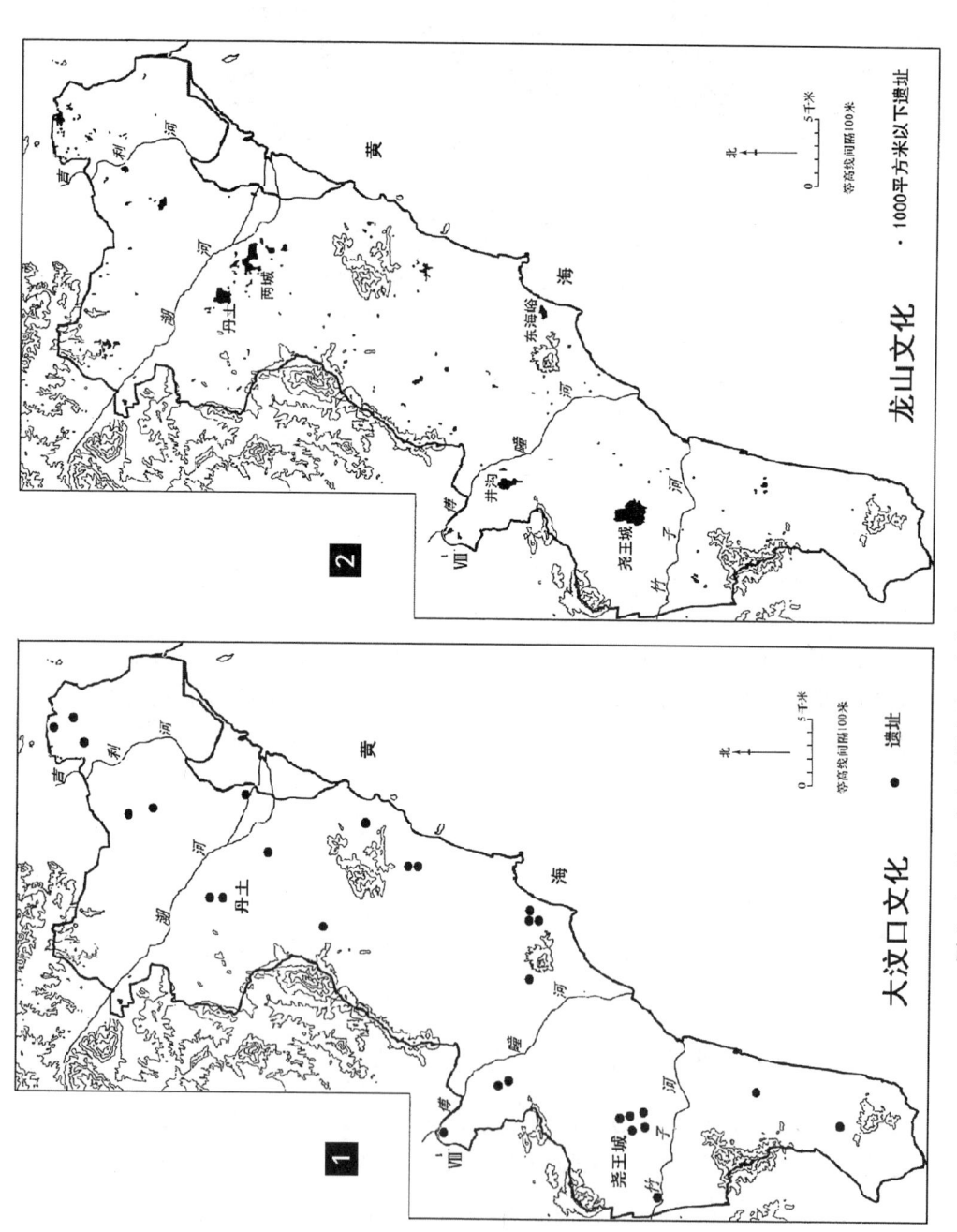

图 3-2-12 山东日照大汶口文化晚期与龙山文化早期遗址分布图
(引自方辉等《鲁东南沿海地区聚落形态变迁与复杂社会进程研究》)

表 3-2-1 临汾盆地聚落遗址时代、数量、规模比较表

编号	遗址	时代	面积(万 m²)	时代	面积(万 m²)
1	张篡			陶寺中期	3.54
2	夏梁			陶寺	1.65
3	丁村			陶寺	20
4	上庄			陶寺	0.47
5	伯玉			陶寺	10.35
6	大崮堆山			陶寺	0.51
7	泉坡			陶寺中期	0.24
8	北麻			陶寺中晚	0.05
9	大阳	西王村三期	1.47	陶寺	1.47
10	东段			陶寺中期	10
11	南合理庄			陶寺	4.44
12	北高	西王村三期	9.92	陶寺	9.92
13	孝养			陶寺中晚	30
14	王村			陶寺早期	10
15	高凹角			陶寺早期	10
16	县底			陶寺	110
17	南乔			陶寺	90
18	黄寺头			陶寺	50
19	苏载	西王村三期	20	陶寺	20
20	赵北河			陶寺	20
21	北席			陶寺中晚	3.66
22	寺头	西王村三期	40	陶寺	40
23	大王	西王村三期	30	陶寺	30
24	新民			陶寺早期	0.27
25	段村			陶寺早期	2.52
26	西李家庄	西王村三期	20	陶寺	20
27	西沟	西王村三期	3.27	陶寺	3.27
28	小王庄			陶寺	1.24

(续 表)

编号	遗址	时代	面积(万 m²)	时代	面积(万 m²)
29	西下庄			陶寺	0.83
30	神刘	西王村三期	40	陶寺	40
31	大韩			陶寺	0.22
32	令伯			陶寺中晚	40
33	东邓			陶寺	40
34	温泉	西王村三期	9.24	陶寺	9.24
35	北辛店			陶寺中期	60
36	南柴			陶寺中期偏早	110
37	朝阳	西王村三期	80	陶寺中期	80
38	东许			陶寺中晚	20
39	安泉	西王村三期	1.37	陶寺	1.37
40	白冢			陶寺中晚	50
41	八顷			陶寺早期	6.94
42	古暑			陶寺	90
43	方城			陶寺中晚	200
44	听城			陶寺	30
45	高显	西王村三期	10	陶寺	10
46	高阳	西王村三期	0.52	陶寺	0.52
47	北董	西王村三期	0.55	陶寺	0.55
48	西阎			陶寺	0
49	营里			陶寺早期、中期	50
50	义门	西王村三期	20	陶寺中期	20
51	东常			陶寺早期	0.17
52	周庄			陶寺早期	0.16
53	东吉必			陶寺早期	0.17
54	贺村			陶寺	0.000 5
合计		15	286.34	54	1 640.23

(资料出处：何驽《2010年陶寺遗址群聚落形态考古新进展》)

早期国家就是人类社会最早跨血缘,或又跨血缘又跨地域联盟的一种聚落组织。

古国则是人类社会最早又跨血缘又跨地域,并在不同血缘聚落组织之间建立了政治上压迫、经济上剥削的统治与被统治关系的聚落组织。

考古发现,聚落集团、早期国家、古国都是史前最晚期距今4500年以后新生的聚落组织。其中,湖北天门石家河就是这一历史时段集聚落集团、早期国家、古国于一身的典型代表。

第一,由聚落群团升级为聚落集团。

图3-2-13(2)的显示表明,以石家河古城为中心,当地存在一个组织规模庞大的聚落组织,即聚落集团。比较与研究可说明,该集团就是屈家岭文化时期一体化聚落群团的持续发展与自然升级的结果。

一方面,石家河古城依然还是组织的核心。其中,谭家岭,依然还是核心的核心;邓家湾、三房湾、蓄树岭,依然还是核心聚落群的成员。

另一方面,屈家岭时期所有城内城外的18个聚落全部都原封不动地保留下来了。

再一方面,组织规模发生了明显的变化。原来在大城濠沟外围只环绕了14个聚落(图3-2-13,1),而石家河文化时期则增加到了36个,为前期的2.57倍(图3-2-13,2)[①]。

第二,建立早期国家。

由图3-2-13的显示可知,屈家岭文化时期,石家河城址南部吴刘新场与西叉湖一带就根本不见任何同时期的聚落遗址。但是,石家河文化时期,这一带出现了一个聚落群团,规模较小,只有二个聚落群共13个聚落,而且组织结构也明显松散(图3-2-13,2)。

值得注意的是,这个聚落群团的来历与石家河聚落集团完全不同。

石家河城址及其所在集团可以说是原地土生土长的群体,早晚一脉相承;又由于按血缘社会的组织原则,同血脉的晚期聚落只能近距离位于长辈聚落的周围,所以吴刘新场与西叉湖一带新出现的聚落就不可能是城址周围抛弃了传统而外出另谋发展的聚落。

正因此,位于吴刘新场一带的那个聚落群团就完全属于在本地找不到源头的组织,就很可能是石家河文化时期外来的,自愿从属、联姻,或弱者投靠强者的组织。不过,它的这种投靠只是从外地来到了强者的势力范围之

[①] 湖北省文物考古研究所:《大洪山南麓史前聚落调查——以石家河为中心》,《江汉考古》2009年第1期。

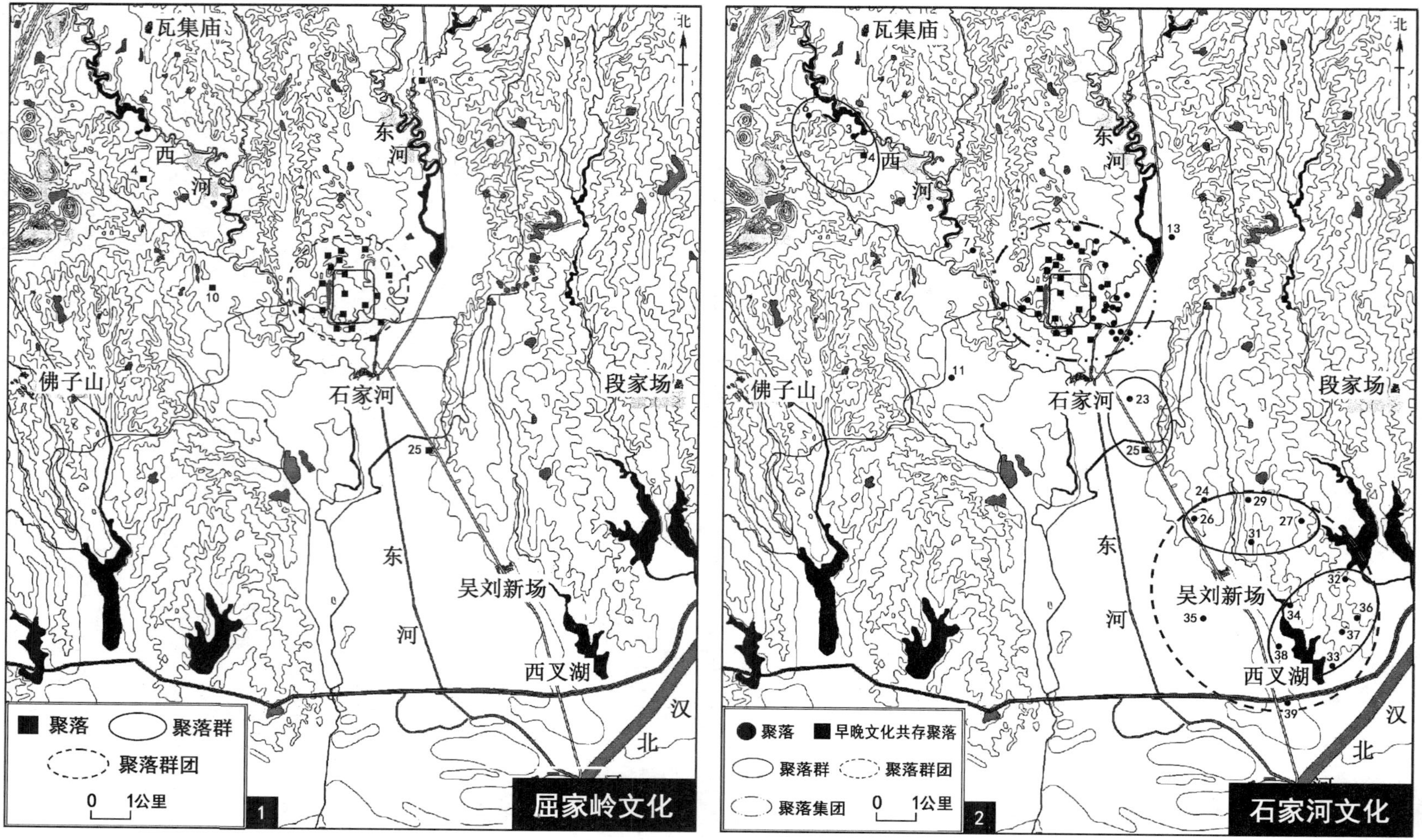

图 3-2-13　湖北天门石家河地区屈家岭与石家河文化时期聚落遗址分布图
(1、2 皆引自湖北省文物考古研究所《大洪山南麓史前聚落调查》,图中遗址边上数字皆原图聚落遗址编号,另图中实线圈、虚线圈皆本书作者所加)

内,只带来了人,没有带来土地。所以,这种投靠所带来的变化就只促使原来的血缘聚落集团变成了只跨血缘的早期国家。

根据文献记载,这种早期国家就类似先周时期姬姓周人与姜姓的关系,即在姬姓的地盘范围内,由姬姓主导和集中统一领导,与姜姓联姻构成了一个利益一体化的联盟和共同体,相互生死与共、资源共享、利益均沾。

第三,建立古国。

由于地形的原因,汉水东北岸的史前聚落大都分布在大洪山南麓低丘岗地与江汉平原过渡地带的边缘。

屈家岭文化早期,这一地带首先崛起的是以谭家岭为核心的天门石家河聚落群团,其标志就是环绕在谭家岭遗址周围的城址(图3-2-4)[1]。

屈家岭文化中期,紧接谭家岭古城之后崛起的是西部约20公里的京山屈家岭聚落群团与70万平方米的环壕遗址(图3-2-5,1、2)。

屈家岭文化晚期,在谭家岭古城的外围又新建了外郭城,规模空前,120万平方米。与此同时,东距石家河城约22公里的天门笑城城址也同时崛起,面积约9.8万平方米。

值得思考的是,这些城址与环壕遗址为何都要比肩而立?如果相互没有任何关系,没有感受到来自对方的压力,为何又要如此争先恐后你追我赶地倾力打造呢?

石家河文化时期,天门石家河城址所在聚落组织实力大增,由屈家岭文化时期的聚落群团升级成了聚落集团与早期国家;而京山屈家岭群团,在经过数百年励精图治不断做强做大之后却悄无声息地衰落了,在整个群团原有的土地上,石家河文化的地层和遗物都非常稀薄[2],显示原有的居民或大部阵亡,或大部外逃,只剩下少数还在原地活着。当然,最后的胜利者应该就是石家河,因为在屈家岭的周围只有石家河拥有这种摧毁能力。

无独有偶,石家河城址东部的天门笑城也与屈家岭同时衰落了。

由于笑城距离应城陶家湖城址更近,仅约10公里,所以笑城的衰落也可能是陶家湖所为。不过,陶家湖不会这样做。因为,陶家湖的实力不如石家河,城址的总面积只有约石家河的一半,67万平方米;此外,有了笑城,它与石家河之间就有了缓冲区,就不用直接与石家河对抗。反过来,笑城没有了,缓冲区就没有了,它就要直面石家河的冲击与压力。所以,它应该不会主动去灭了笑城。

---

[1] 湖北省文物考古研究所:《三苗与南土》,江汉考古编辑部,2016年,第31页。
[2] 张绪球:《汉江东部地区新石器时代文化初论》,《考古与文物》1987年第4期。

就这样,一个以石家河城址为中心,半径约 20—25 公里,面积约 2 000 平方公里的古国就诞生在了江汉大地的北部;而且还表明为了生存为了利益,同一个聚落组织可以兼有多重身份。它既是史前晚期聚落血缘社会一体化,又是不同聚落血缘组织合纵连横,并从血缘迈向地缘且组织形式复杂多样的反映和标志。

三、一体化聚落集团、早期国家、古国崛起的意义

就文明的起源与社会的文明化而言,史前最晚期一体化聚落集团、早期国家、古国的崛起有六个方面的意义。

(一) 社会一体化的规模又上新台阶

一般而言,社会一体化的规模包括二个基本的涵义:一是外部有关聚落组织覆盖的空间范围越来越大;二是内部能实施统一领导和集中管理的聚落越来越多。

河南新郑唐户,第一代聚落血缘社会一体化组织的代表,距今 7500 年以前,裴李岗文化时期一体化聚落群所在遗址,3 个以上聚落,能够有效实施统一领导和集中管理的组织范围仅 30 万平方米(图 2-1-5,1);湖北京山屈家岭,第二代聚落血缘社会一体化组织的代表,距今 5 000—4 500 年,屈家岭文化时期一体化聚落群团所在地,最多 11 个聚落遗址,能统一领导和集中管理的组织范围 284 万平方米(图 3-2-5,1);湖北天门石家河,第三代聚落血缘社会一体化组织的代表,距今 4 500—4 200 年,石家河文化时期一体化聚落集团所在地,最多 40 个聚落,能统一领导和集中管理的组织范围约 855 万平方米(图 3-2-13,2)。

显然,时代越晚组织规模越大,能实施统一领导和集中管理的组织范围也越大,而各种新型聚落组织的出现则标志社会一体化的规模又上了新台阶。

(二) 聚落社会的组织纽带由血缘开始过渡到地缘

在新出现的三种新型聚落组织中,聚落集团最具传统血缘组织的内涵。

虽然在这种组织中,只有聚落群内各成员之间拥有近亲的直系血缘关系,即"母氏族"与"女儿氏族","父氏族"与"儿氏族";而聚落群团内各部落之间则多是一种"旁支";至于聚落集团,由于组织成员扩大了,所以无论近亲远亲,只要沾亲带故即可(图 4-2-13)。不过,它依然是一种血缘组织。

相对聚落集团而言,早期国家在从血缘到地缘的路上走得更远,尤其是那种又跨血缘又跨地域的类型。不过,不论是只跨血缘,还是又跨血缘又跨

地缘的类型,都清晰地表明它们是人类历史上第一种跨血缘的社会组织,并比聚落集团更接近社会地缘化的大门。

古国就是人类历史上第一种地缘化的聚落组织。与聚落集团和早期国家比较,相互既相似又有区别。相似的是,所有的组织成员都是以血缘为基础的聚落组织,都以血缘族体为单位,或聚落群与部落,或聚落群团与部落联盟。不同的是,古国已完全是历史上第一种地缘化的人类组织,而且还是历史上第一种通过暴力得以建立的组织。

显然,史前晚期晚段,社会一体化规模的扩大只是一种表面现象,实质则是社会组织已开始由血缘社会向地缘社会过渡,而且暴力已成社会地缘化的主要手段。

(三) 大集体的生产生活模式再次扩大深化

距今5 000年以前,以聚落群及部落为单位的生产生活模式可谓"小集体"的模式。这种模式的最大特点,一方面就是规模很小,仅限于聚落群即部落以内;另一方面就是自然血缘长辈的管理;再一方面就是除了特殊手工业以外,普通手工业全部是各聚落独立经营、自给自足。

距今5 000年以后,以一体化聚落群团的出现为代表,以历史上第一种政治组织为基础,人类历史上第一次出现了跨部落的"大集体"生产生活模式。这种模式也有三个特点:第一,生产生活涉及的组织规模扩大了,跨部落;第二,血缘长辈管理已经不再,变成跨部落的集中统一领导与管理;第三,在整个聚落群团的范围内,从脑力劳动到体力劳动,从农业到手工业,从特殊手工业到普通手工业,什么都参与分工。

距今4 500年以后,分工的规模与范围又上了一个新的台阶。

在湖北天门石家河地区,这方面最有代表性的发现就见于罗家柏岭、肖家屋脊、枯柏树等遗址。

在罗家柏岭,不仅发现了冶铜遗存,还发现了"初步推测这座建筑遗迹应是制作玉、石器的场所"[1],从而说明特殊手工业内部也有制品互不相同的明显分工。

在肖家屋脊,除了冶铜遗存以外,还发现了只为本聚落普通成员生产普通陶器的作坊,规模很小,只有二座陶窑,从而说明特殊手工业与普通手工业也确实存在明显的分工。

---

[1] 湖北省文物考古研究所等:《湖北石家河罗家柏岭新石器时代遗址》,《考古学报》1994年第2期。

在枯柏树,那里"曾采集不计其数的彩绘纺轮"①,而且这种纺轮还先后见于城内的谭家岭②、邓家湾③,以及城外肖家屋脊、罗家柏岭等遗址的普通聚落成员活动区④,从而表明当地很可能存在一个产品覆盖了整个聚落集团,并专门为整个集团所有普通平民生产普通彩陶纺轮的作坊。值得注意的是,这个作坊相对肖家屋脊的普通陶窑,虽然都属于普通手工业,但二者级别却互不相同。其中,枯柏树的纺轮生产是集团级的,产品的服务对象遍及整个聚落集团;而肖家屋脊的陶器生产则是聚落级的,服务对象仅限于所在聚落。

显然,大集体生产生活模式再次扩大深化的主要标志就是,能够满足不同需求的能力越来越强,服务对象越分越细,分类分层又分级。

(四)统治与被统治成为了一种新的生活模式

新石器时代中期及以前,广谱经济,自然食物是人类食物的主要来源,因而社会暴力的使用就不明显。

新石器时代中晚之交至距今5 000年以前,人类社会虽然遇到了空前的生存危机,史前第一代城址的修筑也反映了暴力的增加,但主要依靠聚落社会组织内部生产方式的变革就大体化解了暴力的作用,并迎来了一轮新的大发展。这说明,这一阶段虽然暴力的趋势有所增强,但总体上还没有广泛使用暴力的基础与氛围。

新石器时代晚期晚段,即距今4 500—4 000期间,由于新的"人祸"引起的生存危机再次深化爆发,以古国的出现为代表,标志着以暴力为手段,以政治上压迫经济上剥削为基础的不劳而获的统治与被统治已开始成为一种新的生存模式。

之所以如此,有二个基本原因。

第一,内部变革已无法解决新的生存危机。

距今6 500—5 000年期间,分田到人、个体劳动的变革之所以会取得成功,关键就因为当时聚落与聚落之间,部落与部落之间还拥有相对宽裕的土地,分田到人、个体劳动就足以成功地应对并化解危机。

但是,距今4 500年以后,各地都像湖南澧阳平原、山东日照盆地和山西临汾盆地一样,聚落数量再次大幅增长,新的生存危机再次出现。人均土地面积,在前一次生存危机的基础上又一次大幅缩水。因此,试图通过聚落组

---

① 何介钧:《长江中游新石器时代文化》,湖北教育出版社,2004年,第370页。
② 湖北省荆州博物馆等:《谭家岭》,文物出版社,2011年,第189页。
③ 湖北省文物考古研究所等:《邓家湾》,文物出版社,2003年,第229页。
④ 湖北省荆州博物馆等:《肖家屋脊》,文物出版社,1999年,第214页。

织内部生产关系的调整来应对危机的可能性已经基本没有了。

为此,矛盾的激化就为问题的解决找到了理由和方法。人们也就由此走上了暴力建立统治与被统治的关系之路,走上了靠剥削与压迫别人不劳而获之路。

第二,劳动者生产价值的提高。

距今6 500年以后,由于生产方式的变革,特别是以田块为基础的独立劳动和精耕细作,使"人的劳动力所能生产的东西超过了单纯维持劳动力所需要的数量"(《起源》P157),从而也使以压迫和剥削为基本内容的统治与被统治关系的建立具有了实际的经济意义。

值得注意的是,这是一种从来没有过的新的生存模式。统治者,依靠暴力而不是劳动,可以获得劳动成果与食物;被统治者,依靠劳动并上交自己的劳动成果,才能获得生存权。

(五) 国家是文明起源过程中的一种产物

有五个方面的证据。

第一,距今7 500—6 500年,新石器时代中晚期之交,文明就起源了,比古国的出现至少早了3 000年。

第二,如果没有文明起源就没有农业革命,就没有早期个体劳动个体经济,也就没有古国出现的物质基础,更没有古国统治他人的理由。与此同时,没有聚落组织文明的一体化,没有一体化的聚落群、聚落群团、聚落集团,实际也没有国家起源的组织基础。

第三,史前晚期古国之所以会与聚落集团、早期国家同时登上历史舞台,就充分地说明当时的国家只是诸多新型聚落组织中的一种。

第四,文明起源了的地方不一定都有国家。

考古发现,中国史前到处都可以见到已经文明化了但却还未进入国家的聚落组织与地区。

辽宁凌源、建平牛河梁红山文化晚期的庙坛冢就是这方面的典型,文明了,但还没有进入国家,至今也没有找到它的统治对象。

浙江余杭良渚遗址群,那些大型的公共工程、大型的祭坛、玉礼器,早就说明已经文明了,但除了人为的推测以外,至今依然缺少已经变成了国家、已经开始压迫剥削他人的客观证据。

河南新密古城寨更为典型,它那17.65万平方米的面积,至今最高还达16米最宽达40余米的版筑夯土城墙,工程量不仅超过了夏代河南偃师二里头遗址"宫城"与城内所有夯土台基工程量的总和,而且还表明它可以有效地控制大量的人口,动员和组织大量的人力物力,完全符合学术界关于国家的认定标准。可是,它却没有被学界列入古国的名单。这说明,它虽已文明化,但却还未成为"国家"。

第五,国家的起源,古国的出现实际并不像文明的起源,是和平的没有暴力的,它的出现除了证明暴力是社会地缘化的基础以外,其根本目的与作用主要就是给人类带来了一种前所未见的靠暴力不劳而获的生存模式。

显然,文明和国家的起源不仅都是独立的,而且国家还是文明起源过程中的一种产物。

(六)文明起源"满天星斗"

1997年,苏秉琦先生正式就中国的文明起源提出了"满天星斗"的理论与学说①,其基本的要义就是,中国文明的起源是"多元"的,各地都对中国文明的起源有自己平等独立和独特的贡献。

苏先生的理论虽然并没有将文明与国家的起源区别开来,但是他的思想还是实实在在地科学地揭示和概括了中国文明起源的基本特点,为中国文明起源的深入研究与探讨提供了一种理论与方法,提供了一种新的思想与视角。

中国地域辽阔,各地地形地貌气候环境互不相同,各地水文、土壤和植被的差异也极大,这不仅造就了考古学文化的多样性,实际也促使文明的起源各地自有不尽相同的特点。如长江流域的原始农业就以稻作为主,黄河流域就以粟为主,北方长城地带就以黍为主。

除了不同地区的农业基础不同以外,不同地区文明起源的特点也不尽相同。为什么早期国家会有跨血缘,或又跨血缘又跨地域二种模式?为什么古国的出现也有多种不同的模式?实际上,这就是不同地区不同的模式多元的反映。

不过,也有一些学者在强调文明起源"多元"的时候,还特别重视"一体"的问题,并认为从史前开始,中国历史的"中原中心"现象就出现了。

然而,为什么会出现"中原中心"呢?

对此,有专家认为:既要看到史前文明起源是"多元"的,又要注意史前文明起源的"一体"性。还有一些专家从自然地理位置的中心性、中原文化的吸引力,以及中国史前各地文化的向心性结构等方面,论证了中国考古学文化与文明起源的"多元一体"特征②。

---

① 苏秉琦:《中国文明起源新探》,商务印书馆,1997年,第85—106页。
② 严文明:《中国史前文化的统一性和多样性》,《文物》1987年第3期;赵辉:《以中原为中心的历史趋势的形成》,《文物》2000年第1期。

一般而言,史前社会的"中心"都是因人而形成的中心,而且是随着社会的发展逐步形成的。此外,还有二种不同的类型。第一种,可称为"发展中心",出现的时间比较早,史前也多见,主要特点是有关生产生活某方面发展状态比较先进,如长江下游良渚文化石犁①与稻田②的发现就表明当地是中国史前晚期农业最发达的"发展中心"之一;第二种,可称为"政治中心",出现的时间较晚,最早见于距今 5 千年以后,主要特点是具有跨血缘跨地域实行统一领导与管理的能力与权力。

就"发展中心"而言,史前中原确有其突出之处,如仰韶文化庙底沟类型的彩陶,不仅纹饰精美数量多,而且还影响广泛。然而,这种"发展中心"有二个重要特点。第一,各地都有自己的强项,如黄河下游地区龙山文化的蛋壳黑陶,长江中下游地区的玉器制作等;第二,这种中心对外只有非暴力的影响力,不可能自动将这种影响力转变成区域性统一领导和管理的权力。就像仰韶文化庙底沟类型的彩陶,虽然见于大半个中国,但它对各个地区却完全没有领导和管理权;长江下游良渚文化的玉琮也一样,也见于大半个中国,可它也没有领导和管理其他地区的权力。因此,"发展中心"在时间上地域上都是多元的,也不可能利用地理位置的中心性与发展状态的先进性自然转化或造就出一个"多元一体"的"玫瑰花瓣形结构"。

就"政治中心"而言,史前晚期以前就根本不存在,因为史前是血缘社会,遍地都是关系独立平等的血缘组织,因此,只需要"长辈"不需要也没有政治中心。

距今 5 000 年以后,随着社会矛盾的激化与扩大化,人类历史上第一个初级的政治组织——聚落群团诞生了,随之核心聚落群的核心聚落也就成了人类历史上最早的政治中心。

距今 4 500 以后,随着跨血缘或又跨血缘又跨地域的早期国家,以及利用暴力在不同血缘和地域的聚落组织之间建立了统治与被统治关系的古国的出现,有关政治中心的等级与档次又升级了。

距今 4 000 年以后,随着夏朝夏国的出现,第三代政治中心也出现了。它的基本特点,一是由于国家的组织主体不再是单纯的血缘组织,而是同一地域范围内众多血缘组织统一构成的民族,所以新一代政治中心对内领导和管理的范围也远远超出了以往独立的血缘组织的范围;二是由于实力强

---

① 杨玉峰:《神秘史前石犁惊现浙江平湖》,《北京晨报》2005 年 2 月 25 日。
② 丁品等:《浙江余杭茅山史前聚落遗址第二、三期发掘取得重要收获》,《中国文物报》2011 年 12 月 30 日,第 4 版。

悍,既可以"天下有不顺者,黄帝从而征之"(《史记·五帝本纪》),还可以下江南"征三苗"(《墨子·非攻(下)》),所以对外可以领导和管理的地域范围也空前广大。

值得注意的是,以上不同时期不同类型的政治中心的相继出现还说明了四个重要问题。

第一,地理位置的中心性是一种自然现象,而政治中心的出现是一种人类社会发展的结果,二者之间没有任何必然的联系。

第二,史前生产生活方面的某种发展中心也完全与政治中心的出现无缘,不仅各有出现的原因,而且也没有必然的联系。

第三,随着社会组织规模的大型化一体化,有关政治中心的发展也有一个不断升级的历史过程,至少在夏时期还有许多"不顺者",还有"三苗",还没有在中国全境范围内形成具有"玫瑰花瓣形结构"的政治中心。

第四,暴力是社会地缘化的基础。

显然,那种以为史前就存在"中原中心"的现象完全与历史的发展和发展规律不符。

还需要特别指出的是,史前晚期中原地区的社会发展状况总体上一点都不先进,既没有独一无二的"发展中心"的迹象,也没有已成为"政治中心"的实力与权力。

距今6 500年,当湖南澧县城头山人为垒筑田埂且面积较大的稻田(图1-3-3)代表中国最早出现了分田到户、劳动者独立耕作的生产方式的时候,陕西临潼姜寨向心结构的聚落(图1-3-7,1)却标志那里还在流行集体劳动集体消费的生产方式。

距今6 000年,当湖南澧县城头山诞生中国史前最早第一座城址(图4-1-1,1、2)的时候,中原至少晚了500年才见到第一座(图4-1-1,5)。

距今5 000—4 500年,当长江中游屈家岭文化时期共有15座(图4-1-2)又多又大城址的时候,中原却只有郑州西山一座中国史前规模最小的城址。

与此同时,长江中游的屈家岭文化不仅由南向北攻占了河南半壁江山,还长期移民定居;山东的大汶口文化也趁势由东向西,一直攻入了洛阳地区,中原几乎全境沦陷(图3-2-3)。

距今4 500—4 000年,当山西襄汾陶寺出现中原最大城址的时候,长江下游的浙江良渚与陕西神木石峁的古城规模却远远超过了陶寺。当陶寺的贵族还在无序地使用高档奢侈品(图2-2-4)随葬的时候,长江中下地区的奢侈品已经升级成为了制度化规范化的"礼器"(图2-2-3,图

4-2-10),而且工艺与制作水平也遥遥领先其他各地。

显然,距今6 500—4 000年,中原地区的社会与文化发展一直处于比较落后的状态。这种状态也同时表明,中原地区不可能是中国史前发展的中心地区,更不可能还存在一个以发展状态较落后的中原为中心的"多元一体"结构与发展模式。

实际上,中国的历史早就表明,作为一种地缘化的"政治中心"的"中原中心"现象是从夏商周以后才开始逐渐形成的,直到秦汉伴随中央集权制国家的出现才开始定型。为什么战国七雄,齐、楚、秦、燕、赵,多数都在中原以外?为什么最后一统天下的是西部的秦国?显然,春秋战国时期那些实力强劲的诸侯国都位于中原外围的现象,并不是"中原中心"的证据,而是中原从地域的中心转变为"政治中心"的过渡阶段,是"中原中心"现象形成期的反映与说明。

本 章 小 结

距今5 000—4 000年,就是以血缘社会为基础的文明起源的中期阶段,也是在前期部落即聚落群内部变革夯实了物质基础的前提下,聚落社会一体化高潮迭起,血缘社会开始过渡到地缘社会的阶段。其中,距今5 000—4 500年,崛起的是一体化的聚落群团;距今4 500—4 000年,崛起的是一体化的聚落集团、早期国家与古国。

一、一体化聚落群团崛起的背景、实例与意义

一体化聚落群团就是以聚落群为组织单位相互近距离或超近距离抱团相聚而构成的一种聚落群聚与组织形态。根据民族学的资料,这种聚落组织就是部落之间"永久的联盟",并同时具有集中统一领导与管理的特点。

(一)一体化聚落群团崛起的背景

根据环境学者的研究与考古发现,距今5 000年前后气候的大幅冷暖变化就是当时社会矛盾激化的主要原因。其中,仰韶文化遗址在内蒙岱海地区的进出,长江中游大量北上移民现象的出现就都是社会矛盾激化的反映。

(二)一体化聚落群团崛起的实例

湖北天门石家河、京山屈家岭、安徽蒙城尉迟寺、山东滕州西康留、河南洛阳盆地浏涧河与马涧河交汇处的聚落组织,就都是不同地区一体化聚落群团崛起的代表。

(三) 一体化聚落群团崛起的意义

就文明起源、社会的文明化与社会组织方式的变革而言,一体化聚落群团崛起的意义主要有三个方面。

第一,标志人类历史上第一个政治组织的诞生。

所谓政治组织,就是以共同的利益、追求和实力为基础,并具有集中统一领导和管理特征的组织。就史前社会的变化而言,这种组织就是人类历史上最早的政治组织,并具有跨部落、永久性的特点。

第二,直接推动了血缘社会脑力劳动、体力劳动及早期"城乡"的社会分工。

脑力劳动与体力劳动分工的直接原因,就是社会的文明化,就是社会血缘组织的一体化大型化。具体而言,就是跨部落的政治组织的出现。

虽然当时有关城内城外的聚落都是同一个血缘组织的聚落,也没有一个具有地缘社会"城"与"乡"的意义,更没有出现城乡分别、以手工业或农业为生产重点的地缘化产业分工。但是,大型一体化且跨部落的聚落群团就需要专门的领导与管理人员。于是,核心聚落的地位与分工就导致了最早的脑力劳动与体力劳动的分工,也由此启动了中国最早基于血缘社会的"城乡分工"。

第三,变小集体为大集体的生产生活模式。

由于人类社会第一次出现了跨部落永久性的实体社会组织,从而也就导致人们的生产生活模式发生了三个方面的重要变化。

其一,生产生活的组织范围与管理模式由小集体的血亲管理模式变成了大集体的集中统一领导。

其二,生产资料由小集体所有变成了大集体所有。

其三,历史性的出现了最早的"社会分工",无论脑力劳动、农业、手工业都参与分工。

二、一体化聚落集团、早期国家、古国崛起的背景、实例与意义

距今 4 500—4 000 年就是中国史前各种前所未有的超大型一体化的聚落组织群雄并起的高潮时期。期间,聚落集团、早期国家、古国联袂登上历史舞台。

(一) 时代背景

来自湖南西北澧阳平原、山东东南日照盆地、山西晋南临汾盆地的发现都表明,距今 4 500 年以后出现的生存危机完全是社会的发展、人口的膨胀,导致"人祸"的结果。

(二) 一体化聚落集团、早期国家、古国崛起的实例

聚落集团是血缘社会一体化重组与整合最高级别的组织,也是一种泛血缘的组织。它以强势的聚落群团为核心,其他的组织成员无论近亲远亲,只要沾亲带故即可。

早期国家是人类社会最早跨血缘,或又跨血缘又跨地域的一种聚落组织和联盟。

古国是人类社会最早的又跨血缘又跨地域,并在不同血缘聚落组织之间建立了统治与被统治关系的聚落组织。

考古发现,湖北天门石家河就是这一历史时段集聚落集团、早期国家、古国于一身的突出代表。

(三) 一体化聚落集团、早期国家、古国崛起的意义

主要有六个方面。

第一,社会一体化的规模又上新台阶。

一方面外部有关聚落组织覆盖的空间范围越来越大,另一方面内部的能实施统一领导和集中管理的聚落数量也越来越多,所以聚落集团的出现就代表和标志人类社会的一体化又上了新台阶。

第二,聚落社会的组织纽带由血缘开始过渡到地缘。

聚落集团与早期国家都是血缘到地缘之间的过渡形态,只有古国才是真正的人类历史上第一种地缘化的聚落组织。其中,聚落集团和早期国家的过渡形式主要是跨血缘跨地域和平地合纵连横,而古国则是暴力征服与拓展的结果,并说明暴力是社会地缘化的基础。

第三,大集体的生产生活模式再次扩大深化。

主要的表现是专业的分工越来越细,分类分层又分级。其中,湖北天门石家河地区石家河文化聚落集团的内部分工就是这方面的代表。

第四,统治与被统治成为了一种新的生活模式。

由于新的"人祸"引起的生存危机再次爆发,以政治上的压迫、经济上的剥削为特征,并在不同血缘组织之间建立了统治与被统治关系的古国的出现为代表,标志着以往从未见过的、以暴力为手段、以不劳而获为目的的生存模式已经成为了一种新的生存模式。

之所以出现这种模式主要有二个方面的原因。一个是社会组织内部已经无法解决新的生存危机,另一个是劳动者生产价值的提高。

第五,国家是文明起源过程中的一种产物。

历史证明是文明的起源推动了国家的起源,国家只是文明起源过程中的一种产物。实际上,没有文明起源带来的农业就没有国家起源的物质基

础,而没有文明起源带来的聚落组织的一体化就没有国家起源的组织基础。此外,国家起源的目的与作用就是不劳而获,文明起源了的地方不一定都有国家。

第六,文明起源"满天星斗"。

中国地域辽阔,地形地貌气候环境多样特点突出,各地水文、土壤和植被的差异也极大,这不仅造就了各地考古学文化的多样性,也导致各地文明起源的特点各有不相。但是,它们都对中国的文明起源有平等、独立与独特的贡献,也并没有在此基础上形成以中原为中心的"多元一体"结构。

第三章 以血缘社会为基础的晚期文明起源

夏商周时期就是血缘社会文明起源的晚期阶段。如果说史前末期只是在众多独立的小型血缘组织基础上社会一体化的起步与再扩大；那么夏商周等早期"方国"的崛起，就是在前期聚落集团、早期国家、古国的基础上进一步走向社会的统一，使一体化的范围由血缘组织扩大到地缘组织，再扩大到民族的阶段。

第一节 早期方国的特点

"方国"，顾名思义，就是一方之国，地方之国。文献与考古表明，中国有二种方国。第一种，早期方国，可以夏商周为代表，其主要特点是单一民族国家，国体地缘化政体血缘化；第二种，晚期方国，可以春秋战国时期的一些主要诸侯国如齐、秦、楚等为代表，主要特点是多民族国家，国体政体都地缘化了。

值得注意的是，早在甲骨文中，中原商王朝就称周边小国为"方国"，如"周方"、"土方"、"羌方"、"虎方"等等。这实际是商王朝自以为自己是中央大国的一种表现。但是，今天人们对历史的研究不能再秉持商王朝的理念了。因为，就历史的发展而言，相对秦汉时期出现的中央帝国，包括夏商周在内的国家实际都是一地之国，地方之国。

就社会的一体化与组织形式而言，早期方国主要可见六个方面的特点。

一、出现了单一民族国家

一般而言，民族是一种晚于血缘社会血缘群体和组织的新型地缘化社会的人类群体和组织。

民族之所以会登上历史舞台，一方面是史前血缘社会血缘组织之间社会矛盾不断激化、规模不断扩大的结果，另一方面也是人类社会组织不断大型化整体化一体化的结果，是人类社会组织纽带与方式不断由血缘迈向地缘的结果。因此,民族的崛起也是人类社会不断文明化、新时代新阶段的标志。

　　人类不同民族的区分与特点实际主要都是人的自然属性构成的。一方面是不同自然环境促成的结果,以致不同地区的人在外形、肤色、语言、饮食、生活习惯方面都有很大的区别;另一方面,就是地域邻近,长期文化相互交流的结果,以致同一地区的人都不知不觉地在使用同一种考古学文化。但是,在史前,那些人的自然特点与有关文化的同一性和差异都没有任何社会的政治的意义,因为人类的社会组织与相应的生产生活实体完全是以血缘关系为纽带而组成的。人们只认血缘,不认其他。

　　但是,随着人类社会不断由血缘转向地缘,又随着一些古国势力的强大,以及在利益的基础上追随者日益增多,以往独立分散的自然民族开始变成一种一体化的实体民族。事实表明,夏商周就是中国历史上第一批将自然民族转变为一体化的新型实体民族的代表,而且以他们为主体所建立的国家也都属于单一民族国家。

　　根据已有的发现,这种国家的核心区域就是统治民族的所在区域,就是同一个自然民族的大体范围,就是由许许多多以往原本不同血缘的组织在利益的基础上构成的统治民族的所在区域,并与一定的考古学文化的分布范围基本重合;至于被统治民族则分布在核心区的周围,还使用与统治民族不一样的文化。

　　夏就是这方面的典型代表。文献记载,夏国、夏人的活动区域主要就位于豫西晋南①。此外,考古学也证明有关文献的记载基本上是正确的,因为在夏代的时间段内,在夏人的主要活动区内,只发现了一种考古学文化,这就是"二里头文化"(图3-3-1,1)。

　　显然,中国最早的单一民族方国还具有国家主体、民族、考古学文化"三位一体"的特征与现象。

二、国家的地域范围越来越大

　　考古发现,史前跨血缘又跨地域并在周边不同血缘组织之间建立了统治与被统治关系的古国,一般都面积很小,就像湖北天门石家河一样,纵横多不超过50公里,面积多不超过2 000平方公里。正因此,史籍才会用"万邦"(《尚书·尧典》)来形容当时小国林立的社会政治局面。

　　但是,夏商周早期方国的出现就宣告了"万邦"时代的结束,国家的地域

---

① 《中国大百科全书》编辑部:《中国大百科全书·考古学》,中国大百科全书出版社,1986年,第573页。

范围,由于实体民族的崛起,也从此越来越大。

考古发现,以二里头文化为代表的"夏文化"的分布中心就是河南省中、西部的郑州、洛阳地区和山西省西南部的运城、临汾地区(图3-3-1,1);而商代早期,以商人商民族为主体的商文化的核心区域就位于河南东北部,河北南部(图3-3-1,2)。尤其令人关注的是,在商文化核心区域外围,还明显出现了大范围的商人异族统治区,如湖北黄陂盘龙城(图2-2-5),就是当时江汉平原与三苗所在地已成商人统治区的证明。商代晚期,商人的统治范围又进一步扩大,向东不仅打败了东夷,而且还通过殖民,基本上覆盖了大半个山东北部(图3-3-1,3;图2-2-18)。西周,国家的地域范围明显超过了商代。其中,最主要的变化,不是周人的核心区域扩大了,而是周人的异族统治区域扩大了,从南部"江汉诸姬"(清人易本烺《春秋楚地问答》)一直到北方的燕赵,不仅皆在周人的统治范围之内,而且面积还远远超过周人的核心区域。

三、"封建亲戚,以蕃屏周"

虽然暴力与战争为社会的地缘化开辟了前进的道路,但历史发展的另一只脚却还深陷在旧时代的泥沼中,夏商周时期的国家就是如此。尽管当时的国体都已经地缘化了,而且地缘化的范围还越来越大,但政体与统治方式却依然还是血缘化的。其中,"分封制"就是这方面的典型代表与反映。

所谓"分封制",就是"封建亲戚,以蕃屏周"(《左传·僖公二十四年》)的政治制度,就是统治民族内部的核心血缘族体通过分权分地分人的形式进行统治的一种政治模式。由于早期方国时代国家的统治地域范围扩大了,"溥天之下,莫非王土"(《诗经·小雅》),所以在各种联系方式都非常落后与缺失的条件下,要在一个广阔的空间地域范围内强化统治,强化一个民族对其他民族的统治,就只能采取这种"分而治之"的方法与制度。

对此,文献的记载也证明了"封建亲戚"的本质就是血族统治。正如《左传·昭公二十八年》所曰:"武王克商,光有天下,其兄弟之国者十有五人,姬姓之国者四十人,皆举亲也。"《荀子·儒效》也有类似的记载,曰:武王崩,周公"兼制天下,立七十一国,姬姓独居五十三人"。

四、"启以夏政,疆以戎索"

为了强化对被打败民族的统治,周人在征服了商民族之后,一方面"封建亲戚,以蕃屏周",以确保统治权在周人的掌握之中;另一方面,对商人则普遍施以了怀柔政策,尽量避免社会矛盾的激化,"启以夏政,疆以戎索"(《左传·定公四年》)就是这方面指导思想与政策的集中体现。

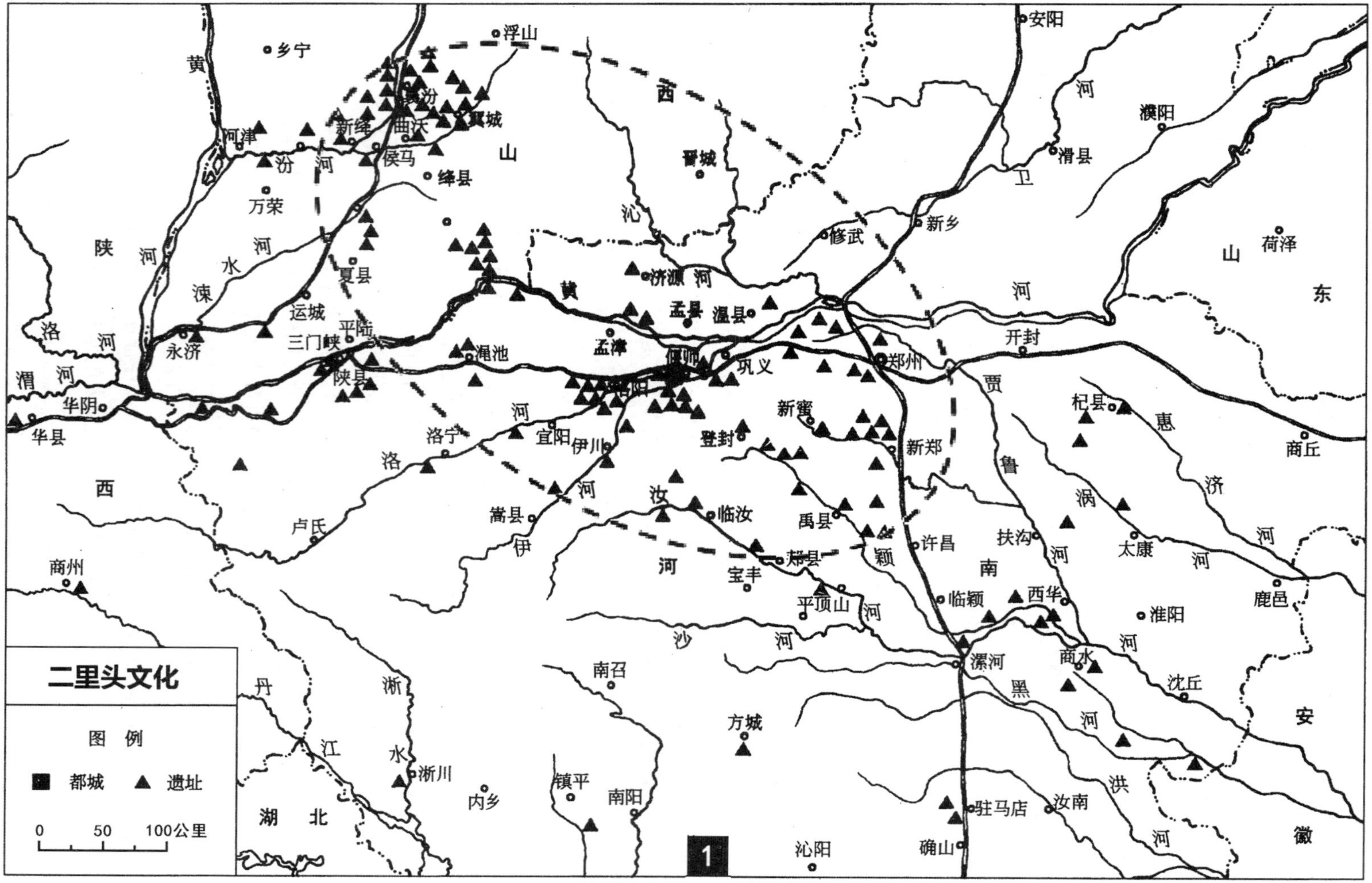

二里头文化
图例
都城
遗址
0
50
100公里
1

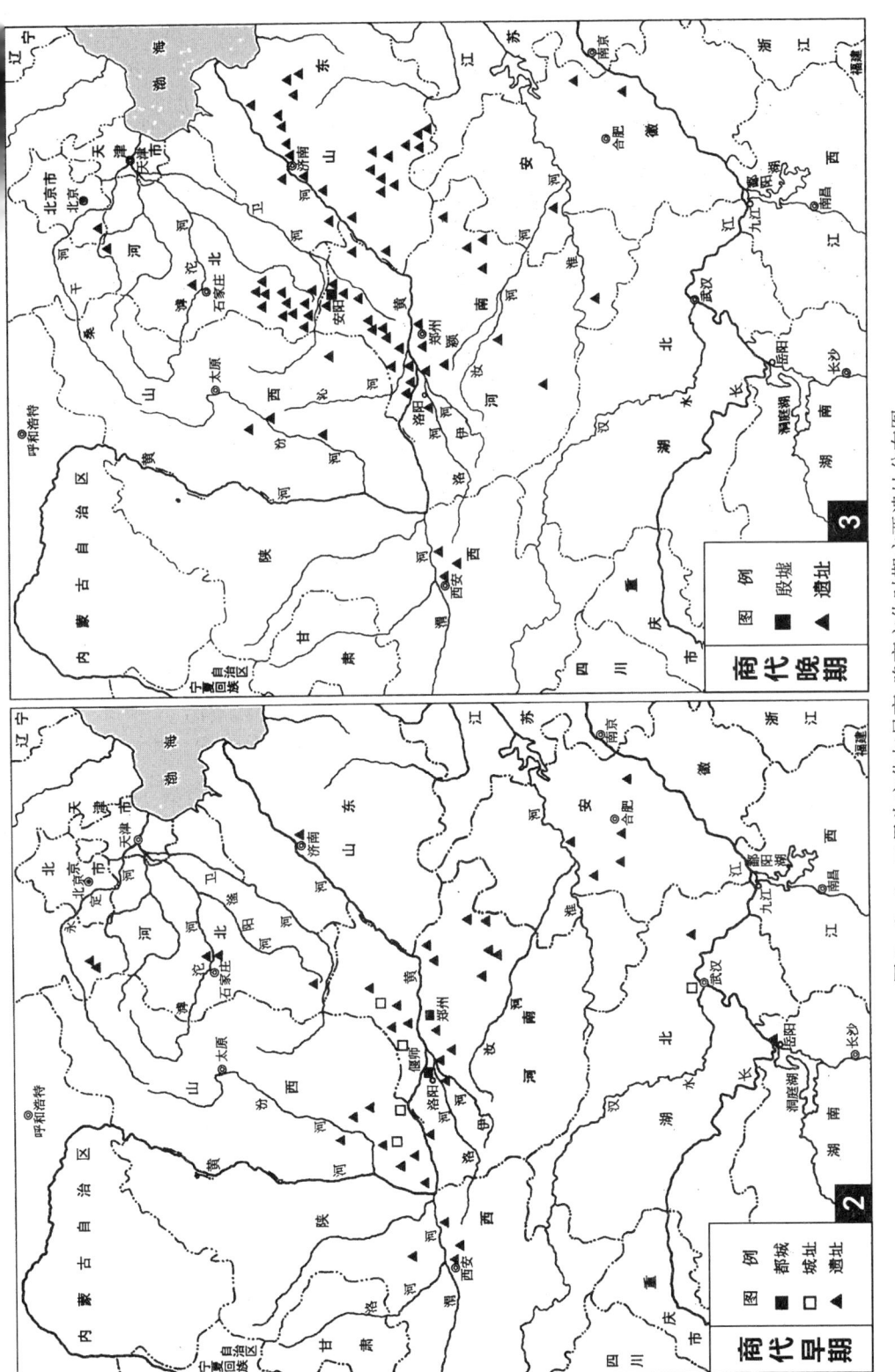

图 3-3-1　二里头文化与早商、晚商文化时期主要遗址分布图

（引自中国社会科学院考古研究所《中国考古学·夏商卷》）

文献记载，征服商人之后，周王室在政治上不仅没有破坏被征服者的血缘组织及其宗法关系，反而还利用它们作为了统治的工具。其中，以殷民六族、七族分封给鲁、卫，并命令分给鲁的殷六族要"帅其宗氏，辑其分族，将其类丑……是使之职事于鲁"(《左传·定公四年》)。此外，周公东征后，成王还把一部分领土分封给商微子启，让他建立宋国，遵从旧典，管束商臣民，拥戴周王室(《史记·宋微子世家》)。与此同时，又把部分殷遗贵族迁于成周，并让他们仍保留自己名下的田宅、领土①。

2002 年，陕西周原齐家村遗址发掘②，就清楚具体地显示了周人对商人的基本态度。

在齐村，虽然玉玦作坊的殷民都是被统治者，是"氏族奴"。但是，根据墓葬的分布与排列、随葬品，专家们认为：齐家制玦作坊前后延续两百年，生产者聚族而居，又聚族而葬；此外，整个墓地排列有序，鲜有打破现象，理应是一处家族墓地。墓地中等级最高的墓，即齐家 M4，既有腰坑，又有铜器随葬，铜卣还铸铭文"伯作彝"，显示墓主人的身份就是该血缘族体的族长③，而不是周人派来管理手工业生产的官员。显然，这些殷遗民的生活状况并没有大的改变。

这一切都表明，当时商人的社会基础依然与史前一样，依然是一个血缘组织的社会；方国要的只是统治权，因而也就不需要改变被征服者的社会制度，而且沿袭并维持旧有的社会制度更有利于从根本上维护统治者的长治久安。

五、"乡里"制与"井田制"并举

由于在商代金文与甲骨文中皆无"里"字，而"里"字又最早只见于西周早期的铜器铭文，如令方尊、令方彝都有"里君"的记载；此外，《逸周书·大聚》也有"维武王胜殷，抚国绥民……发令。以国为邑，以邑为乡，以乡为闾，祸灾相恤，资丧比服"的记载，所以学术界一般都认为"乡里"最早就起源或出现于西周早期④。

根据已有青铜铭文的记载，"乡里"制最早实施的对象就是从周人自己

---

① 潘宏：《由〈尚书〉看周初统治政策和商周关系》，《东疆学刊》1990 年第 4 期。
② 周原考古队：《2002 年周原遗址(齐家村)发掘简报》，《考古与文物》2003 年第 4 期。
③ 孙周勇：《西周手工业者"百工"身份的考古学观察——以周原遗址齐家制玦作坊墓葬资料为核心》，《华夏考古》2010 年第 3 期。
④ 朱玲玲：《坊里的起源及其演变初探》，《郑州大学学报(哲学社会科学版)》1986 年第 2 期；李昕泽：《里坊制度研究》，天津大学博士学位论文，2010 年。

的民族开始的。其中,宜侯夨簋、大簋就有"里"作为周天子赏赐诸侯贵族土地与地域的记载,而卫鼎则有诸侯伯相互赠送"里"的记载①;此外,令方尊、令方彝相传1929年出于河南洛阳东北郊的马坡,尤其是令方彝盖与底各铭187字,不仅记述了周公子在成周举行祭祀等活动②,还有"里君"的记载,充分地显示了"乡里"制的性质就是周人自己基层社会地缘化变革后的组织方式与政治制度。

但是,让人不解的是西周为什么要建立"乡里"制?

对此,专家早就道出了其中原委,一是"乡里"制并"没有将血缘关系排斥掉"③,二是当时血缘关系已被组织在"里"之中了,因而"同里者大率同氏"④。

显然,西周之所以要实行"乡里"制,要用地缘化的"乡里"替代血缘化的组织,最根本的并不是想要打散原来的血缘组织,而关键是要剥夺以往基层血缘组织独自为政的权力与合法性,进而强化国家,也主要是强化统治民族内部核心血缘族体对其他血缘族体即对社会基层的统治与管理。

相对"乡里"制而言,"井田制"实际就是一种经济制度,一种与"乡里"制配套的经济制度。

一方面,它变原血缘组织的生产资料集体国家二级所有为国家一级独有,并将原来属于血缘集体的土地又重新以国家的名义分配给原来的居民。这样不仅彻底粉碎了血缘组织经久不衰的经济基础,还使"乡里"一级行政组织成为了国有生产资料的具体管理部门与单位。

另一方面,使个体劳动者或家庭原本耕作集体土地而应该上缴给集体的那部分"劳役地租"全部都交给了国家。这样既减少了国家与劳动者之间税收的中间环节,又剥夺了原来血缘组织的经济基础,断绝了过去血缘组织生生不息的根基。

正因此,中国历史上最早地缘化的基层行政机构"里"之所以出现在西周,关键的原因就在于随着国土面积的进一步扩大,国家需要根本性地改变基层的组织、管理与经济状况,以便更好地剥夺血缘组织的独立性,整合整个统治民族的力量,维护国家以及核心血缘族体政治与经济的权威和实力。

六、贵族与贵族政治流光溢彩

由于统治地域的扩大,特别是西周时期还由于实行了"启以夏政,疆以

---

① 朱玲玲:《坊里的起源及其演变初探》,《郑州大学学报(哲学社会科学版)》1986年第2期。
② 蒋玉斌:《令方尊、令方彝所谓"金小牛"再考》,《中国文字研究》2010年第1期。
③ 赵世超:《周代国野制度研究》,陕西人民出版社,1991年。
④ 李学勤:《战国题铭概述(上)》,《文物》1959年第7期。

戎索",以及"乡里"制"井田制"并举的国家治理的大政方针,所以社会矛盾相对缓和,国家可以汇聚的资源与财富也越来越多,因而也就奠定了基础,造就了贵族与贵族政治流光溢彩的历史现象。

主要表现在二个方面。

1. 贵族越来越贵

虢国就是西周初期的重要诸侯封国。周武王灭商后,周文王的两个弟弟分别被封为虢国国君,一个为东虢,一个为西虢。多数学者都认为,西周晚期"宣王时期或其前后"西虢东迁①,大致位于现代河南三门峡一带。

从20世纪50年代开始,连续不断的考古发现不仅证明了虢国的存在,还证明当时的贵族越来越贵,富甲天下。

M2001,20世纪90年代初期发掘,资料证明这是一座国君级的大墓(图3-3-2)。

该墓有四重葬具,一重木椁,两重木棺,还有一具木棺罩。随葬器物的数量也特别巨大,达3 200件之多。其中,主要是大量精美的青铜器和玉器,以及金器、铁器和骨、角、牙、蚌等②。更为可贵的是,还有八件一套的铜编钟,据测试,它还是我国目前发现年代最早、保存完好、音色优美、音律最为准确的一套,在我国音乐学史上占有重要的一席之地。在兵器中,还有一件玉柄铁剑,被誉为"中华第一剑",它的出土,将我国人工冶铁的历史又向前推进了一个多世纪。

2. 贵族越来越有"文化"

在贵族越来越贵的同时,贵族也越来越有"文化"。商代甲骨文的发现与商周时期的学校教育就是这方面最好的证明。

1. 商代甲骨的发现

目前,安阳殷墟共出土甲骨15万片,其中正规考古发掘所获约3.5万片。甲骨文虽然经过了不同书写形式的变化,但是以形、音、义为特征的文字和基本语法仍保留至今,成为今天世界上五分之一人口还在使用的方块字,对中国人的思维方式、审美观产生了重要的影响。如果说钻木取火标志着人类告别了茹毛饮血的野蛮岁月,那么文字的出现就意味着人类走出了结绳记事的洪荒年代。因此,甲骨文的发现意义重大,被誉为是一盏照亮中华文明的明灯。

---

① 中国社会科学院考古研究所:《中国考古学·两周卷》,中国社会科学出版社,2004年,第104页。
② 河南省文物研究所等:《三门峡上村岭虢国墓地M2001发掘简报》,《华夏考古》1992年第3期。

第三章　以血缘社会为基础的晚期文明起源 · 407 ·

图3-3-2　河南三门峡虢国墓地 M2001 平面图

44—51. 虢季铜编钟　55—64. 石编磬　65. 小子吉父铜方甗　66、71、72、82、83、106、126、180、150、390. 铜鼎　67、75、86、94、95、121、125、134. 铜簋　68—70、73、74、85、110、116. 铜鬲　76. 铜钲　77、78. 铜匜　79、81、91、97. 铜盨　80、89. 铜壶　84. 玉匕　90、92. 铜方壶　96、117、129. 铜盉　99、107、109、149. 铜盘　105、148. 铜簠　108、120、131. 铜尊　111、133、387. 铜方彝　118、151. 铜爵　132、145. 铜觯　393. 玉柄铁剑　446、487—489、491—498. 玉饰　503、506. 玉佩　526. 铜内铁援戈

（引自中国社会科学院考古研究所《中国考古学·两周卷》）

然而，已有的考古发现又表明，商代甲骨的主要出处就是河南安阳殷墟，"除了小屯以外，还有侯家庄南地、花园庄东地与南地、四磨盘、后冈、苗圃北地、薛家庄南地、大司空村、白家坟东地、刘家庄北地10处。小屯、花园庄东地、侯家庄南地所出的刻辞甲骨数量多，绝大多数属于卜辞；其他8个地点所出的刻辞甲骨数量少，内容多为习刻"[1]。

显然，最早的甲骨文并不是一种大众文化，而是一种国家级的统治工具和贵族文化，在殷墟时期也只为王室所占有。

2. 商周时期的学校

商代已有了比较正规的贵族子弟学校与教育场所。甲骨文和其他文献中就有不少关于商代学校名称的记载，如"大学"（"右学"）、"小学"（"左学"）、"庠"、"序"等[2]。

西周的教育更为发达，已具备了较为完备的学校教育制度，有了不同类型和级别的学校。其中，设在天子或诸侯国王都内的学校称"国学"，主要是为贵族子弟设立的。设在王都郊外行政区内的学校总称"乡学"，入学对象主要是下级贵族和本民族核心血缘族体的平民子弟。

显然，当时在文化教育方面最重要的特点就是"学在官府"；同时也说明，当时的贵族与贵族政治已越来越有文化的内涵。

第二节　早期方国出现的意义

主要有四个方面。

一、标志血缘社会到地缘社会已进入最后的过渡阶段

就历史的发展而言，从史前血缘社会到历史时期国家地缘社会的转变，其实就是人类氏族社会独立血缘组织林立的局面被打破的过程，就是社会的文明化与组织结构一体化的过程。这个过程和转变完全是人类历史发展的一种巨大进步。

但是，这种转变与进步并不是一蹴而就的，也不是跳跃式的，而是渐进的、多样的。尤其是中国的转变，不仅过程明显，而且还特色独具（图3-3-3）。

---

[1] 中国社会科学院考古研究所：《中国考古学·夏商卷》，中国社会科学出版社，2003年，第425页。

[2] 王晖：《庠序：商周武学堂考辨——兼论周代大学小学所学内容之别》，《中国史研究》2015年第3期。

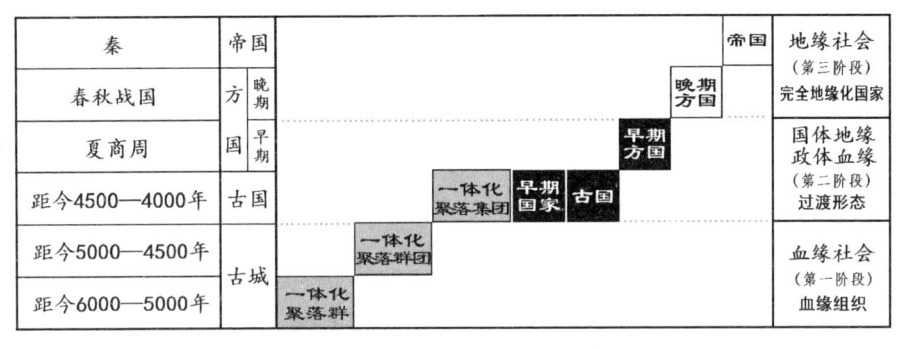

秦	帝国						帝国	地缘社会 (第三阶段) 完全地缘化国家
春秋战国	方国	晚期				晚期方国		
夏商周		早期			早期方国			国体地缘 政体血缘 (第二阶段) 过渡形态
距今4500—4000年	古国			一体化聚落集团	早期国家	古国		
距今5000—4500年	古城		一体化聚落群团					血缘社会 (第一阶段) 血缘组织
距今6000—5000年			一体化聚落群					

图3-3-3 中国血缘社会转变为地缘社会各阶段特点示意图

考古证明,从血缘社会过渡到地缘社会,也就是血缘社会一体化过程的结束与地缘社会一体化过程的开始,大体经历了三大阶段。

第一阶段就是新石器时代晚期,是在实力与利益的基础上血缘社会组织开始一体化且规模越来越大的阶段。第三阶段就是春秋战国至秦,是中国历史上真正地缘社会的最早形成阶段。

至于第二阶段,则是血缘社会到地缘社会的过渡阶段。

距今4 500—4 000年就是这一段的第一小段,以聚落集团、早期国家、古国的同时出现为标志,是史前血缘社会开始迈入地缘化大门边缘的转型阶段。其中,聚落集团就是血缘社会一体化大型化的最高境界,一体化的范围覆盖了同血缘的所有只要沾亲带故的成员。早期国家则是血缘族体合纵连横开始跨血缘跨地域一体化大型化的结晶,标志着一体化大型化的趋势推动了血缘与地缘因素共存的中间形态的社会组织的出现。至于古国则是地缘一体化最初的产物,代表了历史上第一种地缘化社会组织的出现。

夏商周时期就是这一段的第二小段,以早期方国的出现为标志,社会由血缘到地缘的过渡又取得了重大进步。

主要表现在三个方面。

一方面,出现了单一民族国家,极大地扩大了国家的地缘化空间范围。

另一方面,国体地缘化、政体血缘化。史前晚期,古国虽然也是国体地缘化、政体血缘化的。但是,与夏商周相比各有特点不同。其中,古国,一方面统治与被统治单位都是族体化的,都是一个个具体的小型的血缘组织;另一方面无论统治者还是被统治者在地域方面都是近邻,国家也没有任何派出机构和"分封国"。夏商周时期,国家的统治者与被统治者都升级为了民族,而且国家的地域范围有了极大的拓展。于是"分封制"成为了国家统治的基本模式。虽然受封的绝大多数都是统治民族内部核心血缘族体的人员,但它并不是直接的血缘族体对族体的统治与管理,而是一种分层次分地域的管理。这种管理实际也具有明显的地缘化的意义和性质。

再一方面,从西周开始,国家政体的地缘化迈出了历史性的、最具本质意义的第一步,这就是"乡里"制与"井田制"的建立。它们不仅非常清楚地表明国家政体的地缘化过程已经首先从基层地方组织开始了,而且通过这种改造使原本相对独立松散的、以不同血缘族体为组织单位的统治民族的地缘一体化更为深入,更有利于国家的统治与统治力量的集中和增强。

正因此,夏商周等早期方国出现的最大历史意义就在于证明了中国社会的文明化一体化,即由血缘社会到地缘社会的转变已进入到了最后的过渡阶段。

二、给了血缘社会的存在最后一击

历史证明,史前所有的人类组织都是血缘组织,都是以血缘为纽带独立的社会实体组织与经济单位。即使是古国,表面上国体已经地缘化了,但实际上不论是统治者还是被统治者都是血缘组织。之所以如此,关键是古国要的是不劳而获,至于被统治者血缘社会的基础根本没有触及,也没有触及被统治者的生产资料集体所有制。

但是,早期方国的出现,尤其是西周"乡里制"与"井田制"的实施,实际上就从政治制度、经济制度二个方面根本性地给了血缘社会的存在最后一击。一方面彻底剥夺了以往社会血缘组织独自为政的权力与合法性,另一方面变生产资料国家与集体二级所有为国家独有,彻底摧毁了血缘组织经久不衰的经济基础。

春秋初期,各诸侯国会开始"相地而衰征"和"初税亩",皆因为随着西周开始全面实施的土地国有制,以往基于血缘社会生产资料集体所有制的社会成员最低生活保障制度都被彻底废除了。于是,为了弥补生活的不足,中国历史上也第一次出现了"公田不治"与"私田"。这些变化不仅仅只是社会政治与经济发展的产物,更是血缘社会的羁绊被最后彻底解除的标志。

中国的社会之所以会从春秋时期开始进入政体的上层都地缘化的时代,其中一个很重要的原因就在于社会的血缘基础与基层组织早在西周时期就开始动摇了。

这就是早期方国对历史对社会文明化一体化的最大贡献。从此,血缘组织就不再是社会独立的生产生活实体与经济单位,而降级成为了一种民间的非实体的互助组织,并逐渐分裂向以直系父系血缘关系为基础的小的宗族演变。

三、劳动者的独立性与自由度出现了转折性的变化

如果说距今 6 500—5 000 年的文明起源不仅仅只是改变了社会的生产方式、生活方式与组织方式,还深刻地赋予了每一个劳动者在血缘社会内部一定的社会独立性,使"人的解放"由此起步,那么西周的"乡里制"与"井田制"实际就使"人的解放"又往前推进了一大步,进入了一个新的阶段。

第一,"乡里制"与"井田制"的实施,使劳动者第一次从政治上经济上都甩掉了血缘的束缚,使人的独立性的范围扩大了,超出了血缘的局限,成为了地缘社会的独立个人。

第二,"公田不治",而真正属于个人的"私田"出现了。这虽然有违国家的制度,但对劳动者个人而言却允分显示了在甩掉血缘束缚以后个人独立性的提升,说明从此不再受血缘组织的管束,还说明劳动者已从史前最初血缘社会的独立开始起步迈向地缘社会的自由。

不过,由于土地的使用权有限,又不能自由交换和买卖;还由于"井田制"和劳役地租,所以劳动者依然被捆绑在土地上,人的解放程度当时还有很大的局限性。

四、夏商周社会发展的局限性突出

长期以来学术界就有人对夏商周的历史地位给予了较高的评价,并认为"三个朝代文化的成就辉煌,为后代文明的发展奠定了基础","三代是中华文明的第一个高峰时期,而商周两代又是三代文明最兴盛的时期"[1]。

然而,考古发现夏商周三代贫富与等级的二级分化现象比史前任何时候都更为明显和严重。其中,最辉煌的并不是社会的变革与普遍发展,也不是社会的文明化,而是贵族政治与贵族文化流光溢彩。

从史前晚期以来,由于聚落组织的不断大型化一体化,尤其是地域辽阔的方国的出现,西周"乡里制"与"井田制"的实施,以及国家税收的增加,贵族所能集中并掌控的社会资源也越来越多,贵族与贵族政治也就越来越具有了领衔发展物质文化的特点,特别是那些大型的宫殿、祭祀遗迹和墓葬更是物质文化绚丽多彩的集中场所与代表。但是,这些物质遗存对社会的文明化、对人类历史的进步意义又在何处呢?

一万年来,中国的史前与古代就长期存在社会的上层风光无限而普通平民则一穷二白的越有权越富现象,从夏商周开始又出现了越有权就越有

---

[1] 袁行霈等:《中华文明史》,北京大学出版社,2006 年,第 128 页。

"文化"的现象。虽然"文化"对后世人类的发展产生了重大的影响。但是，当时它既不是社会先进的生产方式与进步的代表，也不是手工业、农业社会分工以及商品经济发展的标志，更不是当时社会普遍文明化的产物。

实际上，历史早已证明夏商周三代的发展具有明显的局限性。其中，最突出的就是只知道剥削与压迫，根本不关心社会生产生活方式的变革，广大被统治者的生存状况一直没有根本性的变化。

之所以如此，主要原因与关键就在于当时所有的思想与变化都只基于统治者的利益，即使是"礼制"、"仁制"都具有"礼不下庶人，刑不上大夫"（《礼记·曲礼》）的特点。虽然"启以夏政，疆以戎索"的政策里面也包含了一点"仁"的含义，但更多的还是维持了自史前以来的社会现状，也维护了统治者的长治久安。虽然"乡里制"与"井田制"的实施，最终彻底动摇了血缘社会的根基，但并没有由此就给广大劳动者带来任何福祉，劳动者的生存状况仍旧维持原状并略有降低。否则，就不会出现史前社会绝无仅有的"私田"。此外，因"乡里制"与"井田制"而给人们带来的那种"自由"，实际也不是国家主动变革的结果，而是被统治民族与劳动者的一种不满与反抗，并标志着被统治者的反抗已经开始成为社会文明化的基本动力。

因此，研究夏商周不能被绚丽多彩的贵族政治的物质与文化模糊了视线，并抬高了它们出现的历史意义。

本 章 小 结

夏商周时期就是基于血缘社会的文明起源的晚期阶段，也是社会一体化范围进一步扩大，并由以血缘组织为基础的古国转变为以地缘化单一民族为基础的早期方国的阶段。

一、早期方国的特点

"方国"就是一方之国，地方之国。其中，夏商周就是早期方国，主要特点是以单一民族为主体，国体地缘化、政体血缘化。

就社会的一体化与组织形式的变化而言，早期方国主要可见六个方面的特点。

第一，出现了单一民族国家。

随着人类社会不断由血缘转向地缘，随着一些古国势力的强大，以及在利益的基础上追随者日益增多，以往的自然民族开始变成了一种实体民族。

事实表明，夏商周就是历史上第一批将自然民族变为实体民族的代表，而且以他们为主体所建立的国家也都属于单一民族国家。

第二，国家的地域范围越来越大。

史前的古国，一般面积都很小，约2 000平方公里。但是，夏商周早期方国的出现就宣告了小国"万邦"时代的结束，国家的地域范围也从此越来越大。其中，不仅统治民族所在的核心区域扩大了，而且异族的统治区域也在不断扩大。

第三，"封建亲戚，以蕃屏周"。

夏商周时期的国家虽然国体已经地缘化了，但政体与统治方式却依然还是血缘化的。其中，"分封制"就是这方面的代表。

所谓"分封制"，就是"封建亲戚，以蕃屏周"的政治制度，就是通过分权分地分人的形式在统治民族内部利用核心血缘族体进行统治的一种政治模式。其中，西周的"分封制"最为典型。

第四，"启以夏政，疆以戎索"。

周人在征服了商民族之后，对被征服者的核心族人普遍施以了怀柔政策，尽量避免社会矛盾的激化。其中，"启以夏政，疆以戎索"就是这方面指导思想与政策的集中体现。这样做的结果不仅没有破坏被征服者的血缘组织及其宗法关系，反而还利用它们作为了统治的工具。

第五，"乡里制"与"井田制"并举。

"乡里制"与"井田制"都是西周早期发生在周民族内部的重要变革。

"乡里制"是一种基层社会的管理与政治制度，它彻底剥夺了以往基层血缘组织独自为政的权力与合法性，进而强化了国家对社会基层的统治与管理。

"井田制"是一种与"乡里制"配套的经济制度。一方面，它变当时生产资料的集体与国家二级所有为国家独有；另一方面，使个体劳动者或家庭原本耕作集体土地而应该上缴给集体的那部分"劳役地租"全部都交给了国家。这样就彻底摧毁了血缘组织经久不衰的经济基础。

第六，贵族与贵族政治流光溢彩。

主要表现在二个方面。一方面，贵族越来越贵，财富越来越多；另一方面，贵族也越来越有"文化"，如商代的甲骨文就掌握在王室一级的大贵族手中。

二、早期方国出现的意义

主要有四个方面。

（一）标志血缘到地缘社会已进入最后的过渡阶段

夏商周时期，社会由血缘到地缘的过渡取得了重大进步。一方面，单一民族国家的出现极大地扩大了国家的地缘化空间范围；另一方面，"分封制"也具有一定的地缘化统治的意义；再一方面，西周"乡里制"与"井田制"的建立还非常清晰地表明国家政体的地缘化过程已开始从基层地方组织启动。

正因此，夏商周等早期方国出现的最大意义就在于证明了中国社会的文明化一体化，即由血缘到地缘的变化已进入最后转变的关键时期。

（二）给了血缘社会的存在最后一击

早期方国的出现，尤其是西周"乡里制"与"井田制"的实施，实际上就从政治制度、经济制度二个方面根本性地给了血缘社会的存在最后一击，一方面彻底剥夺了以往社会血缘组织独自为政的权力与合法性，另一方面变当时血缘组织的生产资料集体与国家二级所有为国家独有，从而彻底摧毁了血缘组织经久不衰的经济基础。

（三）劳动者的独立性与自由度出现了转折性的变化

由于"乡里"制与"井田制"的实施，一方面劳动者第一次甩掉了血缘社会的束缚，成为了地缘社会独立的人；另一方面"公田不治"与"私田"的出现又说明劳动者在甩掉血缘社会的束缚之后，已开始从史前最初的独立迈向了自由。

不过，由于当时土地的使用权有限，又不能自由交换和买卖；还由于"井田制"和劳役地租，所以当时人的解放程度还有很大的局限性。

（四）夏商周社会发展的局限性突出

历史证明夏商周三代的发展具有明显的局限性。其中，最突出的就是只知道剥削与压迫，根本不关心社会生产生活方式的变革，广大被统治者的生存状况一直没有根本性的变化。

虽然"乡里制"、"井田制"的实施，最终彻底动摇了血缘社会的根基，但并没有由此就给广大劳动者带来任何福祉。此外，因"井田制"而给人们带来的"自由"，实际也不是国家主动变革的结果，而是被统治民族与劳动者的一种不满与反抗。

因此，研究夏商周不能被绚丽多彩的贵族政治的物质文化模糊了视线，并抬高了它们出现的历史意义。

第四章　以地缘社会为基础的文明起源

从史前到商周,中国的文明起源就一直以血缘社会为基础,它不仅改变了人们的生产、生活方式,还改变了社会的组织方式与人本身的社会属性,让人们初步尝到了独立与自由的滋味。春秋战国时期,社会的文明化再次发生了质的变化,一方面是国体政体完全地缘化,另一方面又出现了新的社会组织方式、生产方式、生活方式,而且还赋予了人们前所未有的独立与自由,从而开启了人类地缘社会文明化新时代的大门。

第一节　新式文明出现的背景

如果说距今6 500—5 000年期间,是人类社会在血缘的基础上迎来的第一波社会文明化的高潮,那么,春秋战国时期可以说就是在地缘的基础上迎来的社会文明化的第二波高潮。

一般而言,新一波高潮出现的直接原因或背景主要涉及二个方面。

第一,"礼崩乐坏"(清·章炳麟《与简竹居书》)。

由于以往在血缘基础上建立的各种社会制度,尤其是"分封制"的崩溃与瓦解,一些地方诸侯国不仅日趋强大,而且为了"富国强兵"还打开了社会地缘化的最后一扇大门,人与人之间不再以血缘和民族为组织纽带,阶级迅速成为了新的社会组织基础。

第二,诸侯争霸。

由于一些诸侯国强大起来了以后,为了夺取或支配更多的土地、财产与人口,于是就出现了各自相互争霸的历史高潮。其中,齐、晋、秦、楚、吴就是"春秋五霸",秦、齐、楚、燕、韩、赵、魏,就是"战国七雄"。

值得注意的是,就在"礼崩乐坏"与诸侯争霸的基础上,各诸侯国当时都争先恐后地实施了一系列的社会变革,从政治到军事,从经济到文化,掀起了中国古代历史上最激动人心的改革大潮,不仅使国家政体迅速地缘化,而且还因为出现了许多以往从未有过的文明化的新生事物而深刻地改变了整个社会的面貌。

第二节 新式文明给社会带来的变化

新式文明的出现给社会带来的变化主要有十一个方面。

一、出现了多民族的阶级国家

多民族与阶级国家的出现是人类社会组织方式与文明一体化的重大进步。

从距今7 500年开始,人类社会第一次出现了一体化的聚落群,并由此揭开了血缘社会一体化的历史序幕。

夏商周时期,以早期方国的崛起为标志,意味着历史上第一个以单一民族为主体的国家出现了。这既是利益一体化的结果,也是人类社会地缘一体化的结果。但是,由于与血缘社会还有明显的联系,所以国体虽然地缘化了,但政体却还是血缘化的。

春秋战国时期,以晚期方国的崛起为标志,人类社会的文明化与一体化又取得了重大进步。

一方面,中国历史上第一个统治民族与被统治民族融合为一体的多民族国家出现了。它不仅是社会地缘化又上新台阶的结果,更因为彻底甩掉了血缘之间、民族之间的羁绊与隔阂,从而揭开了人类无区别的多民族融合的历史大幕。

另一方面,随着政治与经济方面的改革,人类社会中的血缘与民族的界限、羁绊与隔阂都退出了历史舞台,而完全以地缘化社会为基础,以权力和财富为标志的阶级和阶级社会登上历史舞台,并为人类社会以后的发展奠定了新的历史基础。

二、出现了国体政体都地缘化的国家

考古证明,从夏商开始当时的国家就存在"分封制",湖北黄陂盘龙城[1]与安徽阜南台家寺[2]等有青铜器墓葬与青铜作坊的高等级商文化遗址就是这

---

[1] 湖北省文物考古研究所:《三苗与南土》,江汉考古编辑部,2016年,第46页。
[2] 陈冰白等:《安徽阜南台家寺遗址发现商代高等级聚落》,《中国文物报》2013年4月28日,第8版。

方面的代表。西周时期,"分封制"则已成为一种普遍实行的基本国策。

中国的早期方国之所以都实行"分封制",其关键的原因之一就是国土辽阔了,只能分而治之;之二就是为了维护单一民族国家中核心血缘族体的地位与利益。

然而,这种国家除了绚丽多彩的贵族与贵族政治以外,对社会整体的发展并无太多贡献。唯一可圈可点的就是西周时期,为了强化对本民族基层组织的控制与管理,还同时增加国家的收入,国家推行了"乡里制"与"井田制",从而首先实现了统治民族内部基层组织政体的完全地缘化。

然而,真正使国家政体的核心部分及上层建筑也地缘化的则是春秋战国时期,尤其是多民族国家的出现、"郡县制"及官僚"任命制"的实施,不仅从根本上拆除了单一民族与血缘社会的藩篱,更意味着国家的政体已彻底摆脱了统治民族及其核心血缘族体的束缚,基本实现了地缘化。

显然,国家政体的全部地缘化比国体的地缘化更难更重要。它不仅是人类社会一体化形式与内涵逐步统一的重大成果,而且也完全是人类社会文明化的重大进步。

三、变"分封制"为"郡县制"

事实证明夏商周三代的"分封制"最后是一种失败的制度,是一种催生诸侯割据的制度。于是,就进一步催生了地缘化的政治统治模式,催生了"郡县制"。

郡县制,即指设郡、县二级地方政权的中央集权制度。在这种制度中,郡守、县令都由王室直接任免,不得世袭。

县的设立以楚国为最早。楚武王(前740—前690年在位)灭掉权国,将其改建为县。此后,秦、晋等国也开始设县。春秋后期,县制开始逐渐推行于内地。战国时期,县的设置已较广泛。秦孝公十二年(前350年),商鞅第二次变法,在秦国普遍推行县制,建置了四十一个县(《史记·秦本纪》)。国家可随时任免县令,官吏也实行定额俸禄制。郡的设置较县为晚。秦穆公九年(前651年),晋公子夷吾(即晋惠公)对秦国使者谈到"君实有郡县",为中国设郡的最早记载。而后,晋、赵、吴也相继设置了郡。至战国末年,各国郡县的设立已很普遍。

郡县制从根本上否定了夏商周以来的分封制,废除了贵族的世袭特权,基本上解除了地方割据势力对中央政权的威胁,打破了西周以来的割据状况,既有利于中央对地方的垂直管理,又有利于防止地方割据分裂,维护国家的统一。

郡县制既是政体地缘化的中央集权制的重要组成部分,又是官僚政治取代贵族政治的重要标志,也是地缘社会整合政治一体化的标志。

四、变贵族"世袭制"为官僚"任命制"

一方面在交通条件非常落后的历史背景下,为了在地域辽阔的范围内对各地被统治民族实施切实有效的统治;另一方面又为了维护为国家的建立出生入死、浴血奋战的统治民族内部的核心血缘族体的利益,所以夏商周都实行了普遍的贵族政治。这种政治最重要的特点,一是能进入国家政治队伍的人大多数都是与核心血缘族体有血缘关系的人,都是亲戚;二是"封建亲戚,以藩屏周";三是所有受封者都世代相传,即"世袭"。

然而,"世袭"的时间越长,与王室的关系越疏远,就越容易导致诸侯割据的现象出现。

于是,为了避免重蹈"世袭制"的覆辙,又为了伴随"郡县制"的改革,春秋战国时期贵族政治被逐渐淘汰,取而代之的则是官僚政治,其中贵族的"世袭制"被官僚的"任命制"所取代。

一般而言,"任命制"就是君王通过任命、罢免以及监督检查等手段来控制官僚,加强权力的集中和统一。

它出现的意义就在于,一方面标志着国家的统治机器已不再是血缘化,而是地缘化;另一方面又有利于中央的集权,有利于维护国家的统一,并防止地方割据分裂;再一方面就是有利于国家管理人才和全民性地选贤任能。

五、土地使用权开始完全私有

中国是一个农业大国,而且也从来没有过生产资料土地的私有制。

从史前开始,土地就是各级血缘聚落组织存在的基础和命根。古代历史时期,土地依然是各个时期国家存在的基础和命根,所以土地所有权从来都没有私有过,无论任何人都要向土地的所有者国家缴纳贡赋,国家在任何时候任何地点都可以剥夺任何人的土地。

19世纪50年代,马克思和恩格斯就已经意识到了"不存在土地私有制,的确是了解东方天国的一把钥匙"[①]。

当然,这里也有一个集体与个人的关系问题。

为此,史前在血缘社会的基础上就给出了第一个解决问题的方案,那就

[①] 恩格斯:《恩格斯致马克思(6月6日)》,《马克思恩格斯全集》第28卷,人民出版社,1973年,第2页。

是生产资料集体所有,部分使用权下放,分田到户,劳动者直接与土地的使用与耕作挂钩,收获与劳动直接挂钩。结果,个体劳动者高涨的生产积极性就为史前晚期整个社会的发展奠定了物质基础。

夏商周时期,虽然"溥天之下,莫非王土,率土之滨,莫非王臣"(《诗·小雅·北山》),但却继续沿袭了史前聚落的土地制度。即使西周实行的"井田制",也只是改变了"受田"的主体,并由血缘组织变成了国家;而土地的位置、大小面积、"公田"与"私田",与夏商与史前基本没有变化。事实上,夏商周时期之所以普通聚落及其各种生产生活用具都与史前没有大的区别,其根本原因就在于,夏商周改变的仅仅只是上层建筑,即政治制度与统治模式,并没有根本性地改变社会的生产方式与经济制度。

春秋战国时期,争霸不仅推动了上层政治体制统治模式的变革,也逐渐改变了社会的生产方式与经济制度,从而促使土地使用权不断趋于完全私有化。

税改,实际就是国家承认土地使用权私有的一种政策。因为,自西周开始,"公田不治"(《汉书·食货志》)以及大量私田被开垦的现象就非常普遍。

约公元前685年,春秋初期,管仲首先在齐国实行了"案田而税"(《管子·大匡》),或谓之"相地而衰征"(《国语·齐语》)的改革。这是中国历史上第一次变相承认土地使用权的私有,土地也没有了公田、私田的区别,一律按田地数量或产量,分等级纳税。

约公元前594年,鲁国也进行了一次著名的赋税改革,这就是鲁宣公十五年的"初税亩"(《左传·宣公十五年》),国家第一次公开承认了土地使用权的私有。

大约春秋晚期,土地买卖也由此兴起。《韩非子·外储说左上》曰:赵襄子时,中牟令"王登一日而见二中大夫,予之田宅。中牟之人弃其田耘,卖宅圃,而随文学者,邑之半",即是土地买卖的见证,也说明土地的使用权已经完全私有了,个人甚至可以随意买卖土地。

一般而言,土地使用权完全私有的意义主要有两点。一方面说明经济的商品化已开始触及土地等主要的生产资料,另一方面个人在经济活动中已开始成为了基本独立的自由人。

六、商品经济出现了高潮

随着社会政治与经济制度的改革,个体劳动者生产积极性的提高,春秋战国时期商品经济出现了历史性的高潮,主要表现在三个方面。

第一,各国金属货币大量发行与流通。

考古发现,春秋战国时期各主要诸侯国都大量发行了金属货币,如齐国燕国的刀币、三晋地区的布币、秦国及其他各国的圜钱、楚国的"蚁鼻钱"等①,就都是当时金属货币的最好代表。

第二,出现了城市。

虽然从史前晚期开始城址就已经崛起,但是一直到商周时期,城都只是一个军事与政治中心,只有春秋以后城才逐渐与"市"结合在一起了。

山东临淄齐故城就是这方面的典型。考古发现,城址的面积约15平方公里,并有大量的手工作坊遗址,仅冶铁遗址就有17处之多②(图5-3-4),从而说明临淄城不愧为当时商品经济的一个区域中心。

第三,出现了富商大贾。

随着商品经济的发展和金属货币的流通,"无寻尺之禄"(《国语·晋语八》)的人居然也"富可敌国",相传郑国弦高智犒秦师那样的大商人(《左传·僖公三十三年》)就属此类。

一般而言,商品经济的兴起意义非常重大,它不仅表明出现了全社会开放无障碍的生产、生活模式,还表明个人在地缘社会中的自由度和各种相应的权利都得到了空前的提高。

七、出现了城市

虽然中国史前晚期距今6 000年就出现了城址,但一直到商周时期,城址的主要功能还只是政治与军事中心。

然而,随着社会与政治制度的地缘化,商品经济出现了高潮,春秋战国时期在政治体制变革的推动下,一批晚期方国都城率先演变成为了区域性的经济中心,演变成了文化中心,演变成了独立与自由人汇聚的公共场所,如齐国、秦国、楚国的都城即如此。

据《史记·货殖列传》介绍,秦国的经济都会有栎邑和雍。栎邑在今陕西临潼县北,雍在今陕西凤翔县南。栎邑"北却戎翟,东通三晋",而雍则可以通陇蜀,即西连陇山以西,而南通巴蜀。

南方的楚国,地域最广,经济都会亦最多。楚国都城在郢,其后迁于陈,又迁于寿春。这几处既是楚国的都城,也是名著一时的经济都会。其中,郢"西通巫、巴,东有云梦之饶"。巫,今四川巫山县;巴,今四川重庆市,皆循江

---

① 中国社会科学院考古研究所编著:《中国考古学·两周卷》,中国社会科学出版社,2004年,第451—463页。
② 山东省文物考古研究所:《临淄齐故城》,文物出版社,2013年,第544页。

而上可以达到。

齐国的临淄，不仅是当时的区域政治与经济中心，还因为"稷下学宫"而闻名天下。

"稷下学宫"位于齐国国都临淄稷门附近，是世界上第一所由官方举办、私家主持的特殊形式的高等学府。中国学术思想史上的"百家争鸣"就是以齐国稷下学宫为中心，兴黄老之学[1]，不仅有力地促成了天下学术争鸣局面的形成，还深化了城市的内涵，标志着城市已不仅仅只是政治经济中心，而且还是文化与思想中心。

八、出现了晚期小农经济

小农经济有一个明显的发展演变过程。最早发轫于史前晚期，发轫于文明起源和分田到户、早期个体劳动个体经济。但是，那时候的早期"小农"还只属于血缘社会的组织单位与经济单位，除了拥有集体土地的独立耕作权以外，并没有土地的全部使用权，不仅土地不能买卖，就是农产品也不能买卖，因而个体劳动的独立性与经济意义十分有限。

从西周开始，由于"乡里"制与"井田制"的实施，劳动者与原来血缘组织之间的联系虽然被彻底斩断了，但劳动者依然没有土地的全部使用权，土地依然不能买卖，农产品至今也不见买卖的记录，所以小农依然被局限在原来的土地上，只是土地的属性由集体和国家二级所有变成了国家独有。

春秋战国时期，晚期小农经济基本成形，"小农"完全地缘化了。

一方面拥有了耕作土地的完全使用权，甚至可以自由买卖。

另一方面，由于"案田而税"（《管子·大匡》）"相地而衰征"（《国语·齐语》）、"初税亩"（《左传·宣公十五年》）等方面的变革，国家不仅第一次公开承认了土地使用权的私有，还历史性地将劳役地租变成了实物地租。

正因此，独立自主的晚期小农经济，不仅促使男耕女织第一次成为了整个地缘化社会最基本的生产方式，还促使个体家庭成为了地缘社会中最小的组织单位和经济细胞，从而为此后二千余年中国封建社会的超稳定发展奠定了经济与社会基础。

九、法制初上历史舞台

随着血缘社会的瓦解，所有的个人都成为了社会独立的个人，以往血缘组织各自用"乡规民约"独自进行社会秩序管理的基础已经不再。因此，为

---

[1] 于孔宝：《稷下学宫与黄老之学述论》，《管子学刊》2008年第4期。

了维护晚期方国的利益与秩序,统治者开始利用法律和法制来管理社会。

据文献记载,春秋时期中国才真正出现了每一个人都要遵守的成文法。公元前536年,郑国子产"铸刑书于鼎"(《左传·昭公六年》);公元前513年,晋国赵鞅、荀寅,"铸刑鼎"(《左传·昭公六年》、《左传·昭公二十九年》);公元前501年,郑国大夫邓析将郑国内外的法律规范编成刑书,并刻在竹简上,谓之"竹刑"(《左传·定公九年》),就都是这方面的代表。

这些成文法的意义就在于,一方面统治者抛弃了原来的礼法制度,也抛弃了竭力维护统治民族利益的思想;而另一方面则凸显了无论何人都一视同仁的地缘化的管理思想与变化。

十、出现了"富国强兵"的思想

春秋战国时期,虽然"富国强兵"思想的提出目的是为了争霸,但它却表明以往国家统治者以狭隘的血缘与民族利益为出发点的统治思想发生了很大变化,变成了地缘化的统治思想。

第一个,也是最早"富国强兵"的就是齐国。在《史记·管晏列传》中,司马迁赞扬管仲的功绩说:"管仲既任政相齐,以区区之齐在海滨,通货积财,富国强兵。"

此后,越王勾践用范蠡、计然理财,"修之十年,国富,厚赂战士,士赴矢石,如渴得饮,遂报强吴,观兵中国,称号'五霸'"(《史记·货殖列传》)。

"李悝为魏文侯作尽地力之教",行平籴法,"虽遇饥馑、水旱,籴不贵而民不散,取有余以补不足。行之魏国,国以富强"《汉书·食货志》。

商鞅变法更是"富国强兵"的经典。《史记·李斯列传》载:"孝公用商鞅之法,移风易俗,民以殷盛,国以富强,百姓乐用,诸侯亲服。"

显然,"富国强兵"思想的要害首先是"民富"。这完全是一项文明的、惠及普通百姓的治国之道,并为以后地缘化国家的发展奠定了思想基础。

十一、出现了私学

私学就是中国古代私人办理的学校,与官学相对而立。

私学最早就产生于春秋时期,以孔子办学的规模最大,影响最深。私学作为教育事业的重要组成部分,对中华文明的发展做出了巨大的贡献。首先,它冲破了商周以来只有贵族才有"文化",以及"学在官府"的历史局面和传统,将教育对象扩大到了普通平民。其次,私学是专门的教育场所,并打破了政教合一、官师合一的旧官学教育体制,使教育第一次成为了一种独立的社会活动,使教育内容与教育方式得到了新的发展。

春秋以来,为了争取在诸侯混战的军事政治斗争中掌握主动权,各地诸侯纷纷"举贤才",揽"士",从而也有力地推动了私学的兴起。

春秋前期,私学刚刚兴起不久,齐桓公便招收游士八十人为己所用。后来,燕昭王"卑身厚币以招贤者",致使"乐毅自魏往,邹衍自齐往,剧辛自赵往,士争趋燕"(《史记·燕召公世家》)。于是,养士用士之风逐渐盛行列国,极大地鼓舞了人们拜师求学的热情,私学生源充足。由于私学培养的士作用越来越大,身价越来越高,反过来又刺激了私学的繁荣。

私学对于中国历史最重要的意义就在于,它成了地缘社会所有的人独立自主地追名逐利,也同时追求自由和思想解放的阵地。

第三节 新式文明出现的意义

一般而言,以地缘化为基础的新式文明,不仅是以血缘为基础的文明起源的继承与发展,而且还给人们带来了全新的生存状态、生存质量和人的解放。

一、社会一体化进入了新的境界

人类从自然社会发展进入到文明社会,其中最重要的进步和标志就是社会的一体化,就是人与人在完全独立自主的基础上完全融为一个整体,没有任何隔阂、障碍与禁忌。又由于自然社会的一个重要特点就是以自然的血缘为纽带,所以社会要实现文明的一体化首先就要拆除血缘组织之间的,尔后就要拆除以核心血缘族体为主体的民族之间的藩篱。但是,这个过程并非一蹴而就,而是逐步渐进的。

从距今约7 500年开始,随着核心聚落与主从关系的出现,人类首先从聚落群开始就踏上了社会不断扩大整合与一体化的不归路。

距今5 000—4 500年,一体化的聚落群团崛起。

距今4 500—4 000年,一体化的聚落集团、早期国家、古国崛起。

夏商周,以单一民族为主体的早期方国崛起。

春秋战国,多民族晚期方国崛起。其中,所有民族之间的,包括统治民族与被统治民族之间的藩篱都被拆除了。由此,社会的一体化和人与人之间的融合进入了一个全新的历史境界,一方面是人类的血缘社会到此结束;另一方面就是真正的地缘社会由此开始,以往人与人之间基于血缘与民族的隔阂都退出了历史舞台,取而代之的则是基于地缘政治与经济地位的阶级。

事实表明,阶级的出现正是社会在地缘的基础上一体化又上新台阶的主要标志。

二、改变了以往的生产方式

历史表明,截至春秋战国,人类前后经历了三种生产方式。

旧石器时代到新石器时代中期,由于地广人稀,人类食物的主要来源是自然经济,所以当时社会的生产方式就是自然的集体劳动集体消费。

新石器晚期以后一直到夏商,由于人地关系日趋紧张,又由于土地属血缘集体所有,所以当时社会的主要生产方式就是早期个体劳动个体经济,即劳动者拥有土地的耕作权,并且多劳多得。虽然相对以往这种生产方式发生了质的变化,但是它的根本意义只在于劳动者通过生产性经济自己养活自己,并同时还为所在血缘聚落组织的发展提供物质基础。

西周"乡里制"与"井田制"的实施,虽然使劳动者由血缘集体的个人变成了地缘社会的个人,但国家的授田与劳租地租,对劳动者而言,实际与史前晚期一模一样,独立而不自由。人们不仅继续被捆绑在原有的土地上,而且也只有土地的耕作权,而没有经营的自主权。

春秋战国时期,由于国家政体不断地缘化、商品经济的兴起、国家对"私田"的默认、实物地租,以及土地使用权的完全私有并可自由买卖,从而导致社会的生产方式发生了重大变化,出现了晚期个体劳动个体经济,以及晚期的小农经济。一般而言,这种生产方式最重要的特点就是赋予了每一个劳动者在生产与经营方面最大限度的独立与自由,使中国第一次出现了与市场经济对接的个体劳动和个体经济,并最大限度地激发了劳动者经营土地和创业的热情。

实际上,春秋战国时期的那些诸侯霸主无一不是社会生产方式变革的获益者,如齐国就是典型。

三、改变了以往的生活方式

历史表明,截至春秋战国,人类前后经历了三种生活方式。第一种可称为"小集体的生活方式",第二种可称为"大集体的生活方式",第三种可称为"个体的生活方式"。

旧石器时代到新石器时代中期,由于当时人类的生产生活实体组织就是小型的血缘组织,并以部落或遗址群、聚落群为主;所有的劳动者都是集体的人,所以当时人们的生活方式就是一种"小集体的生活方式",这种生活方式的最大特点就是以相互独立的小型血缘组织为单位的集体劳动集体消费。

新石器晚期以后一直到夏商,随着聚落血缘组织不断地大型化一体化,人类社会出现了"大集体的生活方式"。这种生活方式最主要的特点,就是所有的劳动者都变成了集体中生产与消费都独立的个人,组织内部分工,从脑力劳动到体力劳动,从农业到手工业,而且一切都服从集中统一的领导与管理。

西周时期,"乡里制"、"井田制"的实施彻底捣毁了血缘集体的社会、政治与经济基础,并使存在了几百万年的血缘组织从一个以往的生产生活实体变成了一种非实体性的组织,所有的劳动者与个人都变成了地缘社会的独立个人,人们的生活方式也开始向地缘化转化。但是,土地不能买卖,农产品也不能买卖,还必须在"公田"里完成"劳役地租",所以在不能继续享受原来血缘集体最低生活保障的前提下,人们通过自发的反抗获得了一定的自由,并使"公田不治"和开垦了大量的"私田"。显然,人们的生活方式依然还没有真正的独立自主。

春秋战国时期,商品经济的兴起,尤其是土地使用权的完全私有,以及"税制"的改革与实物地租的出现,从而为人们彻底甩开以往血缘与民族的束缚奠定了社会与经济的基础,并彻底改变了人们的生活方式,使人们的生活方式从此变成了地缘社会独立的"个体的生活方式"。这种方式最重要的特点,一是个体劳动者和个体家庭都变成了独立的社会与经济体,二是人们生产生活面对的是更加广阔的商品经济世界,三是生存的方式也更加独立自主。《韩非子·外储说左上》所载:赵襄子时,中牟令"王登一日而见二中大夫,予之田宅。中牟之人弃其田耘,卖宅圃,而随文学者,邑之半",就不仅是土地买卖的见证,也是人的追求与活路更多样化的标志,也是人们在生活中已经拥有了更多的独立与自主的标志。

四、改变了以往社会的组织方式

历史表明,人类前后经历了二种社会的组织方式,一种是以血缘为纽带的组织方式,另一种是以地缘为纽带的组织方式,而文明的起源则是这二种社会组织方式前后转换的原因和力量。

一般而言,社会组织方式的改变主要表现在宏观与微观二个方面。其中,宏观变化涉及的主要是覆盖面最广、层次最高、规模最大的社会组织方式,而微观变化涉及的则主要是覆盖面与规模最小、层次最低的社会组织方式。

已有的考古和文献证明,春秋战国时期,无论宏观微观,社会的组织方式都发生了显著的变化。

第一,社会宏观组织层面的变化。

事实上,从旧石器时代开始一直到新石器时代中期,社会宏观的组织方式都是以血缘为纽带,所有的人都生活在相互独立、平等、分散、各自为政的血缘组织中。

新石器时代中晚之交,文明起源了,血缘组织也由此走上了大型化整体化一体化之路。一体化带给人类最大的变化不仅是具有集中统一领导和管理特点的组织的规模越来越大,而且在这种组织中各方面的分工也使得社会的发展进入了一个全新的时代。

夏商时期,整个社会的基层依然还是血缘组织,甚至整个晚商殷墟还是一个族邑构成的"大邑商"①,一个大的血缘聚落集团(图4-3-3)。

真正的变化是从西周开始的,从社会的基层组织开始的,"乡里制"与"井田制"的并举实施就是这方面的代表。虽然"同里者大率同氏"②,但它毕竟拆除了血缘组织的藩篱,捣毁了血缘组织的经济基础,从而拉开了人类社会基层组织地缘化的历史序幕。

春秋战国时期是人类社会组织方式最重要的变革时期,并在西周的基础上最后完成了国家上层组织的地缘化变革。其中郡县制、官僚任命制、俸禄制的实施与普及,就从社会的高层最后拆除了横亘在人们之间血缘与民族的藩篱。于是,基于地缘社会,政治与经济地位不同的阶级出现了,从而导致国家的组织制度与方式发生了质的根本性变化,从此国体与政体全部都地缘化了。

第二,社会微观组织层面的变化。

距今6 000年以前,陕西临潼姜寨仰韶文化早期聚落遗址的全面发掘与揭露表明(图1-3-7,1),当时最基层的社会组织就是以中型房子为代表的小型家族。这种房型不仅面积较大,而且都有灶坑,显示是一个生活的实体;而那些环绕在中型房址周围的小房址如F45、F50、F83、F95及F100等,"房中仅有少量日常用的手工工具,并没有整套的生产、生活用具,不像是一个对偶家庭的住所,不像是一个在氏族或家庭中相对独立的生活单位"③。

---

① 郑若葵:《殷墟"大邑商"族邑分布初探》,《中原文物》1995年第3期;唐际根等:《安阳的"商邑"与"大邑商"》,《考古》2009年第9期。
② 李学勤:《战国题铭概述(上)》,《文物》1959年第7期。
③ 西安半坡博物馆等:《姜寨——新石器时代遗址发掘报告》,文物出版社,1988年,第355页。

距今6 000年以后,随着社会的文明化,早期个体劳动个体经济的出现,河南邓州八里岗、淅川下王岗、郑州大河村等遗址仰韶文化中晚期"排房"、"套房"的发现就证明,一夫一妻制婚姻当时已开始流行和普及,一夫一妻制家庭已成为血缘社会中最基层的组织与经济单位。不过,它们都依附在血缘集体中,独立性与自由度都非常有限。

西周的"乡里制"与"井田制",虽然剥夺了血缘组织的历史合法性,一夫一妻制家庭表面上似乎也成为了地缘社会的最小组织单位。但是,它依旧被"公田"、"私田"捆绑在原来的土地上,独立而没有自由。

春秋战国,随着国体政体的地缘化与商品经济高潮的出现,一夫一妻制家庭也开始真正成为了地缘社会最小的组织与经济单位,这种单位不仅独立了而且还获得了自由,不仅土地可以买卖,农产品可以买卖;而且还出现了"弃其田耘,卖宅圃,而随文学者,邑之半"《韩非子·外储说左上》的现象。

显然,春秋战国时期社会组织方式的变化是巨大的,并说明当时社会的地缘化浪潮已涉及社会的每一个角落和每一个人。

五、人的解放又上新台阶

事实表明,从史前一直到春秋战国时期,人的解放大约也经历了三个阶段。

第一阶段,史前晚期至夏商时期。为了应对生存危机的挑战,文明起源了,并变广谱经济为农业经济,变集体劳动为早期个体劳动。于是,初级的文明社会使每一个人从聚落集体的一员变成了集体中的独立成员,这一变化也使每一个人的生活方式发生了重大变化,一夫一妻制婚姻与家庭开始普及,住房也都变成了独立的套间,墓葬也出现了夫妻并(异)穴合葬墓。

第二阶段,西周时期,也是一个过渡时期。由于"乡里"与"井田制"的实施,血缘藩篱的拆除,劳动者个人由血缘集体的独立个人变成了地缘社会的独立个人。尤其是"私田"的开垦,更说明"自由"已悄悄地来到了劳动者的身边。虽然还由于国家的"受田",劳动者的自由度依然有限,但是相对以往仍有不小进步。

第三阶段,也就是春秋战国时期,人的解放上了一个全新的台阶,也是自史前晚期以来人的解放的第二次高峰时期。

一系列的变革,特别是地缘化的"郡县制"、土地使用权的私有化、商品经济的发展、私学的兴起,都使人彻底从血缘社会的桎梏中解放出来,人们的生活方式再次发生重大变化,人的活动范围、活动的层次都得到了极大的拓展,人的能力也可以跨血缘跨地域的施展。当时学术界之所以会出现"百花齐放,百家争鸣"的局面,社会上之所以会有商鞅、苏秦、荆轲等贤人名士,孔子之所以可以带学生周游列国,就集中显示了人的生活方式与解放已达到了一个全新的历史高度,并意味着已从独立开始迈向自由。

第四节 新式文明与国家的关系

与史前和夏商周时期相比,春秋战国时期的文明起源不仅新颖而且绚丽多彩,更凸显了国家在晚期文明起源过程中的作用与地位。为此,正确地认识这一时段文明与国家的关系将有助于还原历史,并把握它们各自的发展与演变规律。

一、新时代国家与文明的新关系

事实表明,春秋战国时期晚期方国与晚期文明起源的关系非常特殊。一是亲近,二是国家成了文明的直接推手。

(一)国家与文明的关系非常亲近

考古显示,史前至夏商周时期,也就是以血缘社会为基础的文明起源阶段,就国家与文明二者的关系而言,这一阶段最主要的特点就是社会的文明化推动了国家的起源,而国家却很少为社会的文明化提供明显的动力,也很少导致社会的文明化出现明显的重大进展。事实上,没有距今5 000年以前的早期文明起源,就没有早期个体劳动个体经济的农业,就没有国家起源的物质基础;与此同时,没有血缘聚落组织的一体化也就没有国家起源的组织基础。与文明起源的历史作用相反,古国与早期方国的出现还表明,虽然它们表面上也推动了人类社会的一体化,但它们崛起的内在根本原因与主要目的却是在不同的血缘组织与不同的民族之间建立了以往从未有过的统治与被统治关系,以便最大限度地不劳而获。

长期以来,国内外学术界一直将文明的起源与国家的起源捆绑在一起,总以为"国家是文明社会的概括"[1]。

然而,夏商周时期,"国之大事,在祀与戎"(《左传·成公十三年》),最耀眼的历史成就是基于血缘与剥削的征服与贵族政治,对整个社会文明的贡献不仅甚微,而且乏善可陈。国家不仅没有概括文明,而且也没有采取重

---

[1] 恩格斯:《家庭、私有制和国家的起源》,《马克思恩格斯选集》第四卷,人民出版社,1974年,第172页。

大措施以推动人类自身生存状态的普遍改善与生存质量的普遍提高,也没有采取重大措施推动人类生产方式、生活方式、组织方式、人本身的解放等方面的进步与变革。

因此,古国与早期方国虽然都是文明起源的产物,但都不是真正的"文明"国家。

但是,从春秋战国开始,文明与国家的关系可以说与以前完全不同了。

为了争霸、为了快速富国强兵,国家主动需要社会的文明化,于是二者糅合在一起了。一方面文明深化了国家起源的历史进程,推动了国体政体都地缘化国家的出现;而另一方面国体政体都地缘化的国家又出台了许多涉及政治、经济、教育方面的改革,并有力地推动了社会的文明化和新式文明的出现。

在这里,晚期方国才真正地、历史性地表现出了具有一定的"国家是文明社会的概括"的特点。其中,变"分封制"为"郡县制"、变土地国有为土地使用权私有、商品经济出现了高潮、出现了城市、出现了晚期小农经济、出现了私学、出现了富国强兵的思想,这些变化既是国家转型的标志,也同样是社会新式文明的标志,还是人类的生产生活方式及自身的解放都进入了历史新阶段的标志。

显然,春秋战国时期是国家起源以来与文明关系最好的一段历史时期。

(二) 国家开始成为社会文明化的主要推手

比较文明起源的全过程不难发现,不同时代文明的动力各有不同。

史前晚期距今约 5 000 年以前,也就是文明起源的最早阶段。就动力而言,这一阶段的文明起源完全是在自然环境原因的作用下人类社会的自发行为。因为,当时的社会基础就是各自分散独立的小型血缘组织,也没有任何社会组织具有号召与组织能力,所以当时所有的社会变革都是各个血缘组织聚落群独立自发的变革。

一般而言,这种自发的文明有三个重要的特点。

第一,进展缓慢。

从历史上第一个一体化的聚落群到历史上第一个一体化的聚落群团的诞生,这中间的历时就不少于 2 500 年。其中,最早的一体化聚落群就见于距今 7 500 年以前的浙江嵊州小黄山与河南新郑唐户遗址,而最早一体化的聚落群团则迟到距今 5 000 年以后的湖北天门石家河(图 3 - 2 - 13,17)。

第二,不平衡现象明显。

最早一体化的聚落群之所以只见于长江、黄河的中下游地区,这本身就说明不同地域之间发展的不平衡。与此同时,就在浙江小黄山与河南唐户遗址附近也很少见到与它们类似的现象,这又说明即使是同一地区发展也存在明显的不平衡现象。

这种不平衡现象实际也说明,当时文明的影响与波及范围还十分有限。

第三,所有的变革都有自然原因的影子。

这是早期文明起源一个非常突出的特点。

考古表明,文明之所以起源,人类之所以掀起各血缘聚落组织最初自发的生产方式、生活方式、组织方式的大变革,关键就因为随着全新世气候的不断升温,人类社会迎来了空前的发展,从而导致人地关系和人与人关系日趋紧张。

距今 5 000 年以后,随着气候的不断降温和越来越冷越来越干,人类社会再次发生重大变化,不仅城址大量崛起,而且古国还带来了依靠暴力不劳而获的新的生存模式。

但是,春秋战国时期新式文明起源的动力和特点与早期完全不一样。不仅变化的速度快,从公元前 771 年的周平王东迁到公元前 221 年秦帝国的诞生,中间只有区区 550 年,而且影响的范围也非常广泛,从一个方国到另一个方国。

更加值得注意的特点与变化是,国家正式成为了文明的主要推手。

为什么以前的古国、早期方国不关心人类生产方式、生活方式、组织方式与人的解放?而晚期方国关心呢?

原因非常简单,因为古国与早期方国的建国目的就是一个血缘组织与民族暴力压迫另一个组织与民族,它们关心的就是自己所在组织与民族的利益。因此,史籍才有"天下有不顺者,黄帝从而征之"(《史记·五帝本纪》),以及商时"国之大事,在祀与戎"等记载。但晚期方国不同,一方面它是多民族的国家,内部没有相互独立分割的血缘组织与民族的利益,只有大一统的非血缘非民族的个人阶级与阶级利益;另一方面又由于阶级的构成范围是全民性的,是所有的人在同一个政治组织共同体内部相互依存的,被剥削阶级的生存状态很差剥削阶级也好不了,农民没有饭吃地主也不可能富裕。因此,要维护统治阶级的利益,要满足诸侯争霸的需求,就会迫使国家去兼顾每一个国民的利益,以便于调动每一个人的社会积极性,富国强兵。

正因此,春秋战国时期社会文明化的成果影响又广又深,并由此开创了一种国家主动推动社会文明化的新模式。

二、文明与国家的独立性依旧存在

由于国家在新式文明起源中的地位与作用,也由于一定的"国家是文明社会的概括"现象的出现,春秋战国时期的文明,一方面就标志着人类以血缘社会为基础的文明起源与过程已经走到尽头,另一方面又标志以地缘化社会为基础的文明刚刚进入了兴起的大门。

春秋战国新式文明的起源实际只是人类社会文明化的一个片段和部分，虽然国家从此成为了古代，乃至近现代文明的主要推手，但是历史的发展表明，改变人类社会的组织状态，改变人类的生存状态，提升人类的生活品质，并同步达到人本身的解放，始终是人类社会与发展内在追求的永恒目标。对此，没有时间与空间的差别，只有发展的不平衡。而国家，则是历史的阶段性的产物，它的本质就是一种社会的组织方式，多样性与复杂性共存，还有的大有的小，有的历时长有的历时短，有的兴有的亡，有的与文明亲有的远，而且总有一天，国家最终还会消失，世界还会大同。

因此，国家不会因为与文明开始亲近而获得永生，文明也不会因为国家开始亲近并成为文明的主要推手，而失去了自己的独立性与追求。

本 章 小 结

春秋战国时期是中国社会的文明化发生了质变的时期，也从此开启了以地缘社会为基础的人类社会文明化新时代的大门。

一、新式文明出现的背景

根据文献记载与考古发现，春秋战国时期新式文明起源的背景，一方面是历史的趋势使然，另一方面主要是诸侯争霸的结果。因为，为了快速富国强兵，各国都争先恐后地实施了一系列的社会变革，从而出现了许多以往从未有过的文明的新事物。

二、新式文明出现给社会带来的变化

主要有十一个方面。

第一，出现了多民族的阶级国家。

以晚期方国的崛起为标志，意味着人类历史上第一个多民族的阶级国家出现了。它的主要特点就是彻底甩掉了血缘之间、民族之间的羁绊与隔阂，从而揭开了统治民族与被统治民族多民族融合，国家的社会结构以阶级为主的历史大幕，并为以后社会的发展奠定了新的历史基础。

第二，出现了国体政体都地缘化的国家。

春秋战国时期，尤其是多民族国家的出现、"郡县制"及官僚"任命制"的实施，不仅从根本上拆除了血缘之间、民族之间的藩篱，更意味着国家的

政体已摆脱了统治民族及其核心血缘族体的束缚,从而标志国家的政体已完全地缘化。

第三,变"分封制"为"郡县制"。

"郡县制"指的就是设郡、县二级地方政权的中央集权制。它的意义就在于,从根本上否定了夏商周以来的分封制,废除了旧贵族的世袭特权,打破了西周以来的割据状况,既有利于中央对地方的垂直管理,又有利于防止地方割据分裂,维护国家的统一。

第四,变贵族"世袭制"为官僚"任命制"。

"任命制"就是君王通过任命、罢免以及监督检查等手段来控制官僚,加强权力的集中和统一。它出现的意义就在于,基本上解除了地方割据势力对中央政权的威胁,打破了西周以来的割据状况。既有利于中央对地方的垂直管理,又有利于防止地方割据分裂,维护国家的统一;还有利于国家管理人才和全民性地选贤任能。

第五,土地使用权开始完全私有。

土地可以买卖说明土地的使用权已经完全私有了。这一方面意味着经济的商品化已开始触及生产资料,另一方面又意味着个人在经济活动中已开始成为了基本独立的自由人。

第六,商品经济出现了高潮。

主要表现有三个方面。一是,各国金属货币的发现与流通;二是,出现了区域性的商业中心——城市;三是,出现了富商大贾。

第七,出现了城市。

随着国体政体的地缘化,商品经济出现了高潮,春秋战国时期一批晚期方国都城,即方国的政治与军事中心,又开始成为了区域性的经济中心,从而导致历史上第一批"城市"的出现。与此同时,城市也变成了文化中心,以及独立与自由人汇聚的公共场所。

第八,出现了晚期小农经济。

最早发轫于史前晚期早期个体劳动个体经济的小农经济,至春秋战国时期在拥有土地完全使用权并实行实物地租的基础上演变成了晚期小农经济。这种经济不仅促使男耕女织第一次成为了整个地缘化社会最基本的生产方式,还促使个体家庭成为了地缘社会中最小的组织单位和经济细胞。

第九,法制初上历史舞台。

随着血缘社会的瓦解,以往血缘组织各自用"乡规民约"独自进行社会秩序管理的基础已经不再。因此,为了维护晚期方国的利益与秩序,统治者开始利用法律和法制来管理社会。法治的意义就在于,一方面抛弃了原来的礼法制度，也抛弃了竭力维护统治民族利益的思想；而另一方面则凸显了无论何人何民族都一视同仁的地缘化的管理思想与变化。

第十，出现了"富国强兵"的思想。

"富国强兵"思想的要害是"民富"，这完全是一项文明的、惠及普通百姓的治国之道，并为以后地缘化国家的发展奠定了思想基础。

第十一，出现了私学。

私学就是中国古代私人办理的学校，与官学相对而立。私学对于中国历史最重要的意义就在于，它成了人们独立自主地追名逐利，也同时追求自由和思想解放的阵地。

三、新式文明出现的意义

以地缘化为基础的新式文明，不仅是以血缘为基础的文明起源的继承与发展，而且还给人们带来了全新的生存状态、生存质量和人的解放。

第一，社会一体化进入了新的境界。

春秋战国，多民族晚期方国崛起。所有民族之间的，包括统治民族与被统治民族之间的藩篱都被拆除了。由此，社会的一体化和人与人之间的融合进入了一个全新的境界，一方面是人类的血缘社会到此结束，另一方面就是真正以地缘社会政治和经济地位为基础的阶级社会由此开始。

第二，改变了以往的生产方式。

由于国家政体不断地缘化，商品经济的兴起，国家对"私田"的默认，实物地租，以及土地使用权的完全私有并可自由买卖，从而导致社会的生产方式发生了重大变化，出现了晚期个体劳动个体经济，以及晚期的小农经济。一般而言，这种生产方式最重要的特点就是赋予了每一个劳动者在生产与经营方面最大限度的独立与自由，使中国第一次出现了与市场经济对接的个体劳动和个体经济，并最大限度地激发了劳动者经营土地和创业的热情。

第三，改变了以往的生活方式。

由于商品经济的兴起，尤其是土地使用权的完全私有，以及"税制"的改革与实物地租的出现，从而为人们彻底甩开以往血缘与民族的束缚奠定了社会与经济的基础，并彻底改变了人们的生活方式，使人们的生活方式从此变成了地缘社会独立的"个体的生活方式"。这种方式最重要的特点，一是个体劳动者和个体家庭都变成了独立的社会与经济体，二是人们生产生活面对的是更加广阔的商品经济世界，三是生存的方式也更加独立自主。

第四，改变了以往社会的组织方式。

春秋战国时期是人类社会的组织方式由血缘转变到地缘的最后时期，

并从宏观与微观二个方面都改变了社会的组织方式。其中，宏观的变化就是从社会的高层最后拆除了横亘在人们之间的血缘藩篱，从而使国体与政体全部都地缘化了。微观的变化就是一夫一妻制个体家庭成为了地缘社会最小的组织与经济单位。

第五，人的解放又上新台阶。

由于国体政体及经济方面一系列的变革使人彻底从血缘社会的桎梏中解放出来，人们的生活方式再次发生重大变化，人的活动范围、活动的层次都得到了极大的拓展，人的能力也可以跨血缘跨地域的施展。这一切就集中显示了人的解放已达到了一个全新的历史高度，并意味着已从独立开始迈向自由。

四、新式文明与国家的关系

（一）新时代国家与文明的新关系

第一，国家与文明的关系非常亲近。

为了争霸、为了快速富国强兵，国家需要社会的文明化，于是二者糅合在一起了。其中，变"分封制"为"郡县制"、变土地国有为土地使用权私有、商品经济出现了高潮、出现了城市、出现了晚期小农经济、出现了私学、出现了富国强兵的思想，这些变化既是国家转型的标志，也同样是社会新式文明的标志，还是人类的生产生活组织方式及自身的解放都进入了历史新阶段的标志。因此，春秋战国时期是国家起源以来与文明关系最好的一段历史时期。

第二，国家开始成为社会文明化的主要推手。

由于晚期方国是一种多民族的阶级国家，内部没有血缘组织与民族的利益，只有非血缘非民族的个人阶级与阶级利益；又由于阶级的构成范围是全民的，是在同一个政治组织共同体内部相互依存的。因此，要维护统治阶级的利益，要满足诸侯争霸的需求，就会迫使国家去关心每一个国民的利益，以便于调动每一个人的社会积极性，富国强兵。正因为如此，春秋战国时期社会文明化的成果影响又广又深，并由此开创了一种国家主动推动社会文明化的新模式。

（二）文明与国家的独立性依旧存在

春秋战国时期，尽管新式文明的出现一方面标志着人类以血缘社会为基础的文明起源与过程已经走到尽头，另一方面又标志以地缘化社会为基础的文明刚刚进入了起源的大门。

不过，国家不会因为与文明开始亲近而获得永生，文明也不会因为国家开始亲近并成为文明的主要推手，而失去了自己的独立性与追求。

文明起源·结语

文明,不是具体的技术、文化与思想的进步,而是人类高品质的生存与生活状态,是人类社会发展的高级阶段,也是人类社会组织方式、生产方式、生活方式、人本身的解放不断地进步与变革。

已有的发现表明,人类的发展历史经历了二大阶段。第一阶段,自然社会,从旧石器时代一直到新石器时代中期。第二阶段,文明社会,即人类自己主动追求、主动改善生存状态与生存质量的时代与社会,从新石器时代中晚之交开始一直延续到现代。

中国的文明起源最早发轫于距今7 500年,不仅特色独具,而且还分别经历了以血缘社会和地缘社会为基础的二大阶段。其中,距今6 500—5 000年,就是在血缘社会的基础上文明起源最早的高潮时期;距今5 000—4 000年及夏商周时期,就是在血缘社会的基础上文明起源的中、晚期;而春秋战国则是在地缘社会的基础上新式文明出现的时期。

一、以血缘社会为基础的早期文明起源

(一)中国文明起源的时间与标志

中国文明起源的最早时间不晚于距今7 500年。其中,浙江嵊州小黄山与河南新郑唐户遗址所见聚落之间等级分明的主从关系的出现就是这方面最突出的代表和标志。

(二)早期文明起源给社会带来的变化

距今6 500—5 000年,就是以血缘社会为基础的早期文明起源的高潮时期。

主要有八个方面的变化和进步。

第一,自然的广谱经济转变为人为生产性的农业经济。

第二,集体劳动转变为早期个体劳动。

第三,一夫一妻制婚姻与家庭普及。

第四,个体家庭成为了血缘社会独立的组织与经济单位。

第五，财富私有制进入新的历史转折时期。

在并未触动生产资料集体所有制的基础上，通过分配与管理制度的改革，一方面"奢侈品"开始具有了比较明显而广泛的经济意义，另一方面劳动也开始通过早期个体经济与财富建立了初步的联系。由此，中国的财富私有制也开始进入了一个新的历史转折时期。

第六，母系社会转变为父系社会。

第七，人开始成为集体中的独立个人。

由于生产力低下，生产资料集体所有，任何个人都没有能力离开集体而独立生存，所以自有人类以来，每一个人就都是集体的一份子，没有任何属于个人的独立性与自由。但是，文明的起源，社会生产方式的变革，就直接推动了早期个体劳动与早期个体经济的出现，并为集体中个人独立性的获得奠定了经济与社会基础。

第八，聚落社会由分散开始走向统一。

为了应对生存危机而引发的社会危机，从聚落群开始，人类启动了社会的一体化进程，聚落社会也在"核心聚落"和"主从关系"的基础上开始从分散走向统一。

（三）早期文明起源的特点与意义

1. 早期文明起源的特点

主要有三个特点。

第一，起源的初始原因是自然的而非人为的。

距今 10 000—6 000 年，全新世的气候不断升温，并促使人类社会的发展出现了人口与聚落数量的大幅增长，也同步促使人类社会之间的矛盾不断激化。于是，为了应对人与自然、人与人之间的危机，文明就起源了，自然原因就成了文明起源的始作俑者。

第二，变革只发生在聚落群内部。

就变革的范围而言，全部都只发生在各个不同的聚落群内部，都是各个不同的聚落群自己主导自己的变革，没有出现任何跨血缘跨地域的现象。

第三，和平变革。

就变革的方式而言，全部都是聚落群自身自发静悄悄的和平行为，没有暴力。

2. 早期文明起源的意义

主要表现在五个方面。

第一，改变了人类的生产方式。

变广谱经济为农业经济，变集体劳动为早期个体劳动，并使早期个体劳动具有了一定的经济意义。

第二,改变了人类的生活方式。

食物的来源开始以人工耕作的农业为主,生产方式开始以个体劳动为主,婚姻形态开始以一夫一妻制为主,家庭开始成为社会最小的组织与经济单位,人与人之间的贫富和等级差异更为扩大。

第三,改变了人类社会的组织方式。

个体家庭开始成为了社会最小的组织单位,血缘社会的基本组织纽带开始由母系转变为父系,实力开始成为了社会组织的新型纽带,还开始出现了基于血缘与实力的一体化的聚落群。

第四,揭开了"人的解放"的历史序幕。

随着生产力与经济的发展,社会的进步,尤其是个体劳动、个体经济、个体家庭等方面的改革,人的社会独立性出现了,人也从集体的个人成为了集体中具有一定独立意义的个人。

第五,早期文明起源与国家起源无关。

就文明起源的目的,起源的方式,起源的社会范围,以及农业的发展与聚落组织的一体化而言,都与国家的起源没有必然的联系。文明的起源是独立的,不能将早期文明的起源与国家的起源都捆绑在一起。

二、以血缘社会为基础的中期文明起源

距今 5 000—4 000 年,是以血缘社会为基础的文明起源的中期阶段,也是在前期内部变革夯实了物质基础的前提下,聚落社会一体化高潮迭起,血缘社会开始向地缘社会过渡的阶段。其中,距今 5 000—4 500 年,崛起的是一体化的聚落群团;距今 4 500—4 000 年,崛起的是一体化的聚落集团、早期国家与古国。

(一) 一体化聚落群团崛起的背景、实例与意义

1. 一体化聚落群团崛起的背景

距今 5 000 年前后,气候发生了激烈变化,并由过去的高温湿热变成的干冷。与此同时,激烈的气候变化也引起了激烈的社会危机。

2. 一体化聚落群团崛起的实例

湖北天门石家河、京山屈家岭、安徽蒙城尉迟寺、山东滕州西康留、河南洛阳盆地浏涧河与马涧河交汇处的聚落组织,就都是不同地区一体化聚落群团崛起的代表。

3. 一体化聚落群团崛起的意义

就文明的起源而言,一体化聚落群团崛起的意义主要有三个。

第一，标志人类历史上第一个政治组织的诞生。

一体化的聚落群团就是人类历史上最早的政治组织，并具有以利益为基础、跨部落、永久性、集中统一领导和管理的特点。

第二，直接推动了脑力劳动、体力劳动以及早期"城乡"的社会分工。

脑力劳动与体力劳动分工的直接原因，就是社会的文明化，社会血缘组织的一体化大型化，以及跨部落的政治组织的出现。因为，聚落组织的大型化一体化就需要专门的领导与管理人员。与此同时，脑力劳动与体力劳动的分工也同步推动了历史上最早的"城乡"分工。

第三，变小集体为大集体的生产生活模式。

由于社会出现了跨部落永久性的实体社会组织，从而也就导致人们的生产生活模式发生了三个方面的重要变化。一方面，生产生活的范围由"小集体"变成了"大集体"；另一方面，生产资料由小集体所有变成了大集体所有；再一方面，历史性地出现了最早的"社会分工"，无论脑力劳动、农业、手工业都参与了分工。

（二）一体化聚落集团、早期国家、古国崛起的背景、实例与意义

1. 时代背景

与以前二次危机的主因是自然气候的冷暖变化引起的"天灾"不同，第三次危机出现的主要原因则完全是社会的发展、人口的膨胀导致的"人祸"。

2. 一体化聚落集团、早期国家、古国崛起的实例

聚落集团是血缘社会一体化重组与整合最高级别的组织，也是一种泛血缘的组织。它以强势的聚落群团为核心，其他的组织成员无论近亲远亲，只要沾亲带故即可。

早期国家是人类社会最早跨血缘，或又跨血缘又跨地域的一种聚落组织。

古国是人类社会最早又跨血缘又跨地域，并在周边不同聚落组织之间建立了统治与被统治关系的聚落组织。

考古发现，湖北天门石家河就是这一历史时段集所有聚落组织及其变化于一身的突出代表。

3. 一体化聚落集团、早期国家、古国崛起的意义

主要有六个方面的意义。

第一，社会一体化的规模又上了新台阶。

社会一体化规模的扩大包括二个基本的意义。一是外部有关聚落组织覆盖的空间范围越来越大，二是内部的能实施统一领导和集中管理的聚落数量越来越多。其中，一体化聚落集团的出现不仅代表和标志人类社会的

一体化又上了新台阶。

第二,聚落社会的组织纽带由血缘开始过渡到地缘。

聚落集团与早期国家都是由血缘到地缘之间的过渡形态,而古国则是真正的人类历史上第一种地缘化的聚落组织。其中,聚落集团和早期国家的过渡形式主要是跨血缘跨地域、和平地合纵连横,而古国则是暴力征服与拓展的结果。

第三,大集体的生产生活模式再次扩大深化。

主要的表现是,专业的分工越来越细,分类分层又分级。

第四,统治与被统治成为了一种新的生活模式。

由于新的"人祸"引起的生存危机再次爆发,以古国的出现为代表,标志着以往从未见过的、以暴力为基础、以不劳而获为目的的生存模式已经成为了一种新的生存模式。

第五,国家是文明起源过程中的一种产物。

文明的起源过程证明是文明起源推动了国家的起源,国家只是文明起源过程中的一种产物。此外,国家起源的目的与作用就是不劳而获,文明起源了的地方不一定都有国家,国家除了证明暴力是社会地缘化的基础以外,并没有给人类社会的发展带来任何文明的成果。因此,不能过高地提升了早期国家起源的意义。

第六,文明起源"满天星斗"。

中国地域辽阔,地形地貌气候环境多样特点突出,各地水文、土壤和植被的差异也极大,这不仅造就了各地考古学文化的多样性,也导致各地文明起源的特点各有不同。但是,它们都对中国的文明起源有平等、独立与独特的贡献,也并没有形成以中原为中心的"多元一体"结构。

三、以血缘社会为基础的晚期文明起源

夏商周时期就是基于血缘社会的文明起源的晚期阶段,也是社会一体化进一步扩大,由血缘组织扩大到地缘民族的阶段。

(一)早期方国的特点

"方国"就是一方之国,地方之国。其中,夏商周都属于国体地缘化、政体血缘化的早期方国。

就社会的文明化与一体化而言,早期方国主要可见六个方面的特点。

第一,出现了单一民族国家。

随着人类社会不断由血缘转向地缘,随着一些古国势力的强大,以及基于利益的追随者越来越多,以往的自然民族开始变成一种历史的实体民族。

夏商周就是历史上第一批将自然民族变为生产生活实体民族的代表,而以他们为主体所建立的国家也都属于单一民族的国家。

第二,国家的地域范围越来越大。

第三,"封建亲戚,以蕃屏周"。

夏商周时期,国体虽然已经地缘化了,但政体与统治方式却依然还是血缘化的。其中,"封建亲戚,以蕃屏周"的"分封制"就是这方面的代表和反映。

第四,"启以夏政,疆以戎索"。

周人在征服了商民族之后,对被征服者的核心族人普遍施以了怀柔政策,尽量避免社会矛盾的激化。其中,"启以夏政,疆以戎索"就是这方面指导思想与政策的集中体现。

第五,"乡里制"与"井田制"并举。

"乡里制"是周民族本身基层社会的管理与政治制度,它的实施彻底剥夺了以往基层血缘组织独自为政的权力与合法性,进而强化了国家对社会基层的统治与管理。"井田制"是一种与"乡里制"配套的经济制度。一方面,它变生产资料集体与国家二级所有制为国家独有制;另一方面,使个体劳动者或家庭原本耕作集体土地而应该上缴给集体的那部分"劳役地租"全部都交给了国家,从而就彻底摧毁了血缘组织经久不衰的经济基础。

第六,贵族与贵族政治流光溢彩。

主要表现在二个方面。一方面,贵族越来越贵,财富越来越多;另一方面,贵族也越来越有"文化",如商代的甲骨文就掌握在王室一级的大贵族手中。

(二) 早期方国出现的意义

主要有四个方面。

第一,标志血缘到地缘社会已进入最后的过渡阶段。

一方面,单一民族国家的出现极大地扩大了国家的地缘化空间范围;另一方面,"分封制"也具有一定的地缘化统治的意义;再一方面,西周"乡里制"与"井田制"的建立还非常清晰地表明国家政体的地缘化过程已开始从基层地方组织启动。

第二,给了血缘社会的存在最后一击。

早期方国的出现,尤其是西周"乡里"制与"井田制"的实施,实际上就从政治制度经济制度二个方面根本性地给了血缘社会的存在最后一击,一方面彻底剥夺了以往社会血缘组织独自为政的权力与合法性,另一方面变血缘组织的生产资料集体所有制为国家所有制,彻底摧毁了血缘组织经久不衰的经济基础。

第三,劳动者的独立性与自由度出现了转折性的变化。

由于"乡里"制与"井田制"的实施,一方面劳动者第一次甩掉了血缘社会的束缚,成为了地缘社会独立的人;另一方面"公田不治"与"私田"的出现又说明劳动者在甩掉血缘社会的束缚之后,已开始从史前最初的独立迈向了自由。

不过,由于当时土地的使用权有限,又不能自由交换和买卖;还由于"井田制"和劳役地租,所以当时人的解放程度还有很大的局限性。

第四,夏商周社会发展的局限性突出。

历史证明夏商周三代的发展具有明显的局限性。其中,最突出的就是只知道剥削与压迫,根本不关心社会生产生活方式的变革,广大被统治者的生存状况一直没有根本性的变化。

虽然"乡里制"与"井田制"的实施,最终彻底动摇了血缘社会的根基,但并没有由此就给广大劳动者带来任何福祉。此外,因"井田制"而给人们带来的"自由",实际也不是国家主动变革的结果,而是被统治民族与劳动者的一种不满与反抗。

因此,研究夏商周不能被绚丽多彩的贵族政治的物质文化模糊了视线,并抬高了它们出现的历史意义。

四、以地缘社会为基础的文明起源

春秋战国时期社会的文明化发生了质的变化,从此开启了以地缘社会为基础的人类社会文明化新时代的大门。

(一)新式文明出现的背景

春秋战国时期新式文明起源的背景主要是群雄并起与诸侯争霸。为了快速富国强兵,各国争先恐后地实施了一系列的社会变革,从政治到军事,从经济到文化,掀起了中国古代历史上最激动人心的改革大潮。

(二)新式文明出现给社会带来的变化

主要有十一个方面。

第一,出现了多民族的阶级国家。

以晚期方国的崛起为标志,意味着人类历史上第一个多民族的阶级国家出现了。它的主要特点就是彻底甩掉了血缘之间、民族之间的羁绊与隔阂,从而揭开了统治民族与被统治民族多民族融合,国家的社会结构以阶级为主的历史大幕。

第二,出现了国体政体都地缘化的国家。

春秋战国时期,尤其是多民族国家的出现、"郡县制"及官僚"任命制"的实施,从根本上拆除了血缘之间、民族之间的藩篱,从而标志着国家的政体已完全地缘化。

第三,变"分封制"为"郡县制"。

"郡县制"指的就是设郡、县二级地方政权的中央集权制。它的意义就在于,从根本上否定了夏商周以来的分封制,废除了旧贵族的世袭特权,打破了西周以来的割据状况,既有利于中央对地方的垂直管理,又有利于防止地方割据分裂,维护国家的统一。

第四,变贵族"世袭制"为官僚"任命制"。

"任命制"就是君王通过任命、罢免以及监督检查等手段来控制官僚,加强权力的集中和统一。它出现的意义就在于,基本上解除了地方割据势力对中央政权的威胁,打破了西周以来的割据状况。既有利于中央对地方的垂直管理,又有利于防止地方割据分裂,维护国家的统一;还有利于国家管理人才和全民性地选贤任能。

第五,土地使用权开始完全私有。

土地可以买卖说明土地的使用权已经私有了。这一方面说明经济的商品化已开始触及生产资料,另一方面又意味着个人在经济活动中已开始成为了独立的自由人。

第六,商品经济出现了高潮。

主要表现有三个方面。一是,各国金属货币的发现与流通;二是,出现了区域性的商业中心——城市;三是,出现了富商大贾。

第七,出现了城市。

随着国体政体的地缘化,商品经济出现了高潮,春秋战国时期一批晚期方国都城率先演变为区域经济中心,演变为文化中心,演变为独立与自由人汇聚的公共场所。

第八,出现了晚期小农经济。

最早发轫于史前晚期早期个体劳动个体经济的小农经济,至春秋战国时期在拥有土地完全使用权并实行实物地租的基础上演变成了晚期小农经济。这种经济不仅促使男耕女织第一次成为了整个地缘化社会最基本的生产方式,还促使个体家庭成为了地缘社会中最小的组织单位和经济细胞。

第九,法制初上历史舞台。

随着血缘社会的瓦解,以往血缘组织各自用"乡规民约"独自进行社会秩序管理的基础已经不再。因此,为了维护晚期方国的利益与秩序,统治者开始利用法律和法制来管理社会。法治的意义就在于,一方面抛弃了原来的礼法制度,也抛弃了竭力维护统治民族利益的思想;而另一方面则凸显了无论何人何民族都一视同仁的地缘化的管理思想与变化。

第十,出现了"富国强兵"的思想。

"富国强兵"思想的要害是"民富",这完全是一项文明的、惠及普通百姓的治国之道,并为以后地缘化国家的发展奠定了思想基础。

第十一,出现了私学。

私学就是中国古代私人办理的学校,与官学相对而立。私学对于中国历史最重要的意义就在于,它成了人们独立自主地追名逐利,也同时追求自由和思想解放的阵地。

(三)新式文明出现的意义

以地缘化为基础的社会文明化,不仅是以血缘为基础的文明起源的继承与发展,而且还给人们带来了全新的生存状态、生存质量和人的解放。

第一,社会一体化进入了新的境界。

多民族晚期方国崛起。所有民族之间的,包括统治民族与被统治民族之间的藩篱都被拆除了。由此,社会的一体化和人与人之间的融合进入了一个全新的境界,一方面是人类的血缘社会到此结束,另一方面就是真正以地缘社会政治经济地位为基础的阶级社会由此开始。

第二,改变了以往的生产方式。

由于国家一系列的政治与经济改革,从而导致社会的生产方式发生了重大变化。一般而言,这种生产方式最重要的特点就是赋予了每一个劳动者在生产与经营方面最大限度的独立与自由,使中国第一次出现了与市场经济对接的个体劳动和个体经济,并最大限度地激发了劳动者经营土地和创业的热情。

第三,改变了以往的生活方式。

由于国家一系列的政治与经济改革,从而为人们彻底甩开以往血缘与民族的束缚奠定了社会与经济的基础,并彻底改变了人们的生活方式,使人们的生活方式从此变成了地缘社会独立的"个体的生活方式"。这种方式最重要的特点,一是个体劳动者和个体家庭都变成了独立的社会与经济体,二是人们生产生活面对的是更加广阔的商品经济世界,三是生存的方式也更加独立自主。

第四,改变了以往社会的组织方式。

春秋战国时期是人类社会的组织方式由血缘转变到地缘的最后时期,并从宏观与微观二个方面改变了社会的组织方式。其中,宏观的变化就是从社会的高层最后拆除了横亘在人们之间的血缘藩篱,从而使国体与政体全部都地缘化了。微观的变化就是一夫一妻制个体家庭成为了地缘社会最小的组织与经济单位。

第五,人的解放又上新台阶。

由于国体政体及经济方面一系列的变革使人彻底从血缘社会的桎梏中解放出来,人们的生活方式再次发生重大变化,人的活动范围、活动的层次都得到了极大的拓展,人的能力可以跨血缘跨地域的施展,人的能力也可以得到跨血缘跨地域的认可。这一切就集中显示了人的解放已达到了一个全新的历史高度,并意味着已从独立开始迈向自由。

(四) 新式文明与国家的关系

1. 新时代国家与文明的新关系

第一,国家与文明的关系非常亲近。

为了争霸,为了快速富国强兵,国家需要社会的文明化,于是二者糅合在一起了。因此,春秋战国时期是国家起源以来与文明关系最好的一段历史时期。

第二,国家开始成为社会文明化的主要推手。

由于晚期方国是一种多民族的阶级国家,内部没有血缘组织与民族的利益,只有非血缘非民族的个人阶级与阶级利益;又由于阶级的构成范围是全民的,是在同一个政治组织共同体内部相互依存的。因此,要维护统治阶级的利益,要满足诸侯争霸的需求,就会迫使国家去关心每一个国民的利益,以便于调动每一个人的社会积极性,富国强兵。正因此,春秋战国时期社会文明化的成果影响又广又深,并由此开创了一种国家主动推动社会文明化的新模式。

2. 文明与国家的独立性依旧存在

尽管新式文明的出现一方面标志着人类以血缘社会为基础的文明起源与过程已经走到尽头,另一方面又标志以地缘化社会为基础的文明刚刚进入了起源的大门。

不过,国家不会因为与文明开始亲近而获得永生,文明也不会因为国家开始亲近并成为文明的主要推手,而失去了自己的独立性与追求。

总之,中国的文明起源完全是独立的。它不仅是人类由自然血缘社会到地缘社会转变的推动力,还始终是人类自身生存状态的普遍改善与生存质量的普遍提高,是人类的生产方式、生活方式、组织方式、人本身的解放等方面的进步与变革深层次的内在力量与结果。

国家起源

国家是一种社会组织与组织形式。国家内部的居民之间不仅跨血缘跨地域，还建立了政治上压迫、经济上剥削的统治与被统治关系。

中国的国家起源既是文明起源的结果，也是社会文明化一体化的结果；既与财富私有制无缘，也不是阶级矛盾不可调和的产物，而是在人地关系空前紧张的背景下催生的一种以不劳而获为目的的社会组织。

中国的国家起源先后经历了"古城、古国、方国、帝国"四大阶段，并相继催生了血缘国家、单一民族国家、多民族国家、大一统帝国等不同的国家形态。

距今6 000—4 500年，史前古城相继崛起，一体化的聚落群与聚落群团不仅先后引领了血缘社会一体化的高潮，也开启了国家起源的历史序幕。

距今4 500—4 000年，聚落集团、早期国家与古国同时崛起，不仅表明人类社会的发展已开始由血缘社会转变为地缘社会，还表明又跨血缘又跨地域还具有统治与被统治关系的第一代国家，即以血缘组织为基础的血缘国家已登上历史舞台。

夏商周时期，崛起的是以单一民族为主体的国体地缘化、政体血缘化的早期方国，并标志社会地缘化一体化的范围与规模又进入了一个新的时代。

春秋战国时期，崛起的是多民族与不同阶级共生的晚期方国。不仅国体政体都实现了地缘化，而且还揭开了多民族融合与阶级斗争的历史序幕，并由此深刻地改变了人类社会的面貌，开创了人类社会文明化的历史新纪元。

在春秋战国变革的基础上，秦代出现了中央集权制的大一统帝国，并为以后中国古代几千年的封建帝国历史奠定了基础。

第一章　古城的崛起

1986年7月至1987年10月的十五个月内,苏秉琦先生以其七十七岁的高龄,先后前往甘肃兰州、内蒙古包头、辽宁沈阳与兴城、浙江杭州、四川成都、山东长岛、山西忻州、辽西牛河梁等地考察,并由此提出了"要复原中华五千年文明古国历史的本来面貌,复原中华民族历史在世界史上的地位"的奋斗目标。

1985年10月13日,苏秉琦先生在辽宁兴城座谈会的讲话中第一次提出了通过古文化、古城、古国研究中国文明与国家起源的想法。

1991年,在《迎接中国考古学的新世纪》的谈话中,苏秉琦先生又进一步提出了"古国、方国、帝国"是中国国家起源与形态发展三步曲的看法[1]。

实践证明,苏先生的这些重要谈话与思想,实际就是基于当时考古发现提出的一个关于中国早期社会历史发展的基本框架。在中国的学术史上不仅具有里程碑式的意义,而且还为中国国家的起源研究指明了大的方向。

考古表明,国家就是人类社会一种地缘化的内部居民之间具有统治与被统治关系的社会组织。国家既不是从来就有的,也不是将永远都有。国家是一定历史阶段的产物,也是社会一体化文明化的产物。

中国的国家起源具有非常明显的本土特色。国家不仅是文明起源的结果,还经历了以古城、古国、方国、帝国为代表的起源过程[2],并先后催生了血缘国家、单一民族国家、多民族与阶级国家、大一统帝国等多种国家形态。

其中,距今6 000—4 500年就是以古城崛起为代表的第一阶段,并为国家的起源奠定了组织基础。又由于特点不同,本阶段还可细分为早期古城与中期古城二个小的阶段(图5-1-1)。

---

[1] 俞伟超:《本世纪中国考古学的一个里程碑》,《中国文明起源新探》,生活·读书·新知三联书店,1999年,第8页。

[2] 苏秉琦:《辽西古文化古城古国——试论当前考古工作重点和大课题》,《辽海文物学刊》1986年创刊号;苏秉琦:《中国文明起源新探》,生活·读书·新知三联书店,1999年。

第一节　古城崛起的背景

所谓古城,就是距今4 500年以前,各血缘组织独立修筑的,以高于地面并具有明显防御功能的城墙为标志的场所,有的外围还有壕(濠)沟。

事实证明,人类历史上之所以会出现古城,人类之所以会需要古城,完全是新石器时代中晚期之交开始发生的生存危机引发社会危机,引发文明起源的结果。

河南新郑唐户裴李岗文化以环壕聚落为核心的多聚落遗址(图2-1-5,1),与湖南澧县城头山汤家岗文化环濠聚落遗址的发现(图4-1-1,1、2),就共同表明史前社会组织的一体化进程早在古城崛起之前,伴随着文明的起源就已经出现了;并说明没有聚落组织基于实力与利益的文明重组与一体化,就不可能有古城崛起的社会组织基础。

此外,湖南澧县城头山发现的距今6500年以前的古稻田(图1-3-3),不仅说明在古城出现之前农业与个体劳动已经成为了人类社会的主要生产方式,成为了人类食物的主要来源,还说明没有农业革命,没有早期个体劳动,没有早期个体经济,也不可能有古城崛起的物质基础。

正因此,文明的先期起源就是古城崛起,也是国家起源最重要的时代背景与原因。

第二节　早期古城崛起的实例与意义

根据考古发现,距今6 000—5 000年,就是作为聚落群核心的早期古城的崛起阶段。

一、早期古城崛起的实例

迄今为止,全国已经发现距今5 000年以前的城址共有4座,分别是湖南澧县城头山、湖北天门龙嘴、湖北石首走马岭—屯子山、河南郑州西山。

城头山,位于现代澧阳平原的中西部,地处湘西北武陵山余脉与洞庭湖盆地之间的过渡地带,是中国史前时代最早的城址,始建于大溪文化早期,距今6 000年,整体面积约8万平方米(图4-1-1,2、Ⅰ)。发掘表明,大溪

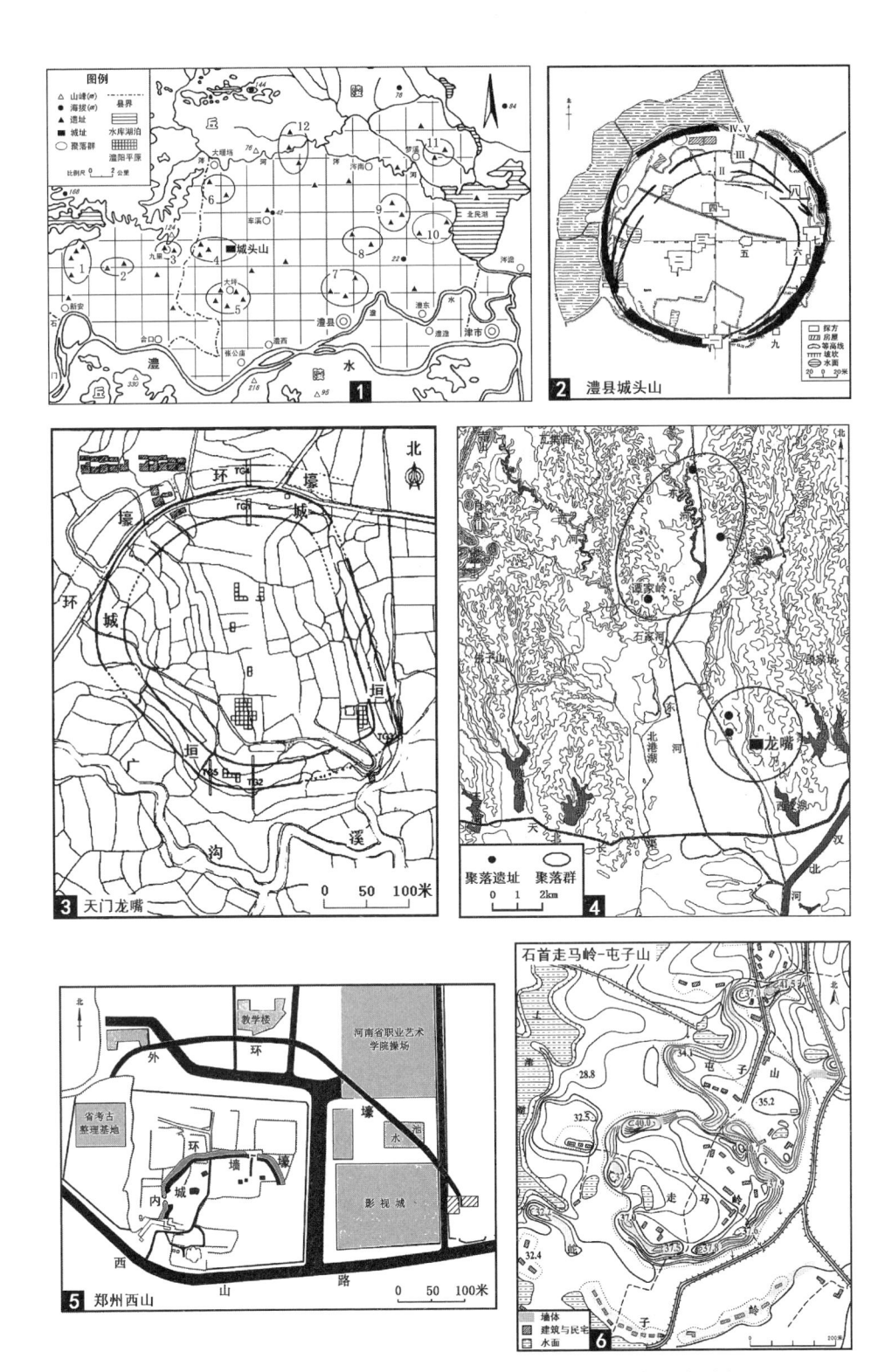

图 4-1-1 城头山、西山、龙嘴、走马岭—屯子山四城址平面图

（1 引自裴安平《中国史前聚落群聚形态研究》；2 引自湖南省文物考古研究所《澧县城头山》；3 引自荆州市文物考古研究所《湖北公安、石首三座古城勘查报告》；4 引自湖北省文物考古研究所《大洪山南麓史前聚落遗址调查——以石家河为中心》；5 引自张玉石《郑州西山古城发掘记》；6 引自荆州市文物考古研究所《湖北公安、石首三座古城勘查报告》）

与屈家岭文化时期城内各种生产生活设施,即居住区、窑场、公共墓地等,在空间上不仅独立分布,互不重叠,而且还延续时间较长,充分地显示了该城就是一座单聚落的城址。

龙嘴,位于湖北天门市石河镇龙嘴岗地的南端,地处大洪山南麓向江汉平原过渡的山前地带,整体面积8.2万平方米,城内面积6万平方米(图4-1-1,3),文化性质属油子岭文化早期,年代大体相当大溪文化晚期①,距今约5500年。由于城内面积与澧县城头山接近,故该城亦应属于单聚落城址。

走马岭—屯子山,位于长江南岸湖北省石首县,始建于大溪文化晚期(图4-1-1,6),总面积约16万平方米,由二座各约8万平方米、相距仅50米但又相连的低矮岗丘上的城址组成,外形奇特,明显呈不规则"8"字形②。由于走马岭的发掘曾发现过大溪晚期到石家河时期的房址、陶窑、灰坑、墓葬等遗迹;而屯子山的调查也在城内发现了大面积的红烧土房址类堆积,所以它们的关系应是二个独立的单聚落城址的联合体,并共建为一个胞族或部落。

西山,位于郑州市西北邙山区古荥镇孙庄村,属距今5000年前后仰韶文化晚期③,也属单聚落城址,规模面积很小,城内仅2.5万平方米,连沟带墙整体约3.5万平方米。由于地处黄河流域的黄土覆盖区域,所以该城具有三个南方没有的特点:一是,土质疏松,墙体不能堆筑只能夯筑;二是,地下水位低,城外之沟不像长江中游都有水,而无长年积水;三是,地势平坦,整个聚落群的其他成员都像裴李岗文化新郑唐户一样,零距离相聚在核心聚落城址周围,而整个聚落群的外围则另有大型壕沟环绕(图4-1-1,5)。

二、早期古城崛起的意义

主要有四个方面。

(一) 标志具有双重防御设施的高等级核心聚落的出现

一般而言,距今5000年以前崛起的早期古城虽然是第一代城址,但并不是第一代聚落防御设施。

已有的发现表明,中原地区第一代聚落防御设施就是早期壕沟。距今7500年以前,裴李岗文化晚期河南新郑唐户遗址发现的宽10—20米、深

---

① 湖北省文物考古研究所:《湖北省天门市龙嘴遗址2005年发掘简报》,《江汉考古》2008年第4期。
② 荆州市文物考古研究所等:《湖北公安、石首三座古城勘察报告》,《古代文明》第4卷,文物出版社,第404页。
③ 国家文物局考古领队培训班:《郑州西山仰韶时代城址发掘》,《文物》1999年第7期。

2—4米的壕沟即是代表①(图2-1-5,1)。

长江流域由于自然地理条件不同,所以最早具有防御功能的设施也很有地方特点。首先出现的是距今7 500年以前有一定防御功能但无长年积水的晚期围沟,浙江嵊州小黄山遗址宽约10米、深约2.25米的围沟就是代表②。接着,距今6 500年,湖南澧县城头山遗址,宽15.3米,深不足1米,但有长年积水的汤家岗文化早期濠沟就开始登上了历史舞台③(图4-1-1,2、Ⅰ)。

不过,值得注意的是,以上所有南北地区的防御设施实际都只有"沟"。

距今约6 000年,由于社会矛盾的进一步升级,仅有一道沟的防御系统已经不够阻挡敌人的进攻了,所以就需要防御功能更强悍的早期古城。于是,真正同时拥有沟和墙双重防御设施的城址就应运而生了。

相对以往南北各地的各种沟,城址都是一种超越,是用环壕(濠)加城墙的双重防御设施宣告了历史上又一种比只有单层防御设施的聚落更有实力等级更高的聚落出现了。

(二) 标志聚落社会军事中心的出现

当时的城址,无论南北,由于它所拥有的双层防御设施,使之当之无愧地成为了所在聚落群永久性的军事中心,成为了所在整个聚落群躲避和抗拒来犯之敌的永久性军事中心。

之所以只属于聚落群即部落的军事中心,主要有三个原因。

第一,当时只有聚落群即部落才是人类社会的生产、生活实体。

第二,整个社会的一体化进程还刚刚起步,一体化的组织还仅限于聚落群一级。

第三,整个社会当时还没有出现跨部落并具有集中统一领导特征的大型政治组织。

因此,当时所有的城址都是聚落群建造的,都属于聚落群级,都属于城里只住着一个聚落的单聚落城址。

不过,当时的城址还可能是聚落群团的临时性军事中心。

在美洲印第安人中,"凡属有亲属关系和领土毗邻的部落,极其自然地会有一种结成联盟以便于互相保卫的倾向"(《古代》P120)。城址,由于实力突出,还拥有二重防御设施,因而也会在需要和出现这种军事联盟的时候自然而然地成为临时性的盟主,成为整个联盟临时性的军事中心和堡垒。

---

① 河南省文物管理局南水北调文物保护办公室等:《河南新郑市唐户遗址裴李岗文化遗存发掘简报》,《考古》2008年第3期。
② 王海明:《专家论证嵊州小黄山遗址》,《中国文物报》2006年1月11日。
③ 郭伟民等:《澧县城头山考古发现史前城墙与壕沟》,《中国文物报》2002年2月22日。

虽然当时这种军事联盟还没有一体化，还不是一个统一的政治组织，而且最后也会"随着这一需要的消失即告解散"（《起源》P89），"盟主"也会自动离职。但是，以往就从来没有过这种中心，所以它的出现不仅对于所在聚落群非常重要，对于所在聚落群团也具有划时代的意义。

（三）标志聚落群的一体化又上新台阶

史前考古早已证明，为了应对新石器时代中晚之交开始发生的生存危机，人类的社会组织启动了聚落群的一体化进程。

距今7 500—6 000年之间，在黄河流域首先崛起的就是由环壕聚落领军的聚落群；在长江流域首先崛起的就是晚期围沟聚落领军的聚落群，随后就是环濠聚落领军的聚落群。其中，河南新郑唐户裴李岗文化遗址、浙江嵊州小黄山、湖南澧县城头山汤家岗文化遗址，就都是这个时代的代表。

距今6 000年以后，随着城址的崛起，聚落群的一体化进入了一个全新的时代，并表明一种实力更强悍的聚落群已经登上历史舞台。

古城的出现虽然不是聚落群基于实力与利益一体化的最早开端，但却是聚落群一体化趋势不断扩大和深化的突出标志，也是聚落群一体化进入到最高层次的标志。

（四）带动了聚落社会基于实力的等级分化

随着城址的出现，聚落之间、聚落组织之间基于实力的等级分化也由此加剧。

一方面是聚落之间已出现金字塔形结构。其中，位于底层的是普通聚落，位于中层的是环壕（濠）聚落，位于顶层的是城址。

另一方面是聚落群之间也出现了金字塔形结构。位于底层的是普通聚落和普通聚落的群体，这是当时整个聚落社会的基础，数量也最多。位于中层的是环壕（濠）聚落和普通聚落的群体，只有一重防御设施的特点证明它的实力相对较弱。位于顶层的就是城址加普通聚落的群体，不仅拥有环壕（濠），还拥有环壕（濠）聚落没有的城墙，所以它的实力是独一无二的。

正因此，城址不仅是聚落之间最具实力的个体单位，而且还带动了聚落、聚落群以及整个聚落社会基于实力的等级分化。

第三节　中期古城崛起的实例与意义

距今5 000—4 500年，就是作为聚落群团核心的中期古城的崛起阶段（图5-1-1）。

考古表明，中期古城崛起的背景与同时期文明起源发展和变化的原因一样,都与当时气候的冷暖激烈变化(图3-2-1)存在明显的关系。

一、中期古城崛起的实例

调查与发掘证实,距今5 000—4 500年期间既是城址大量崛起的时代,也是城址营建地域性特征最明显的时代。

(一) 长江中游地区

长江中游地区既是中国史前城址最早出现的地区,也是中国史前黏土城址最早大量出现的地区,还是中国史前城址以堆筑为主并流行长年积水濠沟的地区。

已有的发现表明,距今5 000—4 500年期间,当地新增了13座古城(图4-1-2),再加上早期延续下来的2座古城,即湖南澧县城头山与湖北石首走马岭—屯子山,遂使当地共15座古城的数量成为了长江黄河流域城址最多的地区。

湖北天门石家河,屈家岭文化早期始筑内城,26万平方米[1];屈家岭文化晚期,筑外郭城,120万平方米[2]。

湖南华容七星墩,25万平方米,最早筑于屈家岭文化早期[3]。

湖北荆州阴湘城,残存20万平方米,推测原本35万平方米,最早筑于屈家岭文化早中期[4]。

湖南澧县鸡叫城,15万平方米,最早筑于屈家岭文化中期[5]。

湖北公安青河城,6万平方米,最早筑于屈家岭文化晚期[6]。

湖北安陆王古溜,70万平方米,最早筑于屈家岭文化晚期[7]。

湖北天门笑城,9.8万平方米,最早筑于屈家岭文化晚期[8]。

湖北应城门板湾,20万平方米,最早筑于屈家岭文化晚期[9]。

湖北孝感叶家庙,30万平方米,最早筑于屈家岭文化晚期[10]。

---

[1] 湖北省文物考古研究所:《三苗与南土》,江汉考古编辑部,2016年,第31页。
[2] 石河联合考古队:《石河遗址群1987年考古发掘的主要收获》,《江汉考古》1989年第2期。
[3] 龙文泱等:《华容七星墩遗址发现湖南规模最大新石器时代城址》,《湖南日报》2019年1月12日,第3版。
[4] 荆州博物馆:《湖北荆州市阴湘城遗址1995年发掘简报》,《考古》1998年第1期。
[5] 湖南省文物考古研究所《澧县鸡叫城古城址试掘简报》,《文物》2002年第5期。
[6] 荆州市文物考古研究所:《湖北公安、石首三座古城勘查报告》,《古代文明》第4卷,文物出版社,2005年,第392页。
[7] 刘辉:《长江中游新石器时代城址聚落的新发现与新思考》,《中国聚落考古的理论与实践》,科学出版社,2010年,第250页。
[8] 湖北省文物考古研究所等:《湖北天门笑城城址发掘报告》,《考古学报》2007年第4期。
[9] 陈树祥等:《应城门板湾遗址发掘获重要成果》,《中国文物报》1994年4月4日,第1版。
[10] 刘辉:《江汉平原东北发现两座新石器时代城址》,《江汉考古》2009年第1期;湖北省文物考古研究所等:《湖北孝感市叶家庙新石器时代城址发掘简报》,《考古》2012年第8期。

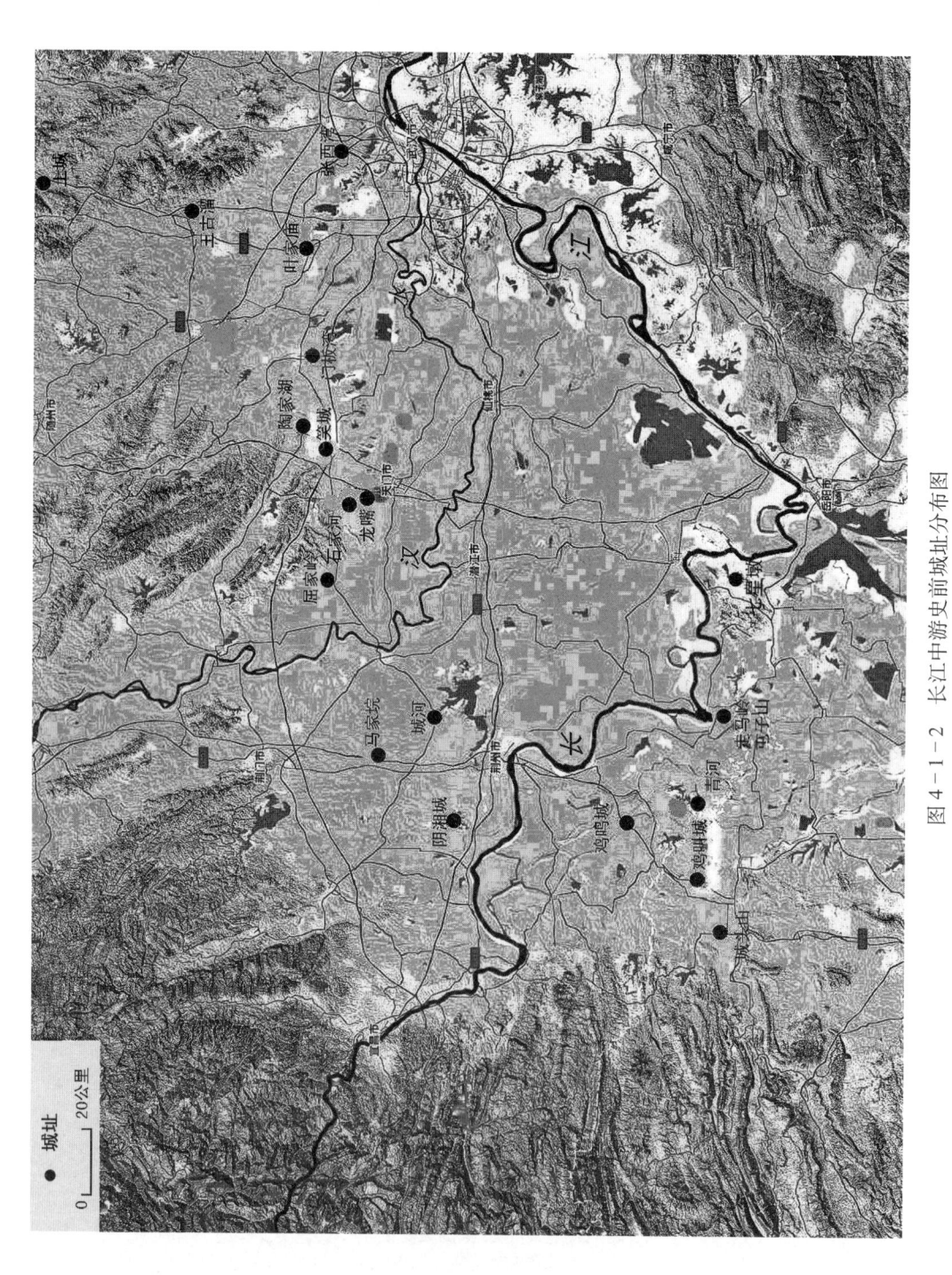

图 4-1-2 长江中游史前城址分布图

(引自裴安平《中国史前聚落群聚形态研究》与岳阳市文物考古研究所《湖南华容七星墩新石器时代遗址试掘》;图中除屈家岭属大型环濠聚落以外,其余皆为城址)

湖北荆门马家垸，24万平方米，最早筑于屈家岭文化时期①。
湖北公安鸡鸣城，18万平方米，最早筑于屈家岭文化时期②。
湖北荆门城河，70万平方米，最早筑于屈家岭文化时期③。
湖北应城陶家湖，67万平方米，最早筑于屈家岭文化时期④。

如果将各城址的始筑时间、规模相互联系起来，还可发现这些城址的崛起拥有五个明显的特点。

第一，可见三个集中分布的小区。

根据不同的地理位置，这三个小区可分别称为"江南西区"、"江汉西区"、"江汉东北区"。

"江南西区"就位于长江以南洞庭湖平原的西北部，屈家岭文化时期共有5座城址，即湖南澧县城头山、澧县鸡叫城，湖北公安鸡鸣城、公安青河、石首走马岭—屯子山。

"江汉西区"就位于长江以北江汉平原的西部，屈家岭文化时期共有城址3座，即湖北荆州阴湘城、荆门马家垸、荆门城河。

"江汉东北区"就位于汉水以东以北，也是江汉平原的北部与东部，屈家岭文化时期共有城址6座城址，即湖北天门石家河、天门笑城、应城陶家湖、应城门板湾、孝感叶家庙、安陆王古溜。

第二，时代越晚，规模越大。

一方面，同一个小区不同时代的城址规模反差较大。

湖南澧县城头山，始筑于大溪文化早期，虽然是全国时代最早的史前城址，但当时它面积也小，仅只8万平方米。然而，同属江南西区，屈家岭文化时期崛起的城址却普遍规模较大，如湖南澧县鸡叫城就15万平方米，湖北公安鸡鸣城就18万平方米，都相当城头山早期规模的2倍。

另一方面，不同地区不同时代城址的数量与规模差异巨大。

汉水东北无论数量与面积规模都远在江南之上。屈家岭文化时期，江南西区仅兴起3座古城，而江汉东北区却兴起了6座，是江南西区的2倍。此外，江南西区兴起的3座总面积仅39万平方米，而江汉东北区兴起的6座总面积却高达316.8万平方米，是江南面积的8.12倍。

第三，相互对峙而立。

---

① 湖北省荆门市博物馆：《荆门马家垸屈家岭文化城址调查》，《文物》1997年第7期。
② 贾汉清：《湖北公安鸡鸣城遗址的调查》，《文物》1998年第6期。
③ 荆门市文物考古研究所：《湖北荆门市后港城河城址调查报告》，《江汉考古》2008年第2期。
④ 李桃元等：《湖北应城陶家湖古城址调查》，《文物》2001年第4期。

继大溪文化之后,屈家岭文化时期的发展大潮已波及整个长江中游地区。一方面,从洞庭湖的西北到江汉平原的东北,古城的身影无处不在,分布广泛;另一方面,所有的古城可按区域分为三个集中分布的小区,而每一个小区内部城址的分布间距大都只有15—30公里,呈现出一种明显的相互对峙而立的状态。

江南区:城头山——鸡叫城,约 15 公里;

　　　　鸡叫城——鸡鸣城,约 30 公里;

　　　　鸡叫城、鸡鸣城——青河,约 30 公里;

　　　　青河——走马岭,约 30 公里。

江汉西区:马家垸——城河,约 20 公里;

　　　　　阴湘城——马家垸、城河,约 40 公里。

江汉东北区:屈家岭环濠多聚落遗址——石家河,约 20 公里;

　　　　　　石家河——笑城,约 22 公里;

　　　　　　陶家湖——门板湾,约 16 公里;

　　　　　　门板湾——叶家庙,约 30 公里。

显然,这种近距离的对峙而立绝不是关系平等友好的反映。

第四,聚落群已成为城内居民的新型组织模式。

目前,已确认三例,即湖北荆州阴湘城、荆门城河、天门石家河。

荆州阴湘城是城内的聚落群由二个聚落构成的典型。位于荆州城西北约 34 公里处马山镇阳城村,残存面积约 20 万平方米,调查与发掘表明,这是一个双聚落城址,分别位于城内东部与西部的高地上;城址的中部则是南北向的地势低洼带,可能还种植水稻(图 5 - 2 - 1,8)[①]。

荆门城河是城内的聚落群由三个聚落构成的典型。位于湖北荆门市沙洋县后港镇双村,汉水西岸,长湖北岸,北距荆门市约 50 公里,南距荆州古城约 40 公里。调查表明,该城总面积 70 万平方米,内有三处高地。其中,核心聚落位于中部高地,周围有内城河(即濠沟)环绕。另外,城内东、北部的岗地则是其他聚落的驻地(图 4 - 1 - 3,1)。经调查,每个高岗地都有建筑遗迹的红烧土堆积[②],说明城内同时驻有 3 个聚落。

天门石家河是城内的聚落群由四个聚落构成的典型。位于湖北天门石河镇西北大洪山南麓的边沿地带,规模巨大,总面积约 120 万平方米。目前,

---

[①] 〔日〕冈村秀典等编:《湖北阴湘城遗址研究(Ⅰ)——1995 年日中联合考古发掘报告》,《东方学报》第六十九册,1997 年。

[②] 荆门市文物考古研究所:《湖北荆门市后港城河城址调查报告》,《江汉考古》2008 年第 2 期。

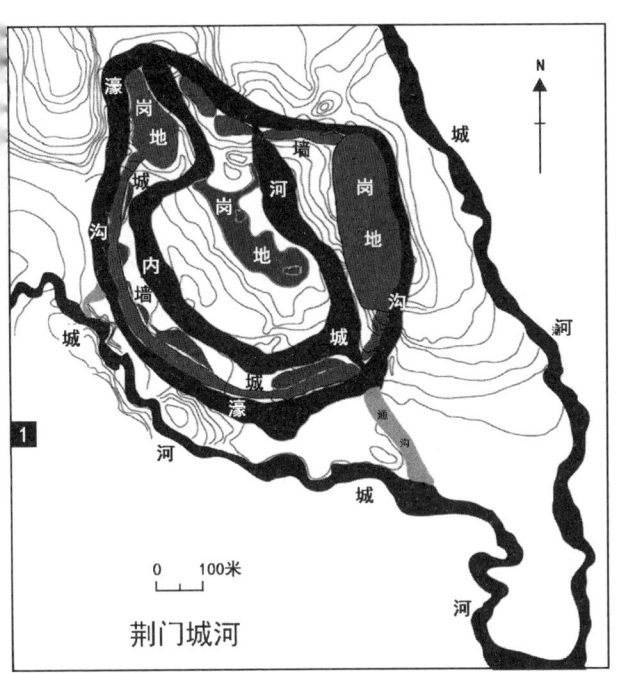

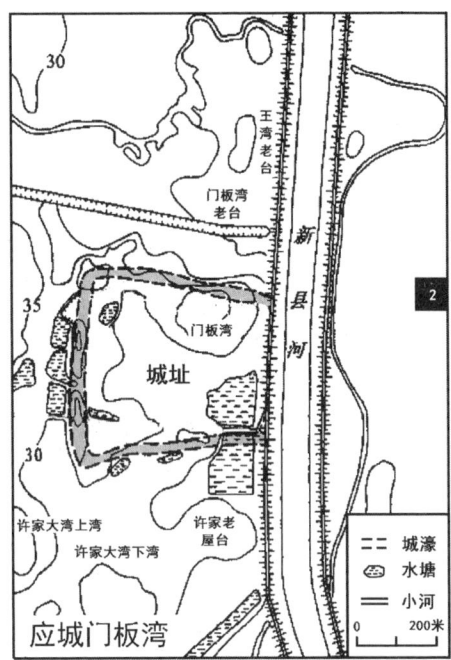

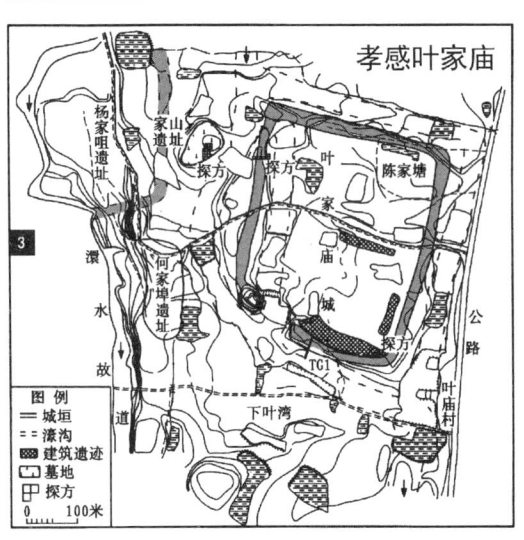

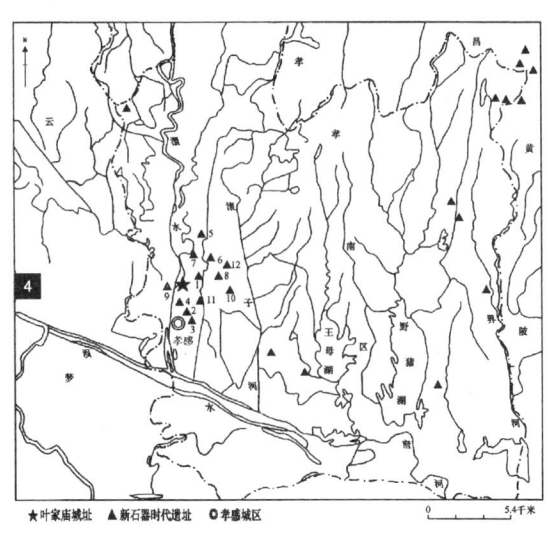

图 4-1-3　湖北荆门城河、应城门板湾、孝感叶家庙城址及周围聚落遗址分布图

叶家庙城址周围聚落遗址编号与名称：1. 龙头岗　2. 吴家坟　3. 徐家坟　4. 高家祠堂　5. 大岗坡　6. 肖家湾　7. 王家坟　8. 梨树湾　9. 池家院　10. 大台子　11. 寨庙　12. 郑家大庙

（1 引自湖北省文物考古研究所《三苗与南土》；2 引自刘辉《长江中游新石器时代城址聚落的新发现与新思考》；3、4 引自湖北省文物考古研究所等《孝感叶家庙》）

大城以内属于聚落居住的主要高岗地有四处,分别是邓家湾、谭家岭、三房湾、蓄树岭。调查与发掘表明,这些高地有四个显著特点。一是,都拥有大面积同时代的文化堆积,而且在空间上还相互独立。二是,都拥有不小于一般普通聚落的面积,其中谭家岭,26万平方米[1];邓家湾,6万平方米;三房湾,18万平方米;蓄树岭,15万平方米[2]。三是,经发掘都发现有与普通聚落相似的构成要素,如房址、墓葬、灰坑、陶窑等生活生产类遗迹。其中,谭家岭[3],位于城址中部,发现有大批平地起建的单间或分间式房屋遗迹,还有十分考究的土坯砖墙房址;邓家湾[4],位于城址西北,距离谭家岭500余米,发现有房址和有生活遗物的灰坑;三房湾[5],位于城址西南,发现有祭祀遗迹和房址;蓄树岭[6],位于城址东南,也发现有大面积的红烧土堆积。第四,谭家岭还专门修筑了独立的位于大城中部的内城(图3-2-4;图3-2-5,3、4)。

第五,有的城址已成一体化聚落群团的核心。

湖北天门石家河,大城内外的聚落布局就完全是一个一体化特征明显的聚落群团。其中,核心聚落群所有的4个聚落成员全部位于大城以内,零距离相聚在一起。在城外,至少还5个聚落群14个聚落,全都环绕在距离城址不到1公里的范围内,各自最近距城址均不超过200米(图3-2-5,3、4)[7]。

湖北应城门板湾,也是一个以城址为中心的大遗址,东、南、北三面以古河道为界,南北长约1600米,东西最大宽近800米,总面积约128万平方米,其中就驻着一个一体化的聚落群团[8]。城址,位于大遗址中部,长方形,南北长约400米,东西宽约550米,面积约20万平方米。由于各种原因,城内居民的组织方式目前还不清楚。但是,城外却明显有二个聚落群。一个位于城北,即王湾老台、门板湾老台二个聚落;另一个位于城南,即许家老屋台、许家大湾上湾、许家大湾下湾三个聚落。这些聚落距城址都不足300米(图4-1-3,2)。

湖北孝感叶家庙,所在群团总共16个聚落,分内外两圈。根据已有的

---

[1] 湖北省文物考古研究所:《三苗与南土——湖北省文物考古研究所"十二五"期间重要考古收获》,江汉考古编辑部,2016年。
[2] 湖北省文物考古研究所:《大洪山南麓史前聚落调查》,《江汉考古》2009年第1期。
[3] 湖北省荆州博物馆等:《谭家岭》,文物出版社,2011年。
[4] 湖北省文物考古研究所等:《邓家湾》,文物出版社,2003年。
[5] 湖北省文物考古研究所等:《湖北天门市石家河古城三房湾遗址2011年发掘简报》,《考古》2012年第8期。
[6] 湖北省文物考古研究所资料。
[7] 湖北省文物考古研究所:《大洪山南麓史前聚落调查——以石家河为中心》,《江汉考古》2009年第1期。
[8] 王红星:《从门板湾城壕聚落看长江中游地区城壕聚落的起源与功用》,《考古》2003年第9期。

调查,内圈,即核心聚落群,至少四个聚落,共 56 万平方米。其中,叶家庙城址是核心的核心,30 万平方米;杨家咀、何家埠、家山三处核心聚落群的其他成员,皆位于城址西部,距离城址很近,最远的杨家咀也不超过 300 米(图 4-1-3,3)。外圈,即南北总长约 6 公里,东西总宽约 4 公里的范围内,调查发现至少还有 12 个同时期的聚落(图 4-1-3,4)①。

(二) 黄河下游与黄淮之间地区

由于黄土土质疏松深厚,筑城难度高,黄河流域,特别是河南、山西、陕西及以西地区,目前都是国内发现这一时段古城数量最少的地区。但是,地处下游黄土较薄的山东以及淮河中游北部则有不同,一共发现了 6 座古城,分别是山东五莲丹土②、日照尧王城③、滕州西康留④、章丘焦家⑤,安徽固镇垓下⑥与南城孜⑦。

丹土,位于日照市分水岭北部潮河南岸,平面略呈圆角长方形,东西长 450 余米,南北宽 300 余米,城内面积约 11 万平方米;城壕宽约 20 米,口至底深近 3 米。最早的大汶口文化晚期的城墙就建在更早的壕沟之上,墙体残宽 10 米,分层夯筑。在城的西、北、东面,还各发现有城门通道(图 4-1-4,1)。

尧王城,位于日照市岚山区高兴镇,2012—2015 年的考古勘探与发掘,确认城址就位于规模巨大的、近 400 万平方米的环壕多聚落遗址的核心区域(图 4-1-5),面积约 56 万平方米。对北城墙的解剖表明,该城始建于大汶口文化晚期。

西康留,位于山东西南滕州官桥镇以东约 1 公里,大汶口文化晚期,平面呈圆角方形,南北约 195 米,东西约 185 米,面积约 3.5 万平方米。1994 年,在遗址中南部发现了夯土城墙,在城墙外又发现了长年积水的濠沟(图 4-1-4,3)。

---

① 湖北省文物考古研究所等:《湖北孝感市叶家庙新石器时代城址发掘简报》,《考古》2012 年第 8 期;湖北省文物考古研究所等:《孝感叶家庙》,科学出版社,2016 年,第 7 页。
② 山东省考古研究所:《五莲丹土发现大汶口文化城址》,《中国文物报》2001 年 1 月 17 日,第 1 版。
③ 梁中合:《日照尧王城遗址的新发现、新收获与新认识》,《中国社会科学院古代文明研究中心通讯》2016 年第 30 期,第 12—21 页。
④ 山东省文物考古研究所鲁中南考古队:《山东滕州市西康留遗址勘探、发掘简报》,《考古》1995 年第 3 期。
⑤ 李佳霖:《济南章丘焦家新石器时代遗址:海岱地区年代最早的城址》,《中国文化报》2018 年 4 月 28 日。
⑥ 安徽省文物考古研究所:《安徽省固镇垓下遗址发掘的主要收获》,《中国社会科学院古代文明研究中心通讯》2010 年第 19 期,第 31—36 页。
⑦ 单鹏博:《固镇发现第二座史前城址》,《安徽日报》2013 年 12 月 8 日,第 2 版。

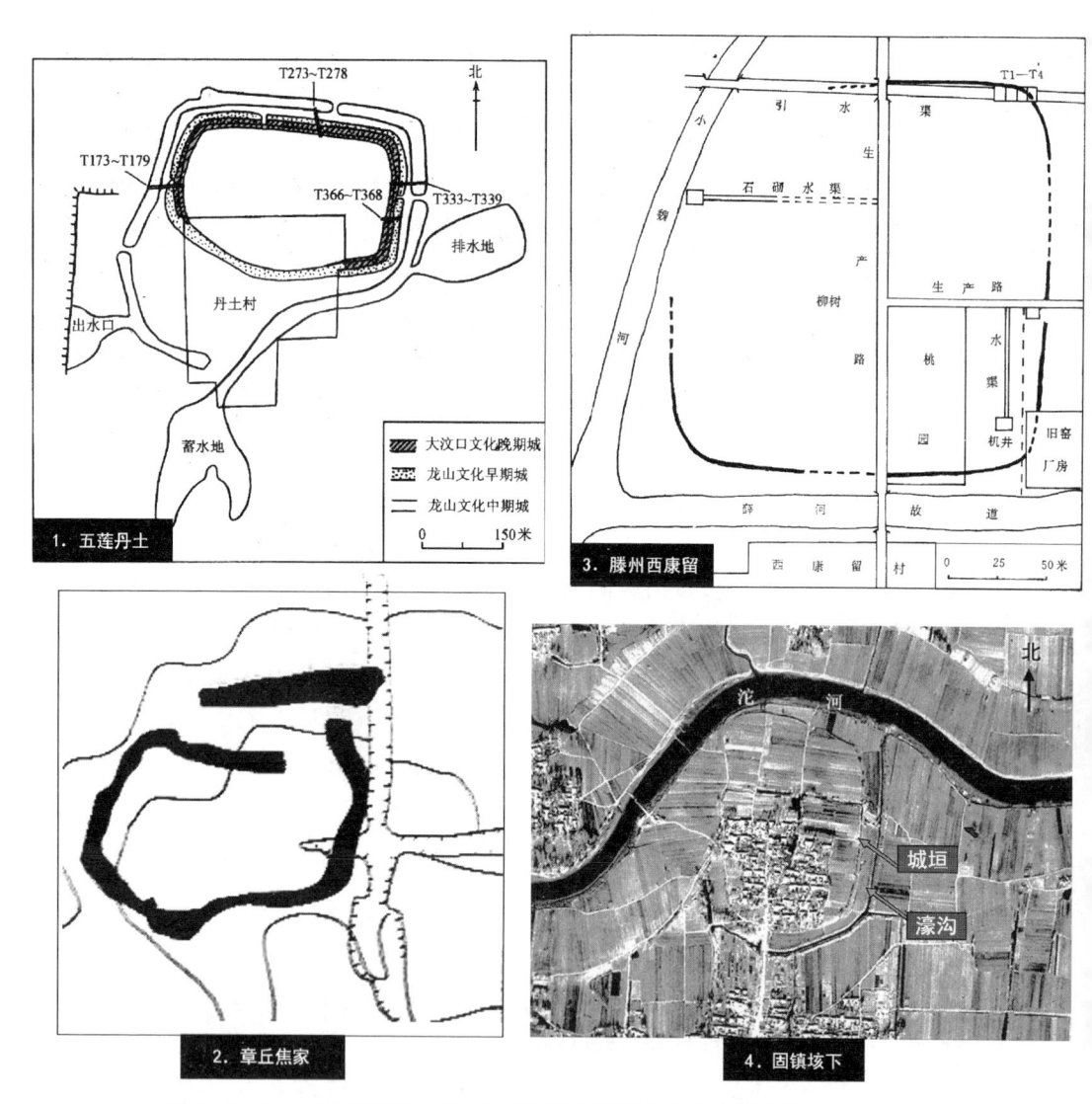

·460· 中国的家庭、私有制、文明、国家和城市起源

图 4-1-4 山东五莲丹土、章丘焦家、滕州西康留及安徽固镇垓下城址平面图

（1 引自山东省文物考古研究所《山东 20 世纪的考古发现和研究》；2 引自梁中合《日照尧王城遗址的新发现、新收获与新认识》；3 引自山东省文物考古研究院资料；4 引自安徽省文物考古研究所资料）

焦家,位于济南市章丘区西北20公里,分布于焦家、苏官、董家和河阳店等村庄之间,时代为大汶口文化中晚期,面积约12.25万平方米,城墙夯筑(图4-1-4,2)。

垓下,位于安徽省固镇县东部濠城镇。遗址主体地貌为一台地,沱河经由遗址西侧绕至北侧向东流去,城墙以内面积约15万平方米。2007—2009年发掘证实,遗址年代主要是大汶口文化晚期(图4-1-4,4)。

南城孜,位于安徽省固镇县西北湖沟镇。2013年的考古发掘证实这是一座大汶口文化晚期的城址。整体约25万平方米,近梯形,北墙东西向,东墙西北东南向,西墙南北向,南墙被澥河冲刷,已不存在。其中,东城墙顶部宽度为20米。

(三) 北方地区

长城沿线的北方地区,由于土壤瘠薄基岩出露,取材方便,先民因地制宜,多利用石头垒筑城墙,所以当地的城址又称为"石头城"。此外,还由于取材方便,那里也不见黄河长江流域只有高等级核心聚落和聚落群才有筑城资格的现象,而往往同一聚落组织的所有成员都有城址,唯一的区别就是大小规模不同。正因此,该地区的城址数量远远超过了其他地区。

陕西北部地区的调查就是这方面最好的例证。

2006年,经陕西省考古研究所考古人员的大规模调查,在陕西北部地区一次就发现了20余处史前石城遗址,年代多集中在距今5000—4500年。这些石城遗址一般都分布在山峁上,依自然地势而筑,面积从几万平方米到四十万平方米不等[①]。

吴堡县后寨子峁,不仅在30万平方米的三个山峁上发现了房址96座,而且还发现了两个山峁共用的下山石阶道路与祭祀遗迹。

吴堡县关胡疙瘩,位于清河沟北侧,面积约10万平方米,由4座前后相连的山峁组成,每座山峁上也发现了沿等高线分布的成组成排房址。

府谷县寨山,位于陕西最北端,面积约60万平方米,不仅有东西四门和望楼,而且城墙堆砌整齐,地面还散布有陶器碎片,显示遗址为仰韶晚期到龙山早期。2016年,遗址发掘,发现100多米长的一段石城墙,还发现目前国内最早的一座马面和目前陕北地区最大的史前墓葬。

府谷县寨梁、寨峁,皆位于府谷县石马川流域田家寨镇。其中,寨梁距寨山只有5.7公里,距寨峁只有2.26公里,显示它们很可能是同一个石

[①] 冯国:《陕北发现20余处史前石城遗址,距今约5000年》,《新京报》2006年3月16日。

城遗址群①。

二、中期古城崛起的意义

主要有三个方面。

(一) 引领了聚落群团一体化的历史新潮

随着聚落群团开始成为社会跨部落一体化的实体组织,人类社会正式迈出了由血缘社会通往地缘社会的关键第一步。

在此以前,聚落群即部落一直是社会的主要实体组织,历时数百万年。虽然当时也有聚落群团即部落联盟,但那是一种临时性的组织;而且"各部落在联盟,在权力、特权和义务方面均处于平等地位"(《古代》P130)。但是,距今5 000—4 500年,以一体化聚落群团崛起为标志,以往的一切都发生了历史性的重大变化,并出现了具有永久性跨部落集中统一领导与管理特点的政治组织。

根据已有发现,长江中游汉水东北距今5 000—4 500年期间的中期古城就是这种组织出现的最早见证与代表。其中,天门石家河(图3-2-13,1)、京山屈家岭(图3-2-5,1)、应城门板湾(图4-1-3,2)、孝感叶家庙等(图4-1-3,3)遗址所在聚落组织就都是当时一体化的聚落群团。除屈家岭所在核心为环濠多聚落遗址以外,其他几个的核心都是中期古城。这说明中期古城不仅是一体化聚落群团崛起的主力,还引领了这一波社会一体化的历史新潮。

(二) 出现了人类历史上第一个政治中心

由于史前社会是一个以血缘为组织纽带的社会,所以史前晚期以前就根本不见任何形式的政治组织。

一般而言,政治组织相对以往单纯的血缘组织有三大重要区别。

第一,实力与利益是组织的基础与主要纽带。

这种组织虽然所有的成员之间都有一定的血缘关系,但是他们之所以会从原来基本独立与平等的关系变为主从关系,关键就在于有的聚落群的实力已遥遥领先,成为了核心聚落群;而为了共同的利益,其他聚落群不仅放弃了原本相互独立与平等的地位,还成为了核心的从属。

第二,跨部落永久性的集中统一领导与管理。

这是以往历史中从来没有过的现象,即使是以往部落之间因紧急需要而结成的军事同盟,盟主也是临时性的。但是,在一体化的聚落群团内部,

---

① 白清洲:《府谷发现三座远古石城遗址》,《榆林日报》2016年10月9日。

无论政治军事经济各方面都实行跨部落永久性的集中统一领导和管理。

第三,大集体的生产与生活模式。

由于一体化聚落群团的出现,不仅以往各聚落群成员之间独立与平等的地位丧失殆尽,而且以往生产资料的部落所有也变成了聚落群团所有。于是,在统一领导与管理的基础上,以往那种"小集体"的生产生活模式就明显被"大集体"的生产生活模式取代了,从脑力劳动到体力劳动,从农业到手工业,只要能分工的都参与了分工。分工,成果集中,然后再统一分配,就成为了"大集体"生产生活模式中最重要的新特点。

显然,上述变化表明,当时的一体化聚落群团已经从单纯的血缘组织变成了新型的政治组织,而作为聚落群团一体化新潮引领者的中期古城则从早期聚落群团临时性"军事中心"升级成了新型的永久性的政治与军事中心。

这是一个历史性的变化,它是人类从自然血缘社会转变为地缘社会迈出的历史性第一步。

(三)人类社会基于实力的等级化复杂化正式起步

从新石器时代中期开始,已有的考古就发现当时的社会已经出现了等级分化。北方兴隆洼文化白音长汗遗址 M5,墓顶、墓室、墓底均由石板构成,而且墓顶的外围还筑有石头圈(图2-1-3,1)。对此,专家认为:"墓顶有石头圈的石板墓有别于其他土坑积石墓,可能是氏族首领墓[①]。"兴隆洼遗址 M118,随葬品丰富,除了陶器、石器、骨器、玉器和蚌器五类以外,还有二头不多见的整猪(图2-1-1)。中原的裴李岗文化贾湖遗址也是等级分明,有权的人就随葬了数量庞大的绿松石串饰,2013 年发掘的 M55、M59 即如此[②]。

值得注意的是,与早期相比,晚期社会的等级化内涵有了很大的不同与变化。

第一,距今 5 000 年以前社会等级的有效范围仅限于部落与聚落群内。但是,距今 5 000 年以后,扩大到了部落联盟与聚落群团一级。

第二,部落是早期人类的主要社会组织,内部人员之间的地位等级往往与血缘辈分有密切联系。但是,距今 5 000 年以后,随着以实力为基础的一体化聚落群团即永久性的部落联盟的出现,等级的区别与划分,已不再以血

[①] 索秀芬等:《兴隆洼文化聚落形态》,《边疆考古研究》,科学出版社,2009 年。
[②] 蓝万里等:《河南舞阳贾湖遗址第八次发掘取得重要成果》,《中国文物报》2014 年 1 月 17 日,第 8 版。

缘的辈分为基础,而主要是根据实力。

第三,距今 5 000 年以后,随着一体化聚落群团的出现,不仅强势有实力的聚落群开始成为了聚落群团的核心,而且基于实力的主从关系也升级成为了聚落群之间的组织关系与组织纽带。

因此,一体化聚落群团的出现不仅是人类社会由自然的血缘管理向跨血缘以实力为基础的社会集中统一领导和管理转变的标志,同时也是人类社会正式按实力区分等级并复杂化的标志与象征。

湖北天门石家河屈家岭时期的古城,以及山东日照尧王城就是当时社会结构按实力等级化复杂化的典型代表。

根据 2014 年前后的调查与发掘[1],石家河古城及其周边的聚落遗址就完整地再现了一个一体化聚落群团内部社会的金字塔形结构(图 3-2-4;图 3-2-5,3、4)。

第一级:谭家岭。整个群团的核心,也是整个群团核心聚落群的核心,就位于 26 万平方米的内城之中。

第二级:核心聚落群的其他成员,即邓家湾、三房湾、蓄树岭等遗址,皆位于 120 万平方米的大城,即外郭城之中。

第三级:就是位于大城外围各聚落群的核心。

第四级:就是位于大城外围各聚落群的普通聚落。

始筑于大汶口文化晚期的山东日照尧王城遗址,与石家河一样,内部金字塔形社会结构也十分明显。

第一级:内城。加城墙接近 15 万平方米,加壕沟接近 20 万平方米,系整个群团的核心,也是核心聚落群的核心的所在地(图 4-1-5,Ⅰ)。

第二级:整个遗址与聚落群团的核心区,共 56 万平方米。减去内城的 20 万平方米,还有近 36 万平方米。其中,外围还有壕沟加大城城墙环绕,系核心聚落群其他成员的驻地(图 4-1-5,Ⅱ)。

第三、四级:都属于核心区外围西北方约 30 万平方米并有壕沟环绕的重要聚落群(图 4-1-5,Ⅲ、Ⅳ)。其中,第Ⅲ级属于重要聚落群的核心聚落,第Ⅳ级属于重要聚落群的普通聚落。

第五、六级:都属于核心区外围的普通聚落群(图 4-1-5,Ⅴ、Ⅵ)。其中,第Ⅴ级属于聚落群的核心聚落,第Ⅵ级属于普通聚落。

---

[1] 石河联合考古队:《石河遗址群 1987 年考古发掘的主要收获》,《江汉考古》1989 年第 2 期;湖北省文物考古研究所:《大洪山南麓史前聚落调查——以石家河为中心》,《江汉考古》2009 年第 1 期。

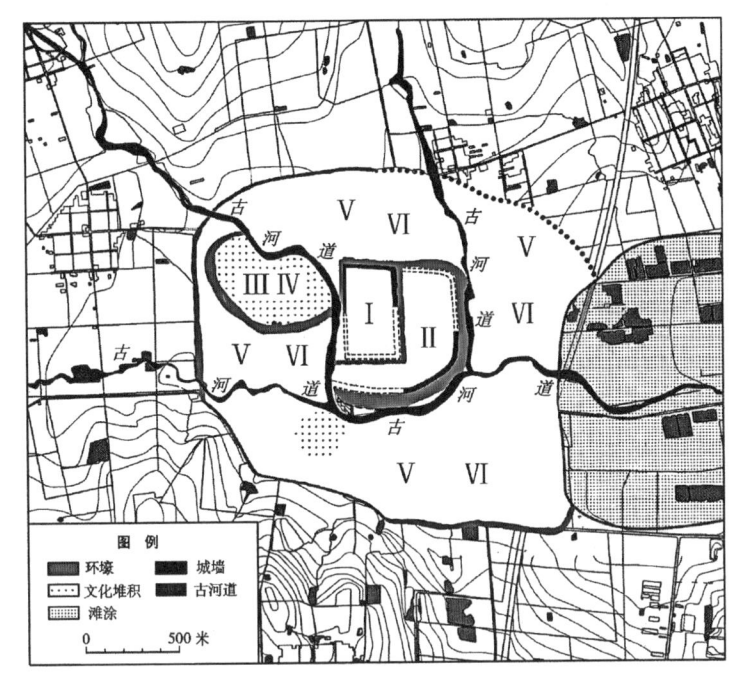

图 4-1-5　山东日照尧王城遗址聚落等级分类示意图

（引自梁中合《日照尧王城遗址的新发现、新收获与新认识》）

第四节　早中期古城相继崛起的历史意义

对于国家的起源而言，早中期古城的相继崛起具有三个方面的重要意义。

一、标志传统血缘社会的一体化已基本完成

一般而言，国家就是一种社会组织与组织方式，而国家起源本质上就是一种社会组织方式的转变，即从以血缘为纽带的社会组织转变为以地缘为纽带的社会组织。就具体的过程而言，这种转变一方面就是社会组织一体化规模不断地扩大，另一方面就是不断地融入地缘化的因素。

中国古城的崛起及其历史意义则表明，国家起源的初始阶段就是在新的历史条件下，以实力和利益为基础，通过整合与改造使以往独立、分散、小型的血缘组织不断大型化、整体化、一体化。

在这个过程中，首先被整合与改造的就是聚落群。虽然自有人类以来，聚落群就一直是人们生产生活的实体，就一直是社会最重要的组织与组织

形式。但是,由于一切都是自然的,自然的采集狩猎,自然的广谱经济,自然的集体劳动集体消费,自然的族外婚与对偶婚。即使聚落群内各聚落的关系也是纯自然的血缘关系,人与人、聚落与聚落之间的等级与地位也是基于自然血缘的辈分和高低。因此,这种聚落群的内部就没有各成员之间基于主从关系的一体化的内涵,也不见用环壕(濠)或城址特意保护起来的核心聚落。

早期古城的崛起不仅改写了历史,还意味着聚落群的一体化进程继环壕(濠)聚落之后又达到了一个新的高度。

距今 5 000—4 500 年,就是中期古城的崛起,也是聚落群团一体化的高潮时期,是在实力与利益的基础上最终完成血缘社会传统组织一体化的最后时期。

自有人类社会以来,聚落群团即部落联盟就一直是人类血缘社会传统组织体系中最高级别的组织与组织形态,是聚落群即部落自然增殖与分裂的结果。但是,由于它不是一个生产生活的实体,所以聚落群团内各个聚落群或部落的关系就比较松散,相互之间的空间距离也比较大。根据民族学的资料,这种聚落群团即部落联盟的主要功能就是在需要的时候临时联合起来,保卫自己的领土及自然食物资源地的安全。一旦这种需要消失,联盟也就自然解体了。

但是,史前晚期,由于生存危机和社会矛盾的不断激化与升级,人类需要实力更强大的聚落组织予以应对,于是就踏上了传统血缘社会一体化的不归路。首先一体化的组织就是聚落群,而后一体化的就是聚落群团。其中,中期古城的崛起,核心聚落群与普通聚落群之间主从关系的出现,就都是一体化聚落群团崛起的标志性特点,而且还说明传统的自然血缘最高级别的组织已最终完成了一体化的整合与改造。

正因此,早中期古城相继崛起的最大历史意义就在于它引领传统血缘社会完成了一体化的全部改造任务与过程。

二、标志集中统一已成为聚落社会的新型管理模式

由于自有人类以来,血缘社会的一切都以"自然"为特点,管理也是一样的,一切都是长辈说了算。又由于整个社会只有聚落群即部落是生产生活的实体,各聚落群与部落都是独立的各自为政的实体,所以,所有管理的有效作用范围也都只局限在聚落群即部落以内,都没有超出聚落群和部落的权力与能力。

但是,血缘社会组织的大型化一体化不仅为无辈分的权力的集中统一

提供了可能,而且还奠定了必要的组织基础,尤其是一体化聚落群团的出现,使人类在血缘社会的内部第一次实现了跨部落无辈分的集中统一领导与管理。

应该说,这是人类社会发展的一个巨大进步。与此同时,它还直白地说明,社会的统一与一体化只是形式,而内涵就是基于实力、无辈分的集中统一领导与管理。

至于集中统一领导与管理是否会导致"集权"现象的出现,那是另一个问题。因为现代地球上无论是"集权制"国家还是"民主制"国家,本质上都是集中的统一领导与管理模式,只是指导思想与决策机制互不相同而已。

三、长江中游是中国国家起源古城阶段的领跑者

事实证明,长江中游地区一直是中国国家起源以古城崛起为标志的第一阶段的领跑者。

距今6 000—5 000年,中国史前第一座古城就崛起在长江中游湘西北澧阳平原的城头山上,而且具体的年代还远远早于其他地区。此后,相继崛起的湖北天门龙嘴、石首走马岭—屯子山,与城头山一起共同表明长江中游地区是全国早期古城最多的地区,占了当时全国史前城址数量的3/4。

距今5 000—4 500年,长江中游地区又新崛起了13座古城,并拥有了长江黄河流域各地数量最多的古城。然而,与此同时,黄河中游一座新城都没有,即使是黄河下游与黄淮之间,也仅发现6座古城,只相当长江中游地区同期15座古城数量的40%。

在规模上,长江中游地区新增的13座古城共有面积489.8万平方米,平均每一座37.67万平方米,也明显超过黄河下游及黄淮之间。因为,那里6座城址的总面积只有122.75万平方米,平均每一座20.45万平方米,仅相当长江中游地区的54.28%。另一方面,屈家岭文化晚期崛起的湖北天门石家河大城,面积120万平方米,乃当时中国古城规模之最。

在城址的建构模式方面,湖北天门石家河就是中国史前最早具有内外城结构的城址,其年代也不晚于同样具有内外城结构的山东日照大汶口文化晚期的尧王城。

在聚落的组织模式方面,天门石家河、荆门城河、应城门板湾、孝感叶家庙、京山屈家岭等聚落群团,就充分地说明长江中游地区在聚落组织一体化大型化的历史潮流中也走在了各地的前头。

显然,在整个古城崛起的时代,从距今6 000—4 500年的1 500年期间里,长江中游地区一直都是中国国家起源的旗手和领跑者。

本 章 小 结

古城就是距今 4 500 年以前,各血缘组织独立修筑的,并以高于地面有明显防御功能的城墙为标志的人类居住场所,有的外围还有壕(濠)沟。

本章重点讨论了以古城崛起为代表的国家起源第一阶段的背景、特点与意义。

一、早期古城崛起的背景、实例与意义

距今 6 000—5 000 年,就是作为一体化聚落群核心的古城即早期古城崛起的阶段。

二、古城崛起的背景

文明的起源是古城崛起,也是国家起源,最重要的时代背景与原因。其中,没有农业革命,没有早期个体劳动、个体经济,就没有古城崛起的物质基础;没有聚落组织基于实力与利益的重组与一体化,也不可能有古城崛起的社会组织基础。

三、早期古城崛起的实例与意义

(一)早期古城崛起的实例

湖南澧县城头山、湖北天门龙嘴、湖北石首走马岭—屯子山、河南郑州西山四座古城的发现表明,中国史前古城最早就崛起于距今 6 000 年。但是,当时城址的数量不仅偏少,规模偏小,而且全部都属于聚落群一级的单聚落城址。

(二)早期古城崛起的意义

主要有四个方面。

第一,标志具有双重防御设施的高等级核心聚落的出现。

第二,标志聚落社会军事中心的出现。

由于当时聚落社会的一体化还仅限于单纯以血缘为纽带的聚落群,当时的古城也不具有跨部落领导其他部落的权力、地位与实力,所以当时城址的属性,一方面是聚落群的永久性军事中心,另一方面则是聚落群团的临时军事中心。

第三,标志聚落群的一体化又上新台阶。

第四,带动了聚落社会基于实力的等级分化。

四、中期古城崛起的实例与意义

距今5 000—4 500年,就是作为一体化聚落群团核心的古城即中期古城崛起的阶段。

与同时期文明起源的发展和变化原因一样,中期古城崛起的背景也与当时气候的冷暖激烈变化存在明显的关系。

(一) 中期古城崛起的实例

距今5 000—4 500年期间既是史前城址大量崛起的时代,也是城址营建地域性特征最明显的时代。

长江中游地区,不仅城址以堆筑为主并流行长年积水的濠沟,而且还是当时黄河长江流域史前城址崛起数量最多的地区。与此同时,这里的城址还表现出了多方面的时代特点。

黄河流域,特别是中上游,由于黄土覆盖,土质疏松,城墙只能夯筑,难度较大,所以这一时段没有发现城址。与此同时,黄河下游与黄淮之间发现的城址数量也很少,多夯筑。

北方长城沿线与以北地带,由于土壤瘠薄、基岩出露,所以当地的城址基本上都是就地取材,利用地表裸露的石块垒筑而成;又由于只要是同一聚落组织的成员就都有城址,所以当地城址的数量远远超过了其他地区。

(二) 中期古城崛起的意义

主要有三个方面。

第一,引领了聚落群团一体化的历史新潮。

之所以许多城址所在聚落组织都是一体化的聚落群团,就说明城址不仅是一体化聚落群团崛起的主力,还引领了这一波社会一体化的历史新潮。

第二,出现了人类历史上第一个政治组织。

人类社会最早基于实力的政治组织就出现在距今5 000年前后,并以聚落群团的一体化、生产生活方方面面都实行"大集体"的集中统一领导与管理为特征。

这些变化表明,中期古城已经从早期聚落群团临时性的"军事中心"升级成了新型的永久性的政治与军事中心,而且还标志着人类从自然血缘社会转变为地缘社会已迈出了历史性的第一步。

第三,人类社会基于实力的等级化复杂化正式起步。

一体化聚落群团的出现说明以往基于血缘关系的社会等级化已经开始退出历史舞台,而取代之的则是在实力与利益基础上的等级化与复杂化。

五、早中期古城相继崛起的历史意义

主要有三个方面。

第一,标志传统血缘社会的一体化进程已基本完成。

由于聚落群团是以自然血缘为纽带的传统血缘社会的最高级别组织,所以它的一体化整合与改造,也就意味着传统的纯血缘的社会组织一体化进程已基本完成。

第二,标志集中统一已成为聚落社会的新型管理模式。

血缘社会的一体化不仅为权力的集中统一提供了可能,而且还奠定了必要的组织基础,尤其是一体化聚落群团的出现,使人类在血缘社会内部第一次实现了跨部落无辈分的集中统一领导与管理。

第三,长江中游是中国国家起源古城阶段的领跑者。

由于古城出现的时间早于其他地区,数量上多于其他地区,规模上大于其他地区,又首先出现了内外城的建构模式,而且在聚落组织的一体化大型化方面也走在了各地的前头,所以长江中游地区,在整个古城崛起的时代,就一直是中国国家起源的旗手和领跑者。

第二章 古国的崛起

距今4 500—4 000年就是史前聚落集团、早期国家、古国等新型聚落组织同时诞生的时代。其中,古国就是以血缘组织为单位、跨血缘跨地域、暴力构建的具有统治与被统治关系的一种社会组织。由于统治者与被统治者都是血缘组织,所以古国又可称为"血缘国家"。

第一节 聚落集团、早期国家、古国同时崛起的实例

距今4 500年以后,长江中游湘西北澧阳平原(图3-2-10)、山东东南日照盆地(图3-2-12,2)、山西西部临汾盆地(图4-2-7,2)的聚落数量与规模表明,由于人类社会无节制的发展,人口与聚落数量再次膨胀式增加,从而又一次引发了新的重大生存危机,并使本已紧张的社会矛盾再次激化。

为了生存,为了利益,在新的历史背景下,不同血缘聚落组织之间的合纵连横与暴力征服全都成为了历史的新常态,并同时催生了聚落集团、早期国家、古国等多种大型的聚落组织。与此同时,这些大型聚落组织的出现又说明社会的一体化已处于血缘社会与地缘社会之间的转型时期(图5-1-1)。

一、聚落集团

聚落集团就是史前晚期晚段距今4 500年以后新出现的一种泛血缘的超大型聚落组织。其中,核心多数都是一体化的聚落群团,而其他的成员则是各种沾亲带故的聚落组织,并具有大规模抱团相聚的组织特点。

目前已见三种不同的组织类型。

(一)以强势聚落群团为核心的类型

这种类型的最大特点就以非常强势的聚落群团为核心,而近距离环绕在周边的其他同血缘的组织既可以是聚落群团,也可以是聚落群。

湖南澧县澧阳平原鸡叫城聚落集团就是这种类型的代表①。

调查发现,石家河文化时期,澧阳平原东部出现了一个大的聚落集团(图4-2-1)。

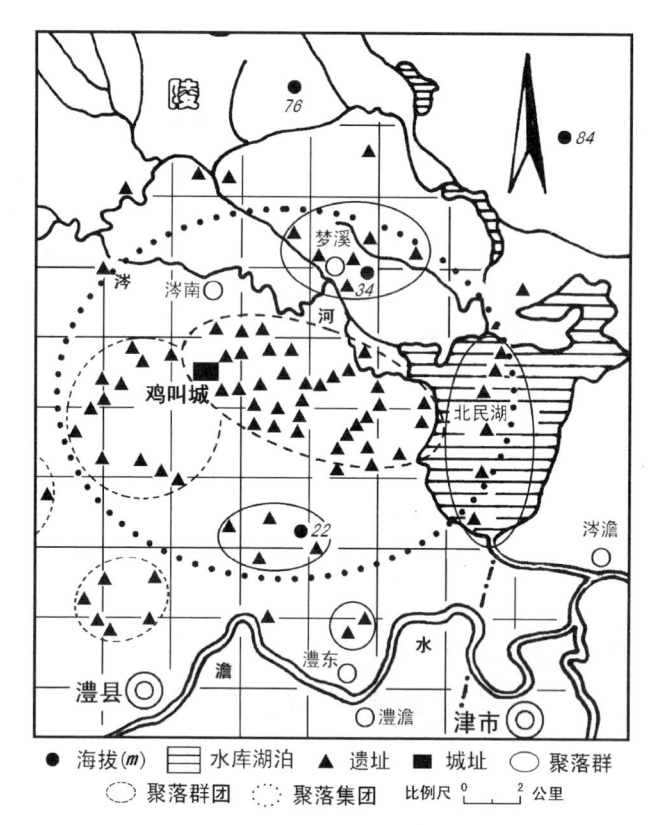

图4-2-1 澧阳平原东部石家河文化聚落遗址分布图
(引自裴安平《中国史前聚落群聚形态研究》)

为首的就是作为聚落集团核心的晚期古城——鸡叫城城址。从屈家岭文化开始,它就一直不停地在原地做强做大,并由环濠聚落升级为城址。

距离城址最近的,也是位于整个集团中心区域的,就是核心聚落群团,在不足20平方公里的范围内超近距离的聚集了至少37个聚落遗址,显示了非同一般的实力。

环绕在中心区域即核心聚落群团外围的就是其他互有血缘关系的聚落群体。其中,既有聚落群团,如鸡叫城西部的聚落组织;也有更小的聚落群,如中心区东部、南部、北部的聚落组织。

---

① 裴安平:《中国史前聚落群聚形态研究》,中华书局,2014年,第162页。

(二) 强强联合的类型

强强联合就是二个或以上有血缘关系的聚落群团联合组成的聚落集团。其中,河南洛阳盆地浏涧河与沙沟流域就是二个聚落群团组成聚落集团的代表,而山东聊城茌平教场铺城址所在聚落组织就是四个聚落群团组成集团的代表。

1. 洛阳盆地浏涧河、沙沟流域的聚落集团

该聚落集团时代为仰韶文化晚期①(图4-2-2)。

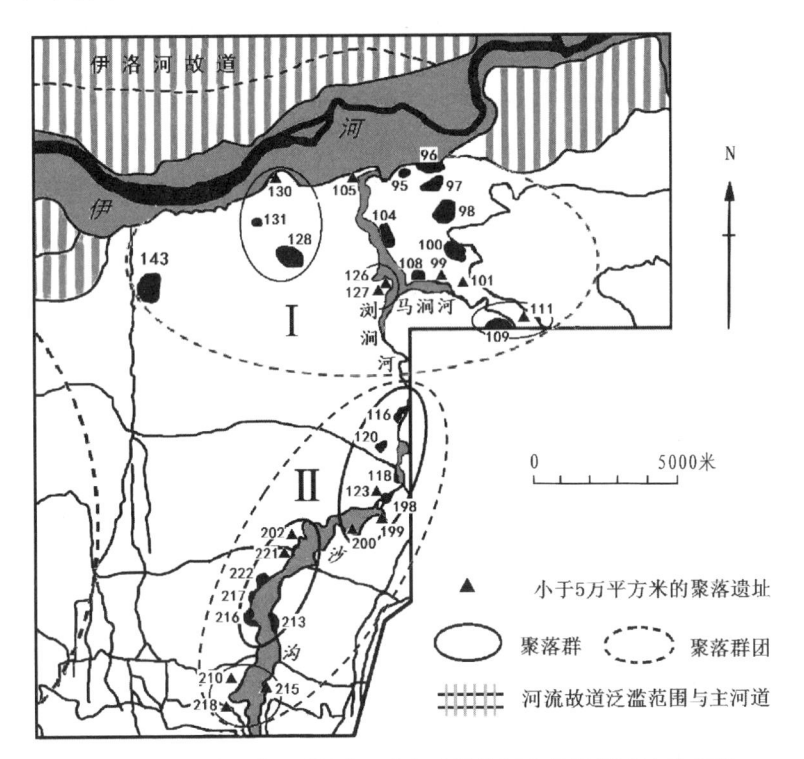

图4-2-2 洛阳盆地浏涧河、沙沟流域仰韶文化聚落遗址分布图
(引自中国社会科学院考古研究所二里头工作队《河南洛阳盆地2001—2003年考古调查简报》;图中实线圈、虚线圈均为本书作者所加)

据调查报告,在洛阳盆地约638平方公里的范围内,一共发现仰韶文化时期的聚落遗址105处。其中,伊河南岸的支流浏涧河、沙沟沿岸就有34处,近整个盆地同期聚落遗址数量的1/3。

此外,调查还发现浏涧河与沙沟沿岸还各分布有一个大的聚落群团。

位于下游浏涧河与马涧河交汇处的是Ⅰ号群团,共有聚落遗址17处。

---

① 中国社会科学院考古研究所二里头工作队:《河南洛阳盆地2001—2003年考古调查简报》,《考古》2005年第5期。

其中,分布密度很高,多数间距都不足 1 公里,尤其是 95—98、99—101 与 108、109 与 111、126 与 127 号等 12 个聚落,相互之间都只有 500—600 米,以致有的聚落群之间的界线都被完全模糊了。

位于上游沙沟流域的是 II 号群团,共有 16 个聚落遗址,全部沿河呈串珠形分布。其中,内部又可见三个聚落群,群与群之间的距离均不超过 2 公里,而群内聚落之间的距离也全部都在 1 公里以内。

由于 I、II 二大群团一个处于河的上游,一个处于河的下游,且二者最远相距仅约 3.5 公里,即 116 号聚落与 127、109 号聚落之间。这说明它们虽然各自是独立的,但关系又十分亲密,应该同属一个更大的聚落组织,即聚落集团。

2. 山东聊城茌平的聚落集团

早在 20 世纪 90 年代以前,考古工作者即已发现聊城与茌平二地东部的遗址分布具有很强的规律性。其一,遗址多见于已干涸的古河道两侧;其二,在古河道两侧每隔一定距离就有一处古遗址;其三,遗址多数都聚集在陡骇河以东古河道两侧的高台地上,似乎已形成了一个"文化小区"[①]。

根据《中国文物地图集·山东分册》提供的资料,这里的"文化小区"实际就是一个大型的聚落集团,由 30 个聚落、4 个聚落群团共同构成(图 4-2-3)。

第 I 群团,位于茌平县东北部,由 11 个聚落、5 个聚落群构成。

第 II 群团,主体位于茌平县东南部,共有 9 个聚落。

第 III 群团,位于东阿县中南部,至少 6 个聚落、4 个聚落群构成。

第 IV 群团,位于聊城东部,由 4 个聚落、2 个聚落群构成。

尽管上述四个群团的规模大小与组织化程度各有不同,但相互关系还是比较密切。

第一,这里是鲁西地区聚落遗址数量最多、分布也最为密集的地区,一体化的整体性明显。

第二,聚落与聚落之间,聚落群与群之间,聚落群团与群团之间的组织状态良好,层次分明。

第三,聚落群团之间的相互距离都相对较小。其中,第 I 与第 II,8 公里;第 II 与第 III,4.5 公里;惟第 II 与第 IV 距离较大,约 10 公里,但仍明显小于整个集团与周边其他聚落群体的距离。

---

① 陈昆麟等:《聊城、茌平古文化遗址调查简报》,《考古与文物》1998 年第 1 期。

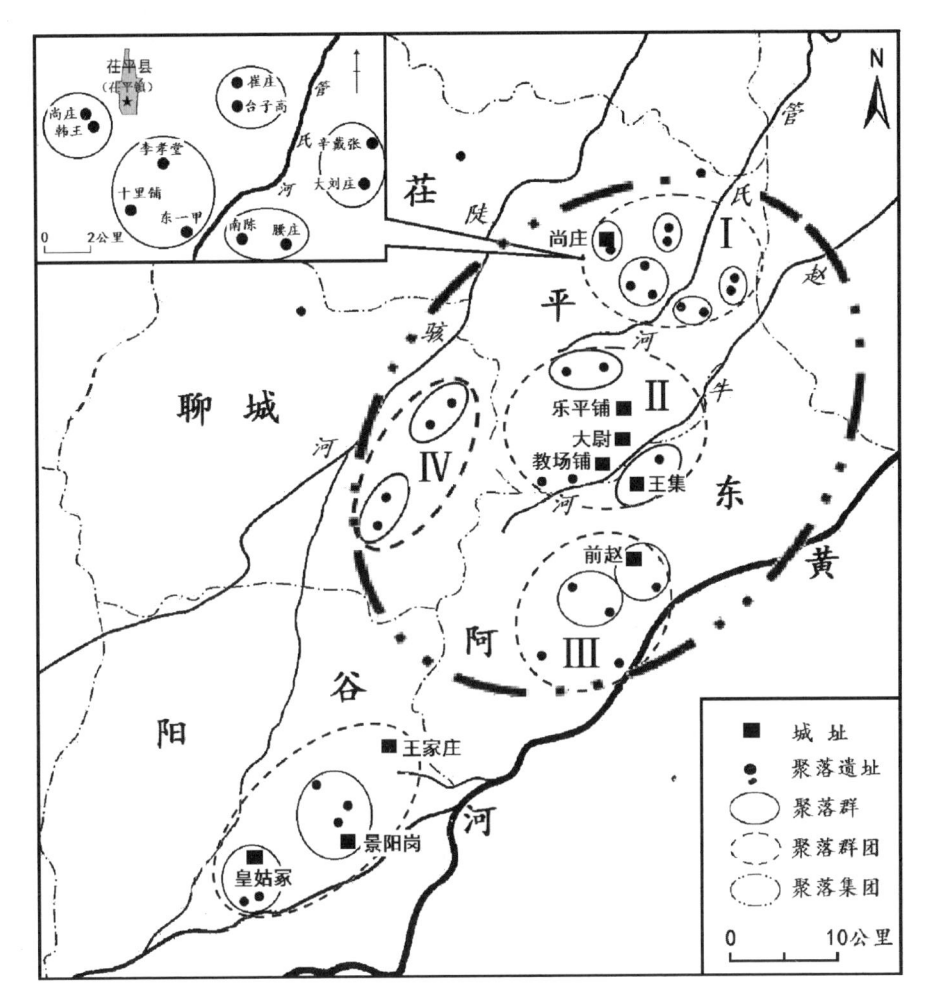

图4-2-3 鲁西北龙山文化聚落遗址分布图

(引自《中国文物地图集·山东分册》;图中实线圈、虚线圈均为本书作者所加)

第四,四大群团的空间布局显示集团内部具有明显的从属关系与向心结构,其中第Ⅱ群团就位于整个集团的中心,其他的聚落群团则环绕在它的周围。

第五,第Ⅱ群团具有最强悍的实力,共发现城址4座。其中,教场铺城址规模最大,平面呈长方形,东西约1100米,南北300多米,面积近40万平方米,很可能就属于集团核心的晚期古城。乐平铺、大尉等二座城址,虽然面积都不超过3—4万平方米,但它们与教场铺同时近距离并存,充分显示了作为集团核心帮手的实力。

(三) 由早期一体化聚落群团自然扩大升级的类型

这是一种非常强势的聚落组织。它就是聚落组织自然发展壮大升级的结果，就是在前期一体化聚落群团的基础上原地自然壮大升级为一体化的聚落集团的结果，湖北天门石家河地区的聚落集团就是代表①。

距今 5 000—4 500 年的屈家岭文化时期，当地的聚落组织还是一个共有 18 个聚落的一体化的聚落群团。其中，核心聚落群，即邓家湾、三房湾、蓄树岭、谭家岭等 4 个聚落，就位于 120 万平方米的大城之内；而聚落群团的其他 5 个聚落群共 14 个聚落就全部环绕在大城的周围（图 3-2-5,3、4）。

距今 4 500 年以后，当地的聚落组织发生了二个重大变化。一方面，城外的聚落数量由屈家岭时期的 14 个增加到了 36 个，翻了 2.57 倍（图 3-2-13,2）；另一方面，城址本身虽然没有变化，大城内仍然还是一个核心聚落群的 4 个聚落，但整个聚落组织群体的规模大幅扩大了，城的属性也由早期聚落群团核心的中期古城升级成为了晚期聚落集团核心的晚期古城。

又由于屈家岭文化时期所有 18 个聚落遗址全部都原封不动地延续下来了，所以当地聚落组织前后一脉相承的关系非常清楚。还由于自然血缘关系的约束，所有新出现的聚落都位于老祖宗的附近，所以原来聚落群、聚落群团之间的界线也全都模糊了，整个集团浑然一体。

二、早期国家

早期国家就是不同血缘的聚落群团或聚落集团跨血缘，或又跨血缘又跨地域而结盟构建的一种新型的超大型聚落组织。其中，浙江余杭良渚三镇范围内良渚文化的早期国家就是只跨血缘不跨地域的代表，而山东青州寿光之间龙山文化的早期国家则是又跨血缘又跨地域的代表。

（一）浙江余杭良渚三镇范围内的早期国家

2005 年出版的《良渚遗址群》（以下简称《遗址群》）一书一共公布了 135 处遗址及有关考古资料，为当地史前聚落的群聚与组织形态研究提供了重要的资料和线索。

1. 三个聚落群团同时并存

根据《遗址群》提供的资料，明显可见当地所有的居住类聚落遗址实际都属于庙前、姚家墩、莫角山三大聚落群团（图 4-2-4）。

（1）庙前群团

主体位于良渚镇西北部，已发现各种类型的遗址 26 个，并密集分布在东西约 6 公里、南北约 5 公里的范围内。不过，截至目前，那里只辨认出了居

---

① 湖北省文物考古研究所：《大洪山南麓史前聚落调查——以石家河为中心》，《江汉考古》2009 年第 1 期。

图4-2-4 浙江余杭三镇良渚文化居住类遗址分布图
(引自浙江省文物考古研究所《良渚遗址群》;图中实线圈、虚线圈、城墙示意线均为本书作者所加)

住类聚落遗址8处,与其他同时期的群团相比,该群团的规模是余杭三镇范围内最小的。其中,133号庙前遗址,面积6万平方米,是整个群团中规模最大的遗址,推测其地位也最高,为整个群团的核心聚落。

(2) 姚家墩群团

主体位于安溪镇西部东苕溪两岸,根据《遗址群》判定的居住类遗址的分布可知,该群团主要由3个聚落群构成。其中,15号葛家村、16号王家庄、18号姚家墩三者为一群,相互距离只有几百米。对此,《遗址群》(P320)的作者也认为"姚家墩与其周围的卢村、葛家村、金村、王家庄、料勺柄等遗址构成了一个相对独立的聚落单元……东西南北的跨度各约750米。这样的面积,这样的布局使它看起来很像是某一显要的家族聚居圈,里面有生活区、祭祀区、墓葬区、作坊区等"。此外,10号钵衣山、11号官庄、12号梅园里、13号舍前四者也明显是一群,相互距离也只有几百米。另一个聚落群位于东苕溪南岸,由86号苏家村、88号石前圩二者构成,相距不足1公里。

值得注意的是,姚家墩聚落群有可能是整个群团的核心聚落群。第一,那里三个聚落的共有面积规模最大,总共9万平方米;第二,姚家墩遗址是整个群团最大的遗址,6万平方米;第三,发掘证实,姚家墩拥有大面积的"红烧土硬面和铺石建筑遗存","多个夯筑活动面"。因此,姚家墩所在聚落群可能是整个群团的核心聚落群,而姚家墩则不仅是核心聚落群的核心,还是整个群团的核心。

(3) 莫角山群团

该群团位于瓶窑镇以东,是目前所见良渚三镇范围内规模最大的群团,至少拥有居住类遗址17处,共8个聚落群。

Ⅰ聚落群,由53、54号二个聚落遗址构成,二者相距约100米。

Ⅱ聚落群,由56、57号二个聚落构成,二者相距百余米。

Ⅲ聚落群,由58、66、69三个聚落遗址构成,相互距离300—400米。

Ⅳ聚落群,由74、76号二个聚落遗址构成,二者相距约300米。

Ⅴ聚落群,由45、79号二个聚落遗址构成,二者相距约150米。

Ⅵ聚落群,由48、49号二个聚落遗址构成,二者相距约700米。

Ⅶ聚落群,由32、36、38号三个聚落遗址构成,相互距离约700—800米。

Ⅷ聚落群,整体位于68号莫角山遗址上,由大莫角山、小莫角山、乌龟山三聚落构成。

值得注意的是,2010年以后,浙江省文物考古研究所的考古专家们对良渚三镇范围内的聚落遗址又进行了一次卓有成效的调查,不仅发现了瓶窑古城的外郭城,还发现原古城外围的聚落遗址实际都位于外郭城之中[1];从而更进一步地显示出该群团整体的空间布局与庙前、姚家墩都有重要区别,而完全是一种明显的一体化的向心结构。位于群团中心的是莫角山聚落群,而其他的聚落群则分层次地环绕在它的周边。

2. 三个群团是一个早期国家

已有的发现表明,良渚三镇范围内三个聚落群团的关系是有区别的。其中,莫角山与姚家墩群团是同一个聚落集团,而这个集团与庙前群团的关系则属于同一个早期国家。

有四个方面的理由。

第一,良渚三镇范围内的聚落群体是一个独立的群体。

根据地形地貌以及有关的考古调查与发掘,三镇范围的聚落组织与东部相邻最近的临平镇的聚落组织就不是同一个群体(图5-2-9)。二者之间不仅拥有宽阔低洼的隔离带,而且各自墓葬的礼制、玉器的质地和样式都不相同[2]。

第二,莫角山与姚家墩群团空间距离近。

由图4-2-4可知,莫角山群团距离姚家墩群团最近处位于54号扁担山遗址与18号姚家墩遗址之间,不足2公里。但是,莫角山群团距离庙前群团却较远,从莫角山群团的东部城墙到庙前的113号猪槽地遗址约7公里。

第三,只有莫角山与姚家墩群团营建了大型祭坛。

根据反山(图4-2-4,67)、瑶山(图4-2-4,6)的位置及墓葬中的随葬品可知,反山是属于莫角山群团的,其中墓葬中所见到的"琮王"以及它所在莫角山附近的位置,就说明它的地位是最高的。瑶山墓葬的等级与位置虽然都不如反山,但它的存在依然表明它们之间的关系很近,同属一个聚落集团,享受与莫角山群团一样的待遇,都有类似的祭坛。

第四,庙前群团地位低下。

群团中最大的庙前遗址在《良渚遗址群》中只列为"三级中心遗址",而且从1988年到2001年前后6次共3675平方米的发掘中[3],既未发现祭坛,也未发现拥有高档玉器的贵族墓。此外,整个庙前群团所有遗址出土的玉器,无论种类、数量、品质都无法与莫角山和姚家墩群团相提并论。

---

[1] 王宁远:《良渚遗址考古的历程、思路与方法》,《遗产与保护研究》2016年第5期。
[2] 裴安平:《中国史前聚落群聚形态研究》,中华书局,2014年,第361—365页。
[3] 浙江省文物考古研究所:《庙前》,文物出版社,2005年。

值得思考的是,庙前群团为何地位会如此低下?

假如良渚三镇范围内的所有遗址都有血缘关系,都是在互有血缘关系的基础上构成的生死与共的聚落集团,与莫角山、姚家墩都同宗同脉,与姚家墩群团一样都同为莫角山群团的左臂右膀,那庙前群团的级别与待遇还会如此低下吗?

因此,庙前群团很可能与莫角山、姚家墩并不是同一血缘的组织,而是由于贫穷和弱小才投奔、皈依豪门的其他血缘组织。由于只带来了人,没有带来土地;所以,良渚三镇的聚落组织就只是一个以聚落集团为核心的只跨血缘而没有跨地域的早期国家。

还需要说明的是,即使庙前群团与姚家墩群团、莫角山群团都同宗同脉同血缘,良渚三镇的遗址群也只是一个超大型的由三个聚落群团组成的聚落集团,也不是一个真正的古国。

一方面,谁也不知道它曾用武力征服过谁?另一方面,谁也不知道它与周边哪些聚落组织建立了统治与被统治关系?再一方面,谁也不知道它的统治区域究竟有多大?

实际上,良渚三镇范围内那些大大小小的公共建筑就一直在显示,那里完全是一个长期只注重自我完善和发展的组织群体,是一个将群体内大量人力物力不停地投入到那些巨大且众多的公共设施中的群体。这样的群体根本就没有对外开拓的动力,更不像是一个特别注重对外开拓的古国。

(二)山东青州寿光弥河与阳河之间的早期国家

现有的资料表明[①],以山东边线王城址为中心,在其周边弥河与阳河之间的地区就存在一个由二个大的聚落集团既跨血缘又跨地域构成的早期国家。

1. 青州境内沿弥河分布的聚落集团

在《中国文物地图集·山东分册》提供的地图上,青州境内龙山文化聚落遗址的组织与群聚形态一清二楚。

青州北部的地形地貌属于山前洪积扇平原区,10个聚落群,44个聚落遗址主要沿东部的弥河与东北部的弥河故道分布(图4-2-5,Ⅰ—Ⅹ)。

第Ⅰ群:有成员3个,相互距离约1.5公里。

第Ⅱ群:南距第Ⅰ群2公里,有成员5个。相互距离600—1000米。

---

① 寿光县博物馆:《寿光县古遗址调查报告》,《海岱考古》第一辑,山东大学出版社,1989年,第29页;青州市博物馆:《青州市新石器遗址调查》,《海岱考古》第一辑,山东大学出版社,1989年,第124页;潍坊市博物馆等:《山东昌乐县原始文化遗址调查》,《考古》1987年第7期。

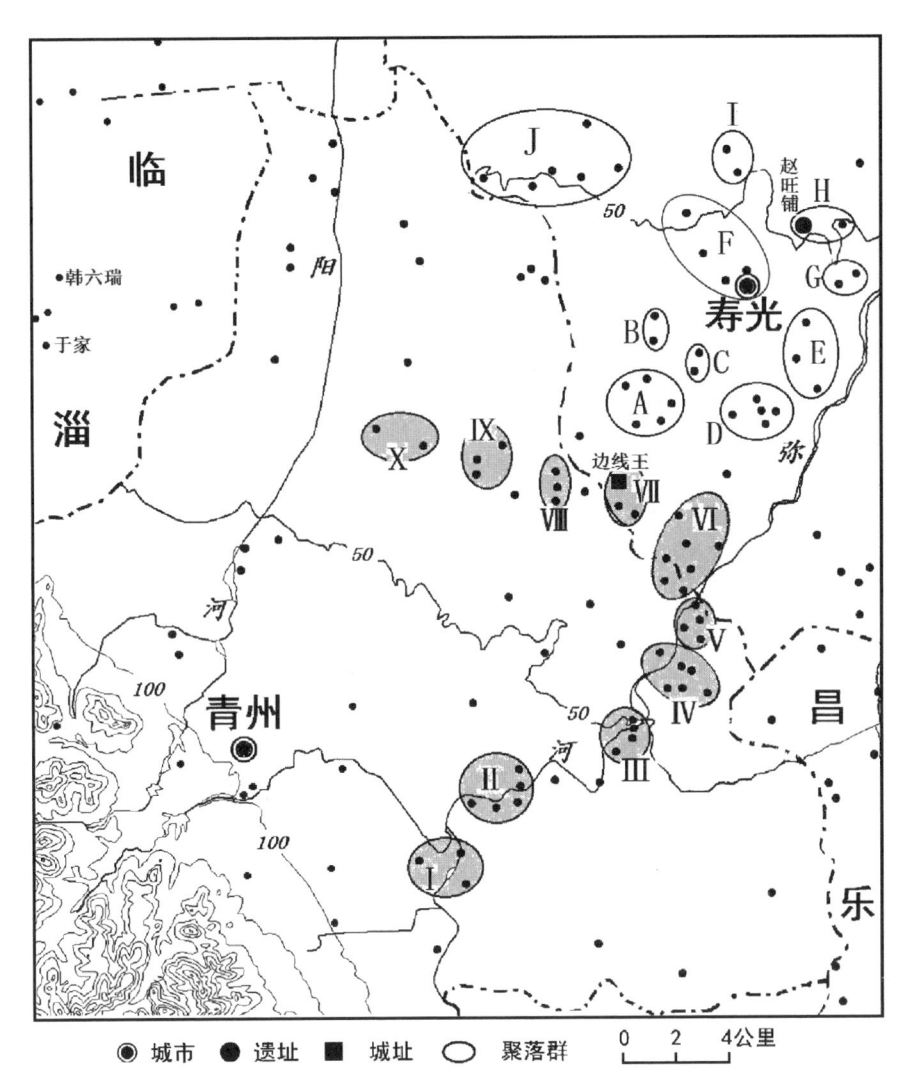

图 4-2-5 青州寿光之间龙山文化聚落遗址分布图

(引自《中国文物地图集·山东分册》;图中实线圈均为本书作者所加)

第Ⅲ群:有成员 4 个,相互距离 500—1 000 米。

第Ⅳ群:南距第Ⅲ群 2 公里;有成员 6 个,相互距离最多 1.2 公里。

第Ⅴ群:南距第Ⅳ群不足 1.5 公里;有成员 4 个,距离最多 800 米。

第Ⅵ群:南距第Ⅴ群 1.2 公里;有成员 7 个,相互距离不足 1 公里。

第Ⅶ群:东南距第Ⅵ群不足 2 公里;有成员 3 个,相互距离不足 1 公里。边线王城址即属该聚落群。

第Ⅷ群:有成员 3 个,相互距离仅约 600 米。由于口埠东遗址正好位于第Ⅶ、Ⅷ群之间,所以无论归属哪一方,二群间的距离也都只有 1 公里。

第Ⅸ群：有成员3个，相距约1公里。由于赵铺遗址恰好位于第Ⅷ、Ⅸ群之间，所以无论归属哪一方，二群间的距离也都不足2公里。

第Ⅹ群：位于第Ⅸ群西部2.2公里，有成员2个，相距约2公里。

由于以上聚落群相距都很近，因此它们应该是一种以沿河串珠形密集分布为特点的，具有一体化内涵的聚落集团。

又由于寿光孙家集镇的边线王遗址，不仅面积较大，约10万平方米，而且遗址上还有5.76万平方米的城址一座①，估计应该就是本集团的核心。

2. 寿光周围弥河左岸的聚落集团

寿光周围与青州境内聚落的分布模式完全不同，青州是以沿河分布为主，而寿光的主体则位于现代弥河左岸一块平坦的区域内。由图4-2-5（A—J）可知，那里也同样存在一个聚落集团。

在边线王城址以北，已有的调查资料显示，当地至少聚集了33个聚落、10个聚落群，而且群与群之间的距离也比较小，最多不超过4公里。其中，第A—C群靠得特别近，相互约1.5公里，应该是一个聚落群团。另第D与E群，也都距离较近，约2.5公里，可能也属不同的群团。

目前，最有可能系集团核心的就是第H群的赵旺铺遗址。因为，在这个集团中，只有它的规模最大，约9万平方米②。

3. 南北二大聚落集团的关系非常近

由于南北二大聚落集团的空间距离非常近，从边线王遗址到寿光集团的A聚落群仅约3公里。如此近的空间距离，实际就是他们关系亲近的反映与标志。又由于他们各自都有自己的领土，因此它们的关系应该属于一个既跨血缘又跨地域的早期国家。尤其是边线王城址的位置，实际也正好处于二大集团中间，更凸显了它们的一体化特征与联系。

三、古国

古国就是史前晚期晚段出现的历史上第一种国家。它以血缘组织为组织单位，又跨血缘又跨地域，还在不同血缘组织之间暴力建立了以政治上压迫经济上剥削为特征的统治与被统治关系。

---

① 杜在忠：《边线王龙山文化城堡的发现及其意义》，《中国文物报》1988年7月15日，第3版；张学海：《寿光县边线王龙山文化城堡遗址》，《中国考古学年鉴1985》，文物出版社，1985年，第157页；栾丰实：《山东地区龙山文化城址的发现和研究》，《人文与自然》1998年第1期。

② 寿光县博物馆：《寿光县古遗址调查报告》，《海岱考古》第一辑，山东大学出版社，1989年，第29页。

已有的考古发现,这种国家有三种建国的途径与构建模式,即鸡叫城模式、石家河模式、洛阳盆地模式①。与此同时,这三种模式建立的古国又属于不同类型的古国。

(一) 鸡叫城模式与古国类型

"鸡叫城模式"的基本特点就是单一血缘组织单枪匹马通过打拼建立古国,并由血缘组织直接升级为地缘古国。

湖南湘西北澧阳平原鸡叫城、山西临汾盆地涝河以南地区有关聚落组织的崛起与发展就是这方面的代表。

1. 湘西北澧阳平原鸡叫城的建国之路

距今6 500—5 000年期间,由于气候高温多雨(图3-2-1),澧阳平原西部聚落群团在地势较高的自然环境支持下,发展状态一直较好,聚落数量也明显多于东部的聚落群团(图1-3-1,2)。澧阳平原东部,虽然地势开阔面积明显大于西部,但相对低洼,多沼泽湿地,人类的生存状态比较艰难,因而对西部可能也多有袭扰。为此,城头山率先挖掘了聚落环濠,又筑起了中国史前最早的城址,大溪文化晚期还再次扩建(图4-1-1,2,Ⅲ)。

距今5 000年以后,随着气候由高温湿热逐渐干凉,降水减少,平原东部地势较低的广大区域逐渐露出水面,适合人类居住的地域也在不断扩大,连成一片。借此环境之变,东部聚落群团乘势崛起(图3-2-10)。

鸡叫城就位于澧阳平原东部,西距城头山约15公里,发掘表明该遗址经历了三期大的发展过程(图4-2-6)②。

第一期:屈家岭中期早段及以前。鸡叫城开始成为聚落遗址,并挖掘了聚落环濠。由于濠沟的边缘在晚期城濠以内约66米,故以此为据,推测当时的聚落面积仅约6.5万平方米。

第二期:屈家岭中期晚段。在第一期环濠的外面开始筑城,底宽约27米,深约4.5米,城濠以内面积近15万平方米。

应该指出的是,鸡叫城的崛起改写了澧阳平原的历史。不仅标志东部聚落群团从此站起来了,还第一次有了自己的城址;而且还使东西二大群团之间的关系由过去的一强一弱,变成了势均力敌。

面对东部的崛起,面对鸡叫城的崛起,西部的城头山也未敢懈怠。

---

① 裴安平:《聚落群聚形态视野下的三种文明起源模式研究》,《无限悠悠远古情·佟柱臣先生纪念文集》,科学出版社,2014年,第186—202页。
② 湖南省文物考古研究所:《澧县鸡叫城古城址试掘简报》,《文物》2002年第5期。

图 4-2-6 湖南澧县澧阳平原东部鸡叫城城址平面图
（1 引自 1978 年澧县万分之一地形图；2 引自湖南省文物考古研究所《澧县鸡叫城古城址试掘简报》）

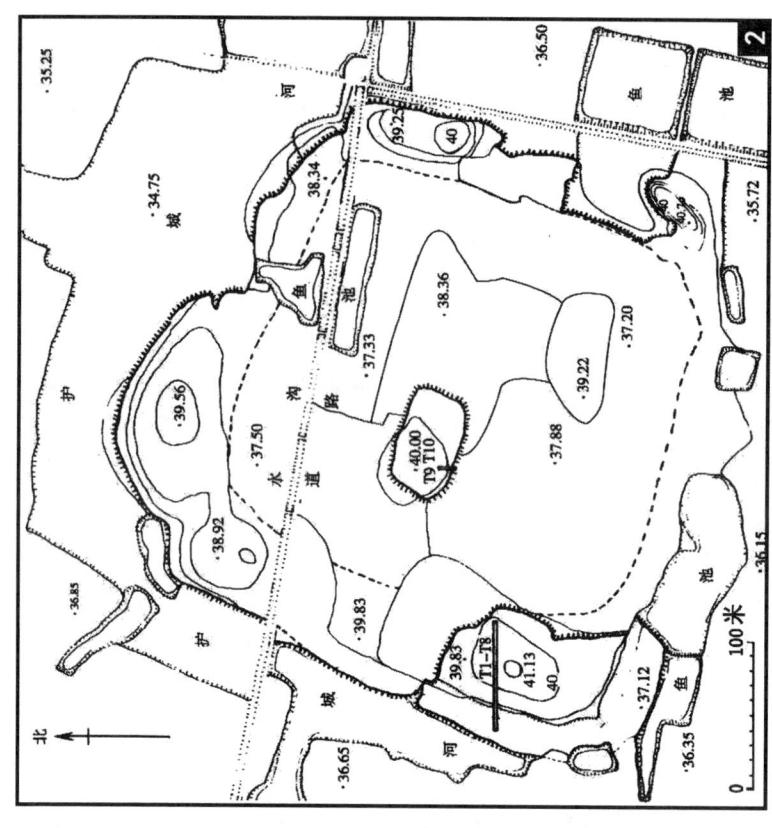

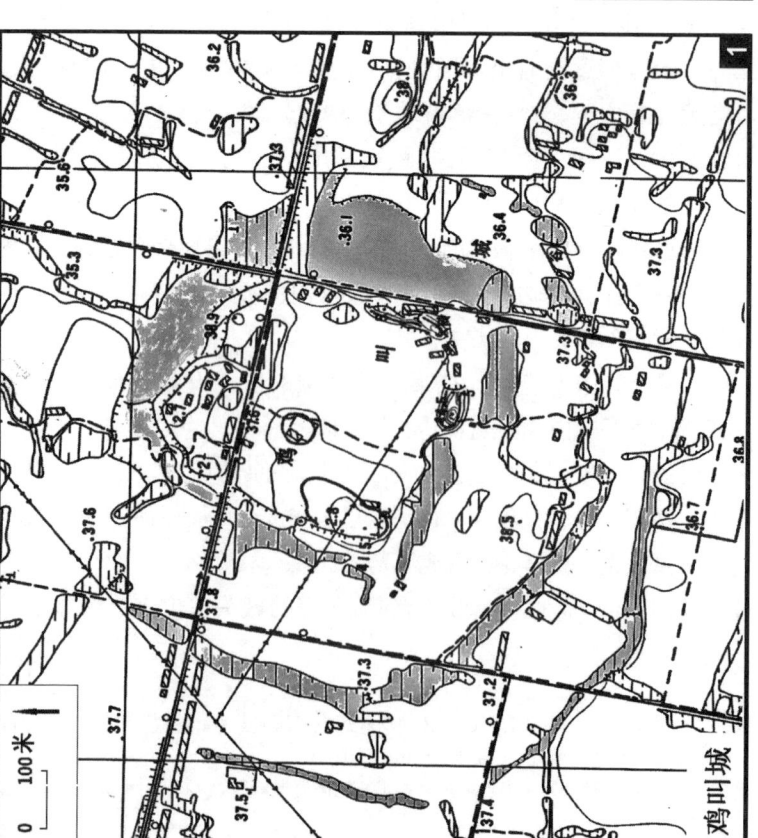

屈家岭文化早期,当时的鸡叫城虽然还只是一个小型的环濠聚落,但城头山为了保持长期以来的发展优势,并防患于未然,毅然再次筑城,在前期的城濠上堆筑城墙,在城墙外面又开挖了新濠(图4-1-1,2,Ⅳ)。

屈家岭文化中期晚段,鸡叫城第一次筑城。对此,城头山又紧急应对。虽然没有重新挖濠筑墙,但却在前一次的基础上使城墙城濠都得到加宽加高加深。最后形成的墙,底宽20米以上,残高4米;濠沟,口宽约40米,深约4米,充分表现了非同以往的变化和面貌(图4-1-1,2,Ⅴ),而且城的高与宽,濠的宽与深,均二倍于大溪文化时期。

显然,鸡叫城与城头山之间你追我赶、规模越来越大、功能越来越强化完善的筑城过程,完全是它们之间的关系已势不两立的反映与结果,也同时是当时社会矛盾不断尖锐激化的反映与写照。

距今4 500年,石家河文化时期,平原上的聚落数量由屈家岭文化时期的45个猛增到了163个,是前期的3.62倍。于是,双方的矛盾在原已紧张对峙的基础上又升级了,中国史前最早的古国之一也伴随着暴力降临在了这片古老的平原上。

有三个方面的证据。

第一,从汤家岗文化开始,在历史上活跃了近2 000年之久的中国史前最早的、延续时间最长的城址——城头山倒下了。一方面,结束了始于汤家岗文化的不断挖宽挖深的挖濠历史;另一方面,也结束了始于大溪文化早期的不断新建或加高加宽城墙的历史。

第二,城内石家河时期的文化堆积居然明显稀薄[①],显示整个城址的发展与生活状态都颓势明显。

第三,与城头山的发展颓势形成鲜明对比,鸡叫城却迎来了第三期的新发展。

一方面,东部的社会组织,在石家河文化时期,由早期的聚落群团升级成为了以前从未见过的一体化向心结构特征明显的聚落集团(图3-2-10;图4-2-1;图4-2-6,1)。

另一方面,就是在城头山已经结束筑城的历史之后,它还于石家河文化早期再筑新城,并先后在城外开拓了三道环濠(图4-2-6,1)。其中,西南的城墙现在还宽约60米,护城濠宽40—70米(图4-2-6,2)

回顾历史,不难发现,城头山由盛到衰、鸡叫城由衰到盛的过程,完全是东西部所走不同发展道路的结果。

---

① 湖南省文物考古研究所:《澧县城头山》,文物出版社,2007年。

在西部,石家河文化时期,源于屈家岭文化时期的大多数聚落组织规模都扩大了。城头山聚落群由 4 个聚落变成了 7 个,大坪乡聚落群由 4 个聚落变成了 16 个,九里乡聚落群由 2 个聚落变成了 10 个,车溪乡东南聚落群由 2 个聚落变成了 8 个,大堰垱乡附近聚落群由 5 个聚落变成了 8 个,新安乡北部聚落群由 3 个聚落变成了 7 个。然而,那里的聚落从屈家岭到石家河时期近一半的坐落位置都没有变化,并意味着一直就没有以城头山为中心抱团相聚形成一体化的实体(图 3 - 2 - 10)。

与西部完全不同,整个东部却实现了有史以来规模最大的一次聚落位置调整,除了鸡叫城在原地没有动以外,绝大多数源于屈家岭时期的聚落遗址都发生了位置变化。其中,最重要的变化就是在鸡叫城附近约 20 平方公里的区域内,形成了一个前所未有的、包含了 37 个或更多聚落在内的聚落群团。显然,这是一次意义非凡的调整与重组。一方面,它显示了鸡叫城的强势、号召力与凝聚力;另一方面,它又说明整个东部全都动员与整合在一起了,拧成了一股绳,最终成为了一个基于利益一体化的聚落集团(图 3 - 2 - 10,图 4 - 2 - 1)。

这就是澧阳平原史前最后阶段的历史。有人分散、独立、平等,结果衰落了;有人却联合、团结、一体化,结果就兴旺发达了。

虽然当年相互厮杀的遗迹与直接证据现已荡然无存,但不难想象的是假如当时只有实力没有暴力没有征服,城头山会受到重创吗? 会自然倒下或臣服吗? 在直面了数百年的对峙与对抗之后,它会首先主动放弃吗? 它的族人都会一致答应吗? 事实上,石家河文化时期,城头山之所以不再筑城,城内的文化堆积之所以普遍稀薄,这本身就说明它的人口与发展状态都受到了外部的强力制约。一方面,不准它继续筑城;另一方面,也明确限制了它的人口与规模。也许它是主动投降,主动放弃筑城,但它不可能主动削减人口数量与规模,主动让日常生活的文化堆积都普遍稀薄。

正因此,伴随着以往最有实力的城头山的衰落,组织状态松散的西部的所有聚落组织也都沦为了澧阳平原的二等公民,沦为了被鸡叫城统治的对象,而鸡叫城无形的权力范围也首次越过了东部聚落集团有形的边界,并在中国树立了一个史前聚落血缘集团单打独斗建立古国的榜样。

根据文献记载,鸡叫城及其聚落集团的建国模式很像古代的商人,都走过了一条由单一族体通过单打独斗,单独完成了由血缘组织升级为地缘古国的过程,建国后还单独执政。

2. 山西临汾盆地涝河以南地区的建国之路

与湘西北澧阳平原鸡叫城一样,山西临汾盆地涝河以南地区也是纯血缘族体即聚落集团单打独斗建立古国的代表。

2009—2010年,考古工作者合作完成了塔儿山南、北两麓黄土塬,即"北起临汾市的山前,南至浍河南岸,西起汾河,东至塔儿山东麓滏河上游。南北70公里,东西25公里,面积大约1 750平方公里"范围内的区域调查①。

其中,在塔儿山以北涝河以南的尧都区,发现了距今约5 000—4 500年之间西王村三期文化时期的聚落遗址9处。根据相互之间的距离远近,可知这是一个由3个聚落群构成的松散型聚落群团(图4-2-7,1)。在这个群团中,组织状况最好的聚落群是19、22、23、26、27号5个聚落构成的群体,相互距离3公里以内。另外二个聚落群分别由9、12号与30、34号构成,相互距离较大,均超过5公里。至于三个聚落群之间的距离,则明显更大,约7—8公里。

距今4 500年以后,陶寺文化时期,当地的聚落组织整体自然扩大升级成为了以强势的聚落群团为核心的一体化聚落集团(图4-2-7,2),并拥有四个方面的新变化。

第一,遗址的数量从9个增加为24个。聚落群的数量,也从早期的3个,翻倍为至少6个。

第二,原来组织状况最好的核心聚落群,陶寺文化时期已经由5个聚落扩大为12个,并由此升级成为了至少包含2个聚落群在内的核心聚落群团。

第三,核心聚落群团组织状态良好,所有聚落之间的间距都不足2公里。此外,16号县底遗址很可能就是核心群团的核心,因为它的规模最大,面积110万平方米。

第四,各聚落群之间的距离也明显缩小,由早期的7—8公里缩小为2—5公里。

还值得注意的是,原来西王村三期文化所有的9个聚落,即9、12、19、22、23、26、27、30、34号遗址(图4-2-7,1),全部都原封不动地延续到了陶寺文化时期,从而显示陶寺文化时期形成的聚落集团与早期的聚落群团之间完全是一脉相承,是同一个血缘族体的自然扩大与升级。

然而,面对这个聚落集团的崛起,被学术界誉为黄河流域史前文明与国家起源象征的"区域中心"陶寺古城却倒下了。究其死因,非常清楚,在中国史前倒下的古城址中至今也没有一个比它更清楚②。

---

① 何驽:《2010年陶寺遗址群聚落形态考古新进展》,《中国社会科学院古代文明研究中心通讯》2011年第21期。
② 裴安平:《山西临汾盆地史前聚落群聚形态研究》,《南方文物》2013年第4期。

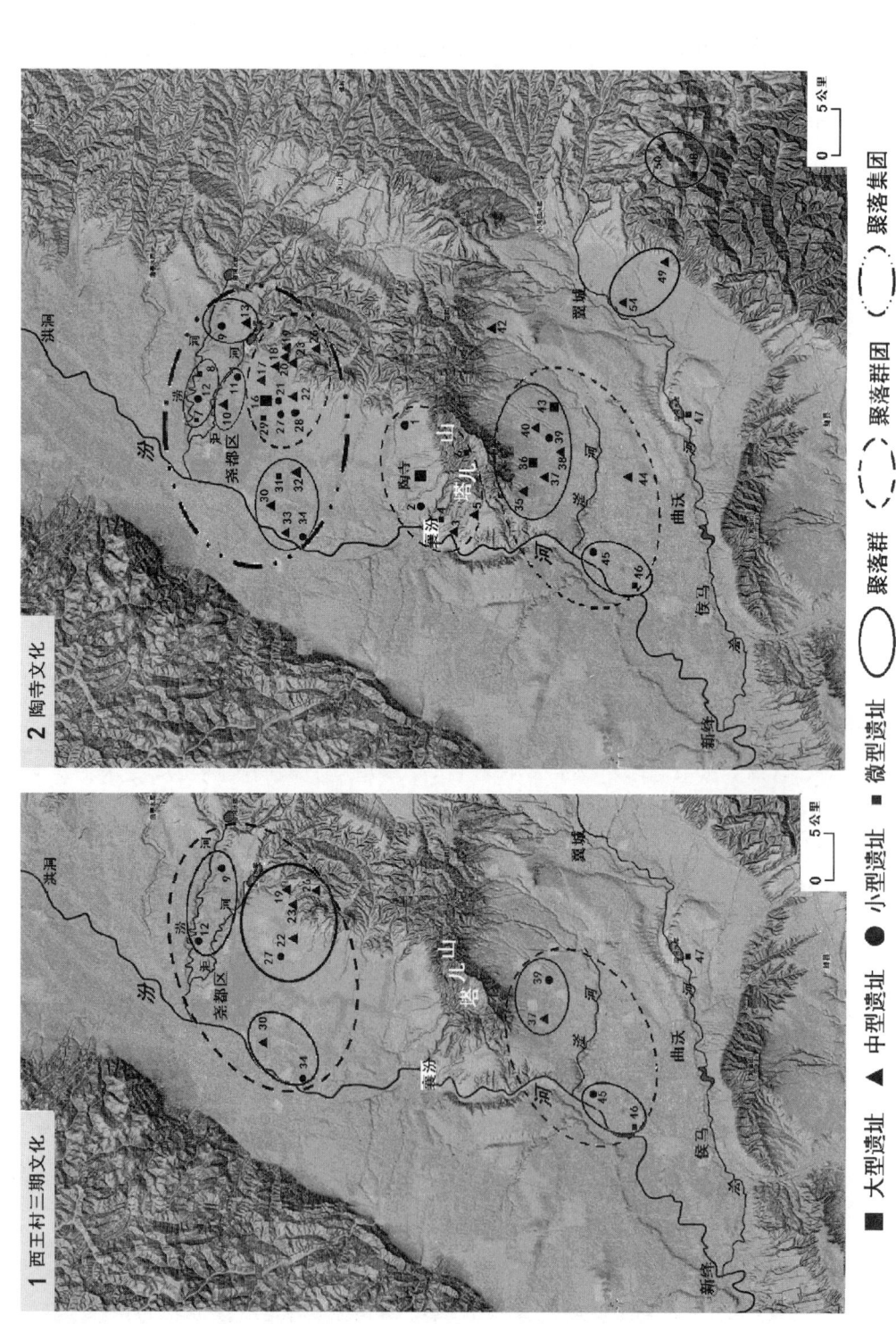

■ 大型遗址 ▲ 中型遗址 ● 小型遗址 ■ 微型遗址 ◯ 聚落群 ◯ 聚落群团 ◯ 聚落集团

图4-2-7 山西临汾盆地西王村三期与龙山文化中晚期聚落遗址分布图
1. 西王村三期文化 2. 陶寺文化
（1、2皆引自何驽《2010年陶寺遗址群聚落形态考古新进展》；图中实线圈、虚线圈均为本书作者所加）

"陶寺晚期,城墙被扒毁,中期大墓和中型墓被捣毁,宫殿被破坏,观象台被平毁,灰坑中残杀的人骨与建筑垃圾、手工业垃圾和生活垃圾共存,带有明显的政治报复色彩。例如宫殿区ⅠT5026揭露的陶寺晚期灰坑HG8里不仅出土大量石坯剥片,而且还出土了六层人头骨总计30余个,散乱人骨个体40—50人。人骨明显被肢解,许多颅骨有钝器劈啄痕,其中人工劈下的面具式面颅有6个之多。经我所专业人员鉴定,这些人骨以青壮年男性为多"[①]。

城址为何会毁于一旦呢?

已有的资料和线索表明,城址完全可能是毁于血族复仇。

第一,城址被毁的现象见于整个城址。

假如是住在城里的人不满前任而夺权,那就是内部矛盾,夺权的目的是为了自己上台执政,自己进住宫殿。为此,它们的破坏应该只是局部的,而不是全方位的;也大可不必还捣毁城墙,捣毁宫殿,并掘祖坟。一般而言,只有外部的侵犯,才会把城墙扒掉,把宫殿捣毁,把他人的祖墓掘了,把残杀的人骨遗弃在灰坑中。因为,他们只有一个心愿,血族复仇。

事实上,陶寺的情景确实是一片狼藉,复仇者杀人掘墓甚至城墙宫殿都不放过,都要扒掉。可以想见,它们之间绝不是一般的仇恨。

第二,北部集团是城址被毁的元凶。

考古表明,西王村三期文化的时候,塔尔山北部并没有陶寺遗址,也没有它的随从聚落群体。但陶寺文化初期,陶寺遗址突然率众空降塔尔山以北,从而打破了长期以来自然形成的原有聚落组织之间默契、和谐与平衡的相互关系(图4-2-7,1)。

不仅如此,面对塔尔山北部涝河以南原有的聚落集团,陶寺还摆出了以规模巨大的城址为头,其他遗址左右一字排开的阵式,从而显示了一种长期驻守与武力对抗的架势。

此外,陶寺还从早到晚一直都在筑城。早期是56万平方米,中期是270万平方米,近早期的5倍。规模如此突飞猛进,不仅超过了史前中国所有城址的扩张规模,而且还极大地刺激了涝河南岸的聚落集团,让涝河南岸的聚落集团明显地感受到了无形的压力和威胁。

对此,涝河聚落集团一直未敢往南挪动一步,而是在小心翼翼地积蓄力量,并在精心准备之后,给了陶寺致命的一击。

[①] 何驽:《从陶寺遗址考古收获看中国早期国家特征》,《中国古代文明与国家起源学术研讨会论文集》,科学出版社,2011年,第149页。

值得注意的是,陶寺文化时期涝河以南聚落集团的实力也并不小于陶寺及其所在群团。据统计(表 3-2-1),涝河南岸当时所有遗址的面积共 574.58 万平方米,比整个塔儿山北麓陶寺聚落群团总面积 316.52 万平方米的 1.8 倍还多,所以它完全有能力集中优势兵力打败陶寺。

就这样,史前又一个对他人拥有生杀予夺统治权力的古国,通过聚落集团单打独斗并伴随着血族复仇的号角诞生了。

不过,为了让陶寺永远保持黄河流域文明与国家起源象征的地位,最近学术界又兴起了一种说法,即认为陶寺文化晚期陶寺古城确实不行了,但陶寺文化早、中期陶寺古城则确实是古国的代表。然而,陶寺的敌人从早到晚一直都在它的对面,不足 15 公里;陶寺除了被人打败以外从来就没有打败过任何人。因此,在成者为王,败者为寇的时代,陶寺何以立"国"? 何以称王[①]?

(二) 石家河模式与古国类型

"石家河模式"与"鸡叫城模式"不同,它的基本特点不是在史前单一血缘组织单打独斗的基础上建立古国,而是以有关血缘组织为核心先期建立跨血缘的早期国家;然后再一致对外,建立具有统治与被统治关系的古国。这种古国的类型就像西周的姬姓周人一样,先跨血缘与姜姓联姻结盟组成"早期国家",尔后再联手打败商人,建国之后仍以姬姓为主联合执政。

考古发现,湖北天门石家河的建国之路就是这方面的代表,并经历了前后二个阶段。

第一阶段:建立早期国家。

由图 3-2-13 的比较可知,石家河文化时期,在石家河聚落集团的南部吴刘、新场附近多了一个规模很小的聚落群团,只有二个聚落群,共 13 个聚落,聚落遗址之间的距离明显较大,组织结构也明显松散。由于屈家岭文化时期当地一个聚落遗址都没有,所以它的出现就意味着有其他非同族血缘的聚落组织来到了石家河的势力范围之内,就意味着这里出现了一个只跨血缘的早期国家。

第二阶段:外部武力地缘一体化。

与早期国家的建立基本同时,位于石家河西部的京山屈家岭群团和东部的天门笑城都相继倒下了,在经过了不断做强做大之后全都悄无声息地就衰落了,在整个遗址的土地上石家河文化时期的地层和遗物与湖南澧县城头山一样也都非常稀薄[②],显示原有的居民或大部阵亡,或大部外逃了,

---

[①] 何驽等:《陶寺遗址:"中国"与"中原"的肇端》,《中国考古网》2017 年 12 月 19 日。
[②] 张绪球:《汉江东部地区新石器时代文化初论》,《考古与文物》1987 年第 4 期。

只剩下少数还在原地活着。

显然,最后的胜利者应该就是石家河,因为只有石家河拥有这种摧毁能力。

至此,一个以石家河城址为统治中心,半径约 25 公里、面积约 2 000 平方公里的相互拥有统治和被统治关系的古国就这样诞生了。

(三) 洛阳盆地模式

"洛阳盆地模式"既与"鸡叫城模式"不同,也与"石家河模式"不同,它的基本特点既不是在史前单一血缘组织的基础上建立古国,也不是只在跨血缘的早期国家基础上建立古国,而是不同血缘的聚落组织在又跨血缘又跨地域结盟的早期国家基础上再建立古国。

调查表明,洛阳盆地不仅拥有中国黄河流域史前时代最早的聚落集团,还拥有邻近聚落组织之间最明显的此起彼伏的变化①。

由图 4-2-8 和表 4-2-1 的比较可知,位于伊河南岸浏涧河与马涧河之间的 A 集团 I 群团,仰韶与龙山时期,聚落遗址的数量基本持平,但龙山时期遗址的个体规模却明显激增,平均从 9.61 万平方米升至 14.59 万平方米,涨了 51.82%。

位于沙河流域的 B 群团,龙山时期不仅升级为集团,而且聚落的数量较仰韶时期多增加了 5 处,更重要的是集团的整体实力与聚落的平均规模面积都迅速膨胀。其中,整体由 124 万平方米扩展到 235.7 万平方米,涨了 90%还多;个体面积也由平均 7.75 万平方米发展为 13.1 万平方米,涨了 69%。

位于伊洛河之间的 C 群团,虽然聚落遗址的个体数量早晚持平,但龙山时期聚落的规模总量与每个聚落遗址的平均规模也都明显上升,而且在整个盆地内首屈一指。其中,总共 315.9 平方米的整体规模总量,分别是 A I 群团和 B 集团的 1.55、1.34 倍,而每个聚落遗址高达 21.06 万平方米的平均面积,也较 A I 群团和 B 集团分别大了 44%与 61%。

然而,与洛河以南各群团蓬勃向上的发展态势完全相反,洛河以北的所有群团却都明显衰落了。

仰韶时期,D 群团的整体实力完全是盆地内的佼佼者,虽然聚落遗址的个体数不是最多的,但它却同时拥有整个盆地当时社会发展的四项纪录。

其一,群团的整体规模总量最大,326.9 万平方米,是同时位列第二的 C 群团的 1.4 倍。

---

① 中国社会科学院考古研究所二里头工作队:《河南洛阳盆地 2001—2003 年考古调查简报》,《考古》2005 年第 5 期。

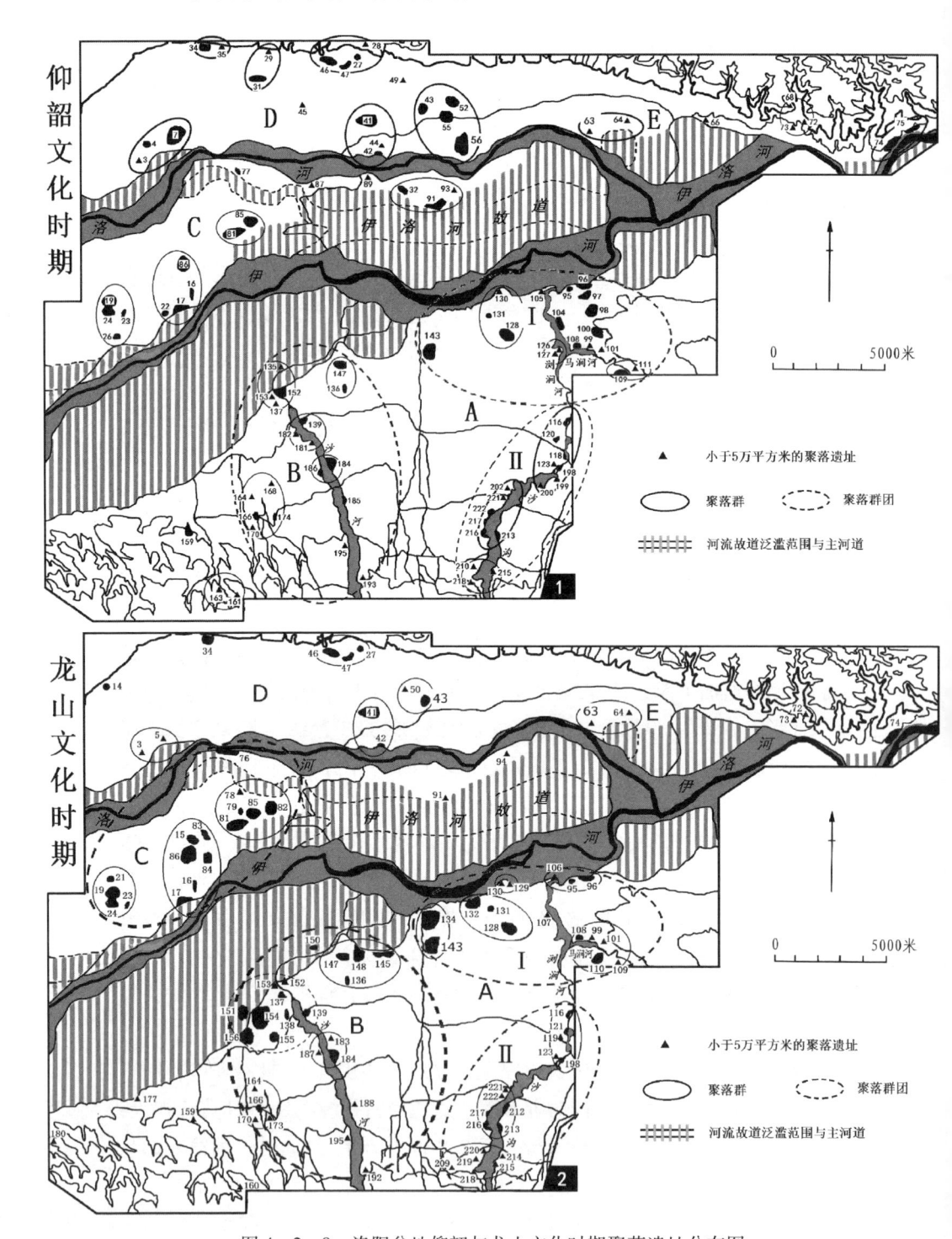

图 4-2-8 洛阳盆地仰韶与龙山文化时期聚落遗址分布图

（1、2 皆引自中国社会科学院考古研究所二里头工作队《河南洛阳盆地 2001—2003 年考古调查简报》；图中实线圈、虚线圈均为本书作者所加）

表4-2-1　洛阳盆地仰韶与龙山时期各聚落群团发展状况比较表

群团	时代	遗址数量 总数	*	总面积（万）	平均面积（万）	遗址面积分类（除面积不详者）（万平方米）								
						<1	1—5	5—10	10—20	20—30	30—40	40—50	50—60	60—70
AⅠ	仰韶	17	15	153.8	9.61	1	4	4	3	3				
	龙山	16	14	204.2	14.59	2	3	4		3	1		1	
AⅡ	仰韶	16	15	66.5	4.43	3	4	8						
	龙山	17	16	69.6	4.35	2	6	8						
B	仰韶	19	16	124	7.75	2	4	6	3	1				
	龙山	24	18	235.7	13.1		4	5	7	1				1
C	仰韶	16	13	232.6	17.89		1	3	4	3	1	1		
	龙山	16	15	315.9	21.06			3	4	5	2	1		
D	仰韶	20	18	326.9	18.16	1	5	2	5	2		1	1	1
	龙山	11	9	132.4	14.7	1	2	2	1	2		1		
E	仰韶	8	6	51.7	8.62	2	1	1	1	1				
	龙山	5	3	26.2	8.7	1		1		1				

* 面积清楚的遗址数量；表中所有的统计数据皆源于面积清楚的遗址。

其二，聚落个体的平均面积为 18.16 万平方米，也大于同时的 C 群团。

其三，同时拥有整个盆地内二个规模最大的聚落遗址，56 号面积 66.5 万平方米，7 号 56.2 万平方米。

其四，由 43、52、55、56 号 4 个聚落构成的群体，是当时盆地内规模最大、实力最强的聚落群，总体面积 131 万平方米，近同时期 AⅡ 群团的二倍。

然而，龙山时期，D 群团的发展却遭遇了空前的挫折，所有早期繁荣发达的纪录全部丧失殆尽。

整个群团的遗址数量大幅下降，从 20 个降为 11 个。

整个群团全部聚落遗址的规模总量只剩下 132.4 万平方米，仅为前期的 40%，仅与前期规模最大的聚落群相当。

遗址个体的平均规模从 18.16 万平方米下降到 14.7 万平方米，相比下降约 24%。

前期规模最大的 56 号聚落，彻底消失了；前期规模第二的 7 号聚落，龙山时期也不见了。

前期规模最大的聚落群，原本有 4 个聚落，但龙山时期，随着 52、55、56

号3个聚落的同时消失,这个聚落群也随之解体了。

显然,种种迹象表明,龙山时期D群团不仅实力大减,很可能还遭受了灭顶之灾。

E群团也是洛河以北的群团,规模与实力一直都很弱小。进入龙山时期以后,群团的发展态势竟然也与D群团一样,不进反退,个体数量由8个减少为5个。

对此,人们不禁要问,洛河北岸,仰韶与龙山之交,那里的聚落社会究竟发生了什么?D群团的实力为何会突然逆转?那些前期规模数一数二的聚落为何都渺无踪迹?

调查与研究显示,盆地内各时期的聚落遗址大都坐落在海拔120—160米的河流二级阶地上。由于古河道的摆动位置与河漫滩主要都位于伊洛河之间与伊河以南,从而显示洛河以北地势相对较高。又由于洪水的冲击完全是一种自然现象,也毫无选择性可言,更不可能在某种意志力的操控下,只淹没和摧毁那些地势较高又有实力的大中型聚落和聚落群。所以,洛河之北各聚落群团实力由盛转衰就不太可能是汹涌的水患所为。

除了水患以外,也不排除瘟疫。但瘟疫与水患一样,对人类群体的伤害也是毫无选择性的,更不会只特别关注洛河以北的群体,以及那些群体中的大中型聚落。

正因此,洛河以北聚落社会迅速衰落的主要原因应该不是自然,而是人患。

首先不妨考虑有外敌入侵。不过,盆地四面环山,北、西分别以秦岭山系崤山支脉的邙山和周山为屏,东南、南临嵩山及其余脉万安山。历史上,二里头遗址、偃师商城、周王城、汉魏洛阳故城、隋唐洛阳城,之所以都位于盆地之内,皆与盆地周边山脉良好的屏障功能有关。

此外,截至目前,也没有在洛阳盆地周边发现有另一个实力强悍的对手,或者是实力接近或超过洛河以北仰韶文化聚落群团的对手。即使有这样的对手,也不可能只与洛河以北的人为敌,而有意放过洛河以南的人们。

显然,在基本排除了外敌的入侵之后,洛河以北二个聚落群团衰落的原因就完全可能是盆地内洛河以南各聚落组织联手打击洛河北岸敌人的结果。

为什么洛河以南的聚落组织需要联合呢?

洛阳盆地的聚落群聚形态非常明确地告诉人们,仰韶时期洛河北岸的D群团实力超群。所有聚落的总面积326.9万平方米,与伊河南岸AⅠ、AⅡ、B三个聚落群团344.3万平方米的总面积基本持平,也比伊洛河之间的 C 群团 232.6 万平方米的总面积大了 40%，这就意味着没有一个聚落群体的实力超过了 D 群团，也没有一个聚落群体可以单独给 D 群团以致命一击。因此，联合就成了洛河以南所有聚落群体的必然选择。

A、B 的联合与结盟比较清楚。因为，在仰韶文化的遗址分布图上（图 4-2-8,1），A 集团与 B 聚落群团之间有一道 7—8 公里的遗址稀少的中间隔离区。但是，龙山时期，诚如图 4-2-8 所示，隔离区消失了，二大聚落组织都将临近伊河南岸一带地区作为了自己的中心发展区域，一大批面积较大的聚落出现在了沿河地带，而且距离都很近，尤其是 145 号遗址距离 AⅠ 群团已只有约 2 公里，显示二者之间的关系已不再独立，而是进入了合二为一的和谐共处谋发展的新时代。

C 群团与其他聚落组织的关系，由于中间隔了一条伊河，所以比较隐晦。但是，有二个十分值得注意的现象：第一，龙山时期，它不像洛河北岸的聚落群团一样衰落了，而是与伊河南岸的聚落组织一样繁荣发达。这种三者共存共荣的现象也许就是它们相互结盟的最好说明；第二，位于伊河南岸的 A、B 二大集团都不可能绕过 C 群团而去攻打洛河北岸的 D 群团，因为 C 群团就位于伊洛河之间。因此，它们三者只能结成同盟，即结成既跨血缘又跨地域的早期国家。

显然，仰韶与龙山之交，洛阳盆地发生了一场顺者昌逆者亡的历史巨变。一方面是包括了 A、B、C 三大组织合纵连横结盟的早期国家诞生了，另一方面是 D、E 群团悄无声息地迅速衰落，并成为新古国的被统治区。

这是一次意义重大的事变。它为整个盆地及其周边地区赢得了数百年的和平与安康，不仅使那里的人们免除了相互大兴土木挖壕筑城的劳役之痛，也为日后既不挖壕也不筑城的夏都二里头遗址的出现奠定了社会与政治基础，还为夏国早期王位的"禅让制"，即轮流执政类型国家的出现铺平了道路。

第二节　古国崛起的主要特点与意义

根据已有的发现，实事求是地认识中国国家起源的本土特点，将有助于中国历史的复原与研究。

一、古国就是一种聚落组织、一种"血缘国家"

中国的考古表明，时代最早的古国就是一种聚落组织，就是一种"血缘国家"。

之所以如此,有三个方面的原因。

第一,古国的主体,即建国者与统治者,其本身实际都是当时顶级的大型血缘聚落组织,而且无论是哪一种建国模式,其中都可以明显地看到一体化聚落群团、聚落集团以及早期国家的身影。

第二,建国并没有改变任何建国者原本聚落血缘组织的属性与特点。就像湖北天门石家河地区一样,一方面建国并没有改变石家河城址及其周围聚落集团的属性与组织特点;另一方面集团的核心依然是石家河城址。虽然因为建国使它的属性升级成了"都城",但它一点晚期都城的模样都没有,城内的总体布局依然还是以前的样式,城里住的人依然还是一个核心聚落群的四个聚落(图3-2-4)。

第三,建国也没有改变任何被统治者原本聚落血缘组织的属性与特点。就像湖北京山屈家岭、天门笑城的聚落组织一样,它们虽然都被石家河打败了,都成了被统治者。但是,这一切并没有改变他们作为被统治者的血缘组织的社会属性与特点,因为石家河要的主要是粮食,而不关心社会组织属性的改变。

显然,这就是"血缘国家"最基本的特点与内涵。古国的建立并没有改变任何统治者与被统治者作为血缘组织的属性与特点,而仅仅只是改变了这种血缘组织之间的相互关系,变以前的独立平等为统治与被统治。

二、古国崛起的主要目的就是为了生存

事实上,中国史前古国的崛起既不是"阶级矛盾不可调和的产物"(列宁《国家与革命》),也不是为了"文明社会的概括"(恩格斯《家庭、私有制和国家的起源》);而主要是为了生存,为了应对由生存危机导致的社会危机。

对此,长江中游地区就是最好的证明,因为它一直走在中国史前文明与国家起源的最前面。中国时代最早的古城就诞生在那里而不是在人们一直以为的"以中原为中心"的地区①;与此同时,长江中游也是中国史前土筑城址最早大量崛起的地区,是中国史前社会一体化进程最先进的地区。

值得注意的是,这一切都与长江中游有比其他地区更激烈的生存危机和社会矛盾有关。

第一,适合农业的土地面积偏少。

河南总面积16.7万平方公里。其中,山地丘陵7.4万平方公里,只占全

---

① 赵辉:《以中原为中心的历史趋势的形成》,《文物》2000年第1期。

省面积的44.3%,而平坦的平原与盆地面积约9.3万平方公里,占全省总面积的55.7%。湖北,总面积18.59万平方公里,山地丘陵占全省面积的80%,而平原与湖区只占20%,并大部集中于著名的江汉平原,约4万平方公里。

第二,平原大部分都不适合人类居住。

与黄土地区和黄河中游地区平原普遍适合人类居住不同,长江中游即使最利于人类居住并发展农业的两湖平原,即古云梦泽与古洞庭湖地区,也只有约1/2的面积可供住人和发展农业。因为,这两个地区都是盆地形的河湖冲积平原,西北高东南低,中部、南部、东部大多数地方都地势低洼,不适合住人,也不适合农业。正因此,这些地段一直史前人迹稀少,而只有西部北部边缘的高地和山前地带成了最受人们欢迎的主要居住区域,也成了史前城址的主要分布地带(图4-1-2)。

由于两湖平原的总面积仅约5万平方公里,而适合人类居住与农业的面积又不到3万平方公里,仅相当河南平原与盆地面积的1/4—1/3,从而就导致长江中游地区人地关系的紧张系数远在中原河南之上。

第三,平原地区大江大河两岸的沿江地带也不适合人类居住。

由于江南高温多雨,河流经常泛滥,尤其是平原地势低洼更容易成为主要的洪水泛滥区,从而导致纵贯平原的大江大河两边很宽的河岸阶地与前沿地带都无人居住。在长江岸边,除了宜昌一带有些地势较高的临江遗址如宜都的城背溪、石板巷子[1]以外,荆州以下基本全无。此外,湖南湘西北澧阳平原也是如此,距今一万年以来,在澧水的北岸,从上游的石门县到下游的津市,当地就存在一条与澧水基本平行、宽约2—5公里、面积接近整个平原1/6约100平方公里的无人居住区,而且越到下游无人居住的地方越宽(图1-3-1,图3-2-10)。

第四,能同时满足防洪与农业两方面需求的居住地太少。

由于长江中游不仅高温多雨,而且还山多,所以人类经历的洪水类型就比较多,且非常容易遭到河流与山洪的同时袭击。为此,为了躲避各类洪水,人类一方面只能退避三舍,并定居在河畔阶地的后沿,或高阶地上;而另一方面就是要在那些地域中选择一些高凸的小土岗。然而,既能避免洪水之患又适合农业发展的两全其美的小土岗数量的确有限,更不可能满足人类社会无节制地发展。

显然,自然的客观条件早已为人类社会的发展埋下了祸患与冲突的引子。为此,长江中游的先民们在社会的文明化与国家起源的路上就因为不

---

[1] 湖北省文物考古研究所:《宜都城背溪》,文物出版社,2001年。

停地搏击而一直走在了时代的前列。

当然,就在社会不断一体化的同时,历史发展的"潘多拉盒子"也被打开了,做强做大了的聚落组织不仅尝到了组织起来的力量与甜头,还走上了暴力、掠夺与不劳而获之路。

湖北天门石家河即如此。

当地仅以城址为核心的聚落集团就拥有至少 40 个聚落,假如每一个聚落都只有 250 人,那总体的人口规模就可能超过 1 万。然而,就在他们抱团相聚的地方,即大洪山南麓山前的低山丘陵地带,也就是低矮的低山丘陵地大幅超过平地的地方(图 3-2-13),当地的自然条件就很难为如此巨量的人口提供足够的农耕用地,也很难为当时巨量的人口提供足够的粮食。

于是,暴力、掠夺、不劳而获,就成了古国基本的生存模式。

古国不仅是一体化做强做大了的一种血缘聚落组织,而且也与史前晚期其他一体化血缘聚落组织一样,崛起与发展的主要目的都是为了食物、为了生存。古国的崛起既是生存危机的必然结果,也是为了应对生存危机的必然产物。

三、古国的崛起就是血缘社会文明化、一体化的结果

中国的国家起源之路明显走过了一段由血缘社会一体化到地缘社会一体化的道路,而且还说明没有文明的起源,没有先期血缘社会的一体化就没有地缘社会的一体化。

从新石器时代中晚期之交开始,迫于生存压力的增长与社会矛盾的激化,人类社会文明起源了,原先单纯以自然血缘为基础、相互独立平等的组织关系已不再适应社会的发展。为此,实力与利益等新型社会因素就成为了血缘组织内部最重要的组织纽带,并由此启动了血缘社会的一体化进程。

所谓"一体化",就是人类社会从分散走向统一,就是人类的生产生活实体组织越来越大。具体而言,在史前晚期,"一体化"就是各血缘组织改造升级的过程与结果。一方面,为了更好地生存和共同的利益,各自都放弃了原来的独立与平等;另一方面,就是共同整合改造成为一种组织规模更大,拥有主从关系,拥有集中统一领导与管理,且生死与共利益均沾的新型组织。

考古表明,距今约 7 500 年,史前血缘组织首先启动的就是聚落群的一体化,河南新郑唐户、浙江嵊州小黄山[①]等多聚落遗址就是这方面的代表;

[①] 王海明:《专家论证嵊州小黄山遗址》,《中国文物报》2006 年 1 月 11 日;张恒等:《"小黄山"万年古文明的见证》,嵊州新闻网,2011 年 4 月 25 日。

尔后,距今5 000—4 500年,就是聚落群团的一体化,湖北京山屈家岭、天门石家河、山东日照尧王城等聚落组织就是这方面的代表;再后,距今4 500—4 000年,就是血缘与地缘的过渡时期,并同时出现了一体化聚落集团、早期国家和古国。

正因此,史前血缘组织的一体化过程表明,从血缘社会向地缘社会的过渡,既不是单线的也不是跳跃式的,古国的崛起实际就是血缘社会文明化、一体化的一种结果,没有史前血缘社会的文明化、一体化就没有地缘化的古国及其组织基础。

四、各地都有自己独特的国家起源之路

由于自然条件与社会、文化背景不同,中国各地城址所代表的国家起源之路也不尽相同。主要表现在四个方面。

第一,起源的时间不同。

根据目前的考古发现,距今6 000—5 000年期间,城址最早崛起的地区就是长江中游;然后是黄河中游。距今5 000—4 500年期间,黄河下游与黄淮之间以及长城北方地区中部的城址开始崛起。距今4 500年左右,长江上游的成都平原与下游的太湖西南地区也开始出现了城址。至于甘青地区与北方地区东部即内蒙东南与辽宁西部则至今也未见史前城址。

第二,各地的筑城模式不同。

由于自然条件的差异,中国史前城址形成了特点明显不同的三大筑城模式。淮河以南与长江流域因土壤紧实黏重、地下水位高,所以城址以堆筑为主,并流行有长年积水的濠沟;黄河流域,主要是黄土地区,由于土质松软、地下水位低,所以城址以夯筑为主,并流行无长年积水的壕沟;北方长城沿线,由于土壤瘠薄、基岩出露,所以城址以石板垒筑为主,一般也不见墙外有壕沟。

第三,各地权贵的物质文化用品不同。

由于社会与文化背景的不同,各地城址权贵的物质文化用品差异很大。长江下游的良渚文化主要是玉质的琮璧钺,而长江中游的石家河文化则主要是各种玉质的神人神兽(图4-2-10)。此外,黄河中游地区的山西襄汾陶寺,贵族墓里出土的则多见彩绘陶器、彩绘木器、彩绘蟠龙纹陶盘、鼍鼓、石磬、土鼓等;而同时期黄河下游的龙山文化,贵族多见的则是白陶鬶与黑色蛋壳陶器。

第四,城址的组织方式不同。

主要有二种模式。一种是长江黄河模式,另一种是北方模式。

长江黄河模式的特点是在同一个聚落组织中只有核心,或核心聚落,或核心聚落组织才有驻城的资格;或者说,在它们的聚落外围才有城墙城壕(濠)。但是,北方模式则不同,而是同一个组织的成员都有城墙,区别仅在于规模有大有小。

正因此,在长江黄河流域,城址之间的距离一般都在15—30公里之间;而在北方地区,类似的距离范围内则经常可以见到一批城址。内蒙古中南部,包头市东大青山西段南麓,在东西横长近30公里的范围内,从西向东依次有13座城(图4-2-9,1);而凉城岱海西北岸约60公里的范围内也发现了石城7座(图4-2-9,2)。

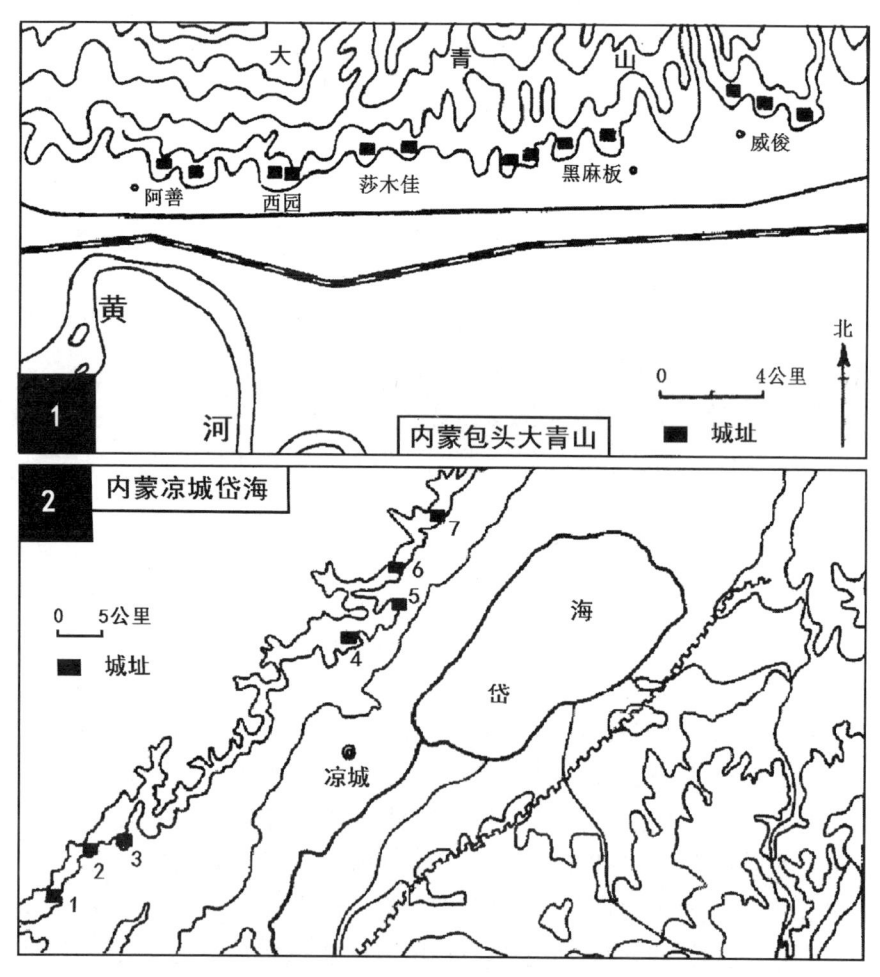

图4-2-9 内蒙古包头大青山与凉城岱海地区石城分布图

2-1. 西白玉 2-2. 老虎山 2-3. 板城 2-4. 圪臭沟 2-5. 园子沟 2-6. 大庙坡 2-7. 合同窑

(1、2引自田广金《北方考古文集》)

值得注意的是,虽然有古城的地方并不一定都有古国,但上述各地史前古城的发现与特点则表明,作为史前晚期血缘社会一体化的代表和领军,各地古城的分布与特点不仅是古国诞生各阶段的标志,也是中国国家起源"满天星斗"与多源特点的象征和反映,更是中国史前并没有形成以中原为中心"多元一体"格局的象征与反映。

五、长江中下游是国家起源古国阶段的领跑者

中国的史前考古证明,在史前国家起源的时间段里,中原及黄河流域的发展状态都一直落后于长江中下游地区。

距今 7 500 年以前,虽然河南新郑唐户遗址的发现就表明那里出现了黄河流域时代最早的、一体化的聚落群,并显示中原地区与长江中下游地区基本同时已开始启动了史前血缘社会的一体化进程。此后,河南陕县庙底沟①、三里桥②等聚落遗址大型壕沟的发现又表明这个过程还在延续。但是,从距今约 6 000 年开始,长江中下游地区就一直在引领中国史前国家起源的历史新潮。

根据已有的发现,长江中下游地区在中国史前国家起源中的特殊历史地位主要表现在以下三个方面。

第一,长江中游地区,从距今 6 000—4 500 年,一直在引领中国史前古城崛起的历史新潮。

有五大亮点可以为证。其一,拥有中国时代最早的古城;其二,是长江黄河流域古城又多又大的地区;其三,是中国最早实现城墙与濠(壕)沟双重防御功能并重的地区;其四,创造了中国历史上第一个大城套小城的筑城模式;其五,拥有中国史前最典型最先进的聚落群聚形态,创造了中国史前城址内外、在最小的空间范围内、大量聚落遗址抱团相聚的历史纪录。

第二,良渚文化的玉器标志着中国史前最早的礼制已基本成熟。

史前晚期,随着聚落组织不断地大型化、一体化,大约在距今 5 500—5 000 年期间出现了第一代脱离了普通劳动生产的"贵族"。但是,当时各个地区,即使是同一个地区,贵族的用品和标志物,无论种类、数量都还没有专门化,也没有系统化。

然而,良渚文化琮璧钺的出现以及在墓葬中不同的搭配与组合,却充分

---

① 樊温泉:《庙底沟遗址再次发掘又有重要发现》,《中国文物报》2003 年 2 月 14 日。
② 李素婷:《河南三门峡三里桥遗址发掘取得重要收获》,《中国文物报》2006 年 11 月 8 日。

显示了中国时代最早的"礼制"在长江下游地区已经基本成形。一方面,它说明玉器就是贵族的统一标志;另一方面又说明它的使用已经系统化,不同等级与地位的人从器形到数量都有了较为明确的差别。

应该指出的是,"礼制"的出现是史前社会贵族政治制度化的重大变革,标志贵族已经等级化、系统化,而且还与相应的财富紧紧地联系在一起,这不仅深刻地影响了夏商周三代,还为三代政治制度的建立奠定了基础。

第三,凌家滩、良渚、石家河文化共同标志着中国"玉器时代"时代的到来和存在。

"玉器时代"最早是牟永抗、吴汝祚先生在1990年11月1日《中国文物报》上《试谈玉器时代——中华文明起源的探索》一文中提出来的。

他们认为"玉和玉器的观念,贯穿于中华古文明的全过程,它是有别于其他古文明的一个主要特征。玉器时代是中华文明起源的时代。玉的神化和灵物观念是玉器时代意识形态的核心。中华民族形成崇玉的民族心理,亦植根于此"。

不过,遗憾的是这两位考古学大师的真知灼见却一直未得到学界主流的首肯和回应。

事实上,从距今8 000年的兴隆洼文化开始,玉器在人们心目中就已经具有了一种特殊贵重的地位。否则,它不会只出现在那些权贵人物的居室与墓中。尤其是距今约5 500年以后,玉器就逐渐成为了长江中下游各地区文化最贵重的器物。其中,安徽含山凌家滩、浙江余杭良渚三镇、湖北天门石家河(图4-2-10),就不仅只是长江中下游玉文化兴起的杰出代表,更表明在中国的文明与国家起源中这里存在一个玉文化带。在这里,玉器的使用数量、制作的精美程度以及作为"礼器"的制度,都极大地充实了玉文化的内涵,超过了其他任何一个地区。对玉的崇拜与神话实际也成为了长江中下游地区领跑国家起源的一种精神力量与特质。

值得注意的是,距今4 500年以后,对玉的重视与认可也已逐渐成为了全国各地的一种普遍现象,从而显示玉器时代的确是一个比青铜时代更早的中国文明与国家起源时代的象征与标志,也比"铜石并用时代"[①]的提法更符合中国的国情。

六、古国的崛起与私有制、财富和阶级无关

长期以来,学术界一直就认为国家的起源与私有制、财富和阶级有直接

---

① 严文明:《论中国的铜石并用时代》,《史前研究》1984年第1期。

鹰纹牌饰（8号瓮棺）　　凤纹透雕牌饰（9号瓮棺）　　虎（3号瓮棺）

虎脸座双鹰牌饰（9号瓮棺）　　连体双人头像（9号瓮棺）　　双虎头冠饰（9号瓮棺）

人头（9号瓮棺）　　蝉（7号瓮棺）　　虎头纹管（8号瓮棺）　　人头（9号瓮棺）

图4-2-10　湖北天门谭家岭2015年发掘瓮棺葬墓出土玉器
（引自湖北省文物考古研究所《三苗与南土》）

关系。因为私有制一经确立，拥有不同财富的人就会自然分裂为相互敌对的阶级，并陷入自身不可调和的矛盾之中，而国家就是这种阶级矛盾不可调和的反映与产物，也是阶级压迫的工具。

但是，中国的史前考古却发现，国家的起源与私有制、财富和阶级的出现都没有关系。

（一）与私有制和财富无关

之所以与私有制和财富无关，主要有以下三个原因。

第一，中国从来就没有真正的生产资料的私有制。

已有的考古与古代文献都表明，作为史前人类生存最重要的生产资料——土地，当时全部都是血缘组织集体所有。因此，以生产资料的私有为特点的私有制就不可能与中国史前古国的起源有任何关系，也不可能成为中国史前古国起源的基础与主要原因。

第二，史前财富私有制既不会导致阶级的出现，也不可能导致国家的起源。

考古发现，中国史前虽然不存在以生产资料的私有为特点的私有制，但存在以财富私有为特点的私有制。

新石器时代中期，这种私有制还只是聚落实体血缘组织内部即主要是聚落群内部的一种管理与分配制度，所有的组织成员，即使是聚落的上层人士也都要参与集体劳动，也没有出现贵族，社会也没有因此分化为不同的阶级。

新石器时代晚期，特别是距今5 000年以后，随着一体化聚落群团一类政治组织的出现，财富私有制的特点发生了很大的变化。但是，一方面财富私有制的作用范围依然局限于血缘组织内部，依然只是互为亲朋戚友的大型血缘组织内部的一种政治制度；另一方面，在这种制度中财富虽然与地位等级紧紧地捆绑在一起了，也成了等级地位的主要标志，并出现了拥有大量财富的"贵族"，越有权越富的现象也由此攀上了历史新高。但是，这种制度始终与血缘组织内部所有成员的最低生活保障制度又同时并存。

因此，财富私有制的出现与发展，在史前只导致了聚落血缘组织内部成员之间的贫富与等级分化，并没有导致社会分裂为不同的阶级，因而也不可能因阶级矛盾不可调和而导致国家起源。

第三，古国的崛起也不以奢侈品和财富为主要目标。

在中国，尤其是被"中华文明探源工程"专家们认定[1]为属于国家起源象征的遗址个个都是史前最富有的遗址，如长江下游的浙江瓶窑古城（又称"良渚古城"）、长江中游的湖北石家河古城、黄河流域的山西陶寺古城、北方地区的陕西石峁古城。然而，这些古城周边的聚落遗址却大多一贫如洗，只有一点石器和陶器。

湖北天门石家河，就明显是富甲一方的代表，2015年出土的玉器就是明证（图4-2-10）。但是，被天门石家河征服的京山屈家岭与天门笑城却至今也没有一个富裕程度可以与它相比，或是发现有石家河人喜欢的玉器。此外，考古还发现，天门石家河人所喜欢的玉器实际上都是自己生产的。20世纪50年代中后期，罗家柏岭遗址发掘，就发现一处石家河文化时期的制

---

[1] 王巍等：《中华文明探源工程的主要收获》，《光明日报》2010年2月23日。

玉石作坊,出土石料与"半成品有五百余件,出玉器四十余件"①,而且这里的制品还与肖家屋脊和谭家岭出土的风格完全一样(图4-2-11),这说明当时的石家河聚落集团不仅拥有自己的特殊手工业系统,还说明特殊手工业制品基本上都是自给自足,不需要去别的聚落组织那里去抢去夺,即使又抢又夺了也不可能持久系统地建立一套完整的等级制度。

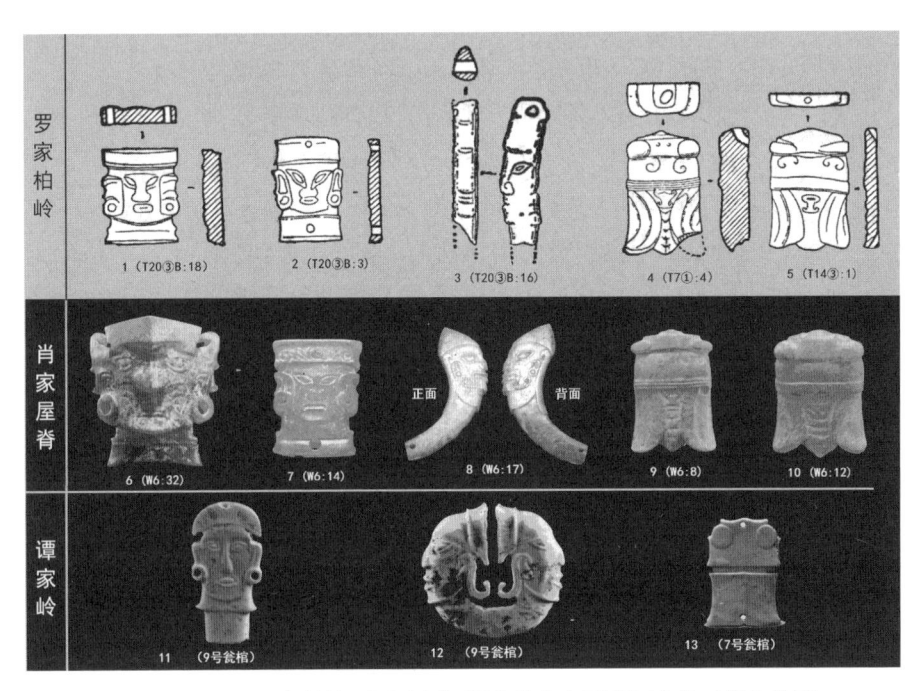

图4-2-11 罗家柏岭、肖家屋脊、谭家岭出土石家河文化玉器比较图

(罗家柏岭引自湖北省文物考古研究所:《湖北石家河罗家柏岭新石器时代遗址》;肖家屋脊引自湖北省荆州博物馆等《肖家屋脊》;谭家岭引自湖北省文物考古研究所《三苗与南土》)

值得思考的是,史前那些最富裕的遗址为什么要去征服那些贫穷的遗址? 拥有财富最多最精彩的遗址为什么要去征服那些财富和精彩稀少的遗址? 显然,那些既富裕又有大量财富的遗址之所以要对外征服,主要的并不是想去索要奢侈品,而且奢侈品也不解决不了同一个血缘组织内部大多数平民亲戚的食物问题。

实际上,史前最初暴力征服的主要目的就是想去"压迫"和"剥削"那些贫穷的遗址,想要不劳而获。就像封建社会的地主"压迫"和"剥削"普通农民一样,并不是因为农民有财富,而最直接最基本的原因是农民生产粮食,

---

① 湖北省文物考古研究所:《湖北石家河罗家柏岭新石器时代遗址》,《考古学报》1994年第2期。

"压迫"和"剥削"农民就可以获得长期稳定的粮食供给,就可以长期不劳而获,而且"剥削"多了,有了多余的粮食,还可以去换取奢侈品和其他财富。

正因此,在中国,国家起源的初始原因和动力确实不是为了财富和奢侈品。

(二) 与阶级无关

在中国,考古还发现史前私有制的出现与发展根本就没有造就出任何以个人为单位的阶级,即使是与不劳而获的古国同时出现的以血缘族体为单位的集体或"氏族奴"[①]也与私有制无关,而是暴力与征服的结果。

第一,史前中国就根本没有生产资料的私有制。所以,也就没有基于生产资料私有制的个人阶级,因而也就没有基于这种阶级而出现的不可调和的矛盾与冲突,也没有基于这种阶级而出现的阶级压迫工具。

第二,在史前,由于生产资料集体所有,并实行所有组织成员的最低生活保障制度,所以在当时的血缘组织内部只有贫富与等级分化,没有分裂成不同的阶级。

第三,距今7 500年,有防御功能的聚落环壕就出现了;距今6 000年,古城就崛起了;距今4 500年,古国就正式出现了。然而,这一变化过程却全都与私有制、阶级毫无关系,而是人类社会因生存危机导致聚落组织之间矛盾不断激化与一体化的结果。

正因此,中国的国家起源并不是阶级矛盾不可调和的产物,而是血缘组织之间因生存矛盾不可调和的产物。

第三节 有关问题讨论

这里将讨论二个源自国外并于20世纪90年代以后受到国内学者们追捧的、与国家起源有关的理论问题。

一、古国崛起与"酋邦"无关

第一个使用"酋邦"(chiefdom)一词的是美国人类学家卡莱尔沃·奥博格(Kalervo Oberg)。1955年,他在一篇文章中,分析了南美洲低地的一种部落社会,使用了"政治上组织起来的酋邦(politically organized chiefdoms)"这一术语[②]。

[①] 侯外庐:《中国古代社会史论》,河北教育出版社,2003年,第43页。
[②] Kalervo Oberg, "Types of Social Structure among the Lowland Tribes of South and Central America", in American Anthropologist, 57(1955), pp.472–487.

20世纪60年代,美国人类学家塞维斯(Elman R. Service)根据夏威夷群岛波利尼西亚民族原始文化的资料又提出了相对比较系统的"酋邦理论"①,从而使"酋邦"这一概念与认识逐渐成为了国际上历史学、考古学和人类学领域流行的研究理论,对中国也影响很大②。

一般而言,"酋邦理论"主要有三个要点。

第一,认为人类社会经历了游群(band)、部落(tribe)、酋邦(chiefdom)、国家(state)四个连续发展的阶段。

美国人类学家塞维斯,1962年在《原始社会的组织》(*Primitive Social Organization*),1975年在《国家与文明的起源》(*Origins of the State and Civilization*)中,就持有这种观点。

第二,认为酋邦是史前社会与国家之间过渡阶段的社会组织。

虽然有的学者认为这种过渡性的组织是血缘的,但更多的还是认为是不同血缘的部落跨血缘跨地域构成的一种社会组织。它的最大特点,正如美国人类学教授T.厄尔(Tinothy K. Earle)所言"最好被定义为一种地域性组织起来的社会"③。但是,这种组织还不是国家,还缺少统一的政府以及保证政府的权威得以执行的一整套强制力量,缺少复杂的政治机构与固定的官僚系统,以及军队、警察、法庭、监狱等。

第三,认为酋邦有多种类型。

1988年1月,美洲研究学会举行了一次酋邦研讨会,会议的纪要发表在1989年2月的《当代人类学》(*Current Anthropology*)上;1991年又收入剑桥大学出版社出版的T.厄尔主编的《酋邦:权力、经济和意识形态》(*Chiefdoms: Power, Economy, and Ideology*)一书中。对此,陈淳先生概述会议的主要收获时说"酋邦被认为具有极大的多样性。从规模上可分为简单酋邦和复杂酋邦;从财政基础而言,根据支付媒介的特点,可以区分为产品经济型酋邦和财富经济型酋邦;从结构上,酋邦可以分为集体型酋邦和个体型酋邦"④。

不过,中国的史前考古表明,"酋邦理论"不仅问题很多,而且也与中国的考古发现不符。

---

① Elman R. Service, *Primitive Social Organization: An Evolutionary Perspective*, 1962; Elman R. Service, *Origins of the State and Civilization: The Process of Cultural Evolution*, New York: W. W. Norton & Company, 1975.
② 严文明:《文明的曙光——长江流域最古的城市》,《农业发生与文明起源》,科学出版社,2000年,第103、105页。
③ 陈淳编著:《考古学理论》,复旦大学出版社,2004年,第253页。
④ 陈淳:《酋邦的演化》,《南方文物》2007年第4期。

(一)"酋邦理论"的理论与方法缺陷

目前,"酋邦理论"已经成为了世界范围内文明与国家起源研究的重要理论,说明国际学术界对某些历史研究薄弱环节给予了较以往更多的关注。但是,"酋邦理论"在这种关注中也暴露了许多理论与方法方面的缺陷与不足。

主要有三个问题。

1. 在大量利用现代民族学与人类学资料的同时,忽略了将这类资料中时空两方面都可能存在的历史叠压现象剥离开来,从而使酋邦的复杂化现象更加人为地复杂化了。

1989 年,童恩正先生在介绍酋邦部落组织时,曾按当时国外有关认识,以尼日利亚北部蒂夫人(Tiv)的组织为例,就以为氏族与其分支世系制度组织(图 4-2-12)都是同时存在的泛亲族组织的不同类型[①]。然而,中国的考古却表明,蒂夫人的组织结构与中国史前的聚落集团类似(图 4-2-13),并说明蒂夫人组织结构具有两方面的意义。一方面,它的确是一种历史的结果;另一方面,又代表了一个复杂的历史过程。因为,在中国它不仅最早就出现于史前晚期,并至少拥有湖南澧县鸡叫城、湖北天门石家河、河南洛阳盆地浏涧河和沙沟河等三种建构模式,而且一体化聚落集团的出现也是血缘社会组织形态长期发展演变的结果,至少就经历了一体化聚落群、一体化聚落群团、一体化聚落集团三个阶段。然而,酋邦理论的一个很重要的问题就是忽视了泛亲族组织早晚演变及其形态多样性的区别。于是,有人就将所有遗留

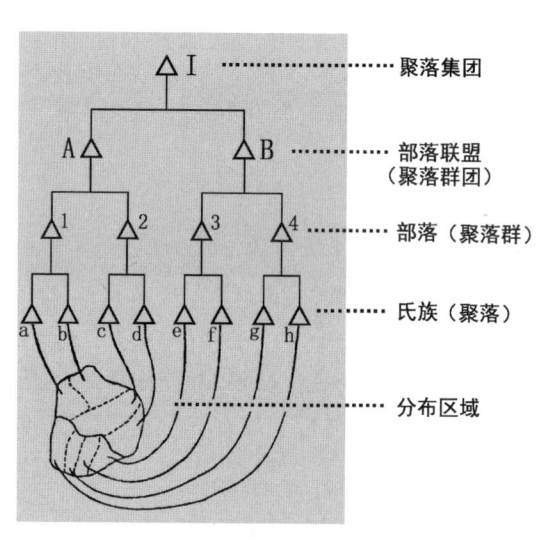

图 4-2-12 尼日利亚北部蒂夫人(Tiv)
世系与领土关系示意图

"小世系群 a 和 b,各有其土地,他们是中世系群 1 的后代。由 a 和 b 组成的中世系群 1 的领土,再加上由 c 和 d 组成的中世系群 2 的领土,构成了大世系群 A 的领土。A 的领土,加上由中世系群 3 和 4 组成的大世系群 B 的领土,构成了蒂夫人的全部领土 I。所有的蒂夫人,相传都是 I 的后代"。

(引自童恩正《文化人类学》;另图中中文注解皆本书作者所加)

[①] 童恩正:《文化人类学》,上海人民出版社,1989 年,第 221 页。

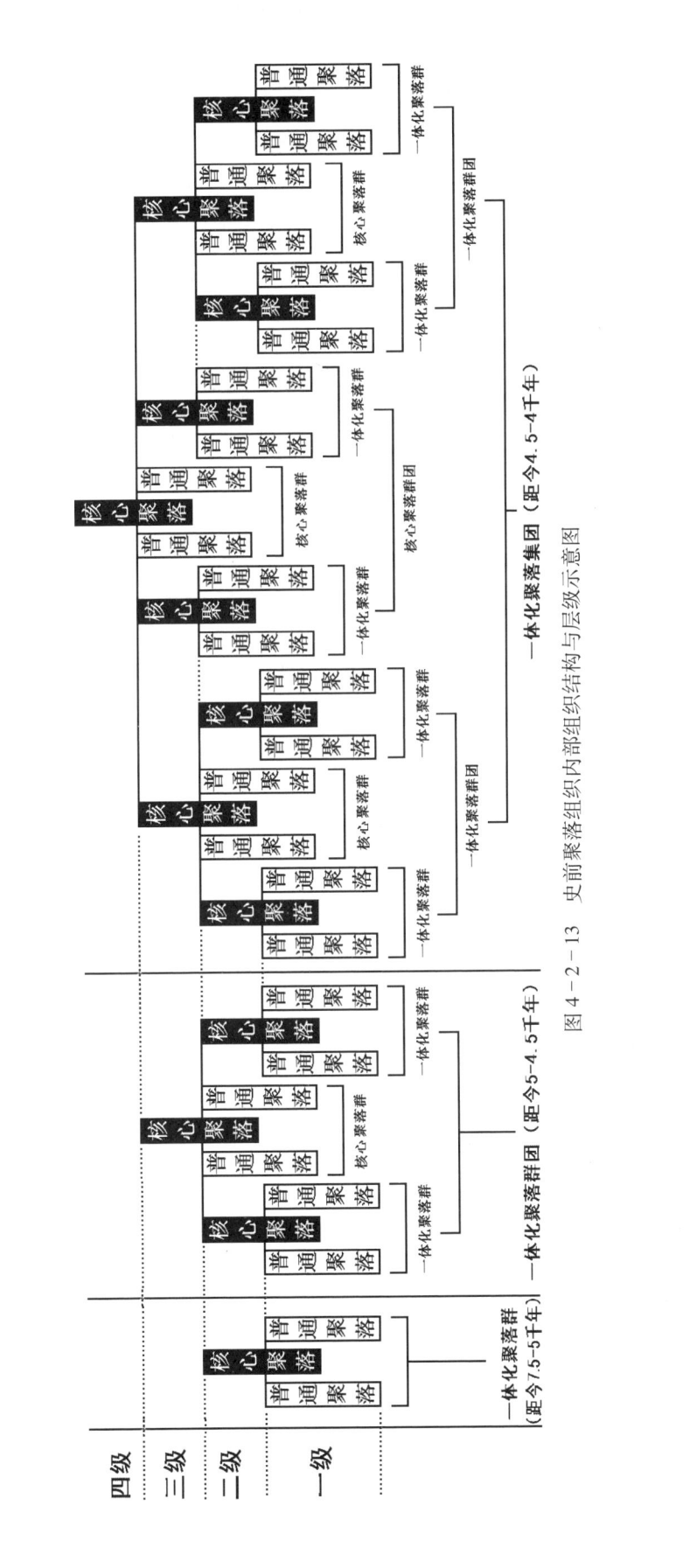

图 4-2-13　史前聚落组织内部组织结构与层级示意图

到晚期的组织形态都当作了从始至终都同时并存的形态;还有人就简单地"将横向的现存原始民族的诸形态排列为纵向的古代社会发展诸阶段"①。

2. 在大量利用现代民族学与人类学资料的同时,忽略了区别这类资料中可能存在的不同地区的多样性与不平衡性,从而使酋邦简单地成为了世界各地都同时普遍存在的社会发展阶段。

事实上,人类历史的演化也像一棵大树一样,有主干也有许多旁支,而且不同的地区还有不同的道路,不同的特点,有多样性与不平衡。但是,关于夏威夷群岛波利尼西亚民族原始资料的认识不仅没有说清楚它是否旁支,是否为不同的道路,是否有不同的特点,而是将其绝对化,直接将其视为早期人类普遍经历过的社会形态②。

3. 根本不考虑世界各地考古学发现的启发,而是直接将有关民族学与人类学的资料作为历史发展的普遍理论,并直接用于世界各地考古发现与资料的认识和解读。

事实上,正是由于酋邦理论一方面将许多有历史叠压现象的社会组织都当作了完全同时并存的组织;另一方面,又将一些落后民族所存在的现象主观地排列为历史的演变过程。所以,就导致了"酋邦理论"本身众说纷纭、莫衷一是的多样化与复杂化。现代"酋邦理论"之所以有所谓"简单酋邦"与"复杂酋邦"、"产品经济型酋邦"与"财富经济型酋邦"、"集体型酋邦和个体型酋邦"③、"神权型"与"军事型"④等等的分类与提出,实际都是这方面问题的集中反映与暴露。同时,也说明该理论还明显不够成熟。

不过,这种现象也给现在的学术界提出了一个非常重要的问题,并说明不能将考古资料都视为被动的、不会说话的死资料,也不能将考古资料意义的理解与说明无条件的都仰仗民族学与人类学。今天,随着考古资料的积累,尤其是类似中国这样的人类历史主要活动地区考古资料的积累,许多历史的规律性现象已经完全可以补充或矫正民族学与人类学资料的先天不足了。

中国拥有世界上任何一个国家和地区至今都没有的考古资源与规模,也拥有其他国家和地区至今都没有的丰富的古代文献和资料。因此,中国

---

① 胡玉娟:《全球视野下跨学科的文明与国家起源研究——"古代国家的起源与早期发展国际学术研讨会"综述》,《世界历史》2010年第3期。
② 易建平:《部落联盟与酋邦——民主专制国家起源问题比较研究》,社会科学文献出版社,2004年,第288—293页。
③ 陈淳:《酋邦的演化》,《南方文物》2007年第4期。
④ 陈淳:《考古学理论》,复旦大学出版社,2004年,第251页。

的考古发现与历史研究完全可以为人类学、民族学关于国家的起源、关于史前血缘社会与国家地缘社会的转型提供有价值的借鉴和参考。

(二) 中国考古发现的历史事实

根据史前考古的发现与资料,中国历史上实际就根本不存在独立的游群、部落与酋邦时代,即使最早的国家也与"酋邦理论"的定义和描述不合。

1. 历史上不存在独立的"游群"与"游群"时代

所谓"游群",又称为"游团","酋邦理论"的定义就是小而游动的、独自为政的人群和团体,是人类在农业起源以前最原始的一种社会组织[①]。

然而,中国的旧石器时代考古表明,人类社会从来就没有出现过以"游群"或"游团"为主要组织形态特征的发展阶段。

主要有两个方面的理由。

第一,"定居"是旧石器时代遗址的普遍属性。

所谓"定居",其基本含义就是在一个地点长时间的居住。但是,由于生产力的不同与变化,人类的定居形式则有明显的早晚不同。

由于人类社会的早期是以自然的食物为主,而且人少地多,所以在自然环境没有太大变化的前提下,人类就会在自然食物资源既丰富又长期稳定的地点定居,只是居住的建筑比较原始。但就定居的时间而言,许多地点甚至比新石器时代的遗址还长。

河北阳原泥河湾盆地东谷坨与飞梁遗址的发掘就是最好的证明。

一方面,这二个遗址相距仅 200 米,显示是同一个遗址群(图 1-1-7,5,6)。

另一方面,这二个遗址的发掘是国际合作的结果。其中,飞梁遗址 1990 年、1996 年先后二次发掘。1990 年,美国著名的旧石器考古学家加州大学伯克利分校柯德曼教授、印第安纳大学屠尼克和凯西·石克教授、犹他大学著名地质学家布郎教授都在现场。1996 年,发掘完全是河北省文物研究所与美国印第安纳大学组成的考古队联合进行的[②]。

再一方面,飞梁遗址发掘成果突出。不仅发现了厚达 2 米以上的文化堆积层(图 1-1-9,2,第 9—11 层),发现了 A、B 文化层的年代与东谷坨 A、B 层相当(图 1-1-9,1),还发现了人类的生产生活遗迹。

显然,这二个遗址的文化堆积、年代与相互关系表明,它们之间并不是孤独的"游群"或"游团",而是互有组织关系且长期定居在一起的人群。

[①] 童恩正:《文化人类学》,上海人民出版社,1989 年,第 216—218 页;沈长云等:《中国古代国家起源与形成研究》,人民出版社,2009 年,第 80 页。

[②] 谢飞等:《泥河湾旧石器文化》,花山文艺出版社,2006 年,第 67 页。

第二，良好的遗址群聚形态说明旧石器时代根本就没有"游群"与"游团"。

从旧石器时代早期开始，在人类的居住遗址之间就存在一种明显按血缘关系近距离相聚的群聚现象。

20世纪80年代以后，随着各地旧石器时代露天定居遗址的大量发现，遗址与遗址之间的群聚现象也大量显现，比比皆是。其中，就有二种以血缘关系为纽带的组织与组织形态，即遗址群与遗址群团。广西百色盆地（图1-1-1）、湖南湘西北澧阳平原及周边丘陵岗地（图1-1-2）、安徽水阳江流域（图1-1-3）、陕西洛南盆地（图1-1-5）、山西襄汾丁村（图1-1-6）、河北阳原泥河湾（图1-1-7）等地不同时期旧石器时代遗址的分布与特点就都是这方面的典型代表。

显然，旧石器时代遗址群聚现象非常清楚地表明，自有人类以来就一直存在以血缘为纽带的社会组织，并有在一个地方长期居住与活动的特点，根本就不存在与世隔绝的、独自为政的、游来游去的"游群（团）"，也根本不存在唯一只有"游群（团）"这类社会组织的历史时代。

2. 历史上不存在介于"游团"与"酋邦"之间独立的"部落"时代

很久以前，也包括摩尔根、恩格斯，几乎所有的学者都认为人类最早的社会组织单位就是独立生存的"原始群"，后来由于婚姻形态的变化，人类的社会组织才出现了氏族与部落。"酋邦理论"之所以认为"部落"是一个人类历史中的独立阶段，显然也与以上认识和影响有关。

不过，根据中国已有的资料，历史上就不存在一个单独以部落为组织形态的时代。

第一，人类自古以来就是血缘社会，血缘社会就是人类与生俱来的社会，而氏族与部落都是血缘社会最基本的社会组织，都是自然形成的。因此，根本就不可能在"游群"之后又出现了一个"部落"与部落时代。

第二，史前不仅是一个血缘社会，而且作为血缘社会基本组织形式之一的部落，从旧石器时代早期一直到夏商周时期都明显存在。其中，河北阳原泥河湾盆地的旧石器早期遗址（图1-1-7）、河南安阳殷墟大量存在的"族邑"（图4-3-3）、陕西周原齐家村的玉玦作坊就都是这方面最好的证明。因此，不能只截取某一段的"部落"作为"部落"时代。

第三，从旧石器时代早期一直到商周周时期，"部落"从来就没有独立存在过，它从来都是多级血缘组织中的一级，从来都是氏族之上、部落联盟之下的一级组织。因此，从史前至夏商周时期，社会就从来没有出现过像"游群"一样单独以"部落"为组织形式的历史时期。

第四，部落曾经是史前最重要的社会组织，并前后经历了三个大的发展阶段。

早期阶段,旧石器时代至新石器时代中晚之交。

这一阶段部落最主要的特点就是一种自然的组织,是人与生俱来的一种组织。它不仅是多级组织中的一级,而且是最主要的一级。之所以如此,皆因为它是当时的一种生产生活的实体组织。不仅部落内部的人员之间都拥有亲密的血缘关系,而且部落内部的聚落之间也都关系亲密距离很近,相互没有"中立地带"①。

中期阶段,距今7 500—6 000年,即新石器时代中晚期之交到新石器时代晚期前段。

这一阶段部落最主要的特点是,以环壕和晚期围沟聚落的出现为标志,说明部落已经开始启动了聚落社会早期的一体化进程。原本以血缘为基础的相互关系让位给了实力与利益,原本独立平等的相互关系让位给了主从关系。河南新郑唐户、浙江嵊州小黄山遗址就都是这一阶段的代表。

晚期阶段,距今6 000—5 000年,即新石器时代晚期中段。

这一阶段部落最主要的特点是,以早期古城的出现为标志,说明部落的一体化进程又进入了一个更高级的阶段,甚至还出现了人类历史上第一代血缘社会的军事中心。湖南澧县城头山、湖北石首走马岭—屯子山、湖北天门龙嘴、河南郑州西山就都是这一阶段的代表。

距今5 000年以后,随着一体化的聚落群团的崛起,部落的独立性完全丧失,并最终被湮没在一体化的浪潮之中了。

然而,"酋邦理论"却从来没有深入地研究过这类问题,而是将一个泛泛而谈的"部落"树立为一个时代的标志,表面上看逻辑似乎是对的,但实际上离真实的历史相差甚远。人们也根本无法知道,"酋邦理论"中的"部落"究竟有什么特点?属于哪一期哪一段?更不知道究竟属于哪一期哪一段的"部落"就代表了一个部落时代。

3. 历史上既不存在"酋邦",也不存在独立的"酋邦"时代

关于"酋邦"的定义,目前国内有二种不同的声音。第一种就是比较客观地介绍国外的研究现状和有关的定义。第二种就是研究者根据自己的理解,在多样复杂的酋邦定义中选择其中的一种。如陈淳先生就在他的《考古学的理论与研究》"中国的酋邦"中选择了美国人类学家弗里德(Morton H. Fried)的定义;而沈长云先生则在《中国古代国家起源与形成研究》"酋

---

① 恩格斯:《家庭、私有制和国家的起源》,《马克思恩格斯选集》第四卷,人民出版社,1974年,第87页。

邦概念与相关理论的再探讨"中选择了《不列颠简明百科全书》对"酋邦领地"的解释,为了加深认识,沈先生还引用了美国哈佛大学张光直教授的描述。

为了有一个基本一致的讨论基点,下面将引用在我国影响较大的张光直先生与美国人类学家 T. 厄尔(Tinothy K. Earle)的一些论述来定义"酋邦"。

张光直先生说:"在酋邦这个阶段我们的对象已是 Fried(弗里德)所称的'分层的社会'。地方群组织成为一个尖锥体形的分层的社会系统,在其中以阶层的差异(以及其伴有的特权和责任)为社会结合的主要技术。这个分层式的系统以一个地位的位置即酋长为其中心,因为整个社会通常相信是自一个始祖传递下来的,而且酋长这个位置的占据者是在从这个假设的祖先传下来这个基础之上选出来的,所以在这个网内的每一个人都依他与酋长的关系的远近而决定其阶层……生产的地方性的分化,以及由此而来的将产品与劳役在社会中分配的需要,是酋邦的一项特征。各阶层的位置因而与地方上的剩余品再分配的各层水平相结合,因此它们有一定的经济功能而不仅只基于相对的声名的上面。可是酋长虽然在再分配网中有他的地位,一般而言他缺乏构成社会阶级的真正的对必要物资的特殊掌握和控制……与部落比较起来,酋邦吸取新的群体的能力有相当的增加。与那基本上是政治平等的部落相对照,酋邦的特征是联系经济、社会和宗教各种活动的一个中心的存在。"[1]

T. 厄尔先生认为:"酋邦最好被定义为一种地域性组织起来的社会,拥有一种集中的决策等级制以协调一大批聚落之间的活动,规模从千人到几万人不等。酋邦也是一种经济上集中和再分配的社会,贵族阶层通过控制生产资料和财富的交换来控制经济和劳力。象征、认知和意识形态的发展标志酋邦进入了最早的文明阶段,酋邦普遍具有神权的性质,使酋邦的统治成为自然规律的一部分,许多酋邦的祭祀建筑将社会的宗教活动延伸到宇宙的秩序上。"[2]

应该承认,"酋邦理论"利用一些人类学、民族学的调查资料,对史前血缘社会与国家出现之前的过渡阶段的问题进行了大量的研究,也取得了一些为中国史前晚期考古所证实的成果。

根据张光直与厄尔先生的论述,这些认识成果可大致概括为以下六个方面。

---

[1] 张光直:《中国青铜时代》,三联书店,1983年,第50—51页。
[2] 陈淳:《考古学理论》,复旦大学出版社,2004年,第253页。

第一，出现了分层社会，形成了尖锥体的、分层的社会系统。

第二，没有出现阶级。

第三，组织内部以明显的血缘关系为纽带。

第四，神权的地位上升了。

第五，经济方面出现了集中与再分配。

第六，在氏族社会与国家之间发现了一个过渡阶段。

然而，这些成果也像一个历史的"千层饼"一样，没有一个人说清楚了为什么会有这些特征和这些特征的来源，也没有一个人说清楚了哪些特征是主要的、哪些是次要的。

显然，在面对多有历史叠压现象的人类学民族学资料的时候，"酋邦理论"明显缺少了将主要的与次要的、将过程与结果都剥离清楚的能力与认识的武器。不难想象，在没有考古学发现的介入之前，"酋邦理论"还会不断地制造出更多的无法说清楚是横向多样性还是纵向多样性的"酋邦"类型。

目前，中国的史前考古与聚落群聚形态的研究表明，在血缘氏族社会与国家之间的确存在一个过渡性的阶段，但这不是"酋邦"，而是早期的文明起源与社会的文明化。

中国史前新石器时代中晚期之交，由于人多地少，社会矛盾不断趋于激化。从此，聚落群聚形态发生了历史性的重大变化，作为社会文明化的一个突出标志，聚落组织的一体化高潮迭起。

第一阶段：最早开始于距今 7 500 年，高潮是距今 6 500—5 000 年，特点是史前第一批一体化的聚落群登上历史舞台。

第二阶段：距今 5 000—4 500 年，特点是史前第一批一体化的聚落群团登上历史舞台。

第三阶段：距今 4 500—4 000 年，特点是史前第一批一体化的聚落集团，以及早期国家、古国都大体同时登上历史舞台。

值得注意的是，以上三大阶段就没有一段像"酋邦"。

第一阶段，距今 5 000 年以前，由于整个社会当时最主要的聚落组织就是以血缘为纽带的聚落群，即部落，又由于只有由"一种地域性组织起来的社会"(T. 厄尔)才能称为"酋邦"，所以当时就根本没有"酋邦"可言。

第三阶段，距今 4 500—4 000 年。由于在这个阶段里纯血缘的聚落集团，或只跨血缘或又跨血缘又跨地域的早期国家，与古国都同时登上历史舞台，所以这一段也不是单独只有"酋邦"的独立时代。

第二阶段，距今 5 000—4 500 年。比较而言，只有这一阶段出现的一体化的聚落群团最像"酋邦"。因为，聚落群团内部已经完全是一个分层的、尖锥状的社会系统,出现了贵族,贵族的权力也都与神挂上钩了,但又没有出现阶级。此外,经济方面还出现了史前最早的集中与再分配。

然而,考古又表明一体化的聚落群团也完全与酋邦无关。

其一,一体化聚落群团的出现只是一个过程中的一个环节,而不是一个具有独立历史意义的时代。

事实上,整个新石器时代晚期就是人类社会从血缘走进地缘,从氏族社会走进国家社会的过渡阶段,而这个阶段最主要的也是最突出的社会变化就是聚落血缘组织的一体化。但是,一体化不是一气呵成的、跳跃式的,而是一个渐进的过程,一个不断深入、不断大型化的过程。一体化的聚落群团,虽然在时间上具有一定的独立性,但这是它作为中间环节的自然属性所赋予的,而就内涵与本质而言,它却是整个社会演变过程的一段中间环节,不能任意割裂它与早晚二段的有机联系。

其二,一体化聚落群团虽然以血缘为纽带,但实力与利益才是它最主要的基础。

由于时代背景的巨大差别,又由于在同一区域缺少比较的资料与比较研究的主观愿望,以致目前为止,除了泛泛地社会发展的结果以外,很少有人在讨论"酋邦"出现的原因的时候提到实力与利益的作用和影响。之所以在有关酋邦的论述中会见到酋长"是从这个假设的祖先传下来这个基础之上选出来的",以及每一个人的地位"都依他与酋长的关系的远近而决定"(张光直)的认识,其关键的原因就在于不理解实力在史前晚期社会组织中突出的作用与地位。

事实上,史前晚期社会有二类血缘组织。一类就是没有一体化的普通聚落组织,这种组织就一直沿袭了过去的传统,就一直是以自然的血缘关系作为组织的基础与纽带。另一类就是一体化了的聚落组织。这种组织一方面的确是以血缘为基本的组织纽带和基础,而另一方面又融入了实力和利益这一新型社会因素,并使之成为了重组与整合老式血缘组织最重要的组织纽带与基础。

由于聚落组织一体化的原因就是为了应对生存危机和社会矛盾,所以实力与利益在新的历史条件下就成为了一体化聚落组织构成最重要的条件与基础。一方面,没有基于利益的需求,就不可能放弃原有的独立与平等而委曲求全,接受新的主从关系的安排;另一方面有实力,对内才有凝聚力,才有实现集中统一领导与管理的基础,对外才能率领众生,在激烈的社会冲突中维护自己的利益。

事实上,中国史前晚期崛起的一体化聚落群团之所以大多数都与城址捆绑在一起,就生动形象地表明,实力才是当时真正位于血缘关系之上最重要的组织纽带与基础。新石器时代晚期以前,同一个聚落群内部的聚落之间,同一个聚落群团内部的聚落群之间,之所以全无从属关系,就因为他们之间只有基于辈分的关系;而新石器时代晚期,聚落与聚落之间,聚落群与聚落群之间,之所以都出现了从属关系,就说明一体化的聚落组织,一体化的聚落群团,虽然还是一个以血缘为纽带的组织,但实力则已经开始成为血缘之上的新型组织纽带。

所以,一体化聚落组织的出现不仅是一种社会组织形态的变化,更是实力与利益成为新兴的、最重要的社会组织纽带与基础的标志。

其三,一体化聚落群团没有地缘化。

考古表明,新石器时代晚期不同时段一体化聚落群团的历史地位还互有不同。距今5 000—4 500年之间是独立的一体化聚落群团崛起的时代;距今4 500—4 000年,有的聚落群团就成为了聚落集团的核心,成为了古国的核心,如湘西北澧阳平原鸡叫城所在聚落群团即如此。但是,只要是一体化的聚落群团就没有一个是地缘化的。虽然它可以成为地缘化的一个组成单位,但它本身并不是地缘化的。

其四,生产没有出现地方性分化。

在学术界,许多人都认为史前晚期出现了"生产的地方性的分化"(张光直),即所谓的"社会分工"。实际上,这是一种假象。因为,社会分工是有条件的、有基础的。在社会地缘化以前,所有的劳动产品只有交换的可能,而无商品的意义。为什么作为一方大国都城的河南安阳殷墟会发现几十处大大小小的手工作坊,会发现"百工"与"世工世族"呢?究其原因就说明直到商代晚期中国手工业制品的主流生产模式依然还是以血缘组织为主体,劳动的分工主要都发生在大型血缘组织内部。这种分工与商品经济的社会分工表面上都具有规模化、分工化、专业化的"三化"特点,而且组织规模越大,"三化"的特点越突出越明显。然而,正如商代安阳殷墟一样,那些产品基本上都是自产自用,既不是用来交换,也不是用来发展商品经济。

正因此,中国史前晚期就根本没有酋邦。同时也说明,中国史前晚期社会出现的一些特点与酋邦的关系,实际都是形似而神不似。此外,还说明在缺失了考古学的参照与校正的基础上,仅仅单独依靠民族学与人类学对现有一些民族地区的调查,要说清楚史前社会发生的历史与变化是远远不够的。

4. 中国的国家起源自身特点明显

所谓国家,现有各种"酋邦理论"基本上都认为:国家是一个政治组织,有明确的疆界、统一的政府以及保证政府的权威得以执行的一整套强制力量。从形式上看,凡是存在国家的社会,都有复杂的政治机构、固定的官僚系统,以及对内对外的统治政策。在一个国家里,强制力量——军队、警察、法庭、监狱等乃是由政府所垄断。政府凭借这种力量组织劳动,征收赋税,维持社会秩序①。

2009年11月4—5日,中国社会科学院世界历史研究所主办的"古代国家的起源与早期发展国际学术研讨会"在北京召开。来自中国、美国、日本、荷兰、俄罗斯的50多位中外学者围绕古代国家起源与早期形态等问题进行了跨学科的对话与交流。其中,关于国家起源中的"早期国家"问题就是一个与酋邦理论联系密切的讨论热点。

会后,有关的"综述"②分析认为,自20世纪60—70年代以来,关于早期国家的理论与酋邦理论一样,也已成为当今世界范围内文明与国家起源研究最重要的理论学说。

早期国家与成熟国家相比往往又具有一些不同的特点,但长期以来,人们并未注意到它们的区别,并以一般国家固有的特点作为衡量国家产生的标志。为此,从20世纪70年代开始,荷兰亨利·克赖森(Henri J. M. Claessen)和P. 斯卡尔尼克(P. Skalnik)就在塞维斯历史分期的基础上,将国家分解为早期国家(earlystate)与成熟国家(maturestate)两个阶段。此后,俄罗斯学者格里宁(Leonid E. Grinin)和科罗塔耶夫(Andrey V. Korotayev)又在早期国家与成熟国家之间插入了所谓的"成形国家"(developedstate)。此外,他们还以国家复杂化进程的认识为基础,一方面将早期国家、成形国家、成熟国家转称为简单国家(simplestate)、复杂国家(complexedstate)、超复杂国家(super-complexedstate);另一方面,他们又对"早期国家"的概念做了补充,提出除"早期国家"之外,还存在着一些"类早期国家"形态的政治组织体,这类政治组织体并不必然地朝国家阶段演进。

显然,以上学说表明关于"早期国家"的探讨与学说确实已经成为国际上文明与国家起源研究方面的热点,且有关的成果接连不断。但是,这些成果也同时反映了与"酋邦"理论一样的问题,反映了国际学术界对时间与空间问题的多样性复杂性认识不足的缺陷,并提示中国的学者千万不要简单地皈依和紧随其后,而应借此大势更多地思考一些中国的本土特点。人类的历史没有国界,中国的也是世界的,中国的历史也是人类历史的组成部分。

---

① 童恩正:《文化人类学》,上海人民出版社,1989年,第225页。
② 胡玉娟:《全球视野下跨学科的文明与国家起源研究——"古代国家的起源与早期发展国际学术研讨会"综述》,《世界历史》2010年第3期。

1985年10月,苏秉琦先生在辽宁的一次关于"辽西古文化古城古国"的讲话中,第一次提出了通过古文化、古城、古国研究中国文明与国家起源的想法;1991年,在《迎接中国考古学的新世纪》的谈话中,又进一步提出了"古国、方国、帝国"是中国国家起源与形态发展三步曲的看法①。

　　实践证明,苏先生的这些重要谈话与思想为中国国家的起源研究指明了大的方向和道路。

　　值得注意的是,中国的考古与聚落群聚形态的研究也表明,中国的国家起源之路不仅有与世界其他地区的相似性,更有自己鲜明独立的特点。

　　第一,国家最本质的特点就是聚落组织之间出现了统治关系,具体表现为政治上的压迫、经济上的剥削。

　　第二,没有成熟固定的国家机器。

　　考古发现,国家的发展是有阶段性的,不同阶段的国家,基础不同,统治、剥削与压迫的对象不同,所以需要的国家机器也有不同。中国最早出现的国家,就是一种聚落组织,就是一个血缘族体对另一个族体或几个的压迫与剥削,只有"顺"与"不顺"的大事要管,因而就不需要复杂的国家机器,如"天下有不顺者,黄帝从而征之"(《史记·五帝本纪》)就可以了。但是,随着国体政体都地缘化的国家的出现,国家的统治、压迫和剥削对象都变成了独立自由的个人,因而事无巨细国家都要管,所以就需要各种各样的国家机器和法律。于是,春秋时期,国家就开始"铸刑鼎"(《左传·昭公六年》)。因此,有无复杂的国家机器并不是国家出现的本质特征,而是国家一定时期需要的反映,是国家随时间与需求的变化而形成的外部特征。不能将不同时期国家的需求与外部形态特征都当作了本质的区别。

　　第三,与古国同时出现的超大型聚落组织聚落集团、早期国家无一与"酋邦理论"的早期国家相似。

　　在中国,与最早的古国同时出现的还有二种不同的聚落组织,即一体化的聚落集团与早期国家。但是,没有一个与陈淳先生介绍②的国外的"早期国家"相似。因为,陈先生说"早期国家既不同于氏族社会,也不同于后继的奴隶制国家","已处于等级制度成形的阶层社会,集权型的政府系统出现,经济发展表现为手工业专门化、外向型的市场和贸易出现,财富集中由统治者进行再分配"。

---

① 俞伟超:《本世纪中国考古学的一个里程碑》,《中国文明起源新探》,生活·读书·新知三联书店,1999年,第8页。
② 陈淳:《考古学的理论与研究》,学林出版社,2003年,第609、610页。

比较而言,除了"外向型的市场和贸易"至今还没有发现以外,其他特点在距今 5 000—4 500 年期间出现的一体化聚落群团中早就已经出现并存在了,所以它们并不是"酋邦理论"早期国家的特点。

第四,古国的前身并不是酋邦。

中国古国的出现有三种模式或曰三条道路。第一种,鸡叫城模式,以一体化聚落集团为基础,由单一的血缘组织建立;第二种,石家河模式,以一体化聚落集团为基础,由不同血缘的组织跨血缘联盟建立;第三种,洛阳盆地模式,以一体化的聚落群团与集团为基础,由不同血缘的组织跨血缘跨地域联盟建立。值得注意的是,在这三种模式,没有一种是以"酋邦"为基础的。

第五,中国古国的国体虽然已经地缘化了,但古国,一直到夏商周时期的早期方国,国家的统治方式与政体却都还是血缘化的血族统治。"封建亲戚,以蕃屏周"就是这种政治制度的经典诠释。

显然,根据中国的考古与文献资料,从史前血缘社会到国家地缘社会之间的过渡阶段就是史前晚期的早期文明起源,而不是酋邦,其中经历的几个聚落社会的一体化阶段也没有一个类似酋邦。此外,中国的国家起源之路也非常明显是一条血缘社会渐变为地缘社会之路,是国家由小变大,由简单变复杂之路。所以,中国的国家起源,中国的古城、古国、方国、帝国之路,不仅自身特色明显,实际也为世界范围内类似问题的探讨提供了一个很好的借鉴与范本。

二、"四级聚落等级国家论"的主要问题

1953 年,美国考古学家戈登·威利发表了《秘鲁维鲁河谷的聚落形态研究》①。由于他将现代社会学的方法引入史前聚落考古和聚落相互关系的研究,并成为"区域聚落形态"理论与方法的基础和范本而受到人们的关注,被誉为"20 世纪世界考古学发展过程中最重要的理论成果之一"②。

20 世纪 50 年代,美国人类学家卡莱尔沃·奥博格提出了酋邦概念;60 年代,塞维斯提出了"游团(band)—部落(tribe)—酋邦(chiefdom)—国家(state)"这一历史的演进模式。之后,由于酋邦的多样性与复杂性,厄尔(Tinothy K.Earle)等人把酋邦划分为"简单酋邦"与"复杂酋邦"两种类型,并提出只有复杂酋邦才能演变为国家,而区别这两种类型的考古学依据之一,便是决策级别的多少。所谓决策级别,就是从系统论和信息论中发展出

---

① Willey, G.R, *Prehistoric Settlement Patterns in the Viru Valley, Peru*, Bulletin155, Bureau of American Ethnology, Washington, D.C., 1953.
② 加里·费曼:《聚落与景观考古学》,《聚落与环境考古学理论与实践》,山东大学出版社,2007 年,第 12 页。

来的一种理论概念,其逻辑是复杂社会的根本变化首先是决策等级的增多,其次是信息加工的专业化。这一理论被亨利·瑞特(Henry T. Wright)、约翰逊(G. A. Johnson)、厄尔等人应用到文化进化和国家起源的研究中,并与"区域聚落形态"的理论与方法相结合,提出了区别酋邦与国家的所谓"四级聚落等级国家论"的理论。其中,约翰逊认为部落和酋邦拥有一到二级行政管理机构,国家则至少拥有三级决策机构①。瑞特、厄尔等人则将这种决策等级(行政管理层次)与聚落等级相对应,进一步提出:四级聚落等级代表村社之上的三级决策等级,因而表示国家;三级聚落等级代表在村社之上的二级决策等级,因而表示复杂酋邦;二级聚落等级代表其上有一级决策等级,因而表示简单酋邦②。至于划分和衡量聚落等级的标准与方法,采用的是"第二大聚落(即二级)应是最大中心聚落规模的二分之一,第三大聚落(即三级)应是最大中心聚落规模的三分之一,以此类推"③。

20 世纪 90 年代以后,以上理论开始传入我国,现已成为中国聚落考古与文明探源的主要理论方法。然而,大量的研究实践却证明,这种理论与方法存在许多值得质疑的问题。

为此,王震中先生就对"四级聚落等级国家论"的理论与说法给予了有力的批驳。他指出:聚落等级若划分科学且符合历史实际的话,在某种程度上可以反映出当时政治隶属和决策的等级机制,它属于社会复杂化的一个方面或物化形式,因而有理论上的意义,但"四级聚落等级的国家论"是有局限性的。这种局限性表现为三个方面:一是划分和衡量史前聚落等级的标准受研究者主观因素的影响,因而所划分出的等级是相对的;二是所谓国家的产生是由四级聚落等级组成和其上有三级决策等级来表示的说法,过于绝对化和教条化,似与中国上古时期即虞、夏、商、周时代的实际情况不符;三是作为区分酋邦与国家的衡量标准,问题的实质并不在于某个聚落群中聚落等级究竟是由三级还是四级构成,而在于该政治实体是否存在较集中的强制性权力结构,社会中是否存在阶层或阶级的不平等④。

---

① G. A. Johnson, "Local Exchange and Early State Development in Southwestern Iran", Museum of Anthropology, University of Michigan, Anthropological Papers, no.51, 1973, pp.4–12.
② Henry T. Wright, "Recent Research on the Origin of the State", Annual Review of Anthropology, no.6, 1977, pp.379–397; Timothy K. Earle, "The Evolution of Chiefdom", in T. Earle ed., Chiefdoms: Power, Economy, and Ideology, N.Y.: Cambridge University Press, 1991, p.3.
③ 刘莉:《中国新石器时代——迈向早期国家之路》,文物出版社,2007 年,第 146 页。
④ 王震中:《国家形成的标志之管见——兼与"四级聚落等级的国家论"商榷》,《历史研究》2010 年第 6 期;《中国文明与国家起源研究中的理论探索》,《中国社会科学院研究生院学报》2011 年第 3 期。

就史前考古的研究而言,"四级聚落等级国家论"实际与"区域聚落形态"一样,其中最重要的关键问题就是回避了原有史前社会组织的研究,用虚拟的"区域聚落形态"和"四级聚落等级"替代了原本的社会组织。

事实上,无论是中国还是外国,早期的人类社会都是血缘社会,组织形式都是血缘组织。国家的起源本质就是社会组织方式的变化,就是血缘社会转变为地缘社会,血缘组织转变为地缘组织。因此,任何时候任何地方国家起源的研究若离开了社会原有的组织形态与变化就不可能真正地还原历史,并揭示国家起源的真实过程与规律。

中国的考古早就发现,聚落或人类的居住遗址,从旧石器时代早期开始就一直存在大小与内涵分级之别。安徽水阳江流域(图1-1-3),旧石器时代早期,那里在沿河长70公里宽20公里的范围内就发现了19个遗址,据面积大小与内涵完全可以分为三级。第一级,普通遗址。第二级,就是3个被专家誉为当地人类居住与活动"三大营地"的遗址。第三级,就是宣城陈山(向阳砖瓦厂)遗址,由于规模面积巨大,数十万平方米,文化层深厚,1988年的发掘就出现了高达11米的发掘剖面;出土的石制品不仅数量多,近1500件,还品质优良。为此,该遗址就被专家誉为是水阳江流域"整个旧石器地点群的中心"①。如果按照"四级聚落等级国家论",那水阳江流域的旧石器早期遗址完全符合三级聚落等级代表其上有二级决策等级的要求,完全符合"复杂酋邦"的要求,并表明旧石器时代早期当地就有了"复杂酋邦"。

新石器时代中期,河南新郑裴李岗文化唐户遗址也创下了中国距今7500年以前遗址最大面积的记录,近30万平方米,是河南也是全国已知同时期面积最大的聚落遗址。不仅如此,遗址内涵也很丰富,还同时并存了多个聚落(图2-1-5,1)。其中,顶级的核心聚落就有中国最早的壕沟保护,而其他的普通聚落都位于壕沟以外。如果按照"四级聚落等级国家论",那唐户遗址完全符合二级聚落等级代表其上有一级决策等级的要求,完全符合"简单酋邦"的要求,并表明该遗址就是一个简单酋邦。

最近,山东日照市岚山区高兴镇发现了一个中国史前新石器时代晚期最大的聚落遗址——尧王城,属大汶口文化晚期,面积近400万平方米,并有2道城墙4道壕沟(图4-1-5)。与此同时,遗址的结构还显示那里的聚落拥有"四级聚落等级",并代表村社之上还有三级决策等级,因而显示该遗址本身就是一个"国家"。其中,最高决策等级就住在小城,即内城里面;中

---

① 房迎三等:《水阳江旧石器地点群埋藏学的初步研究》,《人类学学报》1992年第2期。

等决策等级就住在大城即外郭城里面,低级决策等级就住在大城与大壕沟之间的小环壕里面,最后"全国"其他的普通聚落都住在大壕沟里面①。

显然,这种"四级聚落等级国家论"的理论完全是脱离了考古发现实际并人为虚拟出来的一种历史现象与理论。

让人百思不得其解的是,欧美在制造"酋邦理论"的时候,还会紧紧地依靠民族学与人类学的调查资料;可在识别"酋邦"的时候却又置民族学与人类学资料的启发于不顾,并完全人为地虚拟出一些不切实际的标准,还运用和推广到考古学的研究当中。

也许这是一种无奈,因为考古资料不会说话。但更可能是一种意识形态在作怪。因为从20世纪50年代初期开始,欧美的人类学考古学就主动回避了被马克思主义看重的路易斯·亨利·摩尔根(Lewis Henry Morgan)和他的《古代社会》,而选择了与马克思主义毫无关系的现代社会学的研究思想与方法。美国考古学家戈登·威利的《秘鲁维鲁河谷的聚落形态研究》以及"区域聚落形态"的理论,就都是这方面的代表。其中,这种选择最大的也是最主要的问题就是用晚期地缘化社会的视角和眼光来研究早期血缘社会的问题。

第一,将独立的自然地理单元范围内的所有聚落都视为一个社会的整体即"区域","过小而不成区域",即使是5—50平方公里的面积都"不能被看作或不宜被称为区域聚落形态分析"②。

第二,将"区域"内所有的聚落与聚落组织,全部都冠以"村社"、"社区"、"社群"等现代社会学的概念。

第三,哪个遗址又大又有内涵,哪个就是"社区",或"社群",或"区域"之王。

显然,"四级聚落等级国家论"实际就是"区域聚落形态"理论的衍生物和再发展。

事实证明,这种思维模式与理论是完全错误的,从根本上架空了史前社会的原始形态,将史前社会原来根本没有的"区域聚落形态",以及"社区"、"社群"等聚落组织和名称都强加在古人头上,完全违背了先复原历史再研究历史的基本原则,不仅杜撰了历史,还彻底误导了世界人类学考古学及其聚落形态的研究。

---

① 梁中合:《日照尧王城遗址的新发现、新收获与新认识》,《中国社会科学院古代文明研究中心通讯》2016年第30期,第12—21页。
② 史蒂芬·科瓦勒斯基著,沈辛成译,陈淳校:《区域聚落形态研究》,《南方考古》2009年第4期。

本 章 小 结

本章重点讨论了国家起源过程中以古国崛起为代表阶段的证据实例、特点与意义,还讨论了二个与国家起源有关的源自国外的理论问题。

一、聚落集团、早期国家、古国同时崛起的实例

距今 4 500 年前后,由于人类社会无节制地膨胀发展所导致的生存危机,遂使本已紧张的社会矛盾陡然再次激化。为了生存,为了利益,聚落组织之间的暴力征服与不同血缘组织之间合纵连横的结盟全都成为了历史的新常态,并大体同时催生了聚落集团、早期国家、古国等多种前所未见的超大型聚落组织。

(一)聚落集团

聚落集团就是史前晚期晚段新出现的一种泛血缘的超大型聚落组织。其中,核心多数都是一体化的聚落群团,而其他的成员则是各种沾亲带故的聚落组织,并具有大规模抱团相聚的组织特点。

目前已见三种类型。其中,湘西北澧阳平原鸡叫城所在聚落组织就是以一体化聚落群团为核心的代表;河南洛阳盆地浏涧河沙沟流域、山东聊城茌平等地的聚落组织就是聚落群团强强联合的代表;湖北天门石家河的聚落组织就是由前期一体化聚落群团原地自然扩大升级的代表。

(二)早期国家

早期国家就是不同血缘的聚落群团或聚落集团跨血缘,或又跨血缘又跨地域,而结盟构建的一种新型的超大型聚落组织。其中,浙江余杭良渚三镇范围内的良渚文化聚落组织就是只跨血缘不跨地域的代表,而山东青州寿光之间的龙山文化聚落组织则是又跨血缘又跨地域的代表。

(三)古国

古国就是历史上第一种以血缘组织为单位,又跨血缘又跨地域,还在不同血缘组织之间建立了统治与被统治关系。这种国家又可称为"血缘国家"。

已有的考古发现,这种国家有三种建国的途径与模式,而且这三种模式建立的古国又属于不同类型的古国。

第一种:鸡叫城模式与类型。它的基本特点就像商代的商人一样,单一血缘族体通过单打独斗,单独完成了从血缘组织直接升级为地缘古国的

过程,建国后还单独执政。湖南湘西北澧阳平原鸡叫城、山西临汾盆地涝河以南地区有关聚落组织的崛起与发展就是这方面的代表。

第二种:石家河模式与类型。它的基本特点就是不同血缘的组织先期建立只跨血缘的早期国家,然后一致对外,建立具有统治与被统治关系的古国。这种古国很像西周的姬姓一族,先跨血缘与姜姓联姻组成"早期国家",打败商人之后,再以姬姓为主联合执政。

第三种:洛阳盆地模式与类型。它的基本特点就是不同血缘的聚落组织在又跨血缘又跨地域结盟的早期国家基础上共同打拼建立古国。河南洛阳盆地有关聚落组织的崛起与发展就是这方面的代表。这种古国很可能与夏代的夏人一样,建国之后"禅让"并轮流执政。

二、古国崛起的主要特点与意义

主要有六个方面。

第一,古国就是一种聚落组织、一种"血缘国家"。

由于古国的统治者与被统治者都是血缘组织,组织特点也都与同时期相同级别的聚落血缘组织类似;而且古国的建立并没有改变任何统治者与被统治者作为血缘组织的属性与特点,改变的仅仅只是有关血缘组织之间的相互关系,即变以前的独立平等为统治与被统治。这说明史前时代最早的古国既是一种聚落组织,又是一种"血缘国家"。

第二,古国崛起的目的就是为了生存。

古国的崛起既不是"阶级矛盾不可调和的产物",也不是为了"文明社会的概括";而主要是为了生存,为了应对由生存危机导致的社会危机,也为了不劳而获。对此,长江中游地区就是最好的证明。

第三,古国的崛起就是血缘社会文明化一体化的结果。

史前血缘组织的一体化过程以及古国的组织特点与属性,皆表明从血缘社会向地缘社会的过渡,不是跳跃式的,古国的崛起实际就是血缘社会文明化一体化的结果。或者说,没有血缘社会的文明化一体化就没有地缘化的古国。

第四,各地都有自己独特的国家起源之路。

虽然有古城的地方并不一定都有古国,但各地史前古城的发现则表明,作为史前晚期血缘社会一体化的代表和领军,各地古城的起源时间、筑城模式、贵族的物质文化用品、城址的组织方式等方面的差异与不同,更是中国国家起源"满天星斗"与多源特点的象征和反映。

第五,长江中下游是国家起源古国阶段的领跑者。

主要表现在三个方面。其一，距今 6 000—4 500 年，一直在引领了中国史前古城崛起的历史新潮；其二，良渚文化的玉器标志着中国史前最早的礼制已基本成熟；其三，凌家滩、良渚、石家河文化共同标志着中国"玉器时代"的到来和存在。

第六，古国的崛起与私有制、财富和阶级无关。

首先，与私有制和财富无关。一方面中国史前与夏商周时期就没有基于生产资料的私有制，所以也就与这种私有制无关；另一方面中国拥有的财富私有制实际也只是一种血缘社会内部早期的管理与分配制度，晚期的政治制度，皆与古国的崛起无关；再一方面，古国的崛起也不以奢侈品和财富为目标。

其次，与阶级无关。由于史前就根本没有生产资料的私有制，所以也就没有基于生产资料私有制的个人阶级。此外，中国的财富私有制史前只推动了集体成员之间的贫富与等级分化，夏商时期也只有以集体为单位的"氏族奴"。正因此，中国的国家起源不是阶级矛盾不可调和的产物，而是血缘组织之间因生存矛盾不可调和的结果。

三、有关问题讨论

讨论了二个与国家起源有关的源自国外的理论问题。

（一）古国崛起与"酋邦"无关。

中国的考古表明，一方面"酋邦理论"的理论方法有重要缺陷，另一方面所概括的人类经历过"游团—部落—酋邦—国家"四阶段的学说也与中国的历史特点不符，所以中国的国家起源完全与"酋邦"无关。

（二）"四级聚落等级国家论"的主要问题。

由于这个理论实际就是"区域聚落形态"理论的衍生物和再发展，不仅用现代地缘社会学的概念来研究史前血缘社会的问题，而且还虚拟了史前社会组织与国家的识别标准，违背了先复原历史再研究历史的基本原则，从而根本上架空了史前社会原始形态的研究，也与中国的实情完全不符。

第三章 方国与帝国的崛起

所谓"方国",就是一方之国,地方之国,就是比古国规模更大地域更广并以民族为组织单位的国家。相对秦汉时期规模更大地域更辽阔的帝国而言,夏商周春秋战国时期的国家都只是一种区域性的地方之国。

根据考古与史籍记载,夏商周是早期方国,春秋战国是晚期方国,并为帝国的出现创造了条件。

第一节 早期方国的崛起、特点与意义

早期方国就是以单一民族为主体而建立的国体地缘化政体血缘化的地方之国,崛起于距今 4 000 年前后。

一、早期方国的崛起

关于早期方国的崛起有三个非常重要的问题值得思考:第一,早期方国崛起的主要原因;第二,早期方国崛起的主要途径;第三,早期方国为什么会首先崛起在中原地区。

(一) 早期方国崛起的主要原因

根据传说,学界多认为四千多年前,夏部落首领禹因治水有功,得到了虞舜的重用并最终将王位禅让于他,于是夏王朝由此开端。然而,究竟有没有治水、治了哪里的水、治了多大的水,迄今为止无论是考古发掘还是环境研究都没有给出确凿的答案。正因此,以为夏出现的主要原因是自然与环境变迁明显证据不足。

不过,已有的考古发现还是非常清楚地表明早期方国的出现完全是社会地缘一体化的结果,也是人类社会地缘共同体即民族崛起的结果。

一般而言,民族可以分为二种类型。一类是自然民族,各组织成员独立分散;另一类是实体民族,各组织成员已整合成一种利益一体化的共同体。

自然民族是所有民族的基础,是人的自然属性的一部分。一方面是不同自然环境促成的结果,以致同一地区的人在外形、语言、饮食、生活习惯、心理方面都有很大的相似性;另一方面,自然民族所涉及的人类组织基本上都是同一地区相互独立平等分散的血缘组织;再一方面,也是地域邻近,长期相互交流的结果,以致同一地区的人都不知不觉地拥有相似的生产方式和生活方式,也不知不觉地在使用同一种考古学文化。不过,在史前,那些人的自然属性与有关文化的同一性都没有任何社会意义,因为人类的社会组织与相应的生产生活实体完全是以血缘关系为纽带而组成的。人们只认血缘,不认其他。

不过,随着社会矛盾的激化与扩大化,随着社会不断地文明化,聚落组织的一体化也由血缘转向地缘;尤其是随着一些实力强劲的古国的崛起,一些地区在实力面前,原本不同的、独立的血缘族体与社会组织,要么就被征服,要么就像早期国家一样,为了生存也为了利益跨血缘跨地域合纵连横整合成一种新型的、利益一体化的大型共同体。就这样,自然状态的民族就开始升级成为了一种地缘化的社会共同体,成为了具有明显统一领导与管理特点的实体民族。

虽然人类组织群体的规模越大,一体化整合的过程就越复杂,但是没有实体民族的崛起也就没有单一民族国家即早期方国崛起的基础、实力与可能,而早期方国的崛起实际也就标志着有些民族已开始成为了新的地缘社会的实体。夏商周就是历史上第一批将民族变为地缘社会生产生活实体的代表,而且他们所建立的国家也都属于以单一民族为主体为统治者的国家。

类似单一民族国家形成与建国的例据在中国历史上还有很多。元代蒙古族、清朝女真族的历史就是自然民族转变为实体民族的代表。铁木真之所以尊为"成吉思汗"意为"拥有海洋四方的大酋长",就说明在他之前的蒙古族基本上就是一种自然民族,铁木真统一蒙古族各部落之后就转变成了实体民族。明代末年努尔哈赤之前的女真族也是一个自然状态的民族,"都没有超过联合为部落的阶段"(《起源》P89),一盘散沙。然而,努尔哈赤又文又武,既合纵连横又武力征服,在统一女真以后整个自然民族就变成了一体化的实体民族。万历四十四年(1616年),努尔哈赤就在赫图阿拉正式建立了单一民族国家,国号"大金"(史称"后金")。

实际上,蒙古族、女真族的统一与建国过程也就是中国最早的单一民族国家诞生过程的重复与再现。

(二)早期方国崛起的主要途径

文献与考古表明,早期方国崛起的主要途径就是暴力与战争。其中,夏的崛起就是代表。

一般而言,只有暴力与战争才最终体现了统治者独一无二的强悍实力,并让对手都顺服,史载"天下有不顺者,黄帝从而征之"(《史记·五帝本纪》)就是这方面最直接了当的写证。此外,考古也发现夏的主体疆域很可能就是武力开拓的结果。

第一,夏的核心区域,洛阳盆地史前古国的出现,洛河以南聚落组织击败洛河以北聚落组织的事变与过程就是暴力或武力开拓的结果。

第二,考古发现仅洛阳周边地区的龙山文化就并非面貌完全一致①。有的专家就将嵩山以北的称为"王湾类型",将嵩山以南称为"煤山类型"。这种现象表明,二里头文化统一周边地区的过程很可能也与暴力或武力开拓有关。

第三,根据文献与考古,夏文化即二里头文化的主要分布区域实际包含了豫西与晋南二个部分(图4-3-1,3)。然而,这二个部分史前的文化与历史背景却区别明显。其中,豫西是河南龙山文化的王湾类型(图4-3-1,1),而晋南则是山西龙山文化的陶寺类型(图4-3-1,2),即"陶寺文化"②。此外,河南新密新砦还发现了介于当地龙山文化与二里头文化之间"新砦期"的遗存③,又表明二里头文化即夏文化的最早源头是在河南而不是山西。于是,探讨晋南是如何成为二里头文化主要分布区的主要原因就成了夏国历史研究的重要问题。

也许,有二种不同的途径。

一种是跨血缘跨地域的联盟。虽然这二个地方都曾分别出现过不同类型的古国,如山西临汾盆地、河南洛阳盆地。但是,为了获取更大更多的利益,他们随后也可能又跨血缘又跨地域联手结了盟。

不过,更可能的还是第二种途径,即暴力与战争。

由于二里头文化的源头在河南,因此,山西二里头文化的出现与存在就很可能意味着是暴力与战争带过去的。对此,佟伟华先生在《二里头文化向晋南的扩张》一文中就有很好的论述④,并说明二里头文化的向北扩展实际

---

① 河南省文物考古研究所:《河南考古四十年》,河南人民出版社,1994年,第123页。
② 何驽:《2010年陶寺遗址群聚落形态考古新进展》,《中国社会科学院古代文明研究中心通讯》2011年第21期。
③ 中国社会科学院考古研究所河南二队:《河南密县新砦遗址的试掘》,《考古》1981年第5期;北京大学考古文博院等:《河南新密市新砦遗址1999年试掘简报》,《华夏考古》2000年第4期。
④ 佟伟华:《二里头文化向晋南的扩张》,《二里头遗址与二里头文化研究》,科学出版社,2006年,第361—373页。

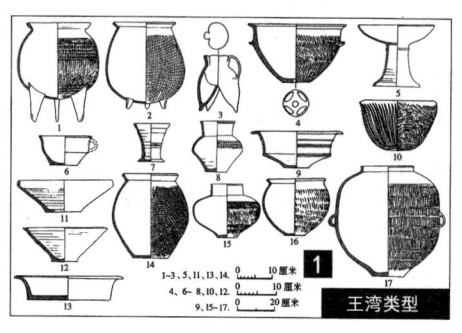

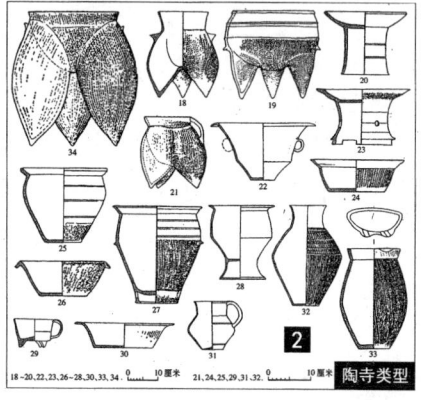

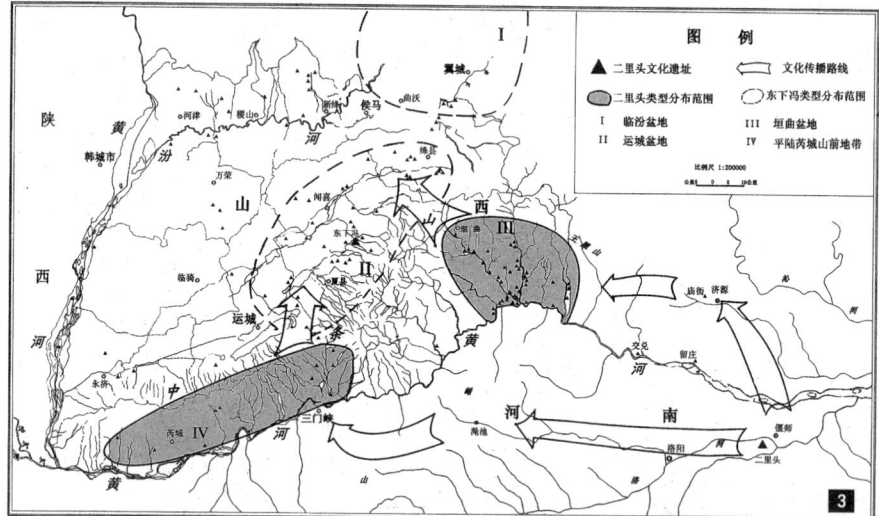

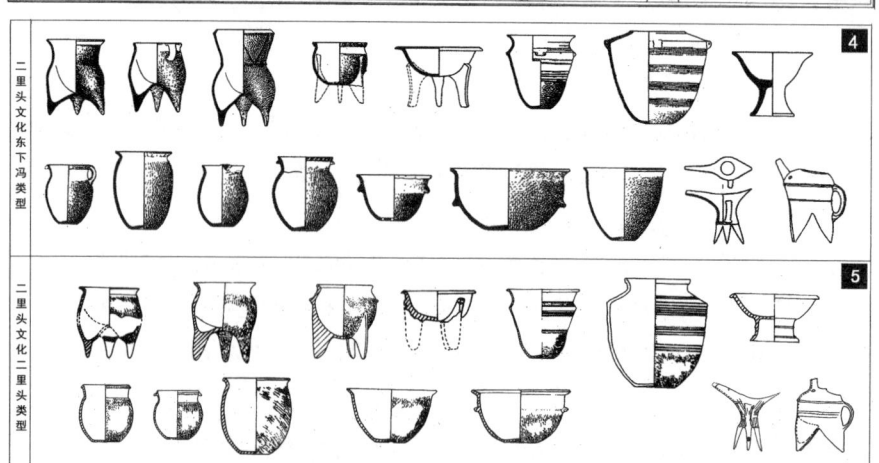

图 4-3-1 河南、山西龙山时期与二里头时期有关文化类型主要
器物图与二里头文化向晋南扩张路线图

1. 豫西王湾类型主要器物图 2. 晋南陶寺类型主要器物图 3. 二里头文化向晋南扩张路线示意图 4. 二里头文化东下冯类型主要器物图 5. 二里头文化二里头类型主要器物图

（1、2引自中国社会科学院考古研究所《中国考古学·新石器时代卷》；3引自佟伟华《二里头文化向晋南的扩张》；4引自中国社会科学院考古研究所《中国考古学·夏商卷》；5引自河南省文物考古研究所《河南考古四十年》图3-5，本文对原图略有改动）

还经历了前后二个阶段。第一阶段,夏人直接渡过黄河,并在沿岸的山西芮城盆地、垣曲盆地建立了自己的根据地和殖民地。于是,当地就产生了根在河南中西部的原汁原味的二里头文化二里头类型分布区(图4-3-1,3,Ⅲ,Ⅳ)。第二阶段,继续北上运城盆地、临汾盆地,并在降服当地土著以后,与之融为一体。于是,当地就派生出了地方特色明显的二里头文化的地方类型,即东下冯类型(图4-3-1,3,Ⅰ,Ⅱ)。

正因此,豫西是夏民族的自然成长地,而晋南则是夏民族暴力与战争后的殖民之地。

值得注意的是,在《左传》和《史记》中还分别有"禹会诸侯于涂山,执玉帛者万国"和"夏之兴,源于涂山"的记载。

不过,这里所述"盟会"的性质,既不涉及夏民族的主体范围,也不涉及夏民族内部各血缘组织之间的相互关系,而主要涉及的是夏民族主体外围周边一些地区一些较"顺"和愿"结盟"的人类组织与民族,是一种强势国家的外交手段与活动,目的主要是"远交近攻"(《战国策·秦策》)和"不战而屈人之兵"(《孙子兵法·谋攻》),并网罗追随者,以便号令天下。

不过,"盟会"并不是早期方国和单一民族方国崛起的主要途径。

(三) 早期方国首先崛起在中原的主要原因

历史表明,从夏开始中国就出现了一段以中原为政治中心的历史现象。然而,距今4000年左右中原为什么会迅速崛起?原因又何在呢?

实际上,文献与考古共同表明,中原作为政治中心与早期方国的崛起有内外二方面的原因。

就外因而言,主要是长江中游地区的衰落,尤其是当时区域性的水患(图5-2-9)致使一直在引领中国国家起源历史新潮的地区遭到了沉重的打击。

就内因而言,也是最根本的原因,并不是由于史前中国就已经形成了"多元一体"的结构,而是由于单一民族的崛起。

以夏为例,导致历史上最早的实体民族的诞生大约有六个方面的内在原因。

第一,自然环境优越。

中原地区最大的环境优势就是地势平坦的平原与盆地面积较大,从而导致人均农业用地面积也较大。

第二,社会矛盾相对平和。

由于自然环境优越,人均土地面积宽松,所以由此而引发的社会矛盾也相对平和。中原地区之所以史前城址出现的时间较晚、数量较少,有关遗址墓葬所显示的社会贫富与等级差别较小,有关"贵族"用品的档次也较低,最主要的原因就是社会矛盾相对平和。

一般而言,社会矛盾的相对平和更有利于各血缘组织在需要时一体化的结盟与融合。

第三,最迟从仰韶文化中期开始,整个豫西的文化面貌就比较统一,就流行庙底沟类型。这说明当地的人们早已有了相互交流的传统。

第四,仰韶文化晚期,洛阳盆地的浏涧河与沙沟流域就出现了聚落集团(图4-2-8,1);仰韶文化与龙山文化的交替时期,洛阳盆地就出现了中原地区最早的古国(图4-2-8,2)。而且迄今为止,也没有在中原地区发现任何实力超过洛阳盆地古国的聚落组织。因此,盆地内古国的出现实际就已为方国的出现准备了核心力量。

第五,位于社会矛盾冲突激烈地区的外围有利于实体民族的崛起。

虽然与周边相比,中原地区总体属于社会矛盾相对平和的地区,但是在这一地区的内部还是有些局部区域社会矛盾与冲突比较激烈。

根据古城的分布位置可知,当时中原地区社会矛盾最激烈的地区就位于现在河南淮河以北的京广线两侧(图4-3-2)。

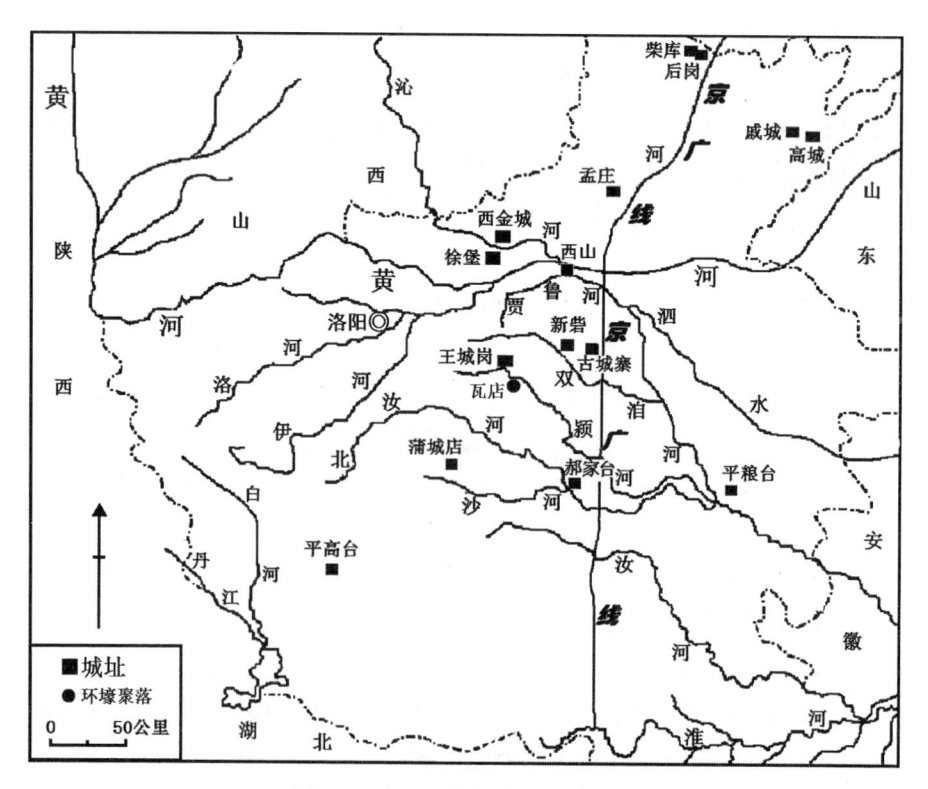

图4-3-2 河南史前城址分布图
(引自裴安平《中国史前聚落群聚形态研究》)

然而,值得注意的是,夏民族崛起的地域就位于这条古城分布带的西部,而商民族崛起的地域就位于这条古城分布带的东北部。这说明社会矛盾冲突激烈地区的外围更有利于实体民族的崛起。

第六,外族入侵的教训与启示。

距今 5 000—4 500 年期间,中原地区曾遭遇了历史上最惨痛的一幕(图 3 - 2 - 3)。

尽管当时各地都还没有形成统一的实体民族,但是黄河下游的大汶口文化却由东向西横扫了河南中部,洛阳、平顶山、驻马店、漯河、周口、许昌、郑州、商丘,无一不留下了大汶口人的身影、文化遗物和墓葬。与此同时,与大汶口人打了就跑不同,长江中游屈家岭文化的"三苗"不仅也大举挺进了中原,还强行赶走了原住民,定居在了河南南部全境。河南南阳邓州八里岗遗址所见类似石家河文化中期以前的遗存就表明,在"禹征三苗"之前,河南南部可能还有长江中游地区遗留下来的定居村落①。

由于中原实体民族崛起的时间正好发生在外族入侵之后,因此可以说外族的入侵实际也起到了一种强力的推动与催化剂作用,它使中原地区的人民意识到只有大规模的合纵连横才能将占领者赶走。

值得深思的是,为什么强悍的屈家岭人最后会从定居了几百年的河南南部全部退出?为什么豫西的龙山文化会对长江中游的石家河文化产生明显的影响②?凡此种种,实际就说明最迟于龙山文化时期豫西地区的实体民族就已在酝酿与形成之中。否则,它们就不会具有赶走屈家岭人,并进一步南下影响石家河文化的实力。

因此,中原的兴起绝不是简单的历史现象。之所以会出现地缘化的实体民族,出现以这种民族为主体的早期方国,完全是各种复杂历史因素综合作用的结果,是实力与社会一体化的结果,夏的兴起就给人们的研究带来了许多的启示。

二、早期方国的主要特点

有六个方面的主要特点。

(一) 国土面积很大

史前晚期古国所占地域都很小,一般都只是大型自然地理单元范围内

---

① 北京大学考古实习队等:《河南邓州八里岗遗址发掘简报》,《文物》1998 年第 9 期。
② 裴安平:《鄂西"季石遗存"的序列及其与邻近同期遗存的关系》,《考古类型学的理论与实践》,文物出版社,1989 年。

的一角。其中,大的,如湖北天门石家河古国,约 2 000 平方公里;小的,如湖南澧县澧阳平原鸡叫城,仅约 600 平方公里。之所以如此,皆因为古国的组织单位都是血缘聚落组织,因而占地面积都很小。

但是,早期方国,由于组织单位已经升级为民族,而民族一般都是大型的自然地理单元,或几个邻近的小型自然地理单元范围内的所有血缘组织的联合体,所以面积就很大。其中,根据图 4-3-1(3)的显示,夏民族涉及的地域范围,主要就是以洛阳盆地、垣曲盆地、运城盆地、临汾盆地这四个相邻的自然地理单元为骨干串联而成,总面积不小于 2 万平方公里,近 10 倍于石家河古国。

(二) 单一民族是国家的主体

在中国考古学的论著中,对史前的考古学文化,一般的定义是:在一定的地域和时间范围内,由一群有特色的遗迹和遗物构成的共同体。但是,对夏商周三代夏文化、商文化、周文化的定义则有所不同,如夏文化的定义就是:夏王朝时期由夏民族创造和使用的文化①。

这种变化说明进入夏以后,人类社会的组织形态发生了重要变化,一是出现了统一的实体民族,二是出现了以单一实体民族为主体的早期方国。

考古表明,史前所有古国的组织单位都是血缘组织。但是,早期方国的组织单位就完全不同了,其中统治者即国家的主体就是又跨血缘又跨地域的人类共同体即单一实体民族。虽然这一时期统治民族内部的血缘组织依然存在,但是在实力与利益面前这些组织的独立性大都消失了。因为结成了实体民族,并接受统一领导和管理可以为他们带来更多的利益与生存机会。

(三) 国体地缘化、政体血缘化

与史前的古国一样,夏商周虽然国体是地缘化的,是跨血缘跨地域的,但是整个国家的政治统治制度和社会的基层却全部还是血缘化的。

其中,除了"封建亲戚,以蕃屏周"和"启以夏政,疆以戎索"等重要举措体现了血缘化的统治以外,还有另外二个方面的考古发现也值得注意。

1. 血缘组织依然是方国的社会基础

虽然早期方国的主体组织单位是单一民族,但是在统治者及统治民族内部不仅所有的血缘组织依然存在,而且相互之间也有地位的高低不平,其中核心血缘族体就是整个民族中地位最高的血缘族体。一般而言,核心血缘族体

---

① 夏鼐:《谈谈探讨夏文化的几个问题——在〈登封告成遗址发掘现场会〉闭幕式上的讲话》,《中原文物》1978 年第 1 期。

不仅是一个独立的血缘族体,也是对国家的建立居功至伟的血缘族体。

河南安阳商代晚期的殷墟即如此,能够簇拥在商王周围并住在都城范围内的居民,实际就都是核心血缘族体的成员。虽然是一个都城,但它内部的居民却完全是同一个核心血缘族体,同一个血缘组织,同一个聚落集团①。

自20世纪20年代以来,在洹河以南东西约6公里,南北约2.6公里,总面积约15.6平方公里的范围内,连续不断的考古一共发现居住类聚落遗址已达109处之多,平均每一处可能拥有的全部居住与活动面积仅约14万平方米,活动半径211米(图4-3-3),分布密度超过了史前任何一个时期的聚落组织。

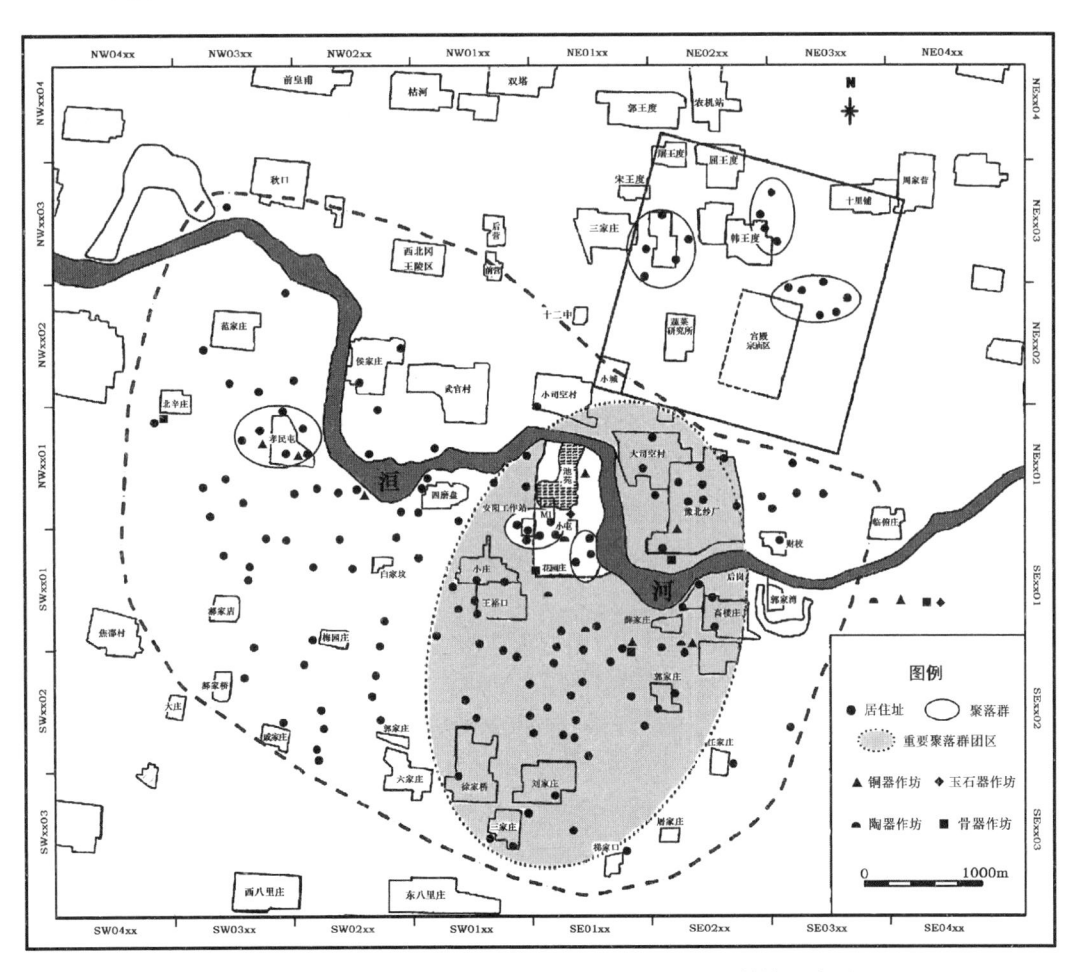

图4-3-3 殷墟的聚落遗址分布位置与政治组织结构示意图
(引自中国国家博物馆等《商邑翼翼·四方之极》;图中实线圈、虚线圈均为本书作者所加)

---

① 裴安平:《中国史前聚落群聚形态研究》,中华书局,2014年,第389—416页。

2003年春至2004年夏,中国社会科学院考古研究所与河南省文物考古研究所联合组队,为配合安阳钢铁公司改扩建工程,在孝民屯村进行了大规模考古发掘,发掘面积达6万平方米,首次整体揭露了三处半地穴式房址,时代皆为殷墟文化第二期。其中,南部的A区一共发现了半地穴房址27组近百间。由于各区之间有明显的空白地带,相距近百米,从而表明各群房址不仅是相互独立的不同聚落,而且都是同一个聚落群或部落的成员。对此,发掘专家也认为"各房址群应为一个单独的聚落,整群建筑应属于三个相互独立又有紧密联系的聚落"①。

类似的现象也见于小屯的核心区即大灰沟以内的宫殿宗庙区,20世纪80年代中期,花园庄东地,遗址发掘近200座墓葬,同时还清理了数十座小型夯土基址,规模普遍偏小,鲜有超过100平方米的②。1991年,遗址再次发掘,发现灰坑11个。其中H3,出土甲骨1583片,绝大多数为卜甲,以大版为主,清一色"非王卜辞"。经研究,卜辞中占卜主体"子",与解放前发掘的YH127坑中"子组卜辞"占卜主体"子"不是同一个人,而可能是商王沃甲之后的一支"宗子",并在殷王朝中供职③。这说明小屯村南与花园庄一带就住着一个非王一族的聚落群。

殷墟的墓葬也是能说明问题的资料与证据。在《中国考古学·夏商卷》里,专家们写道"安阳殷墟的情况表明,除王陵有独立的兆域外,一般晚商墓葬也大都在分布上形成一个个相对独立的墓区。这些墓区之间有空地隔开。同一墓区墓葬所出铜器的族徽相同,而不同墓区铜器上的族徽有别。各墓区之间的墓葬随葬品组合方式也有一定差异。根据这些特征,学者认为这些不同墓区的墓葬,应是以血缘和亲属关系为纽带的商代同一族系下不同族的'族墓地'"④。在这方面,后冈与殷墟西区的墓葬最为典型(图2-2-9,图4-3-4)。其中,后冈墓地不仅分群分组明显,各群各组地位高低明显,而且不同的组群随葬陶器也不相同。Ⅰ组,较多以鬲随葬;Ⅱ组,较多用觚、爵、罐的组合;Ⅲ组,较多以觚、爵组合⑤。

---

① 殷墟孝民屯考古队:《河南安阳孝民屯商代房址2003—2004年发掘简报》,《考古》2007年第1期。
② 岳洪彬等:《殷墟都邑布局研究中的几个问题》,《三代考古》(四),科学出版社,2011年,第264页。
③ 曹定云:《殷墟花园庄东地甲骨——殷代早期的珍贵史料》,《中国教育报》2004年3月5日。
④ 中国社会科学院考古研究所:《中国考古学·夏商卷》,中国社会科学出版社,2003年,第336页。
⑤ 刘一曼等:《论安阳后冈殷墓》,《中国商文化国际学术讨论会论文集》,中国大百科全书出版社,1998年,第182—200页。

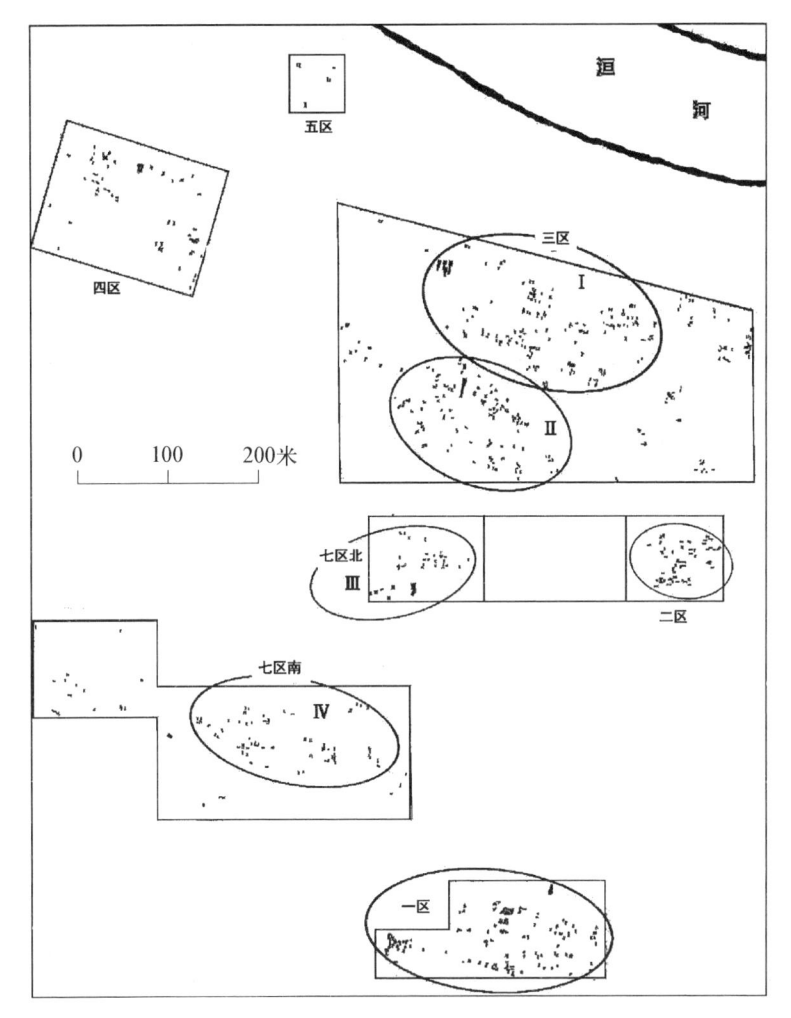

图 4-3-4 安阳殷墟西区墓葬分布图
（引自中国社会科学院考古研究所安阳工作队：《1969—1977 殷墟西区墓葬发掘报告》，图中实线圈为本书作者所加）

还值得注意的是，殷墟聚落的整体布局也明显具有聚落组织抱团相聚的向心结构。其中，商王所在核心聚落群团就位于小屯大灰沟以内的宫殿宗庙区；而有"中"字形大墓、大型"四合院"式的夯土台基与少量甲骨的重要聚落群团就环绕在大灰沟的周边（图 4-3-3，灰色区域）；只有"甲"字形墓葬的次要聚落群团则位于重要聚落群团的外围。

显然，殷墟的发掘表明，商王朝虽然已是一个地缘化的泱泱大国，但各方面的资料却证实，作为晚期的国都，其内部居民组织却依然还是一个以血缘关系为纽带的大型聚落组织和集团。

尽管有的铜器铭文和甲骨文显示，在殷墟也存在可能与商人核心族体没有血亲关系的一些遗存,但它们就像史前湖北天门石家河早期国家中的另一个群团一样,有可能都属于从属或姻亲系统,总体上并不影响殷墟以血亲为主体的基本特点。

2. 只有族人才有资格当兵

由于是血族统治,所以夏商周就不需要,也没有常备军。正因此,一直到西周,国家的兵役制度主要都是临时征集的征兵制①。其中,只有统治者的族人即"国人"才有资格当兵。

根据甲骨文的记载,商朝的这种征兵方式,当时称"登人"。甲骨文中常有"登人三千"、"登人五百"、"登人五千"(《殷虚书契后编》上.31.5:"王登人五千征土方")的记载,最多的一次征集了一万多人。

值得注意的是,考古的发现不仅证明了"登人"的存在,也同时证明了当时当兵也是族人的一种特权。在殷墟的各个族墓地里,大约有15%的人随葬了各种兵器。1969—1977年殷墟西区发掘,在939座墓中发现随葬有戈、刀、镞等铜(铅)兵器的墓160座,占总数的17%。1984—1988年大司空村北地墓葬发掘,在78座殷代墓葬中有11座随葬了戈、矛、镞、刀等兵器,占总数的14%。

显然,殷墟居民的组织方式与商周流行的征兵制等都证明了当时的国体虽然是地缘化了,但政体与社会基层组织却依然还是血缘化的。

(四)国家主体、民族、考古学文化"三位一体"

所谓国家主体一方面就是国家的主要地域范围,另一方面就是国家的主要组织群体与单位。

由于国家的组织单位和统治力量都以地缘化的实体民族为单位,所以早期方国就具有了明显的国家主体、民族、考古学文化"三位一体"的现象。以夏为例,即夏国的主体范围就与夏民族的主要分布与居住区域、夏人所创造的夏文化即二里头文化的分布区基本重合。

这是一种全新的历史现象。史前,在同一文化的分布范围区内往往都有好几个古国。如长江中游地区,至少就明确可见湖北天门石家河、湖南澧县鸡叫城等二个石家河文化时期的古国。但是,单一民族国家由于组织单位变化了,即由血缘组织变为民族,因此国家的主体范围也扩大了,并出现了国家、民族、考古学文化主体范围基本重合的"三位一体"现象。

值得注意的是,这种"三位一体"现象的出现对于史前文明与国家起源的研究也有很明显的启示意义。

---

① 王玉哲:《中国上古史纲》,上海人民出版社,1959年。

以前,学术界就有专家以为"中华文明的形成是在一个相当辽阔的空间内的若干考古学文化共同演进的结果"①。

然而,夏时期国家、民族、考古学文化"三位一体"现象的出现表明,史前的考古学文化都是死的物态的共同体,既不代表血缘组织、民族,也不代表国家。要等到夏及以后考古学文化才开始与民族、国家发生直接的联系,才开始变成民族、国家等历史活体的代名词。因此,早早地就将考古学文化视为一种历史活体,并让它们去从事"中华文明的形成"的活动完全与历史不符。

(五) 不同以往的建国目的

考古表明,史前古国出现的主要目的是为了生存、为了食物、为了不劳而获,所以古国的地缘范围都很小,面积一般约2 000平方公里。

但是,早期方国出现的目的则不像以前那样单纯。除了为更多的人,追求更多的土地与食物以外,对高质量的生活、贵族政治的需要、统治版图的扩大也都成为了新时代的新追求。

湖北武汉黄陂盘龙城就是商代早中期这方面的突出代表。

盘龙城,规模仅次于同时期的郑州商城,建于滨水的高地上,可分内城与外城二个部分。其中,内城南北长290米,东西宽260米,周长1 100米,面积约75 400平方米,东北角还发现了大型宫殿基址。外城,面积250万平方米②(图2-2-5)。2013年,杨家湾M17贵族墓还出土了当时商文化最早的绿松石镶金片饰件;2015年在小嘴遗址还发现了青铜器生产的作坊③。

根据已有的发现,这里不仅是一处商代早中期扩大统治版图、压迫剥削江南"三苗"地区的军事中心和政治中心,更是商王朝早期青铜资源的必经之路。江西瑞昌铜岭商代早期铜矿及商文化陶器(图2-2-22)的发现就表明,那里曾是一处由商王朝直接控制的商代早期最重要的铜矿④。由于商代的政治等级制度主要是用铜器来表达的,所以江西铜岭铜矿的资源对于整个商代的贵族政治就具有了极重要的地位。正因此,位于长江汉水转

---

① 王巍、赵辉:《中华文明探源工程的主要收获》,《光明日报》2010年2月23日,第12版。
② 湖北省文物考古研究所:《盘龙城一九六三年——一九九四年考古发掘报告》,文物出版社,2001年;刘森淼:《盘龙城外缘带状夯土遗迹的初步认识》,《武汉城市之根——商代盘龙城与武汉城市发展研讨会论文集》,武汉出版社,2002年,第190—198页。
③ 湖北省文物考古研究所:《三苗与南土——湖北省文物考古研究所"十二五"期间重要考古收获》,江汉考古编辑部,2016年,第46—53页。
④ 江西省文物考古研究所等:《铜岭古铜矿遗址发现与研究》,江西科学技术出版社,1997年。

运关键点的盘龙城就具有了当时仅次于中央王朝的地位,并充分显示了早期方国的时代追求。

山东西部、北部大量商文化居住类遗址与制盐遗址也同样是商代晚期新追求的突出代表(图2-2-18)。

其中,济南大辛庄的发现①就表明,从商代早期晚段开始,商人即拉开了东征的序幕,还在那里建立了据点。商代晚期,不仅投入越来越大,占领的土地越来越广,而且还同步出现了大量殖民的现象。为什么早期统治"三苗"没有大量殖民,而晚期征伐东夷则采取了与以前完全不同的模式。究其原因,一方面可能因为东夷实力强大,另一方面表明海盐也是商人东征的主要目的之一。因为,盐当时也是高质量生活的必需品。为此,鲁北不仅是商代晚期的主攻方向,而且商人在那里还留下了与商王同级的有4个墓道的益都苏埠屯大墓②,充分显示了整个王朝对东征的重视。

(六) 国家机器不完备

中国的考古与文献记载共同证明,与古国一样,夏商周时期国家都没有完善而复杂的国家机器,特别是类似法庭、监狱、警察等政府组织与机构都完全不见。

究其原因,关键就在于国家机器的有无及其复杂程度,并不是国家出现的必备条件和标志,而是国家根据不同时代不同需要而设置的机构和部门。就像现代中国2008年才正式设置"环境保护部"一样,它就反映和标志了一种时代的需求。

实际上,在国家政体还是血缘化,在国家社会基层组织还是血缘组织的前提下,各级血缘组织按自己的"乡规民约"就已经承担了社会秩序相当部分的管理工作。正因此,在国家政体地缘化之前,在国家基层血缘组织被彻底瓦解之前,在社会都是由独立的个人组成之前,社会根本就不需要复杂的国家机器。

三代之所以"国之大事,在祀与戎"(《左传·成公十三年》),就因为当时的统治是一件非常简单的事,最大的事就是"顺"与"不顺",如遇"天下有不顺者,黄帝从而征之"(《史记·五帝本纪》)即可。但是,地缘社会出现以后,社会复杂化程度远远超过了血缘社会,各种社会的矛盾又多又细。于是,一方面为了更好地维护国家的统治,另一方面又为了更好地规范和调解独立个人之间层出不穷的经济与民事纠纷,所以国家就需要法庭、监狱、警

---

① 陈雪香:《山东地区商文化聚落形态演变初探》,《华夏考古》2007年第1期。
② 山东省博物馆:《山东益都苏埠屯第一号奴隶殉葬墓》,《文物》1972年第8期。

察等政府组织与机构。

因此,早期方国都没有后期国家那样完善而复杂的国家机器,而且复杂的国家机器也不是衡量国家出现与否的关键性标志。

三、早期方国崛起的意义

主要有以下三个方面。

(一) 标志民族已正式登上历史舞台

历史表明,自有人类以来,最早的社会组织都是血缘组织,都以血缘为纽带,所有的社会矛盾与冲突也都是基于这个平台而展开。

旧石器时代,遍地都是独立自主的小型血缘组织。这种组织之所以能够存在,并延续了几百万年,最关键的原因就在于组织规模很小,完全依靠自然食物资源就可以存活。因此,人类社会组织之间的矛盾,不仅数量少而且规模也小。

从新石器时代中晚期之交开始,由于聚落与人口数量的大幅增长,自然经济、广谱经济再也不可能成为人类食物的主要来源了。于是,生产性的农业成为了人类食物的主要来源。但是,为了农业,为了土地与水源,为了食物与生存,不仅引发了社会组织之间的矛盾,而且随着时间的推移规模越来越大,也越来越具有你死我活的特点。

不过,直到距今约 4 000 年以前,人类社会的所有矛盾还都是依托那些小型的传统的聚落组织而展开的,所有社会矛盾的性质也都属于小型血缘组织之间的矛盾与冲突。

随着早期国家与古国的出现,社会矛盾的规模与性质升级了,并开始具有了跨血缘跨地域的特点。

夏商周时期,随着早期方国的出现,不仅激活了人类长期以来在一定的自然条件和近距离文化交流基础上催生的自然民族,使之不仅从相互独立分散、不同血缘的非组织体开始转变为一种地缘化的利益共同体和实体,而且还历史性地取代了以往的血缘组织第一次成为了人类社会最主要的组织形式。与此同时,还催生了单一的民族国家,从而极大地扩大了国家的地域范围,也将人类的发展置于更大更广的社会平台之上。

但是,随着单一民族国家的出现,人类社会矛盾的性质与规模也开始发生了根本性的变化。一方面,地缘社会最主要的这三种社会矛盾,即国家与国家、国家与民族、民族与民族之间的矛盾都已同时登上历史舞台;另一方面,以往小型血缘组织之间的矛盾开始演变成大规模的国家与国家、国家与民族、民族与民族之间的矛盾。

这应该也是一种历史的进步,是社会一体化不同阶段、不同背景、不同矛盾属性特点变化的反映。事实上,历史越进步,人类社会的矛盾级别就越高,涉及的范围也越广越大。

(二) 早期方国的崛起是社会文明化一体化的结果与再延续

早期方国的出现不仅完全是人类社会一体化过程的结果与再延续,而且还是人类社会文明化的结果与再延续。

已有的考古发现表明,社会的一体化就是文明起源与社会文明化的核心内涵,文明就是社会一体化的原动力。为了应对生存危机,应对生存危机导致的社会危机,文明起源了,文明不仅带来了早期个体劳动个体经济的农业生产模式,彻底改变了人类食物的来源结构,解决了人类的生存资源问题,而且还促使聚落血缘组织团结起来,变分散为集中,从而为化解社会危机又提供了新的解决方案,并导致整个社会最终走上了一体化的道路。

就这样,在农业不断发展、剩余产品日渐增多的基础上,社会的一体化规模越来越大。首先一体化的是血缘社会和血缘组织,其中一体化的聚落群、聚落群团、聚落集团就是这一过程不同阶段的代表。距今 4 500 年以后,以早期国家与古国的出现为标志,社会的一体化进入了由血缘到地缘社会的过渡阶段。夏商周时期,随着早期方国的出现,社会的一体化又进入了一个全新的历史阶段,一方面民族已经取代血缘组织成为了人类社会的主要组织形式,另一方面实体民族也已经开始成为了国家的主要组织力量与基础。

值得注意的是,随着中原实体化民族的崛起与启发,中原周边地区也大致同时开始进入了民族实体化的历史新阶段。根据文献与考古发掘,商代就有许多地方出现了实体民族,或正在形成中的单一民族与国家,如人方、土方、鬼方、虎方、巴、蜀等。其中,江西鄱阳湖西南岸的牛城、吴城及新干大洋洲祭祀坑的发现就证明"虎方"已形成了单一民族国家;而四川盆地广汉三星堆古城与祭祀坑的发现也证明当地的"蜀"已经是单一民族国家。

正因此,早期方国的出现就是文明起源推动社会文明化一体化进程再延续的结果与新发展。

(三) 早期方国的崛起开始了以中原为中心的历史新时代

中国历史的发展既是多元的又是不平衡的。近万年以来,不同的地区就分别引领了不同时期的历史发展高潮。

第一段,史前晚期距今 6 000—4 200 年,历时约 1 800 年,长江中下游地区引领了这一段古城与古国崛起发展的历史新潮。

第二段,史前晚期距今约 4 200 年—宋,历时约 1 500 年,以黄河中游的中原之地为核心,那里就一直是方国和帝国发展的政治中心。

第三段,公元 1271—1911 年,元明清三代,历时 640 年,北方草原民族开始在中国历史的发展中崭露头角,整个中国的政治中心也随之北移。

第四段,公元 1911 年开始至今,整个中国的东部地区开始成为了中国政治与经济发展的重点地区。

显然,在中国近万年的发展史中并不存在始终以中原地区为中心的历史过程,也不存在以中原为中心的一成不变的"多元一体"结构和过程。

不过,从夏商周开始,中原地区也确实成为过一段时间中国历史发展的中心。

根据已有的考古发现,中原地区和中国早期方国崛起的主要原因既不是它居中的地理位置,也不是因为只有那里有先进的文化,而是由于出现了中国历史上第一个乃至第一批实体民族及其民族国家,以致中原地区在以后的历史中就成为了国家与国家、民族与民族矛盾的焦点和争夺的重点区域。

值得注意的是,我国学术界也有一些专家并不认为夏商周是民族国家,而认为夏商周是"部族"国家[①];而所谓"部族"则是民族共同体发展中的一种时代类型,是氏族和部落之后现代民族以前的一种地缘化的人类共同体。

然而,这一概念并不适合中国,并有三个方面的不足。

第一,具有明显概念与内涵特征的不确定性。因为所有的民族都有一定的发展历史,很难确定哪一段具有哪些特征就是"部族",哪一段就不是"部族"而是"民族"。我国当今之所以对现存的几十个民族,不论规模大小,不论出现的时间早晚,也不论其发展状态,全都不使用"部族"一词来称呼其中的一些族体,其原因就在于"部族"的概念是含混的。

第二,没有中国的文献根据。因为在中国的历史文献中从来没有过将"部族"当作民族形成之前的过渡形态的提法和概念。正如成吉思汗统一蒙古族,努尔哈赤统一女真族一样,文献中就没有人称他们是统一了"蒙古部族"和"女真部族"。这说明"部族"并不是一种具有中国本土历史意义的概念。

第三,没有中国的考古学根据。因为史前最早的地缘化组织只有早期

---

① 叶文宪:《论商王朝是我国早期的一个部族国家》,《殷都学刊》2001 年第 1 期。

国家和古国，根本就没有部族，更没有发现那种内部还有剥削与压迫、有奴隶的部族。

第二节　晚期方国的崛起、特点与意义

由于西周分封的诸侯国陆续都变成了地方独立的方国，又由于这些独立方国生存与争霸的需要，所以春秋战国时期就催生了国体政体都地缘化的晚期方国。

一、晚期方国的主要特点

主要有五个方面。

(一) 西周的诸侯国变成了晚期方国

如果说夏商周是在史前小型的古国基础上形成大型方国的时代，那么春秋战国就是大型方国内部的小型诸侯国变为独立的小型地方方国的时代。

为了单一民族国家的长治久安，又为了维持单一民族内部核心血缘族体对国家对其他民族的统治，周人在吸取前人经验的基础上，不得不大规模系统地将"封建亲戚，以蕃屏周"(《左传·僖公二十四年》)的政治制度推向了历史新高。然而，时间一长，原来"封建"的"亲戚"，全都变成了"封建"割据的诸侯，都成了各行其道的地方方国。

齐国就是西周分封的最主要的诸侯国，首封之君乃姜太公，国都临淄(今山东省临淄区)。春秋初期，齐国不断兼并周边小国，国力强盛。齐桓公上台以后，又重用管仲为相，进行改革，遂成春秋第一强国与不听周王室指挥的真正一地方国。

(二) 早期单一民族方国开始变成多民族融合晚期方国

方国之所以会从早期单一民族国家转变为晚期多民族国家，最主要的原因就是"分封制"引起诸侯割据与争霸，而割据与争霸仅依靠原授封时所授统治民族核心血缘族体的力量又难以实现，所以就必须利用当地原始民族和其他民族的力量。于是，就催生了多民族的国家。在这种国家里面，原统治民族与其他各民族之间的关系都由统治与被统治逐渐转变为基本平等。

1977—1978年，山东曲阜西周鲁国故城勘探与发掘，不仅在望父台、药圃、县城西北角、斗鸡台等四个墓地发现了从西周初年至春秋战国时期的墓

葬(图4-3-5),而且还发现"这些墓葬又可分为属于当地原居民的甲组墓和属于周人的乙组"①。其中,斗鸡台墓地,位于城内西部,北距药圃墓地约1公里,共发现28座小型墓。由于这些墓的随葬器物多数都与当地的夷文化有关或相似,所以张学海先生也认为:这批墓的族属很可能就是当地的东夷土著②。

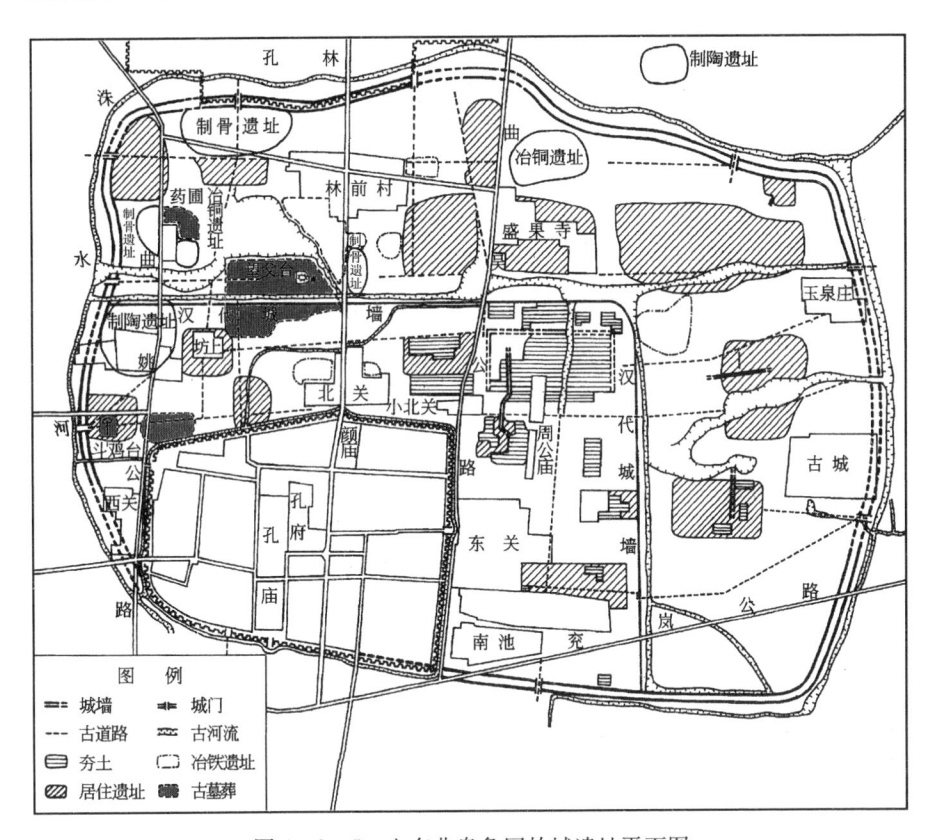

图4-3-5 山东曲阜鲁国故城遗址平面图

(引自中国社科院考古研究所《中国考古学·两周卷》;图中墓区涂为深灰色系本书作者所为)

值得注意的是,从距今6 000年开始,中国的城址就有一个鲜明的特点与传统,那就是所有城里的人都是所在血缘聚落组织的核心成员。湖南澧县城头山,城里就是聚落群的核心及核心聚落;湖北天门石家河,城里就是聚落群团的核心聚落群及全体成员;浙江余杭瓶窑古城,城里就是聚落集团

---

① 中国社会科学院考古研究所:《中国考古学·两周卷》,中国社会科学出版社,2004年,第255页。
② 张学海:《试论鲁城两周墓葬的类型、族属及其反映的问题》,《中国考古学会第四次年会论文集》,文物出版社,1985年,第81—97页。

的核心聚落群团的全体成员;河南安阳殷墟,整个遗址就是核心聚落集团的全体成员。

正因此,鲁国故城内异族墓地的发现就表明历史开始出现了变化,并从西周早期开始在诸侯国统治者的核心之地——都城里已出现了其他民族的身影,多民族共存共荣的现象正在酝酿和形成之中。

春秋时期,以往那种只有统治民族"国人"才能当兵的制度已开始退出历史舞台[1],各国还强迫当地的农民服役,从而表明多民族的共存已经开始成为国家的基本制度。

战国时期,随着都城"里坊制"的兴起,多民族共存的现象进一步深化,楚国湖北荆州江陵郢都城内"下里巴人"的存在,就说明当时多民族共存与融合的现象已成为了一种普遍的生活方式。

(三)出现了阶级,阶级矛盾开始成为国内社会的主要矛盾

在中国,史前社会就没有形成以个人为单位的阶级。最主要的原因,一方面血缘组织就是当时社会的主要组织,虽然史前晚期血缘组织内部成员之间出现了明显的等级与贫富分化,但无论地位高低财富多寡,他们都是同一个利益组织,同一个生死与共的共同体的成员;另一方面,生产资料集体所有,集体还向每一个组织成员提供最低生活保障,每一个组织成员既无产可破,又衣食无忧。

夏商时期,社会出现了早期方国,国家统治与权力的覆盖范围也已经突破了血缘组织与民族的局限,已经地缘化了。但是,当时的社会无论统治者还是被统治者都是血缘组织,统治与政治制度也依然还是血缘化的,是一个民族统治其他民族及其血缘族体。因此,当时也没有以个人为单位构成的阶级。

西周时期,虽然"乡里"制与"井田制"从社会的基层开始拆除了人与人之间的血缘藩篱,但是土地只有耕作权而没有完全使用权以及只有劳役地租等政策,又从根本上制约了社会与经济都独立的个人的出现,从而也从根本上制约了个人阶级的出现。

春秋以后,随着多民族国家与国家政体的地缘化、生产资料使用权的个人所有、商品经济的兴起与发展、法治的出现;社会也顺势出现了新兴的不属于不代表任何民族与血缘族体的官僚、地主、富商、奴隶、个体农民。与此同时,社会也开始出现了以这些个人为单位构成的阶级。

又由于当时各主要诸侯方国基本上都是多民族的国家,所以在同一个

---

[1] 谢伟峰:《从血缘到地缘:春秋战国制度大变革研究》,陕西师范大学博士论文,2013年。

国家的内部,民族矛盾下降了,阶级矛盾上升了,并成为了人与人之间最主要的社会矛盾。

应该说,以个人为单位的阶级的出现和存在实际也是社会文明化、地缘化的产物与标志。

(四)"称霸"已成晚期方国的主要目的

由于春秋战国时期的晚期方国都是西周时期的地方分封诸侯国,无论地域、人口、资源、权力都比较小比较弱;又由于西周王室衰败,诸侯并起,遂导致少数实力较强劲的诸侯国萌发了取代王室号令天下的愿望与企图,从而又导致了诸侯相互"称霸"的历史新局面。

"称霸"实际就是"争霸",表面上是春秋战国时期各诸侯国比拼实力争当首领的一种现象,但实际上其根本的目的与实质还是为了争夺土地、人口、资源,以及对其他诸侯国的支配地位与权力。因此,"争霸"就成了晚期方国最主要的历史活动。

根据史料记载,当时的"称霸"或"争霸"具有三个重要的特点。

第一,"争霸"的主要形式就是战争。

第二,战争的属性发生了重大变化。

与夏商周相比,春秋战国时期的历史背景发生了重大变化。之前,统治民族的力量强悍突出,所以主要的战争都发生在统治民族与被统治民族之间。但是,春秋战国时期,表面独立平等的各诸侯国都变成了一地之方国,所以当时的"争霸"战争,更多的就不再是民族与民族之间的战争,而是没有民族之分的国与国之间的战争。

第三,区别对待不同实力的国家。

对弱小的方国,一般就直接武力征服。"齐桓公并国三十五"(《荀子·仲尼》载)、"晋献公并国十七"(《韩非子·难二》载)、"秦穆公益国十二,开地千里"(《史记·秦本纪》载),即是这方面的代表。

对因各种原因暂时还灭不了的中等和大型方国,就采取以武力为后盾,表面结盟的办法来号令天下并获取实利。公元前651年齐桓公召集有关诸侯"葵丘之会"(《史记·齐太公世家》),就宣告了春秋第一位这类霸主的诞生。

(五)国家政治制度发生了重大变化

随着社会文明化的进步,春秋战国时期国家的政治制度也发生了重大变化,而且不断地缘化。

第一,变"分封制"为"郡县制"。

第二,变贵族"世袭制"为官僚"任命制"。

第三,兵员范围由"国人"扩大到"野人"。

春秋初期,周襄王七年,即公元前 645 年,晋国"作爰田"的同时"作州兵",从而打破了国、野的界限,开创了"野人"也可以当兵的先例。此后,鲁、郑、楚等国相继在改革田制的基础上,"作州兵"、"作丘甲"、"作丘赋"、"量入修赋"(《左传》僖公十五年、成公元年、昭公四年、襄公二十五年),也将征兵、征赋范围扩大到野鄙之地,丘役之制逐渐普及于各国。其中,"野"中居民也必须按田出兵、纳赋。

春秋末期,鲁国始"用田赋",晋国也实行"田赋"制,按田亩数量征兵、征赋,其对象已主要涉及广大当地的"野人"农民,"国人"从军的制度逐渐向郡县征兵制演变。

显然,为了方国的独立与安全,也为了在各国之间争霸,从春秋开始不仅有关诸侯国都变成了多民族的国家,而且统治民族与被统治民族的界线与地位差别也越来越模糊。

第四,法制初上历史舞台。

随着血缘社会的瓦解,多民族的融合,经济制度的改革,所有的个人都成为了社会独立的个人,以往血缘组织各自用"乡规民约"独自进行社会秩序管理的基础已经不再。因此,为了维护国家的统治与利益,维护社会的正常秩序,统治者开始利用法律和法制来管理社会。

据文献记载,春秋时期中国才真正出现了每一个人都要遵守的成文法。公元前 536 年,郑国子产"铸刑书于鼎"(《左传·昭公六年》);公元前 513 年,晋国赵鞅、荀寅"铸刑鼎"(《左传·昭公六年》、《左传·昭公二十九年》);公元前 501 年,郑国大夫邓析将郑国内外的法律规范编成刑书,并刻在竹简上谓之"竹刑"(《左传·定公九年》),就都是这方面的代表。

这些成文法的意义就在于,一方面抛弃了原来基于血缘和血缘统治的礼法制度,也抛弃了竭力维护统治民族利益的思想;而另一方面则凸显了无论任何人任何民族都一视同仁的地缘化管理思想。

二、晚期方国崛起的意义

春秋战国是一个伟大的时代,而在此期间崛起的晚期方国也充分显示了四个方面的重要意义。

(一)标志国家的国体政体都已全部地缘化

人类社会的文明化一体化是人类社会发展不可以逆转的必然趋势,不以人的意志为转移。但世界各地一体化的过程不尽相同,中国就充满了本土特色,并经历了三大阶段(图 3-3-3)。

第一阶段,新石器时代晚期,是血缘社会组织的一体化规模越来越大的阶段。

第二阶段,新石器时代末期至夏商周时期,是国体地缘化、政体血缘化的阶段。

第三阶段,春秋战国时期,就是国体政体都地缘化的阶段。

值得注意的是,西周一方面"封建亲戚",一方面又启动了社会基层组织的地缘化,"乡里制"与"井田制"的实施就是这方面的代表。

春秋战国时期,在西周社会基层组织地缘化的基础上,国家的上层统治与政治制度又发生了一系列重大变化,诸侯国变成了方国,单一民族的国家变成了多民族的国家,"分封制"变成了"郡县制"、官僚世袭制变成了任命制、"登人"制变成了征兵制。

毫无疑问,这些变革的根本意义就在于标志国家的国体与政体全部都地缘一体化了,也标志人类从血缘社会到地缘社会的过渡已基本完成。

(二) 标志人类社会的融合进入了一个全新阶段

人类社会的融合与人的解放一样,实际都是社会文明化一体化最本质的特征。

从表面上看,多民族国家的诞生只是国家组织方式的一种变化,但本质却是人类社会文明化和人的解放的巨大进步。

考古表明,人类社会的一体化不仅仅只是从血缘社会过渡到地缘社会,也不仅仅只是由此而不断改变社会的组织方式,即从一体化的聚落群到聚落群团、聚落集团,从早期国家到古国、方国。更重要的是,随着这些变化的发生,原本矗立在人们之间的血缘、民族藩篱都被拆除了,越来越多的人,无论血缘、民族都融合在一起了,并成为了相互独立的人,从而也为人的解放与独立、平等、自由奠定了必要的社会基础。

一般而言,人类社会的融合在一体化的基础上也经历了三大阶段。

第一段,从距今 7 500 年的新石器时代中晚之交开始一直到距今约 4 000 年的新石器时代末期。以不同时代一体化的聚落群、聚落群团、聚落集团为代表,说明血缘社会的融合走完了自己的全过程。

第二段,夏商周时期。早期方国的出现意味着人类社会的融合已扩大到一个更高的层次,进入了地缘化的单一民族共同体。

第三段,春秋战国时期。随着第一代多民族国家的出现,不仅标志人类社会的融合又进入了一个新阶段,而且还说明人类社会的融合再次深入到了多民族之间。

正因此,春秋战国不仅是第一代多民族国家出现的开端,更揭开了人类社会多民族融合的历史序幕。

（三）开启了阶级社会的历史新时代

就人类社会的组织结构与组织形态而言，其历史发展经历了三大阶段。

第一段，史前所有历史时期，所有的人类组织都以血缘为纽带为基础。即使地缘化的古国，内部也都是血缘组织，唯一的不同就是在不同的血缘组织之间建立了永久性的统治与被统治关系。因此，史前所有的人都是血缘组织的人，没有形成阶级。

第二段，夏商周时期，民族已经成了地缘社会的组织纽带与基础。虽然以往的血缘组织还在，但是在利益面前它们都融为一体了。于是，每一个人都多了一重身份，既是血缘组织的人，又是某一民族的人。

第三段，春秋战国时期。与以往相比，如果说以前的社会组织更多的是以自然的血缘和自然的地缘为基础为纽带，那么当时阶级与阶级社会的出现就意味着，人类的社会组织基础与纽带都发生了重大变化，完全变成了以社会因素为主了。从此，人与人之间不再以血缘和民族为贵，而完全以政治地位和财富为贵。

就人类社会的发展而言，阶级与阶级社会的出现完全是一种历史的巨大进步。一方面，拆除了矗立在人们之间的原始的血缘、民族隔阂，不同血缘与民族的所有人都走到一起来了，融合在一起了；另一方面，它赋予了人们比以前任何时候都更多的独立与自由，将人类社会带到了一个全新的历史时代。

当然，阶级社会也给人类同步带来了新的社会问题，国家也开始成为阶级压迫的工具，成为了统治阶级压迫广大平民百姓的工具。

不过，历史的辩证法就是如此，任何历史的进步都会伴随着新的历史问题。因此，无论进步还是问题都是人类社会发展新时代新阶段的结果与标志。

（四）开创了社会文明化的新纪元

先秦以前，中国社会的文明化曾出现过二次高潮。

第一次高潮就发生在距今 6 500—5 000 年期间，以往自然的广谱经济变成了生产性农业经济，集体劳动变成了个体劳动，集体消费变成了个体经济，对偶婚变成了一夫一妻制，母系社会变成了父系社会，独立平等的纯血缘组织变成了以实力和利益为基础的血缘组织。这些变化不仅深刻地改变了人类社会的面貌，还使人的解放由此起步。

第二次高潮就发生在春秋战国时期。

其中，多民族与阶级国家的出现，变"分封制"为"郡县制"，变贵族的

"世袭制"为官僚的"任命制",变土地国有为土地使用权私有,商品经济出现了高潮,出现了城市,出现了晚期形态的小农经济,出现了私学,出现了富国强兵的思想等一系列变化,无一不再次深刻地改变了人类社会的面貌,无论是社会的组织形式、生产方式、生活方式、人的解放都发生了翻天覆地的变化。

显然,晚期方国的出现给社会文明化带来的变革无论深度与广度都创造了一个历史的新纪元。

第三节　帝国的崛起、特点与意义

公元前221年,经过激烈的争霸战争之后,秦终于在春秋战国变革的基础上,由弱变强,统一了关东六国,从而标志着中国历史上第一个帝国诞生了。

一般而言,帝国主要有三大特点。

第一,国土辽阔。秦国的国土面积至少是战国七雄之和。

第二,国体政体完全地缘化。

第三,大一统的中央集权制。

由于这个帝国是建立在战国七雄等晚期方国各行其道的基础之上的,所以秦始皇上台以后就实行了一系列的范围更广层次更高的一体化的统一政策,如"车同轨,书同文"(《礼记·中庸》),统一货币,统一度量衡,开灵渠,筑长城等。但是,由于大一统的中央集权制的负面影响和作用,秦国很快就倒了。

不过,这并不影响人们对帝国出现的历史意义的客观认识与评价。

中国的考古与文献记载都证明,中国的国家起源之路经历了古城、古国、方国、帝国四大阶段,也同步证明了国家起源的本质就是社会的文明化和一体化。

古城实际就引领了血缘社会最初一体化的新潮,并为此后国家的出现奠定了必要的组织基础。

古国虽然是历史上第一个既跨血缘又跨地域,还在不同血缘聚落组织之间建立了统治与被统治关系的国家,但它的本质却还是一种聚落组织,是一种基于血缘组织的"血缘国家"。

早期方国的出现,虽然意味着在古国基础上出现了单一民族的国家,出现了国家版图更大、国体完全是地缘一体化的国家。但是,以血族统治为核心的政治制度说明政体依然还是血缘化的。

晚期方国的出现,促使国家走上了多民族的融合之路,并推动国家政治制度发生了一系列的重大变化,为政体的最后地缘化奠定了历史性的基础。

于是,在前期发展的基础上,帝国出现了。一方面,在统一了关东六国之后,帝国的规模与地域范围空前广大;另一方面,在统一六国之后所进行的一系列改革,又扩大和深化了地缘一体化的内涵。

就人类社会组织结构与一体化的变化而言,大一统帝国的出现主要有四个方面的意义。

第一,是社会的一体化,从血缘到地缘,从国体到政体,最后全方位不断深入完成的标志。

第二,是社会一体化的规模与空间范围不断扩大,从氏族、部落、古国、方国,最终到地域辽阔的帝国的标志。

第三,是社会一体化的组织与共同体不断扩大,从氏族到单一民族,再到晚期方国多民族,最后到大帝国范围内更多民族融合的标志。

第四,是中国随后延续了二千余年的、以大一统中央集权制帝国为主体的历史新时代开始的标志。

本 章 小 结

所谓"方国",就是继古国之后出现的一种规模更大地域更广并以民族为组织单位的国家。其中,夏商周就属于国家主体是单一民族的早期方国,春秋战国就属于国家主体是多民族的晚期方国,而秦则是在方国基础上规模更大地域更广的中央集权制帝国。

本章主要围绕早期方国、晚期方国,以及帝国崛起的特点与意义进行了简要讨论。

一、早期方国的崛起、特点与意义

(一) 早期方国的崛起

第一,早期方国崛起的主要原因。

随着一些实力强劲古国的崛起,原本不同地区独立的血缘族体与社会组织,或因为暴力被征服,或为了生存和利益自愿从属结盟。于是,原来分散独立的聚落组织就被整合成一种新型的规模更大的利益共同体,自然状态的民族就升级成为了一种地缘化的社会共同体,成为了具有明显统一领导与管理特点的实体民族,而由单一实体民族为主体构建的国家就是早期方国。

第二,早期方国崛起的主要途径。

文献与考古表明,早期方国崛起的主要途径就是暴力与战争,而盟会的意义则在于借此号令天下并网罗追随者。

第三,早期方国首先崛起在中原的主要原因。

早期方国之所以会首先崛起在中原,关键就在于那里是实体民族形成与崛起的最早地区。

考古发现,豫西之所以会出现历史上第一个实体民族,主要有六个方面的原因。

1. 自然环境优越。
2. 社会矛盾相对平和。
3. 最迟从仰韶文化中期开始,当地居民之间就开始了相互交流的传统。
4. 洛阳盆地古国的建立为当地早期方国的出现准备了核心力量。
5. 地处社会矛盾冲突激烈地区的外围有利于实体民族的崛起。
6. 先期外敌入侵的教训与启示。

(二) 早期方国的主要特点

主要有六个。

第一,国土面积很大。

第二,单一民族是国家的主体。

与古国相比,早期方国最大的不同就在于组织单位与统治单位都已由以前的血缘组织变成了地缘化的人类共同体,即单一民族。

第三,国体地缘化、政体血缘化。

早期方国虽然国体是地缘化的,但是整个国家和社会的基层与政治统治制度却全部还是血缘化的。其中,殷墟以血缘为纽带的组织结构,以及只有与统治者同血缘的族人才有资格当兵的制度,就都是这方面的证明。

第四,国家主体、民族、考古学文化"三位一体"。

由于当时国家的组织单位和统治力量都以地缘化的实体民族为单位,所以早期方国就具有了明显的国家主体、民族、考古学文化"三位一体"的现象。

第五,不同以往的建国目的。

与早期古国单纯追求食物与不劳而获的目的不同,方国出现的目的则不像以前那样单纯,而且高质量的生活、贵族政治的需要、统治版图的扩大也都成为了新时代的新追求。湖北黄陂盘龙城与山东北部渤海湾盐业遗址的发现就是这方面的代表与实例。

第六,国家机器不完备。

当时的国家机器并不完备,明显缺少法庭、监狱、警察之类的设置。究其原因,关键就在于社会尚未地缘化之前,当时基层的血缘组织按自己的"乡规民约"实际就承担了社会秩序相当部分的管理工作。正因此,在国体政体都地缘化与基层血缘组织被彻底瓦解之前,社会就不需要复杂的国家机器。

(三)早期方国崛起的意义

主要有三个方面。

第一,标志民族已正式登上历史舞台。

随着早期方国的崛起,不仅将人类长期以来在一定的自然条件和近距离文化交流基础上催生的自然民族体激活了,而且还标志着民族已取代血缘组织成为了人类社会最主要的组织形式,并使实体民族与单一民族国家联系在一起了,从而极大地扩大了国家的地域范围,也将人类的发展置于更大更广的社会平台之上。

第二,早期方国的崛起是社会文明化一体化的结果与再延续。

社会的一体化就是文明起源与社会文明化的主要内涵。夏商周早期方国的出现,就是源自史前社会文明化不断发展的结果,就是社会组织一体化规模越来越大的结果。

第三,早期方国的崛起开始了以中原为中心的历史新时代。

中原地区和中国早期方国崛起的主要原因并不是它居中的地理位置,也不是因为只有那里有先进文化,而是由于出现了中国历史上第一个乃至第一批实体民族及其民族国家,以致中原地区在以后的历史中成为了国家与国家争夺的重点地区。

二、晚期方国的崛起、特点与意义

(一)晚期方国的主要特点

主要有五个。

第一,西周的诸侯国变成了晚期方国。

第二,早期单一民族方国开始变成多民族融合晚期方国。

为了独立、割据、争霸,各早期诸侯方国就必须利用当地原始民族的力量,于是就催生了多民族的晚期方国。在这种国家里面,原来各民族之间的统治与被统治关系已转变为基本平等。

第三,出现了阶级,阶级矛盾开始成为国内社会的主要矛盾。

随着新兴的官僚、地主、富商、奴隶、个体农民的出现,社会也开始出现了以这些个人为单位构成的阶级。又由于当时各诸侯国基本上都是多民族的国家,所以在同一个国家的内部,民族矛盾下降了,阶级矛盾上升了,并成为了人与人之间最主要的社会矛盾。

第四,"称霸"已成晚期方国的主要目的。

"称霸"实际就是"争霸",其根本的目的与实质就是为了争夺土地、人口、资源,以及对其他诸侯国的支配地位和权力。"争霸"的主要形式与方法就是战争,就是比拼实力。

第五,国家政治制度发生了重大变化。

主要是变"分封制"为"郡县制",变贵族"世袭制"为官僚"任命制",变只有统治民族的"国人"可以当兵为其他被统治民族的"野人"亦可的征兵制,变无法可依为开始法制。这些变化皆表明随着社会文明化的进步,国家的政治制度也在不断由血缘化走向地缘化。

(二)晚期方国崛起的意义

主要有四个方面。

第一,标志国家的国体政体都已全部地缘化。

春秋战国时期,国家制度发生了一系列重大变化,尤其是单一民族国家变成了多民族国家,"分封制"变成了"郡县制"、贵族"世袭制"变成了官僚"任命制",征兵制取代"登人"制,从而标志国家的国体与政体全都地缘一体化了,也标志人类从血缘社会到地缘社会的过渡已基本完成。

第二,标志人类社会的融合进入了新阶段。

人类社会的融合与人的解放一样,实际都是社会文明化最本质的特征,而春秋战国时代以第一代多民族国家的出现为标志,表明人类社会多民族融合的历史序幕由此已经揭开。

第三,开启了阶级社会的历史新时代。

阶级与阶级社会的出现是一种历史的巨大进步。一方面,拆除了矗立在人们之间的原始的血缘、民族隔阂,不同血缘与民族的所有人都走到一起来了、融合在一起了;另一方面,它赋予了人们比以前任何时候都更多的独立与自由,将人类社会带到了一个全新的历史时代。

第四,开创了社会文明化的新纪元。

春秋战国时期,社会一系列的重大变革,无一不深刻地改变了人类社会的面貌,无论是社会的组织形式、生产方式、生活方式、人的解放都发生了翻天覆地的变化,从而开创了人类社会文明化的历史新纪元。

三、帝国的崛起、特点与意义

公元前221年,秦统一关东六国,从而标志着中国历史上第一个帝国诞生了。

帝国主要有三个方面特点。一是国土地域辽阔,二是国体政体全都地缘化,三是大一统的中央集权制。

就人类社会组织结构的变化而言,帝国的诞生主要有四个方面的意义。

第一,是社会的一体化,从血缘到地缘,从国体到政体,最后全方位不断深入完成的标志。

第二,是社会一体化的规模与空间范围不断扩大,从氏族、部落、古国、方国,最终到地域辽阔的帝国的标志。

第三,是社会一体化的组织与共同体不断扩大,从氏族到单一民族,再到晚期方国多民族,最后到大帝国范围更多民族融合的标志。

第四,是中国随后延续了二千余年的、以大一统中央集权制帝国为主体的历史新时代开始的标志。

国家起源·结语

国家是一种社会组织与组织形式。国家内部的居民之间不仅跨血缘又跨地域，还建立了以政治上压迫、经济上剥削为特征的统治与被统治关系。

中国的国家起源不仅与生产资料私有制无关，也与财富私有制和财富无关，还与阶级和阶级斗争无关；中国的国家起源实际只是文明起源的结果之一，是社会文明化、一体化的结果。国家的起源不仅走过了古城、古国、方国、帝国四大阶段，还先后催生了血缘国家、单一民族国家、多民族国家、大一统帝国等社会基础不同的国家形态。

一、古城的崛起

古城就是距今 4 500 年以前、各血缘组织独立修筑的、以高于地面并具有明显防御功能的城墙为标志的居住性场所，有的外围还有壕（濠）沟。

距今 6 000—4 500 年，就是以古城崛起为代表的国家起源的初始阶段，并引领了传统血缘社会由分散到集中的一体化高潮。其中，距今 6 000—5 000 年是引领聚落群一体化的早期古城阶段，距今 5 000—4 500 年是引领聚落群团一体化的中期古城阶段。

（一）早期古城崛起的背景、实例与意义

在中国，文明的先期起源就是古城崛起，也是国家起源，最重要的时代背景与原因。其中，没有农业革命，没有个体劳动，就没有古城崛起的物质基础；没有聚落组织基于实力与利益的重组与一体化，就没有古城崛起的社会组织基础。

目前，这一阶段已发现古城四座，分别是湖南澧县城头山、湖北天门龙嘴、湖北石首走马岭—屯子山、河南郑州西山，全部都属于聚落群一级的单聚落城址。

这些城址虽然数量少规模小，但意义突出。

第一，标志具有双重防御设施的高等级核心聚落的出现。

第二，标志聚落社会军事中心的出现。

由于当时聚落社会的一体化还仅限于聚落群,当时的古城也不具有跨部落领导其他部落的权力、地位与实力,所以当时城址的属性,一方面是聚落群的永久性军事中心,另一方面则是聚落群团的临时军事中心。

第三,标志聚落群的一体化又上新台阶。

第四,带动了聚落社会基于实力的等级分化。

(二) 中期古城崛起的实例与意义

距今 5 000 年左右,气候发生了由暖变凉、由湿变干的激烈变化,由此导致人类社会也发生了激烈变化,导致史前古城开始大量崛起。

长江中游地区,不仅城址以堆筑为主并流行长年积水的濠沟,而且还是当时黄河长江流域史前城址数量最多的地区。与此同时,这里的城址还表现出了多方面的时代特点。

黄河流域,特别是中上游,由于土质疏松,城墙只能夯筑,难度较大,所以这一时段没有城址。与此同时,黄河下游与黄淮之间发现的城址数量也少,多夯筑。

北方长城沿线与以北地带,由于土壤瘠薄基岩出露,所以当地的城址基本上都是就地取材利用地表裸露的石块垒筑而成;又由于只要是同一聚落组织的成员就都有城址,所以当地城址的数量也远远超过了其他地区。

中期古城崛起的意义主要有三个方面。

第一,引领了聚落群团一体化的历史新潮。

第二,建立了人类历史上第一个政治组织。

人类社会最早基于实力的政治组织就出现在距今 5 000 年前后,并以聚落群团的一体化、生产生活方方面面都实行跨部落"大集体"的集中统一领导与管理为特征。

这些变化表明,中期古城已经从早期古城临时性的"军事中心"升级成了新型的永久性的政治与军事中心,而且还标志着人类从自然血缘社会到地缘社会的转变迈出了历史性的第一步。

第三,人类社会基于实力的等级化复杂化正式起步。

(三) 早中期古城相继崛起的历史意义

主要有三个方面。

第一,标志传统血缘社会的一体化进程已基本完成。

由于聚落群团是以自然血缘为纽带的传统血缘社会的最高级别组织,所以它的一体化整合与改造,也就意味着传统的纯血缘社会的一体化进程已基本完成。

第二,标志集中统一已成为聚落社会的新型管理模式。

血缘社会的一体化不仅为权力的集中统一提供了可能,而且还奠定了必要的组织基础,尤其是一体化聚落群团的出现,使人类在血缘社会内部第一次出现了跨部落无辈分的集中统一领导与管理。

第三,长江中游是中国国家起源古城阶段的领跑者。

由于古城出现的时间早于其他地区,数量上多于其他地区,规模上大于其他地区,又首先出现了内外城的建构模式,而且在聚落组织的一体化大型化方面也走在了各地的前头,所以长江中游地区,在整个古城崛起的时代,那里就一直都是中国国家起源的旗手和领跑者。

二、古国的崛起

古国就是以血缘组织为单位又跨血缘又跨地域组建的,并具有统治与被统治关系的一种社会组织。

距今 4 500—4 000 年,就是以古国的崛起为标志的国家起源的第二阶段。

由于人类社会无节制膨胀发展所导致的新的重大生存危机的出现,遂使本已紧张的社会矛盾陡然再次激化。为了生存,为了利益,不同血缘聚落组织之间的合纵连横与暴力征服全都成为了历史的新常态,并大体同时催生了聚落集团、早期国家、古国等多种前所未见的超大型的聚落组织。

(一)聚落集团、早期国家、古国同时崛起的实例

聚落集团就是一种泛血缘的超大型聚落组织。其中,核心多数都是一体化的聚落群团,而其他的成员则是各种沾亲带故的聚落组织,并具有大规模抱团相聚的组织特点。目前,已见三种类型。其中,湘西北澧阳平原鸡叫城所在就是以一体化聚落群团为核心的代表;河南洛阳盆地瀍涧河沙沟流域、山东聊城茌平等地的就是一体化聚落群团强强联合的代表;湖北天门石家河所在就是由前期一体化聚落群团自然扩大升级的代表。

早期国家就是不同血缘的聚落群团或聚落集团跨血缘,或又跨血缘又跨地域结盟而构建的一种超大型的一体化聚落组织。其中,浙江余杭良渚三镇范围内的良渚文化聚落组织就是只跨血缘不跨地域的代表,而山东青州寿光之间的龙山文化聚落组织则是又跨血缘又跨地域的代表。

古国就是史前晚期出现的历史上第一种以血缘组织为单位,又跨血缘又跨地域,还在不同血缘的聚落组织之间建立了统治与被统治关系的"血缘国家"。目前,已发现三种建国模式与国家类型。第一种:鸡叫城模式与类型。它的基本特点就是单一血缘族体通过单打独斗,单独升级为地缘古国的过程;建国后,还单独执政。第二种:石家河模式与类型。它的基本特点

就是不同血缘的组织先期建立只跨血缘的早期国家,然后一致对外,建立古国,并以强势的石家河聚落集团为核心联合执政。第三种:洛阳盆地模式与类型。它的基本特点就是在又跨血缘又跨地域的早期国家基础上建立古国,然后"禅让"并轮流执政。

(二)古国崛起的主要特点与意义

主要有六个方面。

第一,古国的本质就是一种聚落组织、一种"血缘国家"。

由于古国的统治者与被统治者都是血缘组织,组织特点也都与同时期相同级别的聚落血缘组织类似,而且建国丝毫也没有改变这些组织的属性与特点,改变的仅只是相互关系,即由以往的独立平等变为统治与被统治。这说明古国本质既是一种聚落组织又是一种"血缘国家"。

第二,古国崛起的目的就是为了生存。

古国崛起的主要目的就是为了应对由生存危机导致的社会危机,也为了不劳而获。对此,长江中游地区就是最好的证明。

第三,古国的崛起就是血缘社会一体化的结果。

史前血缘组织的一体化过程以及古国的组织特点与属性,皆表明从血缘社会向地缘社会的过渡,不是跳跃式的,古国的崛起实际就是血缘社会文明化一体化的结果。

第四,各地都有自己独特的发展与起源之路。

虽然有古城的地方并不一定都有古国,但各地史前古城的发现则表明,作为史前晚期血缘社会一体化的代表和领军,各地古城的分布与建构特点不仅是古国诞生各阶段的标志,也更是中国国家起源"满天星斗"与多源特点的象征和反映。

第五,长江中下游是国家起源古国阶段的领跑者。

主要表现在三个方面。其一,距今6 000—4 500年,一直在引领中国史前古城崛起的历史新潮;其二,良渚文化的玉器标志着中国史前最早的礼制已基本成熟;其三,凌家滩、良渚、石家河文化共同标志着中国"玉器时代"的到来与存在。

第六,古国的崛起与私有制、财富和阶级无关。

之所以与私有制和财富无关,因为一方面中国史前与夏商周时期就没有基于生产资料的私有制,所以也就与这种私有制无关;另一方面中国拥有的财富私有制实际只是一种血缘社会内部早期的管理与分配制度,晚期的政治制度,也与古国的崛起无关;再一方面,古国的崛起也不以奢侈品和财富为目标。

之所以与阶级无关,因为一方面史前就根本没有生产资料的私有制,所以也就没有基于生产资料私有制的个人阶级;另一方面,中国的财富私有制史前只推动了血缘组织集体成员之间的贫富与等级分化,夏商时期也只出现了以集体为单位的"氏族奴"。正因此,中国的国家起源不是阶级矛盾不可调和的产物,而是血缘组织之间因生存矛盾不可调和的结果。

(三)古国的崛起与"酋邦"和"四级聚落等级国家论"无关

中国考古表明,国外的"酋邦理论"在理论与方法方面都有重要缺陷,所概括的"游团—部落—酋邦—国家"四阶段的学说也与中国的历史特点不符,所以中国的国家起源完全与"酋邦"无关。

此外,国外流行的"四级聚落等级国家论"不仅是"区域聚落形态"理论的衍生物与翻版,而且还用现代地缘社会学的概念来研究史前血缘社会的问题,违背了先复原历史再研究历史的基本原则,从而根本上架空了史前社会的原始形态,也与中国的实情完全不符。

三、方国与帝国的崛起

所谓"方国",实际就是一方之国,地方之国,就是在古国基础上建立的规模更大地域更广并以民族为组织单位的国家。根据考古与史籍记载,夏商周就是早期方国,春秋战国就是晚期方国,而秦则是在方国基础上规模更大地域更广的中央集权制帝国。

(一)早期方国的崛起、特点与意义

早期方国就是以单一民族为主体而建立的国体地缘化政体血缘化的地方之国。

早期方国崛起的主要原因是实体民族的崛起。早期方国崛起的主要途径就是暴力与战争,其次就是"结盟"。此外,由于豫西地区具有适合方国崛起的多种历史条件,因而就促使中原地区成为了中国历史上实体民族形成和崛起的最早地区。

早期方国主要有六个特点。

第一,国土面积很大。

第二,单一民族是国家的主体。

与古国相比,早期方国最大的不同就在于组织单位与统治单位都已由以前的血缘组织变成了地缘化的人类共同体,即单一民族。

第三,国体地缘化政体血缘化。

殷墟以血缘为纽带的组织结构,以及只有与统治者同血缘的族人才有资格当兵的制度,就都是这方面的证明。

第四，国家主体、民族、考古学文化"三位一体"。

由于当时国家的组织单位和统治力量都以地缘化的实体民族为单位，所以早期方国就具有了明显的国家主体、民族、考古学文化"三位一体"的现象。

第五，不同以往的建国目的。

早期方国出现的目的不像以前古国那样单纯，而对高质量的生活、贵族政治的需要、统治版图的扩大也都成为了新时代的新追求。

第六，国家机器不完备。

当时的国家机器并不完备，原因就在于社会尚未地缘化之前，基层的血缘组织按自己的"乡规民约"实际就承担了社会秩序相当部分的管理工作。因此，在国体政体都地缘化与基层血缘组织被彻底瓦解之前，社会就不需要复杂的国家机器。

一般而言，早期方国的崛起主要有三个方面的意义。

第一，标志民族已正式登上历史舞台。

随着方国的出现，不仅将人类长期以来在一定的自然条件和近距离文化交流基础上催生的自然民族体激活了，而且还标志着民族已取代血缘组织成为了最主要的社会组织形式，并与早期方国联系在一起了。

第二，早期方国的崛起就是社会文明化一体化的结果与再延续。

第三，早期方国的崛起开始了以中原为中心的历史新时代。

随着中国历史上最早的一批民族国家的相继崛起，从而为中原地区的崛起，并引领中国以中原为中心的历史新时代奠定了必要的基础。

（二）晚期方国的崛起、特点与意义

晚期方国就是在多民族融合与阶级社会的基础上国体政体都地缘化的地方之国。

晚期方国主要有五个方面的特点。

第一，西周的诸侯国变成了晚期方国。

第二，早期单一民族方国开始变成多民族晚期方国。

为了独立、割据、争霸，各早期诸侯方国就必须利用当地原始民族的力量，于是就催生了多民族的晚期方国。在这种国家里面，原来各民族之间的统治与被统治关系已转变为基本平等。

第三，出现了阶级，阶级矛盾开始成为国内社会的主要矛盾。

随着新兴的官僚、地主、富商、奴隶、个体农民的出现，社会也开始出现了以这些个人为单位构成的阶级。又由于当时各诸侯国基本上都是多民族的国家，所以在同一个国家的内部，民族矛盾下降了，阶级矛盾上升了，并成

为了人与人之间最主要的社会矛盾。

第四,"称霸"已成晚期方国的主要目的。

"称霸"实际就是"争霸",其根本的目的与实质就是为了争夺土地、人口、资源,以及对其他诸侯国的支配权。"争霸"的主要形式与方法就是战争,就是比拼实力。

第五,国家政治制度发生了重大变化。

主要是变"分封制"为"郡县制",变贵族"世袭制"为官僚"任命制",变只有统治民族的"国人"可以当兵为其他被统治民族的"野人"亦可的征兵制,变无法可依为开始法制。这些变化皆表明,国家的政治制度已开始完全地缘化。

晚期方国的崛起主要有四个方面的意义。

第一,标志国家的国体政体都已全部地缘化。

第二,标志人类社会的融合进入了新阶段。

人类社会的融合与人的解放一样,实际都是社会文明化最本质的特征,而春秋战国以第一代多民族国家的出现为标志,表明人类社会多民族融合的历史序幕由此已经揭开。

第三,开启了阶级社会的历史新时代。

阶级与阶级社会的出现是一种历史的巨大进步。一方面,拆除了矗立在人们之间的原始的血缘、民族隔阂,不同血缘与民族的所有人都走到一起来了、融合在一起;另一方面,它赋予了人们比以前任何时候都更多的独立与自由,将人类社会带到了一个全新的历史时代。

第四,开创了社会文明化的新纪元。

春秋战国时期,社会一系列的重大变革,导致社会的组织形式、生产方式、生活方式、人的解放都发生了翻天覆地的变化,从而开创了人类社会文明化的历史新纪元。

(三) 帝国的崛起、特点与意义

公元前221年,秦统一关东六国,从而标志着中国历史上第一个帝国已经诞生。

帝国主要有三个方面的特点。一是国土地域辽阔,二是国体政体全都地缘化,三是大一统的中央集权制。

就人类社会组织结构的变化而言,帝国的诞生主要有四个方面的意义。

第一,是社会的一体化,从血缘到地缘,从国体到政体,最后全方位不断深入完成的标志。

第二,是社会一体化的规模与空间范围不断扩大,从氏族、部落、古国、方国,最终到地域辽阔的帝国的标志。

第三,是社会一体化的组织与共同体不断扩大,从氏族到单一民族,再到晚期方国多民族,最后到大帝国范围更多民族融合的标志。

第四,是中国随后延续了二千余年的以大一统中央集权制帝国为主体的历史新时代开始的标志。

这就是中国的国家起源之路。

中国的国家起源就是社会文明化一体化的结果。国家的起源不仅走过了古城、古国、方国、帝国四大阶段,还先后催生了"血缘国家"、单一民族国家、多民族国家、大一统帝国等不同的国家形态,从而推动社会的组织形式、生产方式、生活方式、人的解放都发生了翻天覆地的变化,开创了人类社会文明化的历史新纪元。

城市起源

城市不是从来就有的,而是人类社会在地缘化的基础上组织方式、生产方式、生活方式与人的解放变革的新的产物,也主要是国体政体全地缘化国家和商品经济发展的结果。

城市的起源先后经历了作为血缘社会军事中心、政治与军事中心、地缘社会政治经济与军事中心三大起源阶段。其中,前面二大阶段完全是文明起源的结果,后面第三阶段则是文明与地缘化国家共同作用的结果。

距今7 500年,血缘组织一体化聚落群的军事中心开始崛起;距今6 000—5 000年,中国历史上最早的"城"出现了,并成为了一体化聚落群的高级军事中心。

距今5 000年至夏商周,随着聚落组织不断地大型化一体化,一体化的聚落群团、聚落集团、早期国家、古国、早期方国的核心"城"址也逐渐由血缘组织的变成了单一民族的政治与军事中心。

春秋战国时期,由于国体政体都地缘化了,商品经济也出现了高潮,于是就出现了以地缘社会为基础的、属于多民族与各阶级的政治、经济与军事中心结合在一起的"城市"。

城市的出现不仅是社会文明化又上新台阶的重要标志,还为后来逐渐变为非农业人口集中居住和从事其他职业与活动的场所,并为人类社会的发展提供了一个全新的历史平台。

第一章　血缘社会军事中心的崛起

1884年,恩格斯就意识到了城市起源的重要性,他说"它们的壕沟深陷为氏族制度的墓穴,而它们的城楼已经耸入文明时代了"[1]。1936年,澳裔英籍考古学家戈登·柴尔德先生(Childe, Vere Gordon)在《人类创造了自己》(*Man Makes Himself*)一书中又提出了"城市革命"的概念[2],以致城市对于人类发展与历史的重要性再次得到提升。

目前,中国的考古已经表明,城市的起源主要表现在三个方面。一是城址的营建模式及其变化,二是城址内外居民的组织模式及其变化,三是城址性质、功能的不同及其变化。史前至商周时期,城市起源主要是文明起源的结果;春秋战国时期,除了文明起源的影响以外,国体政体都地缘化的国家作用也非常突出。

一般而言,史前社会就是血缘社会。在这种社会中,最初只有纯粹独立平等、各自为政的血缘组织。随后,大约从新石器时代中晚期之交开始,由于人地关系日趋紧张,从而导致人类社会组织之间的矛盾与冲突不断激化与升级。于是,文明起源了,并于距今约7 500年,在以往关系松散、群龙无首的聚落组织中开始出现了史无前例的部落即聚落群级的军事中心。

所谓军事中心,就是距今5 000年以前,聚落群即部落内部同时拥有核心地位、军事指挥权以及防御功能突出的公共设施的氏族与聚落。

考古表明,距今7 500—5 000年以一体化聚落群为组织基础的军事中心,还先后经历了以围沟、壕(濠)沟、早期古城为代表的三大发展演变阶段(图5-1-1)。

---

[1] 恩格斯:《家庭、私有制和国家的起源》,《马克思恩格斯选集》,人民出版社,1974年,第160页。
[2] 柴尔德著,周进楷译:《远古文化史》,上海文艺出版社,1990年,第131页。

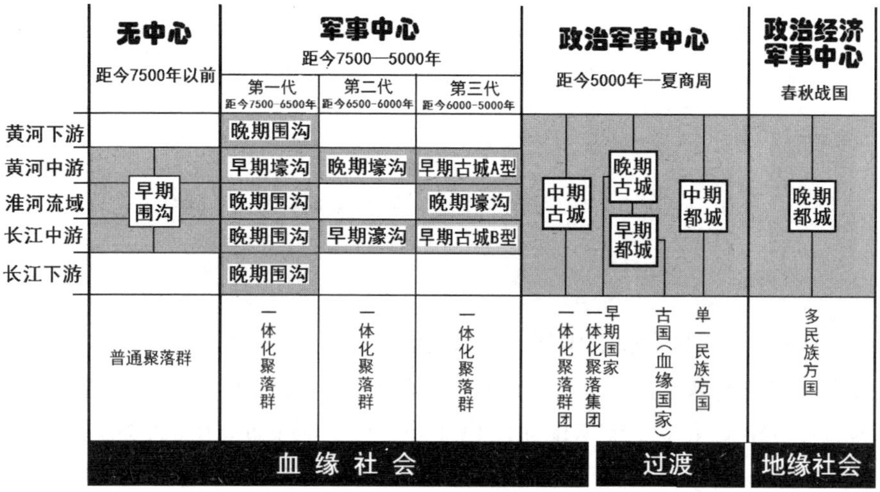

	无中心 距今7500年以前	军事中心 距今7500—5000年			政治军事中心 距今5000年—夏商周		政治经济 军事中心 春秋战国
		第一代 距今7500—6500年	第二代 距今6500—6000年	第三代 距今6000—5000年			
黄河下游		晚期围沟					
黄河中游	早期围沟	早期壕沟	晚期壕沟	早期古城A型	中期古城	晚期古城 / 早期都城	中期都城	晚期都城
淮河流域		晚期围沟		晚期壕沟			
长江中游		晚期围沟	早期壕沟	早期古城B型			
长江下游		晚期围沟					
	普通聚落群	一体化聚落群	一体化聚落群	一体化聚落群	一体化聚落群集团	早期国家 古国（血缘国家）	单一民族方国	多民族方国
		血缘社会				过渡	地缘社会

图 5-1-1　中国城市起源路线示意图

第一节　围沟流行的阶段

一般而言，围沟就是环绕在史前聚落遗址外围的小型沟状公共设施。它的主要特点就是开口与聚落居住面等高，随居住面的高低而起伏，沟内没有长年积水，规模较小，早期没有防御功能，晚期开始强化。

围沟不仅是中国史前血缘社会一体化聚落群"军事中心"崛起的最早源头，也是中国城市出现的最早源头。距今 9 000—6 500 年就是围沟流行的时代。其中，距今 7 500 年以前没有防御功能的属于早期围沟，距今 7 500 年以后拥有防御功能的属于晚期围沟。

一、各地围沟的发现与特点

由于自然环境的不同和差异，聚落围沟不仅有早晚之别，而且还可分为北方东部、黄河下游、淮河、长江中下游四个不同特点的区域。

（一）北方东部围沟的主要发现与特点

北方地区就是长城沿线地区。目前，该地区已发现聚落围沟的地点主要集中在北方的东部，即内蒙古东南与辽宁西部，共有四处，分别是内蒙赤峰敖汉旗兴隆洼①及北城子②、赤峰林西白音长汗③、辽宁阜新查海④等兴隆洼文化的遗址,距今约8 000年,全部属于毫无防御功能的早期类型。

兴隆洼,单聚落遗址,约2万平方米。地处努鲁儿虎山脉北麓,大凌河支流牤牛河上游低山丘陵区的西部边缘。发掘表明,聚落外围有围沟环绕,整体近圆形,口宽不过2米,深不过1米(图5-1-2,1、3)。

白音长汗,双聚落遗址,全部位于西拉木伦河北岸的坡地上,南北落差最多达15米。发掘表明,遗址上的每一个聚落都有近万平方米,都有独立的圆形围沟,最近处二者相距仅7.75米。其中,东部聚落围沟,口宽0.8—2.3米,深0.2—1.05米;西部聚落围沟,口宽0.98—2.2米,深0.3—0.9米(图2-1-5,2)。

北城子,位于敖汉旗东部,西傍干沟子河(教来河支流)(图5-1-2,1),属兴隆洼文化的大型聚落遗址,约6万平方米,地表高出附近河床约30米。调查发现,除一面临河外,遗址居住区北、东、南三面皆发现了呈弧形的围沟。

查海,现存面积约一万平方米,位于当地称为"泉水沟"北坡向阳的台地上,坡度较缓,但基岩出露,地表覆盖的是红砂黏土,土壤瘠薄,植被很少。遗址的房址皆半地穴式,直接凿在基岩上。遗址发现的聚落围沟,也凿在基岩上,宽1.4—2米,深0.45—0.55米。由于拐角明显,110°,估计整体外形可能是方形或长方形(图5-1-2,2)。

根据以上地点的发现,北方地区东部的围沟以及由围沟聚落所反映的社会组织形态有以下四个方面的特点。

第一,围沟的规模很小。

兴隆洼、白音长汗、查海等遗址的发现皆表明,当时围沟的开口宽不过2米,深不到1米。

第二,围沟没有防御功能。

由于规模很小,又窄又浅,而且还全部都是没有长年积水的干沟,所以当时当地的围沟就没有显示出任何防御功能。

第三,围沟的外观多数是圆形。

---

① 中国社会科学院考古研究所内蒙古工作队:《内蒙古敖汉旗兴隆洼遗址发掘简报》,《考古》1985年第10期。
② 杨虎等:《敖汉旗发现一大型兴隆洼文化环濠聚落》,《中国文物报》1998年7月26日。
③ 内蒙古自治区文物考古研究所:《白音长汗——新石器时代遗址发掘报告》,科学出版社,2004年。
④ 辽宁省文物考古研究所:《查海:新石器时代聚落遗址发掘报告》,文物出版社,2012年。

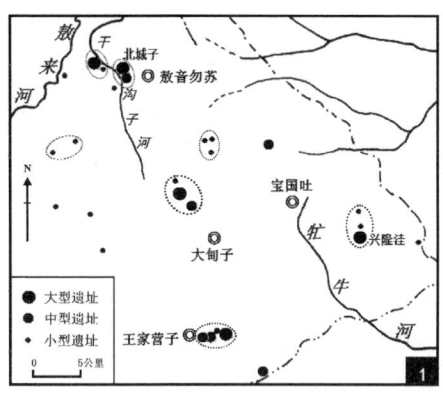

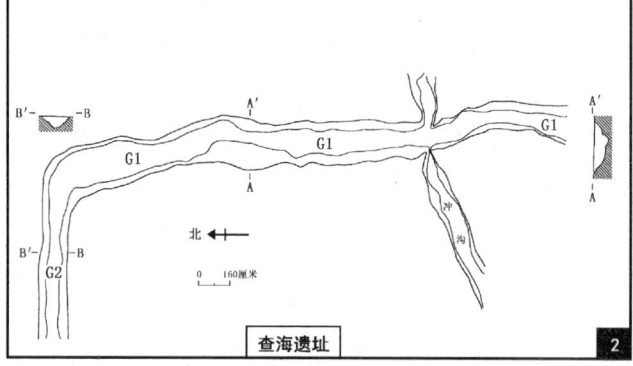

图 5-1-2 兴隆洼、北城子遗址位置与查海、兴隆洼遗址聚落围沟平剖面图
1. 内蒙古敖汉旗中东部兴隆湾文化遗址分布图　2. 内蒙古查海遗址围沟平面图　3. 内蒙古兴隆洼遗址围沟照片
（1 引自邱国斌：《内蒙古敖汉旗新石器时代聚落形态研究》；2 引自辽宁省文物考古研究所《查海：新石器时代聚落遗址发掘报告》；3 引自中国社会科学院考古研究所内蒙古工作队《内蒙古敖汉旗兴隆洼聚落遗址 1992 年发掘简报》；另图 1 内的虚线圈代表"聚落群"，由本书作者所加）

　　除了查海以外，以上地点有 3 个外观都是圆形，这说明当地围沟的整体外形以圆形为主。

　　第四，拥有围沟的聚落或遗址都是聚落群中的重要成员。

　　调查表明，兴隆洼文化二或三个聚落近距离相聚为群的现象非常普遍（图 1-3-2,1；图 5-1-2,1）①，这说明当时的社会是一个以血缘为纽带，并以聚落群为主要组织的社会。其中，有围沟的兴隆洼、北城子在聚落群中就都是面积突出的大遗址。这种大遗址加围沟的组合模式，很可能就从一

---

① 赤峰中美联合考古研究项目：《内蒙古东部（赤峰）区域考古调查阶段性报告》，科学出版社，2003 年，第 28 页。

个侧面说明这类聚落遗址就是所在聚落群的长辈聚落或重要成员。

（二）黄河下游围沟的发现与特点

截至目前，黄河流域只在下游地区发现了一处拥有晚期围沟的聚落遗址，这就是山东章丘小荆山[①]。

小荆山，距今7 000年前后，属后李文化，面积5.6万平方米，地处鲁北平原与鲁中山区的交接地带，整体西高东低（图5-1-3,2）。

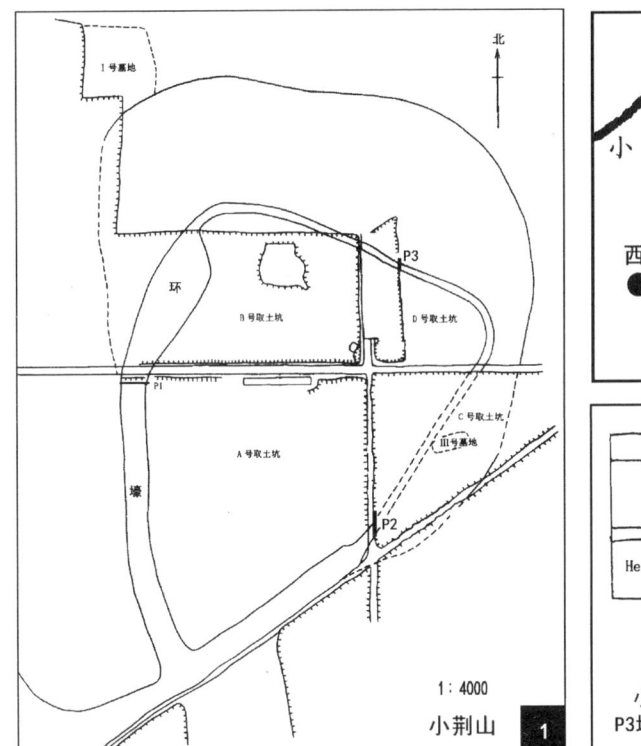

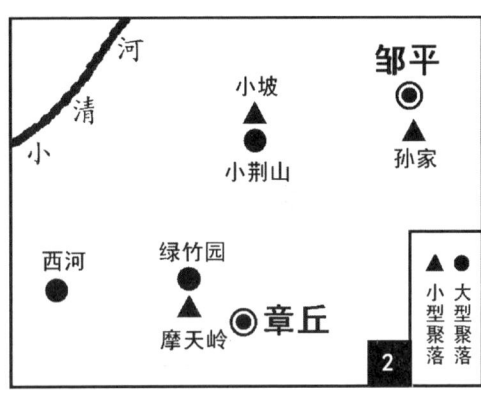

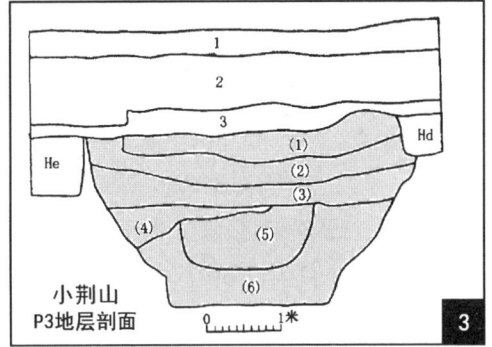

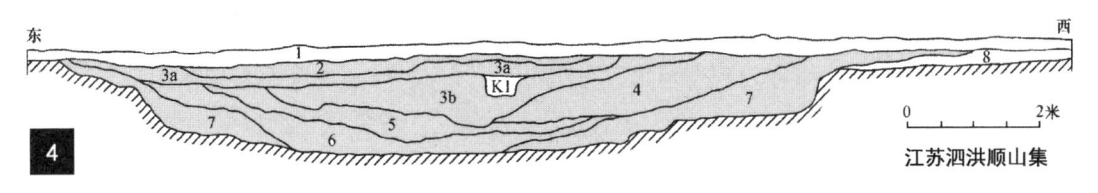

图5-1-3 山东小荆山、江苏顺山集遗址聚落围沟平剖面图

1. 小荆山遗址围沟平面图　2. 山东后李文化聚落遗址分布示意图　3. 小荆山探沟P3围沟剖面图　4. 顺山集遗址围沟剖面图

（1、3引自山东省文物考古研究所等《山东章丘市小荆山后李文化环壕聚落勘探报告》；2引自张学海《张学海考古论集》；4引自南京博物院等《顺山集——泗洪县新石器时代遗址考古发掘报告》）

① 山东省文物考古研究所等：《山东章丘市小荆山后李文化环壕聚落勘探报告》，《华夏考古》2003年第3期。

发掘表明,遗址的围沟平面呈圆角三角形(图 5-1-3,1)。因结构与填土不同,围沟可分两个部分。A 部,北段及东南段的东部,沟的规模较小,系人工开挖而成,宽 4—6 米,深 2.3—3.6 米(图 5-1-3,3);B 部,西段及东南段的西部,沟的规模较大,系自然冲沟,宽 19—40 米,深 3.2—6 米。

此外,小荆山的围沟还有很多重要特点。

第一,规模较大。

相对北方东部地区的早期围沟,小荆山的规模大了 2—3 倍。一方面是沟的开口大,北方不超过 2 米,而小荆山的 A 部则是 4—6 米;另一方面是沟深,北方不超过 1 米,而小荆山则是 2.3—3.6 米。

第二,坡陡。

A 部探沟 P3 显示,小荆山的沟壁很陡,大约为 55°—60°(图 5-1-3,3)。

第三,初具一定的防御功能。

由于小荆山人工开挖的围沟又宽又深,而且沟壁还陡,所以就显示初步具有了一定的防御功能。

第四,沟的横截面呈"漏斗形"或"阶梯形"。

由图 5-1-3(3)可见,小荆山围沟剖面明显呈"漏斗形"或"阶梯形"。其中,底部虽然很浅,但近直筒形,而上部则呈盆形,较深。造成这种现象的原因,很可能与人为在大沟的底部再开小沟,以利流水并保护沟的主坡有关。

第五,围沟聚落也是聚落群中的重要成员。

1998 年,张学海先生在《西河文化初论》一文[①]中曾谈到过有关问题。他说:"目前已知的六处西河文化聚落遗址……似可分为东西北三组。西组即西河聚落;东组有绿竹园、摩天岭聚落,南北相距约 3 公里;北组有小荆山、小坡聚落,南北相距 1 公里余。东西两组相距约 12 公里,东组与北组相距约 17 公里。"(图 5-1-3,2)

此外,张先生在发现聚落可以分组分群的基础上,还发现在各聚落组群的成员之间存在明显的规模大小,以及"以大带小"现象,如西河、绿竹园、小荆山就规模较大。其中,小荆山遗址 5.6 万平方米,而且还有围沟环绕。

显然,小荆山应该也是那种带围沟的大遗址,也很可能是聚落群即部落中的长辈聚落或重要成员。

(三)淮河流域围沟的发现与特点

淮河流域目前已发现了有聚落围沟的地点三处。其中,位于上游的是

[①] 张学海:《张学海考古论集》,学苑出版社,1999 年,第 78 页。

河南舞阳贾湖①,属于早期类型;位于下游的是江苏泗洪顺山集②与韩井③,属于晚期类型。

贾湖遗址,距今8 000年前后,属裴李岗文化,总面积5.5万平方米,位于伏牛山东麓黄淮海大平原西南边缘的沙河故道旁,西高东低,且北、西、南三面为平原,最高海拔68.6米,最低海拔63.8米。1987年以前的发掘,在局部地区发现了聚落围沟的片段,即G1、G2。

G1,位于遗址西南角,开口宽超过4.5米,深1—1.2米,缓坡。沟内的主要堆积层为3B层,厚0.8—0.95米。据堆积物特点,发掘者认为属"废弃堆积",属沟内无长年积水而形成的"人工堆积"。

G2,位于遗址南部边缘,口宽6米,深度不足0.5米。其中主要的堆积层也是3B层,厚0.33米。由于堆积层黑色,"呈泛滥相",所以发掘者认为其堆积性质可能是与积水有关的"自然或半自然堆积"。

顺山集遗址,距今7 000年前后,为顺山集文化的命名地,面积5万平方米,地处苏北西部重岗山北麓,西临赵庄水库,为丘陵墩形遗址。发掘表明,遗址第二期遗存营建了聚落围沟,宽约15米,深1.5—3米,沟坡总体较缓。由于遗址所在地东北高,西南低,高差3米以上,所以沟内也无长年积水(图5-1-3,4)。

韩井遗址,顺山集文化,位于顺山集遗址东北约4公里。2015年发掘,发现一处近三角形的围沟(G16),沟内部面积约3万平方米④。由于围沟的底部明显高于周边的水沟与洼地,所以总体上也是一条无长年积水的干沟。

综合以上发现,可知淮河流域的围沟有四个明显的特点。

第一,由于缺少那种松软深厚的黄土,所以当地围沟的横截面形状,从早到晚都是沟坡较缓的宽扁形,宽远大于深。如顺山集,有的部位(TG9)就显示宽深比已达10∶1,完全不同于黄河流域宽深比2∶1或3∶1的特点。

第二,沟边没有土垣。

第三,无论早晚,当地的围沟都属于无水的"干沟"。只是由于沟的开口随居住面的起伏而起伏,所以在贾湖就会在地势较高的地段发现沟内(G1)的堆积都是"人工堆积",而在地势较低的位置就会发现沟内(G2)的堆积是"自然或半自然堆积"。

第四,防御功能从无到有。贾湖遗址的G2之所以仅宽6米,而顺山集

---

① 河南省文物考古研究所编著:《舞阳贾湖》,科学出版社,1999年,第128—130页。
② 南京博物院等:《顺山集·泗洪县新石器时代遗址考古发掘报告》,科学出版社,2016年。
③ 许昌亮等:《泗洪韩井遗址考古发掘启动》,《新华日报》2014年5月29日,第B05版。
④ 庄丽娜:《江苏泗洪县韩井遗址2015年发掘与整理》,中国国家博物馆考古网。

则宽 15 米;贾湖最深不超过 1.2 米,而顺山集一般都深 1.5—3 米;究其原因,显然不仅只是沟的规模的简单扩大,更是社会矛盾日趋激化的背景下防御功能从无到有的反映。

(四)长江中下游围沟的发现与特点

长江中下游目前已发现有距今 7 000 年以前聚落围沟的地点三处。其中,湖南澧县八十垱①属于早期类型;湖南临澧县胡家屋场②、浙江嵊州小黄山③则属于晚期类型。

八十垱,距今 8 000 年以前的彭头山文化遗址,位于澧阳平原东北古沼泽区边缘的小高地上(图 1-3-1,1),一条古河道从遗址北部、西部、南部绕行而向东流去(图 5-1-4,1)。遗址面积 3 万多平方米,是当时平原上规模最大的聚落遗址。1994—1995 年发掘,发现了环绕在聚落外围的早期类型围沟,即东发掘区的 G10、G7 与南发掘区的 G9,以及位于围沟内测的土垣(图 5-1-4,2、3)。此外,发掘还表明这条围沟的北部和西部则完全是利用了当时的自然河道(图 5-1-4,1),而东部与南部的人工围沟还前后经历了二次人工挖掘(图 5-1-4,2、3)。

第一次,形成的是 G10 与早期土垣(Ⅰ1、Ⅰ2、G9⑮、G9⑯)。其中,沟的开口因晚期 G7 破坏宽度不详,深约 0.5 米,并用挖沟之土堆筑在沟内侧地表上,形成了中国史前最早的土垣,宽约 4 米,高约 0.6 米(图 5-1-4,2)。

第二次,形成的是 G7、G9 与晚期土垣(Ⅱ、Ⅲ、Ⅳ、G9⑫、G9⑬、G9⑭)。其中,土垣并没有加高,而是将原来沟内的淤积土,挖起来覆盖在早期土垣的内外侧,遂使晚期土垣顶部的宽度达到了 5.5 米。由于土垣宽了,沟的开口就缩小了,所以根据 G10 的残余部分可知,这次施工又将沟向外推出了 1—2 米,遂使晚期沟口的宽度超过了 3 米(图 5-1-4,2、3)。

值得注意的是,八十垱围沟的两侧坡度都不是太陡,都不足 40°。此外,钻探还表明从东发掘区到北部古河道之间 50 多米的距离内,沟底的最大落差近 1.5 米,从而又说明了这条围沟的基本功能是由南向北往古河道排水。

胡家屋场遗址,属距今约 7 000 年的皂市下层文化,位于澧阳平原西部的低矮岗丘上,距平原东部的八十垱遗址约 25 公里,面积 4.5 万平方米,也

---

① 湖南省文物考古研究所:《湖南澧县梦溪八十垱新石器时代早期遗址发掘简报》,《文物》1996 年第 12 期。
② 湖南省文物考古研究所:《湖南临澧县胡家屋场新石器时代遗址》,《考古学报》1993 年第 2 期。
③ 王海明:《专家论证嵊州小黄山遗址》,《中国文物报》2006 年 1 月 11 日;张恒等《"小黄山"万年古文明的见证》,嵊州新闻网 2011 年 4 月 25 日。

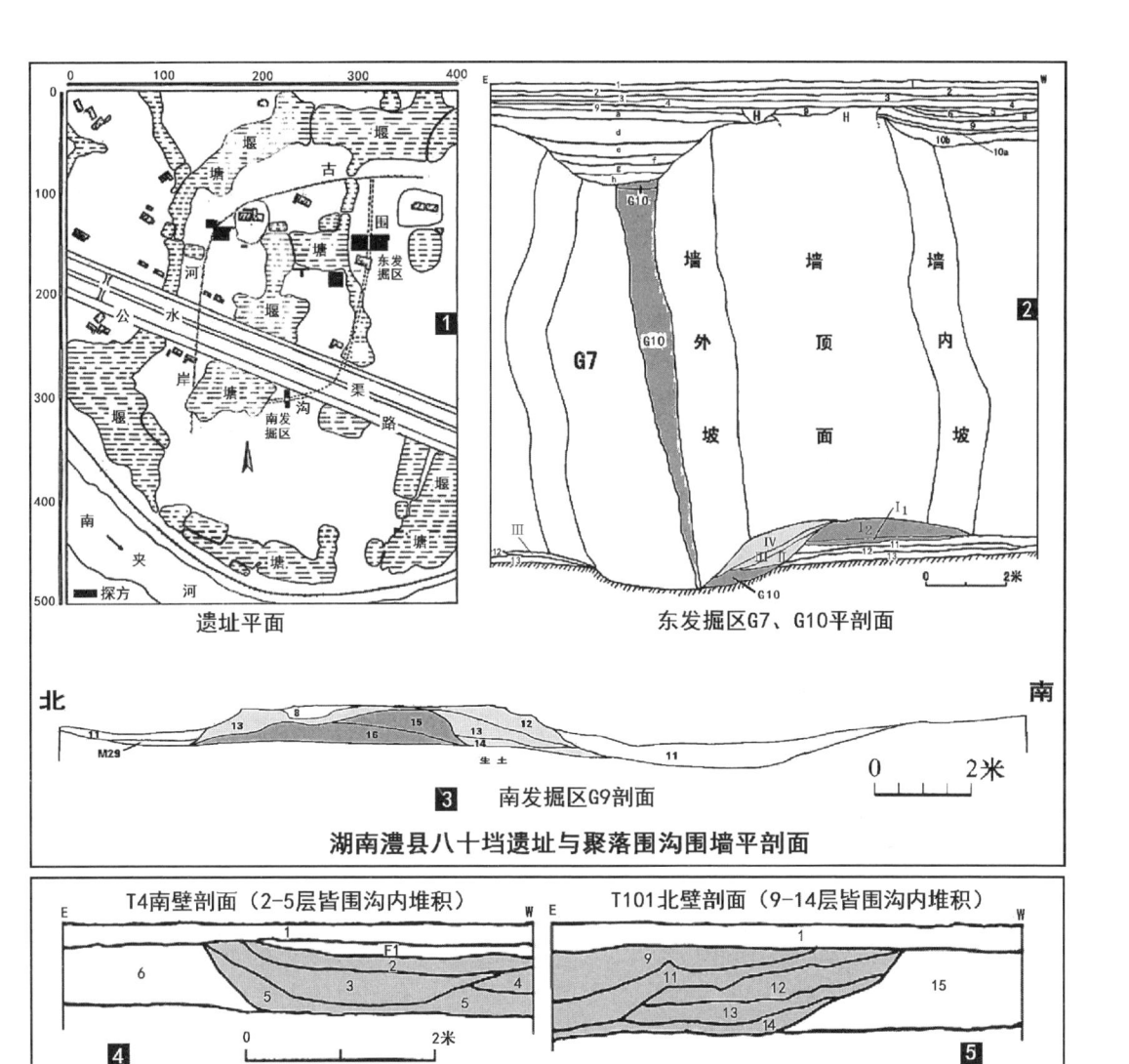

图 5-1-4 湖南澧县八十垱与临澧胡家屋场遗址围沟平剖面图

1—3. 八十垱遗址平面与聚落围沟平剖面图 4、5. 胡家屋场遗址聚落围沟剖面图
(1、2、3引自湖南省文物考古研究所资料;4、5引自湖南省文物考古研究所《湖南临澧县胡家屋场新石器时代遗址》)

是当时平原上规模面积最大的聚落遗址。1986 年发掘,发现了晚期类型的聚落围沟,开口与居住面等高,宽 10 余米,深 0.75—0.9 米,缓坡。由于沟内没有水成淤土堆积,故此沟亦属长年无积水的干沟(图 5-1-4,4、5)。

小黄山遗址,距今约 7 500 年,面积约 5 万平方米,是整个浙江地区当时最大的聚落遗址,文化属性为上山文化与跨湖桥文化之间的过渡形态。遗址所在为相对高度 10 米左右的古阶地,周围是曹娥江上游长乐江的河谷平原。已经发现的聚落围沟属晚期类型,整体圆形,宽约 10 米,深约 2.25 米,沟内无长年积水。值得注意的是,遗址上并存了二个同时期的聚落,其中只有俗名"小黄山"的地点,南、东、北三面都有围沟环绕。

综合以上地点的发现,可见长江中下游的围沟有六个主要特点。

第一,规模越来越大。

一方面,沟的开口越来越大。早期,湖南澧县八十垱的开口不足 4 米;晚期,同在一个澧阳平原上的湖南临澧县胡家屋场,以及浙江嵊州小黄山,开口都超过了 10 米。

另一方面,沟的深度也越来越深。早期,澧县八十垱不足 1 米;晚期,胡家屋场接近了 1 米,而小黄山则超过了 2 米。

第二,沟的整体为宽扁形。

早期,八十垱,宽约 3 米,深约 0.6 米,宽深比为 5∶1,沟坡不过 40°,明显属缓坡宽扁形。

晚期,胡家屋场,宽约 10 米,深 0.75—0.9 米,宽深比超过 10∶1,显示越来越宽扁,但依然缓坡。

第三,在沟旁堆筑有真正的土垣。

所谓真正的土垣,有二个基本的含义。一是沟有多长,堆筑在内侧的土垣就有多长,而不是一种局部现象;二是土垣的形态都比较规范,如八十垱,在二个相距近 200 米的发掘区内发现的土垣都具有相似的外貌特征,都拥有前后两次修筑土垣的地层(图 5-1-4,2、3)。

第四,全部都是干沟。

由于所有的围沟开口都与聚落的居住面等高,所以地处多雨地下水位高的南方地区与北方、黄河、淮河流域一样,也都是无长年积水的干沟。

第五,都是当地聚落组织中的重要成员。

已有的发现表明,八十垱(图 1-3-1,1、2)、胡家屋场、小黄山全部都是当时所在地面积最大的聚落遗址,从而充分地说明大遗址加围沟在南方也是当时当地聚落群中重要成员的组合模式;尤其是小黄山,还从聚落群的长辈、重要成员升级成为了一体化聚落群的核心成员。

第六，防御功能从无到有。

早期，八十垱遗址沟宽约 3 米，从沟底到土垣顶部都不过 1 米的规模，充分地显示当时的聚落围沟完全是一条毫无防御功能的围沟。但是，距今 7500 年左右的浙江小黄山则明显加深加宽了，其中宽为八十垱的 3 倍以上，深为八十垱的 4 倍以上。显然，这绝不是当时人们的一种随意行为，而是围沟初具防御功能的反映。

二、各地围沟发现的意义

作为城市起源第一阶段血缘社会军事中心崛起的最早源头，围沟的出现与流行主要有以下四个方面的重要意义。

（一）各地早期围沟的营建模式大同小异

所谓大同，就是当时全国无论南北所有的聚落围沟开口都与聚落居住面等高，都是没有长年积水的干沟，即使是长江流域多雨地下水位高的地区亦如此。

不过，在大同的背景下，由于各地自然条件的不同，各地聚落围沟的营建又显示了一些地域差异。

北方东部，由于土壤层瘠薄，所以那里的围沟规模全国最小，宽不过 2 米深不过 1 米。

黄河下游，由于黄土埋藏深厚，土质疏松，垂直节理发育，地下水位低，所以那里的围沟又宽又深，沟坡也最陡。

长江中下游与淮河流域，土壤紧实黏重，易坍塌，所以围沟普遍浅而宽，缓坡，整体宽扁形，宽度远远大于深度。

（二）早期围沟代表的是一种平等与和谐的社会

主要表现在二个方面。

一方面，围沟的规模都很小，毫无防御功能。

尤其是北方地区，宽不过 2 米，深不过 1 米，除了可作为长辈聚落或重要聚落的标志以外，具体作用可能就是在下雨的时候有利于排水，不让坡面的流水直接冲刷聚落的居住区。在淮河与长江中下游，早期的围沟也没有防御功能。其中，湖南澧县八十垱的围沟，除了可以排泄天上的降水以外，还可以排泄地下的渗水，从而降低居住区地下水位的高度，降低居住区的潮湿程度。因此，早期围沟不仅只是当时聚落群内长辈或重要成员的标志，可能还可以一定程度地改善人们的生活品质。

另一方面，聚落群内没有出现主从关系。

考古发现，当时的聚落群内，那些长辈或重要聚落除了拥有围沟以外，也没有发现任何其他特殊的聚落设施与现象表明它们之间已经拥有了主从关系和等级差异。尤其是内蒙白音长汗聚落群内的二个成员都有围沟,从而充分地显示了相互关系的平等与和谐。

(三)晚期围沟代表了一体化聚落群中出现了第一代"军事中心"

已有的发现表明,距今 7 500 年以后是晚期围沟开始出现并流行的时间。与早期围沟相比,有三个方面的重要变化。

一方面,以湖南临澧县胡家屋场、江苏泗洪顺山集和韩井为代表,围沟的外观变宽了,比湖南澧县八十垱的早期围沟宽了 3—5 倍,说明晚期围沟的防御功能明显增加,也说明当时的社会环境正在发生需要防御设施、需要"军事中心"的变化。

另一方面,以浙江嵊州小黄山为代表,围沟不仅变得又宽又深了,更重要的是还显示了在社会环境变化的前提下,聚落的组织形态也发生了根本性的转变,聚落群内各成员之间出现了明显的主从关系。其中,只有核心聚落的外围有围沟,而另一个从属的聚落则位于围沟以外。

再一方面,由于聚落之间出现了主从关系,还由于在核心聚落的外围又出现了具有明显防御功能的晚期围沟,从而说明当时聚落血缘社会已出现了时代最早的第一代"军事中心"。虽然当时还只有聚落群的军事中心是永久性的,而聚落群团只有临时性的,但是以往就从来没有出现过这种以主从关系和实力为基础的中心,所以它的出现就具有划时代的意义。

(四)长江中下游地区在血缘社会"军事中心"崛起的第一波高潮中地位与作用突出

主要表现在四个方面。

其一,是全国最早在沟内侧发现规范土垣的地区。

从距今 8 000 年开始,八十垱遗址的围沟内侧就出现了全国罕见而十分规范的土垣,开了后来中国古代城墙城壕(濠)营建模式的先河,并提供了最早的借鉴与范本。

其二,是全国沟状设施最早初具防御功能的地区。

由于人地关系的紧张系数远高于其他地区,所以当地的聚落围沟在距今 7 500 年左右就完成了升级换代的过程和变化,从宽 3—4 米升级到了 10 米以上,从深不足 1 米升级到 2 米以上,创下了全国围沟从基本没有防御功能到初具防御功能的最早历史记录,而且还与黄河流域由围沟升级为壕沟的时间大体同时,甚至可能更早。

其三,在全国的聚落组织中最早出现主从关系。

浙江嵊州小黄山遗址所发现的晚期围沟,以及由此围沟所表达的聚落群内各成员之间一体化的主从关系,其意义非常重要,并说明长江中下游地区早期的社会变革在时间方面不仅与黄河中游的新郑唐户基本同时,甚至还可能更早。

其四,是全国最早结束围沟历史使命的地区。

根据已有的发现,在北方的东部地区,作为一种公共设施,围沟的存在与使用时间超长,从距今8 000年以前的兴隆洼文化一直流行到夏商时期的夏家店下层文化,而且规模也很小①。

夏家店下层时期,当地的围沟多属"高台型"聚落遗址。据专家介绍,"高台型"遗址"多坐落在独立的岗阜上,其周围经人工修凿出数米宽低于地表的凹陷带(即环壕),被凹陷带所围绕的部分看起来宛如凸显的台子"②。已有的调查表明,内蒙喀喇沁旗半支箭河流域永丰乡架子山地区就多见这类遗址③。其中,最有代表性的是KJ7,围沟仅宽3—4米。

在黄河流域,尤其是在中原地区,围沟的使用时段间也很长,一直持续到仰韶文化时期,河南新安荒坡④、孟津妯娌⑤、禹州后屯⑥、郑州建业壹号城邦小区⑦等遗址所见即是代表。它们一般都口宽不过5米,深2米左右,并与新型的又宽又深防御功能突出的壕沟同时并存。

与北方和黄河流域完全不同,大约距今6 500年,长江中下游地区就在全国最早淘汰了那种沟内没有长年积水的干沟,取而代之的则是拥有长年积水的濠沟,湖南澧县城头山汤家岗文化时期的濠沟就是代表。

第二节 壕(濠)沟流行的阶段

壕(濠)沟流行的阶段就是中国史前血缘社会一体化聚落群"军事中

---

① 朱永刚:《中国东北先史环壕聚落的演变与传播》,《华夏考古》2003年第1期;邱国斌:《内蒙古敖汉旗新石器时代聚落形态研究》,《内蒙古文物考古》2010年第2期;索秀芬等:《红山文化研究》,《考古学报》2011年第3期;国家文物局合组、中国社会科学院考古研究所等:《半支箭河中游先秦时期遗址》,科学出版社,2002年,第21—23页。
② 朱永刚:《中国东北先史环壕聚落的演变与传播》,《华夏考古》2003年第1期。
③ 国家文物局合组、中国社会科学院考古研究所等:《半支箭河中游先秦时期遗址》,科学出版社,2002年,第21—23页。
④ 河南省文物管理局:《新安荒坡》,大象出版社,2008年。
⑤ 洛阳市文物工作队等:《妯娌与寨根》,《黄河小浪底水库考古报告(二)》,中州古籍出版社,2006年。
⑥ 南京师范大学文博系考古实习资料。
⑦ 索全星等:《郑州市发现一处仰韶文化晚期遗址》,《中国文物报》2009年7月10日。

心"崛起的第二阶段。

一般而言,壕(濠)沟就是一种环绕在聚落遗址外围、防御功能突出的大型沟状设施。其中,沟内无长年积水的就是"土"字旁的"壕沟",而沟内有长年积水的就是"水"字旁的"濠沟"。

由于社会矛盾的激化,防御功能明显的壕(濠)沟最早距今7 500—6 500年就分别在黄河中游与长江中游地区取代了防御功能较弱的晚期围沟。又由于自然与社会条件的差异,各地壕(濠)沟出现的具体原因、流行的时间、特点,也越来越具有鲜明的地域特点。

一、各地壕(濠)沟的发现与特点

除了北方地区由于土壤瘠薄,史前晚期很少出现防御功能明显的大型壕沟以外,黄河中游、淮河、长江中游都发现了较多不同类型的壕(濠)沟。

(一) 黄河中游壕沟的发现与特点

由于土质松软深厚、地下水位低,所以黄河流域,特别是中游地区,不仅是中国长年无积水壕沟最早出现的地区,同时也是中国这种壕沟流行期最长的地区,从距今约7 500年一直流行到距今5 000年。其中,距今6 000年以前规模偏小防御功能偏弱的属于早期壕沟,距今6 000—5 000年规模较大防御功能突出的属于晚期壕沟。

1. 早期壕沟的主要发现

河南新郑唐户遗址,裴李岗文化,30万平方米,既是中国新石器时代中期规模最大的聚落遗址,也是中国与黄河流域最早见到壕沟的遗址(图5-1-5,1—3)。

遗址地处溱水河与九龙河两河交汇处的夹角台地上,高出河床7—12米,三面环水,北高南低(G11)。2006—2007年,遗址正式发掘,发现了壕沟,"宽约10—20米,最宽处40米,深约2—4米"[1],并有四个方面的重要特点。

第一,与同时期的晚期聚落围沟相比,这里壕沟的规模明显升级了,开口就比山东章丘小荆山聚落围沟大了至少2—4倍。

第二,沟的整体形态不仅为宽扁形,而且沟坡也属缓坡型,二面沟坡的坡度都只有10°左右,整体形态与长江、淮河流域晚期的围沟非常接近,宽深比大于5∶1(图5-1-5,2、3)。

---

[1] 郑州市文物考古研究院等:《河南新郑市唐户遗址裴李岗文化遗存2007年发掘简报》,《考古》2010年第5期。

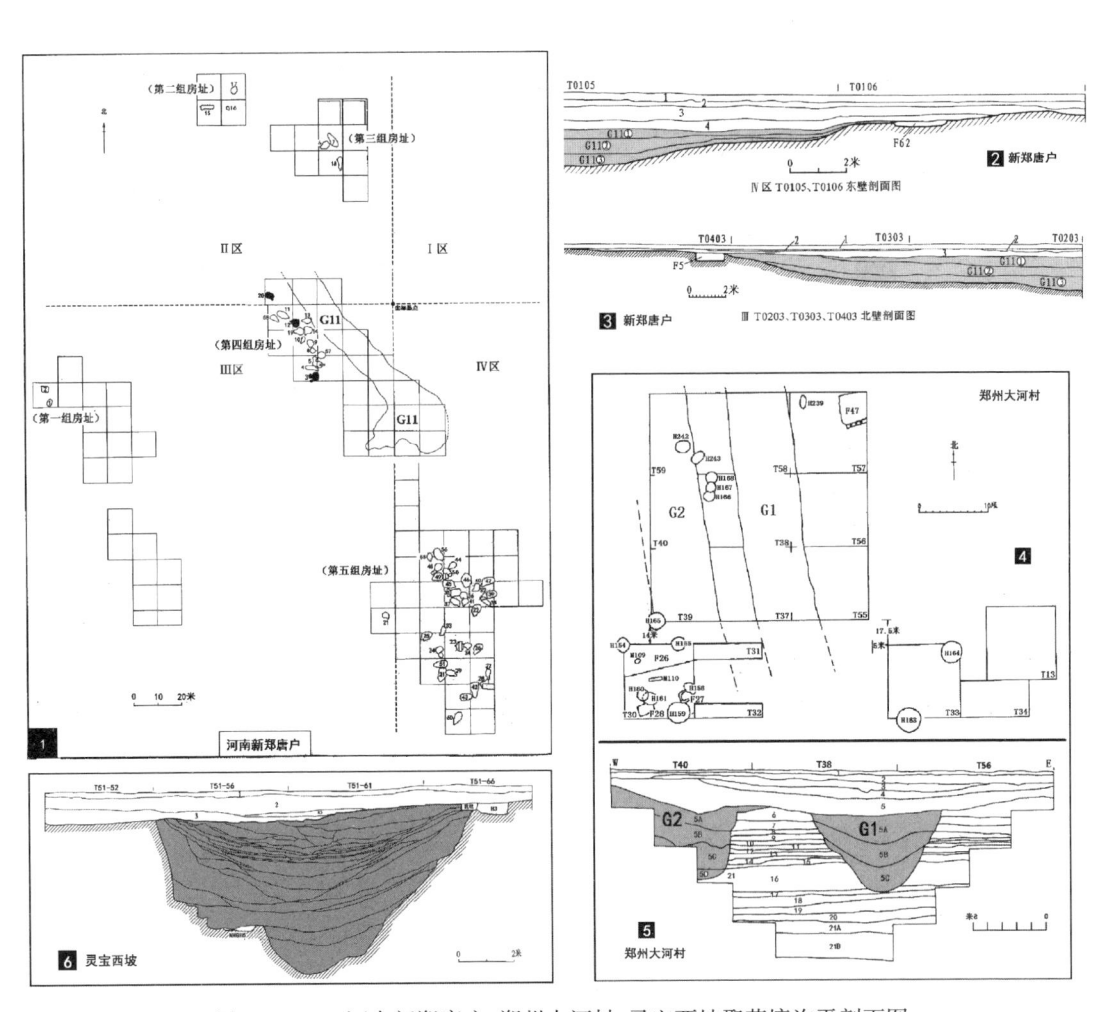

图 5-1-5　河南新郑唐户、郑州大河村、灵宝西坡聚落壕沟平剖面图

1. 新郑唐户壕沟平面与剖面位置图　2. 唐户 T0105、0106 东壁剖面图　3. 唐户 T0203、0303、0403 北壁剖面图　4. 郑州大河村壕沟平面图　5. 大河村壕沟剖面图　6. 灵宝西坡壕沟剖面图

（1、2 引自郑州市文物考古研究院等《河南新郑市唐户遗址裴李岗文化遗存 2007 年发掘简报》；3 引自河南省文物局南水北调文物保护办公室等《河南新郑市唐户遗址裴李岗文化遗存发掘简报》；4、5 引自郑州市文物考古研究所《郑州大河村》；6 引自中国社会科学院考古研究所河南一队《河南灵宝市西坡遗址南壕沟发掘简报》）

第三,沟内没有长年积水。根据当地的自然地形,发掘者当时就认为,该沟"向西呈环状与九龙河相接"①,向河内排水。

第四,壕沟聚落代表了明显的主从关系。

唐户遗址是一个一体化的多聚落遗址,至少有3个或以上的聚落集中聚居在一起。其中,居住房址的分布表明,最重要的核心聚落就位于环壕之中,而其他的聚落则位于环壕的外面。这种布局,以前黄河流域从未见过,它的出现表明新石器时代中晚之交,聚落之间的组织关系已经出现了重大变化:一方面出现了超越血缘关系而以实力为基础的核心聚落;另一方面主从关系已经成为一体化聚落社会新型的组织关系。

2. 晚期壕沟的主要发现

目前,有代表性的地点主要是河南陕县庙底沟②和三里桥③、郑州大河村④、灵宝铸鼎原西坡⑤等仰韶文化遗址,并可分为二种类型。

A型:陡坡,不分节。

陕县庙底沟,仰韶文化中期,位于青龙涧南岸平坦的塬上。2006年,遗址第二次大规模发掘,发现仰韶文化中期大型聚落壕沟,开口平均宽10米、深7米,最宽处12米,最深处8米;沟底东南高西北低,与塬上地表的走势基本一致。另外,沟底还有地表径流和排水形成的凹槽痕迹,有些沟段还有防止流水下切而人为有意抛撒的碎石块。由于壕沟又宽又深,且二侧沟坡皆50°以上,所以这条沟的防御功能十分明显。又由于这条沟的开口与当时的聚落居住面等高,随地势而倾斜,沟底也远高于周围的自然河沟,所以它又是一条无长年积水的干沟。

陕县三里桥,仰韶文化中期,位于庙底沟遗址东北,二者隔青龙涧相望,直线距离仅约2.5公里,并具有完全一样的地形地貌(图5-1-6)。发掘表明,该遗址的聚落壕沟开口10—14米、深5.6—7.5米,沟内也无长年积水。

郑州大河村,仰韶文化晚期,双壕(G1、G2)沟聚落遗址(图5-1-5,5),而且二个遗址的壕沟还距离很近,只隔5—6米。其中,G1,开口宽9—10米,深4.7—5.5米,两侧沟坡很陡,等于或大于50°(图5-1-5,5,G1)。G2,位于G1西侧,与G1平行,开口宽约11米,深3.5—5米,沟坡比G1还

---

① 郑州市文物考古研究院等:《河南新郑市唐户遗址裴李岗文化遗存2007年发掘简报》,《考古》2010年第5期。
② 樊温泉:《庙底沟遗址再次发掘又有重要发现》,《中国文物报》2003年2月14日。
③ 李素婷:《河南三门峡三里桥遗址发掘取得重要收获》,《中国文物报》2006年11月8日。
④ 郑州市文物考古研究所:《郑州大河村》,科学出版社,2001年。
⑤ 中国社会科学院考古研究所河南一队:《河南灵宝市西坡遗址南壕沟发掘简报》,《考古》2016年第5期。

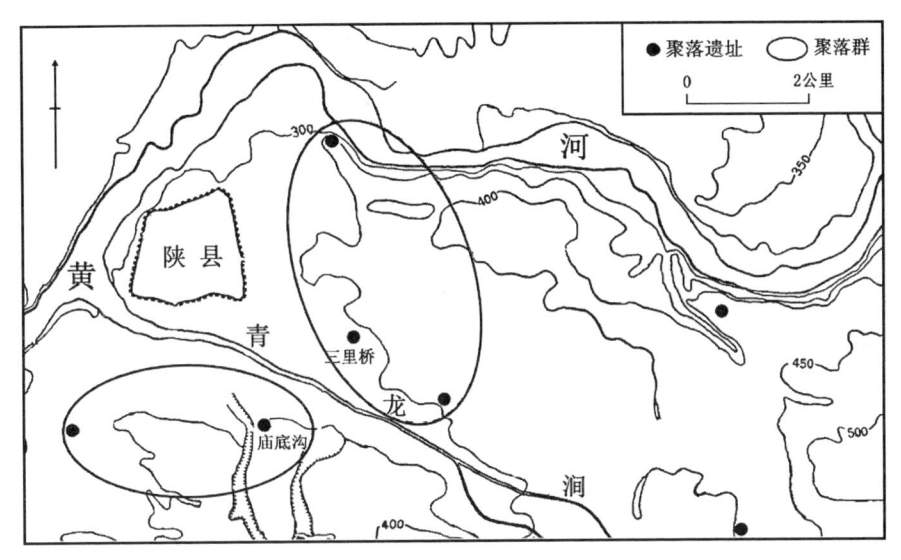

图 5-1-6　河南陕县青龙涧两岸仰韶文化遗址分布图
(引自中国社会科学院考古研究所《庙底沟与三里桥》)

陡,近 90°(图 5-1-5,5,G2)。由于两条沟底部的 5D、5C 层皆为五花土堆积,而不是水成土,因而可知这里的壕沟也全部都是无长年积水的干沟。

B 型:沟坡陡而分节,似漏斗状。

灵宝西坡,仰韶文化中期,位于西南向东北倾斜的黄土塬即铸鼎原南部。遗址东、西两侧分别为沙河支流夫夫河与灵湖河。2013 年,考古发现遗址壕沟,横截面呈"漏斗形"(图 5-1-5,6)。据发掘报告:壕沟"口部宽约 11—12.2 米,两侧沟壁斜收,外侧坡度较陡,约为 65—80 度;内侧坡度稍缓,约为 50—60 度。壕沟外侧边缘斜收至深约 3.6—3.8 米处向内折收形成宽约 2—2.4 米的平台;内侧边缘斜收至深约 5.3—5.8 米处亦见小平台,不甚明显,宽约 0.8—1.2 米。两平台之间为锅底状沟底。壕沟口至底部深约 5.6—6.4 米,填满不同形状和性质的堆积,可分为 15 大层 52 小层,此外还发现少量灰坑及完整猪骨等遗迹",全然无长年积水的迹象。

3. 黄河中游壕沟的主要特点

有五点。

第一,规模很大,而且越来越大。

壕沟不仅规模明显大于同期的围沟,而且在发展过程中还越来越大。

早期,新郑唐户,宽约 10—20 米,深约 2—4 米,宽深比大于 5∶1。

晚期,规模渐大,尤其是深度普遍超越早期的新郑唐户,宽深比大幅缩小。灵宝,深 5.6—6.4 米,宽深比约 2∶1;庙底沟,深 7—8 米,宽深比约

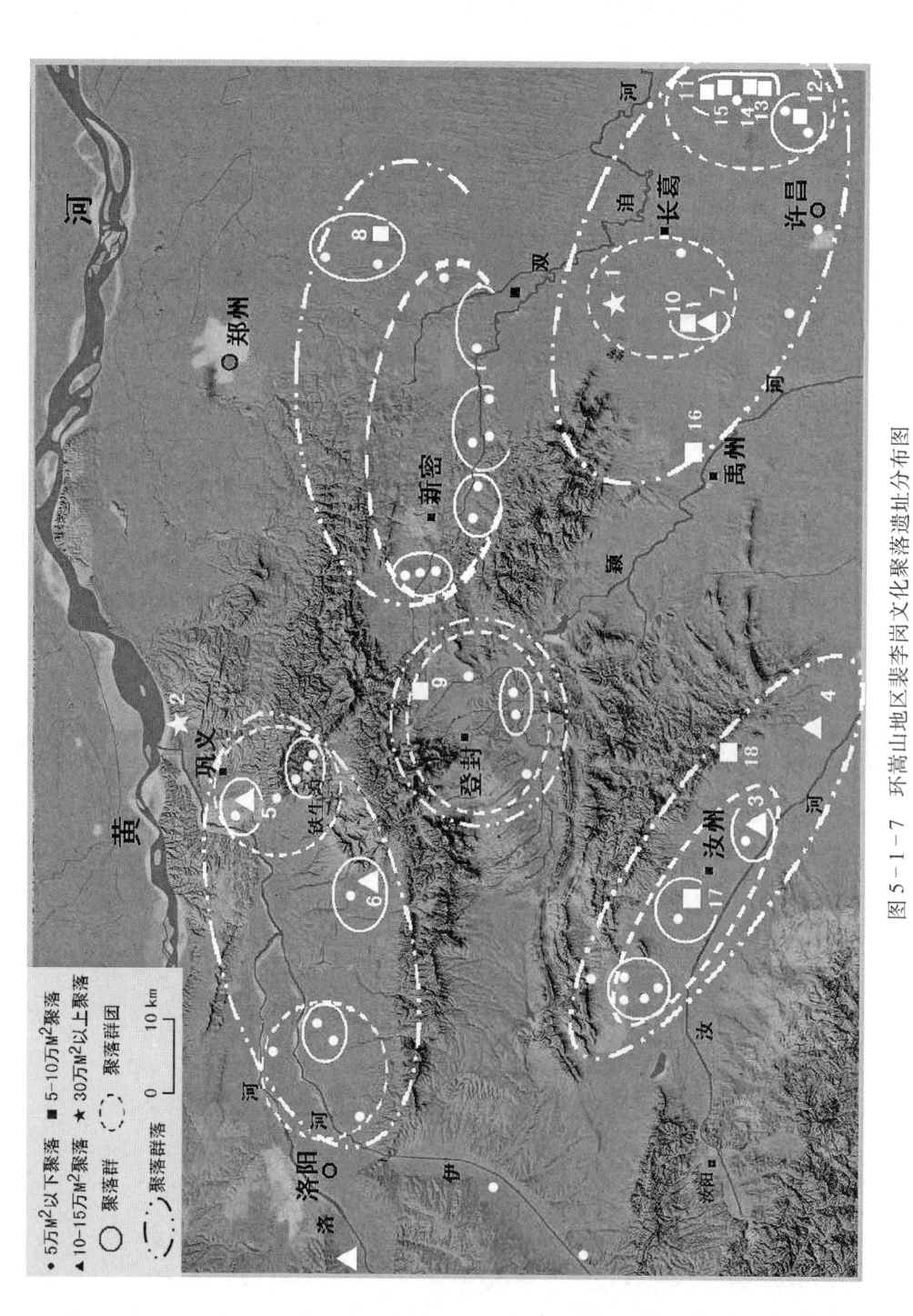

图 5-1-7 环嵩山地区裴李岗文化聚落遗址分布图

1. 新郑唐户 2. 巩义滩小关 3. 汝州中山寨 4. 郏县水泉 5. 巩义水地河 6. 巩义赵城 7. 长葛石固 8. 新郑店张 9. 登封向阳 10. 长葛西杨庄 11. 长葛夹岗 12. 鄢陵刘庄 13. 鄢陵唐庄 14. 鄢陵半截岗 15. 鄢陵古城 16. 禹州枣王 17. 汝州槐树荫 18. 汝州安沟
（引自裴安平《中国史前聚落群聚形态研究》）

1.5∶1；三里桥,深 5.6—7.5 米,宽深比约 2∶1；大河村,G1 深 4.7—5.5 米,G2 深 3.5—5 米,宽深比约 2∶1。

第二,无长年积水。

这是地理环境所决定的一个特点,从早期的围沟开始,无论什么沟,在黄土地区都不可能有长年积水。之所以如此,主要因为黄土地区土质疏松,深厚,地下水位很低。但是,沟内有的地段也有一些淤土,很可能一是降雨时间较长形成的；二是地形较低洼,沟内临时性汇聚水的结果。

第三,沟旁皆无土垣。

这一点也是环境条件使然。因为黄土土质疏松,在不施以夯打的前提下,即使将挖沟之土都堆在了沟的内侧,也会因为长时间的风吹雨淋而土崩瓦解。

第四,坡度很陡。

由于垂直节理发育,所以从当地的围沟开始,沟坡一直很陡。庙底沟,沟坡皆 50°以上；大河村,G1 等于或大于 50°,G2 近 90°；西坡,65°—80°。

第五,标志黄河流域一体化聚落群第二代军事中心的诞生。

已有的发现非常清楚地表明,随着社会矛盾的激化,聚落组织出现了史无前例的一体化趋势,在此基础上有实力的聚落和聚落群开始挖壕自保,以唐户遗址的早期壕沟为代表,标志当地出现了最早的第一代军事中心。仰韶文化时期,以庙底沟等更有实力的晚期壕沟为代表,又标志当地出现了第二代军事中心。

值得注意的是,第一代与第二代军事中心崛起的社会基础基本上都是一体化的聚落群,因为当时只有聚落群才是人类生产生活的实体。正因此,第一代和第二代军事中心都是有实力的聚落群或部落的永久性军事中心；同时,也是所在聚落群团即部落联盟的临时性军事中心,裴李岗文化新郑唐户遗址所在即如此。

由图 5-1-7 可知,在环嵩山地区东南部有一个裴李岗文化的聚落群落。其中,以宽阔的中间隔离带分开的是二个大的聚落群团,唐户就属于靠山边的群团。该群团至少有 3 个聚落群,但相互之间距离较大,皆近 10 公里左右,这种现象说明它们之间的关系独立平等松散,尚未形成一体化的组织形态。

正因此,唐户的地位也就不可能是永久性的,对其他聚落组织或部落也没有集中领导与管理的大权,因而只能是临时性的军事中心。

(二)淮河流域濠沟的发现与特点

1. 淮河流域濠沟的主要发现

由于缺少深厚松软的黄土堆积,地下水位也高,所以淮河流域的沟状设施就与黄河流域的完全不同,而与长江中下游一样流行长年有积水的濠沟。

目前,淮河流域的发现都属于规模较大防御功能突出的晚期濠沟类型,并可以距今5000年前后的河南淅川沟湾、安徽蒙城尉迟寺二个遗址为代表。

河南淅川沟湾,原名下集,属仰韶文化中晚期遗址[①],位于南阳市淅川上集乡张营村沟湾组村东老灌河(古淅水)东岸的阶地上。2007—2009年,遗址钻探与发掘,发现聚落外围有两条距今5000年以前相互重叠的沟(图5-1-8,3,G48、G10),整体呈圆角长方形,除西北部被古河道冲毁以外,其余部分保存完好(图5-1-8,3)。其中G10,叠压在G48之上,属大型濠沟,口部宽14—20米,深4.5—7米(图5-1-8,4)。

由于遗址地处淮河以南,降雨量较多,地下水位较高;又由于晚期的G10比早期的G48深度增加了2.7—4.8米,所以该濠沟完全是一条有长年积水的水沟,并有明显较厚因水而成的灰色、浅灰色、青灰色等各色淤积土。

安徽蒙城尉迟寺,大汶口文化晚期遗址,距今5000年以后,聚落外围的濠沟开口宽25—30米,深4.5米,外侧坡度较缓,内侧陡直(图5-1-8,5、6)。由于沟的开口位置处于聚落所在岗堆外围的低洼处,沟口又低于岗顶4—5米;还由于沟底第8、第7层,皆属淤积层,并有平行横跨整个沟底近30米的堆积特点,所以这条沟完全是一条有长年积水的濠沟。不过,这条沟的各个部位至今都未发现与周边自然河沟相通的痕迹,因此又可以有理由地认为这是一条以地下渗水为主要水源的濠沟。

2. 淮河流域濠沟的主要特点

根据已有的发现,淮河流域的晚期濠沟有四个突出的特点。

第一,流行长年有积水的濠沟。

第二,整体宽扁形。

与长江流域类似,淮河流域的濠沟不仅也是水沟,而且整体也是宽扁形。但是,淮河流域又不完全与长江中下游相似,因为沟的深度明显较大,4.5—7米。这很可能是淮河流域地下水位较长江中下游要低,土层较长江中下游要厚要软的原因。

第三,沟边没有土垣。

第四,濠沟也是当地一体化聚落群的军事中心。

安徽蒙城尉迟寺就是这方面的一个典型例据。

[①] 郑州大学历史学院考古系:《河南淅川县沟湾遗址仰韶文化遗存发掘简报》,《考古》2010年第6期。

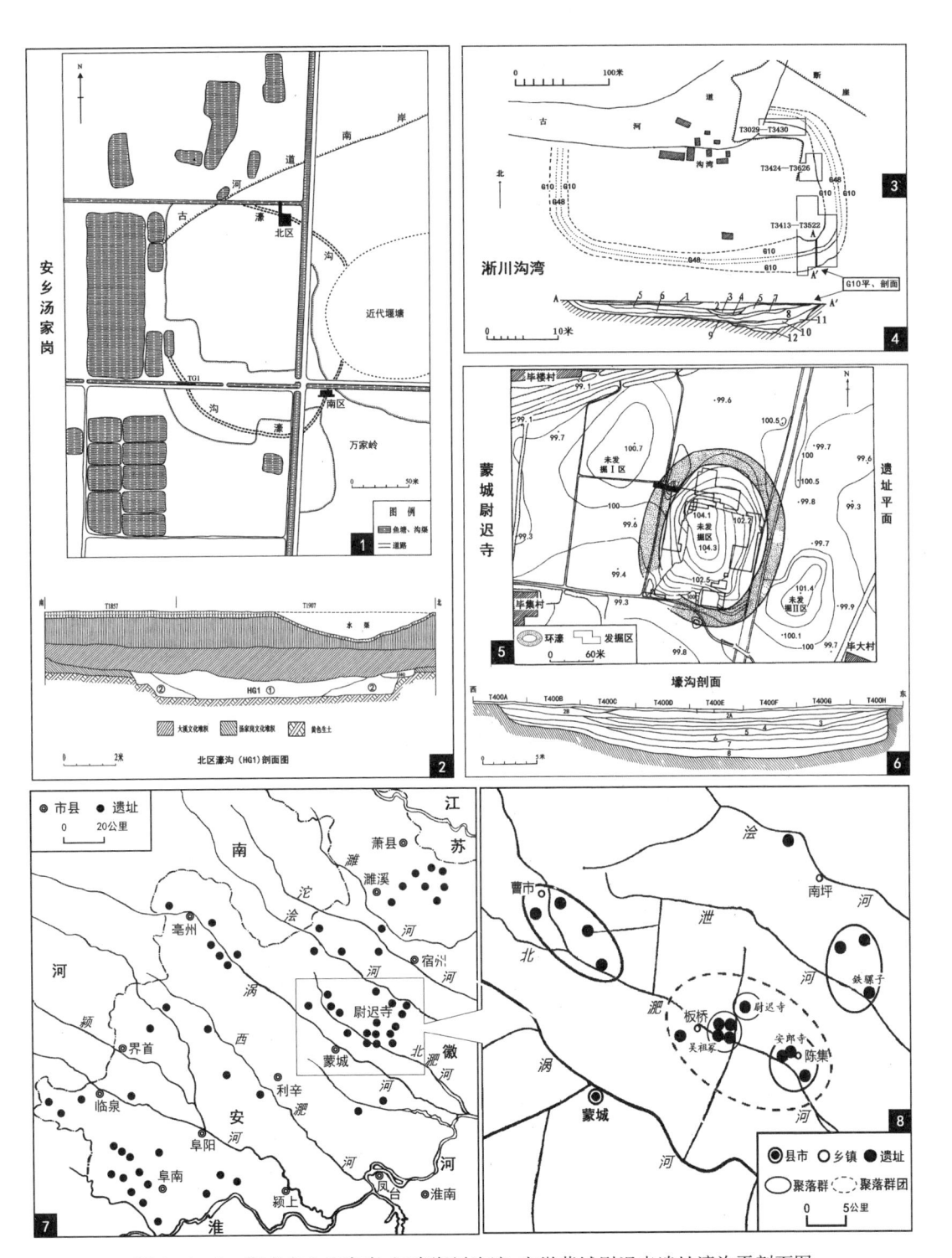

图 5-1-8　湖南安乡汤家岗、河南淅川沟湾、安徽蒙城尉迟寺遗址濠沟平剖面图

1.汤家岗濠沟平面图　2.汤家岗濠沟剖面图　3.淅川沟湾濠沟平面图　4.淅川沟湾濠沟剖面图　5.蒙城尉迟寺濠沟平面图　6.蒙城尉迟寺濠沟剖面图　7、8.皖北大汶口文化遗址分布图

（1、2引自湖南省文物考古研究所《安乡汤家岗》；3、4引自郑州大学历史学院考古系《河南淅川县沟湾遗址仰韶文化遗存发掘简报》；5、6引自中国社会科学院考古研究所《蒙城尉迟寺》；7、8引自中国社会科学院考古研究所安徽工作队《皖北大汶口文化晚期聚落遗址群的初步考察》）

一方面,它就是所在聚落群的核心,也就是所在一体化聚落群永久性的军事中心。

发掘表明,它所在聚落群一共 3 个聚落,完全是一个一体化的聚落群,所有成员都零距离相聚在一个遗址中(图 5-1-8,5)。其中,只有核心位于环濠之中,而另外二个则位于环濠以外。一个位于环濠西北,面积近 2 万平方米(图 5-1-8,5,"未发掘Ⅰ区");一个位于环濠东南,面积约 1 万平方米(图 5-1-8,5,"未发掘Ⅱ区")。

另一方面,它也是所在聚落群团的临时中心。

因为它所在聚落群团各聚落群成员之间的组织状态比较松散,相距都在 10 公里以上,也未见任何一体化的迹象(图 5-1-8,7、8)。因此,尉迟寺的地位也就不可能是永久性的,对其他聚落组织或部落也没有集中领导与管理的权力。

(三) 长江中游濠沟的发现与特点

如果说全国各地遗址或聚落流行的最早的沟状设施围沟都是一条无长年积水的干沟,那么,以后不同地区的差别就不再是形态大小的差别,而是属性的不同,其中,长江流域不仅与黄河流域分道扬镳了,而且还出现了中国历史上时代最早的拥有长年积水的濠沟。

1. 长江中游濠沟的主要发现

已有的发现表明,距今 6 500—6 000 年期间就是长江中游早期濠沟出现与流行的时代。其中,湖南澧县城头山、安乡汤家岗二个地点发现的汤家岗文化晚期濠沟就是代表。

城头山的濠沟,位于遗址所在高地与外围平原面的交接部位,在遗址现代地表以下 3 米,与现代平原面的高度基本持平。整体圆形(图 4-1-1,2,Ⅰ),口宽约 15.3 米,深约 1 米;内坡之上还有一道土垣,高约 0.75 米。发掘显示,沟"内为黑褐色淤泥"[1]。

安乡汤家岗的濠沟,也位于遗址所在高地与外围平原面的结合部,整体圆形(图 5-1-8,1)。其中,开口距现代地表 2.3—2.6 米,口宽约 10.3 米,深 0.6—0.95 米,沟内主要堆积也是黑褐色淤土(图 5-1-8,2)。

距今 6 000 年以后,当地就出现了越来越深越来越宽的晚期濠沟。其中,澧县城头山大溪文化早期城外的濠沟就是代表,它宽 12 米,深 2.2 米[2]。

---

[1] 湖南省文物考古研究所:《澧县城头山——新石器时代遗址发掘报告》,文物出版社,2007 年,第 53 页;郭伟民等:《澧县城头山考古发现史前城墙与壕沟》:《中国文物报》2002 年 2 月 22 日。

[2] 郭伟民等:《澧县城头山考古发现史前城墙与壕沟》,《中国文物报》2002 年 2 月 22 日。

2. 长江中游濠沟的主要特点

主要有以下六个方面的特点。

第一，沟内有长年积水。

由于土壤黏重、紧实、地下水位高，所以从距今6 500年开始，长江流域的史前沟状设施就出现了革命性的变化，以往早期开口与聚落居住面等高且无长年积水的围沟基本上都被淘汰了，取而代之的则是开口在聚落居住面下方并与周边自然地面基本持平的沟。这种沟不仅规模扩大了，防御功能明显了，而且仅靠地下渗水，沟内也将长年保有积水。

第二，整体外形都是圆的。

第三，沟边有土垣。

这一特点明显是从早期围沟那里继承来的。

值得注意的是，目前所见中国史前最早沟边有"土垣"的地点，即八十垱与城头山，全部都位于湘西北的澧阳平原上[①]，二者相距约20公里。这种现象说明，澧阳平原就是中国史前"土垣"即城墙祖型最早的起源地和故乡。

第四，沟的形状依然宽而浅。

宽明显大于深，最大宽深比10∶1，这完全是长江流域从晚期围沟开始的地方特点。对此，濠沟也予以了继承，并进一步有所扩大。其中，汤家岗的宽深比就约10∶1，而城头山的宽深比则约15∶1。

第五，沟的开口位置全部都下移到了遗址的最低处，即遗址与周边自然地面的交界部。

第六，濠沟是人们顽强拼搏的标志。

应该指出的是，黄河流域土壤疏松，因而从聚落围沟转变成壕沟，就施工而言，只有工程量的增加，而没有质的突破、没有工程难度的增加。但是，长江流域，特别是长江中游地区自然条件完全不同，深挖沟的难度乃全国之最。

考古发现，长江中游的聚落遗址多数都位于山前或平原中的小土岗上，而这种土岗的自然堆积又往往有二个非常突出的特点。一是，由于多雨流水冲刷的作用，土质较松软的上部土层一般都很浅，历朝历代叠加在一起也多不超过一米；二是，由于高温湿热的原因，下部的土层往往就是紧实黏重的全新世早期及第四纪的各种网纹土（图5-1-9）[②]。在主要使用石器木器的生产力条件下，人们对这种黏土完全是心有余而力不足。湖南临澧县

[①] 张修桂：《洞庭湖演变的历史过程》，《历史地理》1981年创刊号。
[②] 裴安平：《湘西北澧阳平原新旧石器过渡时期遗存与相关问题》，《文物》2000年第4期。

胡家屋场距今 7 000 年的晚期围沟之所以只深约 1 米,据发掘报告即可知,就因为"其下为生土,黄色粉砂土,铁锰胶膜较多……这种黄色土与下面第四系更新世网纹红土属同一类型土壤"①。

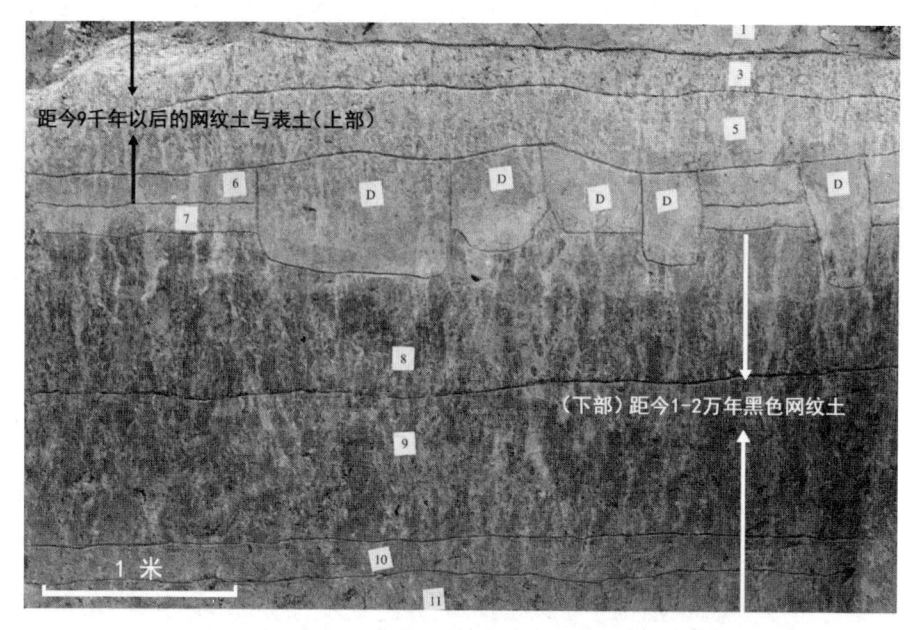

图 5-1-9　湖南澧县八十垱遗址发掘西区 T41 西壁地层堆积剖面图
1. 现代农田　3. 距今 8 000 年以后的网纹土　5、6. 彭头山文化层　D. 干栏式建筑柱洞　7. 自然过渡层　8、9、10. 距今约 2 万年时期质地紧实的黑色网纹土
（引自湖南省文物考古研究所资料）

不过,当地的人们并没有放弃。表面上看,拥有长年积水的濠沟比黄河流域无长年积水的壕沟出现的时间要晚。但是,可能比河南新郑唐户还早,浙江小黄山就出现了晚期围沟,这种围沟实际上就是一个从早期围沟到濠沟之间的中间环节,就是当地人面对日益激化的社会矛盾与冲突试图增加沟的防御功能所进行的一项积极尝试。

正因此,南方沟内无水的晚期围沟,虽然表面上显示的防御功能较黄河流域第一代壕沟要弱,但实际上则是他们遇到了难以逾越的自然障碍的反映,而且同时还显示了他们在自然障碍面前的顽强拼搏与不懈努力。

事实上,正是这种顽强与不懈努力很快就催生了中国最早的濠沟,而濠沟的出现则意味着人类的沟状设施取得了二个方面的重大进步,代表了挖沟用沟模式的根本性转变。

---

① 湖南省文物考古研究所:《湖南临澧县胡家屋场新石器时代遗址》,《考古学报》1993 年第 2 期。

第一，改变了以往沟的开口位置总与聚落居住面等高随居住面起伏而起伏的总体布局模式，第一次历史性地将沟的开口位置下降到了遗址所在区域的最低处，下降到了遗址与周边自然地面的结合部。

第二，将以往聚落沟状设施的主要功能由用以排水转变为蓄水。

二、各地壕（濠）沟发现的意义

作为中国史前血缘社会一体化聚落群军事中心崛起的第二阶段，壕（濠）沟出现的意义主要有以下四个方面。

（一）是聚落遗址沟状设施防御功能日渐突出的标志

相对早期的围沟而言，各地新出现的壕（濠）沟可谓第二代聚落外围的沟状设施。

从表面上看，第二代与第一代的主要区别只是规模大小而已，但实际上也是最根本的变化就是防御功能的有无与强化。无论黄河、淮河、长江流域，壕（濠）沟都越来越宽越来越深，防御功能越来越明显。

尤其值得关注的是，在这一过程中，长江流域没有墨守成规继续沿用无长年积水的干沟，而是让新开的沟成为了有长年积水的濠沟，从而使当时聚落遗址外围的沟状设施不仅防御功能倍增，还由此开了中国古代城址城墙外有长年积水城濠模式的先河。

（二）各地的区域性差异日渐明显

虽然导致差异的原因既有自然的也有人为的，但是各地新石器时代中期围沟的发现说明，早期是以自然的因素为主，所以全国的围沟相似程度很高，开口都与聚落居住面等高，都没有长年积水。但是，新石器时代晚期，由于聚落社会矛盾的不断激化，各地不仅新出现了规模远超围沟的壕（濠）沟，而且还由于人为的原因和强化防御功能的需要，各地自然条件的差异也被充分利用和放大了。

在黄河流域，由于土质疏松，所以沟越挖越宽，越挖越深，沟坡也越来越陡。

在长江与淮河流域，由于土质紧实黏重，难以深挖，所以沟形不仅宽扁，还引水入沟。为此，人们改变了围沟开口与聚落居住面等高的布局模式，创造性地将沟口开在了聚落居住面的下方，并放置在聚落与外围自然地面的结合部。

（三）标志史前社会一体化聚落群第二代军事中心的正式出现

由于不同的地理条件，距今约 7 500 年，就在长江中游地区出现晚期围沟的时候，黄河中游也同时由围沟变成了早期壕沟，这意味着两地基本同时出现了聚落血缘社会的第一代"军事中心"。距今 6 500 年以后，就在长江中游地区出现了早期积水濠沟的时候,黄河中游也大致出现了晚期壕沟,从而又意味着两地再次基本同时出现了第二代"军事中心"。

值得注意的是,无论黄河流域无水的壕沟,还是淮河长江流域有水的濠沟,实际都是时代的产物,都是社会矛盾激化的产物和象征,都是史前社会聚落群一体化实力升级的产物与象征。

(四)长江中游地区继续引领血缘社会一体化聚落群"军事中心"崛起的第二波高潮

如果说围沟阶段长江中下游地区还只是引领了中国史前血缘社会"军事中心"崛起的第一波高潮,那么以长年有积水的濠沟为标志,则意味着长江中游地区又引领了"军事中心"崛起的第二波高潮。

理由之一,距今7 500年长江中游就出现了晚期围沟,说明长江中游早期围沟的升级换代时间不晚于黄河中游地区壕沟出现的时间。

理由之二,距今6 500年长江中游地区濠沟加土垣模式的出现实际就意味着出现了中国古代流行城墙加城濠营建模式最早的雏形。

理由之三,是全国第二代沟状设施独立流行时间最短的地区。

在北方的东部地区,整个红山文化都没有发现城址。在黄河流域,从新郑唐户第一条壕沟的出现到郑州西山第一座古城的出现,整整经历了约2 000年之久,而且出现的绝对年代也晚,最早距今约5 000年。但是,长江中游地区距今6 500年出现濠沟以后仅500年,即距今约6 000年,就出现了中国史前第一座城址。濠沟独立流行的时间之所以会如此之短,一方面说明长江中游有比其他地区更为激烈的社会矛盾与冲突,另一方面濠沟加土垣的营建模式实际也为后来城址的营建提供了先例和范本。

第三节 早期古城流行的阶段

古城就是史前晚期在外围环绕了一圈防御城墙的遗址,有的在城墙外还有又宽又深的城壕(濠)。其中,规模较小,只属于聚落群一级,城内只住着一个聚落的城址就是早期古城。

早期古城流行的阶段就是中国史前血缘社会一体化聚落群第三代"军事中心"崛起的阶段,也就是继晚期围沟、壕(濠)沟之后的高级"军事中心"阶段。

一、各地早期古城的发现与特点

目前,已经发现早期古城的地区只有黄河中游与长江中游。

(一) 黄河中游早期古城的发现与特点

黄河中游只发现了一座早期古城，距今约 5 000 年，这就是河南郑州西山。

西山古城位于郑州市西北邙山区古荥镇孙庄村，属仰韶文化晚期。就城址的功能、营建模式与城内城外聚落的组织模式而言，有六个重要的特点①。

第一，面积小。

整体约 3.5 万平方米，城墙以内面积约 2.5 万平方米，是中国史前规模最小的袖珍型城址。

第二，外观近圆形（图 4-1-1,5）。

第三，夯筑城墙。

这是中国第一次采用版筑法夯筑的城墙。这种建筑方法的出现也是一种革命，其意义不亚于长江流域水沟的出现，并从根本上解决了土质疏松的黄土的大规模利用问题。

第四，拥有"围沟+沟墙"组合的准双重防御体系。

发掘表明，西山并没有真正高耸于地面之上的城墙，也没有深陷于地表之下的壕沟，而只拥有明显比较原始的"围沟+沟墙"组合的准双重防御体系。

由地层剖面可知，西山古城墙外之沟完全是一条小型的围沟与干沟。

其中，与 I 期墙配套的沟，即 G9⑤—⑨层，宽不过 5 米，深不过 3 米（图 5-1-10）。与 Ⅲ 期墙配套的沟，即 G9①、②层代表的沟，宽虽超过 5 米，但深不足 2 米。如与距今 7 000 年以前的山东章丘小荆山遗址宽 4—6 米、深 2.3—3.6 米的围沟相比，二者规模非常接近。

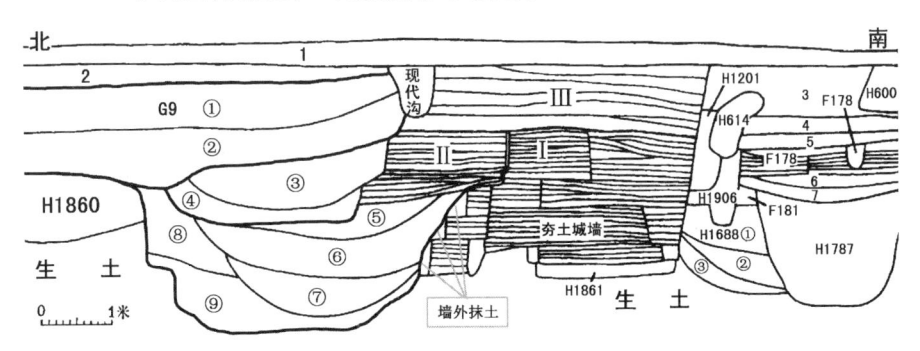

图 5-1-10　河南郑州西山古城发掘剖面图
（引自国家文物局考古领队培训班《郑州西山仰韶时代城址发掘》）

---

① 国家文物局考古领队培训班：《郑州西山仰韶时代城址发掘》，《文物》1999 年第 7 期。

此外,之所以判断西山古城的墙外之沟是条无水干沟,有三个方面的理由。

其一,周围水环境欠佳。

由于城址所在大地貌为豫西丘陵与黄淮平原的交界处,西北是邙山余脉的西山,整体地势由西北向东南呈缓坡状,地表皆黄土,高差约 20 米,水土流失严重。南部虽有季节性河流枯河,但城址位于二级阶地上,高出河床约 15 米。因此,该沟除天然降雨以外,无其他任何长年稳定的可供水源。

其二,墙体一半以上的高度是沟坡。

第Ⅰ期城墙,夯土墙体高约 2 米。其中,墙基仅高出沟底不足 1 米,低于沟的开口 G9⑧层层面、H1860 开口面 1.2—1.4 米。第Ⅱ期城墙,墙基距沟底(G9④)更近,仅 0.2 米。第Ⅲ城墙,墙基距沟底(G9②)也不足 1 米。假如每一期沟内都长年有水,即使水深不过 1 米,因黄土渗水性强,受水浸湿后,沟内侧在墙体自重荷载的作用下,整体结构也很容易遭到破坏,并发生下沉、湿陷,以及地裂、土崩、垮塌等现象。但是,有关的考古报告却显示这一切均未发生。

其三,墙外抹泥至今犹在。

发掘显示在Ⅰ期城墙底部与中部外侧,当时都抹了泥土,厚 0.3—1 米不等。这些泥土"斜压城墙,推测是在城墙外侧抹泥使之光滑,以防攀登"。由于这些泥土都没有因水浸泡而脱落或损坏过的痕迹,所以它的发现也证明该城之沟是一条无长年积水的干沟。

与沟一样,古城的"城墙"也很有特点,可称为"沟墙"。因为这堵墙的主体过半都位于沟的内侧,仅顶部略高于地表。

发掘还表明,西山城址的修筑采取了"二步走"的方法。第一步,先统一挖一条大沟;第二步,在沟底的内侧夯筑城墙,另一半作为围沟。正因此,西山第Ⅰ期城墙高近 2 米,其中大于一半以上的高度都位于沟内,仅约 0.7 米高于沟口 H1860 的开口面。

第五,墙体的外坡很陡。

为了提升墙体的防御功能,并阻止他人攀爬,西山墙体的外坡很陡。第Ⅰ期,坡度近 60°;Ⅱ期、Ⅲ期,比前期更陡,近 70°。

第六,城是一体化聚落群的核心聚落所在地。

已有的发现表明,西山是黄河流域仰韶文化时期一体化聚落群零距离相聚的典范。遗址面积 30 万平方米,中心是古城;城外围沟与遗址壕沟之间是同一个聚落群的其他成员,还有它们的居住房址和墓葬(图 4-1-1,5)[①]。

---

① 马世之:《五帝时代的城址与中原早期文明》,《中州学刊》2006 年第 3 期。

值得注意的是,西山的聚落群聚形态与裴李岗文化晚期新郑唐户完全一样。同样的面积,30万平方米;同样的组织结构与组织模式,都是一个聚落群的所在地,各成员都从属关系明显,为主的核心聚落都位于遗址中间,而从属的其他聚落则环绕在它的身边。然而,区别也十分明显,因为唐户的核心只是壕沟聚落,而西山的核心则是城址。

显然,虽然二者都是聚落群一体化的代表,但以早期壕沟为标志的只是当地的第二代军事中心,而以城址为标志的则是第三代高级军事中心。

(二) 长江中游早期古城的发现与特点

紧随环壕聚落之后,距今约6000年,中国史前第一座城址就在长江中游地区登上了历史舞台。其中,最令人瞩目的进步就是在以往环壕的基础上,拓宽加深了壕沟,加高加宽了土垣,从而催生了一种同时兼有壕沟与高墙双重防御功能的新型设施。

目前,长江流域只有中游地区已发现距今约5000年以前的早期古城三座,即湖南澧县城头山、湖北石首走马岭—屯子山、天门龙嘴。

1. 长江中游各早期古城的发现

(1) 城头山

城头山,始建于大溪文化早期,距今约6000年,至今仍保持着中国史前最早城址的纪录,平面圆形(图4-1-1,2)。

根据考古发掘,城头山挖壕筑墙的过程可分五期①。其中,距今5000年以前经历了三期。

第一期:汤家岗文化,距今约6500年,首次挖壕。开口15.3米,内侧土垣高约0.75米(图4-1-1,2,Ⅰ)。

第二期:大溪文化早期,距今约6000年,首次筑城,城墙以内约6万平方米。墙底宽8—10米,顶宽5.2米,高1.6—2米;壕沟开口宽12米,底宽5.5米,深2.2米(图4-1-1,2,Ⅱ)。

第三期:大溪文化晚期,距今约5500年。墙建于第二期壕沟外侧的地面上,底宽8.9—15米,顶宽5米以上,残高1.65—2.6米;壕沟开口宽12米,深1.5—5米(图4-1-1,2,Ⅲ)。

值得注意的是,从大溪一直到屈家岭文化时期,城内各种生产生活设施的位置与布局简单明了,几乎没有变化。

居住类房址主要位于第二—七发掘区,从而表明这二个文化时期城内

---

① 郭伟民等:《澧县城头山考古发现史前城墙与壕沟》,《中国文物报》2002年2月22日;尹检顺:《湖南澧阳平原史前文化的区域考察》,《考古》2003年第3期,第56页。

的主要居住区就位于东、中、南部(图4-1-1,2,二—七)。

1994年,第三发掘区西部发现一座使用期从大溪早、中期一直到屈家岭时期的大型窑场,出土陶窑8座,以及配套的贮水坑、取土坑、和泥坑、简易工棚等。由于窑场规模大,使用期长,因而它的发现就证明城内居住区与手工作坊区各自都有自己独立的分布区域和分布边界(图4-1-1,2,三)。

城内的墓葬区也是独立的,已经出土的数百座墓葬共同表明,大约从大溪文化晚期开始,第四发掘区及其附近就成了名副其实的聚落公共墓地,并一直沿用到石家河文化早期(图4-1-1,2,四)。

由于城内的居住区、窑场、公共墓地等主要生产生活设施在空间上都有独立的分布区,互不重叠,还延续时间较长。因此,这些特点就共同表明,城内的居民应该就属于一个统一的聚落;或者说,该城就是一个单聚落城址。

(2) 走马岭—屯子山

这是中国时代最早的由二个独立城址连接起来的双城城址,又被称为"姊妹城",现位于长江以南湖北省石首市焦山河乡①。

二座城相距仅50米,包括城濠城墙在内总面积16万平方米,分别位于低矮但又相连的岗丘上,始建于大溪文化晚期。由于城濠城墙皆顺地形统一将二处聚落都围于其中,故城址外形明显呈不规则"8"字形(图4-1-1,6)。

其中,走马岭,面积8万平方米,城墙宽20—27米,濠沟宽25—30米,为一处单聚落城址。1990—1991年发掘,在东部1 200平方米的范围内,发现大溪晚期到石家河时期的房址4座,陶窑2座,灰坑109座,墓葬19座,出土物十分丰富。

屯子山,位于走马岭东北,面积与走马岭相当。虽然目前暂未大面积发掘,但考古调查在城内也发现了大面积的红烧土房址类堆积,显示它也是一处独立的单聚落所在地。

(3) 龙嘴

龙嘴位于汉水以北的湖北天门市石河镇龙嘴岗地的南端,地处大洪山南麓向江汉平原过渡的山前地带,平面形状弧边圆形近方,总面积约8.2万平方米,城内面积约6万平方米,文化性质属油子岭文化早期,年代大体相当大溪文化晚期(图4-1-1,3)②。

发掘与调查表明,城濠宽约18米,深1.5—2.7米,墙基宽约17米。

---

① 荆州市博物馆等:《湖北石首市走马岭新石器时代遗址发掘简报》,《考古》1998年第4期;荆州市文物考古研究所:《湖北公安、石首三座古城勘探报告》,《湖北史前城址》,科学出版社,2015年,第236—264、272—292页。
② 湖北省文物考古研究所等:《天门龙嘴》,科学出版社,2015年。

由于城内面积与澧县城头山、石首走马岭—屯子山基本相同,故推测亦应属单聚落城址。

2. 长江中游早期古城的特点

主要有五个。

第一,早期古城的建筑模式完全是在濠沟基础上的扩大发展。

一方面,城濠与城墙的总体平面形状与施工方法同濠沟完全一样。其中,整体平面皆圆形,土垣与城墙的施工方法也全部是堆筑。不同的是,城墙与城濠的规模都有所扩大。其中,汤家岗文化时期的濠沟,深不足1米;而大溪文化早期的城濠则深2.2米。汤家岗文化时期的土垣高不足1米,而大溪文化早期的城墙则高1.6—2米。

另一方面,重沟轻垣的现象在大溪文化早期继续沿袭。

沟边土垣,虽然在长江流域早在距今8 000年以前就出现了,但是它的地位与作用远不如同时期的沟重要。沟不仅外观标志性特征明显,还可以降低地下水位高度以利于居住,而土垣除了可以堆积挖沟之土以外,没有任何其他作用。汤家岗文化时期,沟边的土垣也高不过1米,也没有任何单独的防御功能,但同时期的沟却宽15.3米。虽然它的深度没有超过1米,但是它的积水却使它的防御功能远远超过了土垣。

大溪文化早期,在沟与墙的规模都有较大增加的基础上,宽12米、深2.2米的城濠,其防御功能仍然明显超过了高1.6—2米的城墙,从而显示当时还在继续沿袭着重濠轻城的倾向。

第二,大溪文化晚期城濠城墙规模同步发展,而且越来越大。

大溪文化早期,城头山,墙基宽8—10米;城濠宽12米,深2.2米。

大溪文化晚期,城头山,墙基宽8.9—15米,城濠宽12米、深1.5—5米;走马岭,墙基宽20—27米,城濠宽25—30米;龙嘴,墙基宽17米,城濠宽18米、深1.5—2.7米。

很明显,大溪文化晚期,城墙城濠的规模相对早期都同步扩大了近一倍。

第三,大溪文化晚期,真正开始拥有了城濠城墙并重的双重防御体系。

随着城墙城濠规模的同步扩大,原来重濠轻城的倾向也悄悄地改变为了沟墙并重,从而真正开始拥有了历史上最早的城濠城墙并重的双重防御体系,如湖北天门龙嘴墙基宽17米、城濠宽18米,二者规模几乎完全相当。

第四,所有的城址都是单聚落城址。

所谓单聚落城址,就是城内只住着一个聚落的城址。当时的城址之所以都大小一致,如城头山起初城内6万平方米,龙嘴城内也只有6万平方米,走马岭与屯子山各自去掉城墙城濠也不过6万平方米。究其原因,皆因为城内都只有一个聚落,即同一个氏族。对此,城头山城内居住区、作坊区、墓地的布局就是这方面的最好证明。

第五,所有的城址都是一体化聚落群的核心。

澧阳平原的城头山,由图4－1－1(1)可见,与城头山同属一个聚落群的普通聚落一共3个,皆位于城址的西部,最近距离约2公里。整个聚落群的组织模式就是:单聚落城址+普通聚落。

天门龙嘴,所在聚落群也属于单聚落城址+普通聚落的组织模式。2008年,湖北省对大洪山南麓进行了区域调查,一共发现与龙嘴同属油子岭文化的聚落遗址6个。其中,龙嘴距唐马台约1.5公里,唐马台距姚家岭约1公里;由于相互距离很近,所以这三者明显属于同一个聚落群(图4－1－1,4)。

石首走马岭—屯子山虽然属于双城城址,但由于在城址周边约10公里的范围内至今也没有发现其他同时期的聚落,所以它本身就是一个独立的胞族与部落,就是一个包含了核心与普通成员的小型聚落群。

正因此,距今5000年以前,长江中游诞生的城址全部都属于一体化聚落群级的城址,其中大部都是一体化聚落群的核心。

二、各地早期古城发现的意义

作为中国史前血缘社会军事中心崛起的第三阶段,早期古城出现的意义主要有以下五个方面。

(一)标志具有双重防御功能与城濠城墙并重的古城都登上了历史舞台

虽然就城址的营建模式而言,城址的出现经历了围沟、壕(濠)沟、古城三个阶段,但是就功能而言,却经历的是有无防御功能的前后两大阶段。

前一阶段,各地的早期围沟之所以大同小异,都规模很小,都不见明显的防御功能,都是一条无水的干沟,其关键原因就在于当时的社会矛盾并不尖锐不激烈,所以人们也就不需要绞尽脑汁去寻找那种有防御功能的聚落设施。

但是,从新石器时代中晚期之交开始,社会矛盾的激化与冲突悄然而起,于是人类社会最初具有防御功能的沟状设施也随之登上历史舞台,进入了第二阶段。

在黄河流域,这种设施就是壕沟。虽然由于土地宽广平坦、土质疏松、地下水位低等自然地理条件的原因,这种沟依然是一条开口与居住面等高的无水的干沟。但是,新郑唐户那10—20米的宽度、2—4米左右的深度,则充分显示了当地第一代明显具有防御功能的沟状设施的诞生。

在长江流域,与黄河流域早期壕沟出现大体同时或略早,沟内无水的当地第一代具有防御功能的晚期围沟也出现了,沟的宽度也接近或超过了10

米。不过，由于表土之下的网纹土紧实黏重，无法深挖，所以防御功能有了，但不够理想。为此，在人们的顽强与不懈努力之下，很快就取得了重大突破，催生了当地第二代具有防御功能的设施，即中国最早带水的早期濠沟。

早期濠沟，即距今6 500年以前的濠沟，实际也是一种过渡形态。这种过渡最成功的一面就是将沟的开口移到了聚落居住面以下，从而达到了引水入沟的目的。但是，那时候的沟也都与晚期围沟一样很浅，其中城头山与汤家岗就都深不过1米。究其原因关键就在于，虽然已经从聚落居住面的高度降到了聚落与周围自然地面交界部位，但它还是由于离遗址太近而更接近地表土以下的网纹化硬土。相对而言，地势依然较高，所以下方万年以前网纹土的埋藏深度就决定了沟的深度（图5-1-11）。

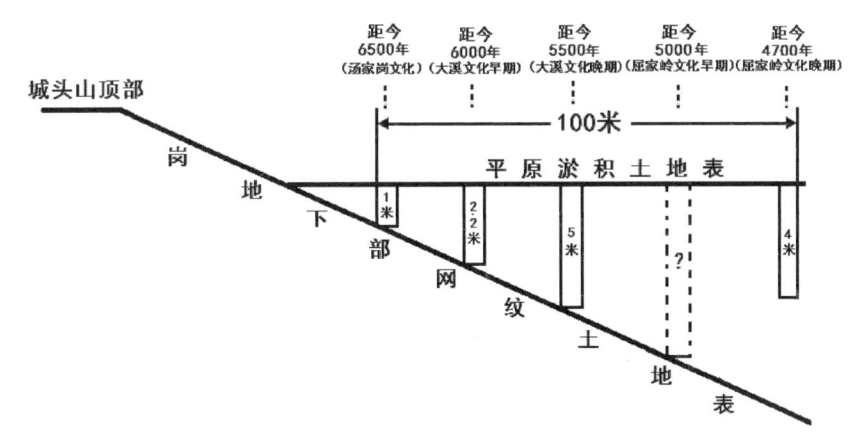

图5-1-11　城头山濠沟深度与岗地、平原面关系示意图

大溪文化早期，距今约6 000年，中国第一座史前古城就真正诞生在了湖南澧县城头山上。这不仅标志着当地人完成了聚落防护设施从晚期围沟，到早期濠沟，再到城址加晚期濠沟的三级跨越，还充分显示了当时当地社会矛盾的激烈，以及当地人的顽强与不懈努力。

正因此，城头山城址的出现意义重大。

第一，标志着深挖沟的问题从根本上解决了。

这是一个困扰了当地人1 000年之久的重大问题，即在生产力条件并没有根本改变的情况下，如何才能深挖沟的问题。城头山最早的城濠之所以深超过2米，为胡家屋场晚期围沟和城头山自己最初濠沟深度的两倍以上，关键的进步就在于往聚落与自然地面交界部外侧即周边平原的方向推过去了约20米。平原，一般而言，在南方多数都是水成的，由于形成的时代较晚，所以较下部的各种网纹土要更为松软，因而也就更有利于人工往深处开凿。

城头山城址,从大溪文化到屈家岭文化,城濠之所以越来越深,最终深达4—5米,关键的原因就是每一次筑新城都将挖沟的位置往外推(图4-1-1,2;图5-1-11),从而为深挖沟创造了条件。

第二,标志中国最早具有双重防御功能的设施登上了历史舞台。

在城头山的城址出现之前,全国各地都只有壕(濠)沟,都属于单重防御设施。虽然有的濠沟内侧也有土垣,但不过一米的高度表明它的基本作用就是堆积挖沟之土,虽然可以借此抬高沟内坡的相对高度,但防御功能仍不明显。不过,这种濠沟加土垣模式对人们的启示作用却是巨大的,并直接催生了中国最早拥有二重防御功能的城址。

这种城址可以说就是在南方土垣加濠沟的基础上发展起来的,一方面挖宽挖深了濠沟,另一方面又堆高堆宽了土垣。

第三,标志着城濠城墙并重的防御设施也登上了历史舞台。

值得注意的是,拥有了城濠城墙双重防御功能的设施并不等于有了城濠城墙同时并重的防御设施。在这里,城头山最早的城址就是重濠轻城的城址,具体表现就是濠的防御功能明显大于城墙。不过,这种现象在大溪文化晚期就得以彻底扭转,出现了第二代城濠城墙防御功能并重的城址,墙基宽与城濠宽都基本持平。

(二) 标志古城营建的长江与黄河模式已经正式形成

虽然从早期围沟开始,各地就因为自然基础条件的差异而显示了不同的营建模式特征。但是,它们的共性更突出。

但是,从距今约7 500年开始,各地遗址的沟状设施因自然条件引起的差异扩大了。

黄河流域,由于地势多开阔平坦,地下水位低,居住区周围新挖的又宽又深的壕沟不仅依然与居住面等高,而且依然是一条无水的干沟。

与此同时,多在小山头小岗丘上居住的长江流域,人们在不懈地改变历史。最初的努力是在与居住面等高的地方加大了沟的宽度,但又紧又实的下部网纹土阻止了深度的扩大。于是,接下来人们将沟的开口置于了小山头小岗丘的下方。起初,虽然因为靠遗址区太近而影响了沟的深度(图5-1-11),但沟内开始充满了长年积水,这不仅彻底改变了增强防御功能的模式,还由此揭开了我国南方流行积水濠沟、北方流行无积水壕沟不同模式的历史序幕。

距今6 000—5 000年期间,黄河长江流域在筑城方面都取得了历史性的突破,初步形成了各自完全不同的营建模式。

黄河流域模式的基本特点就是干沟加夯土墙。其中,干沟就是当地从早期的围沟一直延续下来的重要特点,是当地自然地貌与土壤条件共同作用的结果;而夯土墙则是一个巨大的历史进步,开了中国土木建筑施工新方法的先河,从而使当地质地松散的土壤可以按照人的意愿塑造成各种坚硬的形状。

长江流域模式的基本特点就是水沟加堆筑墙。其中,堆筑墙的始祖就是当地早期围沟边上的土垣,即将挖沟之土直接堆筑在沟的内侧地表上,而水沟则是源自当地有长年积水的濠沟。不过,长江流域的人还是有自己独特的时代贡献,那就是终于找到了深挖沟的诀窍,并不断将挖沟的位置往平原方向推过去,遂使沟越来越深。城头山大溪文化早晚二期沟深由2.2米变成了5米,究其原因皆因为离遗址越来越远,离平原越来越近(图5-1-11)。

(三)标志一体化聚落群高级军事中心的出现

中国的考古表明,距今7 500—5 000年之间,史前聚落血缘社会的"军事中心"经历三个阶段的发展与变化。

第一阶段,距今约7 500—6 500年,以长江流域的晚期围沟和黄河流域的早期壕沟为代表,标志着聚落血缘社会第一代初级军事中心出现了。

第二阶段,距今6 500—6 000年,以长江流域的早期濠沟和黄河流域的晚期壕沟为代表,标志着聚落血缘社会第二代中级军事中心出现了。

第三段,距今6 000—5 000年,以各地的早期古城为代表,标志着聚落血缘社会第三代高级军事中心出现了。

值得注意的是,各级"军事中心"的崛起始终都只发生在聚落群的范围内,军事中心也始终是聚落群的核心,而变化的则是具体的防御设施。

一方面,无论黄河还是长江流域,当时所有的城址都是单聚落城址,城里面都只住着一个聚落,湖南澧县城头山、湖北天门龙嘴及石首走马岭—屯子山、河南郑州西山皆如此。

另一方面,无论黄河还是长江流域,当时所有的城址都是所在聚落群主从关系明显的核心聚落,都是聚落群一级的城址。

这种现象表明,城址不仅是一体化聚落群的核心,而且还是某些实力强劲的一体化聚落群的永久性高级军事中心。

当然,由于聚落群之上的聚落群团当时还不是一种生产生活的实体,所以城址也只会在"暂时的紧急需要"(《起源》P89)的时候成为聚落群团即部落联盟临时性的盟主和军事中心,并随着这种需要的消失而自动离职。

(四)长江中游继续引领史前血缘社会一体化聚落群高级军事中心崛起的高潮

考古表明,长江中下游,特别是中游地区,一直就站在中国史前城址起源的最前面,并持续不断地引领了中国血缘聚落社会"军事中心"崛起的高潮。

第一次引领是距今 7 500 年以前由晚期围沟代表的时代,第二次引领是距今 6 500 年前后由早期濠沟代表的时代,第三次引领就是距今 6 000 年前后由早期古城代表的时代。

早期古城时代,长江中游地区主要有三个方面的领先之处。

第一,在全国各地率先出现了史前城址。

由于距今 6 000 年就发现了史前城址,所以湖南澧县城头山不仅是中国第一个发现了城址的地点,而且也应该是一个时代的代表,是中国古城时代的代表。与黄河流域相比,与河南郑州西山的筑城时间相比,城头山的年代至少早了 500 年。

第二,是全国最早出现城濠并重古城的地区。

在长江中游地区,一改以往濠沟规模明显大于土垣与城墙现象的时代就是大溪文化晚期。其中,湖南澧县城头山第Ⅱ期古城、湖北天门龙嘴及石首走马岭—屯子山的发现都表明,当时出现了又宽又深的城濠与又宽又高的城墙,并由此证明长江中游是全国第一个真正拥有城濠并重特点的地区,且防御功能明显超过同时期"围沟+沟墙"的河南郑州西山。

第三,是当时全国发现城址最多的地区。

距今 5 000 年以前,中国总共只发现了史前城址 4 座。其中,3 座,就位于长江中游地区,即湖南澧县城头山、湖北天门龙嘴及石首走马岭—屯子山;只有一座位于黄河流域,即河南郑州西山。

(五)古城的起源是文明起源的结果

已有的发现表明,中国史前城址的起源,即作为一种高级"军事中心"的起源,它完全是文明起源的结果。

第一,在时间上与文明起源同步。

就城址起源的过程而言,最重要的时代转变就是新石器时代中晚期之交,几乎没有防御功能的聚落围沟开始在黄河流域转变为有明显防御功能的早期濠沟,在长江流域转变为有一定防御功能的晚期围沟。其中,距今约 7 500 年,浙江嵊州小黄山、河南新郑唐户以主从关系为基础的一体化多聚落遗址与防御设施,就分别从聚落组织模式与有关设施的配置二个方面充分证明了城址的起源基本与文明起源同步的历史事实。

第二,城址的起源完全是文明起源导致聚落组织一体化实体化的结果。

在这方面,浙江嵊州小黄山、河南新郑唐户与郑州西山就是最好的例据,它们最形象地说明了没有聚落组织的一体化和实体化就不可能出现濠

（濠）沟与城址，就不可能汇聚挖壕（濠）筑墙的人力与物力。

壕（濠）沟与城址实际都是一种大型的公共设施，没有大量人力物力的投入是不可能完成的。为什么长江流域时代最早的晚期围沟，黄河流域时代最早的壕沟与城址，都会首先出现在多聚落的遗址上，这绝不是一种巧合，而正是一体化实体化聚落组织才是壕（濠）沟与城址诞生基础与实力的写证。

值得注意的是，这种一体化实体化的聚落组织也正是文明起源的最初结果之一，即为了应对日趋激化的社会矛盾和冲突而采取的必要举措，而产生的一种新型的聚落组织。因为在自然经济的前提下，各种聚落组织之间的关系总体独立平等，也很少激烈的矛盾与冲突，所以以往的历史中就没有一体化的聚落群，人们也不需要这种聚落群。但是，随着聚落与人口的增加，自然经济的成分越来越低，人与自然资源的矛盾和人与人之间的矛盾越来越紧张。于是，独立平等的聚落组织逐渐退出了历史舞台，取而代之的则是在主从关系基础上建立的一体化的聚落组织，只有这种组织才适合在各种矛盾与冲突中"拧成一股绳"，集中力量奋力拼搏。

显然，社会组织的文明化一体化正是古城崛起的组织基础、实力基础。

第三，农业的发展为古城的起源奠定了物质基础。

为什么中国史前最早长年有水的濠沟、中国史前最早的古城，会与中国史前最早适合早期个体劳动个体经济的稻田都发现在同一个地点——湖南澧县城头山遗址上，这绝不是一种历史的巧合，它充分地说明了经济基础与上层建筑之间的关系，说明了是农业为聚落社会的发展与古城的出现奠定了物质基础。

以往的历史之所以不见壕（濠）沟与城址，一方面是没有这方面的需求，另一方面则是没有这方面的能力。一般而言，这种能力，也就是实力，主要是二个方面。一是组织方面的，没有一定的组织就没有一定的人力；二是物质方面的，没有物质基础没有粮食仅有人也集中不起来。

正因此，已有的发现就表明是当地农业的发展为古城的起源提供了坚实的物质基础，还使得长江中游地区成为了引领中国史前古城起源的主要地区。

第四，古城的起源与国家起源没有直接的关系。

在中国，考古不仅证明了古城是文明起源的结果，而且还证明了古城和国家的起源都是文明的结果，古城的起源完全与国家的起源没有直接关系。

其一，崛起的时间不对。

古城崛起的最早时间是距今 6 000 年，而古国最早崛起的时间是距今 4 500 年，双方差距约 1 500 年。

其二,崛起的方式不对。

古城的崛起是和平的,是聚落组织自我完善的结果;而古国的崛起则是暴力的,是聚落组织之间征伐行为的结果。

其三,崛起的目的不对。

古城的崛起是一种聚落组织的自我保护,而古国的崛起则是主动进攻,并为了压迫和剥削他人。

其四,崛起的意义不对。

古城崛起的最初意义就在于聚落群的一体化以及聚落社会最初军事中心的崛起,并没有改变聚落社会以血缘为纽带的基本特点;而古国的起源不仅意味着社会已经出现了跨血缘跨地域的地缘化,还出现了以往从未有过的统治与被统治关系。

其五,古城并不是国家起源的必要条件与标准。

古城与文明的关系是一种直接的因果关系,没有社会的文明起源和社会的文明化就没有古城崛起的必要与基础。古城的发展虽然最后也推动了国家的起源,但总体而言古城的崛起与国家起源的关系还是比较疏远。没有城址,社会照样会出现国家,就像山西临汾盆地、河南洛阳盆地的古国一样。

可以说城址既不是国家起源的必要条件与标准,也不是国家起源的直接产物和结果。

本 章 小 结

本章主要从城址的营建模式、聚落组织模式、功能三个方面,并分围沟、壕(濠)沟、早期古城三个阶段,探讨了中国城市起源以一体化聚落群为组织基础的血缘社会"军事中心"崛起的过程、特点与意义。

一、围沟流行的阶段

围沟就是环绕在聚落遗址外围的小型沟状设施,距今7 500年以前的没有防御功能,以后晚期的开始出现防御功能。其中,晚期围沟流行的阶段就是史前血缘社会一体化聚落群"军事中心"崛起的第一阶段。

(一) 各地围沟的主要发现与特点

早期的主要发现是北方东部的内蒙赤峰敖汉旗兴隆洼及北城子、内蒙赤峰林西白音长汗、辽宁阜新查海,与黄河中游的河南舞阳贾湖、长江中游的湖南澧县八十垱等遗址;晚期的主要发现是黄河下游的山东章丘小荆山、淮河流域的江苏泗洪顺山集和韩井、长江中下游的湖南临澧县胡家屋场、浙江嵊州小黄山等遗址。

这些遗址的发现证明,虽然各地的围沟也有一些不同的地区差异,但明显以共性为主。

(二) 各地围沟发现的意义

主要有四个方面。

第一,各地早期围沟的营建模式大同小异。

所谓"大同",就是当时全国无论南北所有的聚落围沟开口都与聚落居住面等高,都是没有长年积水的干沟。

所谓"小异",就是各地聚落围沟的营建也有一些小的差异。

第二,早期围沟代表的是一种平等与和谐的社会。

一方面,各地的早期围沟规模都很小,没有任何防御功能。另一方面,各地的聚落之间并没有出现主从关系。

第三,晚期围沟代表了聚落血缘组织中出现了第一代"军事中心"。

与早期围沟相比,晚期围沟的出现有了三个方面的重要变化。

一方面,说明当时的围沟出现了防御功能,也说明当时的社会环境正在发生需要防御设施、需要"军事中心"的变化。

另一方面,聚落群各成员之间出现了明显的主从关系。

再一方面,由于出现了主从关系,又由于在核心聚落的外围还出现了具有明显防护功能的晚期围沟,所以这些变化就意味着当时已经出现了聚落血缘社会最早的第一代"军事中心"。

第四,长江中下游地区在中国史前血缘社会"军事中心"崛起的第一波高潮中地位与作用突出。

长江中下游是全国最早在沟内侧发现土垣的地区,是全国沟状设施最早初具防御功能的地区,也是在全国的聚落组织中最早出现主从关系的地区,还是全国最早结束围沟历史使命并被防御功能更强的设施替代了的地区。

二、壕(濠)沟流行的阶段

壕(濠)沟就是一种环绕在聚落遗址外围、防御功能突出的大型沟状设施。它的流行阶段就是中国史前血缘社会一体化聚落群"军事中心"崛起的第二阶段。其中,沟内无长年积水的就是"壕沟",而沟内有长年积水的就是"濠沟"。由于自然与社会条件的差异,各地壕(濠)沟的出现与流行也越来越具有明显的地域性。

(一) 各地壕(濠)沟的主要发现与特点

1. 黄河中游壕沟的发现与特点

由于土质松软深厚、地下水位低,城址大量崛起的时间很晚,所以黄河中游地区,不仅是中国最早出现壕沟的地区,也是壕沟流行期最长的地区。其中,距今6 000年以前的是早期壕沟,距今6 000—5 000年的属于晚期壕沟。

主要的特点是规模越来越大,沟内无长年积水,沟旁无土垣,沟坡很陡;同时也都是黄河流域一体化聚落群第一代和第二代永久性军事中心相继诞生的标志。

2. 淮河流域濠沟的发现与特点

淮河流域的发现目前都属于晚期濠沟。

主要的特点是流行有长年积水的濠沟,整体形状与长江中游类似,为宽扁形,但沟边没有土垣;此外,濠沟也是当地一体化聚落群的永久性军事中心。

3. 长江中游濠沟的发现与特点

距今6 500—5 000年期间就是长江流域濠沟出现与流行的时代。其中,湖南澧县城头山、安乡汤家岗所见就是早期濠沟,而城头山大溪文化城址最早的城濠就是晚期濠沟的代表。

主要的特点是沟内有长年积水,整体外形都是圆的,沟边有土垣,沟的形状依然宽而浅,沟的开口位置外移到了遗址与周边自然地面的交界处。此外,濠沟也是当地社会矛盾普遍激化与社会组织一体化升级,并由晚期围沟的第一代"军事中心"升级为第二代"军事中心"的标志。

(二) 各地壕(濠)沟发现的意义

主要有以下四个方面的意义。

第一,是聚落遗址沟状设施防御功能日渐突出的标志。

从围沟到壕(濠)沟,表面上只是规模大了,但实际上也是最根本的变化就是防御功能扩大并强化了。尤其是,长江流域的濠沟不仅有长年积水,使沟的防御功能倍增,而且还开了中国古代城墙外多数都有长年积水城濠的先河。

第二,各地的区域性差异日渐明显。

在黄河流域,由于土质疏松,所以沟越挖越宽,越挖越深,沟坡也越来越陡。

在长江与淮河流域,由于土质紧实黏重,难以深挖,所以沟形不仅浅而宽扁,还引水入沟。

第三,壕(濠)沟标志史前社会一体化聚落群第二代军事中心的正式出现。

由于不同的地理条件,距今约7 500年,就在长江下游地区出现晚期围沟代表第一代"军事中心"出现的时候,黄河中游也同时由围沟变成了早期壕沟;距今6 500年以后,就在长江中游地区出现积水濠沟并代表第二代"军事中心"出现的时候,黄河中游也出现了晚期壕沟。这种现象表明二地军事中心的升级换代基本同时。

第四,长江中游地区继续引领中国史前血缘社会一体化聚落群"军事中心"崛起的第二波高潮。

一方面,长江中游晚期围沟的出现完全具有与黄河流域早期壕沟一样的历史意义,并说明基本同时或略早就开始了早期围沟的升级换代过程。

另一方面,距今6 500年长江中游地区濠沟加土垣模式的出现实际就意味着出现了中国古代城址营建模式最早的雏形。

再一方面,长江中游是全国第二代沟状设施独立流行时间最短的地区。

三、早期古城流行的阶段

古城就是史前晚期在外围环绕了一圈防御城墙的遗址,有的在城墙外还有又宽又深的城壕(濠)。其中,规模较小,只属于聚落群一级,城内只住着一个聚落的城址就是早期古城。

距今6 000—5 000年之间,早期古城流行的阶段就是中国史前血缘社会一体化聚落群高级"军事中心"崛起的第三阶段。

(一)各地早期古城的发现与特点

1. 黄河中游早期古城的发现与特点

黄河流域这一阶段的主要发现就是河南郑州西山古城。

主要的特点就是面积很小,外观近圆形,夯筑城墙,拥有"围沟+沟墙"组合的准双重防御体系,墙体的外坡很陡。此外,城是一体化聚落群的核心聚落的所在地。

2. 长江中游早期古城的发现与特点

长江中游已发现距今约5 000年以前的早期古城三座。

就城址的营建模式而言,大溪文化早期完全是在早期濠沟基础上的扩大发展,并沿袭了以往重濠轻城的传统;大溪文化晚期,古城不仅城与濠的规模越来越大,而且还拥有了真正城濠并重的双重防御体系。

就城址的聚落组织模式而言,所有的城址都是单聚落城址,大部都是一体化聚落群的核心所在地。

（二）各地早期城址发现的意义

主要有五个方面。

第一，标志具有双重防御功能与城濠城墙并重的古城都登上了历史舞台。

在这方面表现最突出的是长江中游地区。大溪文化早期，具有城墙城濠双重防御功能的城址登上历史舞台，但当时的特点还明显是重濠轻城。从大溪文化晚期开始，城墙城濠并重的、真正具有双重防御功能的防御设施就登上了历史舞台。

第二，标志古城营建的长江与黄河模式已经正式形成。

黄河模式的基本特点就是干沟加夯土墙，长江模式的基本特点就是水沟加堆筑墙。

第三，标志一体化聚落群高级军事中心的出现。

由于城址具有比壕（濠）沟更强大的防御功能，而且城址的修筑也需要比壕（濠）沟更强的实力，所以城址就具有了比壕（濠）沟档次更高的高级军事中心的意义。

第四，长江中游地区继续引领史前血缘社会一体化聚落群高级军事中心崛起的高潮。

长江中游地区在当时全国各地率先出现了史前城址，而且还是当时全国发现城址最多的地区，还是全国最早出现城墙城濠防御功能并重的地区。

第五，古城的起源是文明起源的结果。

作为一种高级军事中心的起源，史前古城完全是文明起源的结果。因为，在时间上与文明起源基本同步，也是文明起源导致聚落组织一体化实体化的结果，是农业的发展为古城起源奠定了物质基础的结果。此外，古城的起源与国家起源也没有直接的关系，各自崛起的时间早晚不对，崛起的方式不对，崛起的目的不对，崛起的意义也不对。古城并不是国家起源的必要条件和标准。实际上，没有城址社会照样会出现古国。

第二章 血缘社会政治与军事中心的崛起

考古表明,距今 5 000 年至夏商周时期,就是人类城市起源的第二阶段;也是血缘社会开始向地缘社会转变,并出现有关政治与军事中心的阶段。

一般而言,政治中心就是以实力为基础并具有集中统一领导与管理权力的社会组织与单位。

由于社会矛盾的继续扩大与深化,人类的社会组织与组织规模,在前一阶段一体化聚落群的基础上又升级了,并先后催生了特点不尽相同的政治与军事中心(表 5-2-1)。

表 5-2-1 先秦时期核心古城与都城分期分类表

年代	分型/分类	属性	社会组织	血缘组织 A 单聚落	血缘组织 B 聚落群	血缘组织 C 聚落群团	血缘组织 D 聚落集团	地缘组织 E 多民族/阶级
距今6—5千年	早期古城	血缘社会	高级军事中心	一体化聚落群	●				
距今5—4.5千年	中期古城	血缘社会	第一阶段政治军事中心	一体化聚落群团	●	●			
距今4.5—4千年	晚期古城	过渡阶段	第二阶段政治军事中心	一体化聚落集团	●	●	●		
距今4.5—4千年	晚期古城	过渡阶段	第二阶段政治军事中心	早期国家					
距今4.5—4千年	早期都城	过渡阶段		古国	●	●			
夏商周	中期都城	过渡阶段	第三阶段政治军事中心	早期方国				●	
春秋战国	晚期都城	地缘社会	政治军事经济中心	晚期方国					●

第一段：距今 5 000—4 500 年，以中期古城为代表，催生了一体化聚落群团级的政治与军事中心。

第二段：距今 4 500—4 000 年，以晚期古城和早期都城为代表，催生了一体化聚落集团、早期国家、古国级的政治与军事中心。

第三段：夏商周时期，以中期都城为代表，催生了早期方国即单一民族国家级的政治与军事中心。

第一节　聚落群团级政治与军事中心的崛起

史前聚落群聚形态的研究表明，聚落群团实际就是从旧石器时代以来人类社会一种以聚落群为组织单位的血缘组织①。但是，它当时还不是一种生产生活的实体，所以组织状态长期松散、群龙无首。从新石器时代中晚之交开始一直到距今约 5 000 年，随着人类生存危机与社会矛盾的与日俱增，在以往不见的主从关系的基础上，聚落群开始了一体化的过程；距今 5 000—4 500 年，一体化的过程又扩展到了聚落群团。于是就出现了以实力为基础的，属于整个聚落群团的，并能够对群团内部各聚落群即部落实施集中统一领导和管理的政治与军事中心。

其中，各地新出现属于一体化聚落群团级的核心城址即中期古城就是这方面的标志与代表。

目前，考古发现的中期古城还可以分为二种类型。

A 型：单聚落城址。即城址的属性是聚落群团级的，但城址本身规模还小，城内只住着一个核心聚落。

B 型：一个聚落群所住的多聚落城址，最少是二个聚落，多的三个或以上。这种城址一般都规模较大，有的"大城"里面还套"小城"。

一、各地城址和中期古城的发现与特点

目前，已经发现了距今 5 000—4 500 年期间城址的地区主要是长江中游、淮河中游、黄河下游及北方地区中部。

(一) 长江中游城址和中期古城的发现与特点

长江中游这一时段即屈家岭文化时期的城址现已发现共 15 座，分别是湖南澧县城头山、澧县鸡叫城、华容七星墩，湖北石首走马岭—屯

---

① 裴安平：《中国史前聚落群聚形态研究》，中华书局，2014 年，第 26—114 页。

子山、公安鸡鸣城、公安青河城、荆州阴湘城、荆门马家垸、荆门城河、天门石家河、天门笑城、安陆王古溜、应城门板湾、应城陶家湖、孝感叶家庙(图4-1-2)。

虽然这些城址并不都属于一体化聚落群团级的中期古城,但就城址的功能、营建模式与城址内外聚落的组织模式而言,这些古城还是共同表现出了以下七个方面的主要特点。

1. 城址的平面形状由圆变方

与大溪文化时期崛起的第一代早期古城相比,屈家岭文化时期崛起的中期古城最明显的外观变化就是整体的平面形状由圆形变成了方形。

这是一种总体的趋势,一种发展的方向。其中,天门石家河、应城门板湾、荆门马家垸、孝感叶家庙就是这方面的领跑者(图5-2-1,1—4);而天门笑城、公安鸡鸣城、澧县鸡叫城、荆州阴湘城、公安青河等城址则显示了由圆向方的积极变化(图5-2-1,5—9)。真正圆形因素还较多的城址实际已经很少了,大约只占总数的1/4。

2. 墙体依然堆筑,沟坡不陡

墙体堆筑。所有城址的城墙都使用堆筑法筑成。它的特点就是将挖沟之土全部就地堆筑在沟的内侧形成高墙。随着土垣规模与功能的升级,长江中游的堆筑技术也一再发扬光大,并成为了中国距今5 000年以后形成的史前城址堆、夯、垒三大营建技术体系中起源时间最早、运用时间最长、涉及范围最广的一种实用技术。不过,堆筑的墙体毕竟结构比较松散,既不能太高,也不能太陡。正因此,迄今长江中游所发现的城址,很少高度超过5米,也很少墙体坡度超过50°(图5-2-2)。

与墙体类似,城外濠沟的沟坡,大溪文化早期也不陡,晚期开始有的陡,但多数都不陡,明显是从当地距今8 000年以前的聚落围沟继承下来的特点,距今5 000年以后依然沿袭。

3. 规模不断扩大

主要表现在二个方面。

第一,城址整体规模扩大。

大溪文化时期,长江中游地区一共崛起了湖南澧县城头山等三座城址,平均都不超过8万平方米。走马岭—屯子山,之所以有16万平方米,就因为它是两座城的总和(图4-1-1,6)。

进入屈家岭文化以后,城址的规模面积出现了放量增长的势头,时代越晚,城的整体面积越大。

屈家岭文化早中期所筑的4座城,平均面积约25万平方米。其中,湖北

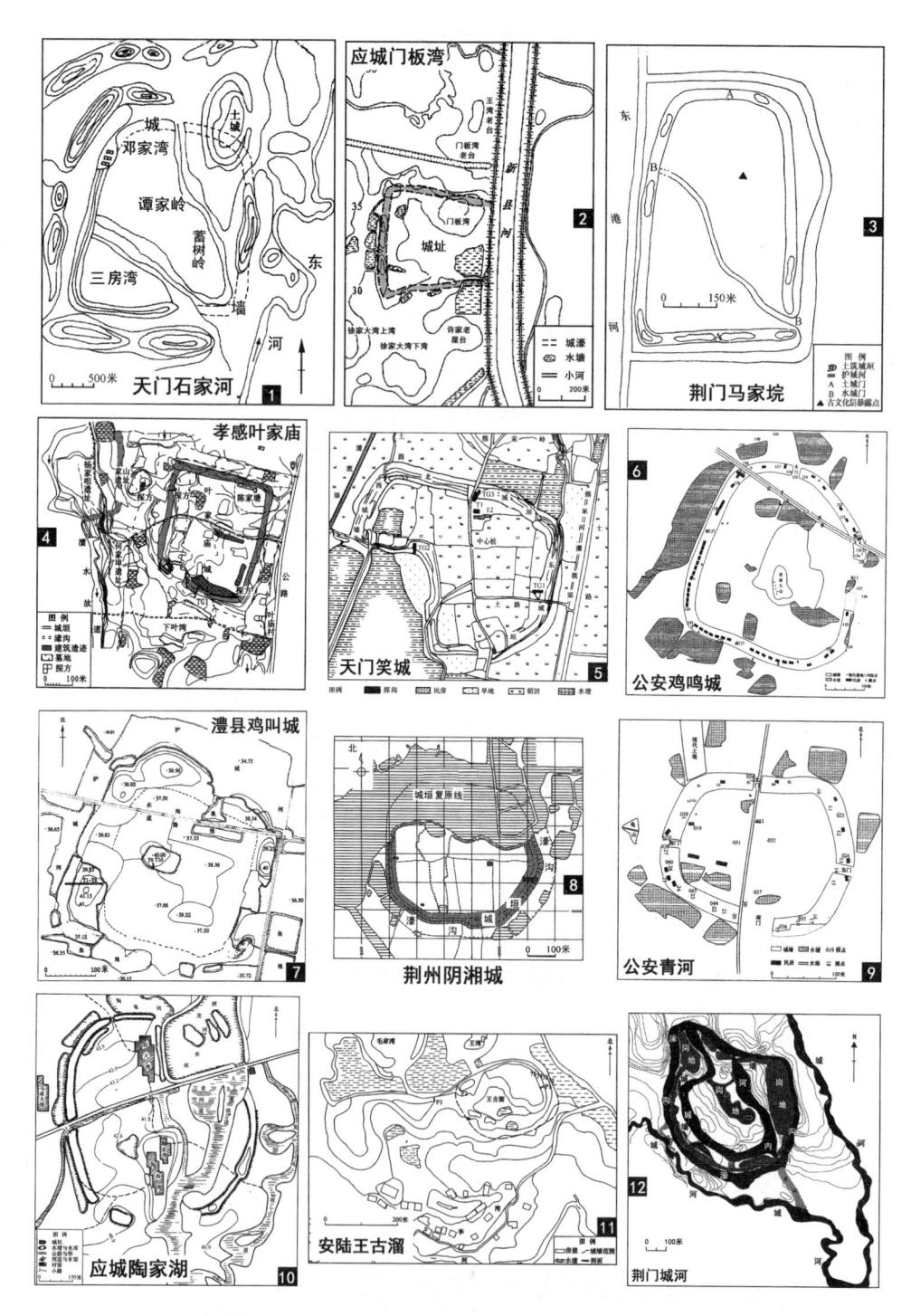

图 5-2-1　长江中游屈家岭文化时期城址平面图

（1引自曲英杰《长江古城址》；2—6、8—12引自湖北省文物考古研究所编《湖北史前城址》；7引自湖南省文物考古研究所《澧县鸡叫城古城址试掘简报》）

图 5-2-2 城头山发掘八区 T1628—T1620 第Ⅰ、Ⅱ期城墙城壕、第Ⅲ期城墙剖面图

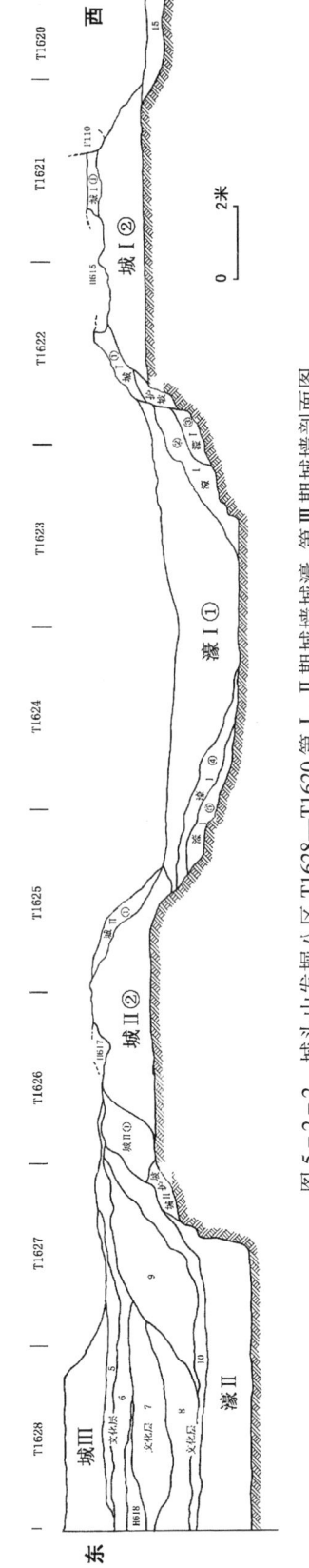

城Ⅰ濠Ⅰ：大溪文化早期，距今 6 000 年；城Ⅱ濠Ⅱ：大溪文化晚期，距今 5 500 年；城Ⅲ：屈家岭文化早期，距今 5 000 年
（引自湖南省文物考古研究所《澧县城头山》）

荆州阴湘城,残余面积 20 万平方米,原本面积推测 35 万平方米①;天门石家河谭家岭小城,26 万平方米②;湖南华容七星墩,25 万平方米③;澧县鸡叫城,15 万平方米④。

屈家岭文化晚期,至少新崛起了古城 6 座⑤,平均 35 万平方米,相当于早中期的 1.4 倍。其中,湖北天门石家河大城 120 万平方米、应城门板湾 20 万平方米、孝感叶家庙 30 万平方米、安陆王古溜 24 万平方米。

第二,城濠城墙也同时规模扩大。

发掘表明,湖南澧县城头山从大溪文化到屈家岭文化先后四次挖濠筑城。其中,大溪文化早期,濠宽 12 米、深 2.2 米,墙基宽 8—10 米(图 4 - 1 - 1,2,Ⅱ;图 5 - 2 - 2);屈家岭文化中期,濠宽 40 米、深 4 米,墙基宽 20 米以上(图 4 - 1 - 1,2,Ⅳ)⑥。此外,屈家岭文化晚期的湖北应城门板湾濠宽 59 米、墙宽 40 米⑦;应城陶家湖濠宽 20 45 米,西城墙保存最好,墙基宽 25 米⑧;安陆王古溜东部濠宽 65 米⑨。

显然,城濠与城墙都存在时代越晚规模越大的现象。

4. 出现了聚落群集体驻守的多聚落城址

为什么距今 5 000 年以前单个城址的面积都不超过 8 万平方米?为什么所有的城址都是单聚落城址?关键的原因就在于当时聚落社会的一体化只涉及聚落群一级,实力有限,因而城址的规模也小,也只有 A 型单聚落城址。

但是,距今 5 000 年以后,随着社会一体化规模的扩大以及一体化聚落群团的出现,核心由原来只有一级变成了二级,即在核心聚落的基础上又增加了核心聚落群一级,从而导致城址内部的聚落组织模式也发生了重大变化,出现了一个聚落群驻守的 B 型多聚落城址。目前,已确认三例,即湖北荆州阴湘城⑩、

---

① 荆州博物馆等:《湖北荆州市阴湘城遗址东城墙发掘简报》,《考古》1997 年第 5 期。
② 湖北省文物考古研究所:《三苗与南土——湖北省文物考古研究所"十二五"期间重要考古收获》,江汉考古编辑部,2016 年,第 31 页。
③ 龙文泱等:《华容七星墩遗址发现湖南规模最大新石器时代城址》,《湖南日报》2019 年 1 月 12 日,第 3 版。
④ 湖南省文物考古研究所:《澧县鸡叫城古城址试掘简报》,《文物》2002 年第 5 期。
⑤ 湖北省文物考古研究所:《湖北史前城址》,科学出版社,2015 年,第 140、183、278、307、322、366 页。
⑥ 郭伟民等:《澧县城头山考古发现史前城墙与壕沟》,《中国文物报》2002 年 2 月 22 日。
⑦ 湖北省文物考古研究所:《湖北史前城址》,科学出版社,2015 年,第 307 页。
⑧ 湖北省文物考古研究所:《湖北史前城址》,科学出版社,2015 年,第 312 页。
⑨ 湖北省文物考古研究所:《湖北史前城址》,科学出版社,2015 年,第 369 页。
⑩ 荆州博物馆:《湖北荆州市阴湘城遗址 1995 年发掘简报》,《考古》1998 年第 1 期;[日]冈村秀典等编:《湖北阴湘城遗址研究(Ⅰ)——1995 年日中联合考古发掘报告》,《东方学报》第六十九册,1997 年。

荆门城河①、天门石家河②。

阴湘城,位于荆州城西北约34公里处马山镇阳城村,残存面积约20万平方米,调查与发掘表明这是一个双聚落城址。其中,城址中部南北向地势低洼,发掘者认为可能还种植水稻,而城内的二个聚落居住区则分别位于低洼带的东西二侧(图5-2-1,8)。

城河,位于湖北荆门市沙洋县后港镇双村,汉水西岸,长湖北岸,北距荆门市约50公里,南距荆州古城约40公里。调查表明,该城总面积70万平方米,其中东、北、中部都是高地(图5-2-1,12),而且每个高地都有应为建筑遗迹的红烧土堆积,说明城内至少驻有3个聚落。

石家河,位于湖北天门石河镇西北大洪山南麓的边沿地带,规模巨大,总面积约120万平方米。目前,大城以内最明显的属于聚落居住的主要高地有四处,分别是邓家湾、谭家岭、三房湾、蓄树岭(图3-2-4)。调查与发掘表明,这些高地都是聚落居住区,都发现有与普通聚落相似的构成要素,如房址、墓葬、灰坑、陶窑等生活生产类遗迹。

5. 出现了大城套小城的建构模式

湖北天门石家河就是中国大城套小城,或曰"外郭城"中有"内城"的城址建构模式的最早代表(图3-2-4)。

屈家岭文化早期,石家河地区的谭家岭遗址首先开始筑城,"2011年在谭家岭南部的发掘推测,谭家岭古城环濠内面积约26万平方米,城垣内面积约18万平方米……谭家岭古城的发现,将石家河城址的城建历史至少提前了500年"。屈家岭文化晚期,在谭家岭的外围又修筑了大城,面积120万平方米③。

这种内外城的出现是中国城址起源过程中的重大事变,它不仅显示了城址营建与建构模式的变化,也同时显示了一种社会组织形态的变化,说明随着聚落血缘组织一体化规模的扩大,内部的组织层级也同时增加,而城址建构模式的变化则是组织层级变化的直接反映与结果。其中,核心聚落群就住在大城里,核心聚落群中的核心聚落,也就是整个聚落群团的核心聚落,就住在小城里。

更重要的是,石家河城址不仅是聚落血缘社会最早的"政治中心"崛起的证据与标志,也开了中国几千年血缘与地缘社会"政治中心"独大的组织

---

① 荆门市文物考古研究所:《湖北荆门市后港城河城址调查报告》,《江汉考古》2008年第2期。
② 湖北省文物考古研究所:《三苗与南土——湖北省文物考古研究所"十二五"期间重要考古收获》,江汉考古编辑部,2016年。
③ 湖北省文物考古研究所:《三苗与南土——湖北省文物考古研究所"十二五"期间重要考古收获》,江汉考古编辑部,2006年,第31页。

与城址建构模式的先河。

6. "中期古城"引领了聚落群团一体化的历史新潮

中期古城就是距今5 000年之后出现的、属于聚落群团级的核心城址。与早期古城相比,一是规模更大了,二是组织层级升级了。

值得注意的是,屈家岭文化时期,长江中游地区的城址不仅规模大了、组织层级升级了,而且还成为了中国史前城址最早大量崛起的地区,成为了当时拥有中国规模面积最大古城的地区,也成为了中国最早出现大城套小城模式的地区。

事实表明,这一切不仅仅是因为社会矛盾的激化,更因为面对矛盾的激化,人类社会组织的组织性质与规模都发生了重大变化。一种以往从未见过的一体化的聚落群团开始登上历史舞台,一大群互有血缘关系的聚落群,它们完全抛弃了以往的独立与平等,完全接受了主从关系的安排,从以往自己的家园中走出来,超近距离甚至零距离地相聚在核心聚落与聚落群的周围。

湖北天门石家河地区的聚落群聚形态就是中国史前最早第一批一体化聚落群团的代表(图3-2-5,3、4)。其中,谭家岭就是核心聚落的所在地,所以它第一个筑城;又由于核心只有一个,所以它筑的也就是小城。石家河城是大城,是核心聚落群其他成员的所在地。至于大城外围约一公里的范围内则至少分布了5个聚落群或部落。就在这些聚落的外围,最近又"初步发现了外城濠的线索,其规模有可能刷新中国史前城址的记录"①。

这就是社会组织的升级给城址带来的变化。

这种等级分明的组织结构不仅充分地体现了它的一体化,更体现了它的集中统一领导与管理的特点,而且还表明一种前所未有的、基于血缘组织而又跨部落的政治中心已经出现。

就这样,在史前社会的变革中,城址不仅引领了聚落群团一体化的历史新潮,还由早期古城变成了中期古城,由早期属于聚落群一级的城址变成了属于聚落群团一级的城址,由早期单纯的军事中心变成了跨部落集中统一领导与管理的政治兼军事中心。

7. 没有出现"区域中心"

屈家岭文化时期,长江中游地区虽然同时并存了15个城址,但却没有一个是"区域中心"。

所谓"区域中心",关键就在于它是一种跨血缘跨地域的地缘化的中心。

---

① 孟华平等:《湖北省文物考古研究所"十二五"考古工作简述》,《三苗与南土》,江汉考古编辑部,2016年,第16页。

以前,湖北天门石家河就曾被认为可能是长江中游地区的区域"中心"[1]。

这完全是一种虚拟的历史产物与结果,也是国外"区域聚落形态"理论影响的产物和结果。

考古发现,史前所有距今4 500年以前的城址都是在跨血缘跨地域的古国出现以前的城址,都是血缘组织的城址,没有这些血缘组织就没有原始社会和史前社会,就没有这些城址崛起的基础与社会力量。当然,城址确有大小之分,但这是社会发展的不平衡与多样性的反映与结果,而不是哪个规模大哪个就是跨血缘跨地域的区域之"王",规模大并不是判断"区域中心"的理由和根据。

事实上,距今4 500年以前长江中游城址的发展并未进入地缘化的阶段,而主要还是在血缘的基础上自我做强做大与相互对峙。

天门石家河,屈家岭文化从早到晚都在自我做强做大。早期筑了谭家岭小城,晚期接着筑了大城。此外,当时石家河也没有任何对外征伐的迹象。西部相距约20公里的京山屈家岭以环濠聚落群为首的聚落群团,东部相距约22公里的天门笑城,屈家岭文化时期都是它们最繁荣发达的时期。假如,它们当时都是石家河的臣属,它们还有必要去挖濠筑城吗?

展开长江中游屈家岭时期环濠聚落与城址的分布图,还可以发现一个非常重要的现象,那就是相互距离很多都只有20—30公里,成双成对;涉及5对10个单位,即城头山与鸡叫城,马家垸与城河,屈家岭与石家河,石家河与笑城,陶家湖与门板湾。

为什么会形成这种现象呢?这实际就是一幅生动的相互对峙但又难分伯仲的历史景观。

正因此,以为屈家岭文化时期,长江中游就出现了跨血缘跨地域的"区域中心"的认识完全与历史不符。

(二)淮河中游地区城址的发现与特点

目前,淮河流域仅中游安徽境内发现了两座这一时期的城址,分别是淮北地区的固镇垓下[2]与南城孜[3]。

垓下,位于固镇县北部濠城镇,城墙以内面积约15万平方米,属大汶口文化晚期(图4-1-4,4)。发掘得知,东城墙墙基宽约24.7米,残存高度最高达3.8米,系堆筑而成。北城墙保存略差,墙基宽约22.5米,残高约2米,

---

[1] 杨雪梅:《石家河遗址:长江中游史前文明的代表》,《人民日报·海外版》2017年4月18日。
[2] 安徽省文物考古研究所:《安徽省固镇垓下遗址发掘的主要收获》,《中国社会科学院古代文明研究中心通讯》2010年第19期,第31—36页。
[3] 单鹏博:《固镇发现第二座史前城址》,《安徽日报》2013年12月8日,第2版。

同样采用堆筑法建造,平地起建。墙外有濠沟,开口宽 15 米左右,深约 5.5 米,沟内以灰褐色水成淤积土为主。

南城孜,位于固镇县西北湖沟镇,城址整体约 25 万平方米,城墙顶部宽度为 20 米,属大汶口文化晚期。

根据以上二个地点的发现,淮河中游地区距今 5 000—4 500 年期间的中期古城有以下二个明显的特点。

第一,挖濠筑城的模式与长江流域类同。其中,沟为长年有积水的濠沟,城墙为堆筑法所筑。之所以如此,一方面是当地自然环境特点使然;另一方面也可能是接受了长江流域的影响。

第二,垓下与南城孜二地隔淮河支流浍河东西相对而立。其中,垓下在河的东南,南城孜在河对岸的西北,二地相距仅 20 公里,这种现象表明城址不仅已成当地社会组织形态变化与矛盾冲突升级的代表,而且也存在与长江中游地区类似的相互对峙而立的现象。

(三) 黄河下游地区城址和中期古城的发现与特点

目前,整个黄河流域只有下游的山东地区发现了四座距今 5 000—4 500 年期间的古城,即章丘焦家[①]、日照丹土[②]、日照尧王城[③]、滕州西康留[④]。

章丘焦家,位于济南市章丘区西北约 20 公里处,12.25 万平方米,平面近椭圆形(图 4-1-4,2)。其中,濠沟宽 25—30 米,深 1.5—2 米;城墙底宽 10—15 米,为版筑墙。

日照丹土,位于山东西南日照市分水岭北部的潮河南岸,平面略呈椭圆形,东西长 450 余米,南北宽 300 余米,城内面积约 11 万平方米;城壕宽约 20 米,口至底深近 3 米。最早的大汶口文化晚期的城墙就建在较早的壕沟之上,现仅存墙基部分,墙体残宽 10 米,系分层夯筑而成。夯层多倾斜,厚 0.1—0.3 米不等;在城的西、北、东面,还各发现有城门通道(图 4-1-4,1)。

尧王城,位于日照市岚山区高兴镇南辛庄河东、北岸的岗地前缘,南北落差明显,最大高差 10 米左右。2012—2015 年考古勘探与发掘,确认了大汶口文化晚期城址的存在。其中,核心小城即内城,连城壕一起约 20 万平

[①] 李佳霖:《济南章丘焦家新石器时代遗址:海岱地区年代最早的城址》,《中国文化报》2018 年 4 月 27 日。

[②] 山东省文物考古研究所:《五莲丹土发现大汶口文化城址》,《中国文物报》2001 年 1 月 17 日,第 1 版。

[③] 梁中合:《日照尧王城遗址的新发现、新收获与新认识》,《中国社会科学院古代文明研究中心通讯》2016 年第 30 期,第 12—21 页。

[④] 山东省文物考古研究所鲁中南考古队等:《山东滕州市西康留遗址调查、发掘简报》,《考古》1995 年第 1 期。

方米,就位于大城之中;而连城壕在内约56万平方米的大城,就位于面积近400万平方米的规模巨大的环壕遗址之中(图4-1-5)。发掘表明,内城的北墙也是大城的北墙。其中,墙基宽26—28米,城墙外侧还有开口宽近30米的壕沟。由于遗址所在地高差较大,推测这条沟很可能是一条无长年积水的干沟。此外,沟的形状为缓坡形,而非陡坡形(图5-2-3)。

图5-2-3 山东日照尧王城城址北墙解剖探沟
(引自梁中合《日照尧王城遗址的新发现、新收获与新认识》)

西康留,位于山东西南滕州官桥镇以东约1公里,大汶口文化晚期,平面呈圆角方形,南北约195米,东西约185米,面积约3.5万平方米。1994年对遗址进行了专题调查和勘探,在遗址中南部发现了夯土城墙,在墙外又发现了沟内有水成淤土的濠沟(图4-1-4,3)。不过,城墙的发掘还表明,当时并未出现版筑墙,而筑墙的"夯土质量明显不均。薄者夯砸结实,厚者除层面部分外,以下则较松散。这种情况的出现,我们推测可能系其使用的夯具重量较轻,产生的压力不足以穿透所填土层……显示出夯筑技术在初始阶段的原始性"。

根据以上发现,黄河下游地区当时的古城主要有四个方面的重要特点。

第一,城墙的夯筑法深受黄河中游地区的影响。

根据焦家、尧王城、西康留、丹土四城皆为夯筑的事实,黄河下游距今5000—4500年期间,城址的修筑受黄河中游地区的影响较大,因为夯筑城墙最早的起源地就是河南郑州西山。

不过,山东地区夯筑的地域特点也非常明显。一方面不见版筑墙,另一方面各地的夯筑质量与夯筑方法差异较大。其中,丹土就是分层夯筑,夯层多倾斜,厚0.1—0.3米不等;而西康留则"夯土质量明显不均。薄者夯砸结实,厚者除层面部分外,以下则较松散"。

第二,城壕(濠)与长江淮河流域的传统有缘。

主要表现在二个方面。

一方面,沟的整体形态为缓坡形,而不像黄河中游那样流行陡坡形。如尧王城,虽然是一条干沟,但北墙外面的沟却依然是缓坡形。

另一方面,有的沟,如西康留,就明显是水濠沟。因为遗址南邻薛河故道,西邻小魏河,水环境良好,并为城址水濠的出现奠定了自然基础。

第三,同时出现了A、B二型中期古城。

一般而言,只要是属于聚落群团级的古城就是中期古城,而在山东地区目前已经发现的距今5 000—4 500年的城址中,西康留与尧王城不仅属于典型的中期古城,而且还分别属于不同的类型。

滕州西康留,仅3.5万平方米,单聚落城址,就是A型的代表。

日照尧王城,56万平方米,还分大小城二个部分,明显是B型中期古城的代表,城里住着整个核心聚落群的全体成员(图4-1-5)。

第四,没有发现"区域中心"。

值得注意的是,在这四座城址之中有二座来自同一个区域,即丹土与尧王城,都来自山东东南部的日照盆地。其中,丹土位于盆地分水岭以北,而尧王城位于分水岭以南,二者相距约25公里。这种距离不仅与长江中游、黄淮之间城址相互对峙的距离十分接近,也显示它们之间的关系并不和谐。它们之所以要大体同时筑城,这绝不是由于有了"区域中心",或是有了当时黄河下游地区规模面积最大的"区域中心",因而就需要"卫星城"的结果。实际上,同一盆地,南北城址近距离相向而立,更应该是互相对峙难分伯仲的结果与反映。

(四)北方中部地区城址和中期古城的发现与特点

已有的考古表明,距今5 000年以后,北方中部地区聚落遗址的选址出现了重大变化。对此,田广金先生曾指出:"气候的冷暖变化与干湿变化以及湖泊水位的变化都对本区文化景观变迁有明显影响。如岱海周围古文化遗址的分布:相当于距今7 000年的后冈一期文化遗址,分布高程为海拔1 360米左右;相当于距今6 000年前后的仰韶文化王墓山下类型遗址,分布高程为1 280米左右;相当于距今5 800—4 300年期间的海生不浪文化遗址,从早到晚分布的高程为1 287—1 308米之间;相当于距今4 500—4 300年期间的老虎山文化遗址,分布的高程为1 300米以上"[1](图5-2-4,1)。

---

[1] 田广金等:《北方考古论文集》,科学出版社,2004年,第347页。

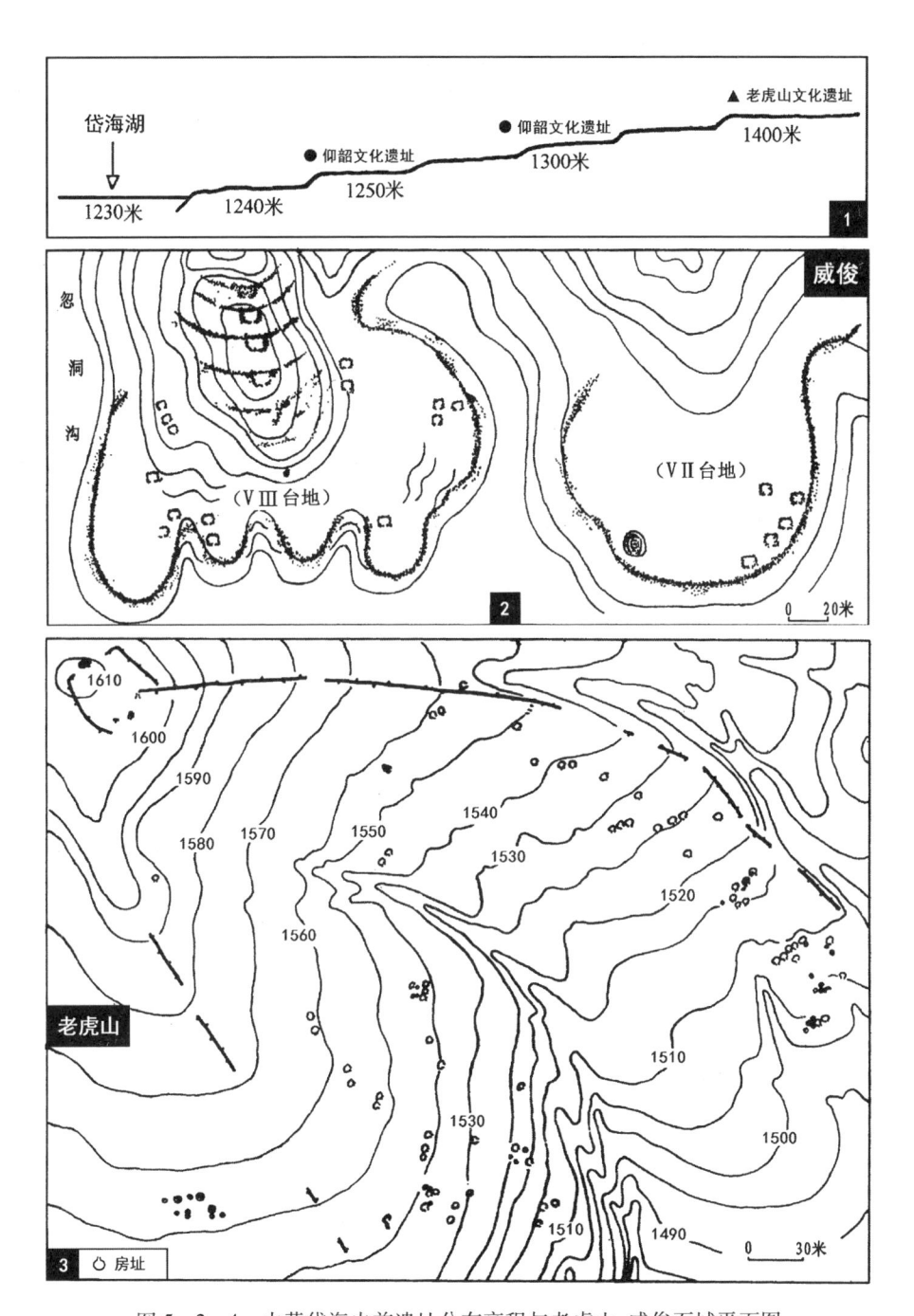

图 5-2-4 内蒙岱海史前遗址分布高程与老虎山、威俊石城平面图

1.岱海湖周围不同文化时期遗址分布高程示意图 2.包头威俊石城平面图 3.岱海湖周围老虎山石城平面图

（1引自田广金《岱海地区考古学文化与生态环境之关系》；2、3引自许宏《先秦城市考古学研究》）

值得注意的是,随着环境的变迁,当地人类的居住遗址也从仰韶文化时期土层较厚的低海拔区域整体迁移到了基岩出露的高海拔区域。于是,以往在土层中向下挖沟的传统不见了,而用石头向上垒筑城墙的营建模式兴起了。

目前,这一时段的主要发现都位于北方中部地区,即内蒙古包头大青山南麓(图4-2-9,1)、凉城岱海西部(图4-2-9,2)、准格尔与清水河之间的黄河南岸以及陕西北部[1]等地区。与此同时,这里的城址也显示了营建与聚落组织形态方面的五个特点。

1. 大多数都位于山坡或山峁上

目前,内蒙古所见多位于山坡上。其中,岱海老虎山、包头威俊就是代表。

老虎山遗址,位于岱海西南老虎山东南坡上(图4-2-9,2,2),遗址石墙完全依山坡而筑(图5-2-4,3)。包头威俊也一样,就坐落在包头以东大青山南麓的坡地上(图4-2-9,1;图5-2-4,2)。

与内蒙古不同,陕西北部的发现多位于山峁上。所谓"山峁",即当地的一种方言,特指圆顶的小山头。

2. 外形各异

由于城址所在地大多数都是形态各异的山坡或山峁上,故石城的外形也形态各异。其中,老虎山就呈三角形(图5-2-4,3),威俊就呈不规则波浪和圆形(图5-2-4,2)。

3. 城墙外围多数没有壕沟

北方地区,尤其是长城以北地区,由于基岩出露土层瘠薄,故内蒙中南部已经发现的史前石城,除少数用土筑墙基以外,多数都没有与土有关的设施。

但长城以南地区,在土壤层较厚的地点,墙外有的就有壕沟,如呼和浩特南部的准格尔旗寨子塔遗址,墙外就有一条宽约15—25米的壕沟[2]。

此外,陕北也有类似现象[3],如佳县石擩擩山就在石城外面发现了护城壕,宽达10米,最深处6.5米[4]。

---

[1] 许宏:《先秦城市考古学研究》,北京燕山出版社,2000年,第19—23页。
[2] 内蒙古文物考古研究所:《准格尔旗寨子塔遗址》,《内蒙古文物考古文集》第二辑,中国大百科全书出版社,1997年,第285页。
[3] 国家文物局主编:《陕西吴堡后寨子峁新石器时代遗址》,《2004中国重要考古发现》,文物出版社,2005年,第21页。
[4] 吕静:《陕北史城研究》,文物出版社,2014年。

4. 墙体较薄

根据已有的发现,石城的墙体一般都比较薄,多数都只有1—5米厚。

内蒙古凉城老虎山,石砌城墙宽约5米①。

内蒙古包头威俊,Ⅵ台地,石砌城墙宽约1—1.2米;Ⅶ台地,石砌城墙宽0.7—0.8米②。

内蒙古准格尔旗寨子塔,石砌城墙宽约3.5—5米③。

5. 城址的组织关系特点鲜明

主要表现在以下三个方面。

(1) 长城以北地区多数聚落成员都有城址

这是一个完全不同于黄河、淮河、长江流域只有高等级核心聚落和聚落群才有住城资格的现象,也很可能是北方地区用石块、石板垒筑城墙的难度较黄河、淮河、长江土筑要低的缘故。

其中,每一个聚落成员都有城址,区别仅在于城的规模面积有大有小,墙的厚度有厚有薄。如岱海西部的老虎山石城群(图4-2-9,2,1—3),虽3个遗址都有石城,但老虎山面积独大,南北长370米,东西宽330米,总面积约13万平方米,墙厚5米。

不过,地处长城以南的陕西北部,就属于一种自然环境与文化的过渡地带,就不是每一个组织成员都一定有城,而是有的有,有的没有,交错分布。

(2) 以大带小

陕西北部地区的调查发现就是这方面最好的例证。

2006年,经陕西省考古研究所的大规模调查,在陕西北部地区一次就发现了20余处史前石城遗址④,年代多集中在距今5 000—4 500年。这些石城遗址一般都分布在山峁上,依自然地势而筑,面积从几万平方米到四十万平方米不等。

吴堡县后寨子峁,30万平方米,位于三个山峁上。

吴堡县关胡疙瘩,面积约10万平方米,由4座前后相连的山峁组成。

府谷县寨山,60万平方米,有东西四门和望楼,还发现了目前国内最早的一座马面⑤。

值得注意的是,在这些大型城址的周边一般都还有10万平方米以下的

---

① 田广金等:《北方考古论文集》,科学出版社,2004年,第329页。
② 田广金等:《北方考古论文集》,科学出版社,2004年,第331、332页。
③ 田广金等:《北方考古论文集》,科学出版社,2004年,第334页。
④ 冯国:《陕北发现20余处史前石城遗址,距今约5 000年》,《新京报》2006年3月16日。
⑤ 安锁堂等:《寨山石城遗址记》,《榆林日报》2015年12月8日。

小城。

其中,寨山、寨梁、寨峁就是一组石城遗址群,不仅都位于石马川流域田家寨镇境内,而且时代相同,还相距很近,呈三角形分布;寨山距寨梁5.7公里,寨梁距寨峁2.26公里。由于寨山面积独大,60万平方米,所以它们还是同一个"以大带小"的石城遗址群[①]。

(3) 出现了聚落群团级的中期古城与政治军事中心

北方地带一直是中国史前聚落群聚形态表现得最完美的地区,尤其是北方东部,从兴隆洼文化、红山文化(图1-3-2),一直到夏商时期的夏家店下层文化,那里的聚落遗址近距离相聚为群的组织形态不仅非常清楚,而且也层次分明。距今6 000年之后,北方的中部地区也明显露出了这一传统特点。

其中,内蒙古凉城岱海西部、包头大青山南麓城址的分布就是这一特点的代表。

由图4-2-9(2)可见,岱海西部的城址就完全属于二个不同的独立的聚落组织,相距超过15公里。岱海西南的1号西白玉、2号老虎山、3号板城就属于同一个聚落群团,不仅各城之间的距离仅约3公里;而且老虎山房址的分布还清楚地表明,它就是聚落群团级的B型中期古城,城里住着一个聚落群,二个聚落(图5-2-4,3)。

包头大青山南麓的城址则明显是一个规模较大的聚落群团,在东西向约20公里的距离内共有5个聚落群即部落,各群距离3—5公里,共13个城。其中,阿善聚落群,2座城址,相距约1.5公里;西园聚落群,2座城址,相距不足1公里;莎木佳聚落群,2座城址,相距约2公里;黑麻板聚落群,4座城址,相聚1—2公里;威俊聚落群,3座城址,相聚约1.5公里(图4-2-9,1)。

值得注意的是,威俊有可能就是这个聚落群团的核心城址与B型中期古城。一方面面积较大,约6万平方米;另一方面,遗址内的房址布局也说明当地至少是一个聚落群所在的双聚落遗址,分别位于Ⅶ、Ⅷ二个台地上(图5-2-4,2)。

二、各地城址与中期古城发现的意义

概括已有的发现,可见各地城址与中期古城的崛起主要有以下五个方面的意义。

---

① 白清洲:《府谷发现3座远古石城遗址发掘出国内最早马面》,《榆林日报》2016年10月9日。

（一）聚落组织一体化规模升级推动了城址规模与结构的变化

长江中游地区就是这方面最好的代表。

第一个变化就是城址规模越来越大。

由于一体化的聚落群都是以聚落个体为单位的组织，所以聚落群的核心只有一级，只有核心聚落本身。正因此，所有的早期古城都是聚落群一级的单聚落城址，都面积很小，都没有超过8万平方米。但是，与之前不同的是，一体化的聚落群团带来了更高级别的城址。因为一体化的群团是以聚落群为组织单位的组织，所以它的组织核心就变成了二级。一级是核心聚落群，另一级就是核心聚落群的核心聚落。正因此，在一些有实力的一体化的聚落群团中，整个核心聚落群都位于城中，以致城的规模就升级了，数十万平方米的城址比比皆是。

第二个变化就是出现了大小城配套的新型建构模式。

由于聚落组织的核心变成了二级，又由于核心城址从纯军事中心升级成为了政治军事中心，所以城址本身的结构也发生了相应变化，出现了大小城配套的建构模式。

湖北天门石家河就是如此。其中，26万平方米的小城或内城就是核心聚落的所在地，同时也是整个聚落群团政治中心的所在地；而120万平方米的大城则是核心聚落群的所在地。

显然，中期古城的出现，城墙、城壕（濠）和城址规模的扩大与内部结构的变化都是社会组织一体化规模扩大升级的结果与反映。

（二）个体发展的不平衡性、多样性与复杂性日渐突出

无论是从全国的角度来看，还是从一个地区的角度来看，当时城址一个很突出的特点就是个体规模大小不一，差距很大。如湖北天门石家河，120万平方米；而公安青河则只有6万平方米，天门笑城也只有9.8万平方米；与前者相比，小了10—20倍，充分地体现了发展的不平衡性、多样性与复杂性。

造成这种现象的原因主要有二个。

第一，实力的差异。

湖北天门石家河之所以能够筑起当时中国境内最大的城址，完全就是一种实力的体现，就是聚落组织一体化程度很高规模很大的体现，因为在城内城外约526万平方米的范围内，就至少聚集了6个聚落群，18个聚落[①]，总体实力无人能比。

---

① 湖北省文物考古研究所：《大洪山南麓史前聚落调查》，《江汉考古》2009年第1期。

第二，竞争的需要。

根据城址的分布位置，并将各城址的始筑时间、规模相互联系起来，即可发现长江中游地区城址的分布与规模还有四个重要特点。

一是所有的城址明显可分为三个区。第一区就是"江南西区"，即长江以南洞庭湖西北区；第二区就是"江汉西区"，即长江以北江汉平原西部区；第三区就是"江汉东北区"（图4-1-2）。这种分区很可能就是最早"三苗"的雏形。

二是就崛起的时间而言，最早的区域是江南区；随后北上，最后落于汉水东北。

三是有的区域内城址规模很接近，但也有的规模差距很大。

其中，江南区就是城址规模很接近的区域，湖南澧县城头山14万平方米[1]、鸡叫城15万平方米[2]，湖北公安青河6万平方米[3]、公安鸡鸣城18万平方米[4]、石首走马岭—屯子山16万平方米[5]，这说明当地城址的最大大小比只有1∶1.28。

江汉平原西部区是一个城址规模差距较大的区域，湖北荆州阴湘城原本应35万平方米[6]、荆门马家垸24万平方米[7]、荆门城河70万平方米[8]，相互大小比超过1∶2.9。

汉水东北区，完全是一个规模差距很大的区域，湖北天门石家河120万平方米[9]、天门笑城9.8万平方米[10]、应城陶家湖67万平方米[11]、应城门板湾20万平方米[12]、安陆王古溜70万平方米[13]、孝感叶家庙30万平方米[14]，相互大小比超过1∶12。

四是时代越晚规模越大。江汉东北区崛起的时间就明显晚于江南西区，而且城址的规模还普遍较大。

应该指出的是，以上现象的出现应该不是偶然的，也不是人们在筑城时想在

---

[1] 湖南省文物考古研究所：《澧县城头山——新石器时代遗址发掘报告》，文物出版社，2007年。
[2] 湖南省文物考古研究所：《澧县鸡叫城古城址试掘简报》，《文物》2002年第5期。
[3] 湖北省文物考古研究所：《湖北史前城址》，科学出版社，2015年，第272页。
[4] 湖北省文物考古研究所：《湖北史前城址》，科学出版社，2015年，第266页。
[5] 湖北省文物考古研究所：《湖北史前城址》，科学出版社，2015年，第236页。
[6] 湖北省文物考古研究所：《湖北史前城址》，科学出版社，2015年，第204、219页。
[7] 湖北省文物考古研究所：《湖北史前城址》，科学出版社，2015年，第293页。
[8] 湖北省文物考古研究所：《湖北史前城址》，科学出版社，2015年，第298页。
[9] 湖北省文物考古研究所：《湖北史前城址》，科学出版社，2015年，第1、110、121页。
[10] 湖北省文物考古研究所：《湖北史前城址》，科学出版社，2015年，第183页。
[11] 湖北省文物考古研究所：《湖北史前城址》，科学出版社，2015年，第310页。
[12] 湖北省文物考古研究所：《湖北史前城址》，科学出版社，2015年，第307页。
[13] 湖北省文物考古研究所：《湖北史前城址》，科学出版社，2015年，第366页。
[14] 湖北省文物考古研究所：《湖北史前城址》，科学出版社，2015年，第318页。

哪筑就在哪筑,想筑多大就筑多大的结果,而是社会发展不平衡、多样性与复杂性的集中体现,也是城址所在具体区域社会整体氛围与竞争需求状况使然。

(三)因社会因素导致的区域性差异日趋明显

距今5 000年以后,中国史前城址已完全形成了三种不同地域的筑城模式,即江南以堆筑为主,黄河流域以夯筑为主,北方地带以石块垒筑为主的模式。

从表面上看,这是各地自然条件不同造成的结果,但实际上则完全是社会因素导致的结果,是社会在选择、利用、放大了自然条件差异的结果。

一般而言,各地自然条件与差异是一种固定常态的因素。然而,面对这种因素,同一地区的聚落设施却在不停地变换修筑模式。这就说明变化的原因不是自然的而是人为的、社会的。

新石器时代中期,虽然各地的自然特点非常明显,但是各地聚落围沟的共性却超过个性,都是规模很小的干沟。为什么会是这样呢?原因很简单,就是没有在围沟身上附加过多的社会功能与需求。但是,从新石器时代中晚期之交到距今5 000年,伴随着人类社会生存危机的出现与社会矛盾的激化,围沟升级换代成为了壕(濠)沟,壕(濠)沟又逐渐催生了早期古城,从而使这类聚落公共设施不停地承载了越来越多的社会需求与功能:一是成为了基于主从关系的核心聚落的标志,二是成为了一体化部落(聚落群)的永久性军事中心,三是成为了松散型部落联盟(聚落群团)的临时性军事中心。

距今5 000年以后,早期古城演变成了中期古城,而这种古城的地域性特点比以往任何时候都更加突出,从沟到墙,到城址的内部结构各地都不一样了。

这又是为什么呢?

最根本的原因就是这些聚落公共设施承载的社会需求与功能又升级又增加了。

一方面,长江流域以堆筑为主,黄河流域以夯筑为主,北方地带以石块垒筑为主的筑城模式的出现与并立,实际不仅是一种地区差异,尤其是长江中游城外由无水干沟变为有水的水沟,更是一种对当地自然条件殚精竭虑成熟利用的反映,而这种现象的出现则完全是一种社会需要的结果,是当地城址相互竭尽全力竞争与对峙的结果。

另一方面,长江中游的城址于不同区域还有成组分布以及规模大小的区别,实际也是社会原因导致的结果。为什么距今5 000—4 500年期间,一体化特征最鲜明,零距离超近距离相聚的组织形式最好的聚落群团,如京山屈家岭群团、天门石家河群团都位于汉水东北部?为什么长江中游地区城址面积最大的组群也会位于汉水东北部?关键就在于那里社会矛盾的激烈程度与规模更大,所以就最早催生了中国史前一体化组织状态最好的聚落群团,也同时催生了当时中国规模最大、结构最新颖的古城。

再一方面,社会组织一体化从聚落群扩展到聚落群团,从而导致城址不仅是一种军事中心,更重要的是变成了一种能实施跨部落集中统一领导与管理的政治中心。为此,有的城址变成了聚落群团级的中期古城,有的变成了大城,有的变成了大小配套的城。

显然,距今 5 000 年以后,城址的诸多变化充分说明当时完全是社会因素在主宰城址的发展及其地区特点。

(四)各地都没有出现"区域中心"

虽然长江流域、黄河流域、北方地带都发现了距今 5 000—4 500 年期间的城址以及中期古城,但却没有一个是地缘化的"区域中心"。

即使是当时组织状态最好的湖北天门石家河、山东日照尧王城,已有的考古发现也证明它们都是血缘组织聚落群团的核心。不能因为周边没有第二个类似的城址,就以为周边所有规模面积比它小的城址和聚落都是这个城址的附属,或随从,或"卫星城",或"卫星聚落";就以为它们都共同自愿建立拥有"都、邑、聚"三级结构的跨血缘跨地域的地缘社会①。

尤其需要指出的是,黄河中游的中原地区当时更不是全国的"中心",也没有一个地区有意或无意围绕它形成"多元一体"的结构。当时它不仅没有发现一座新的城址,而且还正在遭受南方屈家岭文化、东方大汶口文化的大举入侵和移民(图 3-2-3)。

(五)长江中游地区又引领了史前血缘社会一体化聚落群团"政治中心"崛起的历史新潮

距今 5 000—4 500 年期间的历史再次证明,是长江中游地区,成为了中国史前文明起源的中心地区,在引领了早期血缘社会军事中心的崛起之后,接着又引领了中国史前血缘社会以一体化聚落群团为基础的"政治中心"第一阶段崛起的历史新潮。

主要表现在三个方面。

第一,拥有中国一体化组织状态最早最好的聚落群团。

考古调查与发掘表明,湖北天门石家河就是中国史前一体化组织状态最早最好的聚落群团的代表。其中,在 526 万平方米的范围内,以城址为核心,聚集了 6 个聚落群 18 个聚落。不仅如此,石家河的发掘还证明,这个群团出现的年代就是屈家岭文化早期,就是距今 5 000 年左右,比全国各地已

---

① 张学海:《鲁西两组龙山文化城址的发现及对几个古史问题的思考》,《华夏考古》1995 年第 4 期。

发现的一体化聚落群团的年代都早。

第二,拥有中国史前最早的内外城的城址结构。

如果说早期古城都是聚落群级的单聚落遗址,那么距今5 000年以后就出现了聚落群团级的中期古城。其中,最具时代意义的就是城内住着一个聚落群并分大小内外的古城。已有的考古调查与发掘表明,中国时代最早为一个聚落群驻守并分内外大小的城址就是天门石家河。其中,在26万平方米的小城内住着的就是核心聚落群的核心聚落,而在120万平方米的大城内则住着核心聚落群的其他成员。

第三,拥有黄河、淮河与长江流域当时数量最多、延时最长、规模最大的城址群。

就城址的数量而言,长江中游地区当时共有城址15座,而黄河中游没有一座,黄河下游总共发现4座。此外,淮河中游的黄淮之间也只发现2座。显然,长江中游地区这一时期拥有的城址数量最多,占当时黄河、淮河、长江流域总城址数21座的71%以上。

就城址的使用时间而言,长江中游地区有一批延时很长的城址。其中,湖南澧县城头山从距今6 000年的大溪文化早期一直延续到距今4 500年的屈家岭文化晚期,前后历时近1 500年。

就城址的规模而言,长江中游地区不仅拥有中国当时规模最大的城址,还拥有当时规模面积最大的城址群。

天门石家河就是当时中国最大的城址,比淮河流域安徽固镇垓下15万平方米、南城孜25万平方米,分别大了8—5倍;比黄河下游最大的日照尧王城56万平方米大了2.14倍。

此外,在汉水东北岸还存在一个史前城址规模最大的城址群。其中,天门石家河120万平方米、应城陶家湖67万平方米、应城门板湾20万平方米、孝感叶家庙30万平方米、安陆王古溜24万平方米。

正因此,长江中游地区是中国史前血缘社会第一阶段"政治中心"崛起当之无愧的领跑者。

第二节 聚落集团、早期国家、古国级政治与军事中心的崛起

如果说距今5 000—4 500年的中期古城还只是一体化聚落群团的核心和第一阶段的政治与军事中心;那么,距今4 500—4 000年,城址的历史地

位又升级了,出现了第二阶段的政治与军事中心。其中,既有以晚期古城为代表的、以血缘为基础的聚落集团,以及跨血缘跨地域联盟的早期国家的政治与军事中心;也有以早期都城为代表的,又跨血缘又跨地域还在各聚落组织之间建立了统治与被统治关系的古国的政治与军事中心(表5-2-1)。

一、各地城址和晚期古城、早期都城的发现与特点

相比以往,距今4 500—4 000年期间城址的发现与特点主要表现在以下六个方面。

(一) 各区域内部营建模式多样化

就大的自然区域的城址营建模式而言,各地都没有太大的变化,依然维持距今5 000年以后形成的长江流域以堆筑为主、黄河流域以夯筑为主、北方地带以垒筑为主的基本模式。但是,在新的历史时代,不同地区内部,城址营建模式的多样化则已成为了一种新的历史现象。

中原的河南新密古城寨与新砦就是这方面的代表。

古城寨,位于新密市曲梁乡大樊庄村溱水东岸的台地上,城址规模宏大,墙高沟深,气势雄伟。其中,夯土城墙就坐落在壕沟内侧上方的地表之上,最高处现存达16米,最宽处达40余米。城外南、北、东三面有壕沟环绕,宽34—90米,深4.5米以上(图5-2-5,1、2)。

新砦,位于新密市东南18.6公里的刘寨镇新砦村,与新密古城寨相距仅约10公里,隔溱水相望(图5-2-5,1)[①]。

就地貌而言,二者没有任何区别,都地形开阔平坦。不过,二者的筑城风格却迥然不同。

其中,最主要的区别就是古城寨的城墙高耸于地表之上,至今仍保持着中国史前城墙最高的纪录。但是,与众不同的是,新砦竟然没有地面之上的城墙。

2002年,为了搞清楚新砦城墙与壕沟的形状和结构,考古工作者分别布置了6处发掘探沟,其位置覆盖了城墙城壕的各个主要部位。结果表明,在这么多的发掘点上没有一个发现了真正高耸于地表之上的城墙,甚至连墙的底部与基槽也都没有见到踪迹(图5-2-5,3—5)。

这就是该城最主要的特点,城墙与壕沟的护坡合二为一了,故又可称之为"沟墙"[②]。

[①] 中国社会科学院考古研究所河南新砦队等:《河南新密市新砦遗址东城墙发掘简报》,《考古》2009年第2期。

[②] 裴安平:《中国史前聚落群聚形态研究》,中华书局,2014年,第235页。

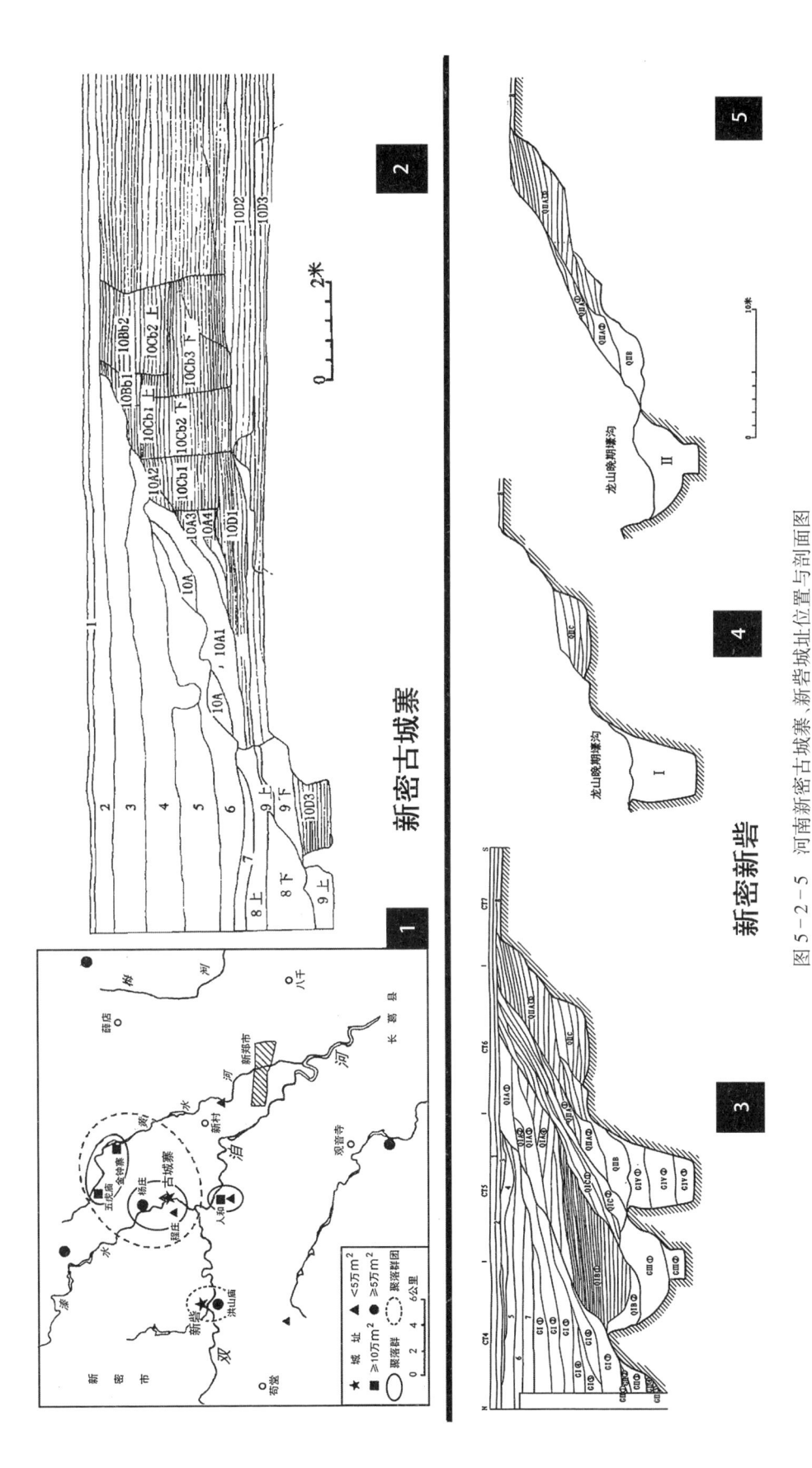

图 5-2-5 河南新密古城寨、新砦城址位置与剖面图

1. 古城寨与新砦位置图 2. 古城寨城墙剖面图 3—5. 新砦城墙剖面图
(1、3—5 引自裴安平《中国史前聚落群聚形态研究》;2 引自河南省文物考古研究所等《河南新密市古城寨龙山文化城址发掘简报》)

值得注意的是,在一个如此小的地域范围内,城址的营建模式如此之不同,很难将其原因归咎于自然地理条件的不同,而更应该是人为选择与社会竞争的结果。

(二) 各地崛起了大量的城址

如果说距今 6 000—5 000 年是中国史前城址崛起的第一波高潮,距今 5 000—4 500 年是初步发展的第二波高潮,那么距今 4 500—4 000 年期间就是发展的第三波高潮。其中,以黄河中游、黄河下游、长江上游地区为代表,许多以往没有城址或城址稀少的地区都出现了大量的城址。

黄河中游地区,即史称"中原"的地区,虽然距今约 5 000 年郑州西山就出现了黄河流域最早的史前城址,但那只是星星之火,一直没有引起燎原大火,因而那里一直都是中国史前城址稀少的地区;尤其是距今 5 000—4 500 年期间,那里一座新的城址都没有发现。可是,距今 4 500 年以后,当地的城址开始大量崛起,已发现 15 座(图 4—3—2)。其中,除了山西临汾的陶寺以外,河南中北部沿京广线两侧就发现了 11 座,即安阳柴库、安阳后冈、濮阳戚城、濮阳高城、温县徐堡、博爱县西金城、辉县孟庄、新密古城寨、新密新砦、登封王城岗。此外,河南的淮河上游地区也同时崛起了方城平高台、淮阳平粮台、郾城郝家台、平顶山蒲城店等 4 座城址。

黄河下游,主要是山东,也包括安徽与江苏的黄淮之间,距今 4 500 年以前的大汶口文化晚期,这里只发现城址 6 座;但距今 4 500—4 000 年期间,则一共发现城址 17 座,分别是山东阳谷皇姑冢、阳谷景阳岗、阳谷王家庄、东阿前赵、东阿王集、茌平教场铺、茌平大尉、茌平乐平铺、茌平尚庄、章丘城子崖、邹平丁公、临淄桐林(田旺)、寿光边线王、费城防故城、滕州庄里西、日照两城镇、江苏连云港藤花落等。

长江上游,距今 4 500 年以前,一座城址也没有;以后,共发现城址 6 座,全部都出自成都平原,分别是新津宝墩、郫县古城、都江堰芒城、温江鱼凫、崇州双河和紫竹。

(三) 各地城址又在大量减少

一般而言,城址的减少有二种模式,一种是在前期城址大量增加的地区,城址的数量不增反减;另一种是在前期城址不多的地区,城址数量一边增加一边同时减少。

1. 长江中游地区

长江中游地区就是城址数量先期增加后期减少的代表。

与屈家岭文化时期城址相继崛起数量不断增加相反,石家河文化时期城址数量不增反减。

距今 5 000 年以前的大溪文化时期,长江中游始筑城,一共三座。而后,距今 5 000—4 500 年的屈家岭文化时期,生机勃发,一共有城址 15 座。可是,石家河时期,不仅新筑的城很少,仅两座,即湖北黄陂张西湾与大悟土城,而且减少的城址有 6 座,即湖南澧县城头山及湖北石首走马岭—屯子山、荆门马家垸、天门笑城、应城门板湾、应城叶家庙,数量明显是新筑城的 3 倍。

在这些被减少的城址中,有的被人们称为"衰落",因为昔日轰轰烈烈的筑城活动全部停止了,城内石家河时期的文化堆积也明显"稀薄",如走马岭—屯子山[1]、城头山[2]、马家垸[3]、笑城[4]即属此类;也有的被人们称为"废弃",因为城内基本不见石家河时期的堆积,如门板湾[5]、叶家庙[6]即属此类。

2. 黄河中游地区

黄河中游是城址同时增加又同时减少的代表,因为那里城址兴起与衰亡的高潮都同时发生在龙山文化时期。

自中原第一座城址——郑州西山古城发现以来,学界就注意到了中原的史前城址普遍具有存活期较短的特点。其中,据魏兴涛先生研究[7],很多城址的使用期限都不超过二百年,有的前后甚至只有几十年(表 5 - 2 - 2)。如登封王城岗、新密古城寨、平顶山蒲城店、温县徐堡、博爱西金城、安阳后冈、辉县孟庄、淮阳平粮台等 8 座,占龙山文化城址数量的一半,几乎在崛起后不久就都倒下了(表 5 - 2 - 2)。此外,黄河中游的城址不仅寿命短,而且规模面积也小。在河南已发现的 15 座史前城址中,平均只有 22 万平方米。其中,5 万平方米以下的 4 座,15—20 万平方米的也是 4 座,20 万平方米以上的还是 4 座(表 5 - 2 - 3)。

为什么中原的城址规模又小存活期又短呢?究其原因,城址规模小主要是因为土质疏松筑城难度高,而存活期短则很可能主要还是人为与社会因素的结果。

---

[1] 湖北省文物考古研究所编:《湖北史前城址》,科学出版社,2015 年,第 272—292 页。
[2] 湖南省文物考古研究所:《澧县城头山》,文物出版社,2007 年。
[3] 湖北省文物考古研究所编:《湖北史前城址》,科学出版社,2015 年,第 293—297 页。
[4] 湖北省文物考古研究所编:《湖北史前城址》,科学出版社,2015 年,第 183—203 页。
[5] 湖北省文物考古研究所编:《湖北史前城址》,科学出版社,2015 年,第 307—309 页。
[6] 湖北省文物考古研究所编:《湖北史前城址》,科学出版社,2015 年,第 318—353 页。
[7] 魏兴涛:《中原龙山城址的年代与兴废原因探讨》,《华夏考古》2010 年第 1 期。

表 5-2-2　河南龙山文化部分城址年代关系记录表*

文化类型 文化	文化类型 类型	城址	相 对 年 代		绝 对 年 代
王湾三期文化	煤山类型	郝家台	前期	出现最早,属煤山类型前期	
		王城岗大城	后期早段		前后只有几十年
		古城寨		相当于王城岗大城	修建和使用期与王城岗大城接近,使用时间约二十年
		蒲城店		与王城岗、古城寨大致属同一时段	
		新砦	后期	王湾三期、新砦期及二里头文化年代衔接紧密	
	王湾类型	徐堡		废弃于龙山后期或之前	
		西金城		始建于河南龙山文化中期,龙山晚期已经废弃	
后冈二期文化		后冈		始建年代与王城岗小城约同期	历时不会太长
		戚城		?	?
		孟庄		始建于龙山中期,毁于龙山晚期之前	年代不是很长
造律台文化		平粮台		遗址的二期,可能延续到三期	

*此表完全根据魏兴涛先生论文内容整理

表 5-2-3　河南史前城址面积一览表　单位：万平方米

城 址 名	遗址面积	城址面积(包括壕[濠]沟)	资 料 出 处
郑州西山	30	3.45	《中国聚落考古的理论与实践》
博爱西金城	≈35	30.8	《考古》2010 年第 6 期
温县徐堡	40	20	《中国文物报》2007 年 2 月 2 日
辉县孟庄	30	15	《辉县孟庄》
新密古城寨	270	17	《华夏考古》2002 年第 2 期
新密新砦	>100	70	《考古》2009 年第 2 期
登封王城岗	50	34.8	《中国文物报》2005 年 1 月 28 日
安阳柴库	3	?	《中国文物地图集·河南分册》
安阳后冈	10	?	《考古学报》1985 年第 1 期

(续　表)

城址名	遗址面积	城址面积（包括壕[濠]沟）	资　料　出　处
濮阳戚城	?	16	新华网 2008 年 7 月 21 日
濮阳高城	?	?	新华网/发展论坛/2010 年 7 月 17 日
方城平高台	91（含商周汉）	45？	河南文化网 2006 年 4 月 21 日
淮阳平粮台	5	5	《文物》1983 年第 3 期
平顶山蒲城店	?	4.1	《中国文物报》2006 年 3 月 3 日
郾城郝家台	6.5	3.3	《华夏考古》1992 年第 3 期

（四）出现了聚落集团、早期国家级的晚期古城

距今 4 500—4 000 年期间，中国的史前社会发生了重大变化，并出现了以往不曾见过的聚落集团与早期国家等新型聚落组织；而伴随着这些组织的出现，城址的社会属性也由中期古城变成了晚期古城，由第一阶段的初级政治军事中心变成了第二阶段的中级政治军事中心（表 5-2-1）。

1. 出现了聚落集团级的晚期古城

聚落集团级的晚期古城就是一体化聚落集团的核心城址。由于城址内部聚落组织方式的不同，这种城址还可区分出三种不同的类型（表 5-2-1）。

A 型：一个单聚落驻守的城址，湖南澧县石家河文化鸡叫城城址就是代表。

调查发现，在鸡叫城城址周边不足 20 平方公里的范围内超近距离的聚集了 37 个聚落遗址（图 4-2-1），显示当地明显存在一个石家河文化时期的聚落集团，而鸡叫城就是这个集团的核心。但是，鸡叫城从早到晚都是一个单聚落城址，面积最大的时候连城濠一起也仅 15 万平方米（图 4-2-6）。

B 型：一个聚落群多聚落驻守的城址，湖北天门石家河文化城址就是代表。

尽管石家河文化时期天门石家河城址所在的聚落组织已经自然升级成为了聚落集团，聚落的个体数由屈家岭文化时期的 18 个变成了 40 个（图 3-2-13）。但是，石家河城址并未因此再扩大，而是一直沿袭了自屈家岭文化以来的传统，并一直是一个聚落群 4 个聚落共同驻守的城址。

C 型：一个聚落群团众多聚落群驻守的城址，浙江良渚文化余杭瓶窑古城就是代表。

瓶窑古城,因远离良渚镇靠近瓶窑镇而得名[①],面积300万平方米,为长江流域史前第一大城址。

根据2005年浙江省文物考古研究所《良渚遗址群》的报告及图5-2-6的显示可知,整个瓶窑古城内当时至少有12个住人的聚落遗址,分别是56号黄泥山、57号馒头山、58号湖寺地、66号沈家头、69号朱村坟、74号周村、76号马金口、79号钟家村、45号花园里、68号莫角山、38号沈家山、48号公家山等。

此外,这些城内的聚落遗址还明显存在近距离相聚为群的现象,其中黄

图5-2-6 浙江余杭瓶窑古城及附近良渚文化遗址分布示意图
(引自浙江省文物考古研究所《良渚遗址群》)

---

① 裴安平:《中国史前聚落群聚形态研究》,中华书局,2014年,第366页。

泥山与馒头山,湖寺地、沈家山与朱家坟,周村与马金口,钟家村与花园里,就可能分别都是不同的聚落群。

应该指出的是,这种类型的城址,即城内住着一个聚落群团的城址,以前从未见过,是距今4 500年以后才出现的新型城址。它的出现不仅是社会组织一体化的结果,还非常直白地表明,城之所以越来越大城里人之所以越来越多,其根本原因就是因为住进城里的聚落组织规模越来越大,级别越来越高。

2. 出现了早期国家级的晚期古城

早期国家就是人类社会最早跨血缘,或又跨血缘又跨地域联盟组建的一种聚落组织,而属于这种组织的核心城址就是早期国家级的晚期古城。虽然这种城址的级别已经很高了,但是这种组织与同时诞生的古国还是有着重大区别,那就是早期国家内部没有统治与被统治关系。正因此,这种组织的核心城址就仍然属于晚期古城,而不是早期都城。

一般而言,早期国家有二种类型。一种是只跨血缘不跨地域,另一种是又跨血缘又跨地缘。其中,湖北天门石家河地区的聚落组织就是只跨血缘不跨地域的代表(图3-2-13,2),而山东寿光边线王古城周围的聚落组织就是又跨血缘又跨地域的代表(图4-2-5)。

值得注意的是,早期国家级的晚期古城也有三种类型。

A型:一个单聚落驻守的城址。山东寿光边线王城址就是代表,面积仅5.76万平方米。

B型:一个聚落群多聚落驻守的城址。湖北天门石家河城址就是代表,它不仅是一个聚落集团的核心,也是与其他聚落组织跨血缘联盟的早期国家的核心(图3-2-13,2)。

C型:一个聚落群团众多聚落群驻守的城址。浙江余杭瓶窑古城就是代表,它不仅本身就是一个聚落集团的核心,而且还是与周边其他聚落群团联盟组建的早期国家的核心(图4-2-4)。

(五)出现了古国级的早期都城

古国就是人类社会最早又跨血缘又跨地域,并在不同血缘组织之间建立了统治与被统治关系的一种聚落组织类型。属于这种组织的核心城址就是古国级的早期都城。

之所以将其视为早期都城,是因为它属于人类历史上第一代具有统治功能的城址,而且还是统治者的政治军事中心之所在。不过,与夏商周时期的中期都城相比,二者也明显不同。其中,古国都城代表的统治者只是小型的血缘组织,而夏商周都城代表的则是大型地缘化的统治民族。

新石器中期及以前,聚落组织都是以血缘为纽带的组织,相互之间的关系都是独立与平等。新石器时代中晚期之交开始,随着聚落血缘组织的大型化一体化,内部各组织成员之间就出现和存在了明显的主从关系。不过,主从关系并不是统治与被统治关系,主从关系的基础是利益一体化,是自愿从属,自愿生死与共利益均沾。即使早期国家内部那些不同血缘不同地域的聚落组织也是如此,也是自愿结盟。但是,距今约4500年以后出现的古国则意味着人类历史上第一次出现了统治与被统治关系,这种关系的基础就是暴力与征服,最本质的特点就是政治上的压迫、经济上的剥削。

考古发现,河南中原大地龙山文化时期的城址,不仅存在相互对峙而立的现象,而且还存在其中一方先行倒下的现象。

据观察,大体有5组9座城址1座大型环壕遗址明显近距离对峙分布,它们分别是安阳后冈与柴库,濮阳戚城与高城,焦作博爱西金城与温县徐堡,新密古城寨与新砦,登封王城岗与禹州瓦店环壕多聚落遗址(图4-3-2)。

其中,濮阳戚城与高城相距约10公里,隔金堤河相望;博爱西金城与温县徐堡相距约7.5公里,隔沁河南北相望;新密古城寨与新砦相距约10公里,隔溱水相望。这些城址之所以都隔河相望,除了两岸地势都比较开阔平坦以外,更可能还由于河流是各自利益与实力的最好自然边界,也是双方缓冲矛盾避免冲突的最好自然隔离带。

然而,双方又如此近距离地针尖对麦芒,说明它们的矛盾也已经不是用一条小河就可以分离和化解了的。资料显示,西金城就先于徐堡倒下了,新密古城寨就先于新密新砦倒下了。这种 死 生的现象表明,在暴力与征服的基础上,有的城址的属性就升级了,就成为了古国的"早期都城",就成了统治者的政治军事中心。

事实上,历史上所有的"都城"实际也都是统治者的政治与军事中心。

由于历史上最早的古国多数都与超大型的聚落组织有关,因此"早期都城"的类型也几乎与聚落集团完全一样。

湖南澧县鸡叫城就是率领聚落集团升级为古国的代表,所以作为聚落集团核心的A型单聚落晚期古城实际也是古国的A型早期都城。

湖北天门石家河也是率领聚落集团升级为古国的代表,所以作为聚落集团核心的B型晚期古城实际也是古国的B型早期都城。

(六)政治军事中心与城址关系多样化

长期以来,根据秦汉以后中央集权制国家的组织与建构模式,人们总以为只要是政治军事中心就一定有高耸于地表之上的城墙。但实际上，政治军事中心与城址的关系是复杂多样的。城址并不是政治军事中心出现的必要条件。有城址的地方，就像北方地区中部的石城一样，大多数都是普通聚落，都不是政治军事中心。没有城址的地方，就像河南偃师二里头、安阳商代殷墟、陕西宝鸡周原一样，至今都没有一个发现了高大的城墙与壕沟。

考古表明，距今4 500年以后，政治军事中心与城址关系的多样化就进入了一个新的历史阶段。一方面，新出现了整个聚落集团都位于城中的城址；另一方面又新出现了没有城墙与城壕的聚落集团级的、早期国家级的、古国级的政治军事中心。

1. 整个聚落集团都位于城中的城址

陕西神木石峁龙山文化城址就是史前晚期城内住着一个聚落集团的代表。

城址约400万平方米，"内部在以天然沟壑为界区分的16个相对独立的地理小单元（梁峁）上，密集分布着居址、墓葬等龙山文化遗存"（图5-2-7,1）①。

虽然由于晚期的破坏，城内当时究竟有多少聚落已经不可能完全复原了。但是，已有的调查则发现了至少11处独立的房址区，19处独立的墓葬区，以及数十个陶片集中分布区，初步显示了城址是一个聚落集团驻地的迹象。

（1）城为二大聚落组织所筑

根据外形，石峁城实际是东西二个城的联合体。

由于专家们用春秋战国以后城址布局的思想与模式由后往前推来看待石峁，所以认为西部是"内城"，东部是"外城"②。然而，这种认识与事实严重不符。

第一，城的二部分在外观上根本没有内外之分，而是相互既独立又有联系的二个部分。

第二，"内城"一般都位于"外城"之中，或类似湖北天门石家河位于"外城"的中间，或类似山东日照尧王城位于"外城"的一角。但石峁的"内城"既没有位于"外城"的中间，也没有位于"外城"的一角。

第三，一般"内城"面积都小于"外城"，但石峁的"内城"约210万平方米，明显大于只有约190万平方米的"外城"。

---

① 孙周勇等：《石峁：过去、现在与未来》，《发现石峁古城》，文物出版社，2016年，第13页。
② 陕西省考古研究院：《发现石峁古城》，文物出版社，2016年，第45、71页。

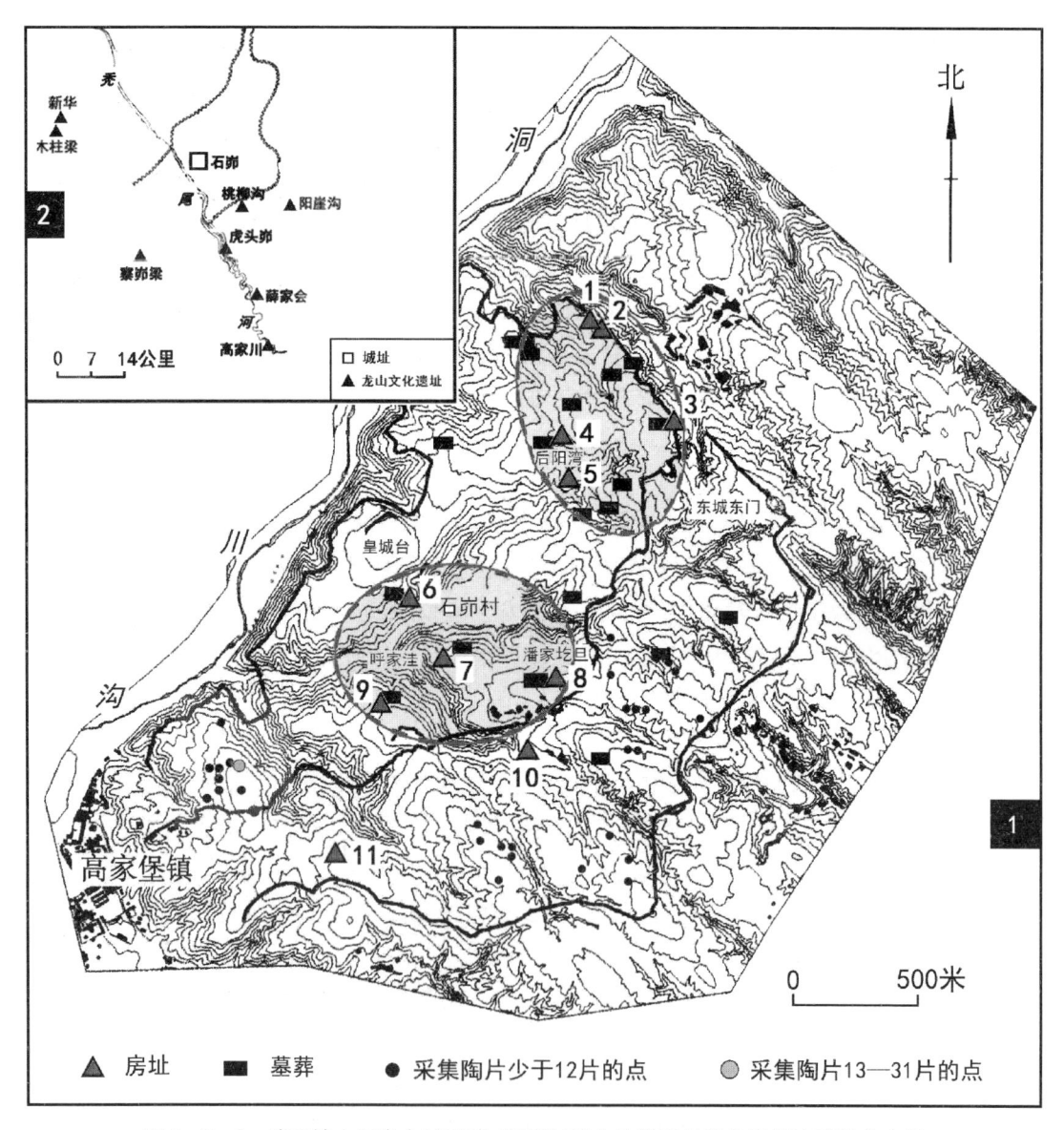

图 5-2-7 陕西神木石峁古城聚落、墓葬与部分地段采集陶片及周边遗址分布图

（1 引自陕西考古研究院等《发现石峁古城》，聚落编号、聚落群及图示均为本书作者所加；2 引自国家文物局主编：《中国文物地图集·陕西分册》）

显然,这个城完全没有内外之分,也完全没有必要为了强调和提升西城的重要性,就将大的褒称为"内城",将小的贬称为"外城"。

事实上,石峁城之所以要筑成东西二个部分,关键就在于它属于二个大的聚落组织,并为这二个组织所共同营建。

当然,这二个组织的地位也确实有轻重之分。其中,西城很可能就是核心。

第一,"皇城台"就位于其中,并在台上发现了大型夯土基址、水池等一系列高等级建筑①。

第二,西城拥有更多的"居住区",一共9处,约占全城已发现居住区总数11处的82%。其中,后阳湾、呼家洼还发现了许多"白灰面"房址②。

第三,在韩家圪旦不仅清理了房址42组(座),还清理了41座墓葬。由于这里的大、中型墓不仅墓口面积较大,而且棺外还有1—2个殉人,从而显示"其为石峁遗址内的一处大型贵族墓地"③的迹象。

(2)西城是一个聚落群团的所在地

一方面,西城目前已经发现了9个房址居住区,这些居住区如韩家圪旦就清理了房址42组(座),从而说明这些房址区实际就是聚族而居的氏族聚落所在地。因此,9处"居住区"就代表了西城里面至少有9个氏族单位。

另一方面,按照距离远近,西城区的聚落至少可以石峁村为界明显分为南北两大群体。由于两群之间的最近距离,即图5-2-7(1)第5、6号聚落之间相距800余米,所以双方各自的独立性也一目了然。

再一方面,这二个群体都分别拥有4或5个居住区,所以它们各自的组织属性就应该是不同的聚落群或部落。

还值得注意的是,在呼家洼与高家堡镇之间一处面积较大的山峁上,考古调查还发现了9个陶片分布点。由于这个山峁距离呼家洼附近的第9号聚落也有近1 000米的距离,所以那些陶片的存在很可能说明当时当地也有一个聚落或聚落群存在(图5-2-7,1)④。假如没有人居住和存在,那里为什么又会成为城内有陶片集中分布的一个区域呢?

---

① 赵辉:《陕西神木县石峁遗址考古发掘研究的进展及学术意义》,《中国文物报》2016年8月23日,第3版。
② 陕西考古研究院等:《陕西神木县石峁遗址后阳湾、呼家洼地点试掘简报》,《考古》2015年第5期。
③ 孙周勇等:《石峁:过去、现在与未来》,《发现石峁古城》,文物出版社,2016年,第18页。
④ 孙周勇:《石峁遗址考古调查与发掘》,2016年"中国陕西神木石峁遗址国际学术研讨会"发言PPT。

显然，种种迹象表明，整个西城的聚落组织很可能就是一个以聚落群为单位近距离相聚而构成的大的聚落群团。

(3) 东城也是一个聚落群团的所在地

理由有三。

第一，到目前为止，整个东城区已发现二个出土房址的居住区，即第10、11号聚落。由于二者相距约1 000米，因而与西城5、6号聚落之间距离的意义一样，显示各自的独立性很强，并属于不同的聚落群。

第二，在东城境内目前一共发现三处墓葬区，除一处位于10号聚落居住区东部以外，其余二处皆位于城的北部。由于无论东城西城，墓葬区的多数，共12处都位于居住区附近，占已发现19处墓葬区的63%，因此，东城北部的二处墓葬区也就说明附近至少有二个聚落，或一个聚落群。

第三，在东城境内还有20个地点采集到了陶片，而且这些地点全部都位于适合人们居住的山峁上，虽然这些地点的陶片数量很少，但它们所在位置却很重要，并表明那4个山峁上都曾有过人类的居住与存在。

显然，种种迹象表明，整个东城的聚落组织也应该是一个以聚落群为单位近距离相聚而构成的大的聚落群团。

(4) 缺少统治对象

与其他同时期城址不同的是，神木石峁还有二个非常重要的特点（图5-2-7,2）。

第一，已有的调查表明，在城址周边直线距离10公里的范围内几乎没有一个同时期的聚落，由于山路崎岖起伏，实际距离肯定还要更大。

第二，已有的调查还表明，在城址周边50公里的范围内也只有同时期的聚落与石城8处，总的数量与总的面积加起来还不如石峁城本身的多。

显然，石峁这个聚落集团的所有成员，无论等级高低，都位于城内；至于城外，既不见同一组织的其他成员，也不见被统治被压迫的对象。

不过，为了说明并论证石峁古城属于"王权古国"，是"具有国家形态的高级聚落中心"，专家们给出了一个非常重要的理由，就是"在石峁遗址所在的秃尾河流域调查并确认的石城聚落就不下10处，包括桃柳沟、庙石摞子、石摞子、石瓠、寨合峁、虎头峁、薛家会、高家川、寨峁梁、白兴庄等，此外还有大量没有防御设施的小型聚落。这些众星拱月般环绕在石峁遗址周边的'卫星村落或次级中心'，奠定了'石峁王权国家'固若磐石地存在了四五百年之久的社会基础……最终在公元前2 300年前后形成了以石峁遗址为代表的早期国家"①。

在这里,专家们除了利用了"区域聚落形态"的理论与方法,利用了聚落与城址按面积大小和内涵进行分类分级的理论与方法以外,并没有给出任何划分区域大小的理由,也没有说明为什么就一定要将周边的聚落遗址都纳入人为划定的区域内,也没有说清楚为什么就要将人为划定区域内的所有聚落与城址都"拉郎配"拢到一起来共建"王权古国"的理由,更没有给出为什么石峁城址面积大并特别有内涵就一定是"王"的根据。

实际上,神木石峁周边既缺少可以借此不劳而获的统治区,也缺少可以不劳而获的统治对象,它就是一个整个聚落集团都集中住在一起的城址、一个聚众自保的城址。

2. 没有城的都城

在中国历史中有一个非常奇怪的现象,那就是被学术界认为是夏都的河南偃师二里头遗址、商代晚期安阳小屯的殷墟遗址、陕西宝鸡的周原遗址,竟然至今都没有发现高大城墙的迹象。

这是为什么呢?实际很简单,就是需要就修,不需要就不修。高大的城墙实际只是当时政治军事中心的"外衣","穿"上是中心,不"穿"也可能是中心。

考古发现,没有城墙的政治军事中心、没有城墙的古国都城最早就出现于距今 4 500 年以后。其中,黄河中下游地区的河南洛阳盆地、山西临汾盆地与山东临沂沂沭泗三河交汇处的古国就都有发现。

河南洛阳盆地,仰韶与龙山文化的交替阶段,当地聚落社会的发展出现了天翻地覆的变化②。原来发达的洛河北岸 D 群团(图 4 - 2 - 8,1) 短期内凸显颓势几近没落,而原来并不兴旺的 A 集团及 B、C 群团却生机勃勃(图 4 - 2 - 8,2)。显然,在没有任何自然与人为外力干预的前提下,类似现象应该就是当地聚落社会的矛盾与冲突所致。然而,洛阳盆地至今也没有发现一座古城,既没有当时作为聚落集团核心的晚期古城,也没有作为古国核心的早期都城。

山西临汾盆地,考古调查始终只见襄汾陶寺龙山文化古城。但是,该城

---

① 孙周勇等:《石峁:过去、现在与未来》,《发现石峁古城》,文物出版社,2016 年,第 19 页。
② 中国社会科学院考古研究所二里头工作队:《河南洛阳盆地 2001—2003 年考古调查简报》,《考古》2005 年第 5 期。

晚期被他人攻陷了,以致伤痕累累,甚至连祖墓都被人掘了①。但是,很可能是陶寺掘墓人的涝河南岸聚落集团与古国却至今也不见一座城墙与城壕(图4-2-7,2)。

山东临沂沂沭祊三河交汇处也存在古国不见都城的现象②。

调查发现,就在沂河、沭河、祊河交汇构成的自然地理单元范围内,聚集了大量龙山时期的聚落遗址,数量乃山东首屈一指。其中,遗址数量最多,分布最密集,组织状态甚佳的区域就是三河交汇处的河东区、兰山区、罗庄区,并明显存在二个大的聚落集团(图5-2-8)。河东区实力最强,有聚落遗址约70个,相互距离大多数都不到1公里。因此,三河交汇处很可能存在一个由二大聚落集团联合构成的早期国家。

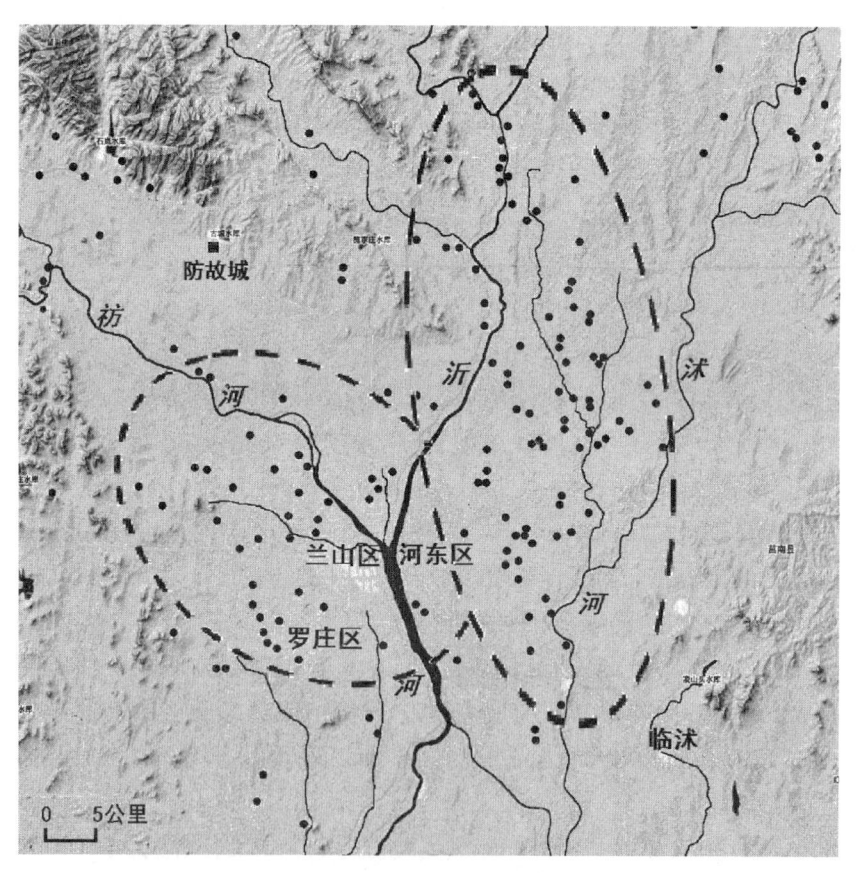

图5-2-8 临沂三区龙山文化聚落遗址分布图
(引自裴安平《中国史前聚落群聚形态研究》)

---

① 何驽:《从陶寺遗址考古收获看中国早期国家特征》,《中国古代文明与国家起源学术研讨会论文集》,科学出版社,2011年,第151页。
② 裴安平:《中国史前聚落群聚形态研究》,中华书局,2014年,第324—328页。

考古还发现，就在这个早期国家西北部距离约20公里处有一座同时期而属于其他聚落组织的古城，即防故城。然而，防故城的城墙早在龙山文化中期就被有关遗迹打破了，显示了被他人暴力征服过后衰败的迹象①。由于防故城的周边只有三河交汇处的实力最强，所以灭掉防故城的就极可能是他们所为。

然而，就是在这个征服了他人而升级成为古国的主体范围内，却至今也没有发现一座史前古城。

显然，真正实力强悍的组织与地区并不一定都要修城。诚如商代一样"相土烈烈，海外有截"，还需要修城吗？城固然是实力的代表，但没有城不等于没有实力，而且很可能还是实力更强更加自信的一种表现形式。

二、各地城址和晚期古城、早期都城发现的意义

距今4500—4000年，伴随着新型的聚落集团、早期国家和古国等社会组织的出现，史前城址的发展也进入了一个全新的历史阶段，并表现出了七个方面的重要意义。

（一）城址的发展日趋多样化复杂化

一般而言，距今4500—4000年之间城址的多样化复杂化主要表现在二个方面。

1. 同一地区内部城址建构模式日趋多样化复杂化

考古发现，距今4500年以后，不同地区之间的城址营建模式依然如旧，变化不大；而同一地区内部却出现了本地多样化的新特点，尤其是中原地区反映最明显。

中原河南新密古城寨、新密新砦就是这方面变化的代表。二者虽然相距只10公里，可是筑城模式与风格却完全不同。古城寨追求的是地面以上高大完美的城墙，而新砦却将重点放在了壕沟之内，壕沟城墙护坡"三合一"的"沟墙"，充分显示了当地在夯筑城墙的总体模式下，各地各遗址自由选择的多样性。

当然，决定这种自由选择的主要原因已不再是自然的因素与原因，而更多的是人为社会的原因。由表5-2-2可知，新密古城寨开始筑墙的时代明显比新密新砦要早，属于龙山文化早中期，而新密新砦则属于龙山文化晚期②。正因此，面对如此雄伟高大的城墙，新砦人没有选择新密古城寨的老

---

① 防城考古工作队：《山东费县防故城遗址的试掘》，《考古》2005年第10期。
② 魏兴涛：《中原龙山城址的年代与兴废原因探讨》，《华夏考古》2010年第1期。

路,而是选择了一条方便快捷实用的筑城之路。

最后的结果证明,费时费力坚持传统的古城寨先期倒下了,而另辟蹊径创新的新密新砦却胜利地坚持到了更晚的二里头文化时期。

显然,城址营建模式区域内部的多样化,实际就是当地社会组织相互竞争对峙、斗智斗勇的结果和产物。

2. 不同地区城址建构模式日趋多样化复杂化

就全国范围而言,史前末期城址的发展已经不仅仅是区域性的多样化了,而更多是复杂化。

(1) 长江流域与北方地带城址规模远大于中原

自司马迁以来,中国的史学界就流行"中原中心论"的观点。虽然苏秉琦先生提出"考古学文化区系类型"的理论以后,"中原中心论"遇到了极大的挑战。但是,依然有些学者企图在二者之间找到一种平衡,既承认各地对中国历史对中国文明与国家起源都有自己独特的贡献,又承认"中原中心论"。为此,他们也很希望在中原能够发现中国史前最早最大的城址,并以此来证明中国自古就有"多元一体"的结构,就以中原为中心。

然而,历史与考古并不支持这种学说,让人始料不及的是,中国史前最早的城址崛起于长江中游地区;而史前中国二个最大的城,一个位于陕西北部的神木石峁,另一个位于浙江的余杭瓶窑;至于最有希望成为黄河流域国家起源象征的山西襄汾陶寺,不仅面积偏小,甚至祖墓也被人掘了,城墙被人捣毁了,男人被人杀了①。

此外,已有的发现还证明黄河流域一直就是史前中国城址规模最小的地区。

表5-2-4的比较显示,黄河中游史前城址的平均规模只有23.72万平方米,不仅只相当长江中游屈家岭文化时期城址平均37.29万平方米的63.6%,而且比陕西北部平均不低于56.91万平方米的石城少了一半还多。

这种现象说明,时代越晚南北城址的规模差距越大,尤其是北方长城沿线地区,城址的规模已跃升全国第一。

北方地区的城址不仅规模越来越大,而且数量也越来越多,许多同一组织群体中的各个成员都有城址,如吴堡县高家梁、关胡疙瘩、后寨子峁、冉和峁四城址就是一个聚集在4公里范围内的聚落群②。

---

① 何驽:《从陶寺遗址考古收获看中国早期国家特征》,《中国古代文明与国家起源学术研讨会论文集》,科学出版社,2011年,第149页。
② 中国考古学会:《吴堡县关胡疙瘩新石器时代遗址》,《中国考古学年鉴2006》,文物出版社,第408页。

表 5-2-4　各地史前城址规模比较表　　　　单位：平方米

序数	长江中游 名称	文化	面积	黄河中游 名称	文化	面积	陕西北部 名称	文化	面积
1	湖南澧县鸡叫城	屈家岭文化	15万	河南博爱西金城	龙山文化	30.8	佳县石摞摞山	龙山文化	6万
2	湖北公安鸡鸣城		18万	河南温县徐堡		20	吴堡高家梁		3万
3	湖北公安青河城		6万	河南辉县孟庄		15	吴堡关胡疙瘩		10万
4	湖北荆州阴湘城		应35万	河南新密古城寨		17	吴堡后寨子峁		21万
5	湖北荆门马家垸		24万	河南新密新砦		70	吴堡冉和峁		3万
6	湖北荆门城河		70万	河南登封王城岗		34.8	绥德赵家砭		30万
7	湖北天门石家河		120万	河南安阳柴库		?	神木石峁		400万
8	湖北安陆王古溜		70万	河南安阳后冈		?	神木高家川		50万
9	湖北天门笑城		9.8万	河南濮阳戚城		16	神木薛家会		>40万
10	湖北应城门板湾		20万	河南濮阳高城		?	神木古城梁		>40万
11	湖北应城陶家湖		67万	河南方城平高台		45	神木阳崖沟		>40万
12	湖北孝感叶家庙		30万	河南淮阳平粮台		5	神木东沿坪		>40万
13	湖南华容七星墩		25万	河南平顶山蒲城店		4.1			
14				河南郾城郝家台		3.3			
合计	城址总数		13座	14座			12座（其余资料不详）		
	面积总数		484.8万	261万（11座总数）			683万		
	平均数		37.29万	23.72万（11座平均数）			>56.91		

（2）各地城址有增有减

主要表现在二个方面。

一方面是区域内部,另一方面是全国性的。

就区域内部而言,长江中游是史前城址不增反减的典型地区。其中,石家河文化时期总共只新增湖北黄陂张西湾、大悟土城2座新城,而减少的城址则至少包括走马岭—屯子山、城头山、马家垸、笑城、门板湾、叶家庙等6座。

正因此,石家河文化时期既是当地距今6000年以来史前城址增加数量最少的时期,又是当地城址数量减少最多的时期。

就宏观而言,这一时期又是全国各地城址大量增加的时期。其中,长江上游即从无到有,黄河中游从此前的1座增加到14座,黄河下游从此前的4

座增加到了17座①。

显然,城址数量的增减,这绝不是自然原因的结果,而完全是社会矛盾与冲突的结果和反映。

(3) 出现了新的城址建构模式

陕西神木石峁双城并列的建构模式就是这方面的代表。

表面上看,这种双城并列的建构模式似乎早在距今5000年以前就见于湖北石首走马岭—屯子山。但是,它们之间的关系实际是形似而神不似。

形似,因为都是双城并列。虽然走马岭—屯子山的规模较小,但它毕竟年代早,所以仅就外表的形态而言,它们之间应该有承袭关系,代表了同一种建构模式的早晚演变。

但终究是神不似。因为,城的内涵完全不同。走马岭—屯子山,是一个聚落群,其中每一座城里只有一个聚落;而石峁则是一个聚落集团,每一座城里都有一个聚落群团。此外,走马岭、屯子山二者之间没有主次,也看不出谁是核心;而石峁主次与核心清楚分明。

(4) 城址与政治军事中心的关系越来越多样和复杂化

城址与政治军事中心的关系越来越复杂和多样化,主要表现在以下几个方面。

第一,城内的聚落组织各不相同。

湖南澧县鸡叫城,城内是单聚落;湖北天门石家河、山东日照尧王城,城内是一个聚落群;浙江余杭瓶窑良渚城,城内是一个聚落群团。

第二,城内聚落组织相同但城址的规模不相同。

湖北天门石家河与山东日照尧王城,城内都是一个聚落群,但各自的规模面积却有明显区别。其中,湖北天门石家河大城120万平方米,而山东日照尧王城大城只有56万平方米,只有石家河的一半。

第三,城址的规模大小与属性没有必然联系。

湖南澧县鸡叫城,单聚落城址,15万平方米,建国之后,却升级成了古国都城。但是,山西襄汾陶寺,280万平方米,城内至少住着一个聚落群,然而最后却被没有古城、遗址规模面积也没有超过陶寺的人灭掉了(图4-2-7,2)。

第四,出现了没有城址的早期国都。

河南洛阳、山西临汾盆地、山东临沂沂沭汸三河交汇处的聚落组织就是没有古城但却有早期都城的突出代表。

---

① 张学海:《张学海考古论集》,学苑出版社,1999年,第155页。

（二）长江中游城址衰落了

在中国文明、国家、城址起源的过程中，一直有一个非常奇怪的现象。

一方面，大约距今4 200年，早期发达并持续引领中国文明、国家、城址起源高潮1 800余年的长江中游地区没落了。

另一方面，前期曾被屈家岭文化占领了半壁江山且并不比其他地区发达的黄河中游地区却兴起了，不仅出现了历史上第一个实体民族与国家，还出现了第一批没有城墙的都城。

根据已有的发现，出现上述逆反现象的原因主要有三个。

第一，由于整体自然环境较差，适合人类生存并发展农业的土地较少，因而导致长江中游地区社会矛盾过于激烈，各血缘组织之间水火不容，而无法形成统一的实体民族。"三苗"的称呼实际就是当时当地还处于分裂状态没有一体化实体民族的佐证。

第二，"禹征三苗"，即中原的影响与入侵。考古表明，石家河文化时期，随着时间的推移，中原的因素越来越多，以致许多考古人都认为应该将深受中原影响的部分称为"后石家河文化"[①]。

第三，环境变迁的影响。

考古发现，从石家河文化晚期开始一直到西周时期，长江中游地区经历了一次区域性的洪水期，有二个重要的证据。

其一，三峡地区遗址的分布。调查与发掘显示，那里江边的一、二级阶地上分布的遗址全部都属于商代以前，而西周以后的遗址则多位于两岸比二级阶地高几十米的山顶上，这说明商代以后当地的洪水出现了高涨期。

其二，湖南湘西北澧阳平原石家河文化与商周时期文化遗址的数量与分布位置显示，当地长期浸泡在洪水之中（图5-2-9）。

一方面，遗址的数量大幅减少。其中，石家河文化时期遗址数是163处；商文化时期41处，仅石家河时期的25.2%；西周时期22处，仅石家河时期的13.5%。

另一方面，石家河文化时期的遗址遍布平原，而商周时期的遗址大都位于海拔位置较高的西部与北部，平原的中东部由于地势较低形成了大面积的无人区，其面积之大为澧阳平原距今一万年以来之最。

显然，造成这种现象的主要原因不是"人祸"而是"天灾"，是持续的洪水使然。

---

① 孟华平：《长江中游史前文化结构》，长江文艺出版社，1997年。

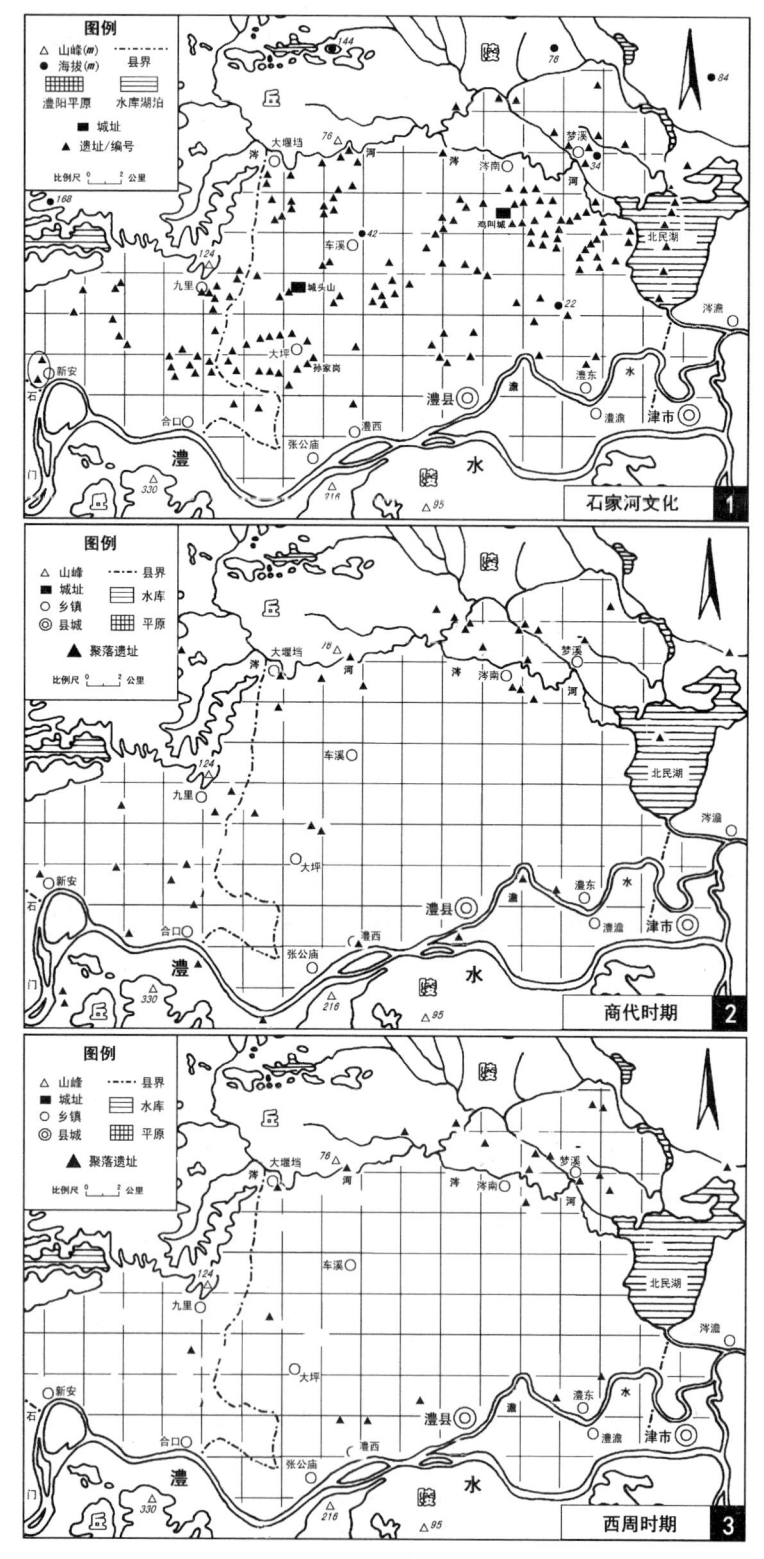

图 5-2-9　湖南澧阳平原史前石家河文化与商周时期
遗址数量和分布位置比较图

(引自国家文物局《中国文物地图集·湖南分册》)

正因此,从大约距今 4 200 年开始,长江中游在文明、国家、城址起源与发展过程中先进的历史地位丧失殆尽。

(三) 社会没有出现"经济中心"

距今 4 500 年以后,虽然随着文明与国家起源进程的加速,各地都先后崛起了许多古国,一些史前城址也顺势升级成了早期"都城",升级成了第二代政治军事中心(表 5-2-1)。但是除了权力更大、管辖的范围更广以外,本质并没有变化。所有的城址,包括古国的"都城",仍然还是以血缘组织为基础的聚落组织的核心,仍然都是聚落血缘组织的政治军事中心,仍然没有出现作为"经济中心"的城址。

之所以如此,有二个方面的重要原因。

第一,血缘聚落组织依然是各种社会组织的基础。

以往人们都以为国家的出现就是地缘社会的出现,就是国体政体都同时地缘化的结果。然而,中国历史的发展却表明,由血缘社会到地缘社会是一个复杂而漫长的过程,其间还经历了一个国体地缘化、政体血缘化的过渡阶段。

一般而言,史前晚期就是这一过渡阶段的早期。当时,国家最主要的特征就是一个血缘组织直接压迫统治周边其他的血缘组织。

正因此,古国的范围都很小,一般半径只有 20—25 公里。古国的出现也没有完全改变社会以血缘组织为基础的模式和面貌,唯一改变的只是血缘组织之间的相互关系。其中,统治者压迫者是血缘组织,被统治者被压迫者也是血缘组织。

第二,自给自足依然是血缘组织内部"社会分工"的基本原则。

从距今 5 000 年左右开始,随着一体化聚落群团的崛起,一方面以往各部落即聚落群各方面的独立性全部消失,另一方面整个聚落群团内部开始实行统一的集中领导、管理和分配。在此基础上,无论是农业还是手工业都出现了血缘组织内部的"社会分工",这是一个历史性的变化和进步。

距今 4 500 年以后,虽然社会出现了聚落集团、早期国家、古国等新型组织,但是并没有改变组织内部"社会分工"的基本模式。

在这方面,湖北天门石家河就是一个很好的范例。

在那里,虽然存在一个集聚落集团、早期国家、古国于一身的社会组织;但是,它的生产方式却依然与距今 5 000—4 500 年期间的一模一样,依然是统治者本身内部的"社会分工"。与前期相比,主要的变化就是随着统治者本身组织规模的扩大生产的规模也相应扩大了。值得注意的是,它们只在自己的组织内部"社会分工",既不与被统治者一起"社会分工",也不为被统治者提供"社会分工"的产品和服务。

正因此,聚落集团、早期国家、古国的出现并没有同时带来地缘社会的"分工"与经济中心。

(四)城址不是"区域聚落形态"的中心

2003 年,中国社会科学院考古研究所、古代文明研究中心联合编辑出版了《中国文明起源研究要览》(下文简称《要览》),其中就有专门的《史前聚落、城与文明起源》一节,收录了各位专家对这个问题的研究概要。通过这篇概要即可发现,中国学术界关于城址起源的研究大体经历了二个阶段。

20 世纪 90 年代以前是第一阶段。

这一阶段最大的特点就是将城的研究与史前社会的组织联系起来考察。其中,马世之、徐光冀二位先生的论述就是代表。

马世之先生在《略论城的起源》(《中州学刊》1982 年第 3 期)一文中就认为"我国已发现的几座龙山文化城的规模都较小,不似一个国家的政治、经济、文化中心,更像是一个部落或部落联盟的建筑"[1]。

1986 年,在《赤峰英金河、阴河流域的石城遗址》(《中国考古学研究》,文物出版社)一文中,徐光冀先生写道:"英金河、阴河沿岸的石城址不是孤立存在的,而是成组(群)出现的;一组石城址群中,又有一、二座大的石城址;每组石城址群间,有相当距离的间隔。这种现象似可理解为每座石城址可能是一个独立的社会单位,每组石城址群则可能是这种社会单位的联合体,而每一组群中大的石城址可能是联合体的中心。这应是反映了当时的社会情况,使人联想到当时的社会组织;如一座石城址可能是一个氏族或部落,一组石城群则可能是一个部落或部落联盟。"

20 世纪 90 年代以后是第二阶段。

这一阶段的最大特点就是在欧美"区域聚落形态"理论与方法的影响下,城址都成为了"区域聚落形态"的"中心",学界的主流几乎异口同声都用"中心聚落"、"中心城址"等概念替代了以往将城址与血缘社会组织联系起来的概念[2]。此外,在认定了"区域中心"的基础上,有的专家还根据城的规模大小,将附近一些中小型的城址与聚落认定为"卫星城"、"卫星聚落",还将所有的大小城与聚落同中国古代地缘社会的"都邑聚"联系在一起[3]。

---

[1] 中国社会科学院考古研究所等:《中国文明起源研究》,文物出版社,2003 年,第 161 页。
[2] 王巍:《聚落形态研究与中华文明探源》,《文物》2006 年第 5 期。
[3] 陈淑卿等:《"中国东方地区古代社会文明化进程国际学术研讨会"综述》,《中国文物报》2003 年 11 月 7 日,第 7 版;张学海:《鲁西两组龙山文化城址的发现对几个古史问题的思考》,《华夏考古》1995 年第 4 期。

但是,中国的考古表明这些概念及其理论方法至少有四个方面的问题。

第一,否认并架空了城与城外人之间的社会联系。

从表面上看,"中心聚落"、"中心城址"的概念似乎就已经很清楚地表达了城与城外聚落和人之间的关系,但实际上,类似的表达却是制造了一种虚拟的假象。因为人们并不知道这个"中心"属于什么性质,是部落的"中心",还是部落联盟的"中心"? 也不知道它能起作用或管辖的地域范围有多大,边界在哪里? 更不知道它管的都是谁,是部落? 还是部落联盟? 还是聚落集团?

历史上从来就没有一座城址是独立的中心,是凌驾和不属于任何人类群体与组织的中心。尤其是史前,在血缘社会的基础上,更没有一座城址具有既跨血缘又跨地域的双重身份,即使是古国的都城,也都从属于一定的血缘组织,是有关血缘组织的核心或中心。

中国的考古发现与聚落群聚形态的研究表明,史前城与城外聚落和居民之间有着不可分割的血缘联系,但不是可以用空泛的无边无际的"区域",或任人随意划定的"区域"能够表达的。早在距今 6 000—5 000 年期间,城只属于一体化聚落群的核心,所以它就是聚落群级一级的城址。距今 5 000—4 500 年期间,随着一体化聚落群团的出现,有的城址开始成为了这种群团的核心,于是这类城址的属性就升级成为了聚落群团级。距今 4 500—4 000 年期间,随着一体化聚落集团与早期国家、古国的出现,有的城址也顺势成为了聚落集团、早期国家或古国的核心,因而这些城址的属性也就成为了聚落集团级,或早期国家与古国级。

事实证明,城与周边聚落组织关系的研究是史前城址属性研究的关键。城址的属性绝不是一个"区域中心"可以涵盖和解释的。假如学术研究只看哪个大哪个就是王,根本不区分城址的原本属性,也不区分城址与周边聚落之间原本的组织关系,然后就用虚拟的、混淆了所有聚落组织差别与属性的"区域中心"来概括和阐释文明与国家起源的过程和特点,阐释城址的演变与过程,那这样"假大空"的泡沫概念和认识又有什么科学意义呢?

也许有人会说,这是无法确认城址所在聚落组织性质之前的一种阶段性的临时的定性,至少显示了城址地位的不同。然而,无论任何时候、遇到任何困难,任何人都不应该用虚拟的、貌似正确、而实际不正确的概念来定位城址,来掩盖学术的不作为。这样做的结果除了明显"忽悠"和"以假乱真"的作用以外,没有任何实事求是的科学研究的内涵。

第二,否认并架空了城与城里人之间的社会联系。

历史的发展表明,城址从来都是有人居住的,无论是史前还是历史时期它总与一定的人类组织存在一定的联系。研究史前城址,不仅要搞清楚城与城外人的关系,以确定大多数城址的社会属性;而且还要搞清楚,城与城里人之间的社会联系,以搞清楚城内社会组织的属性,搞清楚城内城外社会组织的关系与特点。只有这样才能够完整地、从外面到里面都全面地认识和理解城址本身的历史发展、特点与过程。

中国史前城址的发展不是空洞和可以虚拟的,而是与文明和聚落组织的大型化一体化息息相关,与国家的起源息息相关。早在距今 6 000—5 000 期间,由于当时只有聚落群一级的城,所以所有的城址都是单聚落的城,即城内只有一个聚落或氏族。距今 5 000—4 500 年期间,由于一体化聚落群团的出现,所以有的城就成了一个聚落群的驻地。距今 4 500—4 000 年期间,由于一体化聚落集团与早期国家、古国的出现,所以有些城内的居民组织也升级了,出现了聚落群团或聚落集团。

显然,城址之所以越来越大,住进去的人之所以越来越多,城内的贵族之所以越来越贵,城内居民的等级差异之所以越来越大,最关键的原因就是随着社会文明化的发展,随着国家起源进程的深化,城址的属性也在不停地高攀,城内聚落组织的属性与规模也在不断地升级扩大。

正因此,关于城址的研究既不能脱离了城与城外人之间关系的研究,也不能脱离城与城里人之间关系的研究。那种将城址都视为"区域中心"的最大问题就是"见物不见人",完全架空了城与城外、城与城内人的社会关系的研究,因而永远也不可能实实在在地具体地说清楚城址的演变历史。

第三,哪个大哪个就是"王"。

由于只见物不见人,不见人类的社会组织,所以与国外的"区域聚落形态"和"四级聚落等级国家论"的影响一拍即合。于是,国内考古界也普遍存在和流行以面积大小来区分和证明"中心聚落"、"中心城址"等级的现象。

对此,《中华文明史》就有一段很有代表性的阐释。"在几个先行发展起来的地区中可以看到,一些聚落群内,开始出现了个别的大型聚落。例如安徽含山凌家滩、陕西华县泉护村以及山东泰安大汶口,都是面积数十万平方米的大型聚落,这是此前不曾有过的现象。这个时期最精美的手工制品几乎都发现在这类大型聚落之上,表明它们垄断了这些手工业的生产,当然也有权对其产品进行分配。中心聚落的手工业原料,如石材、玉料、象牙之属,很可能是其他地方获得的。为了养活众多人口,大型聚落所需粮食等生活物资也至少部分地要从其他村落输入。作为互惠,这些大型聚落可能会将其手工制品分配给后者,甚至承担着为这些后者提供保护的责任义务。这样,这种大型聚落无论在经济生活中还是社会生活中,都成为了一个地区的中心","这种新型的社会管理和控制体系的发展,表现在宏观社会结构方面是若干普通村落围绕一座中心聚落分布的这种社群结构的数量明显较以前阶段多了起来","中心聚落那远远超过一般村落的人口,也意味着其居民有着许多不同的血缘来源","这种中心聚落,也越来越成为各种社会矛盾汇集的焦点。于是,在一些地区的中心聚落上开始建筑城垣之类的防御工事"①。

显然,这里论述的"中心"不仅又大又是"王",而且还在一定的区域内独自称王称霸,完全不是血缘社会的中心,而是地缘社会的中心。

实际上,中国的考古早已表明,在早期国家和古国出现之前,所有的史前城址或聚落就根本不存在地缘化的"中心"。此外,"中心聚落","那远远超过一般村落的人口",也不是自然独立形成的,而是为了应对社会矛盾的激化,聚落组织一体化大型化的结果。城址之所以越来越大,关键就在于其中聚落组织的级别越来越高规模越来越大。

因此,要正确理解史前城址的规模变化及其原因只有一条路,那就是要注重城址与聚落社会组织之间相互关系的考察。离开了原本的组织,离开了组织与城址关系的考察,一切都是不切实际的人为想象和"空谈",都是现代化的学术泡沫。

第四,哪个有"内涵"哪个就是"王"。

对此,《中华文明史》也有一段很有代表性的阐释。"中心聚落内部的复杂程度也超过了一般村落,以凌家滩为例,聚落正中有一块平面呈梯形、面积近5 000平方米的建筑台基,台基平均厚度两米,用红烧土和砖块堆积而成。上面若有建筑,一定气度非凡。聚落北面有一块附带着一座人工堆筑的方形祭坛的墓地……而几乎所有的精美玉器以及罕见的玉钺、玉人、刻有八角方位的玉牌等重器都出自墓地最南边排成一排的大墓中。显示出社会贫富分化在中心聚落里已然发展得比较明显了"②。

在这里,"中心聚落"与"一般村落"的内涵完全不同。其中,大规模的巨型建筑、祭坛、精美的玉器、社会明显的贫富分化,不仅都与"中心聚落"联系在一起了,而且还成为了"中心聚落"的识别标志。

然而,社会的发展是复杂的不平衡的。有内涵的不一定是王,没有内涵的不一定不是王,王与内涵不仅没有必然联系,而且王与王之间的内涵也没有可比性。此外,"内涵"作为一种表面现象,它最大的积极作用与意义只在

---

① 袁行霈等:《中华文明史》(第一卷),北京大学出版社,2006年,第50—51页。
② 袁行霈等:《中华文明史》(第一卷),北京大学出版社,2006年,第48页。

于提醒人们注意它所在聚落、遗址、人物的重要性,但它并不能显示它是不是"王",或属于哪一级的"王"。就像河南洛阳盆地、山西临汾盆地、山东临沂沂沭汸三河交汇处的聚落组织一样,至今也没有发现一座古城,更没有发现一个特别有"内涵"的遗址,但它们及周边地区的聚落形态、聚落的生死存亡状况,却表明它们都是古国一级的组织。

总之,上述问题不能再继续了。研究历史,必须首先还原历史,而不能用国外引进的虚拟历史的泡沫理论与方法架空了原本的人类历史,然后再在此基础上人为地重塑"假大空"的历史。

(五) 大城并不都是古国都城

自20世纪90年代初以来,由于受国外"区域聚落形态"与规模大小"等级分类"理论的影响,中国考古学界也广泛流行"大者为王"的思维模式与研究套路。

在长江下游,浙江余杭虽然发现古城的地方是瓶窑镇的莫角山周围,但考古的命名却一改以往的规则有史以来第一次异地取名为"良渚古城"。之所以如此,一方面借此表达对该城发掘意义的"充分"认识与肯定,另一方面借此将该城树为长江下游地区与春秋战国吴或越面积相当的、近"五万平方公里"的良渚文化之"王"[1]。

在黄河流域,山西襄汾陶寺之所以也一直受到学界的高度关注,就因为在黄河中游地区一直找不到可以比肩长江流域、比肩北方长城地带所见那样的大城。尽管早在20世纪末以前,陶寺就发现城墙、宫殿、祖墓被毁,男性族人被杀的现象,但为了维护它作为黄河流域文明与国家起源代表的形象,学者们就一直将那些现象都当作了"内讧"[2]的证据。

更让考古学界激动不已的是陕西神木石峁的发现,一方面它是中国史前最大的城址,另一方面正好可以证明晚期不仅打败了山西陶寺,还挺进中原建立了夏的人就来自北方。就这样,尽管二者之间距离遥远,仅直线距离就达350公里;如按学者们给出的路线,走汾河河谷[3],那距离更远达近500公里。但这样一来,黄河中游地区史前没有中国最大城址的缺憾就被异地补上了,中国文献历史上的第一个国家夏的起源就与中国最大的城址挂上

---

[1] 严文明:《文明的曙光——长江流域最古的城市》,《农业发生与文明起源》,科学出版社,2000年,第105页。

[2] 何驽:《从陶寺遗址考古收获看中国早期国家特征》,《中国古代文明与国家起源学术研讨会论文集》,科学出版社,2011年。

[3] 孙周勇等:《石峁:过去、现在与未来》,《发现石峁古城》,文物出版社,2016年,第20页。

钩了①。

真的,匪夷所思啊! 学术的泡沫就像滚雪球一样越滚越大……

显然,伴随着超大型城址的发现,学术的研究也越来越简单化,一切问题在超大型城址的面前都迎刃而解了。超大型城址成为了考古学家手中的玩物,想要它在哪里发挥作用就在哪里开花结果。

可是历史的真相却表明,城不论大小,也不一定都要有城,只要有实力即可,而实力最主要的也并不只是体现在城址规模的大小与高档奢侈品等表面现象方面,而更多的是一种内在的软实力,是一种组织的规模与状态,组织的规模越大组织状态越好就越有实力。

湖南澧县鸡叫城就是一个单聚落城址最后称王的代表(图4-2-1、图4-2-6)。

湖北天门石家河就是一个聚落群驻守的城址最后称王的代表(图3-2-13)。

山西临汾盆地涝河以南聚落集团就是没有城址却最后称王的代表(图4-2-7,2)。

值得注意的是,长江、黄河、北方地区现今发现的最大的城址竟然没有一个是古国的都城。

黄河流域最大的城址山西襄汾陶寺,还没有成为古国都城之前就被人毁了。而北方最大的城址陕西神木石峁,则完全是一个聚落集团驻守并竭力自保的城址,在其周边50公里的范围内居然被统治者寥寥无几。它虽然拥有中国史前城址最大的规模面积,但古国都城不是按城址面积来确定的,而是根据它与周边聚落组织的关系。

浙江余杭的瓶窑古城与陶寺和石峁一样,也不是古国都城,而明显是当地三个聚落群团联盟而构成的早期国家的核心城址,是早期国家的晚期古城(图4-2-4)。

2000年,余杭市有关部门曾编辑出版了一本《余杭文物志》②,书中对整个市区范围内良渚文化遗址的分布进行了重点描述,从中可以明显看到,在良渚镇以东、以南都有一个10—15公里宽的、遗址非常稀少的区域,从而显示这个区域就是良渚三镇遗址群与其他群体的边界和中间隔离地带(图5-2-10)。

此外,有关的考古发掘还发现在中间隔离地带的东部有二个特别值得注意的现象。

---

① 何驽:《中国史前奴隶社会考古标识的认识》,《南方文物》2017年第2期。
② 余杭文物志编纂委员会:《余杭文物志》,中华书局,2000年。

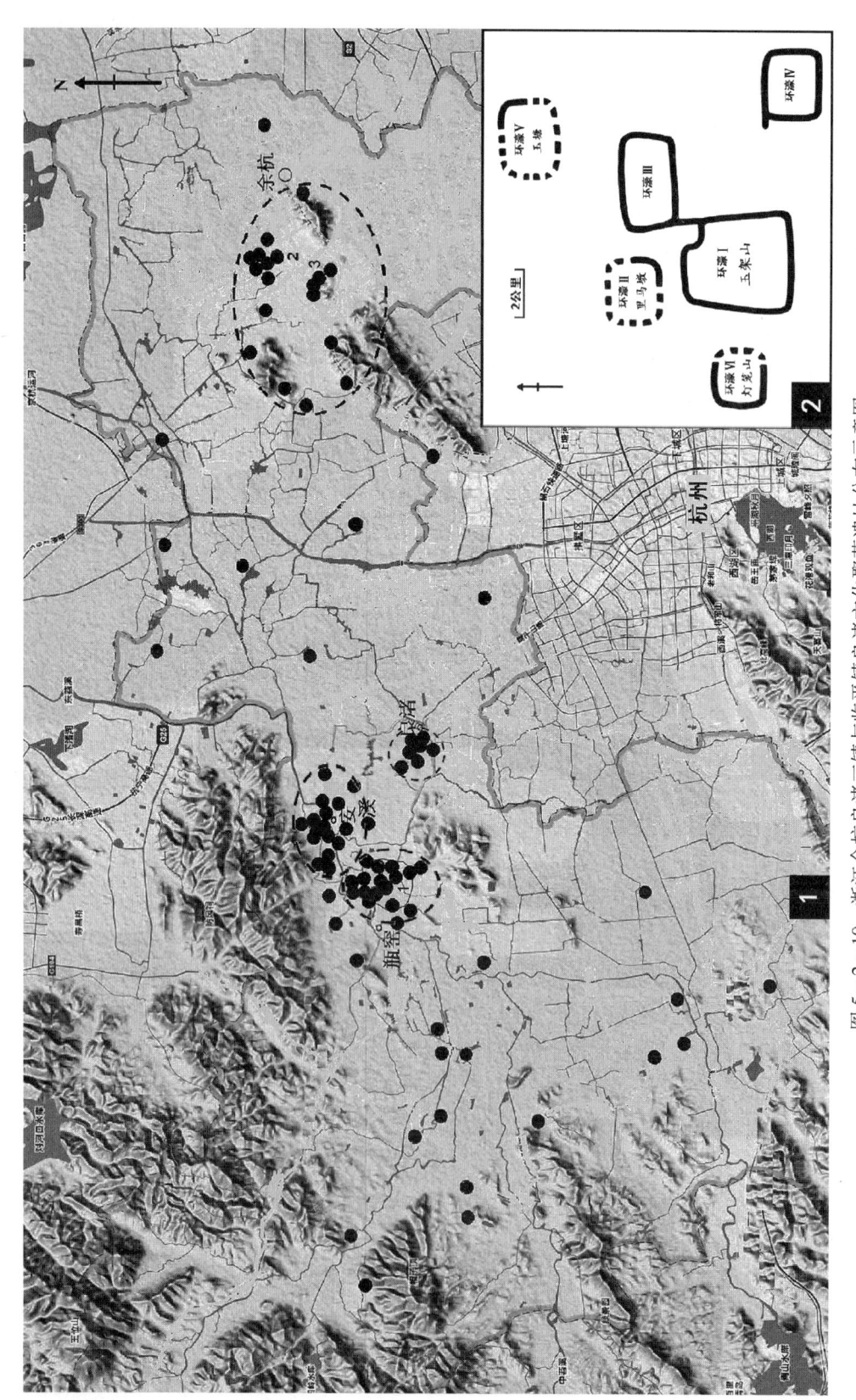

图 5-2-10 浙江余杭良渚三镇与临平镇良渚文化聚落遗址分布示意图

1. 莫角山 2. 玉架山 3. 横山

(1 引自浙江省文物考古研究所《良渚遗址群》、《余杭文物志》编纂委员会《余杭文物志》;2 引自赵晔《浙江余杭临平遗址群的聚落考察》)

其一,在距离良渚镇最近处超过14公里的余杭市区(原临平镇)周围发现了临平聚落群团,近20处聚落遗址相聚在一起。其中,在该聚落群团内还有一处以玉架山遗址为首的环濠聚落群,一共有六个遗址,多数相距都不足二公里(图5-2-10,2)①。

其二,在该群团的横山遗址还发现两座玉器墓(图5-2-10,1,3),特别是未经扰乱的M2令人感觉非同一般②。该墓共出土玉琮4件、玉璧2件、玉钺1件、石钺132件,包括其他器物共284件,被专家们认为是"非一般部落成员",而是"集神权、财权和军权于一身"的显贵。此外,该墓还有一些重要的特点。

第一,共出玉琮4件,象征地位高过良渚遗址群瑶山的所有墓,因为瑶山没有一墓超过3件。

第二,没有人工专门营建的祭坛,而且玉器从材质、工整度到细刻纹饰都相对粗糙,都不如良渚遗址群。

第三,随葬了132件石钺,"这是迄今所见良渚墓葬中出土石钺最多的一座,比瓶窑汇观山遗址M4出土的还要多84件"。但该墓的石钺"个体普遍较小,制作多粗糙甚至粗陋"。

第四,墓葬的年代为良渚文化中期偏晚,并明显晚于反山、瑶山等多数高等级的大墓。其中,玉琮就有3件是多节型的,比良渚三镇的汇观山M4还多1件。

显然,上述现象说明临平聚落群团与良渚三镇根本不属于同一个"良渚古国"。

一方面双方礼制与礼器的结构大不相同,另一方面玉器、石钺的制作质量也大不相同。假如都是一家,假如都是一个统一的古国,官员都是古国统一任命的,礼器也是古国统一派发的,那还会存在上述现象吗?难道在古国狭小的范围内,各聚落组织还可以自由制作玉礼器,想随葬什么就随葬什么,想随葬多少就随葬多少?

另一方面,横山M2的年代明显晚于反山、瑶山,而与汇观山M4相当,这说明临平聚落群团繁荣发达的时间比良渚三镇要晚,也说明它所在聚落组织的发展从始至终并没有受到过外力的干预和阻滞。

正因此,城址大不一定就是古国都城。瓶窑古城就不是一个真正的古

---

① 赵晔:《浙江余杭临平遗址群的聚落考察》,《东南文化》2012年第3期。
② 浙江省余杭县文管会:《浙江余杭横山良渚文化墓葬清理简报》,《东方文明之光——良渚文化发现60周年纪念文集》,海南国际新闻出版中心,1996年,第69页。

国的都城。一方面，良渚三镇的聚落组织并没有表现出任何对外武力征服以建立统治与被统治关系的迹象；另一方面，良渚"遗址群"与临平"遗址群"不仅都是独立的聚落组织，而且各自还有不同的发展方式与发展特点。

（六）史前城址不单纯是"贵族"的聚集中心

为了证明城址就是"区域中心"，以及在此基础上出现了古国，长期以来中国考古学对宫殿与祭祀遗迹的重视和研究，成为了史前城址研究中与城址规模大小、大墓、奢侈品并存的四大重点之一，至于城内人，城内人与城外人之间的社会关系，以及这种关系对城址的属性、布局和结构的影响则无人问津，完全是一片空白。

正因此，浙江余杭瓶窑古城中的莫角山，约 30 万平方米，学术界的专家们几乎众口一词，都认为那是一个规模宏大的宫殿区。一方面是大大小小的贵族都聚集在那里工作，另一方面是大大小小的贵族都集中住在那里吃喝玩乐。

然而，事实证明这都是一种错误的理解与认识。其中有三个主要的问题。一个是不理解从血缘社会到地缘社会过渡时期的基本特点，另一个是不知道血缘社会的贵族还有个人与集体的区别，再一个就是用晚期地缘社会的都城结构模式来理解史前城址的特点。

实际上，中国的文献与考古发现都表明，城内出现了纯粹的宫殿宗庙区"宫城"是很晚的一种历史现象，最早只见于战国时期；而在此之前，虽然有内外城的区别，但也不是单纯的贵族区域。

非常值得注意的是，至少安阳殷墟小屯大灰沟以内"宫殿宗庙区"的发现就直白地告诉了人们，"宫殿宗庙区"内虽有商王执政的场所，但也并非全部都是宫殿和宗庙，而是还有普通的、与王同族的族人，以及与王同属一个部落联盟但不同部落的"非王一族"的族人居住区[①]和从事日常普通手工业的作坊（图 5 - 2 - 11）。

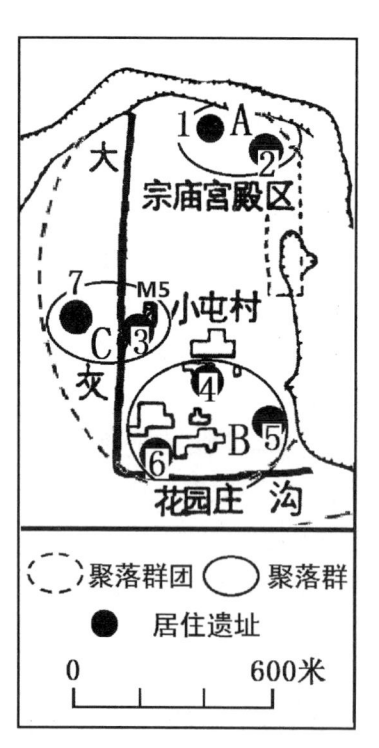

图 5 - 2 - 11　殷墟小屯聚落分布示意图

（引自裴安平《中国史前聚落群聚形态研究》）

---

① 曹定云：《殷墟花园庄东地甲骨——殷代早期的珍贵史料》，《中国教育报》2004 年 3 月 5 日。

为什么会是这样呢?

清代满族的建国之路实际就是一条从原始社会到封建帝国的建国之路,完全可以成为当今考古学研究中国文明与国家起源的参考范本。其中,清朝开国元勋努尔哈赤所建的"赫图阿拉"就分内、外两城。内城不仅有努尔哈赤执政的宫殿,如明万历四十四年(后金天命元年,1616 年)努尔哈赤称汗的地方"尊号台",以及正白旗衙门、关帝庙、地藏寺等;此外,最重要的是还有努尔哈赤的家属及其"亲族"①。

显然,努尔哈赤的赫图阿拉城内城的人员组织模式至少可以为今天中国史前城址的研究提供二个方面的重要启示。

其一,从原始血缘社会到地缘社会的过渡不是一蹴而就的,而是经历了一个非常重要的中间环节,这就是国体的地缘化与内部统治的血缘化,统治的根本与基础依然是血缘化的。因此,不能用完全地缘化社会的组织与政治建构模式来理解史前的城址与问题。

其二,在统治血缘化的基础上,"内城"并不完全是地缘化的"宫城",也不纯粹是来自四面八方的大小贵族聚集的场所,而是"宫城"与王室一族,即王所在氏族与部落,或部落联盟所有成员的居住地。之所以如此,是因为那些部落与部落联盟的普通平民曾经是与王一起浴血奋战的主力与组织核心。如果说王后来成为了"个人贵族",那王室一族就成了"集体贵族"。因此,它们就具有了住在内城之中,且平时在内城中从事普通手工业的权利和地位了。

这就是中国的历史。千万不能将晚期地缘化历史的特点都人为地简单地安放在古人头上,并以此证明中国什么都"古已有之"。

(七) 史前城址不是手工业农业"社会分工"引起的"城乡差别"的产物和标志

由于长期以来我国学术界关于城址崛起原因与意义的认识一直就与文明、国家起源的原因与意义交织在一起,并认为文明与国家都是手工业农业社会分工导致的一系列社会变化的产物。至于作为文明与国家起源标志的城址,那自然也就具有了类似分工导致的"城乡差别"与"城乡分工"的特点②。

然而,中国的考古发现却证明,这又是一种误解。

第一,中国史前就根本不存在因手工业农业社会分工引起的"城乡"

---

① 梁振晶:《赫图阿拉城"尊号台"遗址建筑格局及相关问题讨论》,《故宫博物院院刊》2002 年第 5 期。
② 王巍:《史前农业发展在文明形成中的作用》,《人民日报》2018 年 5 月 11 日。

之别。

城乡的概念实际是地缘社会的概念,中国的文献资料表明西周以前基层社会全部都是血缘社会,都是血缘组织,因而根本不存在与地缘社会对应的"城"与"乡",以及"城乡差别"与"城乡分工"。

第二,中国史前就根本不存在农业与手工业的地缘社会分工。

由于中国的史前社会是血缘社会,而血缘社会的每一个组织都是独立的自给自足的经济体,因此在血缘社会的基础上就不存在泛泛的全"社会分工"的基础与条件。此外,史前乃至商代殷墟的研究还表明,所谓的"社会分工"最早只发生在一体化的大型聚落血缘组织内部,并随着聚落组织的大型化而扩大。因此,"社会分工"既没有导致文明与国家的起源,也没有影响城址的发展;反过来恰是文明与国家的起源为大型化一体化血缘组织内部的"社会分工"打下了基础、创造了条件。

第三,中国史前只有大型一体化血缘组织内部存在脑力劳动与体力劳动的分工,以及由此引起的史上最早的"城乡分工"与"城乡差别"。

中国的考古非常清楚地表明,从史前晚期到商周,自从距今5 000年中期古城出现以后就一直存在与后来地缘社会完全不同的所谓"城乡分工"与"城乡差别"。

一方面,所有的城址都属于一定的血缘组织,即使是商代的殷墟也属于商民族的核心血缘族体。因此,所有的分工都只发生在组织的内部,而不是跨血缘跨地域的"社会分工",即使是商代也是如此。此外,更不可能还发生在统治与被统治血缘组织和民族之间,统治者也不可能还向被统治血缘组织与民族提供手工制品。

另一方面,虽然距今6 000—5 000年之间社会就出现了史前最早的一批古城,虽然当时城内城外的聚落之间也已经出现了主从关系,出现了核心聚落,但并没有出现主要从事集中统一领导和管理的聚落,所以各成员之间也就没有基于脑力劳动与体力劳动的分工与差别。与此同时,以往的生产生活也没有因为城址的出现而发生变化,也不存在农业与手工业的分工问题。距今5 000年以后,随着一体化聚落群团的出现,随着第一代政治中心的出现,聚落之间就出现了脑力劳动与体力劳动的分工。其中,位于城内的核心聚落主要就从事集中统一领导和管理,即脑力劳动。就像湖北天门石家河一样,位于谭家岭小城内的核心聚落就是从事脑力劳动的组织单位。河南安阳殷墟也一样,那些位于大灰沟以内的大型宫殿、宗庙基址与甲骨文也充分地体现了它以脑力劳动为主的性质和地位。正因此,最早的"城乡差别"与"城乡分工"并不是手工业与农业的分工,而是脑力劳动与体力劳动分工。

再一方面,虽然当时出现了时代最早的"城乡差别"与"城乡分工",但是它的性质与特点与晚期的完全不同,也并没有因此就出现了如地缘社会一样的"乡",以及"城"剥削"乡"的现象。因为,史前晚期与商周时期,城址内外的聚落都是同一个大型的一体化的血缘族体与组织,是同一个生死与共的战斗集体,也是同一个利益均沾的集体。虽然各成员之间有分工,但除了脑力劳动以外,所有的聚落,无论城内城外的,从手工业到农业都可以参与分工。不过,所有的分工都没有任何经济方面的意义,也没有商品经济,因而也就不可能还存在农业与手工业效益和收入不等价的"剪刀差"现象,也不可能还存在"城"剥削"乡"的现象。

正因此,不是有了"城"就有了手工业农业社会分工导致的"城乡差别"与"城乡分工",史前与商周时期也根本不存在手工业农业社会分工导致的"城乡差别"与"城乡分工"。

第三节　早期方国级政治与军事中心的崛起

就历史的发展而言,夏商周时期就是人类血缘社会到地缘社会最后的过渡时期;就城市的起源而言,这一时期也是由血缘化的城址向地缘化城市转变的最后过渡时期,也是以"中期都城"为标志催生了单一民族早期方国级政治军事中心的时期。

一、早期方国城址和中期都城的发现与特点

根据已有的考古发现,夏商周时期的城址主要有四个方面的特点。

(一)沿袭了史前城址的建构模式

考古发现,夏商周时期除了都城的规模远超史前以外,都城的建构模式大都沿袭了史前黄河长江流域的主流模式。

第一,由于地处黄土覆盖的地区,所以中原与关中地区的都城依然以夯筑为主。

第二,城址的结构与史前晚期"内外城"的结构基本一致。

已有的发现表明,当时的"内外城"结构有二种不同的类型。

第一种,有城墙的类型,如河南偃师商城、郑州商城、洹北商城,无论内城外城都在地面上发现了高大的城墙。

第二种,没有城墙的类型,如河南偃师二里头、安阳殷墟。

值得注意的是,没有城墙不等于城内没有功能分区,也不等于没有核心区。实际上,二里头遗址的"宫城区"与殷墟大灰沟所圈范围就非常明显是当时都城内部的核心区。

因此,有无城墙不是城址性质的区别,而是外在形式的不同。此外,已有的发现还表明,夏商周时期都城的"内外城"建构模式都明显源于史前晚期。其中,有城墙的就类似湖北天门石家河,无城墙的核心区就类似山西临汾盆地涝河以南聚落集团的核心遗址,以及浙江余杭瓶窑古城的莫角山。

(二)沿袭了史前城址的人员组织模式

主要表现为都城居民全部都属于大型或超大型的核心血缘组织。

安阳殷墟就是这方面的典型[1],并有四个方面的证据。

一是都城内布满了拥有血缘关系的族邑[2],二是所有的居民组织全部按血缘亲疏等级地位安排空间位置(图4-3-3),三是只有"国人"才可以当兵,四是手工业中存在"百工"、"世工世族"、"工商食官"等现象。

值得注意的是,为什么手工业中存在的"百工"、"世工世族"、"工商食官"等现象,也是殷墟居民以血缘组织为主的证明?

考古发现,殷墟之所以会有"百工""世工世族"与"工商食官",并不是商代新的发明、创造与变革,而是继承了史前血缘社会与血缘组织手工业的传统特点。

一方面,从史前晚期开始,随着血缘聚落社会组织的一体化与大型化,手工业也在组织内部开始了"社会分工"。于是,为了达到自给自足的目的,工种也就越来越多,就出现了"百工";又为了在需求不断扩大的基础上达到供给长期稳定连续不断的目的,所以就出现了"世工世族"。殷墟之所以多见规模巨大而又延续时间数百年的手工作坊,关键原因就因为它们都是"世工世族"的生产基地。

另一方面,也是从史前晚期开始,由于生产资料的集体所有以及一体化组织实行集中统一领导与管理的制度,所以组织内部的手工业不仅分工是组织统一安排的,而且组织也向所有的手工劳动者提供衣食和其他生活资料。于是,就出现了"工商食官"。

正因此,殷墟手工业的诸多特点不仅显示了与史前血缘社会的联系,更说明了殷墟也完全是一种血缘社会,居民也属于一个大型的血缘组织。否

---

[1] 中国社会科学院考古研究所编著:《殷墟的发现与研究》,科学出版社,2001年;裴安平:《中国史前聚落群聚形态研究》,中华书局,2014年,第389—416页。
[2] 郑若葵:《殷墟"大邑商"族邑分布初探》,《中原文物》1995年第3期。

则,就不可能继承史前手工业的传统,也不可能长期实行手工业内部统一的分工与"工商食官"。

(三)出现了属于不同民族的城址

考古发现,从夏开始一直到商周时期,北方长城地带以南,各地城址的总量与分布密度都远远不及史前时期,如长江中游,史前城址最多的屈家岭文化时期共有 15 座,而夏商时期却只有一座,即湖北黄陂盘龙城,还完全是外来商文化的。西周,长江中游的城址虽然数量多了一点,但所见大都位于湖北"随枣走廊"沿线①,与外来周文化关系密切,只有湖南宁乡炭河里发现了一座当地土著文化的城址②。

值得注意的是,为什么史前会有那么多城址,而夏商周没有?

考古表明,史前之所以城址多关键是因为当时的城址都属于不同的血缘组织,而这些血缘组织规模又小涉及的地域范围又窄,所以同一个地区城址又密距离又近。夏商周时期,随着血缘组织的衰落民族的兴起,以及血缘组织之间相互矛盾的弱化民族矛盾的激化,城址的组织与营建单位也随之升级成了民族。于是,除了统治民族的城址以外,在中原周边地区实际也有一些属于不同区域土著民族的城址,如湖南宁乡炭河里、江西新干牛头城③、四川广汉三星堆④等。

这种现象的出现,总体上说明中国城址的起源又经历了一个历史新阶段。史前可以说都是血缘组织城址的阶段,而夏商周则是民族城址崛起的阶段。

(四)统治民族的城址在国内统一分级

中国史前晚期的城址,尤其是黄河、淮河、长江流域的城址,虽然表面上就已经出现了分级现象,有的属于聚落一级,有的属于聚落群一级,有的属于聚落群团一级,还有的属于聚落集团、早期国家、古国。

但是,所有的这些分级都有三个基本特点。

第一,城址所依托的人类社会组织单位全部都是独立的血缘组织,即使是早期国家与古国亦如此,所以绝大多数城址都相互独立,而没有任何社会关系。

第二,由于组织规模很小,除了北方地带以外,黄河、淮河、长江流域绝大多数城址都是所在聚落组织一体化独一无二的核心。诚如山东日照尧王城一

---

① 襄阳市博物馆:《湖北襄阳楚王城西周城址调查简报》,《江汉考古》2012 年第 1 期;湖北省文物考古研究所:《三苗与南土》,江汉考古编辑部,2006 年。
② 湖南省文物考古研究所:《湖南宁乡炭河里西周城址与墓葬发掘简报》,《文物》2006 年第 6 期。
③ 江西省文物工作队:《江西省新干县牛头城遗址调查与试掘》,《东南文化》1989 年第 1 期。
④ 四川省文物考古研究所:《三星堆祭祀坑》,文物出版社,1999 年。

样,虽然在大城的外面大环壕的里面还有比较重要的聚落群,但它们也只能使用环壕来表达它们的重要性(图4-1-5,Ⅲ、Ⅳ),而不能使用城址。当然,也有个别例外,如山东西部茌平境内的教场铺、大尉、乐平铺三个城址(图4-2-3,Ⅱ),就可能类似北方地带的石城群一样(图4-2-9、图5-2-4),都同时属于同一个聚落组织。不过,这种现象在黄河流域及其以南地区并不普遍。

第三,即使如北方地区与山东茌平所见同一聚落组织内部城址存在分级现象,但除了核心城址以外,其他小城充其量也只是分担了一些军事方面的责任,而根本没有政治方面的权力。

但是,从夏代开始,由于国土面积扩大了,为了加强统治,早期方国就在国内历史性地出现了地缘化的城址统一分级现象,即在国内不同的地区设置比国都政治地位低一级的区域性的政治与军事中心。

其中,河南新郑望京楼[1]、郑州大师姑[2]等城址就是夏代这方面的最好证明。

商代不仅也有类似的城址,而且数量还超过了夏代。湖北黄陂盘龙城[3]、安徽阜南台家寺[4]、河南新郑望京楼[5]、郑州小双桥[6]、山西垣曲古城[7]、夏县东下冯[8]等商代早中期的城址就都是这方面的代表。其中,关于垣曲古城的作用与功能,考古专家就认为"整个二里岗文化时期垣曲盆地均以古城为统治中心"[9]。

西周时期这一类的城址就更多了,那些诸侯国的封地都城,如山东齐国临淄、曲阜鲁故城、河北房山燕下都、山西曲沃天马—曲村晋国都城等,则都是这类区域性政治与军事都城的典范。

值得注意的是,除了属于统治民族的区域性政治军事中心以外,当时还没有

---

[1] 杜平安等:《简述河南新郑望京楼遗址发现的夏商古城址》,《中国古都研究》(总第二十五辑),三秦出版社,2012年。
[2] 郑州市文物考古研究所编著:《郑州大师姑(2002—2003)》,科学出版社,2004年。
[3] 张昌平:《湖北黄陂盘龙城遗址又获重大发现》,《中国文物报》2016年4月8日,第8版。
[4] 陈冰白等:《安徽阜南台家寺遗址发现商代高等级聚落》,《中国文物报》2013年4月28日,第8版。
[5] 杜平安等:《简述河南新郑望京楼遗址发现的夏商古城址》,《中国古都研究》(总第二十五辑),三秦出版社,2012年。
[6] 河南省文物考古研究所编著:《郑州小双桥1990—2000年考古发掘报告》,科学出版社,2012年。
[7] 中国历史博物馆考古部等:《垣曲古城东关》,科学出版社,2007年,第371页。
[8] 东下冯考古队:《山西夏县东下冯遗址东区、中区发掘简报》,《考古》1980年第2期。
[9] 中国历史博物馆考古部:《垣曲盆地聚落考古研究》,科学出版社,2001年。

出现纯军事性防御堡垒一类的区域性城址。因为,当时的城址,无论都城还是区域性城址,都是压迫和剥削国内其他被统治民族的政治与军事中心。正因此,不要以为晚期全民化的地缘国家有纯粹的军事中心和重镇,就以为以前也有。

二、早期方国城址和中期都城发现的意义

主要表现在二个方面。

(一) 继承了血缘社会以往的传统

由于早期方国无论统治者还是被统治者的基层组织仍然还是血缘化的,统治民族的核心仍然还是血缘族体,所以早期方国的城址与都城的特点就存在明显继承了史前血缘社会特点的意义。

在这方面,除了沿袭了史前城址的筑城方法和建构模式以外,最主要的继承就是城里人依然是同一个大的血缘组织,"大邑商"即如此。

(二) 开始融入了地缘化的因素

虽然夏商周时期每一座区域性的都城或诸侯国的都城都显示了血缘政治的传统,但是城址分级的本身却明显具有了地缘化管理的意义,是适应国土面积扩大以后分而治之的一种治国方略。

这种城址的分级制实际也开启了春秋战国及以后"郡县制"的先河,因为分级与"郡县"的核心意义是相同的,都是次一级的政治与军事中心;不同的是,西周及以前城内是统治民族核心血缘族体的成员,是政体血缘化的标志,而春秋战国则是多民族共存的地方,并由统治阶级进行管理,是政体完全地缘化的标志。

本 章 小 结

距今 5 000 年至夏商周时期,伴随血缘社会向地缘社会的过渡,人类社会城市的起源也进入了第二阶段,进入了血缘社会政治与军事中心出现与崛起的阶段。

由于社会矛盾的持续扩大与深化,人类社会的组织与组织规模,在前一阶段聚落群一体化的基础上又升级了,并先后催生了特点不尽相同的政治与军事中心。

一、聚落群团级政治与军事中心的崛起

距今 5 000—4 500 年,由于聚落组织的大型化一体化,从而导致以实力

为基础并属于整个聚落群团的、能够对群团内部各聚落群即部落实施集中统一领导和管理的政治与军事中心即中期古城出现了。

（一）各地城址和中期古城的发现与特点

1. 长江中游地区城址和中期古城的发现与特点

长江中游这一时段即屈家岭文化时期一共发现城址15座，就城址的功能、营建模式与城址内外聚落的组织模式而言，主要有以下七个特点。

第一，城墙的平面形状由圆变方。

第二，墙体依然堆筑，沟坡不陡。

第三，规模不断扩大。一方面，单个城址的整体规模面积不断扩大；另一方面，城濠与城墙的规模也同时扩大。

第四，出现了聚落群集体驻守的多聚落城址。

第五，出现了大城套小城的建构模式，开了中国几千年"政治中心"独大的组织与建构模式的先河。

第六，"中期古城"引领了聚落群团一体化的历史新潮。

中期古城不仅从早期只属于聚落群一级的城址升级成了属于聚落群团一级的城址，而且还由早期单纯的军事中心变成了政治兼军事中心，从而引领了史前血缘社会一体化的又一波新潮。

第七，没有出现"区域中心"。

2. 淮河中游地区城址的发现与特点

一共发现了2座的城址，主要有以下特点。

第一，挖濠筑城的模式与长江流域类同。

第二，城址已成当地社会组织形态变化与矛盾冲突升级的代表。

3. 黄河下游地区城址和中期古城的发现与特点

一共发现4座城址，主要有四个特点。

第一，城墙的夯筑法深受黄河中游地区的影响。

第二，城濠与长江淮河流域的传统有缘。

第三，出现了单聚落与多聚落二种不同类型的中期古城。

第四，没有发现"区域中心"。

4. 北方中部地区城址和中期古城的发现与特点

由于距今5 000年以后气候发生了明显变化，以致当地城址的分布高程大幅上升，而且还兴起了用石头垒筑城墙的营建模式。

已有的发现表明，当地的城址主要有五个特点。

第一，大多数都位于山坡或山峁上。

第二，外形各异。

第三,城墙外围多数没有城壕。

第四,墙体较薄。

第五,城址的组织关系特点鲜明。一是,多数聚落成员都有城址;二是,"以大带小";三是,出现了中期古城与聚落群团级的政治军事中心。

(二) 各地城址和中期古城发现的意义

主要有以下五个方面。

第一,聚落组织一体化规模升级推动了城址规模与结构的变化。

湖北天门石家河就表明,中期古城的出现,城墙、城壕(濠)和城址规模的扩大与"大城"、"小城"结构的变化,都是社会组织一体化规模扩大的结果与反映。

第二,个体发展的不平衡性、多样性与复杂性日渐突出。

由于实力的差异与竞争的实际需要,全国各地城址个体发展的不平衡性、多样性与复杂性日渐突出,充分体现了城址所在具体区域社会整体氛围与竞争需求状况的不同。

第三,因社会因素导致的区域性差异日趋明显。

距今5000年以后,中国史前城址已完全形成了三种筑城模式,江南以堆筑为主,黄河流域以夯筑为主,北方地带以石块垒筑为主的模式。这三种模式的形成,从表面上看是各地自然条件不同的结果,但实际上完全是社会因素选择、利用、放大了自然条件差异的结果。

第四,各地都没有出现"区域中心"。

第五,长江中游地区又引领了史前血缘社会一体化聚落群团"政治中心"崛起的历史新潮。

当时的长江中游地区拥有中国中期古城发展的三项优势记录,一是拥有中国一体化组织状态最好的聚落群团,二是拥有史前最早的内外城的城址结构,三是拥有黄河、淮河与长江流域当时数量最多、延时最长、规模最大的城址与城址群。因此,长江中游当之无愧地引领了中国史前血缘社会第一阶段"政治中心"崛起的历史新潮。

二、聚落集团、早期国家、古国级政治与军事中心的崛起

距今4500—4000年,城址的历史地位又升级了,出现了聚落集团、早期国家级的晚期古城,又出现了古国级的早期都城。

(一) 各地城址和晚期古城、早期都城的发现与特点

第一,各区域内部营建模式多样化。

就大的自然区域而言,各地城址的营建模式没有太大的变化。但是,在

不同的地区内部,主要由于各种社会因素的影响,城址营建模式的本土多样化已日趋成为一种新的历史现象。其中,河南新密古城寨与新砦不同的城址营建模式就是这方面的代表。

第二,各地崛起了大量的城址。

距今4 500—4 000年期间是史前城址发展的高潮时期。其中,黄河中游、黄河下游、长江上游地区都新出现了大量的城址。

第三,各地的城址又在大量减少。

长江中游就是前期数量增加后期减少的代表,黄河中游就是一边增加一边减少的代表。

第四,出现了聚落集团、早期国家级的晚期古城。

聚落集团级的晚期古城就是一体化聚落集团的核心城址。由于内部聚落组织方式的不同,这种城址还可区分出单聚落、聚落群、聚落群团三种不同的类型。

早期国家就是人类社会最早跨血缘,或又跨血缘又跨地域联盟组建的一种聚落组织,而属于这种组织的核心城址就是早期国家级的晚期古城,并有与聚落集团一样的三种不同的类型。

第五,出现了古国级的早期都城。

古国就是人类社会最早又跨血缘又跨地域,并在不同血缘组织之间建立了统治与被统治关系的聚落组织。属于古国的核心城址就是古国级的早期都城。

由于历史上最早的古国多数都与超大型的聚落组织有关,因此"早期都城"的类型也几乎与聚落集团一样。

第六,政治军事中心与城址关系多样化。

距今4 500年以后,政治军事中心与城址关系的多样化就进入了一个新的历史阶段。一方面,新出现了整个聚落集团都位于城中的城址;另一方面又新出现了没有城墙与城壕(濠)的聚落集团级的、早期国家级的、古国级的政治军事中心。

(二)各地城址与晚期古城、早期都城发现的意义

距今4 500—4 000年,伴随着新型的聚落集团、早期国家和古国等社会组织的出现,史前城址的发展也进入了一个全新的历史阶段,并表现出了七个方面的重要意义。

第一,城址的发展日趋多样化复杂化。

一方面表现为同一地区城址建构模式日趋复杂化多样化,另一方面不同地区城址建构模式也日趋复杂化多样化。

第二，长江中游城址衰落了。

大约从距今4 500年开始，长江中游作为中国史前文明、国家、城址发展先进的历史地位丧失殆尽，主要有当地社会矛盾特别激烈、外族入侵、区域性洪灾等三个方面的原因。

第三，社会没有出现"经济中心"。

距今4 500年以后，虽然各地都先后崛起了许多古国，但所有的城址，包括古国"都城"，仍然只有政治军事中心，没有经济中心。

之所以如此，有二个方面的重要原因。一是，血缘聚落组织依然是各种社会组织的基础；二是，自给自足依然是血缘组织内部"社会分工"的基本原则。

第四，城址不是"区域聚落形态"的中心。

考古表明，将城址都视为"区域聚落形态"的中心有四个问题：一是，否认并架空了城与城外人之间的社会联系；二是否认并架空了城与城里人之间的社会联系；三是哪个大哪个就是"王"；四是哪个有"内涵"哪个就是"王"。

第五，大城并不都是古国都城。

城不论大小，也不一定都要有城，只要有实力即可。实力最主要的并不只是体现在城址规模的大小等表面现象方面，而更多的是一种内在的软实力，是一种组织的规模与状态，组织的规模越大组织状态越好就越有实力。

第六，史前城址不单纯是"贵族"的聚集中心。

实际上，只有宫殿与宗庙的"宫城"是东周才开始出现的一种历史现象，而此前的城内既有宫殿和宗庙，也还有普通的、与王同族的族人，以及族人居住并从事日常普通手工业的作坊。

第七，史前城址不是手工业农业"社会分工"引起的"城乡差别"的产物与标志。

由于一体化的大型聚落组织都是血缘组织，城址与其他聚落只有脑力劳动与体力劳动的分工。因此，史前最早的"城乡差别"与"城乡分工"根本不是农业与手工业社会分工的结果。

三、早期方国级政治与军事中心的崛起

就历史的发展而言，夏商周时期就是人类血缘社会到地缘社会最后的过渡时期；就城市的起源而言，这一时期也是由血缘化的城址向地缘化城市转变的最后过渡时期，也是以"中期都城"为标志催生了单一民族早期方国级政治军事中心的时期。

（一）早期方国城址和中期都城的发现与特点

主要有四个。

第一,沿袭了史前城址的建构模式。

一方面,城址依然以夯筑为主;另一方面,都城的结构基本上是史前晚期"内外城"的再延续。

第二,沿袭了史前城址的人员组织模式。

都城的居民全部属于大型或超大型的核心血缘组织。

以殷墟为例,这种现象主要就表现在四个方面。

一是都城内布满了拥有血缘关系的族邑,二是所有的居民组织全部按血缘亲疏等级地位安排空间位置,三是只有"国人"才可以当兵,四是手工业中存在的"百工"、"世工世族"、"工商食官"等现象。

第三,出现了属于不同民族的城址。

随着血缘组织的衰落、各地民族的兴起,除了统治民族的城址以外,在中原周边地区实际还有一些土著民族的城址。

第四,统治民族的城址在国内统一分级。

从夏代开始,由于国土面积扩大了,为了加强统治,早期方国就在国内历史性地出现了地缘化的城址统一分级现象,即在国内不同的地区设置比国都政治地位低一级的区域性的政治与军事中心。

(二)早期方国城址与中期都城发现的意义

主要有二个方面。

第一,继承了血缘社会以往的传统。

无论是王朝还是诸侯国都城,城里人依然是同一个大的血缘组织族体的族人,所以早期方国城址都明显具有继承了史前血缘社会特点的意义。

第二,开始融入了地缘化的因素。

城址的分级就明显具有了地缘化管理的意义,是适应国土面积扩大以后分而治之的一种治国方略。

第三章　地缘社会政治、军事与经济中心的崛起

考古与文献记载表明,春秋战国时期是我国历史上社会发展的转折时期,并在国体政体都地缘化的基础上,催生了属于多民族方国的晚期都城,还在晚期都城的基础上催生了历史上第一批兼有政治、军事、经济中心功能的城市,从而为人类社会的发展又提供了一个全新的历史平台。

第一节　各地晚期方国城址的变化与特点

就城址的功能、营建模式及城内居民的组织与生活方式而言,春秋战国时期城址的变化、特点与意义都十分突出和重要。

一、功能、营建模式的变化与特点

主要有五个方面。

(一) 城址数量急剧增加

据许宏先生的研究与统计,尤其是他秉持"仅据文献推定而未得到考古学证明的城址,一般不录"的科学精神,于《先秦城市考古学研究》一书所附《春秋战国城址一览表》显示,截至 2000 年,全国已发现春秋战国时期的城址共计 428 座[①],分别是该著作《仰韶龙山时代城址一览表》所收录的 40 座史前城址的 10.7 倍,是《夏商西周都城及其他城址一览表》(北方石筑城址未计入)所收录的 38 座城址的 11.26 倍。这种现象表明,春秋战国时期,城址出现了迅猛发展的势头。

之所以如此,关键就在于源自夏商以来城址的功能分级又有了新的发展。

---

① 　许宏:《先秦城市考古学研究》,北京燕山出版社,2000 年,第 146—159 页。

考古证明,夏商周三代,国家基于血缘统治的城址只有二级。

一级是国都,另一级主要就是地域性的政治军事中心。如长江中游地区的三个商文化早期遗址,就明显只有地域性的政治军事中心湖北盘龙城有城址[1],而作为一般军事据点的湖北荆州荆南寺[2]、湖南临湘铜鼓山[3]就没有。

西周以后,城址依然还是二级,除王室的国都以外主要就是诸侯国国都。不过,比较而言,西周诸侯国的建立比商代更多更成熟更系统,而那些诸侯国的都城也真正起到了替王室安邦守土并"以蕃屏周"的作用。

春秋战国时期,随着国家政体的地缘化,尤其是"郡县制"的兴起,城址的分类与分级在传统的基础上发生了很大的变化,新出现了郡、县二级治所与"军事堡垒"性质的城址。

这三种新型城址的出现不仅完全属于国家政体地缘化的组成部分,还使春秋战国时期各晚期方国城址的数量出现了大幅增加的趋势。20世纪80年代中期,张家口地区战国时期古城址的调查与发现就代表了这方面的变化与结果(图5-3-1)。

张家口地区的调查一共发现了36座战国时期的城址,可以分为三类[4]。

第一类,"郡治故城"。有两座,即战国时期燕、赵两国所设"代郡"和"上谷郡"的郡治故城。

其中,"代郡"的郡治故城位于蔚县县城东北约二十里处(图5-3-1,7);"上谷郡"的郡治故城位于怀来县东南约二十里的大古城村村北(图5-3-1,6)。

第二类,"县治故城"。有文献与文物同时证明的共有三座,分别是涿鹿县故城、潘县故城、东安阳故城。

涿鹿县故城,位于涿鹿县矾山乡三堡村北,为战国汉代涿鹿县县治所在地(图5-3-1,17);潘县故城,位于涿鹿县保岱镇,为战国初建,汉代潘县故城(图5-3-1,16);东安阳故城,位于阳原县揣骨疃乡,为战国"安阳故城",汉代东安阳县治所在(图5-3-1,1)。

第三类,"军事城堡"。这类城址数量最多,但"建筑规模一般都小,多设在国界附近的交通要塞、山坡峡谷或山口地带,地势险要,易于防守"。此

---

[1] 湖北省文物考古研究所:《盘龙城一九六三年——一九九四年考古发掘报告》,文物出版社,2001年。

[2] 荆州地区博物馆等:《湖北江陵荆南寺遗址第一、第二次发掘简报》,《考古》1989年第8期。

[3] 湖南省文物考古研究所等:《岳阳市郊铜鼓山商代遗址与东周墓发掘报告》,《湖南考古辑刊》第5集,岳麓书社,1989年。

[4] 刘建华:《张家口地区战国时期古城址调查发现与研究》,《文物春秋》1993年第4期。此

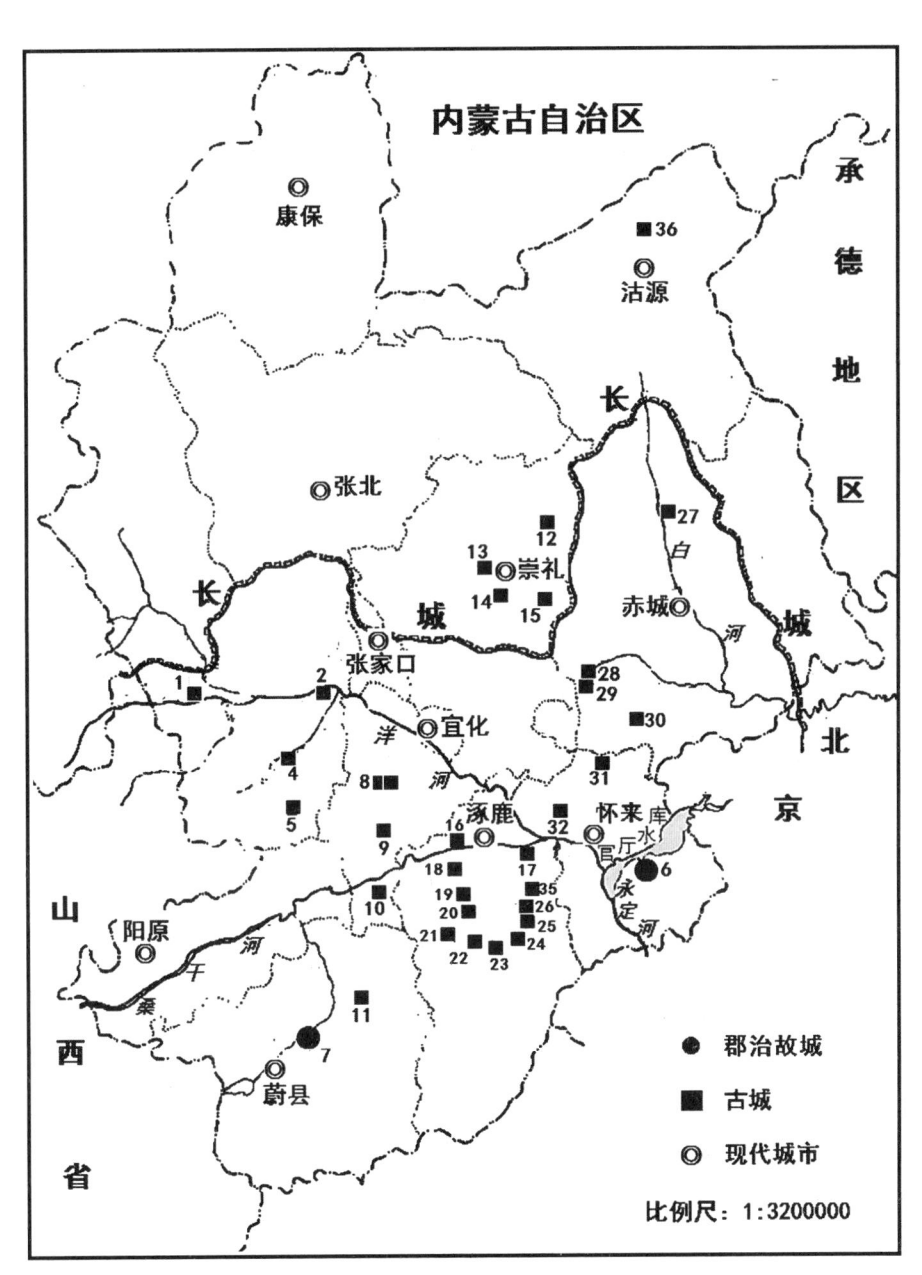

图 5-3-1 张家口地区战国时期古城址分布图

(引自刘建华《张家口地区战国时期古城址调查发现与研究》)

外,这种城址还往往成群结队驻守在一些地势险要的地段,如"宜化县水泉双城,两城相距数十米,却以北墙相连"(图 5-3-1,8);"涿鹿县协阳关城有三城组成,两城依山而建,一城独立山谷之中,形成鼎立之势",都是战国时期燕国防御赵国北进的重要关口。

显然,张家口地区城址的调查与发现充分地说明,战国时期不仅城址的数量大幅增加,而且城址的功能、分类分级也越来越细。

(二)夯筑法开始全国流行

城墙夯筑的方法最早就是黄河中游地区的创造,最早出现的地点就是河南郑州西山(图 5-1-10)。距今 4 500 年以后,这种筑城的方法开始影响黄河下游与淮河流域。

夏商时期,夯筑方法的影响范围更为广泛,并出现了二种完全不同的影响方式。

第一种,自然的非暴力的文化交流。

考古显示,在史前至今尚未发现城址的北方地带东部,夏商时期则发现了一批夏家店下层文化的城址,而且有的还是夯筑的,2009 年被评为全国考古六大发现之一的内蒙古二道井子遗址就是这方面的代表。遗址坐落在赤峰市红山区二道井子村北部的山坡上,面积约 3 万平方米,发现了环壕与城墙。其中,壕沟开口宽约 11.8 米,底宽约 0.2—0.5 米,深约 6.05 米,整体不仅为干沟,而且形状非常类似黄河中游地区的"A"型壕沟,"V"字形,坡陡,不分节;城墙也在局部地段发现了源于中原的夯筑现象①。由于这一地区从未发现有商人直接入侵的迹象,所以这里的夯筑城墙与壕沟就应该都是一种自然的非暴力的文化交流和影响的结果。

第二种,以暴力为基础的引进和传播。

湖北黄陂盘龙城就是这方面的代表。

盘龙城的城墙实际就是长江中游地区最早的夯筑城墙。由于盘龙城完全是商人的商文化城,所以它的夯土城墙就并非是当地原始居民的选择,而是商人暴力征服南方的结果,是商人自己的选择与结果。不过,这样做的结果还是让南方民族看到了夯筑城墙结实、经久耐用、城墙更陡、防御功能更强等众多优点。

春秋战国时期,夯筑城墙的方法开始成为全国各地自愿采用并流行的一种方法。

其中,最有代表性的考古发现就是湖北荆州郢都纪南城(图 5-3-2)②。

---

① 内蒙古文物考古研究所:《内蒙古赤峰市二道井子遗址的发掘》,《考古》2010 年第 8 期。
② 湖北省博物馆:《纪南城考古勘探简报》,《楚都纪南城考古资料汇编》,湖北省博物馆,1980 年。

由于当时的楚国是一个非常强悍的晚期方国,也是诸侯争霸中的列强之一,所以郢都纪南城夯土城墙的出现就完全是一种自主选择的结果,也说明南方从史前晚期就原创并流行的堆筑法从此开始淘汰。

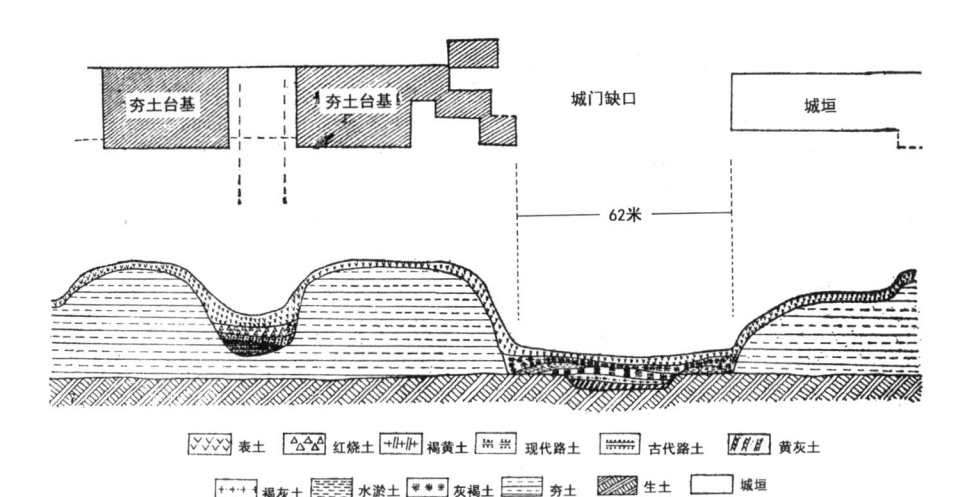

图5-3-2 湖北荆州楚郢都纪南城北垣西边城门钻探平剖面示意图
（引自湖北省博物馆《楚都纪南城考古资料汇编》）

（三）初步形成了城址规模大小与行政等级相匹配的格局

根据许宏先生的研究,春秋战国时期的城址可以按等级分为三类,而且不同等级的城址还各有面积不同[①]。

第一类,列国都城。"10余座",规模面积是所有城址中最大的,"多在10平方公里—30平方公里之间（晋都新田和秦都咸阳以总体面积计）"。其中,山西侯马晋国新田,总面积40平方公里以上;陕西凤翔秦都雍城,东西长3 480米,南北宽3 130米,总面积10平方公里以上;河南洛阳东周王城,北墙2 890米,西墙约3 200米,总面积接近10平方公里;河南新郑郑韩故城,总面积超过20平方公里;湖北荆州郢都纪南城,总面积约16平方公里;山东曲阜鲁国故城,总面积约10平方公里;山西夏县魏都安邑,总面积约13平方公里;山东临淄齐国故城,总面积约20平方公里;河北邯郸赵国故城,面积约19平方公里;河北易县燕下都,总面积约30多平方公里;河北平山中山灵寿,不少于18平方公里;陕西咸阳秦都咸阳,推测总面积约48平方公里;安徽寿县楚都寿春,总面积26平方公里。

第二类,"春秋时期一般诸侯国都城、战国时期的重镇大邑（含郡、县治

[①] 许宏：《先秦城市考古学研究》,北京燕山出版社,2000年,第84—124页。

所)",面积1—10平方公里。如湖北宜城楚皇城,城内面积约2.2平方公里。

第三类,"多为较小的诸侯国或附庸国的都城以及列国的一般城邑,同时军事城堡在其中占有很大的比重",而且"这类城址中有不少是秦汉时期的县治之所在",面积均在100万平方米即1平方公里以下。如江苏武进淹城,总面积约60万平方米。

许先生的分类虽然还可商榷,但总体而言,基本上反映了在国体政体都地缘化了的基础上,当时城址的规模大小已开始出现了与行政等级相适应相匹配的新变化与新制度。

然而,长期以来,尤其是国外"区域聚落形态"的理论传入中国以来,学术界就一直将遗址与城址的规模大小作为史前聚落相互关系研究的基石,大的就是"王",小的就是"卫星",就是随从。如果一个地区的"中心聚落",特别是城址可以按大小分为"二级",那就意味着当地出现了"简单酋邦";如果可以分为"三级",那就意味着当地出现了"复杂酋邦";如果可以分为"四级",那就意味着当地出现了"文明古国"[①]。

但是,中国的历史与考古证明,史前的城址的确也存在大小之别。但是,它们与春秋战国及以后城址的规模大小同行政等级相适应的历史现象存在重大的区别。

第一,基础不同。

城址是人的城址,社会基础不同,城址的属性也不同。

史前社会是血缘社会,所有的城址都属于一定的血缘组织,都是血缘组织中的组织单位。夏商周时期,社会出现了地缘化的早期方国,城址既属于特定的统治民族,又属于统治民族中的核心血缘族体,西周各分封诸侯王的城址即属此类。春秋战国时期,由于国家政体的地缘化,郡县二级城址既不属于统治民族,也不属于核心血缘族体,而是国家地缘化政治体制中行政分级的组成部分。

第二,人的来源与组织结构不同。

由于夏商周时期社会的基层组织都是血缘组织,国家主体民族的核心也是血缘组织,所以从史前晚期出现城址以来,城里的人就全部都是一定的血缘组织的人。但是,随着春秋战国诸侯争霸的需要,随着国家政体不断地缘化与商品经济的出现,城里人的来源与结构发生了重大变化。城已不再是单一血缘组织单一民族的城,而是多民族即国家范围内全民的城。山东

[①] 刘莉:《中国新石器时代——迈向早期国家之路》,文物出版社,2007年,第146页。

临淄东周齐故城之所以比西周齐故城大约两倍,关键不是原来姜姓周民族的人口增加了,而是当地土著民族的人口增加了。湖北荆州楚国郢都城内的"下里巴人"就是这方面的最好证据。

第三,作用范围完全不同。

由于史前是血缘社会,而血缘社会最突出的特点之一就是组织规模很小,因而城址的有效作用范围也很小,仅限于建立了统治与被统治关系的血缘组织之间。然而,地缘社会,不仅城址的数量多了,而且分级所涉及和作用的空间范围也不再以血缘组织为限,而是扩大到一个很广阔的地域空间,其中不仅包含了许多不同血缘的组织与社会单位,而且还包含了不同的民族。

第四,分级的意义不同。

由于血缘组织的规模都很小,因而北方地带以南地区血缘组织的内部很少有城址级别的不同。但是,史前晚期随着聚落组织一体化规模的不断扩大,极个别大型组织内部出现了城址的分级现象,山东茌平教场铺为首的城址群即是这方面的突出代表(图4-2-3)。然而,教场铺城址群的城址虽有规模大小之分,但都是同一个血缘组织的成员,代表的都是血缘组织内部的层级分化,以及各组织成员不同的等级与地位。其中,只有教场铺属于政治中心,对整个聚落集团所有成员都具有集中领导与管理的权力,而大尉与乐平铺就没有任何这方面的权力,而只是教场铺的随从。

夏商周时期,城址不仅出现了真正的分级,而且真正具有了地方一级的集中统一领导与管理的权力,湖北黄陂盘龙城就是这方面的代表。不过,这种城址代表的还仅是统治民族和统治民族中核心血缘族体的利益。

春秋战国时期,由于国家政体的地缘化,城址不再属于某一个血缘族体,也不再属于某一个民族,而是属于初具集权制特征的国家。城址的分级已经是一个统一的完整系统,一方面综合构成一个上下有序的宏观管理体系,另一方面又显示了"分而治之"的思想,再一方面就是规模大小与城的属性地位相互配套。

正因此,研究史前城址千万不能用春秋战国及以后地缘社会城址的分级现象与内涵去张冠李戴,去不加区别地都套在史前血缘社会的城址头上。

(四)不同级别的城址内部结构不同

考古发现,春秋战国时期,城址的结构布局与城址的属性等级也存在密切的联系。

凡属主要的诸侯国都城,一般城址的结构都是大城套小城模式。其中,河南洛阳东周王城、山东曲阜鲁国故城、湖北荆州楚郢都纪南城、河南新郑郑韩故城、山东临淄齐国故城、山西夏县魏都安邑即如此(图5-3-3)。

1 洛阳东周王城
2 临淄齐国故城
3 荆州郢都纪南城
4 新郑郑韩故城
5 夏县魏都安邑
6 曲阜鲁国故城

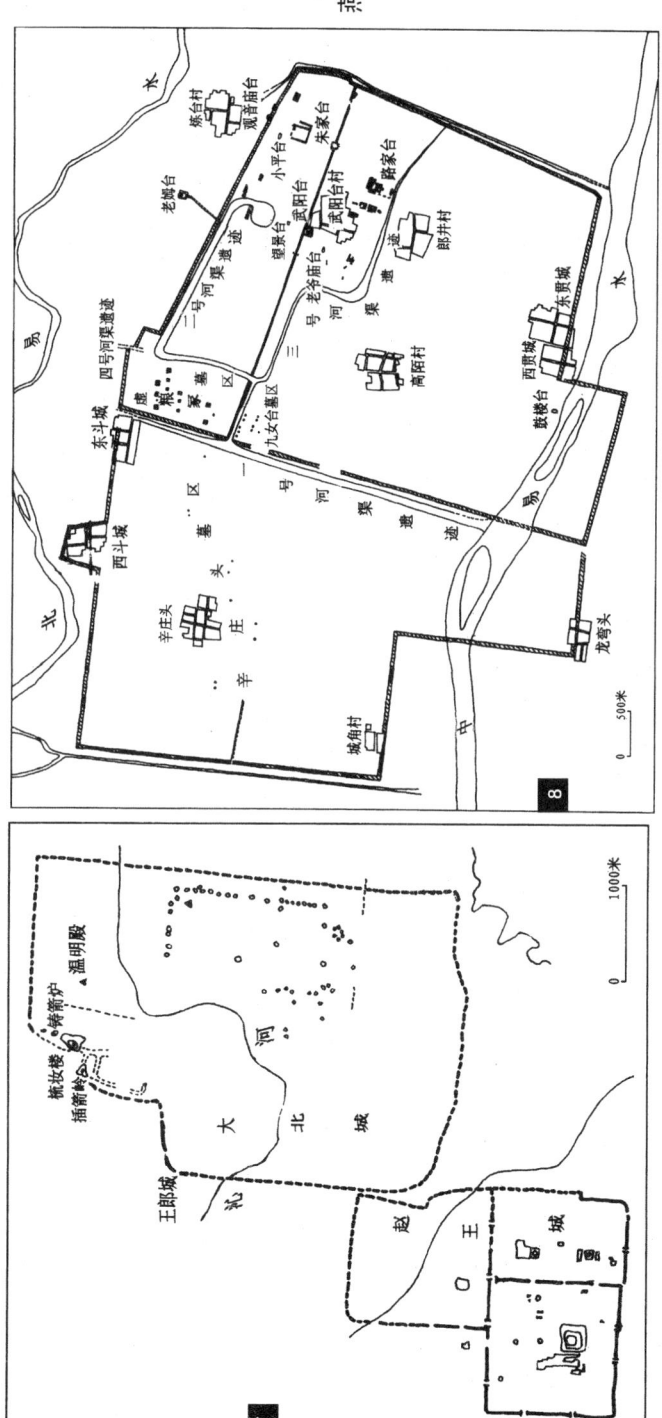

图 5-3-3 春秋战国时期有关诸侯国都城平面图
（1—5、7、8 引自许宏《先秦城市考古学研究》；6 引自中国社会科学院考古研究所《中国考古学·两周卷》）

值得注意的是，为什么只有一些主要诸侯国的都城会出现大城套小城的模式？原因何在？

一方面，这种都城的建构模式与史前有的城址非常相似，如湖北屈家岭与石家河文化时期的天门石家河、山东大汶口文化晚期的日照尧王城即如此。夏商时期，河南偃师二里头遗址与安阳殷墟虽然没有发现内外城墙的外表结构，但实际的内涵与聚落布局的意义却都显示了源自史前内外城轻重与地位不同的理念。因此，春秋战国时期这类城址的布局结构实际就充分地说明了当时的城址还依然保留和继承了源自史前晚期的传统。

另一方面，从史前晚期开始之所以会出现内外城，关键是因为核心血缘组织的构成发生了重要变化，聚落群或聚落群团开始成建制的升级，成了核心。其中，湖北屈家岭与石家河文化时期的天门石家河、山东大汶口文化晚期的日照尧王城就是整个聚落群都成为了核心的代表，而浙江余杭瓶窑古城则是整个聚落群团都成为了核心的代表。于是，为了区别核心以及核心内部的不同层次，就出现了内外城的结构。一般而言，外城是整个核心即集体贵族的驻地；内城是核心族体的住地。春秋战国时期，就宏观而言，还遗留了许多血缘社会的内涵与特点，所以基于以往的历史，在许多诸侯国的都城里就会看到以原统治民族血缘组织为基础的"大城"和"小城"、"内城"和"外城"，也正因为如此，在没有原统治民族族人聚集的地方就没有内外城的结构。

（五）新出现了"宫城"

由于城址已经开始成为地缘化统治与管理的治所，因此也相应地给城址的布局带来了一个重要的变化，这就是在已有的"外城"与"内城"之外又新出现了"宫城"。

值得深思的是，在既有"内城"又有"外城"的前提下，为什么还要"宫城"呢？

历史表明，所谓"内城"、"外城"的本质实际都是血缘社会的产物，与统治民族核心血缘族体的分级有关。在史前晚期，如果"内城"住的是核心聚落，那"外城"就是同一个核心聚落群的其他成员；如果"内城"住的是核心聚落群，那"外城"就是同一个核心聚落群团的其他部落。春秋时期，"内城"和"外城"居民的组织基础依然沿袭了史前的传统，主要都是原统治民族不同等级的族人。但是，战国时期，在"内城"、"外城"以外又新出现了性质与前完全不同的"宫城"，就像清代北京的故宫一样，它的本质特点就是纯粹地缘化的统治中心政治中心。

值得注意的是，随着"宫城"的出现，也说明从史前至战国，中国城址内部结构模式的变化经历了三大阶段。

第一阶段,距今6 000—5 000年,由于当时所有的城址都是聚落群一级的,城内只居住了一个核心聚落,所以没有修筑"内城"的需求与必要。

第二阶段,距今5 000年—夏商周时期。随着血缘组织一体化规模的不断升级,有资格住进城里的核心组织也升级了。于是,适应形势的发展就出现了有内外城的复体城。

距今5 000—4 500年,随着一体化聚落群团的出现,城址开始成为了核心聚落群的住地。其中,内城住的是核心聚落,外城住的是核心聚落群的其他成员,湖北天门石家河、山东日照尧王城即是。距今4 500—4 000年,随着一体化聚落集团、早期国家、古国级的出现,住进城里的核心聚落组织又升级了。其中,浙江余杭瓶窑古城就住进了一个聚落群团,而核心的核心聚落群就住在莫角山上;商代,国家规模扩大了,所以殷墟就住进了整个聚落集团,而核心的核心聚落群团就住在大灰沟以内。

第三阶段,春秋战国。在以往内城外城的基础上新出现了"宫城"。

随着多民族国家的出现,国家政体不断地缘化和"郡县制"的普及,贵族的"世袭制"变为了官僚的"任命制",国家的统治阶层已不再是老旧的"亲戚"的血缘组织体,而是没有血缘没有民族界限的统治阶级。于是,在这些变化的背景下就出现了名副其实的、独立于所有血缘组织所有民族之外的、属于统治阶级的"宫城"。

相对以往的"内城",新的宫城有三个最显著的变化与特点。

第一,城内的主要建筑就是宫殿与宗庙,而不见大片的、为王室一族或亲朋戚友们居住的普通住宅区,或类似河南安阳殷墟大灰沟以内甲组、丙组那样的小型夯土建筑区。

第二,城内基本不见以往内城中那些王室一族或亲属们从事日常生产的手工作坊或"王室直接控制的手工业"。

第三,城的面积明显比以往的内城还小。之所以如此,就因为城内的建筑主要就是宫殿与宗庙。

正因此,"宫城"的出现就是国家统治机构与统治人员完全摆脱血缘民族的束缚,统治阶级登上历史舞台的产物与象征,并为以后只有"宫城"与"外城",没有"内城"的封建都城建构模式的形成奠定了历史基础。

根据已有的发现,这种"宫城"有三种建构模式与类型。

第一种类型,宫城位于小城即"内城"之中,河南新郑郑韩故城即是[①]。

[①] 中国社会科学院考古研究所:《中国考古学·两周卷》,中国社会科学出版社,2004年,第235—237页。

郑韩故城明显可以分成大城、小城、宫城三个部分(图 5-3-3,4)。大城东西长约 5 000 米,南北宽约 4 500 米。小城就位于大城之中的西部,北墙长约 2 400 米,东墙长约 4 300 米,中部和北部有密集的夯土建筑基址,表明这里很可能有郑、韩两国的宫殿。宫城则位于小城区的中间,城内中部偏北发现有大型夯土台基。

第二种类型,宫城位于大城之外,河北邯郸赵国故城即是①。

赵国故城乃战国赵之都城(公元前 386—前 228 年),由王城和"大北城"两大独立部分组成。王城就位于郭城"大北城"的西南角(图 5-3-3,7),并由东城、西城、北城三部分组成,平面似"品"字形。其中,西城,北墙长 1 394 米,西墙 1 426 米,是这三个小城中夯土台、夯土基址发现最多最大的地方。如 1 号夯土台,全城最大,现称为"龙台",南北 296 米,东西 264 米,最高距现地表 16.3 米。尽管现有的发现还不能确认每一座小城的具体年代,但是西城的发现表明,它很可能是营建时间最晚的、位于郭城之外的"宫城"。

第三种类型,割取郭城一部分为宫城,河北易县燕下都即是②。

易县燕下都年代为战国中晚期。发掘表明,整体由东城、西城、宫城三个部分组成。其中,宫城位于东城区的北部,并利用河道将其与东城南部分割开来(图 5-3-3,8)。此外,宫城内还发现了大型建筑基址 3 座,由南向北依次是武阳台、望景台、张公台,均坐落在一条中轴线上。

二、城内居民组织和生活方式的变化与特点

主要表现在以下三个方面。

(一) 城内居民不再是同一血缘同一民族

中国的考古表明,城址内部居民的组织属性前后经历了二大段三小段的变化。

第一阶段第一小段:距今 6 000 年一直到夏商时期。

这一小段最重要的特点就是,城内所有的居民都是同一个独立的血缘组织的成员,即使早期国家的晚期古城、古国的早期都城、单一民族的中期都城亦如此。其中,史前的单聚落城址,居民就属同一个氏族;聚落群驻守的城址,城内居民就属同一个部落;聚落群团驻守的城址,城内居民就属同

---

① 中国社会科学院考古研究所:《中国考古学·两周卷》,中国社会科学出版社,2004 年,第 238—240 页。
② 中国社会科学院考古研究所:《中国考古学·两周卷》,中国社会科学出版社,2004 年,第 242—245 页。

一个部落联盟。夏商时期,虽然时代背景发生了重大变化,并出现了单一民族的国家,中期都城也成了单一民族国家的都城。但是,这种国家仍与史前晚期一样,超大型的核心血缘组织仍然是国家的中坚。正因此,国家都城内的居民也就主要是同一个独立的核心血缘组体的成员。商代晚期的殷墟即如此,城内居民就属同一个超大型的聚落集团。

第一阶段第二小段:西周时期。

这是一个开始出现变化的时期。因为从诸侯国的国都开始,在外来统治民族的都城里就出现了当地土著民族族人的驻地和墓地,如山东曲阜鲁国故城斗鸡台墓地①。不过,当时这还不是一种普遍现象。

第二阶段,春秋战国时期。

这一时期,虽然在城内的居民中仍然还遗留有许多以往统治民族的血缘组织和族人,但已经是"尾声",而真正的变化与潮流则是地缘关系的兴起与发展。因为,随着多民族国家的兴起,国体政体的地缘化,商品经济高潮的到来,原来统治民族的地位下降了,都城内居民的成分也同步发生了重大变化,如湖北荆州江陵楚国郢都城内的"下里巴人"就表明不仅血缘的,连民族之间的"围墙"都已经被拆除,城正在变成所在国家范围内一个全民共享的社会平台。

(二)城里出现了"里坊制"

由于在商代金文与甲骨文中皆无"里"字,而"里"字最早只见于西周时期的铜器铭文,所以学术界一般都认为"里坊制"最早就起源或出现于西周时期②。

又由于《说文解字》卷十三下曰"里,居也。从田从土",所以学术界又多认为最早的"里"就是与土地有关的"乡里"的社会基层组织单位。

春秋战国时期,一方面"里"开始出现在了城里,另一方面"里"与"坊"还联系在一起了。所谓"坊",《广韵》同"防",《说文》"防,隄也",所以坊、防同义,"坊"就是城"里"周边的围墙,或者说"坊"即城中四周有像隄防似的围墙围成的区域与单位。

对此,专家们也多据战国时期的考古发现来论证城"里"的存在,如齐国都城临淄就在许多陶器表面发现了"里"的陶文。对此,高明先生就指出,

---

① 张学海:《试论鲁城两周墓葬的类型、族属及其反映的问题》,《中国考古学会第四次年会论文集》,文物出版社,1985年,第81—97页。
② 朱玲玲:《坊里的起源及其演变初探》,《郑州大学学报(哲学社会科学版)》1986年第2期;李昕泽:《里坊制度研究》,天津大学博士学位论文,2010年。

"临淄城的制陶业涉及十多个乡，五十多个里，数百名制陶工人"[1]，可见一定的"里"也与制陶手工业者的聚居之地有关。此外，秦咸阳城内也发现多处陶窑，陶文也多次出现"里"[2]的字样。

然而，值得深思的是，为什么西周时期会首先出现与土地有关的"乡里"？为什么春秋战国时期这种"里"才开始扩展出现到城里？为什么只有春秋战国时期的城"里"才会配有相互隔离的"坊"和围墙？

第一，西周"乡里"的出现是社会基层组织与经济地缘化的变革举措。

考古表明，从史前一直到商代，虽然人类的社会组织不断从分散走向统一，但都没有根本性地触及血缘社会存在的基础，都没有触及生产资料的集体所有制，都只是社会组织本身在一体化的基础上不断地扩大。即使是古国与早期方国的出现，由于剥削与压迫的对象也都以血缘族体，或以其他民族为单位，都是"氏族奴"[3]，因而也都没有根本性地破除生产资料的集体所有制。

然而，西周并没有重复过去的历史，而是实施了二个方面的重大变革。

一方面，用"里"等行政区划代替了以往基层的血缘组织。另一方面，用"井田制"将以往土地的血缘集体所有制完全变成了国家所有制，从而既减少了国家与劳动者之间的中间环节，减少了税收的中间环节，又剥夺了原来血缘组织的经济基础，断绝了过去血缘集体生生不息的根本，使个体劳动者或家庭原本耕作集体土地而应该上缴给集体的那部分劳动收获全部都交给了国家。

显然，中国历史上最早的"里"之所以出现在西周，其关键的原因就在于国土面积扩大了，国家需要改变基层的组织状况与国家的经济状况，从而更好地维护国家政治与经济的一体化与实力。

第二，春秋战国城"里"的出现主要是改造以往城里核心血缘组织的需要与结果。

春秋战国时期，都城之所有会继西周的乡"里"之后，在城里也出现"里"，究其原因，实际与西周一样，就是要把原来具有独立性的血缘组织改变成地缘行政单位，从而强化国家统治阶级的一体化领导与管理能力。当然，前后二者也有区别。前者，西周时期，改变的只是基层；后者，春秋战国时期，改变的则是原来国家统治民族的核心血缘族体。

---

[1] 高明：《从临淄陶文看乡里制陶业》，《高明论著选集》，科学出版社，2001年，第253页。
[2] 张娜：《五陵原"中国金字塔"解码大秦雄汉》，《西安晚报》2015年8月9日，第11版。
[3] 侯外庐：《中国古代社会史论》，河北教育出版社，2003年，第43页。

事实上，自史前城址出现以来，一直到夏商周时期，全部都是血缘组织的城址。一方面，它们是一体化的血缘组织共同营建的城址，共同所有的城址；另一方面，城内住着的也是同一个血缘组织的核心成员，河南安阳殷墟即如此。西周各诸侯国都城与有关墓地的发现也表明，各诸侯国都城的人员组织模式，如鲁国故城等虽然出现了异族，但并没有引起根本性的变化，城的核心与主体仍然以姬姓周人为主。

正因此，春秋战国各诸侯国都城"里"制改革面对的社会基础主要还是与前期统治民族关系密切的血缘组织，而城"里"改革的根本意义也就在于最后彻底切断了原来统治民族的国民与血缘组织的联系，剥夺了血缘组织的独立性与合法性，强化了国家的直接领导。

第三，春秋战国城"里"也是国民分而治之的产物与结果。

随着多民族国家的出现，以及政体的地缘化，郡县制与官僚任命制的普及，原来统治民族的地位下降了，统治民族核心血缘组织的地位也下降了。以"宫城"的出现为标志，战国时期各国的统治集团也开始成为了一个独立于传统血缘组织与统治民族以外的利益集团即统治阶级。

与此同时，城里面的人员也发生了明显的变化。除了传统的统治民族的核心血缘族体的人员以外，大量非传统的被统治民族的人员也开始进入城内，如一些手工工匠、商人、学者等。于是，为了强化管理，"里"制便从乡里引进到了城里。一方面，有的"里"住着原统治民族核心血缘族体的族人，所以"同里者大率同氏"[①]；另一方面，有的"里"又住着统治区域内其他民族地区的来人，如楚国郢都内的"下里巴人"。

此外，文献《管子·小匡》就曾记载了管仲与齐桓公的对话，并表明当时的城里人按职业就有"士农工商四民"的区别，以及统治者对其分而治之"不可使杂处"的思想。显然，管仲建议的意义并不在于如何具体安排"士农工商"的住地，而在于出现了对城址内居民实行"分而治之"的思想。

因此，"里"在城内的引入、划定、筑"坊"和围墙实际不仅是当时地缘化城市管理的一种基本模式，而且还是"分而治之"并防止相互冲突、维护稳定思想与举措的具体体现。

（三）城里出现了"市"

齐国临淄是春秋战国时期有名的经济发达的都市，在文献中有许多这方面的记载，其中最著名的就是《战国策·齐策一》苏秦说给齐宣王听的一段话，"临淄甚富而实，其民无不吹竽鼓瑟，击筑弹琴，斗鸡走犬，六博蹹鞠

[①] 李学勤：《战国题铭概述（上）》，《文物》1959年第7期。

者。临淄之途,车毂击,人肩摩,连衽成帷,举袂成幕,挥汗成雨。家敦而富,志高而扬"。此话虽然不免夸张之词,但也反映了当时临淄城的繁荣景象。

此外,多年的考古发掘也证明古临淄的确是一处手工业发达的都市,并发现了冶铁或铸铁遗址19处、炼铜或铸铜遗址8处、铸钱遗址7处、制骨遗址5处[1]。这些作坊的发现不仅显示了当地手工业的主要特点,更说明了当时齐国都城临淄作为都市繁华的一个重要原因。

为此,齐故城临淄成为了学术界探讨中国古代城市起源的重点。

许多学者都认为,春秋战国时代临淄就出现了"市",就位于大城的东北部[2]。尤其值得注意的是,不仅文献有齐国存在"宫中七市"(《战国策·东周策》)和"国之诸市"(《左传》昭公三年)的记载,而且考古发现齐国陶器也有"中市"、"右市"等印文。对此,裘锡圭先生就认为"从齐印的'中市'、'右市'……等名称,可以知道当时有些大都邑设有几个市"[3]。

除了临淄以外,文献记载郑国的都城内有"逵市"(《左传》昭公二十八年),燕国有"左市"[4]。显然,文献与考古发现共同表明,战国时期"市"已成许多诸侯国都城的基本设置。

至于都城内是否已出现了"前朝后市"(《周礼·考工记》)的布局与建筑模式,目前的考古发现还不能给出确切的答案,但也有专家认为秦都雍城遗址的发现就提供了有关的线索。其城区中部偏南为宫殿宗庙区,秦市则位于城内北垣偏东300米处,其位置完全符合"前朝后市"的格局[5];"近三万平方米的市场面积,以及咸阳器物长途贩运到这里交易,说明当时雍城的城市经济十分繁荣,商品生产相当发达"[6]。

显然,春秋战国时期,尤其是战国时期,"市"已实实在在地出现在城里面了,并从此揭开了中国城址发展新的历史一幕,城与市的结合使"城市"由此诞生。

第二节 城市出现的意义

主要有五个方面。

---

[1] 山东省文物考古研究所:《临淄齐故城》,文物出版社,2013年,第543页。
[2] 刘敦愿:《春秋时期齐国故城的复原与城市布局》,《历史地理》1980年创刊号。
[3] 裘锡圭:《战国文字中的"市"》,《考古学报》1980年第3期。
[4] 裘锡圭:《战国文字中的"市"》,《考古学报》1980年第3期。
[5] 宋镇豪:《中国古代"集中市制"及有关方面的考察》,《文物》1990年第1期。
[6] 王兆麟等:《秦古雍城发现市场和街道遗址》,《人民日报》1986年5月21日。

一、最早的"市"都出现在"都城"里

中国的考古与文献记载共同表明,最早的"市"都出现在各主要诸侯国的"都城"里,如齐国、燕国、秦国、郑国等皆如此。

之所以这样,根据山东临淄齐故城的考古发现,主要有三个方面的原因。

(一)原统治民族核心血缘组织成员的重新安置推动了城市的出现

历史表明,人多需求旺盛,所以人多的地方也是手工业容易发达的地方,容易成为"市"的地方。正如《战国策·齐策一》载苏秦所言:"临淄之中七万户,臣窃度之,下户三男子,三七二十一万,不待发于远县,而临淄之卒,固以二十一万矣。"由于按照苏秦的说法,战国时期临淄城内人口当有三四十万之多[1],而如此众多的人口则自然推动手工业、商业的发展。所以,长期以来,专家们在论述城市出现的原因时都注意到了人口的问题。

尽管具体的人口数字现在已很难知晓,但各国都城 10—30 平方公里的面积,齐国临淄城约 20 平方公里的面积,也确实表明城内聚集了大量的人口。

然而,历史又表明人口多并不会必然导致"市"的出现。从史前到西周,城址就一直是人口最集中也最多的地方,但它们都没有因此而出现"市"。战国时期,同样在人口众多的基础上,城里却出现了以前从未见过的"市"。

究其原因,关键不是因为泛泛的人多,而是特殊身份的人多。

在中国,西周及以前的城址全部都是血缘组织的城址,城里面的人口再多也都是同一个大型血缘组织的族人,如湖北天门石家河,城里就住着一个聚落群;河南安阳商代殷墟,数以百计的聚落就属于同一个大的聚落集团(图 4-3-3)。西周时期的齐国也一样,最早就是姜太公的封地,而跟着姜太公一起去的则多数都是姜姓一族。这些族人不仅与诸侯王血脉相通,而且也是各地诸侯王远离中央王朝异地统治其他民族的基本军事力量与保障。山东临淄齐国故城多年的考古,以及在西周时期的老城区里面(图 5-3-4,灰色区)大量发现的周文化遗存[2],就充分证明了春秋战国时期临淄人口的主要部分都是姜姓周人的后裔。

不过,春秋战国时期,随着国家政治制度的改革,郡县制与官僚任命制的普及,城址由原来统治民族核心血缘族体的大本营变成了所在国家范围

---

[1] 韩光辉:《齐都临淄户口考辨》,《管子学刊》1996 年第 4 期。
[2] 山东省文物考古研究所:《临淄齐故城》,文物出版社,2013 年。

内地缘化的各族人民共享的生产生活平台与区域中心,原来城内"国人"与"皇亲国戚"的地位也都随之下降了。因此,如何安排原统治民族核心血缘族体成员的生产生活就成了国家必须关注的政治大事。

于是,在商品经济逐渐兴起的前提下,安排他们去从事最有利可图的国营手工业就不失为一种既传统又厚待,又有利于国家实力增强的举措。

正因此,原统治民族核心血缘组织不仅为"市"的出现奠定了人口的基础,而且还由于重新安排他们的生产生活而推动了都城手工业的兴旺发达与最早"市"的出现。

(二) 以往核心血缘族体的手工业为"市"的出现奠定了产业基础

从史前晚期开始,考古就发现随着聚落组织一体化大型化进程的不断深入与扩大,这类组织内部的手工业就出现了"社会分工"。

其中,湖北天门石家河就是史前晚期距今 4 500—4 000 年期间手工业分工的代表,而河南安阳殷墟则是夏商周"三代"手工业分工的代表。

石家河文化时期,天门石家河地区就存在一个规模巨大的聚落集团(图 3-2-13,2)。由于这个集团城里城外一共拥有至少 40 个聚落,所以它的手工业服务的范围与规模就明显大于同期的其他聚落组织,因而手工业生产的大型化和规模化现象也明显高于其他聚落组织;又由于整个集团内部是在各尽所能的基础上实行的"社会分工",所以手工业的专业化现象也日渐突出。

值得注意的是,当时的石家河城址实际也是早期国家与古国的"都城"。因此,上述聚落集团内的所有手工业与分工实际也都是古国早期都城内的手工业与分工。

商代晚期河南安阳殷墟手工业的基本特点与石家河大同小异(图 4-3-3)。

第一,殷墟的主体也是一个以血缘为纽带的聚落集团。

第二,殷墟的手工业宏观上也是聚落集团内部的"社会分工",并由此造就了"百工"与"世工世族"。

第三,殷墟的手工业生产资料也是集体所有,手工业的生产也是根据集体与国家的需要来组织的,劳动也是集体劳动,并由国家统一集中管理,"工商食官",由集体与国家保证劳动者的生活来源,而产品的获得也是按等级和地位由国家与集体集中统一分配。

不过,由于殷墟是一个方国都城,所以殷墟的生产规模远大于史前的石家河,而且表面更像是一个"真正的"地域性的手工业制作中心。

春秋战国时期,山东临淄大量的冶铁铸铁、铸钱遗址与作坊之所以都出现在原西周城内,一方面说明那里原来就是原统治民族核心血缘族体的住地;另一方面又说明源自史前的各血缘组织独自从事手工业生产的传统与基础还在;再一方面也说明中国最早的城市之所以都出现在主要诸侯国的"都城"里,就因为在这样的都城里很多都存在以原统治民族大型核心血缘族体为基础的手工业,以及生产与管理系统。

正因此,在没有原统治民族大型核心血缘族体手工业的地方就没有中国最早城市出现的产业基础与传统。

(三)"都"为"市"的出现奠定了政治基础

历史表明,战国时期都城里之所以会出现以往从未见过的"市",究其原因不仅因为其中有许多原统治民族核心血缘族体的族人需要安置,也不仅因为有原来遗留下来的产业基础与传统,更主要的还因为"都"为"市"的出现奠定了政治基础。

截至目前,齐国临淄城考古所见手工作坊就有一个特别值得关注的现象,这就是大部分作坊都位于早期西周城的范围内[①]。就已经公布的资料来看,如图5-3-4所示,大城小城内共发现了手工作坊23处,其中有13处,占总数的56.5%位于西周时的老城区内。此外,在总共发现的17处冶铸铁作坊中,有10处就位于西周时的老城区内,占所有同类作坊的58.8%。

值得思考的是,为什么西周老城区都会成为齐国都城甚至齐国最主要的手工业作坊区呢?关键就是因为那里都是原统治民族核心血缘族体成员的居住区。

史前众多的城址与河南安阳殷墟的发现实际早就说明,西周及以前手工业的制作中心总是与政治军事中心相伴在一起的,与国家的核心血缘组织相伴在一起的。

中国历史上最早的"市"之所以既不是出现在自然资源独特与丰富的地方,也不是出现在交通最为便利的地方;既不出现在史前,也不出现在夏商周时期,而只出现在国体政体都地缘化的时期与诸侯国的都城里,就充分地说明了生产力的发展,手工业与商品交换的发展,都只为"市"的出现创造了条件奠定了基础,而具体在什么时候什么地方出现"市"则不是经济发展的直接结果,而是在社会变革提出需求的前提下,政治与权力直接作用的结果。

正因此,只有国家、都城及政治中心才是"市"出现的最重要的必要条件。因为,只有权力才能安排统治民族核心血缘组织的族人去从事最有经济意义的手工业生产,也只有权力才能将政治中心、军事中心、"市"都有机地结合在一起。

[①] 山东省文物考古研究所:《临淄齐故城》,文物出版社,2013年。

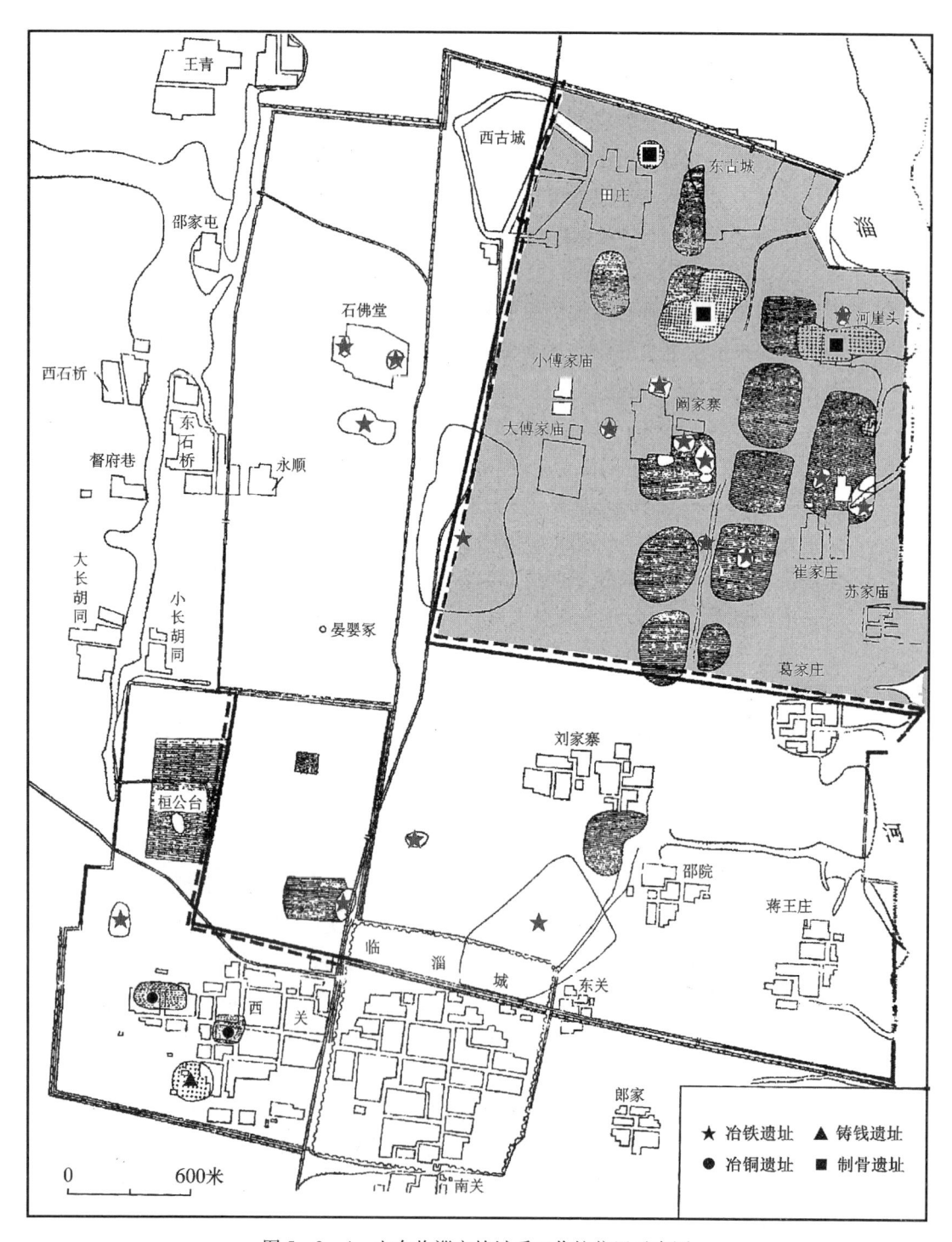

图 5-3-4　山东临淄齐故城手工作坊位置示意图

（引自中国社会科学院考古研究所《中国考古学·两周卷》、山东省文物考古研究所《临淄齐故城》；另，图中灰色区域为本书作者所加，以表示西周城区）

二、城市以官营经济为主

春秋战国时期，虽然社会的组织背景已经完全不同了，出现了地缘化的多民族国家，但是城市依然以国有经济，又称"官营经济"为主，而并非是自由市场经济为主。

究其原因，具体而言主要有四个。

第一，继承了史前夏商周以来的传统。

由于生产资料的史前集体所有制夏商周时期的国有制，因而自古以来，集体或国家的所有产业都属于"集体经济"、"国有经济"的组成部分。

春秋战国时期，国体虽然变成了多民族国家，但生产资料国家所有制的基本特点并没有改变。因此，城市依然继承了以往的传统，并继续以国有经济，又称"官营经济"为主。

第二，争霸的需要。

春秋战国时期诸侯之间的争霸，实际拼得都是国家的整体实力。为此，只有大规模的国有经济或官营经济能够支持这种战争与需求。

第三，统治阶级追求财富的需求。

虽然政体的地缘化促使统治阶级登上了历史舞台，原来国家核心血缘族体及其贵族的地位都下降了，但是生产资料的国家所有制并没有改变，统治阶级作为生产资料管理者的地位并没有改变，财富私有制作为一种政治制度的本质也没有改变。因此，社会追求财富的主体由原来的贵族变成了统治阶级。春秋战国时期，各诸侯国上层人士的墓葬之所有规模与内涵都远超夏商周时期，如湖北随县曾侯乙墓，实际就是这一历史现象的佐证。为此，在商品经济的背景下，除了传统的税收以外，统治阶级还需要"官营手工业"作为追求财富的重要途径。

第四，妥善安置原统治民族核心血缘族体居民的需要。

由于原统治民族核心血缘族体居民的安置问题是一个涉及政治局面稳定与否的大问题，因而也不可能一步到位将它们全部都推向社会推向市场，也不可能完全由他们自己养活自己。因此，让他们经营国有作坊就不失为一种可保长治久安的政策与措施。

正因此，官营经济就一直是中国早期城市的基本特色，临淄齐故城所见手工业遗存就是春秋战国这段历史这种特点的最好见证。

根据已有的发现，冶铁就是齐国官营经济的支柱产业。

证据有三。

第一，《管子·海王》在讲到齐国铁器的经营之道时，曾提到"今铁官之数曰：'一女必有一针一刀，若其事立……'"。这说明铁器的生产已纳入政府的专门管理与计划之中。

第二，春秋中叶齐灵公（公元前581—前554年）时的叔夷钟铭文[①]记载，齐灵公一次就赏给叔夷"造铁徒四千"，这不仅说明齐国拥有庞大的冶炼手工业，而且都在国家的掌控之中。

第三，考古发现了大量的冶铸铁作坊。其中，据王献唐《临淄封泥文字叙目》[②]载，在大城南部遗址，即刘家寨村以南的地区（图5-3-4），不仅发现了战国时期的冶铸铁作坊，还曾出土过汉代"齐铁官丞"、"齐采铁印"等泥封，显示那里很可能有一处从战国一直到汉代的"铁官"所在地和管理机构。

长期以来，我国学术界对齐国冶铁业及古代手工业的官营性质也一直持基本肯定的态度。

对此，考古专家们就认为："临淄齐国故城内发现数量众多的冶铁遗迹是目前所见周代诸侯国都城内规模最大的冶铁工业遗存……近年……重点对桓公台北部、石佛堂村东南、傅家庙村东、阚家寨村南、苏家庙村西、刘家寨村北等冶铁遗址进行复查，并采集铁渣、炉渣、铁制品、铁矿石、砺石等与冶铁相关的遗物，同时发现铁渣与铁矿石共存的现象。对采集的铁渣样本所含木炭由北京大学进行测年，发现铁渣内木炭的年代从西周晚期延续到东汉时期，证明临淄冶铁业作为齐国的重要支柱产业历经千年，对临淄的繁荣和长盛不衰发挥了重要作用。临淄手工业的发达为齐国的繁荣和强盛提供了强力支持，印证了齐国长期以工商立国的基本国策。"[③]

2012年，中国社会科学出版社出版的由吴太昌等先生写作的《中国国家资本的历史分析》，对中国古代长期存在的官营手工业也有很好的论述，并认为："在我国封建社会，官营手工业经济自始至终比较发达。"

三、城市的出现是城乡分离和农业与手工业地缘化社会分工的真正标志

长期以来，我国学术界一直认为城市的起源是生产力发展的结果，是农业与手工业社会分工的结果。因为，恩格斯曾经在《家庭、私有制和国家的起源》中指出"随着生产分为农业和手工业这两大主要部门，便出现了直接以交换为目的的生产，即商品生产，随之而来的是贸易，不仅有部落内部和

[①] 郭沫若：《两周金文辞大系图录考释》，《郭沫若全集》考古编第八卷，科学出版社，2003年，第203页。
[②] 王献唐：《临淄封泥文字叙目》，山东省立图书馆印，1936年。
[③] 山东省文物考古研究所：《临淄齐故城》，文物出版社，2013年，第544页。

部落边界的贸易,而且还有海外贸易"①;马克思、恩格斯也曾经在《德意志意识形态》中指出:"某一民族内部的分工,首先引起工商业劳动和农业劳动的分离,从而也引起城乡的分离和城乡利益的对立。"②

于是,生产力的发展就成了农业与手工业社会分工的基础,而农业与手工业的社会分工就成为了城乡分工的基础,就引起了城市的起源。

然而,中国的历史表明,无论城乡还是农业与手工业的分化都是社会地缘化的产物与结果,都是春秋战国时期的产物与结果。

史前虽然出现了城,虽然城的等级与规模还在不断地发展,城内的手工业作坊也越来越多,分工化专业化规模化现象也越来越明显。但是,商周及以前的所有城址都是血缘性质的,都是血缘组织的,殷墟就是这方面最好的例据。为什么殷墟会有"百工"、"世工世族"、"工商食官"等现象,实际就表明它不仅是一个大的血缘集团,而且还表明在血缘组织内部,一方面确实存在农业与手工业的"社会"分工,但这种分工是以血缘组织为单位而从事的血缘组织内部的分工,在各尽所能的基础上由集体和国家来决定和管理产品的生产数量、规模与分配,另一方面不可能为其他被压迫组织和民族生产手工制品,再一方面由集体和国家来解决手工业者的生活资源问题,"工商食官"。正因此,这种分工根本不是一种单纯的经济现象,而是一种政治现象,也根本不可能导致商品经济的出现。

与史前和夏商周不同,在国家国体政体全都地缘化的同时也同步造就出了新型的人类社会组织方式"城市"和"乡村"。

新的城,特别是主要诸侯国的都城,春秋战国时期出现了一系列的新特点。其中,最重要的特点就在于,城已经不再属于任何单一民族和血缘组织,城里的居民也不再属于单一的民族与血缘组织。城成为了人类社会一种新型的地缘化的社会组织单位,成为了非农业人口聚集的地方和场所。

新的乡,即农业人口居住的地方,与西周时期的"乡"也有很大区别。其中,最重要的区别就在于"劳役地租"变成了"实物地租",从而根本性地解除了将劳动者捆绑在土地上的枷锁,劳动者在从业与地域方面都获得了极大的选择自由。从此,劳动者由一个血缘组织的人变成了地缘社会的人。

历史的发展表明,没有以上社会地缘化的变化就没有社会城乡分工的基础与条件。

---

① 恩格斯:《家庭、私有制和国家的起源》,《马克思恩格斯选集》第四卷,人民出版社,1974年,第159页。
② 马克思、恩格斯:《德意志意识形态》(第一卷第一章),《马克思恩格斯选集》第一卷,人民出版社,1974年,第25页。

不过,需要指出的是当时的手工业与农业的分工还有二个重要的特点。

第一,以城市标志的手工业与农业的社会分工本质上也并不是商品经济独立运行的结果,而是"官营经济"的需要与结果。之所以当时的"市"都出现在主要诸侯国的都城里,就正是这种需要与结果的反映。

第二,中国最早城市的手工业并不是独立的自由市场经济的手工业,而是官营手工业占主导地位的"官营经济"的组成部分。因此,以城市为代表的手工业与农业的社会分工实际上主要是官营手工业与农业的社会分工。

四、城市改变了人类社会的组织方式,为人类社会的发展提供了一个全新的平台

纵观全部历史,不难发现人类社会的发展不仅以组织为单位,而且在组织的基础上前后还依托了三大发展平台,这就是聚落、城址与城市。

新石器时代晚期以前,人类社会发展的平台主要是聚落,而新石器时代晚期到夏商周时期,城址成为了当时人类社会最重要的发展平台。但是,聚落和城址都是血缘社会的产物,社会的发展都受到了血缘与民族的局限。

只有春秋战国时期,在前期社会发展与文明化的基础上,一种前所未有的"城市"出现了,并给人类社会的发展带来了三大重要变化。

第一,血缘社会彻底转变为了地缘社会。

历史表明,人类的血缘社会只有"城"没有"市",而只有地缘社会的"城"才会与"市"结合在一起。与此同时,中国的历史还表明,仅只有国体的地缘化,"城"与"市"也不会结合在一起,因为它的手工业,就像殷墟一样,也只为统治民族的核心血缘族体服务,为统治民族服务,也不会自愿与被统治者一起无条件分工,还为被统治者生产他们所需物品。因此,"城"与"市"的结合就表明社会已经从国体到政体,从政治到经济,全部都地缘化了。

第二,手工业与农业开始了真正的地缘社会分工。

史前晚期,随着聚落组织的大型化一体化,手工业与农业开始了"分工"。但是,当时的一切分工一是都只发生在血缘组织的内部,二是以自给自足为目的,三是服从统一领导与管理。此外,晚商殷墟的"百工"与"世工世族"还说明,即使是单一民族方国时代,分工依然也只发生在相应的血缘族体和民族内部,统治民族绝不会与被统治民族一起平等地参与"分工",统治民族也不可能还为被统治民族生产他们所需要的手工制品。春秋战国时期,由于国家政体不断地缘化,矗立在人们之间的血缘与民族藩篱被拆除了,于是农业与手工业才开始了真正以交换为目的的地缘社会分工。其中,

广大的乡村以农业为主,新出现的城市以手工业制作为主。虽然,城市的手工业主要是官营手工业,但它影响的只是手工业的性质,并不影响与农业的分工。

第三,人本身的解放取得了重大进步。

人的解放是社会文明化的重要标志。

最初,人都与动物一样,是自然的人。自然的群体组织,自然的生产方式,自然的食物。但是,随着文明的起源,人也开始成为了社会具有独立性的人。尤其是城市的出现,社会的地缘化,人不仅有了文化和不同职业;更重要的是,人还成了自由的人,可以自由择业与定居,还可以像孔子一样带着学生周游列国,有不同意见也可以"百家争鸣"。

正因此,城市是社会组织方式与文明化又上新台阶的标志。城市不仅是人类社会的政治、军事与经济中心,而且还是没有血缘与民族隔阂的文化、思想、艺术的交流中心,还为以后人类社会的发展提供了一个全新的历史平台。

五、城市是文明与国家起源连续作用的结果

历史表明,中国城市起源占主导地位的原因并不是经济发展的直接需要与结果,更不是农业与手工业社会分工以及商品经济发展的结果,而关键是社会组织形态与政治制度变革的产物。

中国的城市起源经历了数千年的发展,之所以"城"在前"市"在后,之所以"城"首先是血缘社会的军事中心,然后是血缘社会的政治与军事中心,最后才成为地缘社会政治与军事中心门下的"城市",关键就在于城市的起源不是纯经济中心的起源,而是以政治军事中心为基础的起源。实际上,城市的起源,无论是军事中心,还是政治与军事中心,还是政治军事与经济中心的出现,本质上都是社会与组织形态的变革。"城"与"市"的结合,一方面表明只有社会的变革才是经济发展的基础,另一方面又表明只有那些方国都城才具有"城"与"市"结合的条件。

一般而言,城市的起源经历了先"城"后"市"二大阶段。

其中,第一阶段就是新石器时代中晚之交到夏商周时期,是城的起源阶段,而主要的社会推动力就是文明的起源,也是社会文明化的阶段性成果。

尽管有人以来,人们就一直在追求生存状态与生存质量的改善。但是,在新石器时代中晚之交以前,人们的这种追求基本上是自然的,是一种本能的行为。正因此,旧石器时代虽历经数百万年,但给人类社会带来的变化却又少又小又慢,而且多是物质文化遗存方面的,很少社会与组织内部的变革。然而,从新石器时代晚期开始,在人类生存危机及社会危机的双重压力下,人们的这种追求变成了人为积极主动的社会行为。于是文明起源了,人类社会组织内部的变革成为了发展的主要内容。从此,生产性的农业变成了人类食物的主要来源,社会的一体化与城址的出现改变了人类的组织方式,个体劳动开始为社会的发展奠定了经济基础。这一系列的重大变革表明文明起源的作用巨大,而且还加快了人类社会的发展进程和速度。

值得注意的是,虽然史前晚期社会就出现了古国的早期都城,夏商周时期出现了中期都城,但是它们一方面仍然是血缘基础上的都城,另一方面它们的基本功能仍然只是为了统治者核心血缘族体的利益。所以,它们的历史地位和作用与史前晚期的各种古城一样,都只是当时的政治军事中心。

但是,春秋战国时期,随着多民族国家的出现,国家开始成为了社会文明化的主要推手,国家也直接推动了历史上最早第一批"城市"的出现。国家政体的地缘化不仅最终扫除了横亘在人们之间血缘与民族的藩篱,国家还直接推动了"国营经济"的发展,从而也直接推动了官营手工业与农业的分工。与此同时,还推动了教育、文化、艺术的全面发展,还由此推动了人本身的解放。

正因此,国家是城市起源第二阶段的主要推动力。

本 章 小 结

春秋战国时期是我国历史上社会发展的转折时期,并在多民族晚期方国、晚期都城诞生,国体政体都地缘化的基础上催生了历史上第一批兼有政治、军事、经济中心功能的城市。

一、各地晚期方国城址的变化与特点

(一) 功能、营建模式的变化与特点

主要有五个方面。

1. 城址数量急剧增加

随着国家政体的地缘化、"郡县制"的兴起、军事城堡的设置,导致城址的分类分级发生了很大变化,城址的数量也大幅增加。

2. 夯筑法开始全国流行

湖北荆州郢都纪南城夯筑城墙的发现表明,最早兴起于长江流域的堆筑法已被淘汰;而最早兴起于黄河流域的夯筑法,春秋战国时期已开始各地流行。

3. 初步形成了城址规模大小与行政等级相匹配的格局

在国体政体都地缘化的基础上,春秋战国时期城址的规模大小与行政等级已出现了相适应相匹配的新变化与新制度。不过,这种制度与史前城址的大小区别意义完全不同。

4. 不同级别的城址内部结构不同

春秋战国时期,城址的结构与城址的属性等级也存在明显的联系。其中,主要的诸侯国都城,城址的结构一般都是大城套小城模式,而其他类别级别的城址就没有。

5. 新出现了"宫城"

由于国家的统治阶层已不再是老旧"亲戚"的血缘组织体,而是没有血缘与民族界限的统治阶级。于是,在这些变化的背景下就出现了名副其实的独立于所有血缘组织与民族之外的"宫城"。

相对以往的"内城",新的宫城有三个显著的特点。

第一,城内的主要建筑就是宫殿与宗庙,没有王室一族族人的驻地。

第二,城内没有手工作坊或"王室直接控制的手工业"。

第三,城的面积明显小于以往的内城。

(二)城内居民组织与生活方式的变化与特点

主要有三个方面。

1. 城内居民不再是同一血缘同一民族

从史前到夏商周时期,城址虽然由血缘组织的城址变成了单一民族的城址,但城址内的居民仍然还是同一个独立的核心血缘族体的成员。春秋战国时期,随着多民族国家的兴起,统治民族地位的下降,都城内居民的成分也发生了重大变化,湖北荆州江陵楚国郢都城内的"下里巴人"就表明不仅血缘的而且民族的"围墙"都已经被拆除了。

2. 城里出现了"里坊制"

春秋战国时期"里"开始出现在城里,并配有相互隔离的"坊"和围墙。

"里"之所以出现在城里,一方面是要最后切断原统治民族核心血缘组织人员与血缘组织的联系,剥夺血缘组织的独立性与合法性,并强化了国家的直接领导;另一方面是随着地缘化多民族国家的出现,大量以往被统治民族的人员开始进入城内。为此,就出现了对城内居民实行"分而治之"的思想与举措。"里"实际不仅是当时地缘化城市管理的一种基本模式,而且还是"分而治之"并防止各方相互冲突维护稳定思想与举措的具体体现。

3. 城里出现了"市"

春秋战国时期,齐国、郑国、燕国、秦国等国都城里面都出现了"市",而城与市的结合使历史上第一代"城市"由此诞生。

二、城市出现的意义

主要表现在五个方面。

（一）最早的"市"都出现在"都城"里

最早的"市"都出现在主要诸侯国的"都城"里,如齐国、燕国、秦国、郑国等皆如此。

之所以这样,根据山东临淄齐故城的发现主要有三个方面的原因。

1. 原统治民族核心血缘组织成员的重新安置推动了城市的出现

春秋战国时期,随着国家政治制度的改革,城址由原来统治民族核心血缘族体的大本营变成了所在国家范围内地缘化的各民族共享的生产生活平台与区域中心。因此,如何重新安置原统治民族核心血缘族体成员的生产生活就成了国家必须关注的政治大事。

于是,在商品经济逐渐兴起的前提下,安排他们去从事最有利可图的国营手工业就不失为一种传统、厚待,又有利于国家实力增强的举措。

正因此,原统治民族核心血缘组织不仅为"市"的出现奠定了人口的基础,而且还由于重新安排他们的生产生活而推动了手工业的兴旺发达与"市"的出现。

2. 以往大型血缘组织内部的手工业为"市"的出现奠定了产业基础

从史前晚期到夏商周,随着聚落组织大型化一体化进程的不断深入,组织内部手工业生产的大型化、分工化、专业化现象也十分突出。因此,在没有原统治民族大型核心血缘组织手工业的地方就没有中国最早城市出现的产业基础。

3. "都"为"市"的出现奠定了政治基础

中国历史上最早的"市"之所以只出现在国体政体都地缘化的时期与国家,就充分地说明了生产力的发展,手工业与商品交换的发展,都只为"市"的出现创造了条件奠定了基础,而具体在什么时候什么地方出现"市"则不是经济发展的直接结果,而是在社会变革提出需求的前提下,政治与权力直接作用的结果。因为只有权力才能将政治中心、军事中心、"市"都有机地结合在一起。

（二）城市以官营经济为主

春秋战国时期,虽然已经出现了城市,但依然以国有经济,又称"官营经济"为主。

究其原因,主要有四个。

第一,继承了史前夏商周以来生产资料集体与国有的传统。

第二,争霸的需要。

第三,统治阶级追求财富的需求。

第四,妥善地安置原统治民族核心血缘族体居民的需要。

(三)城市的出现是城乡分离和农业与手工业地缘化社会分工的真正标志

历史表明,只有城市的出现才是中国农业与手工业及城乡地缘化分工的真正标志。

不过,当时的手工业与农业的分工还有二个重要的特点。

第一,当时手工业与农业分工的本质并不是商品经济独立运行的结果,而是"官营经济"的需要与结果。

第二,当时的手工业并不是独立的自由市场经济的手工业,而是"官营经济"的官营手工业。因此,以城市为代表的手工业与农业的社会分工,实际上主要是官营手工业与农业的分工。

(四)城市改变了人类社会的组织方式,为人类社会的发展提供了一个全新的平台

春秋战国时期,"城市"的出现给人类社会带来了三大重要变化。

第一,血缘社会彻底转变为了地缘社会。

第二,手工业与农业真正开始了地缘社会分工。

第三,人本身的解放取得重大进步。

正因此,城市不仅是社会文明化又上了新台阶的标志,而且还为以后人类社会的发展提供了一个全新的历史平台。

(五)城市是文明与国家起源共同作用的结果

中国的城市起源经历了数千年的发展,并经历了先"城"后"市"二大阶段。

第一阶段就是新石器时代中晚之交到夏商周时期,是城的起源阶段,而主要的社会推动力就是文明的起源,也是社会文明化的阶段性成果。

第二阶段就是春秋战国时期,随着多民族国家的出现,国家开始成为了社会文明化的主要推手,国家也直接推动了历史上最早第一批"城市"的出现。

城市起源·结语

城市是历史发展到一定阶段才出现的人类地缘社会的共同体与组织单位,是在地缘社会基础上人类社会组织方式、生产方式、生活方式与人的解放变革的产物,也主要是国体政体全地缘化国家与商品经济发展的结果。

不同时期城址的建构模式、聚落组织方式与功能表明,中国的城市起源曾经历了作为血缘社会军事中心,血缘社会政治与军事中心,地缘社会政治、军事与经济中心三大发展与演变阶段。

一、血缘社会军事中心的崛起

距今5 000年以前,血缘社会一体化聚落群军事中心的崛起先后经历了围沟、壕(濠)沟、早期古城三个阶段。

(一) 围沟流行的阶段

围沟就是环绕在聚落遗址外围长年无积水的小型沟状设施,早期没有防御功能,晚期开始出现。其中,距今7 500年以后的晚期围沟就是史前血缘社会第一阶段"军事中心"崛起的代表。

围沟发现的意义主要有四个方面。

第一,各地早期围沟的营建特征大同小异。

第二,早期围沟代表的是一种平等与和谐的社会。

第三,晚期围沟不仅代表了防御功能的增强,还代表了聚落组织中出现了第一代"军事中心"。

第四,长江中下游地区在中国史前血缘社会"军事中心"崛起的第一波高潮中地位与作用突出。

(二) 壕(濠)沟流行的阶段

壕(濠)沟就是一种环绕在聚落遗址外围防御功能突出的大型沟状设施。其中,沟内无长年积水的就是"壕沟",沟内有长年积水的就是"濠沟"。它的出现就是中国史前血缘社会一体化聚落群第二阶段"军事中心"崛起的代表。

由于自然的差异,各地的壕(濠)沟也越来越具有明显的地域性。

1. 各地壕(濠)沟的主要发现与特点

黄河中游地区,由于黄土松软深厚、垂直节理发育,地下水位低,既是中国最早出现无长年积水壕沟的地区,也是壕沟流行期最长的地区。其中,距今7 500—6 000年的早期壕沟就是当地第一代军事中心的代表,距今6 000—4 500年的晚期壕沟就是当地第二代军事中心的代表。主要的特点是规模越来越大,沟内无长年积水,沟旁无土垣,沟坡很陡。

淮河流域的发现都属晚期濠沟。主要的特点是流行有长年积水的濠沟,整体形状与长江流域类似,宽扁形,但沟边没有土垣;此外,濠沟也是当地一体化聚落群的永久性军事中心。

距今6 500—5 000年就是长江中游濠沟出现与流行的时代。其中,距今6 500年崛起的是防御功能相对较弱的早期濠沟,距今6 000年崛起的是防御功能突出的晚期濠沟。濠沟的主要特点是沟内有长年积水,整体外形都是圆的,沟边有土垣,沟的形状依然宽而浅,沟的开口位置外移到了遗址与周边自然地面的交界处。此外,濠沟也是当地社会矛盾普遍激化与社会组织一体化升级,并由第一代"军事中心"晚期围沟升级为第二代"军事中心"的标志。

2. 各地壕(濠)沟发现的意义

主要有四个方面。

第一,是聚落遗址沟状设施防御功能日渐突出的标志。

第二,各地的区域性差异日渐明显。

第三,壕(濠)沟标志史前社会一体化聚落群第二代军事中心的正式出现。

距今约7 500年,就在长江中游地区出现晚期围沟代表的第一代"军事中心"的时候,黄河中游也同时由围沟变成了早期壕沟;距今6 500年以后,就在长江中游地区出现积水濠沟并代表出现了第二代"军事中心"的时候,黄河中游也大致出现了晚期壕沟。这种现象表明二地军事中心的升级换代基本同时。

第四,长江中游地区,继续引领了中国史前血缘社会一体化聚落群"军事中心"崛起的第二波高潮。

(三)早期古城流行的阶段

古城就是史前晚期在外围环绕了一圈防御用城墙的遗址,有的在城墙外还有又宽又深的城壕(濠)。其中,早期古城就是规模较小,只属于聚落群一级,仅供一个聚落居住的城址。早期古城流行的阶段就是中国史前血缘社会一体化聚落群第三代"军事中心"崛起的阶段,也是继晚期围沟、壕(濠)沟之后的高级"军事中心"阶段。

1. 各地早期古城的主要发现与特点

早期古城主要见于距今 6 000—5 000 年之间。

黄河中游只发现一座这一时期的早期古城。主要有六个方面的特点,即面积很小,外观近圆形,夯筑城墙,拥有"围沟+沟墙"组合的准双重防御体系,墙体的外坡很陡;此外,城是聚落群核心聚落的所在地。

长江中游已发现这一时期的早期古城三座。主要有四个方面的特点,即当时城址的建筑模式完全是在濠沟基础上的扩大发展,城濠城墙规模同步发展而且越来越大,所有的城址都是单聚落城址,多数城址都是一体化聚落群的核心。

2. 各地早期城址发现的意义

主要有五个方面。

第一,标志具有双重防御功能与城壕(濠)城墙并重的古城都登上了历史舞台。

第二,标志古城营建的长江与黄河模式已经正式形成。

黄河模式的基本特点就是干沟加夯土墙,长江模式的基本特点就是水沟加堆筑墙。

第三,标志一体化聚落群高级军事中心的出现。

由于城址具有比壕(濠)沟更强大的防御功能,而且城址的修筑也需要比壕(濠)沟更强的实力,所以城址就具有了比壕(濠)沟档次更高更有实力的高级军事中心的意义。

第四,长江中游地区继续引领史前血缘社会一体化聚落群高级"军事中心"崛起的高潮。

长江中游地区在当时全国各地率先出现了史前城址,而且还是当时全国发现城址最多的地区,还是全国最早出现城墙城濠防御功能并重城址的地区。

第五,城址的起源主要是文明起源的结果。

城址的崛起与文明起源基本同步,也是文明起源导致聚落一体化实体化的结果,是农业的发展为城址的起源奠定了物质基础。此外,城址的起源与国家起源也没有直接的关系,城址也不是国家起源的必要条件和标准。

二、血缘社会政治军事中心的崛起

距今 5 000 年至夏商周时期就是人类社会城市起源的第二阶段,也是血缘社会出现和崛起新型的政治军事中心的阶段,是血缘社会到地缘社会的过渡阶段。

其中,距今 5 000—4 500 年,以中期古城为代表,催生了一体化聚落群团级的政治与军事中心;距今 4 500—4 000 年,以晚期古城、早期都城为代表,催生了一体化聚落集团、早期国家、古国级的政治与军事中心;夏商周时期,以中期都城为代表,催生了早期方国即单一民族国家的政治与军事中心。

(一)聚落群团级政治与军事中心的崛起

1. 各地城址和中期古城的发现与特点

长江中游这一时段城址的主要特点是,城墙的平面形状由圆变方,墙体依然堆筑坡度不陡,规模不断扩大,出现了聚落群集体驻守的多聚落城址,出现了大城套小城的模式,出现了作为一体化聚落群团核心即政治与军事中心的"中期古城",并引领了中国史前聚落群团一体化的历史新潮。不过,并没有出现"区域中心"。

淮河中游的主要特点是,挖濠筑城的模式与长江流域类同,城址也已成为当地社会组织形态变化与矛盾冲突升级的代表。

黄河下游的主要特点是,城墙的夯筑法深受黄河中游地区的影响,城濠与长江淮河流域的传统有缘,出现了二种不同类型的中期古城,也没有发现"区域中心"。

北方中部地区,由于气候的明显变化,城址的分布高程大幅上升,而且还兴起了用石头垒筑城墙的营建模式。已有的发现表明当地城址还有五个方面的特点。一是大多数都位于山坡或山峁上,二是外形各异,三是城墙外围基本不见城壕,四是墙体较薄,五是多数聚落成员都有城址,并出现了中期古城与聚落群团级的政治军事中心。

2. 各地城址与中期古城发现的意义

主要有以下五个方面。

第一,聚落组织一体化规模升级推动了城址规模与结构的变化。

第二,个体发展的不平衡性、多样性与复杂性日渐突出。

第三,因社会因素导致的区域性差异日趋明显。

第四,各地都没有出现"区域中心"。

第五,长江中游地区又引领了史前血缘社会一体化聚落群团"政治中心"崛起的历史新潮。

(二)聚落集团、早期国家、古国级政治与军事中心的崛起

1. 各地城址和晚期古城、早期都城的发现与特点

第一,各区域内部营建模式多样化。

第二,各地崛起了大量的城址。

第三,各地的城址又在大量减少。

第四,出现了聚落集团、早期国家级的晚期古城。

第五,出现了古国级的早期都城。

第六,政治军事中心与城址关系多样化。一方面,新出现了整个聚落集团都位于城中的城址;另一方面又新出现了没有城墙与城壕(濠)的聚落集团级的、古国级的政治军事中心。

2. 各地城址与晚期古城、早期都城发现的意义

主要有七个方面。

第一,城址的发展日趋多样化复杂化。

一方面是同一地区城址建构模式多样化复杂化,另一方面是不同地区城址建构模式多样化复杂化。

第二,长江中游城址衰落了。

第三,社会没有出现"经济中心"。

虽然各地都先后崛起了许多古国,但所有的城址,包括古国"都城",仍然只是政治军事中心,没有经济中心。

第四,城址不是"区域聚落形态"的中心。

第五,大城并不都是古国都城。

城不论大小,也不一定都要有城,只要有实力即可;而实力最主要的也并不只是体现在城址规模的大小等表面现象方面,而更多的是一种内在的软实力,是一种组织的规模与状态,组织的规模越大组织状态越好就越有实力。

第六,史前城址不单纯是"贵族"的聚集中心。

实际上,城内只有纯粹的宫殿宗庙是东周"宫城"才开始出现的一种历史现象;而此前既有宫殿和宗庙,也还有普通的与王同族的族人,以及族人居住并从事日常普通手工业的作坊。

第七,史前城址不是手工业农业"社会分工"引起的"城乡差别"的产物与标志。

由于一体化的大型聚落组织都是血缘组织,城址与其他聚落之间都只有脑力劳动与体力劳动的分工与差别。因此,史前最早的"城乡差别"与"城乡分工"根本不是农业与手工业社会分工的结果。

(三)早期方国级政治与军事中心的崛起

1. 早期方国城址和中期都城的发现与特点

主要有四个。

第一,沿袭了史前城址的建构模式。

第二,沿袭了史前城址的人员组织模式。

第三,出现了属于不同民族的城址。

第四,统治民族的城址在国内出现了统一的分级。

2. 早期方国城址和中期都城发现的意义

主要有二个。

第一,继承了血缘社会以往的传统。

一方面,无论是王朝还是诸侯国都城,城里人依然是同一个大的血缘组织族体的族人;另一方面,从政治体制的角度来看,它并没有根本性的改变血族统治的根本,各级城址依然是早期方国实行血族统治的工具与措施。

第二,开始融入了地缘化的因素。

城址的分级就明显具有了地缘化管理的意义,是适应国土面积扩大以后分而治之的一种治国方略。

三、地缘社会政治、军事与经济中心的崛起

春秋战国时期是我国历史上社会发展的转折时期,并在多民族晚期方国诞生、晚期都城诞生、国体政体都地缘化的基础上催生了历史上第一批兼有政治、军事、经济中心功能的城市。

(一)各地晚期方国城址的变化与特点

1. 功能、营建模式的变化与特点

主要有五个方面。

第一,城址数量急剧增加。

随着国家政体的地缘化,"郡县制"的兴起,军事城堡的设置,导致城址的分类分级发生了很大变化,城址的数量也大幅增加。

第二,夯筑法开始全国流行。

第三,初步形成了城址规模大小与行政等级相匹配的格局。

第四,不同级别的城址内部结构不同。

其中,主要的诸侯国都城,城址的结构一般都是大城套小城模式,而其他类别的城址就没有。

第五,新出现了"宫城"。

由于国家的统治阶层已不再是老旧"亲戚"的血缘组织体,而是没有血缘与民族界限的统治阶级。于是,就出现了名副其实的独立于所有血缘组织与民族之外的"宫城"。

2. 城内居民组织与生活方式的变化与特点

主要有三个方面。

第一,城内居民不再是同一血缘同一民族。

随着多民族国家的兴起,统治民族地位的下降,都城内居民的成分也发生了重大变化,楚国郢都"下里巴人"就表明不仅血缘的而且民族的"围墙"都已经被拆除了。

第二,城里出现了"里坊制"。

春秋战国时期,"里"开始出现在城里,并配有相互隔离的"坊"和围墙。

"里"之所以出现在城里,一方面是要最后切断原统治民族核心血缘组织人员与血缘组织的联系;另一方面是随着地缘化多民族国家的出现,大量以往被统治民族的人员开始进入城内。为此,就出现了对城内居民实行"分而治之"的思想与举措。"里"实际不仅是当时地缘化城市管理的一种基本模式,而且还是"分而治之"并防止各方相互冲突、维护稳定思想与举措的具体体现。

第三,城里出现了"市"。

春秋战国时期,齐国、郑国、燕国、秦国等国都城里面都出现了"市",而城与市的结合使历史上第一代"城市"由此诞生。

(二) 城市出现的意义

主要表现在五个方面。

第一,最早的"市"都出现在"都城"里。

中国历史上最早的"市"之所以都出现在国体政体都地缘化的时期,出现在各主要诸侯国的"都城"里,主要有三个方面的原因。一是原统治民族核心血缘组织成员需要重新安置;二是以往大型血缘组织内部的手工业为"市"的出现奠定了产业基础;三是"都"为"市"的出现奠定了政治基础,因为只有国家才有权力将政治中心、军事中心、"市"都有机地结合在一起。

第二,城市以官营经济为主。

春秋战国时期,虽然已经出现了城市,但依然以国有经济 又称"官营经济"为主。

第三,城市的出现是城乡分离和农业与手工业地缘化社会分工的真正标志。

历史表明,只有城市的出现才是中国农业与手工业以及城乡地缘化分工的真正标志。

不过,当时手工业与农业的社会分工本质上并不是商品经济独立运行的结果,而是"官营经济"的需要与结果;当时的手工业也并不是独立的市场经济的手工业,而是"官营经济"的官营手工业。因此,当时以城市为代表的手工业与农业的社会分工,实际上主要是官营手工业与农业的分工。

第四,城市改变了人类社会的组织方式,为人类社会的发展提供了一个全新的平台。

春秋战国时期,"城市"的出现给人类社会带来了三大重要变化。一是,血缘社会彻底转变为了地缘社会;二是,手工业与农业真正开始了地缘社会分工;三是,人本身的解放取得重大进步。

正因此,城市不仅是社会文明化与组织方式又上了新台阶的标志,而且还为以后人类社会的发展提供了一个全新的历史平台。

第五,城市是文明与国家起源共同作用的结果。

中国的城市起源经历了数千年的发展,并经历了先"城"后"市"二大阶段。其中,新石器时代中晚之交到夏商周时期,是城的起源阶段,而主要的社会推动力就是文明的起源,也是社会文明化的阶段性成果。此后,春秋战国时期,随着多民族国家的出现,国家开始成为了社会文明化的主要推手,国家也直接推动了历史上最早第一批"城市"的出现。

总之,中国的城市起源走过了一条特色独具的历史过程,它首先是社会文明起源,尔后是文明与国家起源共同作用的结果;它诞生的根本意义就在于是一种社会形态与组织方式的变革,是一种全民共享的场所,而并非是农业与手工业分工的直接结果,也不单纯或主要是经济发展的结果。

城市是人类社会文明化的重大成果与标志,也是人类社会发展的一种新型平台。

全书结语

中国的考古与文献表明,中国的历史发展,中国的家庭、私有制、文明、国家和城市起源都拥有鲜明的本土特点。

中国的家庭、私有制、文明、国家、城市的起源之所以都大致同时止于春秋战国时期,关键就在于春秋战国是血缘社会的终点、地缘社会的起点。在国体政体都地缘化的背景下,家庭、私有制、文明、国家、城市起源所形成的基本特点都深深影响了后来历史的发展,都可以在后来的历史中见到它们的身影。

一、家庭的起源

自有人类以来就有婚姻,婚姻就是成年男女相结合的方式;而家庭则是成年男女因婚姻而结合在一起的社会单位,是一定历史阶段的产物,是社会形态与婚姻形态演变的结果。

由于历史背景不同,各时期婚姻与家庭的特点也各不相同。

在中国,自有人类以来的整个旧石器时代,基于与生俱来的、自然的、血缘氏族社会的历史背景,实际就根本不存在独立生存的、孤独的"原始群",也不存在以此为基础的"杂婚"与"血缘婚",而只存在普遍的"族外婚"。

中国的一夫一妻制婚姻与家庭,最早就见于新石器时代中期,并先后经历了三大起源阶段。

第一阶段,新石器时代中期。在普遍对偶婚的基础上,人类社会当时就出现了最早以自然性爱为基础的一夫一妻制婚姻与家庭。虽然这种家庭当时并不是社会最小的生产、经济与组织单位,但它却是一种成年男女自愿长期在一起厮守的生活单位。

第二阶段,新石器时代晚期到夏商周时期。在人类生产方式变革,耕作权私有,并出现了早期个体劳动与早期个体经济的基础上,一夫一妻制婚姻与家庭不仅广泛普及,还成为了血缘社会有一定独立性的最小的生产、经济与组织单位。

第三阶段,春秋战国时期。在国体政体都地缘化,商品经济出现高潮,生产资料土地使用权完全私有的基础上,一夫一妻制家庭不仅由此在劳动与经济方面都获得了空前的独立性与自由,还成为了地缘社会独立的、最小的生产、经济与组织单位,还为以后中国二千年多年古代社会一夫一妻制婚姻与家庭的稳定发展奠定了基础。

中国的家庭起源还独具特色。

就婚姻的范围而言,由血缘变为地缘,即由最初自然的氏族外婚、部落内婚逐渐变为大型化整体化一体化血缘组织内部的外婚,最后变为地缘化的外婚。

就婚姻的形式而言,由族外群婚变为个体婚,即由最初可能无级别的群婚变为有级别的对偶婚,再变为个体婚。

就婚姻的基础而言,由自然的性爱变为以耕作权私有的早期个体劳动个体经济为基础,再变为以生产资料的使用权完全私有的晚期个体劳动个体经济为基础。

就家庭的特点与性质而言,由最初自然对偶的生活单位变为血缘社会独立的组织与经济单位,再变为地缘社会独立的组织与经济单位。

二、私有制的起源

中国从来就没有不动产的生产资料的私有制,只有动产的财富的私有制。截至春秋战国时期,中国的财富私有制起源经历了三大阶段。

第一阶段,新石器时代中期。在广谱经济与集体劳动集体消费的生产方式的基础上,财富私有制作为一种聚落血缘组织的管理与分配制度已经登上历史舞台,凝聚了大量社会劳动的"奢侈品"开始成为权力和地位的象征。

第二阶段,新石器时代晚期到夏商周时期。由于人类遭遇了生存危机,社会生产方式变革,土地耕作权私有,于是在出现了早期个体劳动早期个体经济的基础上,财富私有制不仅明显融入了经济的因素,而且还以大型一体化的聚落组织为平台升级为一种政治制度。人与人之间因权力、地位不同而引起的贫富差距越来越大;出现了贵族,而且越来越贵;个体家庭也开始成为血缘社会有一定独立性的最小的生产、经济与组织单位;礼器成为了财富私有制新的标志性器物。不过,财富私有制的发展与农业手工业的社会分工完全无关,也与"剩余价值"的出现完全无关,也没有同步导致剥削、压迫和阶级的出现。

第三阶段,春秋战国时期。由于国体政体都地缘化,商品经济出现高潮,以土地使用权完全私有为基础的晚期个体劳动晚期小农经济不仅开始崛起,还为财富私有制的新发展奠定了坚实的经济基础。与此同时,出现了地主、奴隶、官营手工业,以及官员的收入以"俸禄"为主,统治阶级开始成为攫取社会财富主体,货币、贵金属、土地又成为了财富私有制起源新的主要标志物等一系列重大变化。不过,作为一种政治制度和"越有权越富"的财富私有制的主要特征并没有改变。

中国的财富私有制从来就不是一种经济制度,而是基于生产资料集体或国家所有基础上的一种社会的管理、分配与政治制度。一方面,"越有权越富";另一方面,为了调动劳动者的生产积极性,维护社会的稳定,生产资料的使用权也在不断下放。

这就是中国财富私有制最本质的特征,"是了解东方天国的一把真正的钥匙"①。

三、文明的起源

文明不是具体的技术、文化与思想的进步,而是人类高品质的生存与生活状态,是人类社会组织方式、生产方式、生活方式、人本身的解放等方面的重大进步与变革,也是人类由自然血缘社会发展到文明地缘社会的高级阶段。

文明的起源就是自然血缘社会发展到文明地缘社会的过渡与转变阶段。文明的起源是独立的起源,不因国家而起,也不因国家之亡而终。

距今 7 500 年,中国的文明开始起源。

距今 6 500—5 000 年,血缘社会的文明化迎来了初期的高潮,还同步迎来了农业、早期个体劳动个体经济、一夫一妻制婚姻和家庭流行与普及、个体家庭成为血缘社会独立的最小的组织与经济单位、母系社会转变为父系社会、人开始成为集体中的独立个人、聚落社会由分散开始走向统一等重大变化。

距今 5 000—4 000 年,血缘社会的文明化进入了中期阶段,进入了血缘与地缘社会之间的过渡阶段,还出现了跨部落永久性一体化的血缘政治组织。在这种组织内部,以往小集体的生产生活模式变成了大集体的生产生活模式,不仅出现了脑力劳动与体力劳动的"城乡"分工,而且农业、手工业都参与了分工。此外,这一时期还出现了地缘化的古国。

---

① 马克思:《马克思致恩格斯(6月2日)》,《马克思恩格斯全集》第28卷,人民出版社,1973年,第2页。

夏商周时期,血缘社会的文明化进入了晚期阶段,进入了血缘与地缘社会之间的转折阶段。一方面出现了单一民族国家,极大地拓展了社会地缘化的空间;另一方面"乡里"制与"井田制"的实施还开启了社会基层组织地缘化的大幕,劳动者个人也由此甩掉了血缘社会的束缚,人的解放开始由初步独立迈向自由。但是,国家政体的血缘化与"分封制"又凸显了这一阶段的过渡性特点。

春秋战国时期,随着多民族国家的出现,国体政体全部都地缘化,以及"郡县制"、官僚"任命制"、土地使用权完全私有、晚期小农经济成熟、商品经济出现高潮、出现城市、出现"富国强兵"思想、法制兴起、私学兴起,一方面表明人类的生产方式、生活方式、社会的组织方式、人的解放都取得了重大进步,另一方面又表明国家也已经开始成为社会文明化的主要推手,人类社会的发展与文明化由此又进入了一个全新的历史时代,并为以后数千年中国社会的发展奠定了基础。

中国的文明起源不仅特色独具,还多源多样"满天星斗"。

中国的文明起源不仅是人类由自然血缘社会到地缘文明社会转变的推动力,还始终是人类自身生存状态普遍改善与生存质量普遍提高,是人类的生产方式、生活方式、组织方式、人本身的解放等方面进步与变革深层次的、永恒的内在力量与结果。

四、国家的起源

国家就是一种社会组织与组织形式,内部的居民之间不仅跨血缘跨地域,还建立了以政治上压迫、经济上剥削为特征的统治与被统治关系。

中国的国家起源既是文明起源的结果,也是社会文明化一体化的结果;既与生产资料的私有制无缘,与财富私有制无缘,也不是阶级矛盾不可调和的产物,而是在人地关系空前紧张的背景下催生的一种社会组织。

中国的国家起源先后经历了"古城、古国、方国、帝国"四大阶段,并先后催生了血缘国家、单一民族国家、多民族国家、大一统帝国等不同特点的国家形态。

距今6 000—4 500年,史前古城相继崛起,一体化的聚落群与聚落群团不仅先后引领了血缘社会一体化的高潮,也开启了国家起源的历史序幕。

距今4 500—4 000年,聚落集团、早期国家与古国同时崛起,不仅表明聚落组织之间又跨血缘又跨地域的合纵联合以及暴力征服全都成为了历史的新常态,还表明以血缘组织为单位构建的、具有统治与被统治关系的血缘国家已正式登上历史舞台。于此,人类社会的发展也已处在血缘到地缘之间的大门口了。

值得注意的是,在这一历史过程中长江中下游地区始终位于旗手与领跑者的位置。

夏商周时期,崛起的是以单一民族为主体的国体地缘化政体血缘化的早期方国,并标志社会的发展又进入了一个新的历史时期,国家的组织单位已不再是血缘组织而是地缘化的实体民族。与此同时,中国历史上最早的一批实体民族与早期方国的崛起又为中原地区的崛起,为以后以中原地区为中心的历史发展奠定了必要的社会基础。

春秋战国时期,由于国家政治制度的一系列重大变化以及以个人为单位的阶级的出现,不仅标志国体政体都地缘化的多民族晚期方国的崛起,而且还由此揭开了人类社会多民族融合的历史序幕,并意味着阶级矛盾已开始成为社会的主要矛盾。

在春秋战国变革的基础上,秦代出现了国土地域辽阔、国体政体全都地缘化并实行大一统中央集权制的帝国,从而标志着社会的一体化已从血缘真正地进入了地缘,社会的组织形式也从最早独立平等分散的部落走进了地域辽阔大一统的国家,并为以后中国古代二千余年的封建帝国历史奠定了基础。

中国的国家起源不仅深刻地改变了社会的组织方式,还同步改变了人们的生产方式与生活方式,人的解放也随之发生了重大变化,由此也不断开创了人类社会文明化的历史新纪元。

五、城市的起源

城市是历史发展到一定阶段才出现的一种人类地缘社会的共同体与组织单位,是在地缘社会基础上人类社会组织方式、生产方式、生活方式与人的解放变革的产物,也主要是国体政体全地缘化国家与商品经济发展的结果。

中国的城市起源,首先是文明起源,尔后是与国家起源共同作用的结果,也是城址营建模式、聚落社会组织方式和功能共同发展与演变的结果,并经历了作为血缘社会军事中心、血缘社会政治与军事中心、地缘社会政治军事与经济中心三大历史阶段。

距今 7 500—5 000 年之间,血缘社会一体化聚落群的军事中心开始崛起,并先后经历了围沟、壕(濠)沟、早期古城三个阶段。其中,中国历史上最早的"早期古城"就是当时一体化聚落群的高级军事中心。

距今 5 000 年以后至夏商周时期,随着聚落组织的大型化一体化,属于一体化聚落群团、聚落集团、早期国家、古国、早期方国核心的"中期古城"、"晚期古城"、"早期都城"、"中期都城"相继出现了,城也由此变成了血缘组织与单一民族国家的政治与军事中心。

春秋战国时期,由于国体政体都地缘化了,商品经济也出现了高潮,于是就出现了以地缘社会为基础的政治军事中心即"晚期都城"与经济中心结合在一起的"城市"。

城市的出现不仅改变了社会的生产方式、生活方式、组织方式,还促使社会的文明化和人本身的解放又上了新台阶,还为后来逐渐成为非农业人口集中居住和从事其他职业的场所,为人类社会的发展提供了一个全新的地缘化的历史平台。

中国的城市起源还表明,它的本质就是一种社会组织形态的变革,是人类社会文明化的重大成果与标志,而并非是农业与手工业分工的直接结果,也不单纯或主要是经济发展的结果。

诚如马克思、恩格斯所言,中国的确是一个"东方天国",无论家庭、私有制、文明、国家和城市都走过了一段深具自我特色的起源之路。

近万年以来,它一直以集体和国家的发展为重心,一直以生产资料的集体和国家所有为基础;社会发展的焦点一方面是人们不断增长的需求与生产能力的不足,一方面就是生产方式与生产关系的变革与调整;不断做强做大的集体与国家不仅是社会发展的主体,还是生产方式与生产关系调整的主人。文明、国家与城市的起源,一夫一妻制婚姻与家庭的普及,个体劳动的经久不衰,社会脑力与体力、手工与农业的分工,越有权越富,所有社会的重大进步不仅都影响了社会管理与政治制度的变革与调整,也同步显示了社会管理与政治制度变革与调整的重要地位、深刻影响和结果。

也许,这就是"东方天国"中国先秦以前历史的"集体至上"发展模式。

1884年,也就是135年以前,恩格斯的《家庭、私有制和国家的起源》不仅为人们树立了一个以社会组织与组织形态为基础为平台研究历史的样板,而且至今还具有明显的现实意义。

今天,学者们不能一方面扛着马克思主义的大旗把它作为不思进取的护身符与藏身洞,另一方面又为了粉饰学术的"先进"而毫无选择地引进一大堆欧美时髦流行的理论与方法;更不能为了炫耀"政绩"而利用物质遗存不会说话的特点毫无忌惮地制造一大堆历史的假象。

脚踏实地实事求是地复原历史研究历史,摒弃日渐增大的"假大空"的学术泡沫,应该是当代每一个学者应尽的历史责任与义务。

图书在版编目(CIP)数据

中国的家庭、私有制、文明、国家和城市起源 / 裴安平著. —上海：上海古籍出版社，2021.11
ISBN 978-7-5732-0070-9

Ⅰ.①中… Ⅱ.①裴… Ⅲ.①中国历史—研究 Ⅳ.①K207

中国版本图书馆 CIP 数据核字（2021）第 224679 号

中国的家庭、私有制、文明、国家和城市起源

裴安平 著

上海古籍出版社出版发行

（上海市号景路 159 弄 A 座 5 层　邮政编码 201101）

（1）网址：www.guji.com.cn
（2）E-mail：guji1@guji.com.cn
（3）易文网网址：www.ewen.co

苏州市越洋印刷有限公司印刷

开本 700×1000　1/16　印张 46　插页 6　字数 806,000
2021 年 11 月第 1 版　2021 年 11 月第 1 次印刷
印数：1—1,800

ISBN 978-7-5732-0070-9
K·3052　定价：168.00 元

如有质量问题，请与承印公司联系